Edition Psychologie

Herausgegeben von
Dr. Arno Mohr

Lieferbare Titel:

Güttler, Sozialpsychologie, 4. Auflage
Mayer, Einführung in die Wahrnehmungs-, Lern- und Werbe-Psychologie, 2. Auflage
Piontkowski, Sozialpsychologie
Siegler, Das Denken von Kindern, 3. Auflage
Spieß, Wirtschaftspsychologie

Sozialpsychologie

Eine Einführung in die Psychologie
sozialer Interaktion

von

Univ.-Prof. Dr. Ursula Piontkowski
Westfälische Wilhelms-Universität Münster

Oldenbourg Verlag München

Bibliografische Information der Deutschen Nationalbibliothek

Die Deutsche Nationalbibliothek verzeichnet diese Publikation in der Deutschen Nationalbibliografie; detaillierte bibliografische Daten sind im Internet über http://dnb.d-nb.de abrufbar.

© 2011 Oldenbourg Wissenschaftsverlag GmbH
Rosenheimer Straße 145, D-81671 München
Telefon: (089) 45051-0
www.oldenbourg-verlag.de

Das Werk einschließlich aller Abbildungen ist urheberrechtlich geschützt. Jede Verwertung außerhalb der Grenzen des Urheberrechtsgesetzes ist ohne Zustimmung des Verlages unzulässig und strafbar. Das gilt insbesondere für Vervielfältigungen, Übersetzungen, Mikroverfilmungen und die Einspeicherung und Bearbeitung in elektronischen Systemen.

Lektorat: Kristin Beck
Herstellung: Constanze Müller
Titelbild: thinkstockphotos.de
Einbandgestaltung: hauser lacour
Gesamtherstellung: Grafik + Druck, München

Dieses Papier ist alterungsbeständig nach DIN/ISO 9706.

ISBN 978-3-486-58326-7

Vorwort

Soziale Interaktionen sind ein Kernthema der Sozialpsychologie, sie sind auch der Kern unseres alltäglichen Lebens. Im privaten wie im öffentlichen Raum begegnen wir Menschen, mit denen wir in mehr oder weniger engen Kontakt treten. Wir verbringen sehr viel Zeit mit anderen Personen. Manchmal zu unserem Vergnügen und Vorteil, oft aus sachlichen Gründen, manchmal zu unserem Missvergnügen und Ärger.

Wir suchen oder meiden die Gegenwart anderer Personen aus verschiedenen Motiven. Wir benutzen andere als Informationsquellen, wir sind mit ihnen zusammen, weil ihre Nähe uns Sicherheit gibt, weil sie uns bei der Bewältigung von Aufgaben helfen oder einfach, weil wir sie mögen. Wir benutzen andere aber auch, um unsere Macht zu demonstrieren, uns überlegen zu fühlen oder um unsere Aggressionen loszuwerden. Den grundlegenden sozialen Motiven Macht, Aggression, Affiliation und Altruismus ist ein Kapitel dieses Buches gewidmet.

Interaktionen mit anderen Personen sind unterschiedlich komplex und in unterschiedlichen sozialen Kontexten eingebunden. In dyadischen Beziehungen müssen wir uns nur auf eine andere Person einstellen. In familiären Kontexten oder in Arbeitsgruppen sind es schon mehrere Personen, die auf uns Einfluss nehmen und die wir beeinflussen wollen. Als Mitglied einer Gruppe interagieren wir mit den anderen Mitgliedern unserer Gruppe, aber auch mit Mitgliedern anderer Gruppen, mit denen wir vielleicht in Konkurrenz stehen. In größeren sozialen Systemen wie Organisationen ist das Individuum in verschiedenen sozialen Strukturen eingebunden und nimmt dort unterschiedliche Positionen wahr.

Die Kapitel des Buches greifen die Einbettung des Individuums in verschiedene soziale Kontexte auf. Interpersonale Beziehungen werden zunächst aus der Sicht verschiedener Theorien dargestellt. Wenn man sich mit den verschiedenen – teils konkurrierenden, teils komplementären – theoretischen Ansätzen auseinandersetzt, wird man sehen, dass viele einen recht großen und spannenden Geltungs- und Anwendungsbereich besitzen. Ich greife hier gern auf Kurt Lewin zurück: Auch Theorien haben einen praktischen Nutzen. Man muss die Theorien aber nicht vorab lesen, an vielen Stellen der anderen Kapitel wird auf sie Bezug genommen und man kann dann bei Bedarf zurückblättern.

Wir alle gehören irgendwelchen Gruppen an – Vereinen, Parteien, Arbeitsgemeinschaften, Nachbarschaften, Sportgruppen und vielen mehr. Gruppen kümmern sich um das Wohlergehen ihrer Mitglieder und erleichtern Arbeit durch Arbeitsaufteilung und Unterstützung. Gruppen haben aber nicht nur konstruktive, sondern auch destruktive Wirkung. Gruppen leisten oft nicht das, was sie eigentlich leisten könnten, und sie verzerren oft die Denk- und Verhaltensweisen ihrer Mitglieder. Diese widersprüchlichen Tendenzen und ihre Ursachen sind ein Schwerpunkt des Kapitels über die Beziehungen in Gruppen.

Beziehungen zwischen Gruppen sind oft durch Konkurrenz und Konflikte geprägt. Die Kategorisierung in „Wir" und „die Anderen" ist eine ganz natürliche Form der Strukturierung unserer sozialen Welt. Durch bestimmte Bedürfnisse, Mechanismen und situative Bedingungen können soziale Kategorisierungen jedoch schnell zu Benachteiligungen und Diskriminierungen führen. Welche Funktionen Vorurteile und Diskriminierungen für das Individuum und die Gruppe haben, wie sie entstehen und wie ihnen begegnet werden kann, ist ein Schwerpunkt des vierten Kapitels. Ein weiterer Schwerpunkt liegt auf dem Thema Beziehungen zwischen Kulturen. Die kulturellen und psychologischen Veränderungen, die durch den Kontakt zwischen Gruppen verschiedener Kulturen entstehen und die oft von Ängsten und Bedrohungsgefühlen (auf beiden Seiten) begleitet werden, sind Thema der Akkulturationsforschung. Unter welchen Bedingungen kulturelle Divergenz als Bedrohung oder Bereicherung erlebt wird und welche Mechanismen hier eingreifen, ist eine ebenso spannende wie wichtige Frage. In der Sozialpsychologie werden Fragen und Probleme des interkulturellen Zusammenlebens erst in neuerer Zeit systematischer aufgegriffen.

Das letzte Kapitel ist den Beiträgen gewidmet, die sozialpsychologische Theorienbildung und empirische Forschung für das Funktionieren von Organisationen leisten können. Natürlich gehören die klassischen Themen Führung und Kooperation dazu. Aber mit dem Transfer von Befunden der Kleingruppenforschung und der sozialen Kognitionsforschung bietet die Sozialpsychologie auch Perspektiven für den Umgang mit Informationen und Wissen in Organisationen, für Prozesse und Probleme der Entscheidungsfindung und für die Implementierung von Innovationen. Organisationales Lernen ist eine große und neue Herausforderung.

Mit diesem Buch möchte ich in grundlegende Phänomene sozialer Interaktionen und ihre theoretischen Erklärungen einführen. Damit beschränke ich mich auf einen – aus meiner Sicht den zentralsten – Teilbereich der Sozialpsychologie. Zudem möchte ich auch die wissenschaftliche Herangehensweise der Sozialpsychologie an diesem Thema verdeutlichen. Durch die Schilderung zentraler Experimente wird die empirisch-experimentelle Ausrichtung der Sozialpsychologie deutlich. Darunter sind klassische Experimente mit originellen Versuchsanordnungen, die heute so nicht mehr durchgeführt werden könnten, die aber einen außerordentlichen Beitrag zu unserem Wissen über menschliche Interaktionen geleistet haben.

Schließlich möchte ich noch anmerken, dass ich weitgehend das generische Maskulinum verwende und damit natürlich in gleicher Weise Männer und Frauen meine, obwohl ich weiß und an einer Stelle des Buches auch darauf hinweise, dass dies nach politisch korrekter Meinung nicht die beste Möglichkeit ist.

Ich danke Frau H. Nizam für die Erstellung von Material zu einigen Abbildungen.

Amrum/Münster U. Piontkowski

Inhaltsverzeichnis

1	**Interpersonale Beziehungen: Theorien**	**1**
1.1	Was ist eine soziale Interaktion?	1
1.2	Austausch- und Interdependenztheorien	3
1.3	Die Theorie der sozialen Vergleichsprozesse	8
1.4	Die Theorie der kognitiven Dissonanz	11
1.5	Die Selbstwahrnehmungstheorie	13
1.6	Attributionstheorien	20
1.6.1	Heiders Handlungsanalyse	21
1.6.2	Die Theorie der korrespondierenden Schlussfolgerungen	22
1.6.3	Kovariations- und Konfigurationsprinzipien der Kausalattribution	23
1.6.4	Attributionsverzerrungen	26
1.7	Gerechtigkeitstheorien	33
1.8	Bindungstheorien	37
1.8.1	Das Investitionsmodell sozialer Beziehungen	37
1.8.2	Bindungsstile	39
1.9	Kommunikationstheorien	40
1.9.1	Kommunikation als Informationsübermittlung	41
1.9.2	Kommunikation und Sprache	42
1.9.3	Prozessmodelle der Überredung	44
1.10	Die Theorie der psychologischen Reaktanz	50
2	**Interpersonale Beziehungen: Soziale Motive**	**53**
2.1	Soziale Macht	53
2.1.1	Macht und sozialer Einfluss	53
2.1.2	Formen sozialer Macht	56
2.1.3	Macht als Persönlichkeitsmerkmal	59
2.1.4	Macht und Sprache	62
2.1.5	Macht und Gehorsam	65
2.2	Aggression	69
2.2.1	Frustration und Aggression	69
2.2.2	Aggression als gelerntes Verhalten	70
2.2.3	Deindividuation	73

2.3	Affiliation – das Bedürfnis nach Nähe und Kontakt	78
2.3.1	Affiliation unter Stress	79
2.3.2	Nähe in interpersonalen Beziehungen	80
2.4	Prosoziales Verhalten	85
2.4.1	Empathie und Altruismus	86
2.4.2	Situationen und Formen sozialer Unterstützung	89
2.4.3	Nutzen und Kosten sozialer Unterstützung	91
2.5	Die Funktion von Emotionen für soziale Beziehungen	95
3	**Beziehungen in Gruppen**	**99**
3.1	Gruppenbildung	99
3.1.1	Was ist eine Gruppe?	99
3.1.2	Das Paradigma der minimalen Gruppe	103
3.1.3	Gruppenbewusstsein und Gruppenentwicklung	106
3.2	Gruppenstrukturen	110
3.2.1	Gruppenkohäsion	110
3.2.2	Kommunikationsstrukturen	114
3.2.3	Interaktionsstrukturen	115
3.3	Sozialer Einfluss in Gruppen	116
3.3.1	Normativer und informativer Einfluss	116
3.3.2	Einfluss von Minoritäten	121
3.3.3	Verzerrungen in der Entscheidungsfindung	127
3.4	Gruppenleistung	136
3.4.1	Leistung bei Anwesenheit anderer	136
3.4.2	Leistung in interagierenden Gruppen	143
3.4.3	Gruppen als informationsverarbeitende Systeme	153
4	**Beziehungen zwischen Gruppen und Kulturen**	**165**
4.1	Soziale Kategorisierung	165
4.2	Stereotype und Vorurteile	174
4.2.1	Entstehung von Vorurteilen und Stereotypen	174
4.2.2	Aktivierung von Stereotypen und Vorurteilen	179
4.2.3	Erfassung impliziter Vorurteile	181
4.2.4	Aufrechterhaltung von Stereotypen und Vorurteilen	185
4.2.5	Bedrohung und Diskriminierung durch Stereotype	188
4.3	Diskriminierung	193
4.3.1	Theorien zu diskriminierendem Verhalten	194
4.3.2	Abbau von Vorurteilen	199
4.4	Akkulturation	204
4.4.1	Interkulturelle Werteforschung	205
4.4.2	Akkulturationseinstellungen	207
4.4.3	Die Rolle von Angst und Bedrohung in interkulturellen Beziehungen	211

4.4.4	Intergruppen-Emotionen und ihre Konsequenzen	215
4.4.5	Interkulturelle Kompetenz	218

5 Beziehungen in Organisationen — 227

5.1	Führung	229
5.1.1	Der personalistische Ansatz	229
5.1.2	Führungsstile – der verhaltensorientierte Ansatz	231
5.1.3	Der kontingenztheoretische Ansatz	233
5.1.4	Beziehungsorientierte Ansätze	238
5.2	Kooperation	245
5.2.1	Mixed-Motive-Situationen und soziale Dilemmata	245
5.2.2	Vertrauen und Kooperation	252
5.2.3	Führung und Kooperation	255
5.3	Information und Wissen	257
5.3.1	Wissensressourcen und Wissenstransfer	257
5.3.2	Mobilisierung von Wissensressourcen	261
5.3.3	Kollektive Wissenssysteme	263
5.4	Entscheiden	266
5.4.1	Entscheiden als Handlung	266
5.4.2	Urteilsverzerrungen	269
5.4.3	Eskalation des Commitments oder der verspätete Abbruch	270
5.4.4	Entscheidungen in Gruppen	273
5.4.5	Regulatorischer Fokus	275
5.5	Innovation	276
5.5.1	Initiierung von Veränderung	277
5.5.2	Ideenmanagement durch Führung	279
5.5.3	Implementierung von Veränderung	281
5.5.4	Organisationales Lernen	286
5.5.5	Führung und organisationales Lernen	287

Literaturverzeichnis — 289

Index — 329

Personenregister — 335

1 Interpersonale Beziehungen: Theorien

1.1 Was ist eine soziale Interaktion?

Wir verbringen viel Zeit in der Gegenwart anderer Menschen. Dieses Zusammensein kann dabei höchst unterschiedlicher Art sein. Wir können in einem Extrem die Anwesenheit des anderen nicht einmal wahrnehmen, etwa wenn wir gerade mit etwas anderem beschäftigt sind und weder Auge noch Ohr für unsere Umwelt haben. Wir können ihn wahrnehmen, aber achtlos an ihm vorbeigehen. Wir können ihn grüßen, ein paar belanglose Worte mit ihm wechseln. Wir können aber auch mit ihm argumentieren, ein Geschäft aushandeln, ihm helfen oder gemeinsam eine Arbeit erledigen. Die Frage ist, in welchen Fällen handelt es sich um eine soziale Interaktion? Ist das Lächeln eines Säuglings, wenn die Mutter sich zu ihm hinunter beugt, eine Reaktion auf eine soziale Aktion und somit Teil einer sozialen Interaktion – auch dann, wenn dieses Lächeln schon durch eine Gesichtsattrappe ausgelöst werden kann? Ist die freudige Erregung eines Hundes auf die Ankündigung seines Besitzers, nun nach draußen gehen zu wollen, eine Interaktion?

Eine sozialpsychologische Definition sozialer Interaktion ist enger gefasst. Sie basiert auf dem Konzept einer wechselseitigen Beziehung, in der beide Interaktionspartner Einfluss aufeinander nehmen können. Danach liegt eine soziale Interaktion dann vor, wenn zwei Personen in der Gegenwart der jeweils anderen Verhaltensweisen auf der Grundlage eigener *Verhaltenspläne* ausüben, und wenn dabei die grundsätzliche Möglichkeit gegeben ist, dass die Aktionen der einen Person die der anderen Person beeinflussen und umgekehrt.

Was sind in diesem Zusammenhang Verhaltenspläne? Verhaltenspläne sind gelernte Muster für das Verhalten in bestimmten Situationen. Viele Verhaltenspläne sind rollenbasiert. Hier bestimmen gesellschaftliche Normen und Vorschriften das Interaktionsverhalten der Interaktionspartner, und Personen in solchen Rollensituationen zeigen dementsprechend ein ähnliches, das heißt genormtes Verhalten.

Trotzdem haben die Individuen einen bestimmten Spielraum zur Ausgestaltung rollenbasierter Interaktionen. Käufer und Verkäufer, Arzt und Patient, Lehrer und Schüler, für alle diese Formen sozialer Beziehungen gibt es bestimmte Regeln, nach denen die Interaktionen in diesen Beziehungen ablaufen. Und ein Verkaufsgespräch, ein Beratungsgespräch, ein Unterrichtsgespräch folgen bestimmten gleichförmigen Mustern unabhängig von den individuellen Personen, die daran beteiligt sind. Jedoch, wie erfolgreich ein Käufer im Aushandeln eines Rabattes ist, wie aufmerksam ein Arzt dem Patienten zuhört, wie geduldig ein Lehrer erklärt, hängt von den individuellen Ausformungen der beteiligten Personen ab.

Durch die Einführung des Konzeptes Verhaltenspläne wird ein Kriterium deutlich, das erfüllt sein muss, wenn wir von sozialen Interaktionen sprechen wollen. Das Gegenüber, der Interakti-

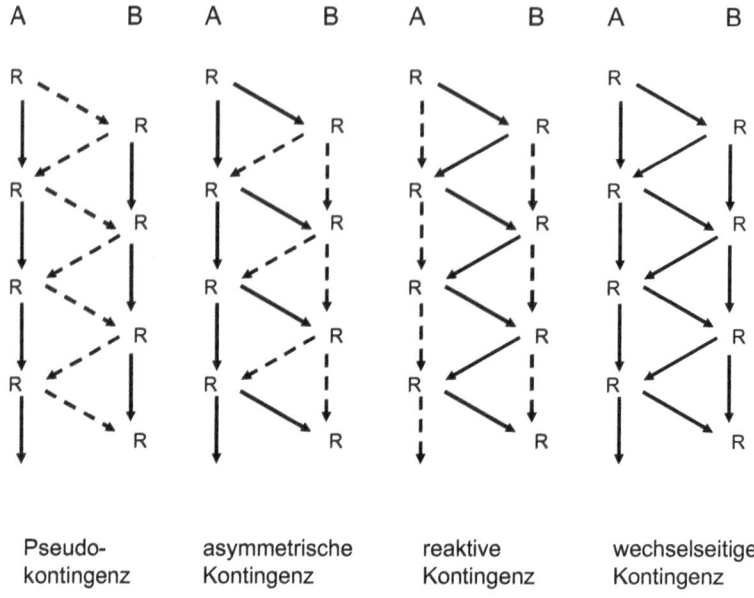

Abbildung 1.1: Interaktionsniveaus nach Jones und Gerard (1967)

onspartner, muss wahrgenommen werden. Die Interaktionspartner müssen eine mentale Repräsentation von sich, dem anderen und der Situation haben.

Ein zweites Kriterium bezieht sich auf die wechselseitige Einflussnahme. Es besteht weitgehend Einvernehmen unter Forschern, die sich mit interpersonalen Beziehungen beschäftigen, von sozialer Interaktion nur dann zu sprechen, wenn tatsächlich die Aktivitäten einer Person das Verhalten des Interaktionspartners beeinflussen und umgekehrt. Berscheid und Reis (1998, S. 196) betrachten soziale Interaktion als eine kontinuierliche Feedbackschleife, die sich im Laufe der Zeit auf die interpersonale Beziehung auswirkt. Wie aber schon das Beispiel rollenbasierter Interaktionen zeigt, können manche Interaktionen sehr schematisch ablaufen. Dann spielen die individuellen Persönlichkeiten der Interaktionspartner keine große Rolle und das Verhalten orientiert sich nicht an den spezifischen Merkmalen der spezifischen Interaktion, wird nicht an die Erfordernisse der spezifischen Interaktion angepasst, sondern folgt nur einem gelernten Schema. In diesem Fall können wir bestenfalls von einer *Pseudointeraktion* reden.

Jones und Gerard (1967) unterscheiden vier soziale *Interaktionsniveaus* (siehe Abbildung 1.1).

Diese Interaktionsniveaus unterscheiden sich hinsichtlich des Ausmaßes, in denen die Interaktionspartner sich wechselseitig beeinflussen, das heißt im Ausmaß, in dem eine Kontingenz zwischen ihren Verhaltensweisen besteht. In dem Konzept der Interaktionsniveaus von Jones und Gerard wird der Begriff Kontingenz in Anlehnung an Skinners Theorie des operanten Konditionierens verwendet.

- *Pseudokontingenz*: Auf diesem Niveau sind die Reaktionen der Interaktionspartner weitgehend unabhängig von den Aktionen des anderen. Beide Partner folgen im Wesentlichen ihren eigenen Konzepten und Verhaltensplänen, die sie in der Interaktionssequenz realisieren wollen, unabhängig davon, welche Ziele und Pläne der Partner hat. Es liegt keine inhaltsthematische wechselseitige Einflussnahme vor. Der Austausch folgt lediglich formal dem Gerüst einer sozialen Interaktion, in der bestenfalls formale Höflichkeitsregeln eingehalten werden. Indem die Person wartet, bis der Partner zu sprechen aufhört, bevor sie wieder eine Aktion startet, erweckt sie den Anschein, auf den Partner zu reagieren. Beispiel: Klatsch im Hausflur.

- *Asymmetrische Kontingenz*: Bei dieser Form sozialer Interaktion zeigt eine Person interaktive Reaktionen, während die andere in der Interaktionssequenz nur nach den eigenen Verhaltensplänen agiert, ohne auf die Beiträge des Partners zu reagieren. Beispiel: Strafpredigt.

- *Reaktive Kontingenz*: Das Niveau der reaktiven Kontingenz ist gekennzeichnet durch eine wechselseitige Orientierung an der Reaktion des jeweiligen Partners. Die Personen haben keine konkreten Verhaltenspläne für die Interaktionssequenz, sie verhalten sich weitgehend spontan und reaktiv. Beispiel: Verhalten in Paniksituationen.

- *Wechselseitige Kontingenz*: Hier handelt es sich um eine echte Austauschbeziehung, da beide Interaktionspartner sowohl nach eigenen Vorstellungen als auch auf die Impulse des Interaktionspartners gleichsam in doppelter Steuerung reagieren. Die Verhaltensweisen beider Partner sind interdependent. Beispiel: gemeinsame Urlaubsplanung.

1.2 Austausch- und Interdependenztheorien

Austausch und Interdependenz sind zwei zentrale Konzepte, die sich in verschiedenen theoretischen Ansätzen wiederfinden. Die Sichtweise von Interaktion als Austausch von negativen oder positiven Stimuli hat Eingang gefunden in Ansätze aus verschiedenen Disziplinen. Besonderen Einfluss hat die Austauschtheorie in der Soziologie, der Psychologie und in den Wirtschaftswissenschaften erlangt, wobei die verschiedenen Disziplinen unterschiedliche Schwerpunkte gesetzt haben.

Das lerntheoretische Paradigma der Austauschtheorie wird besonders in den soziologischen Austauschtheorien von Homans (1961; dt. 1968) und Blau (1986) deutlich. Skinners Gesetze des operanten Verhaltens lieferten die Grundlage für Homans Thesen zur Erklärung der Elementarformen sozialen Verhaltens. Nach Skinner wird die Auftretenswahrscheinlichkeit eines bestimmten Verhaltens erhöht, wenn dieses in einer ähnlichen Situation zuvor verstärkt worden ist. Einige der wichtigsten Annahmen Homans sind:

- *Ähnlichkeit:* „Wenn die Aktivität einer Person früher während einer bestimmten Reizsituation belohnt wurde, wird diese sich jener oder einer ähnlichen Aktivität umso wahrscheinlicher wieder zuwenden, je mehr die gegenwärtige Reizsituation der früheren gleicht" (Homans, 1968, S. 45).

- *Häufigkeit:* „Je öfter eine Person innerhalb einer gewissen Zeitperiode die Aktivität einer anderen Person belohnt, desto öfter wird jene sich dieser Aktivität zuwenden" (S. 46).

- *Wert:* „Je wertvoller für eine Person eine Aktivitätseinheit ist, die sie von einer anderen Person erhält, desto häufiger wird sie sich Aktivitäten zuwenden, die von der anderen Person mit dieser Aktivität belohnt werden (S. 47).
- *Quantität:* „Je öfter eine Person in jüngster Vergangenheit von einer anderen Person eine belohnende Aktivität erhielt, desto geringer wird für sie der Wert jeder weiteren Einheit jener Aktivität sein" (S. 47).
- *Ausgleichende Gerechtigkeit:* „Je krasser das Gesetz der ausgleichenden Gerechtigkeit zum Nachteil einer Person verletzt wird, desto wahrscheinlicher wird sie das emotionale Verhalten an den Tag legen, das wir Ärger nennen" (S. 64).

Homans Theorie hat zwei Grundlagen (Maris, 1970): zum einen die Verstärkungstheorie Skinners (1974), die mit einem Stimulus $\Rightarrow$ Reaktion $\Rightarrow$ Konsequenz Schema arbeitet und zum anderen das elementare ökonomische Kostenrechnungs-Prinzip. Nach diesem Prinzip kann der Gewinn eines Austauschs aus der Differenz von Erlös und Kosten berechnet werden. Für die beteiligten Personen A und B können sich unterschiedliche Werte ergeben: $Gewinn_A = Erlös_A - Kosten_A$ und $Gewinn_B = Erlös_B - Kosten_B$.

Wenn beispielsweise Person A Person B um Hilfe bittet, dann hat diese Aktion für A bestimmte Kosten, wie die Offenlegung der eigenen Hilfsbedürftigkeit, und für B etwa die Kosten der Unterlassung einer alternativen belohnenden Aktivität. Der Erlös für A ergibt sich durch die Hilfehandlung und für B durch den dadurch erlangten Statusgewinn. Homans versucht, mit seinen Konzepten die Entstehung und die Aufrechterhaltung oder den Abbruch von Austauschbeziehungen zwischen Personen zu erklären. Personen vollziehen über die Abfolge ihrer Interaktionen kumulative Gewinnberechnungen, die sich aus der Summe der Differenzen von Belohnungen und Kosten ergeben. Personen nehmen zudem Gewinnbewertungen vor, indem die eigenen und fremden Gewinne zu den eingebrachten Investitionen in Beziehung gesetzt werden. Die interagierenden Personen entwickeln zudem Vorstellungen über eine gerechte und faire Gewinnaufteilung, die nach Homans ursprünglicher Auffassung in einem ungefähr gleich großen Gewinn für A und B bestehen sollte: $Gewinn_A = Gewinn_B$.

Der bekannteste psychologische austauschtheoretische Ansatz ist die Interdependenztheorie von Thibaut und Kelley (Thibaut & Kelley, 1959; Kelley & Thibaut, 1978). Die Theorie ist später von Rusbult (Rusbult, 1980; Rusbult & Van Lange, 2003) erweitert worden und insbesondere für die Analyse enger persönlicher Beziehungen spezifiziert worden (siehe die Ausführungen zum Investitionsmodell, S. 37). Zunächst aber sollen die Grundkonzepte, so wie sie von Thibaut und Kelley konzipiert worden sind, dargestellt werden.

Ergebnisse und Bewertungen von Interaktionen

Die Theorie des sozialen Austauschs besagt, dass die Empfindung von Menschen bezüglich ihrer Beziehungen aus einer internen Kosten-Nutzen-Kalkulation resultiert. Ob eine Person eine Interaktion als positiv oder negativ bewertet, hängt davon ab, wie sie den Nutzen, den sie durch diese Beziehung erhält, im Vergleich zu den Kosten, die sie in dieser Beziehung hat, wahrnimmt. Darüber hinaus hängt ihre Bewertung aber auch von ihrer Überzeugung, welche Art von Beziehung sie verdient, ab und von der Wahrscheinlichkeit dafür, dass sie mit einem anderen Partner eine bessere Beziehung haben könnte. Nutzen sind die positiven, bestätigenden Aspekte der Beziehung, die sie wertvoll und verstärkend machen. Es sind die belohnenden Aktionen, die ein Individuum vom Partner erhält.

- *Pseudokontingenz*: Auf diesem Niveau sind die Reaktionen der Interaktionspartner weitgehend unabhängig von den Aktionen des anderen. Beide Partner folgen im Wesentlichen ihren eigenen Konzepten und Verhaltensplänen, die sie in der Interaktionssequenz realisieren wollen, unabhängig davon, welche Ziele und Pläne der Partner hat. Es liegt keine inhaltsthematische wechselseitige Einflussnahme vor. Der Austausch folgt lediglich formal dem Gerüst einer sozialen Interaktion, in der bestenfalls formale Höflichkeitsregeln eingehalten werden. Indem die Person wartet, bis der Partner zu sprechen aufhört, bevor sie wieder eine Aktion startet, erweckt sie den Anschein, auf den Partner zu reagieren. Beispiel: Klatsch im Hausflur.
- *Asymmetrische Kontingenz*: Bei dieser Form sozialer Interaktion zeigt eine Person interaktive Reaktionen, während die andere in der Interaktionssequenz nur nach den eigenen Verhaltensplänen agiert, ohne auf die Beiträge des Partners zu reagieren. Beispiel: Strafpredigt.
- *Reaktive Kontingenz*: Das Niveau der reaktiven Kontingenz ist gekennzeichnet durch eine wechselseitige Orientierung an der Reaktion des jeweiligen Partners. Die Personen haben keine konkreten Verhaltenspläne für die Interaktionssequenz, sie verhalten sich weitgehend spontan und reaktiv. Beispiel: Verhalten in Paniksituationen.
- *Wechselseitige Kontingenz*: Hier handelt es sich um eine echte Austauschbeziehung, da beide Interaktionspartner sowohl nach eigenen Vorstellungen als auch auf die Impulse des Interaktionspartners gleichsam in doppelter Steuerung reagieren. Die Verhaltensweisen beider Partner sind interdependent. Beispiel: gemeinsame Urlaubsplanung.

1.2 Austausch- und Interdependenztheorien

Austausch und Interdependenz sind zwei zentrale Konzepte, die sich in verschiedenen theoretischen Ansätzen wiederfinden. Die Sichtweise von Interaktion als Austausch von negativen oder positiven Stimuli hat Eingang gefunden in Ansätze aus verschiedenen Disziplinen. Besonderen Einfluss hat die Austauschtheorie in der Soziologie, der Psychologie und in den Wirtschaftswissenschaften erlangt, wobei die verschiedenen Disziplinen unterschiedliche Schwerpunkte gesetzt haben.

Das lerntheoretische Paradigma der Austauschtheorie wird besonders in den soziologischen Austauschtheorien von Homans (1961; dt. 1968) und Blau (1986) deutlich. Skinners Gesetze des operanten Verhaltens lieferten die Grundlage für Homans Thesen zur Erklärung der Elementarformen sozialen Verhaltens. Nach Skinner wird die Auftretenswahrscheinlichkeit eines bestimmten Verhaltens erhöht, wenn dieses in einer ähnlichen Situation zuvor verstärkt worden ist. Einige der wichtigsten Annahmen Homans sind:

- *Ähnlichkeit:* „Wenn die Aktivität einer Person früher während einer bestimmten Reizsituation belohnt wurde, wird diese sich jener oder einer ähnlichen Aktivität umso wahrscheinlicher wieder zuwenden, je mehr die gegenwärtige Reizsituation der früheren gleicht" (Homans, 1968, S. 45).
- *Häufigkeit:* „Je öfter eine Person innerhalb einer gewissen Zeitperiode die Aktivität einer anderen Person belohnt, desto öfter wird jene sich dieser Aktivität zuwenden" (S. 46).

- *Wert:* „Je wertvoller für eine Person eine Aktivitätseinheit ist, die sie von einer anderen Person erhält, desto häufiger wird sie sich Aktivitäten zuwenden, die von der anderen Person mit dieser Aktivität belohnt werden (S. 47).

- *Quantität:* „Je öfter eine Person in jüngster Vergangenheit von einer anderen Person eine belohnende Aktivität erhielt, desto geringer wird für sie der Wert jeder weiteren Einheit jener Aktivität sein" (S. 47).

- *Ausgleichende Gerechtigkeit:* „Je krasser das Gesetz der ausgleichenden Gerechtigkeit zum Nachteil einer Person verletzt wird, desto wahrscheinlicher wird sie das emotionale Verhalten an den Tag legen, das wir Ärger nennen" (S. 64).

Homans Theorie hat zwei Grundlagen (Maris, 1970): zum einen die Verstärkungstheorie Skinners (1974), die mit einem Stimulus $\Rightarrow$ Reaktion $\Rightarrow$ Konsequenz Schema arbeitet und zum anderen das elementare ökonomische Kostenrechnungs-Prinzip. Nach diesem Prinzip kann der Gewinn eines Austauschs aus der Differenz von Erlös und Kosten berechnet werden. Für die beteiligten Personen A und B können sich unterschiedliche Werte ergeben: $\text{Gewinn}_A = \text{Erlös}_A - \text{Kosten}_A$ und $\text{Gewinn}_B = \text{Erlös}_B - \text{Kosten}_B$.

Wenn beispielsweise Person A Person B um Hilfe bittet, dann hat diese Aktion für A bestimmte Kosten, wie die Offenlegung der eigenen Hilfsbedürftigkeit, und für B etwa die Kosten der Unterlassung einer alternativen belohnenden Aktivität. Der Erlös für A ergibt sich durch die Hilfehandlung und für B durch den dadurch erlangten Statusgewinn. Homans versucht, mit seinen Konzepten die Entstehung und die Aufrechterhaltung oder den Abbruch von Austauschbeziehungen zwischen Personen zu erklären. Personen vollziehen über die Abfolge ihrer Interaktionen kumulative Gewinnberechnungen, die sich aus der Summe der Differenzen von Belohnungen und Kosten ergeben. Personen nehmen zudem Gewinnbewertungen vor, indem die eigenen und fremden Gewinne zu den eingebrachten Investitionen in Beziehung gesetzt werden. Die interagierenden Personen entwickeln zudem Vorstellungen über eine gerechte und faire Gewinnaufteilung, die nach Homans ursprünglicher Auffassung in einem ungefähr gleich großen Gewinn für A und B bestehen sollte: $\text{Gewinn}_A = \text{Gewinn}_B$.

Der bekannteste psychologische austauschtheoretische Ansatz ist die Interdependenztheorie von Thibaut und Kelley (Thibaut & Kelley, 1959; Kelley & Thibaut, 1978). Die Theorie ist später von Rusbult (Rusbult, 1980; Rusbult & Van Lange, 2003) erweitert worden und insbesondere für die Analyse enger persönlicher Beziehungen spezifiziert worden (siehe die Ausführungen zum Investitionsmodell, S. 37). Zunächst aber sollen die Grundkonzepte, so wie sie von Thibaut und Kelley konzipiert worden sind, dargestellt werden.

Ergebnisse und Bewertungen von Interaktionen

Die Theorie des sozialen Austauschs besagt, dass die Empfindung von Menschen bezüglich ihrer Beziehungen aus einer internen Kosten-Nutzen-Kalkulation resultiert. Ob eine Person eine Interaktion als positiv oder negativ bewertet, hängt davon ab, wie sie den Nutzen, den sie durch diese Beziehung erhält, im Vergleich zu den Kosten, die sie in dieser Beziehung hat, wahrnimmt. Darüber hinaus hängt ihre Bewertung aber auch von ihrer Überzeugung, welche Art von Beziehung sie verdient, ab und von der Wahrscheinlichkeit dafür, dass sie mit einem anderen Partner eine bessere Beziehung haben könnte. Nutzen sind die positiven, bestätigenden Aspekte der Beziehung, die sie wertvoll und verstärkend machen. Es sind die belohnenden Aktionen, die ein Individuum vom Partner erhält.

Im Rahmen der Austauschtheorie ist es nicht wichtig, inhaltlich zwischen unterschiedlichen Nutzen- und Kostenarten zu unterscheiden. Gemäß ihres lerntheoretischen Hintergrundes ist jeder Konsequenzreiz, der die Auftretenswahrscheinlichkeit einer Reaktion erhöht, ein Verstärker. Kosten sind alle Faktoren, die eine vom Individuum intendierte Verhaltenssequenz stören oder verhindern. In der lerntheoretischen Terminologie stellt jedes antizipierte oder tatsächliche aversive Ereignis oder jedes antizipierte oder tatsächliche entzogene positive Ereignis einen Kostenfaktor in der Beziehung dar.

Die Empfindung und die Bewertung der Beziehung hängen nicht nur von den wahrgenommenen Kosten und dem wahrgenommenen Nutzen ab, sondern auch von Überlegungen, welche Kosten-Nutzen-Relation *angemessen* ist und ob durch einen *Wechsel des Interaktionspartners* nicht eine positivere Bilanz erreicht werden könnte.

In der Austauschtheorie werden diese beiden Aspekte als Bewertungsstandards oder Vergleichsniveaus beschrieben. Das *allgemeine Vergleichsniveau (CL)* stellt einen Maßstab für die Bewertung einer Beziehung dar. Es bildet das Verhältnis von Kosten und Nutzen ab, das eine Person für gerechtfertigt hält und was sie in ihrer Beziehung an Kosten und Nutzen erwartet.

Einige Menschen haben ein hohes Vergleichsniveau und erwarten, in ihren Beziehungen eine Menge Nutzen und wenig Kosten zu erhalten. Entspricht das Resultat ihrer Kosten-Nutzen-Kalkulation ihren Erwartungen, so werden sie mit dieser Beziehung zufrieden sein. Entspricht aber eine Beziehung diesem erwarteten Vergleichsniveau nicht und liegt es unter diesem Standard, so wird die Beziehung an Attraktivität verlieren und die Person unglücklich und unzufrieden sein.

Im Gegensatz dazu würden Menschen mit einem niedrigen Vergleichsniveau bei gleicher Beziehungsbilanz glücklich sein, weil sie von Beziehungen erwarten, dass sie schwierig und aufwendig sind. Das allgemeine Vergleichsniveau resultiert aus allen bekannten, entweder bereits eingetretenen oder antizipierten Kosten und Nutzen. Neben eigenen Erfahrungen kann die Person auch auf bei anderen Personen beobachtete Ergebnisse zurückgreifen.

Das *Vergleichsniveau für Alternativen (CL_{alt})* ist ein Maßstab für die Ergebnisbilanz, die man in einer zur Verfügung stehenden alternativen Beziehung erreichen könnte. Das Vergleichsniveau für Alternativen stellt somit ein Kriterium für den Fortbestand einer Beziehung dar. Ist das Ergebnis der Kosten-Nutzen-Kalkulation einer möglichen alternativen Beziehung wesentlich günstiger als das der bestehenden Beziehung, so ist die Wahrscheinlichkeit, dass die Beziehung beendet wird, recht groß. Steht keine Alternative zur Verfügung, in der eine Person ein besseres Kosten-Nutzen-Verhältnis erwarten kann, so wird sie in der bestehenden Beziehung bleiben, auch dann, wenn das allgemeine Vergleichsniveau eine negative Bilanz aufweist. Je weniger Alternativen einer Person zur Verfügung stehen, desto stärker ist ihre Abhängigkeit von der bestehenden Beziehung.

Die bisherigen Ausführungen haben sich jeweils auf die Perspektive eines Interaktionspartners konzentriert. Die Wechselseitigkeit sozialer Beziehungen wird in der Matrix der Ergebnisse deutlich. Die *Ergebnismatrix* bildet die Ergebnisse ab, welche die Interaktionspartner wechselseitig bei bestimmten Verhaltensweisen erwarten können. Das sogenannte *Gefangenendilemma* stellt prototypisch eine solche Ergebnismatrix dar (siehe Abbildung 1.2 auf der nächsten Seite).

Zwei Personen werden einer kriminellen Handlung verdächtigt. Der Untersuchungsrichter ist von ihrer Schuld überzeugt, hat aber keine ausreichenden Beweise. Er weist daher jedem der beiden Gefangenen folgende Alternativen auf: Sie können die Tat gestehen oder leugnen. Wenn beide Gefangenen nicht gestehen, wird der Richter sie wegen einer anderen allgemeineren, aber nicht so schwerwiegenden Gesetzesübertretung verurteilen. Sie haben dann beide eine Strafe von einem Jahr Gefängnis zu erwarten.

Gestehen beide Gefangenen, so werden sie beide verurteilt, erhalten aber nicht die Höchststrafe. Gesteht ein Gefangener, während der andere weiter leugnet, so erhält der Geständige lediglich eine Strafe von drei Monaten Gefängnis, während der andere Gefangene die Höchststrafe von zehn Jahren erhält. Beide Gefangenen wissen nicht um die Entscheidung des jeweils anderen.

	Gefangener A leugnen	Gefangener A gestehen
Gefangener B leugnen	für A und B jeweils ein Jahr	drei Monate für A zehn Jahre für B
Gefangener B gestehen	zehn Jahre für A drei Monate für B	für A und B jeweils acht Jahre

Abbildung 1.2: Das Gefangenendilemma

Für welche Alternative sich eine Person entscheidet, hängt von ihren Erwartungen und Vermutungen hinsichtlich des Verhaltens ihres Partners ab. Im Beispiel des Gefangenendilemmas setzt der Untersuchungsrichter vermutlich darauf, dass das Vertrauen in den jeweiligen Partner bei den Gefangenen nicht so hoch ist, so dass sie davon ausgehen werden, dass der andere aus egoistischen Gründen gestehen wird. Im Gefangenendilemma ist die wechselseitige Abhängigkeit der Interaktionspartner gleich. Beide können in gleicher Weise durch ihr Verhalten Einfluss auf das Ergebnis nehmen. In anders gearteten Beziehungen können die Möglichkeiten zur Einflussnahme und zur Kontrolle unterschiedlich verteilt sein.

In der Interdependenztheorie werden drei mögliche Einflussfaktoren unterschieden, von denen die Ergebnisse, die Personen in einer Interaktion erzielen, abhängen.

- *Reflexive Kontrolle* bezeichnet das Ausmaß, in dem eine Person die Qualität ihrer Ergebnisse durch ihr eigenes Verhalten beeinflussen kann.
- *Verhaltenskontrolle* beschreibt das Ausmaß, in dem die Ergebnisqualität durch das Verhalten beider Personen wechselseitig beeinflusst werden kann.
- *Schicksalskontrolle* ist das Ausmaß, in dem die Ergebnisse einer Person unabhängig von ihrem eigenen Verhalten durch das Verhalten des Interaktionspartners kontrolliert oder bestimmt werden.

Nehmen wir an, Stephan (B) und Bettina (A) möchten zusammen den Urlaub verbringen. Stephan schwärmt für Frankreich, während Bettina Italien liebt. Sie möchten aber auf jeden Fall den Urlaub zusammen verbringen. Aus der Perspektive von Stephan lassen sich die unterschiedlichen Kontrollformen wie folgt in den Matrizen lesen (Abbildung 1.3 auf der nächsten Seite). Reflexive Kontrolle hat Stephan dann, wenn er nach Paris fährt statt nach Rom, und zwar unabhängig davon, was Bettina macht. Er kann ein Ergebnis von vier positiven Punkten erreichen, wenn er nach Paris fährt, unabhängig davon, ob Bettina ebenfalls nach Paris fährt oder nach Rom. Verhaltenskontrolle: Wenn Stephan nach Paris fährt, Bettina aber nach Rom, erzielt Stephan null Punkte. Fährt er aber nach Paris und Bettina kommt mit, erreicht er vier Punkte, das gleiche Ergebnis, das er erzielen würde, wenn beide nach Rom führen. In diesem Beispiel

1.2 Austausch- und Interdependenztheorien

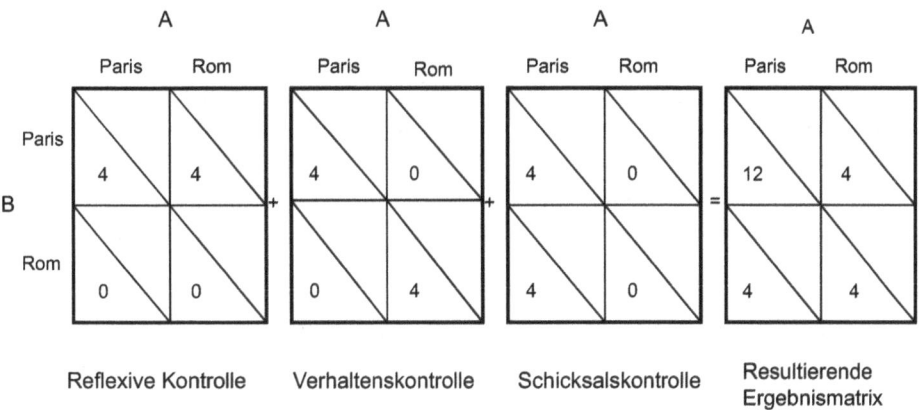

Abbildung 1.3: Interdependenztheoretische Kontrollvarianten

führt das übergeordnete Ziel, den Urlaub auf jeden Fall gemeinsam zu verbringen, zu den besten Ergebnissen. Die Verhaltenskontrolle ist ein Musterbeispiel für wechselseitigen Austausch oder soziale Interdependenz in einer Interaktion. Schicksalskontrolle: Ob Stephan vier Punkte erreicht, hängt allein von Bettina ab. Wenn sie nach Rom fährt, erreicht Stephan null Punkte, wenn sie nach Paris fährt, erreicht er vier Punkte, und zwar unabhängig davon, ob er nach Paris oder nach Rom fährt. In dieser formalen Betrachtung bleibt natürlich außer Acht, worauf dieser Punktgewinn letztendlich basiert. Reflexive Kontrolle, Verhaltenskontrolle und Schicksalskontrolle bestimmen gemeinsam das Endresultat der Ergebniskalkulation. In unserem Beispiel gewinnt Stephan auf jeden Fall, wenn er nach Paris fährt.

Zwei Konzepte sind eng mit der Frage der Abhängigkeit und des wechselseitigen Austauschs verbunden. Das eine Konzept ist die Macht, die durch bestimmte Interdependenzstrukturen manifestiert und deutlich wird. Es ist offensichtlich, dass eine Person, die über die Ergebnisse der Austauschbeziehung ihres Partners Schicksalskontrolle hat, über ein beträchtliches Maß an Macht verfügt. Macht im Sinne der Austauschtheorie besagt, dass eine Person die Ergebnisse ihres Partners beeinflussen kann. Das kann sie umso mehr, je mehr ihr Ressourcen zur Verfügung stehen, die der andere als wertvoll erachtet. Und ihre Macht ist umso stärker, je mehr Alternativen sie selbst zur Verfügung hat. Es kann sein, dass ihr Vergleichsniveau für Alternativen sehr hoch ist und sie trotzdem in der Beziehung bleibt, da sie bei einem Wechsel in die für sie auf den ersten Blick attraktivere Beziehung vermutlich einen Wechsel von der machtvolleren Position in eine abhängigere Position durchführen würde.

Das zweite Konzept ist die Frage, wann eine bestimmte Austauschbeziehung und die daraus resultierende Kosten-Nutzen-Relation als gerecht angesehen werden. Dies versuchen die Gerechtigkeitstheorien zu beantworten.

Die Austauschtheorie nach Thibaut und Kelley hat eine große Bedeutung für die Konflikt- und Verhandlungsforschung (Tries & Reinhardt, 2006). Die von Thibaut und Kelley eingeführten Konzepte der Kontrolle sind nicht nur auf die Interaktion von Personen, sondern auch auf die Interaktion von Gruppen und Organisationen anwendbar (Bernecker, 2005) .

1.3 Die Theorie der sozialen Vergleichsprozesse

Wenn wir wissen wollen, ob eine Strecke länger ist als eine andere, können wir das mit Hilfe eines Metermaßes entscheiden. Wie aber entscheiden wir, ob das Gehalt, das wir bekommen, eine angemessene Vergütung für unsere Leistung ist? Stehen für einen Bewertungsvorgang keine objektiven Standards zur Verfügung, so treten an ihre Stelle soziale Vergleiche.

Festinger (1954) hat diesen Sachverhalt in folgenden, hier in Ausschnitten wiedergegebenen Grundannahmen seiner *Theorie der sozialen Vergleiche* formuliert.

- Personen haben ein Bedürfnis zur Bewertung der eigenen Meinungen und Fähigkeiten.
- Wenn keine objektiven, nicht-sozialen Mittel zur Verfügung stehen, dann bewerten Personen ihre Meinungen und Fähigkeiten durch den Vergleich mit den Meinungen und Fähigkeiten anderer Personen.
- Wenn es weder physische noch soziale Vergleichsmöglichkeiten gibt, dann sind die subjektiven Bewertungen der Meinungen und Fähigkeiten instabil.
- Stehen objektive, nicht-soziale Vergleichsmöglichkeiten zur Verfügung, dann greifen Personen nicht auf Vergleiche mit anderen zurück.
- Die Tendenz, sich mit einer anderen Person zu vergleichen, nimmt ab, wenn der Unterschied in den Meinungen und Fähigkeiten größer wird.
- Wenn es ein größeres Spektrum von Personen gibt, mit denen man sich vergleichen kann, dann wählt man eine Person, deren Meinungen oder Fähigkeiten ähnlich den eigenen sind.
- Wenn es nur eine Vergleichsperson mit sehr abweichenden Meinungen oder Fähigkeiten gibt, dann ist die Person nicht in der Lage, eine genaue Selbstbewertung der eigenen Meinungen oder Fähigkeiten vorzunehmen.
- Es gibt ein Bedürfnis zur Verbesserung der eigenen Fähigkeiten. Dieses Bedürfnis ist bei Meinungen nicht stark ausgeprägt.
- Bei Fähigkeiten gibt es eine Reihe von nicht-sozialen Beschränkungen, die eine Veränderung verhindern. Diese Beschränkungen gibt es bei Meinungen nicht.
- Die Beendigung des Vergleichs mit anderen wird bei Meinungen von Feindseligkeiten und Abwertungen begleitet. Bei Fähigkeiten ist das nicht der Fall.

In Beziehungen kommen zu der individuellen Einschätzung nun noch der Vergleich mit dem Partner und die Einschätzung seiner Investitionen und seines Nutzens hinzu. Unter welchen Bedingungen und zu welchen Anlässen wird ein Vergleich gesucht? Im individuellen Fall wird ein Vergleich mit objektiven oder subjektiven Kriterien gesucht, wenn in naher Zukunft eine Einschätzung der eigenen Fähigkeit oder der eigenen Leistung gefordert wird. In Interaktionssituationen werden Vergleiche aktuell, wenn Bedürfnisse entstehen oder Ressourcen zu verteilen sind.

Wenn keine objektiven Kriterien zur Verfügung stehen, stellt sich die Frage, welche subjektiven Kriterien an ihre Stelle treten können. Nach Festinger greift man auf andere Personen zurück, an denen man sich orientieren und messen kann. Dabei liefert der Vergleich mit ähnlichen Personen die maximale Information. Aber auch die eigene Person kann als Vergleichsstandard herangezogen werden.

Im *temporalen Vergleich* (Albert, 1977) liefert der Vergleich mit sich selbst Informationen über Veränderungen. Welche Bedürfnisse hatte ich zu Beginn einer Partnerschaft, welche habe ich aktuell, und wie wurden und werden sie erfüllt? Temporale Vergleiche müssen nicht immer selbstreferentiell sein, es gibt auch Kombinationen von temporalen und sozialen Vergleichen (Masters & Keil, 1987). Wie geht es mir heute, und wie ging es meinen Eltern, als sie so alt waren wie ich jetzt?

Temporale Vergleiche werden gezogen in Zeiten rapider Veränderung der Lebensumstände, in Lebenslagen negativer Qualität und in Lebenslagen, in denen man den Wunsch hat, die Zukunft zu prognostizieren. Steht z. B. eine berufliche Versetzung in ein anderes Land bevor, dann sind Veränderungen der Lebensumstände (sozial, privat, ökonomisch) zu erwarten, und es stellt sich die Frage, ob es eine Verbesserung ist oder ob die Kosten zu hoch sind. Ein Beispiel für das Erleben eines negativen Ereignisses mag die Entdeckung sein, dass der Partner eine andere Beziehung hat. Und es liegt nahe, wissen zu wollen, wie sich die Beziehung in der Zukunft gestalten wird.

Soziale und temporale Vergleiche in sozialen Beziehungen sind nichts anderes als die Kalkulation des allgemeinen Vergleichsniveaus und des Vergleichsniveaus für Alternativen. Hat sich meine Ergebnismatrix im Laufe der Zeit verändert? Ist sie positiver oder negativer geworden? Habe ich Alternativen, die ich ergreifen kann, wenn die Ergebnisbilanz nicht mehr positiv ist? Wie geht es anderen in vergleichbaren Situationen? Welche Ergebnisbilanz hat der Partner? Sowohl im individuellen als auch im interaktiven Kontext ist für das weitere Verhalten das Ergebnis des Vergleichs bedeutsam. Fällt das Ergebnis negativ aus, suchen wir nach Strategien, um dieses negative Ergebnis zu verarbeiten und unseren Selbstwert aufrechtzuerhalten.

Im individuellen Bereich bietet die Theorie der sozialen Vergleiche mehrere Möglichkeiten an. Schneidet man bei einem Vergleich mit einer geringfügig besseren Person schlechter ab (es handelt sich dabei um einen *aufwärts gerichteten Vergleich*), dann spornt dies in der Regel an, mehr zu investieren, sich noch mehr anzustrengen, um auf diese Weise auch eine bessere Leistung zu erreichen, was wiederum zur Erhaltung und Erhöhung des Selbstwertes führt. Der Vergleich mit Personen, die noch in einer schlechteren Situation sind (*abwärts gerichtete Vergleiche*), ist eine andere Strategie, um das subjektive Wohlbefinden und den Selbstwert zu stärken. Wills (1981) geht davon aus, dass abwärts gerichtete Vergleiche häufiger sind, je schlechter das subjektive Wohlbefinden ist.

Aber die Verfügbarkeit von Abwärtsvergleichen ist eingeschränkt. Wenn man „unten" ist, wenn die Ergebnisbilanz negativ ist, gibt es weniger Personen, die noch unter einem sind, als wenn die eigene Stimmungslage gut und die Ergebnisbilanz positiv ist. Bei einer positiven Stimmungslage und bei einem positiven Ergebnis besteht aber keine Notwendigkeit, sich nach unten zu vergleichen. Fallen die Vergleichsergebnisse trotz allem negativ aus, so bleibt der *Wechsel der Vergleichsdimension* als Auswegstrategie.

J. V. Wood, Taylor und Lichtman (1985) beobachteten, dass Krebspatienten sich zwar mit Patienten verglichen, die in Bezug auf die Krankheit ähnlich schlecht gestellt waren, – sie boten die maximale Information als Vergleichsperson –, dass sie sich jedoch bevorzugt Personen auswählten, denen es in einem anderen Bereich schlechter ging, z. B. in der familiären Unterstützung.

Auf soziale Beziehungen übertragen, bedeutet dies: Ist die eigene Ergebnisbilanz negativ, kann ich schauen, ob es meinem Partner oder Personen in anderen vergleichbaren Beziehungen noch schlechter geht. Ich kann eine Umbewertung der Kosten und der Verstärker vornehmen, indem ich meine Investitionen als nicht so groß einschätze oder den Wert alternativer Ressourcen erhöhe. Ich kann letztlich auch, sofern mir Alternativen zur Verfügung stehen, nicht die Vergleiche ändern und auch nicht die Bewertungen verändern, ich kann als letzte Strategie die Beziehung verlassen.

Anwendungskontexte der Theorie sind neben der Gesundheitspsychologie, aus der das Beispiel von J. V. Wood et al. (1985) stammt, vor allem die Pädagogische Psychologie. Die Entwicklung und Beeinflussung des Selbstkonzeptes durch Vergleiche mit anderen Schülern und die Auswirkung auf schulische Leistung ist häufig untersucht und eindringlich nachgewiesen worden (Möller & Köller, 2004; Gerlach, Trautwein & Lüdtke, 2007). Eine zentrale Frage ist dabei, wie Bezugsnormen die Wahrnehmung der eigenen Tüchtigkeit beeinflussen (Rheinberg, 1979).

Zu berücksichtigen ist, dass unterschiedliche Motive Einfluss auf die Wahl der Vergleichsstrategie haben können. Dem *Bedürfnis nach Selbstaufwertung* (self-enhancement) kann am besten durch abwärtsgerichtete Vergleiche entsprochen werden, während das Streben nach *persönlicher Weiterentwicklung* (self-improvement) mit Vergleichen verbunden ist, die etwas über dem eigenen Niveau liegen (Gibbons, Blanton, Gerrard, Buunk & Eggleston, 2000).

Interesse hat die Theorie der sozialen Vergleichsprozesse auch in der Medienforschung gefunden. In einer Arbeit von Schemer (2007) wurde die Wirkung attraktiver und nicht attraktiver Models auf die Zufriedenheit mit dem eigenen Körper untersucht. Die Versuchsteilnehmerinnen sahen entweder Photos von attraktiven (Aufwärtsvergleich) oder von unattraktiven Models (Abwärtsvergleich). Zusätzlich wurde das Selbstwertgefühl der Teilnehmerinnen erhoben. Nach Betrachten der Photos sollten die Teilnehmerinnen die Photos in eine Attraktivitätsrangreihe bringen und sich selbst ebenfalls dort einordnen.

Es zeigte sich, dass der Selbstwert eine wichtige Rolle bei der Verarbeitung der Vergleiche spielt. Frauen mit einem geringen Selbstwertgefühl waren nach Aufwärtsvergleichen unzufriedener mit ihrem Aussehen als Frauen mit einem hohen Selbstwertgefühl. Bei Abwärtsvergleichen unterscheiden sich Frauen mit hohem und niedrigem Selbstwert nicht hinsichtlich ihrer Zufriedenheit. Differenzierter konnte gezeigt werden, dass bei Frauen mit niedrigem Selbstwertgefühl nach sozialen Vergleichen mit weniger attraktiven Models die Zufriedenheit mit dem eigenen Aussehen stieg, je unattraktiver die Models eingeschätzt wurden. Bei Frauen mit hohem Selbstwertgefühl aber korrelierte die Zufriedenheit nicht mit der Selbsteinschätzung in Relation zu den Models. Ein hoher Selbstwert senkt offenbar die Anfälligkeit für die Wirkung sozialer Vergleiche.

Untersuchungen von Mussweiler (2003, 2006) legen nahe, dass die unterschiedlichen Konsequenzen sozialer Vergleiche auf selektive Zugänglichkeit von Selbstwissen (Wissen über sich selbst) zurückzuführen sind. Wird bei einem Vergleich eher die Ähnlichkeit zwischen dem Selbst und dem Vergleichsstandard angesprochen, so führt dies zu einer Assimilation des Selbst an den Standard. Wird eher auf Unterschiede zum Standard fokussiert, kommt es zu einer Kontrastierung von Selbst und Standard.

Soziale Vergleiche sind ein einfaches und überaus häufig eingesetztes Mittel, um sich selbst beurteilen zu können und um sich in der sozialen Welt zu verankern. Wir setzen sie sogar dann ein, wenn objektive Standards zur Verfügung stehen. Sie bieten dann zusätzliche Informationen für ein genaueres und präziseres Selbstbild (Klein, 1997).

1.4 Die Theorie der kognitiven Dissonanz

Jeder kennt das unangenehme Gefühl, das sich oft nach einer Entscheidung zwischen annähernd gleichwertigen Alternativen einstellt. Habe ich den richtigen Bewerber ausgewählt oder hätte ich mich doch für den anderen Kandidaten entscheiden sollen? Habe ich das richtige Studienfach gewählt? War es richtig, die Aktie zu verkaufen, oder hätte ich sie halten sollen? Die Unsicherheit, das Richtige getan zu haben, löst eine Menge kognitiver Aktivitäten aus, um die entstandenen Dissonanzen zu bewältigen.

Kognitive Dissonanz ist nach Festingers Theorie (Festinger, 1957) ein Spannungszustand, der entsteht, wenn eine Person sich zweier inkonsistenter oder widersprüchlicher Kognitionen bewusst wird. Kognitionen sind Gedanken aus unterschiedlichsten Bereichen, die, durch einen Stimulus ausgelöst, uns bewusst werden. Kognitionen können sich zu größeren Zusammenhängen zusammenfügen, etwa zu Meinungen und Einstellungen. Gehen alle Gedanken und Aspekte zu einem Einstellungsobjekt in die gleiche Richtung, haben wir keinen Grund, an unserer Meinung, Einstellung oder Entscheidung zu zweifeln. Widersprechen aber einige Kognitionen einander, so spüren wir eine Spannung, kognitive Dissonanz, die nach Auflösung drängt.

Zwischen den Kognitionen können unterschiedliche Beziehungen bestehen. Neben konsonanten und dissonanten können auch irrelevante Beziehungen bestehen.

- Bei *irrelevanten Beziehungen* zwischen Kognitionen besteht für uns kein Zusammenhang zwischen den einzelnen Kognitionen. Deshalb spielen sie für Einstellungen und Einstellungsänderungen keine Rolle. (Beispiel: „Ich reise gern in ferne Länder." – „Der Minister ist zurückgetreten.")
- In einer *konsonanten Beziehung* sind die Kognitionen, die ins Bewusstsein gelangen, miteinander vereinbar. (Beispiel: „Ich reise gern in ferne Länder."– „Die Flüge sind im letzten Jahr deutlich billiger geworden.")
- Bei *dissonanten Beziehungen* stehen Kognitionen im Widerspruch zueinander, sie sind unvereinbar. (Beispiel: „Ich reise gern in ferne Länder."– „Lange Flüge sind sehr anstrengend.")

Der Spannungszustand, der durch einander widersprechende Kognitionen ausgelöst wird, bewirkt einen Druck in Richtung auf *Dissonanzreduktion* und Vermeidung von *Dissonanzvergrößerung*. Eine Dissonanzreduktion kann durch verschiedene Strategien erreicht werden.

Bei der *Addition neuer konsonanter Kognitionen* werden Informationen, die zu einer bestimmten Einstellung passen, aktiv aufgesucht und der Gesamtmenge der Kognitionen hinzugefügt, so dass wieder die zu einer Einstellung passenden Kognitionen überwiegen. (Beispiel: „Ich fliege gern in ferne Länder, aber Fliegen birgt Gefahren." – „In einem Journal habe ich gelesen, dass durch ein Medikament, die Gefahr einer Thrombose bei langen Flügen herabgesetzt werden kann.")

Bei der *Strategie der Subtraktion dissonanter Kognitionen* werden unpassende Kognitionen ignoriert, vergessen oder verdrängt. (Beispiel: „Ich habe noch nie Probleme beim Fliegen gehabt.")

Bei der Additions- und der Subtraktionsstrategie werden im kognitiven System Veränderungen zugunsten der bestehenden Einstellung vorgenommen. Kann jedoch die Dissonanz weder durch neue passende Informationen noch durch Abwertung nicht passender Informationen aufgelöst oder zumindest gemildert werden, so bleibt, um wieder eine kognitive Balance zu erreichen, nur eine *Substitution* oder Umbewertung von Kognitionen – was gleichbedeutend mit einer Einstellungsänderung ist. (Beispiel: „Ich werde die nächste Reise per Schiff machen.")

In dem berühmten Experiment von Festinger und Carlsmith (1959) mussten die Versuchsteilnehmer zu Beginn des Experimentes eine Stunde lang zwei langweilige motorische Aufgaben durchführen. Danach wurden die Versuchsteilnehmer unter einem Vorwand gefragt, ob sie bereit wären, der nächsten Versuchsperson zu sagen, dass die experimentelle Aufgabe sehr interessant sei. Einem Teil der Versuchsteilnehmer wurden 20 $ einem anderen Teil 1 $ dafür angeboten, dass sie diese Unwahrheit erzählen. Die Frage ist nun: Schätzen die Versuchsteilnehmer der 20 $-Bedingung oder die der 1 $-Bedingung später die langweilige Tätigkeit positiver ein?

Vom Alltagsdenken ausgehend müsste man eigentlich annehmen, dass die gutbezahlten Versuchsteilnehmer eine günstigere Einstellung haben werden als die schlechtbezahlten.

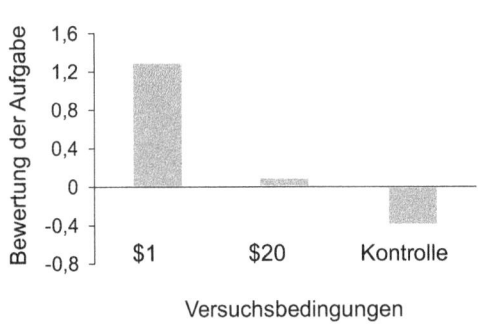

Abbildung 1.4: Das 1 $ – 20 $-Experiment nach Festinger und Carlsmith (1959)

Die Dissonanztheorie gelangt zur gegenteiligen Vorhersage: Es besteht zwar bei beiden Gruppen eine Diskrepanz und damit Dissonanz zwischen der tatsächlichen Meinung (dass die Tätigkeit langweilig ist) und dem Verhalten (der Äußerung, dass die Tätigkeit interessant ist). Diese Dissonanz wird aber in der 20 $-Bedingung gemildert, denn hier besteht wenigstens Konsonanz zwischen dem Aussprechen einer Lüge und der großzügigen Bezahlung, die man dafür erhält. Das einstellungsdiskrepante Verhalten wird durch das erhaltene Geld wenigstens teilweise gerechtfertigt. In der 1 $-Bedingung bleibt aber die Dissonanz zwischen der Lüge und dem gezeigten Verhalten bestehen und wird auch nicht durch die Belohnung gemildert, die dafür versprochen wurde. Die Dissonanz ist also in der 1 $-Bedingung größer als in der 20 $-Bedingung. In der 1 $- Bedingung muss sie daher eher reduziert werden.

Der einfachste Weg zur Dissonanzreduktion ist, das am wenigsten in das kognitive System eingebundene kognitive Element zu ändern, also eine Umbewertung oder Substitution vorzunehmen. Das am wenigsten stabile kognitive Element der Versuchsteilnehmer ist in diesem Fall die private Einstellung zur Aufgabe, denn dieses kognitive Element hatte sich ja erst im Laufe des Experimentes gebildet und war noch nicht öffentlich mitgeteilt worden, war also auch noch nicht so sehr in dem kognitiven System verankert. Da die tatsächliche Einstellung noch nicht geäußert worden war, konnten auch noch keine Konsequenzen aus dieser Einstellung abgeleitet oder abgesehen werden.

In der Tat bestätigen die Ergebnisse des Experimentes diese Annahme (siehe Abbildung 1.4).

In Folgeuntersuchungen sind nicht immer entsprechende Ergebnisse aufgetreten, so dass es zu einer Revision der Dissonanztheorie kam. So haben Linder, Cooper und Jones (1967) auf die Bedeutung von *Wahlfreiheit* hingewiesen. Dissonanz tritt nur auf, wenn das Individuum frei zwischen Alternativen wählen kann.

Nach Cooper und Fazio (1984) müssen folgende Faktoren gegeben sein, damit es zu einer *Einstellungsänderung aufgrund erlebter Dissonanz* kommt:

- Das gezeigte Verhalten (ich lüge) muss negative Konsequenzen haben (ich habe ein schlechtes Gewissen).
- Die Verantwortung für das Verhalten liegt bei der Person (ich werde nicht dazu gezwungen, es liegen keine externen Gründe für mein Verhalten vor).
- Das Individuum muss eine physiologische Erregung wahrnehmen (ich fühle mich unwohl).
- Die physiologische Erregung muss auf das Verhalten zurückgeführt werden (wenn ich lüge, fühle ich mich unwohl).

Nur wenn diese Bedingungen gegeben sind, tritt Dissonanz auf. Ist diese stark genug, so besteht das Bedürfnis, das eigene Verhalten zu erklären, und da keine externen Gründe zur Verfügung stehen, kommt es zu einer Änderung der Einstellung (die Aufgabe war doch nicht so langweilig).

1.5 Die Selbstwahrnehmungstheorie

Die Selbstwahrnehmungstheorie (Bem, 1972) erklärt die Befunde des 1 $ – 20 $-Experimentes etwas anders. Die Kernaussagen dieser Theorie lassen sich folgendermaßen zusammenfassen: Individuen lernen ihre eigenen Einstellungen, Gefühle und andere innere Zustände kennen, indem sie diese teilweise durch Beobachtungen ihres eigenen Verhaltens und/oder der Umstände, unter denen dieses Verhalten auftritt, erschließen.

Starke innere Hinweisreize (z. B. Schmerzen) bedürfen keiner Erschließung aus Verhaltensindikatoren. Sie werden unmittelbar erfahren und erkannt. Wenn die internen Hinweisreize jedoch schwach, mehrdeutig oder uninterpretierbar sind, befindet sich das Individuum funktional in der gleichen Position wie ein außenstehender Beobachter, ein Beobachter, der sich notwendigerweise auf externe Hinweise verlassen muss, um auf innere Zustände zu schließen.

Bezogen auf das 1 $ – 20 $-Experiment folgt Bem, dass in der 1 $-Bedingung der hypothetische Beobachter externe (finanzielle) Anreize ausschließen kann und sich fragt, welche Einstellung hat jemand, der dieses Verhalten („Die Aufgabe ist interessant!") zeigt. In der 20 $-Bedingung kann nichts über die tatsächliche Einstellung gefolgert werden, da das Verhalten auch durch den externen Anreiz bedingt sein kann.

Die Frage, ob die Selbstwahrnehmungstheorie oder die Dissonanztheorie die besseren Erklärungen für Einstellungsänderungen liefert, hat lange Zeit das Lager der Forscher gespalten. Schließlich ergaben Untersuchungen, die sich mit der Rolle und der Bedeutung von Erregung für eine Einstellungsänderung auseinandersetzten, einen Vorteil für die Dissonanztheorie (Fazio & Cooper, 1983). Die Selbstwahrnehmungstheorie behauptet sich dagegen bei der Frage, wie sich Einstellungen formen.

Schon die Wahrnehmung von Muskelanspannungen hat Informationswert für unseren affektiven Zustand. Laird (1974) legte beispielsweise Versuchsteilnehmern Elektroden an bestimmte Gesichtsmuskeln. Die Versuchsteilnehmer sollten dann die Augenbrauen runzeln oder lächeln und berichten, wie sie sich fühlten. Beim Runzeln der Augenbrauen berichteten die Teilnehmer

Ärger, beim Aktivieren der Lachmuskulatur fühlten sie sich fröhlicher. Entstehen diese Muskelanspannungen bei der Konfrontation mit einem Einstellungsobjekt, so geben sie uns Hinweise auf die Einstellung, die wir gegenüber diesem Objekt haben. Sie weisen auf die affektive Komponente von Einstellungen.

Strack, Martin und Stepper (1988) zeigten ihren Versuchsteilnehmern Cartoons, die sie dann beurteilen sollten. Eine Gruppe der Versuchsteilnehmer musste beim Betrachten der Cartoons einen Füller zwischen den Lippen halten, die andere Gruppe hielt den Füller zwischen den Zähnen. Die Cartoons wurden als lustiger wahrgenommen, wenn der Füller zwischen den Zähnen gehalten wurde.

Eines der bekanntesten Experimente zur Wahrnehmung eigener Emotionen stammt von Schachter und Singer (1962). Es ist aus der *Zwei-Faktoren-Theorie der Emotion* abgeleitet, die folgende Grundannahmen hat:

- Wenn ein physiologischer Erregungszustand gegeben ist, für den die betroffene Person nicht unmittelbar eine Erklärung findet, wird sie diesen Zustand und ihre Emotionen mit solchen Kognitionen kennzeichnen, die ihr gerade zur Verfügung stehen.
- Wenn ein physiologischer Erregungszustand gegeben ist, für den die betroffene Person unmittelbar eine ausreichende Erklärung findet, besteht kein Bedürfnis nach weiterer Erklärung, und sie wird diesen Zustand auf diese ihr geläufige Ursache zurückführen.
- Hat eine Person emotionsträchtige Kognitionen, so wird sie nur in dem Maße emotional reagieren oder emotionales Erleben berichten, in dem sie tatsächlich eine physiologische Erregung erfährt.

Abgeleitet aus diesen Annahmen wurden folgende Variablen in dem Experiment variiert:

- das *Ausmaß der physiologischen Erregung*,
- der Umfang, in dem die Versuchspersonen eine *angemessene Erklärung* für die physiologische Erregung hatten und
- die *situativen Faktoren*, die gegebenenfalls als Erklärung für eine physiologische Erregung dienen konnten.

Den Versuchspersonen wurde mitgeteilt, dass der Einfluss eines Vitaminpräparates auf das Sehvermögen untersucht werden sollte und dass dazu eine Injektion des Präparates notwendig sei. Tatsächlich wurde entweder Epinephrin (Adrenalin) oder als Placebo eine schwache Kochsalzlösung injiziert. Epinephrin führt zu subjektiven Symptomen wie Herzklopfen, Zittern, zeitweiliges Gefühl des Errötens und beschleunigtes Atmen. Diese Begleiterscheinungen setzen 3 bis 5 Minuten nach der Injektion ein, und halten 10 bis 60 Minuten an. Das war die Variation der ersten Variablen „Ausmaß der physiologischen Erregung".

Die zweite Variable „Umfang der Angemessenheit der Erklärung" wurde in drei Stufen variiert. Eine Gruppe wurde über die tatsächlichen Nebeneffekte der Injektion informiert. Einer zweiten Gruppe wurde mitgeteilt, dass das Präparat keinerlei Nebeneffekte habe. Einer dritten Gruppe wurden schließlich falsche, tatsächlich nicht auftretende Effekte, wie taube Füße, Jucken und Kopfschmerzen, als mögliche Nebeneffekte genannt. Diese dritte Bedingung wurde nur eingeführt, um zu prüfen, ob möglicherweise schon allein die Ankündigung von Nebeneffekten einen Einfluss hat, gleichgültig, ob es sich um die Mitteilung der richtigen oder der falschen Nebeneffekte handelt.

1.5 Die Selbstwahrnehmungstheorie

Die dritte Variable, nämlich „situative Faktoren", wurde in zwei Variationen eingeführt. Die Versuchsteilnehmer wurden in eine Situation gebracht, in der sie entweder zu Fröhlichkeit oder zu Ärger angeregt wurden. Insgesamt waren sieben Versuchsgruppen beteiligt. Der Versuchs-

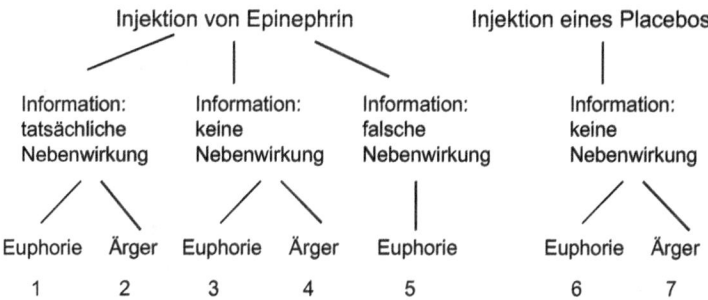

Abbildung 1.5: Versuchsanordnung nach Schachter und Singer (1962)

plan (siehe Abbildung 1.5) ist in gewisser Weise unvollständig, da unter der Bedingung Placebo lediglich die Information „keine Nebenwirkung" gegeben wurde, aber nicht die Information „falsche Nebenwirkung" ausprobiert wurde. Außerdem wurde unter der Bedingung „falsche Nebenwirkung nach Injektion von Epinephrin" lediglich die Euphoriesituation untersucht, nicht aber die Ärgersituation. Die Unvollständigkeit ist ein Kritikpunkt an diesem Experiment, da die Ergebnisse dadurch nur in begrenztem Maße interpretierbar sind.

Die Operationalisierung der Euphorie- bzw. Ärgerbedingung geschah auf folgende Weise: In der Euphorie-Bedingung kommt die Versuchsperson nach der Injektion in einen Raum, in dem sich bereits eine andere Person (eine konföderierte Versuchsperson) befindet, die lacht, umhertanzt und sichtbar fröhlich ist. In der Ärger-Bedingung befindet sich die Versuchsperson ebenfalls mit einer konföderierten Versuchsperson in einem Raum. Beide Versuchsteilnehmer müssen einen sehr persönlichen einigermaßen unverschämten Fragebogen beantworten. Die konföderierte Versuchsperson reagiert nach einiger Zeit, entsprechend den Drehbuchanweisungen des Versuchsleiters, mit Protest, Wut und Versuchsabbruch.

Schauen wir uns einige Ergebnisse an. Als abhängige Variable wurde der emotionale Zustand der Versuchspersonen eingeschätzt. Dies geschah zum einen durch eine Verhaltensbeobachtung durch den Versuchsleiter und zum anderen beurteilten die Versuchspersonen selbst ihren emotionalen Zustand. Die erste Annahme war, dass Personen, wenn sie keine hinreichende Erklärung für eine wahrgenommene physiologische Erregung haben, auf naheliegende Kognitionen zur Erklärung zurückgreifen. Dies sollte in den Versuchsbedingungen der Fall sein, in denen die Versuchspersonen nicht über etwaige Nebenwirkungen der Injektion mit Epinephrin informiert wurden. Da sie aber eine physiologische Erregung verspürten, zogen die Versuchspersonen zur Kennzeichnung ihrer wahrgenommenen physiologischen Veränderungen das Verhalten der konföderierten Person heran und zeigten das gleiche Verhalten, also Euphorie in der Euphoriesituation und Ärger in der Ärgersituation.

Obwohl objektiv in allen vier Bedingungen die gleichen physiologischen Empfindungen auftraten, denn alle Versuchsteilnehmer erhielten die gleiche Injektion, wurden sie von den Versuchspersonen unterschiedlich – unter Heranziehung von externen Hinweisen – interpretiert.

In den Bedingungen dagegen, in denen die Versuchspersonen über die tatsächlichen Nebenwirkungen informiert wurden, bestand für sie keine Notwendigkeit, nach weiteren Erklärungsmöglichkeiten zu suchen. Sie interpretierten ihre Erregung als Nebenwirkungen der Injektion und ließen die konföderierte Person allein herumtanzen oder herumbrüllen.

Nach Schachter ist die Identifikation von Gefühlen also davon abhängig, welche Ursachen für eine Erklärung zur Verfügung stehen. Fehlt eine objektive Erklärungsmöglichkeit, so setzt eine Suche nach passenden Kognitionen oder Erklärungsmöglichkeiten ein. In seinem Experiment orientierten sich die Personen an anderen Personen, sie zogen soziale Vergleiche und benutzten diese, um ihre eigenen Empfindungen zu labeln.

Die Beobachtung anderer Personen als Hilfsmittel zur Interpretation eigener Befindlichkeiten untersuchten auch Goldstein und Cialdini (2007). Sie zeigen, dass Personen nicht nur aufgrund des von ihnen wahrgenommenen freiwilligen Verhaltens auf ihre eigenen Eigenschaften schließen – so wie es die klassische Selbstwahrnehmungstheorie formuliert –, sondern dass sie dies auch können, wenn sie das freiwillige Verhalten anderer Personen beobachten, sofern sie mit diesen eine gemeinsame Identität fühlen. In diesem Fall nehmen sie die beobachtete Handlung fast so wahr, als sei es ihre eigene.

Neben der Erklärung, wie Einstellungen gebildet und wahrgenommen werden, liefert die Selbstwahrnehmungstheorie darüber hinaus Erklärungsmöglichkeiten für Einstellungsänderungen in den Fällen, in denen das Verhalten, aus dem Schlussfolgerungen gezogen werden, nur geringfügig von der ursprünglichen Einstellung abweicht.

Dies ist z. B. der Fall beim *Foot-in-the-Door-Effekt*, der auf Freedman und Fraser (1966) zurückgeht und eine Fülle von Untersuchungen nach sich gezogen hat (Burger, 1999). Die Foot-in-the-Door-Technik bedeutet, jemanden zunächst zu einem Verhalten zu bringen, das er in aller Regel auch ausführen wird, um in einem nächsten Schritt eine höhere Forderung zu stellen. Die Technik folgt dem Prinzip: Fordere wenig und steigere dann.

In dem Experiment von Freedman und Fraser wurden die Teilnehmer per Telefon kontaktiert und gebeten, einige wenige Fragen zur Seifenmarke, die sie zuhause benutzten, zu beantworten. Später wurden sie dann mit der großen Forderung konfrontiert, einem Team von sechs Personen zu erlauben, in ihrem Haus eine Bestandsaufnahme aller Haushaltsgegenstände zu machen. Das Experiment bestand aus vier Bedingungen:

- *Leistung:* Zunächst wurde eine kleine Forderung gestellt, die geleistet wurde, dann wurde eine größere Forderung präsentiert.
- *Nur-Zustimmung:* Zunächst wurde eine kleine Forderung gestellt, die die Teilnehmer nach Zustimmung aber nicht erfüllen mussten, dann wurde eine größere Forderung präsentiert.
- *Bekanntheit:* Die Teilnehmer wurden mit der Person, welche die Forderung stellte, bekannt gemacht; es wurde keine kleine Forderung gestellt, sondern nur später die größere.
- *Ein-Kontakt:* Den Teilnehmern wurde nur die große Forderung gestellt.

Abbildung 1.6 auf der nächsten Seite zeigt die Ergebnisse dieses Experimentes. Nur etwa 22 % der Teilnehmer gaben der großen Forderung nach, wenn die Forderung unvermittelt gestellt wurde (Bedingung Ein-Kontakt), aber etwa 53 % erlaubten es in der Bedingung Leistung (in der die Vorgehensweise Foot-in-the-Door realisiert wurde). Das Nachgeben unter den beiden anderen Bedingungen (Nur-Zustimmung und Bekanntheit) liegt im Ausmaß zwischen Ein-Kontakt

1.5 Die Selbstwahrnehmungstheorie

und Leistung. In der Bedingung Leistung kann nicht ausgeschlossen werden, dass ein Teil des Effektes auf den Bekanntheits- und Nur-Zustimmungseffekt zurückzuführen ist.

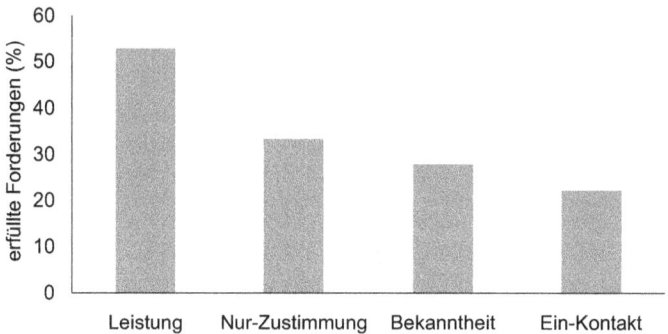

Abbildung 1.6: Foot-in-the-Door-Effekt nach Freedman und Fraser (1966)

Es könnte sein, dass die Teilnehmer der größeren Forderung vor allem deshalb nachgaben, weil sie den Forderungssteller kannten (Bekanntheits-Bedingung) oder weil sie konsistent in ihrem Verhalten sein wollten (Nur-Zustimmungs-Bedingung).

Deshalb führten Freedman und Fraser ein zweites Experiment durch, in dem die zweite große Forderung von einer anderen Person gestellt wurde. Die Teilnehmer wurden zuerst gebeten, eine Petition für sicheres Fahren bzw. für ein schönes Kalifornien zu unterzeichnen. Die zweite Forderung bestand in dem Aufstellen eines großen hässlichen Schildes mit der Aufschrift „Fahr vorsichtig" auf ihrem Grundstück.

Die Ergebnisse zeigten, dass die Teilnehmer eher zustimmten, wenn zuvor der Fuß durch eine kleine Forderung bereits in der Tür war, als in den Bedingungen ohne kleine Forderung. Darüber hinaus erhöhte sich die Zustimmung noch, wenn es sich bei der kleinen und großen Forderung um einen ähnlichen Bereich handelte (beide Male Fahrverhalten). Die Erklärung der Selbstwahrnehmungstheorie ist, dass die Wahrnehmung, nach der kleinen Forderung ein bestimmtes Verhalten gezeigt zu haben, dazu führt, bei der folgenden größeren Forderung konsistent mit dem bereits gezeigten Verhalten sein zu wollen.

Der Foot-in-the-Door-Effekt ist weder an eine Kommunikation mit einer bekannten Person noch an eine direkte Face-to-Face-Interaktion gebunden. Er tritt auch in computer-mediierten Kommunikationen, etwa in E-Mail-Kommunikation (Guégen, 2002) oder im Internet (Wiedmann & Langner, 2004) auf.

Der Foot-in-the-Door-Effekt ist ein Standardverfahren im Marketing und in der persuasiven Kommunikation ganz allgemein und wird in den verschiedensten Bereichen eingesetzt: Kaufverhalten (persönlicher Verkauf, aber auch Bonusaktionen und Rabatt-Coupons), Spendenverhalten (Geld- und Blutspenden), Beratung, Umweltbewusstsein, Anwerbung von Mitgliedern in verschiedensten Organisationen (religiöser wie ökonomischer Art), in der Internet-Werbung.

Der Foot-in-the-Door-Effekt basiert darauf, dass das erste Verhalten intrinsisch gezeigt wird und als Anker für die Schlussfolgerung der eigenen Einstellung genommen wird. Extrinsische Belohnungen unterminieren den Foot-in-the-Door-Effekt (Zuckerman, Iazzaro & Waldgeir, 1979). Burger und Caldwell (2003) zeigten, dass Teilnehmer, die 1 $ für ihre Unterschrift unter eine Petition für Obdachlose erhielten, sich seltener an einer später geforderten Arbeit beteiligten als Teilnehmer ohne Bezahlung und dass sie sich als weniger hilfsbereit einschätzten. Weiter konnte gezeigt werden, dass auch die Zuschreibung von Hilfsbereitschaft durch eine fremde Person die Bereitschaft, die größere Forderung zu erfüllen, erhöhte.

Offenbar wird entweder durch das Beobachten des eigenen hilfsbereiten Verhaltens (für das es keinen externen Anreiz gibt) oder durch eine externe Zuschreibung eine Schlussfolgerung auf die eigene Einstellung gezogen und diese dann auch in der Bereitschaft zu oder der Ablehnung der größeren Forderung realisiert.

Was für den speziellen Fall der Foot-in-the-Door-Technik gilt, trifft auch allgemein für Effekte der Attribuierung nach einer Selbstwahrnehmung zu. Extrinsische Belohnungen sind für intrinsisch motivierte Handlungen kontraproduktiv. Werden Kinder für eine Handlung belohnt, die sie zunächst aus eigenem Interesse heraus ausgeführt haben, so führt dies zu einer Abnahme des Interesses an der Handlung (Lepper, Greene & Nisbett, 1973), ein Effekt, der als „overjustification" (Überrechtfertigung) bekannt ist.

Die umgekehrte Technik *Door-in-the-Face* arbeitet auf einer anderen theoretischen Grundlage. Das Prinzip „Fordere viel, dann erhältst Du wenigstens etwas!" setzt auf die Wirkung der Reziprozitätsnorm, wie sie beispielsweise in der Equity-Theorie verankert ist.

Cialdini et al. (1975) prüften die Wirkung der Door-in-the-Face-Technik folgendermaßen: Sie wandten sich an Studenten mit einer riesigen Bitte. „Würdest Du bitte in den nächsten beiden Jahren zweimal pro Woche unentgeltlich in einer Jugendstrafanstalt arbeiten." Niemand sagte zu. Als sie aber dann um einen geringeren Gefallen gebeten wurden „Würdest Du denn bitte eine Gruppe dieser Jugendlichen einmal für 2 Stunden bei einem Besuch im Zoo begleiten", stimmten 50 % zu. Wenn diese geringere Bitte allein geäußert wurde (ohne Door-in-the-Face) stimmten nur knapp 17 % zu. Die Rücknahme der großen Forderung ist ein Entgegenkommen, auf das man reziprok reagieren muss.

Die *Low-Ball-Technik* ähnelt wiederum der Foot-in-the-Door-Technik. Das Prinzip der Lowball-Technik ist: „Sag die ganze Wahrheit erst später!" Der Einstiegspreis für ein Auto wird von den Autofirmen oft relativ niedrig gehalten. Die ganze Wahrheit über den Preis erfährt man erst, wenn man sich sein Wunschauto konfiguriert hat.

Cialdini, Cacioppo, Bassett und Miller (1978) baten eine Gruppe von Versuchspersonen, an einem Experiment teilzunehmen, das um 7 Uhr morgens stattfinden sollte. Eine zweite Gruppe baten sie zunächst nur um die Teilnahme. Nachdem die Versuchsperson zugesagt hatte, erfuhr sie, dass das Experiment um 7 Uhr morgens stattfinden sollte. Aus der ersten Gruppe waren nur 15 % der Angesprochenen zur Teilnahme bereit. In der zweiten Gruppe waren 55 % bereit, und fast alle hielten ihre Zusage, auch nachdem sie den frühen Anfangstermin erfahren hatten, aufrecht.

Alle drei Techniken werden eingesetzt, um den Interaktionspartner in eine Selbstverpflichtung (Commitment) zu bringen. Durch die verschiedenen Eingangsimpulse wird er in eine Situation gebracht, in der er den nächsten Schritt tun muss, um innere Konsistenz zu bewahren.

Die Selbstwahrnehmungstheorie gehört ebenso wie die Theorie der kognitiven Dissonanz zu den Konsistenztheorien, die ihren Ursprung in Heiders Balance-Theorie (Heider, 1958) haben.

1.5 Die Selbstwahrnehmungstheorie

Die Grundannahme aller Konsistenztheorien ist, dass wir ein Bedürfnis nach Konsistenz haben und Inkonsistenz ein unbehaglicher Zustand ist, den wir vermeiden oder schnell reduzieren wollen.

Heider unterscheidet balancierte und unbalancierte Strukturen.

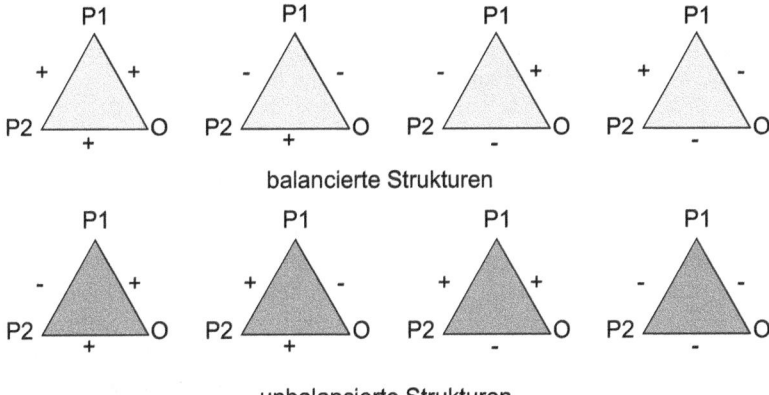

Abbildung 1.7: Strukturen in Heiders Balance-Theorie

Angenommen, zwei Personen P_1 und P_2 mögen beide klassische Musik (O = Einstellungsobjekt), und sie finden sich wechselseitig sympathisch. Dann besteht in dieser Beziehung Konsistenz, sie hat eine balancierte Struktur, und es besteht keine Notwendigkeit, irgendetwas zu ändern (erste Figur der balancierten Strukturen in Abbildung 1.7). Balanciert ist die Beziehung aber auch, wenn P_2 klassische Musik mag, P_1 aber nicht und wenn sich beide Personen nicht mögen (zweite Figur der balancierten Strukturen).

Inkonsistenz tritt z. B. dann auf, wenn beide Personen sich mögen, aber absolut unterschiedliche Musik bevorzugen (zweite Figur der unbalancierten Strukturen). In diesem Fall müssen die Partner Spannungsbewältigung betreiben. Die Möglichkeiten zur Wiederherstellung von Konsistenz bestehen entweder in der Veränderung der Einstellung zur Person oder gegenüber dem Einstellungsobjekt. In der Regel ist eine Änderung gegenüber einem Objekt einfacher als gegenüber einer Person.

Selbstwahrnehmungsprozesse sind eng mit unserem *Selbstkonzept* verbunden. Wenn wir uns die Frage stellen „Wer oder was bin ich?", so spiegeln die Antworten darauf unser Selbstkonzept wider. Die einzelnen Aspekte des Selbstkonzeptes werden meist recht abstrakt formuliert (ich bin Banker, Vater, politisch aktiv, Optimist usw.).

Wir konstruieren unser Selbstkonzept anhand von (Selbst-)Schemata. Ein Schema ist eine verallgemeinerte Vorstellung (kognitive Repräsentation) von einem Objekt (hier von uns selbst) und seinen Merkmalen. Schemata helfen uns, bekannte Objekte schnell wiederzuerkennen und neue Objekte zu identifizieren, sofern sie in ein uns bekanntes Schema passen. Ein Selbst-Schema bildet die Informationen und Meinungen über das Selbst ab. Es nimmt darüber hinaus Einfluss auf die Verarbeitung von Informationen, die für das Selbst von Bedeutung sind. Wenn sich jemand z. B. als Künstler definiert, so werden für ihn Informationen aus dem Bereich der Kunst, wenn sie mit ihm in Zusammenhang stehen, wichtiger als andere Informationen, und er wird sie auch schneller wahrnehmen.

Kahan und Johnson (1992) ließen Personen in einem Experiment ein Gespräch führen, in dem die Teilnehmer zuvor erhobene Beschreibungen der eigenen Person und des Gesprächspartners austauschten. Zwei Tage später prüften sie, welche Gesprächsinhalte behalten worden waren. Die Versuchsteilnehmer erinnerten sich besser an das, was die andere Person über sie gesagt hatte, als an das, was die andere Person über sich gesagt hatte.

Dass unsere Wahrnehmung von uns selbst nicht immer korrekt ist und andere uns anders sehen, wissen wir. Dass wir die Wahrnehmung aber oft zu unseren Gunsten verzerren, wollen wir nicht immer wahrhaben. John und Robins (1994) untersuchten Teilnehmer eines Assessment-Programms, die in Gruppen eine Aufgabe lösen sollten. Die Teilnehmer schätzten ihre eigene Leistung ein und wurden von den anderen Gruppenmitgliedern sowie von den Leitern des Assessments beurteilt. Im Durchschnitt schätzten die Teilnehmer ihre Leistung etwas positiver ein, als diese von den übrigen Teilnehmern gesehen wurde. Dieser *Selbsterhöhungseffekt* (self-enhancement) variierte aber sehr stark zwischen den Personen. Neben Personen mit starken Selbsterhöhungstendenzen gab es auch Personen, die zu einer *Selbstverkleinerung* (self-diminishment) neigten.

1.6 Attributionstheorien

Wir haben ein Bedürfnis, Ereignisse zu erklären und herauszufinden, wer oder was sie verursacht hat. Wenn wir die Ursache kennen, fühlen wir uns sicherer und können leichter reagieren. Dies gilt auch im Bereich sozialer Interaktionen. Der Prozess der Ursachenzuschreibung ist Gegenstand sozialer Attributionstheorien.

Attributionstheorien befassen sich mit der Frage, unter welchen Bedingungen wir einer Person ein Merkmal, eine Disposition zuschreiben und unter welchen Bedingungen wir externe, situative Einflüsse für ihr Verhalten verantwortlich machen. Wenn ich beispielsweise eine Person, die ich beobachte, wie sie eine andere schlägt, schließlich als bösartig beschreibe, dann versuche ich durch diese Zuschreibung ihr Verhalten zu erklären, sie für ihr Verhalten verantwortlich zu machen. Ich stelle sozusagen eine kausale Beziehung zwischen einer Disposition und einem bestimmten Verhalten her.

Der Versuch, Ursachen für fremdes und eigenes Verhalten zu finden und die Art und Weise, wie diese Ursachenfindung verläuft, ist Gegenstand der Theorien zur *Kausalattribution*. Wenn wir hier von Ursachenerklärung reden, dann sind nicht explizite Wenn-Dann-Beziehungen gemeint, wie sie der Psychologe als Wissenschaftler zur Erklärung von Verhalten aufstellt, sondern gemeint ist die subjektive Wahrnehmung von Ursachen und Wirkungszusammenhängen in der Alltagswelt. Gemeint sind also Ursachenerklärungen sogenannter naiver Personen. Heider (1944) hat die Unterschiede von naiven und wissenschaftlichen Kausalerklärungen herausgestellt. In naiven Kausalerklärungen sind Ursachen letzte Ursachen und stehen nicht – wie in wissenschaftlichen Erklärungen – in größeren Wirkungs-Ursache-Ketten.

1.6.1 Heiders Handlungsanalyse

Das Ursprungskonzept, auf das alle Attributionstheorien zurückzuführen sind, stammt von Fritz Heider (1944, 1958). Heider geht davon aus, dass die Grundlage jeder interpersonalen Beziehung eine Handlungsanalyse ist, welche die Personen nach ihren naiven Konzepten durchführen. Personen sind intuitive oder naive Wissenschaftler.

Sie führen ähnlich wie Wissenschaftler Ursache-Wirkungs-Analysen durch, um ihre Welt zu verstehen. In dieser naiven Handlungsanalyse stehen prinzipiell zwei Verursachungskonzepte zur Verfügung: *personale Kräfte* und *Umgebungskräfte* (siehe Abbildung 1.8).

Indikatoren für die personalen Kräfte sind die Motivation und die Fähigkeit, die eine Person zur Durchführung einer Handlung besitzt. Aus der Motivation entstehen die Intention, die Handlung durchzuführen, etwa eine Aufgabe zu lösen, und die Anstrengung bzw. die Leistungsbereitschaft.

Unter den Umgebungskräften werden vor allem die Merkmale des zu lösenden Problems betrachtet, und dabei spielt insbesondere die Schwierigkeit des Problems, der Aufgabe, eine Rolle.

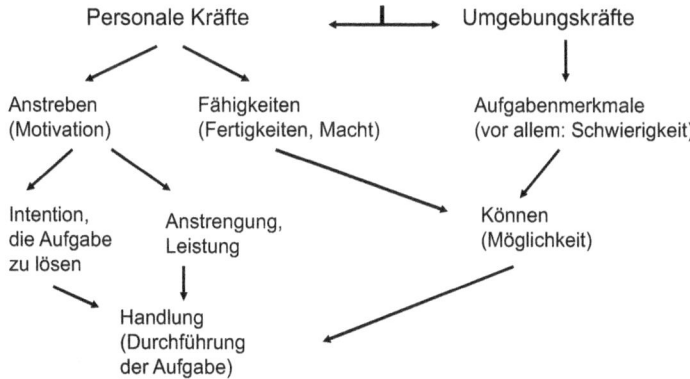

Abbildung 1.8: *Handlungsanalyse nach Heider (1958)*

Denn, wenn eine Aufgabe einen großen Schwierigkeitsgrad hat und trotzdem gelöst wird, was liegt dann näher, als dem Handelnden ein beträchtliches Maß an intellektuellen, manuellen oder sozialen Fähigkeiten zu attribuieren? Andererseits: Ist eine Aufgabe sehr leicht und wird sie gelöst, so trägt diese Analyse nicht besonders viel zur Aufhellung der Persönlichkeit des Handelnden bei. Aus der Analyse der Aufgabenmerkmale folgt die Feststellung, ob die prinzipiellen Möglichkeiten, diese Aufgabe zu lösen, groß oder klein sind. Aus dem Zusammenspiel der personalen und impersonalen Kräfte folgt die Analyse, ob der Handelnde überhaupt die Möglichkeit hat, die Aufgabe zu bewältigen, das heißt ob er über die Fähigkeit verfügt, die bei einem gegebenen Schwierigkeitsgrad notwendig ist, und ob er genügend Anstrengungen unternimmt. Glaubt der Beobachter, dass diese Bedingungen gegeben sind, so schließt er auf personale Kräfte, er attribuiert auf Merkmale und Dispositionen der Person. Sind sie nicht gegeben, so macht der Beobachter Umgebungsfaktoren für das Handlungsergebnis verantwortlich.

1.6.2 Die Theorie der korrespondierenden Schlussfolgerungen

Mit der Attribution auf Dispositionen einer Person sind immer Schlussfolgerungen verbunden. Jones und Davis (1965) haben sich mit diesem Prozess in ihrer Theorie der korrespondierenden Schlussfolgerungen intensiv beschäftigt. Schlussfolgerungen im Attributionsprozess verknüpfen zunächst beobachtetes *Verhalten* und *Absicht* und dann Absicht und persönliche *Disposition*. Die Person A nimmt eine Aktion der Person B wahr. A muss nun die Kenntnisse und die Fähigkeiten der handelnden Person B einschätzen, um deren besondere Intention zu erkennen, die der Handlung zugrunde liegt. Die Wahrnehmung der Intention, bzw. es handelt sich ja hier schon um die Attribution einer Intention, ist notwendig, um die stabilen Merkmale, die Dispositionen, des Handelnden zu erschließen. Welche Intention einer Verhaltensweise zugrunde lag, kann durch den Effekt dieser Verhaltensweise abgeschätzt werden.

Wenn z. B. ein Kind einem anderen Kind befiehlt, ihm den Ball zu geben, mit dem es gerade spielt, und wenn dieses Kind gehorcht, dann liegt nach Jones und Davis der Schluss nahe, dass das Kind A die Intention hat, das Kind B dazu zu bringen, ihm zu gehorchen. Diese Intention hat eine sehr enge Verbindung, eine Korrespondenz, zu einem Persönlichkeitsmerkmal, das gemeinhin als Dominanz bezeichnet wird. Diese Verbindung wird in Form einer Schlussfolgerung gezogen, und die Schlussfolgerungen von einer wahrgenommenen Intention auf ein zugrunde liegendes Personenmerkmal sind umso sicherer, je stärker die alltagspsychologische Verknüpfung zwischen dieser Intention und dieser Disposition ist. Man könnte auch sagen, die Schlussfolgerung ist umso sicherer, je mehr implizite Theorien über den Zusammenhang von bestimmten Intentionen und Personenmerkmalen existieren.

Eine Handlung hat oft mehrere Konsequenzen. Der Beobachter sieht also mehrere Effekte und steht nun vor dem Problem, entscheiden zu müssen, welcher der Effekte denn nun wirklich oder zumindest vorrangig die Intention des Handelnden diagnostiziert. Dieses Problem löst der Beobachter, indem er schaut, welche Effekte denn wohl für den Handelnden positiv sind und welche negativ.

Wenn er sieht, dass eine Handlung durchgeführt wird, obwohl unerwünschte Konsequenzen in Kauf genommen werden müssen, dann kann der Beobachter auf eine sehr starke Intention für diese Handlung und dann wiederum auf ein der Intention zugrundeliegendes Merkmal schließen.

Beispiel: Wenn mit einem Autokauf Schulden verbunden sind, dann folgert der Beobachter, dass die positive Konsequenz „Besitz eines Autos" vom Handelnden so gewünscht wurde, dass er sogar bereit war, Schulden in Kauf zu nehmen. Der Beobachter wird nicht folgern, dass das Auto gekauft wurde mit der Intention, Schulden zu machen.

Es sind im Wesentlichen fünf Informationsquellen, die den Attributionsprozess absichern. Die Schlussfolgerungen sind sicherer, wenn

- das Verhalten als freiwillig wahrgenommen wird,
- das Verhalten einen spezifischen, einzigartigen Effekt hat, das heißt wenn nicht mehrere Handlungen die gleichen Effekte hervorrufen (eine physische Verletzung durch einen Schlag wäre eine solche spezifische Konsequenz),
- die Effekte einer Handlung sozial unerwünscht sind, beziehungsweise wenn sie nicht erwartungskonform sind (wenn sich jeder so verhält, sagt das wenig über die Intention einer einzelnen Person aus),

– das Verhalten einen unmittelbaren Einfluss hat, das heißt wenn im Verhalten eine Absicht zur Beeinflussung einer anderen Person zu erkennen ist.

Da es aber auch Dispositionen gibt, denen keine Intention zugrunde liegt, wie beispielsweise Leichtsinnigkeit, Ungeschicklichkeit, Vergesslichkeit, ist der Geltungsbereich der Theorie eingeschränkt. Wenn ein Kind, dessen Motorik noch etwas ungeschickt ist, ein anderes Kind umstößt, wird niemand ihm eine Absicht unterstellen. Diese Verbindung ist aber in der Theorie der korrespondierenden Schlussfolgerungen notwendig, um auf Dispositionen zu schließen. Die Theorie ist daher begrenzt auf Handlungen, die von dem Handelnden wählbar sind.

1.6.3 Kovariations- und Konfigurationsprinzipien der Kausalattribution

Eine der bekanntesten Attributionstheorien stammt von H. H. Kelley (Kelley, 1971, 1973). Kelley unterscheidet zwei Grundsituationen der Attribuierung:

– Die attribuierende Person verfügt über Informationen aus mehreren Beobachtungen oder
– die attribuierende Person verfügt lediglich über Informationen aus einer einzigen Beobachtung.

Nach diesen beiden Grundsituationen können die theoretischen Grundannahmen der Attributionstheorie in Kovariationsprinzipien und in Konfigurationsprinzipien unterschieden werden.

Das *Kovariationsprinzip* nach Kelley (1973, S. 108) besagt, dass ein Effekt derjenigen der möglichen Ursachen zugeordnet wird, mit der er kovariiert. Ein beliebtes Beispiel ist der Student, der in einer Vorlesung eines Professors einschläft. Denkbar sind drei mögliche Ursachen: Zum einen kann es sein, dass es an der Person des Studenten liegt (z. B. interessiert er sich überhaupt nicht für das Thema), zum anderen kann es an dem Professor liegen (der einen langweiligen Vortragsstil hat) oder es kann an der momentanen Situation liegen (es könnte besonders heiß an diesem Tag sein).

Um nun zu wissen, welche dieser drei Ursachen tatsächlich zutreffen, postuliert Kelley analog zu Heiders naiver Handlungstheorie für die attribuierende Person eine naive varianzanalytische Betrachtungsweise. Sie betrachtet die möglichen Ursachen (Person, Stimulus (Entität) und Zeitpunkt (Umstände)). Diese Ursachen bilden ein dreidimensionales Modell, in dem die verfügbaren Informationen abgetragen und die Effekte den jeweiligen Ursachenklassen zugeordnet werden. Daraus ergeben sich drei Informationsformen:

– *Konsistenz-Informationen* sind Informationen über das Ausmaß, in dem ein Verhalten Y immer gemeinsam mit einem Stimulus X auftritt.
– *Distinktheits-Informationen* sind Informationen über das Ausmaß, in dem die Reaktion einer Person spezifisch für den Stimulus X ist, oder inwieweit sie eine allgemeine Reaktion auf viele Stimuli ist.
– *Konsensus-Informationen* sind Informationen über das Ausmaß, in dem andere Personen in der gleichen Weise auf den Stimulus X reagieren.

Kelley verdeutlicht den Gebrauch dieser Informationen an folgendem Beispiel: Eine Person P2 ist von einem Gemälde, das sie in einem Museum gesehen hat, sehr beeindruckt. Kaum eine andere Person sonst ist von diesem Gemälde beeindruckt. Die Person P2 zeigte sich auch in der Vergangenheit schon von diesem Gemälde beeindruckt, und sie scheint nahezu von jedem Gemälde beeindruckt zu sein (Abbildung 1.9).

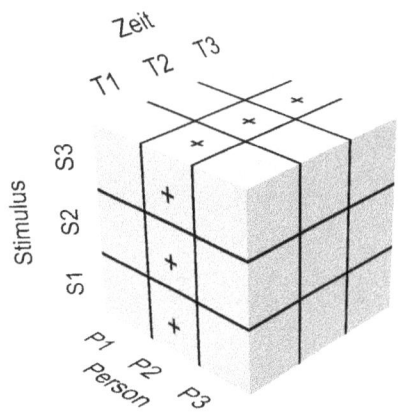

Abbildung 1.9: *Attribution auf Merkmale der Person*

Was sind nun die Ursachen für das Beeindrucktsein der Person P2? Sind es Faktoren, die in der Person liegen? Ist das Beeindrucktsein auf das Gemälde (Entität/Stimulus) zurückzuführen oder auf die besondere Situation (Zeitpunkt)? Offenbar tritt der Effekt des Beeindrucktseins nur für die Person P2 auf, nicht für andere Personen, und er tritt zu verschiedenen Gegebenheiten bei verschiedenen Stimuli auf. Außerdem zeigt sich die Person P2 auch zu jedem Zeitpunkt beeindruckt. Dieses Zuordnungsmuster besagt, dass der Effekt des Beeindrucktseins durch die Person verursacht ist, also auf eine Disposition zurückzuführen ist.

Läge es an dem Stimulus, so dürfte die Person P2 nur von diesem Gemälde und von keinem anderen sonst so beeindruckt sein. Zudem müssten auch andere Personen von dem Gemälde beeindruckt sein, und sie müssten über die Zeit hinweg von diesem Gemälde beeindruckt sein (Abbildung 1.10). Wäre die Person nur an diesem Tag von dem Gemälde beeindruckt, vielleicht weil sie sich gerade in einer entsprechenden Stimmung befindet, während sie zu anderen Zeitpunkten das Gemälde gelassen betrachtet, so kommt als Ursache die momentane Situation in Betracht (Abbildung 1.11).

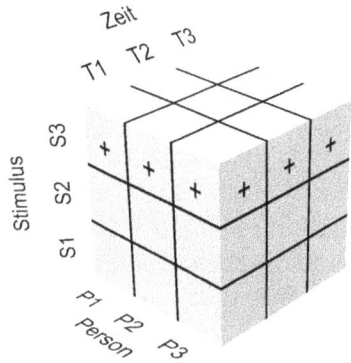

Abbildung 1.10: *Attribution auf den Stimulus*

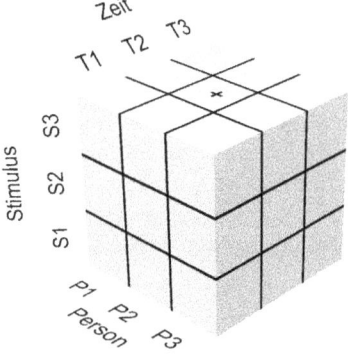

Abbildung 1.11: *Attribution auf die Situation*

Die beobachtende Person hat also folgende Informationen zur Verfügung. Zum einen beobachtet sie, ob der Effekt bei einer Person konsistent auftritt, das heißt über die Zeitpunkte hinweg. Zum Zweiten beobachtet sie, ob andere Personen sich konsensual verhalten, und drittens beobachtet sie, ob der Effekt nur bei einem distinkten Stimulus auftritt.

1.6 Attributionstheorien

Ursache		Informationen	
	Konsensus	Distinktheit	Konsistenz
Person	niedrig	niedrig	hoch
Entität	hoch	hoch	hoch
Umstände	niedrig	hoch	niedrig

Abbildung 1.12: *Idealtypische Attributionsmuster nach Kelley*

Anhand dieser Konsistenz-, Konsensus- und Distinktheitsinformationen fällt der Beobachter sein Urteil über die letztendliche Ursache für den beobachteten Effekt. Aus der Kombination der verschiedenen Informationen bilden sich drei idealtypische Informationsmuster (siehe Abbildung 1.12).

– Wir attribuieren auf die Person als Ursache, wenn hohe Konsistenz, geringer Konsens und geringe Distinktheit vorliegen. Beispiel: Mathias versagt bei einer Aufgabe immer. Alle seine Klassenkameraden haben die Aufgabe gelöst. Mathias löst auch ähnliche Aufgaben nicht. Es liegt an Mathias (mangelnde Intelligenz? zu wenig Anstrengung?).

– Den Stimulus (Entität) als Ursache sehen wir dann an, wenn hohe Konsistenz, hoher Konsens und hohe Distinktheit vorliegen. Beispiel: Martina versagt bei einer Aufgabe immer. Auch alle ihre Klassenkameraden haben diese Aufgabe nicht gelöst. Andere Aufgaben dieser Art löst Martina. Es liegt an der Aufgabe (zu schwer? Fehler in der Aufgabenstellung?).

– Auf die Situation führen wir ein Ereignis zurück bei niedriger Konsistenz, geringem Konsens und geringer Distinktheit. Beispiel: Regina versagt bei einer Aufgabe, die sie schon einmal gelöst hat. Ihre Klassenkameraden haben die Aufgabe gelöst. Andere Aufgaben dieser Art löst Regina. Es liegt an den Umständen (zu wenig geschlafen? abgelenkt?).

Das Kovariationsmodell setzt mehrere Beobachtungen voraus. Aber wir schlussfolgern auch, wenn wir etwas nur einmal sehen. Dies geschieht nach Kelley auf der Grundlage von *Konfigurationsprinzipien*.

Kelley behandelt Schlussfolgerungen aufgrund einmaliger Beobachtungen als Attribuierungen bei unvollständigen Daten. Dabei werden die Attribuierungen aufgrund kausaler Schemata vorgenommen.

Schemata sind aus Erfahrungen heraus entwickelte vorgefertigte Meinungen, Erwartungen, Theorien darüber, wie bestimmte Ursachen wohl bestimmte Effekte hervorrufen. Es ist hier also ein abstraktes, formales Schema (sozusagen Rechenschema) gemeint, während üblicherweise der Schemabegriff (nach Bartlett) ein zwar abstrahierendes, aber immer noch inhaltliches Muster eines Ereignisses meint.

Kausale Schemata sind die Grundlage für Attribuierungen aufgrund einmaliger Beobachtung. In Kelleys Theorie werden sie als Grundlage der sogenannten Konfigurationsanalyse eingeführt. In der Konfigurationsanalyse versucht der Beobachter, die spezifische Konfiguration der

Ursachenfaktoren in einer Situation herauszufinden und aufgrund dieser spezifischen Konfiguration zu entscheiden, welcher Faktor in dieser Situation der wichtigste war.

Dabei helfen ihm zwei Prinzipien: Zum einen das *Abwertungs- oder Abschwächungsprinzip* (discount principle) und zum anderen das *Steigerungs- oder Aufwertungsprinzip* (augmentation principle).

Das Abschwächungsprinzip besagt: Stehen mehrere mögliche Ursachen zur Diskussion, so wird ein bestimmter Effekt mit großer Vorsicht auf eine bestimmte Ursache zurückgeführt. Beispiel Arzt und Sprechstundenhilfe: Dem Arzt fällt etwas zu Boden, die Sprechstundenhilfe hebt es auf. Ist sie hilfsbereit? Es könnte auch der Statusunterschied sein, es könnte auch die Aufforderung des Arztes gewesen sein? Umgekehrt: Wenn die Sprechstundenhilfe etwas fallen lässt und der Arzt es aufhebt – laufen dann die Ursachenzuschreibungen anders?

Das Aufwertungsprinzip besagt: Wenn mit einer Handlung bestimmte Kosten, Nachteile oder Risiken verbunden sind, dann werden die Effekte dieser Handlung in höherem Maße auf personale Faktoren zurückgeführt. Beispiel: Schüler A hat eine sehr schwierige Aufgabe gelöst, Schüler B hat eine mittelschwierige Aufgabe gelöst. Wahrscheinlich hat Schüler A größere Fähigkeiten als Schüler B.

1.6.4 Attributionsverzerrungen

Der fundamentale Attributionsfehler

Ob eine Person eine Handlung freiwillig oder gezwungen durchführt, spielt eine große Rolle bei der Beurteilung dieser Person. Wenn wir zwei Kinder beobachten, von denen eines von der Mutter angewiesen wird, der Nachbarin beim Tragen einer schweren Tasche zu helfen, das andere dies aber von sich aus tut, so werden wir dem ersten (angewiesenen) Kind weniger Hilfsbereitschaft zuschreiben als dem anderen.

Jones und Harris (1967) untersuchten die Bedeutung von wahrgenommener Wahlfreiheit für den Prozess der Inferenz von beobachtetem Verhalten und zugrundeliegender Einstellung in verschiedenen Experimenten. In einem dieser Experimente wurden die Versuchsteilnehmer gebeten, einen kurzen Essay über „Castros Kuba" zu lesen und einzuschätzen, welche tatsächliche Einstellung der Verfasser des Essays hatte. Das Essay war entweder pro oder anti Castro formuliert. Außerdem war es entweder unter Wahlfreiheit formuliert worden (der Verfasser konnte die Richtung seiner Stellungnahme frei wählen), oder es war entsprechend den Vorgaben des Versuchsleiters pro oder contra verfasst worden. Wie erwartet, wurden den Verfassern, die die Richtung ihres Essays frei wählen konnten, eine korrespondierende Einstellung zugeschrieben. Den Verfassern eines pro Castro Essays wurde eine pro Castro Einstellung zugeschrieben, bei den Verfassern eines anti Castro Essays wurde eine negative Einstellung gegenüber Castro angenommen.

Überraschenderweise und gegen die Erwartung der Autoren trat diese korrespondierende Zuweisung aber auch in der Bedingung auf, in der die Richtung des Essays explizit durch den Versuchsleiter vorgegeben worden war. Sie war aber nicht ganz so stark wie unter der Bedingung von Wahlfreiheit. Offensichtlich gibt es einige Schwächen und Unzulänglichkeiten im Attributionsprozess.

Ross, Amabile und Steinmetz (1977) ließen Studenten der Stanford-Universität eine Art Quizz spielen, bei dem die Versuchsteilnehmer per Zufall entweder die Fragen stellen (Rolle des Fra-

gestellers) oder sie beantworten sollten (Rolle des Kandidaten). In einer Versuchsbedingung war die Aufgabe der Fragensteller, zehn herausfordernde aber nicht unmögliche Fragen aus einem beliebigen Bereich, für den sie sich interessierten oder in dem sie sich auskannten, zu stellen. Sie sollten dabei vermeiden, ganz einfache Fragen zu stellen, sich aber auch keine unfaire Fragen ausdenken, die der Kandidat unmöglich wissen konnte (z. B. nach dem Namen des Bruders des Fragestellers). Die Aufgabe der Kandidaten war es, diese Fragen, von denen sie wussten, dass der Fragesteller sie sich hatte ausdenken können, zu beantworten. In einer zweiten Versuchsbedingung waren die Fragen, die der Fragesteller vortrug, von einer dritten Person vorbereitet worden. Auch hierüber waren die Kandidaten informiert.

Unmittelbar nach dem Quizz sollten die Versuchsteilnehmer sich selbst und ihren Partner nach verschiedenen Aspekten einschätzen.

Für das Experiment waren vor allem zwei Werte wichtig: Wie schätzten die Teilnehmer sich und ihre Partner hinsichtlich ihres Allgemeinwissens (verglichen mit dem Durchschnitt der Stanford-Studenten) ein.

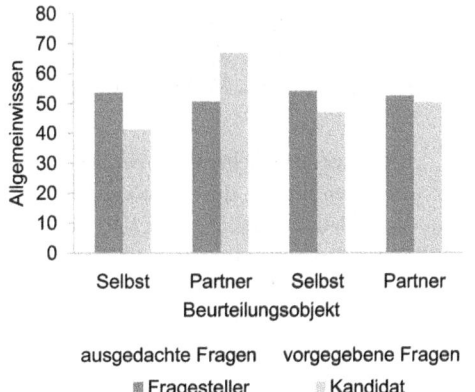

Abbildung 1.13: Fundamentaler Attributionsfehler nach Ross, Amabile und Steinmetz (1977)

Zum Schluss mussten alle Versuchsteilnehmer noch allgemeine Wissensfragen aus einem Wissensspiel beantworten. Der so ermittelte tatsächliche Allgemeinwissensstand diente zwei Funktionen. Zum einen sollte sichergestellt werden, dass sich Fragesteller und Kandidaten nicht grundlegend in ihrem Allgemeinwissen unterschieden. Zum anderen sollten Fragesteller und Kandidaten auf diese Weise noch einmal die Gelegenheit erhalten, ihren Wissensstand quasi objektiv einzuschätzen und in einer letzten Einschätzung gegebenenfalls ihre zuvor abgegebenen Beurteilungen zu revidieren.

Die Daten (siehe Abbildung 1.13) zeigen ein deutliches Ergebnis. Obwohl allen Versuchsteilnehmern in der ersten Versuchsbedingung bekannt war, dass der Fragesteller einen enormen Vorteil hatte, da er die Fragen aus seinem Spezialgebiet zusammenstellen konnte, schätzten die Kandidaten-Teilnehmer ihr eigenes Allgemeinwissen als geringer ein als das ihrer Partner. Darüber hinaus war auch die Selbsteinschätzung der Fragesteller deutlich höher als die Selbsteinschätzung der Kandidaten.

In beiden Experimenten handelt es sich um eine Verzerrung in den Schlussfolgerungen von Beobachtungen auf Dispositionen, die *fundamentaler Attributionsfehler* (Ross, 1977) genannt wird. Es ist die Tendenz des Beobachters, bei der Erklärung von Ereignissen und Handlungen stärker auf Dispositionen zu attribuieren und mögliche situative Einflussfaktoren zu vernachlässigen.

Die Frage, warum dispositionelle Faktoren überschätzt und situative Faktoren unterschätzt werden, hat eine starke Forscheraktivität ausgelöst, nicht zuletzt deshalb, weil der fundamentale Attributionsfehler große Implikationen für die Praxis hat, wie nachfolgend gezeigt wird.

Handelnder-Beobachter-Diskrepanz

Besonders ausgeprägt ist die Tendenz, die Person (und ihre Eigenschaften) für ihr Verhalten verantwortlich zu machen, wenn wir in der Rolle des Beobachters sind. Müssen wir dagegen unsere eigenen Handlungen erklären, so sind wir eher geneigt, auch situative Gründe dafür heranzuziehen.

Eine interessante Untersuchung zu dieser Handelnder-Beobachter Diskrepanz (actor-observer-discrepancy) stammt von Storms (1973). Die Versuchsteilnehmer führten ein Kennenlerngespräch. Dies wurde per Video aufgezeichnet. Außerdem wurden die beiden Versuchspersonen (Handelnder A und B) jeweils durch einen Beobachter beobachtet (Abbildung 1.14, Schritt 1). Nach dem Gespräch sollten die Akteure ihr Verhalten erklären und die Beobachter das Verhalten der von ihnen beobachteten Personen.

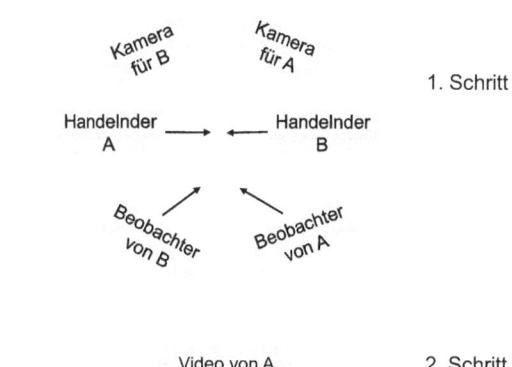

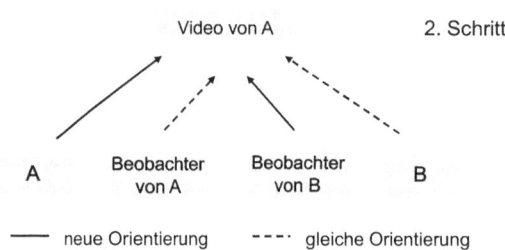

Abbildung 1.14: *Handelnder-Beobachter-Diskrepanz nach Storms (1973)*

Das Ergebnis: Die handelnden Personen führten vor allen Dingen situative Faktoren als Ursache für ihr Verhalten an, z. B. das Verhalten der anderen Person oder eine ungewöhnliche Situation. Die Beobachter hingegen sahen vor allen Dingen dispositionelle Faktoren als Ursache für das Verhalten der Akteure an.

Im zweiten Schritt betrachteten nun die Beteiligten die Videoaufzeichnungen. Dadurch nahmen die Beteiligten einen *Perspektivenwechsel* vor. So sah etwa der Beobachter von B in der Videoaufzeichnung jetzt auch das Verhalten von A. Er orientierte sich also neu. Für den Beobachter von A kam es zu einem Perspektivenwechsel, wenn er sich das Video von B anschaute. Für die Akteure kam es ebenfalls zu einem Perspektivenwechsel, wenn sie sich nun selbst auf dem Video sahen.

Was bewirkte der Perspektivenwechsel? Änderten sich die Attributionen? Der Beobachter der Person A, der ja im ersten Teil nur die Perspektive des Beobachters innehatte und nicht die Perspektive des Handelnden, konnte im zweiten Teil die Perspektive des Handelnden A annehmen, indem er nämlich das Verhalten der Person B beobachtete. Daraus folgte, dass er nun seine Wahrnehmung in der gleichen Weise wie A fokussierte, und in der Folge glich er auch seine Erklärungen für das Verhalten von A denen des Akteurs A an. Er benutzte stärker situative Erklärungsmuster als zuvor. Und auch für den Handelnden kam es zu einem Umschwung in den Attributionen, die denen des Beobachters ähnlich waren. Er führte mehr dispositionelle Faktoren an.

Eine Möglichkeit, die Unterschiede in der Selbst- und Fremdwahrnehmung oder in der Selbst- und Fremdattribuierung zu erklären, basiert auf der mit dem Perspektivenwechsel verbundenen unterschiedlichen Wahrnehmungsfokussierung. Je nach Perspektive werden Figur und Grund miteinander vertauscht, was in der einen Perspektive die Figur ist, wird in der anderen Perspektive zum Hintergrund und umgekehrt. Steht die Figur im Vordergrund, zieht sie unsere Aufmerksamkeit auf sich, und es werden dispositionelle Assoziationen salient; tritt sie in den Hintergrund, gewinnen situative Faktoren an Bedeutung.

Eine andere Erklärung, dass etwa ein Beobachter einer Person über weniger Informationen über die Person verfügt als die Person selbst über sich hat, konnte empirisch schnell zurückgewiesen werden. Auch bei Urteilen über Verwandte und enge Freunde, die wir ja normalerweise besser kennen als Fremde, tritt die Diskrepanz zwischen Selbst- und Fremdattributionen auf.

Auch die Annahme, dass Beobachter generell davon ausgehen, dass situative Faktoren wenig Einfluss auf das menschliche Verhalten haben, wird in neueren Erklärungsansätzen infrage gestellt. Vielmehr komme es darauf an, wie der Beobachter mit den impliziten Theorien über den Einfluss situativer Faktoren umgehe. So könne er z. B. durchaus glauben, dass situative Faktoren einen Einfluss haben, dieses Wissen aber bewusst oder unbewusst vernachlässigen (Gawronski, 2004).

Selbstwertdienliche Attributionen

Attributionen werden auch eingesetzt, um den eigenen Selbstwert zu schützen und sogar zu erhöhen. Die Tendenz, Erfolge uns selbst zuzuschreiben, Misserfolge hingegen auf externe Faktoren zu attribuieren, ist weithin verbreitet. Sie ist zunächst primär kognitiv als Ergebnis fehlerhafter Informationsverarbeitung aufgrund selektiver Aufmerksamkeit oder selektiver Verfügbarkeit von Gedächtnisinhalten erklärt worden (D. T. Miller & Ross, 1975). Folgeuntersuchungen haben aber eine motivationale Erklärung als treffender herausgestellt (Zuckerman, 2006): Es ist das Bedürfnis nach einem positiven Selbstkonzept und der Wunsch, es durch negative Erfahrungen nicht zu beschädigen.

Wenn wir Erfolge uns selbst zuschreiben, für Misserfolge aber keine Verantwortung übernehmen, so schützt uns dieses Verhalten davor, in einen Zirkel negativer Selbstzuschreibungen zu geraten. Es hat selbstwertdienliche Funktion. Selbstwertdienliche Attributionen sind aber Verzerrungen, so dass dieser Effekt auch Self-Serving-Bias genannt wird. Diese Verzerrung geht so weit, dass wir glauben, nur andere würden diesem Urteilsfehler unterliegen, während unsere eigene Leistungseinschätzung genau und unverzerrt sei (Pronin, Lin & Ross, 2002).

In einer Untersuchung von Gioia und Sims Jr. (1985) führten Manager mit (berufserfahrenen) Versuchsteilnehmern, die die Rolle von Untergebenen übernahmen, Gespräche zur Leistungsbewertung. Dabei wurde die Darstellung der Leistung der Untergebenen experimentell variiert, zum einen hinsichtlich ihrer Leistungskonsistenz und zum anderen, inwieweit sie Zielvorgaben erreicht hatten. Manager wie Untergebene erhielten vor dem Gespräch entsprechende gleiche Informationen.

Die im Anschluss an das Gespräch erfolgte Einschätzung zeigte bei den Untergebenen deutlich selbstwertdienliche Attributionen. Unter einer Erfolgsbedingung (gute Werte bei der Zielerreichung) schrieben sie gute Leistungen in höherem Maße sich selbst, ihren Fähigkeiten und Anstrengungen zu als unter Misserfolg. Die Manager folgten bei der Beurteilung der Untergebenen dagegen dem Handelnder-Beobachter-Prinzip. Steht aber ihre eigene Leistung im Fokus, so unterliegen auch sie einem Self-Serving-Bias (J. A. Wagner & Gooding, 1997).

Grenzen erfährt der Self-Serving-Bias dort, wo die Verantwortung für Misserfolge extern gesucht wird und dabei einen konkreten Interaktionspartner trifft. Sedikides, Campbell, Reeder und Elliot (1998) untersuchten den Einfluss enger Beziehungen auf das Ausmaß selbstwertdienlicher Attributionen. Sie ließen zwei Personen Aufgaben bearbeiten, deren Ergebnis interdependent mit der Leistung des Partners verknüpft war. In Dyaden mit relativ großer Distanz (die Versuchsteilnehmer wurden zufällig zu Paaren zusammengestellt) zeigte sich der Self-Serving-Mechanismus. Der Partner wurde für Misserfolg verantwortlich gemacht, während Erfolge auf das eigene Konto gebucht wurden. Wurde aber bei den Paaren zuvor ein Vertrauensverhältnis aufgebaut und ein positiver Eindruck vom Partner vermittelt, so unterblieb die Attributionsverzerrung.

Anwendungsbeispiele

Für die Bedeutung und Auswirkung unangemessener dispositioneller oder situativer Attribuierungen gibt es viele Beispiele. So schildern Maruna und Mann (2006) Probleme in der Rechtsprechung – insbesondere bei der Beurteilung der Glaubwürdigkeit –, die sich dadurch ergeben, dass die Beschuldigten häufig angeben, sie seien durch externe oder situative Gründe zu ihrem Verhalten veranlasst worden. Was wir uns selbst zugestehen, wird für andere nicht ohne Weiteres akzeptiert. Ähnlich zeigte O'Sullivan (2003), dass der fundamentale Attributionsfehler ein Grund dafür ist, dass die meisten Leute nicht genau entscheiden können, ob jemand lügt oder die Wahrheit sagt. Wird eine zu beurteilende Person als glaubwürdig angesehen, so wird auch ihr Verhalten in einer spezifischen Situation als wahrhaftig angesehen, auch wenn sie hier lügt.

Im klinisch-therapeutischen Bereich wird der Perspektivenwechsel (z. B. im Rollenspiel oder in Selbstbeobachtungen (self-monitoring)) als Interventionsmethode eingesetzt, etwa wenn Fehlattribuierungen zu Störungen in Partnerbeziehungen führen, aber auch wenn neue Verhaltensweisen erprobt werden sollen (etwa im Suchtbereich; Stetter, 2000).

Auch bei den Placebo-Effekten scheinen attribuierende Erwartungs- und Labelingprozesse eine Rolle zu spielen. Ein Placebo-Effekt ist die Erleichterung eines Leidens nicht durch ein nachweisbar wirksames Mittel, sondern dadurch, dass die Patienten glauben, sie hätten ein wirksames Mittel erhalten. Placebo-Effekte sind nicht reine Illusionen, sie scheinen tatsächlich auf organischer Ebene zu wirken. Beispielsweise können Narkotika oder Beruhigungsmittel weniger wirksam sein, wenn der Patient nicht weiß, dass er solche Mittel bekommen hat.

Placebo-Effekte können aber auch das Gegenteil bewirken, also zu einer Verschlechterung führen. Wenn der Patient die Symptome trotz des vermeintlichen Medikamentes noch verspürt, kann er vermuten, sein Leiden sei schlimmer als angenommen.

Storms und Nisbett (1970) führten folgendes Experiment zum Placebo-Effekt durch. Patienten, die an Schlaflosigkeit litten, sollten vor dem Schlafengehen eine (Zucker-)Pille nehmen. Einer Gruppe der Patienten wurde gesagt, dass die Pille beruhigend wirke. Der zweiten Gruppe wurde mitgeteilt, dass die Pille zunächst aufregen würde. Die Ergebnisse zeigten, dass die „beruhigende" Pille nicht wirkte. Die Versuchspersonen brauchten 40 % mehr Zeit, um einzuschlafen als die der anderen Gruppe. Auch in der Gruppe, die eine angeblich aufregende Pille erhalten hatten, nahmen die Versuchspersonen eine Erregung wahr, ihre übliche vor dem Nicht-Einschlafen-Können. Sie schlussfolgerten aber, dass ihre Schlaflosigkeit aufgrund der Pille größer als sonst sein müsse und attribuierten ihre Erregung external. Letztendlich schliefen sie früher ein.

1.6 Attributionstheorien

Attributionsmuster können im Laufe der Zeit zu Persönlichkeitsmerkmalen werden. Indem eine Sicht auf Ereignisse durch andere Personen oder auch durch eigene kognitive Mechanismen immer wieder verstärkt wird, kann sie sich als *Kontrollüberzeugung* manifestieren. Eine Kontrollüberzeugung kennzeichnet das Ausmaß, in dem eine Person Ergebnisse als durch eigene Anstrengung und eigenes Handeln (internal) kontrollierbar ansieht oder als durch Zufall und externe Kräfte (external) kontrolliert. Rotters Konzept des „locus of control" unterscheidet zwei Formen der Kontrollüberzeugung (Rotter, 1966): internale und externale.

Eine internale Kontrollüberzeugung bedeutet, dass man Ergebnisse und Ereignisse auf sich selbst zurückführt, sich dafür verantwortlich hält. Bei einer externen Kontrollüberzeugung sucht man die Ursachen bei anderen Personen oder macht Schicksal und Zufall für die Ereignisse verantwortlich.

Beispiele aus der Locus-of-Control-Skala (von zwei Aussagen muss jeweils die zutreffendere ausgewählt werden):

- Internale Kontrolle: Es besteht ein unmittelbarer positiver Zusammenhang zwischen meinen Prüfungserfolgen und meinem Studienfleiß.
  Externale Kontrolle: In manchen Fällen kann ich einfach nicht begreifen, wie Dozenten zu den Prüfungsnoten kommen, die sie vergeben.
- Internale Kontrolle: Was aus mir wird, ist durch mein eigenes Handeln bestimmt.
  Externale Kontrolle: Manchmal habe ich das Gefühl, dass ich nicht genügend Einfluss darauf habe, in welche Richtung sich mein Leben entwickelt.

Der deviante Bereich internaler und externaler Kontrolle liegt bereits im Anwendungsbereich klinisch-therapeutischer Intervention. Ein Übermaß an internaler Selbstattribuierung kann zu unrealistischer Kompetenzeinschätzung führen ebenso wie zu einem übersteigerten Verantwortlichkeits- und Schuldgefühl. Sich für alles und jedes verantwortlich fühlen, sich dauernd in Schuldgefühlen ergehen, sind sehr häufige Symptome, unter denen nicht nur die Person selbst sehr leiden kann, sondern die sich auch äußerst negativ auf ihre Interaktionen mit anderen Personen auswirken können.

Andererseits äußert sich ein übersteigertes Maß an externaler Kontrollüberzeugung häufig im Gefühl, einer Situation nicht gewachsen zu sein, äußeren Kräften bedingungslos ausgeliefert zu sein. Dies ist ein Zustand, der dem Phänomen der *gelernten Hilflosigkeit* (Seligman, 1975, 1991) sehr ähnlich ist. Gelernte Hilflosigkeit entsteht, wenn immer wieder negative Ereignisse erfahren werden und keine Möglichkeit wahrgenommen wird, deren Auftreten zu kontrollieren.

Seligman wollte das Verhalten von Tieren erklären, denen in zwei unterschiedlichen Situationen schmerzhafte Schläge verabreicht wurden. Im ersten Teil des Experimentes setzte er einige Hunde in einen Käfig mit elektrischen Bodengittern und verabreichte ihnen zahlreiche elektrische Schläge, die sie nicht vermeiden und denen sie nicht entkommen konnten. Im zweiten Teil des Experimentes brachte er die Hunde mit anderen Hunden zusammen, die diese Erfahrung nicht gemacht hatten. Jetzt konnten die Hunde den Schmerz vermeiden, wenn sie es lernten, auf einen warnenden Summton oder ein Lichtsignal hin über eine Trennwand in den anderen Teil der sogenannten „shuttle box" hinüberzuwechseln. Die Tiere, die nicht zuvor die Erfahrung der „Nicht-Vermeidbarkeit" gemacht hatten, zeigten sich bei den ersten elektrischen Schlägen zwar aufgeregt und ängstlich, lernten aber bald, bei Summton oder Lichtzeichen die Trennwand zu überspringen und so weiteren Schmerz zu vermeiden.

Tiere mit Erfahrung unvermeidbaren Schmerzes verhielten sich ganz anders. Nach den ersten Schlägen rannten sie nicht aufgeregt hin und her, sondern verhielten sich ganz passiv, ließen den Schmerz über sich ergehen. Sie lernten nicht, den aversiven Reiz effektiv zu vermeiden wie die anderen Hunde. Die meisten legten sich in eine Ecke und winselten.

Auch Untersuchungen mit Menschen, die z. B. einem unentrinnbaren Lärm ausgesetzt wurden oder die unlösbare Aufgaben bearbeiten mussten, zeigten ähnliche Ergebnisse. Die Menschen lernten nicht, wenn es später möglich war, den Lärm abzustellen, oder versagten bei ganz einfachen Aufgaben.

Diese und andere Arbeiten zur Auswirkung von unkontrollierbarem Stress ließen Seligman vermuten, dass gelernte Hilflosigkeit ein Erklärungsmodell für manche Formen menschlicher Depression sein kann.

Gelernte Hilflosigkeit hat drei Folgen: Es entwickelt sich Passivität im Verhalten, es entstehen traurige, depressive Emotionen, und es kommt zu kognitiven Beeinträchtigungen. Alle drei Faktoren bewirken, dass eine Person keinerlei Versuche mehr macht, aus dieser negativen Situation herauszukommen, da sie unentrinnbar erscheint.

Aber es gibt natürlich viele Belastungen und negative Erfahrungen, die wir nicht kontrollieren können, und doch werden wir nicht unbedingt depressiv. Eine Krankheit, ein Unfall, der Tod einer nahestehenden Person – jeder macht im Laufe seines Lebens solche Erfahrungen. Für die Entstehung von Depressionen ist es wichtig, die Art der Attribution bei Misserfolg zu betrachten. Wenn die Versagungsgefühle global werden und auch die vermeintliche Ursache stabil und in der Person verankert scheint, werden Versagungseffekte dauerhaft und beeinträchtigen das Selbstwertgefühl. Jemand mit einem solchen Attributionsschema wird bei einem Versagen in einer Mathematikprüfung z. B. sagen „ich bin eben dumm" (eine stabile, interne und globale Ursache) und hat damit in Zukunft bei ähnlichen Situationen schlechtere Karten als jemand, der sein Versagen auf seinen Erschöpfungszustand (eine interne und globale, aber instabile Ursache) zurückführt oder gar externe Ursachen „diese Art von Prüfungen sind unfair" (extern, stabil, global) anführt.

Auch unser Hilfeverhalten ist von unserer Sicht auf die hilfsbedürftige Person beeinflusst. Wenn wir ein Opfer für seine Notlage selbst verantwortlich machen (können), helfen wir seltener, als wenn wir sehen, dass situative Faktoren es in diese Lage gebracht haben. Ist eine Reihe von Personen z. B. durch ein Hochwasser bedroht und in eine schwierige Lage geraten, so machen wir eher externe Gründe (das Hochwasser) für die Notsituation verantwortlich und spenden gern, um zu helfen, auch wenn wir Überlegungen anstellen könnten, dass es von den Personen unverantwortlich gewesen sei, so nahe an Überschwemmungsgebieten zu bauen.

Die Zuschreibung von Verantwortung an eine Gruppe von Personen ist im Kontext von Hilfeverhalten eher selten, es sei denn, es handelt sich um eine Intergruppen-Situation, in der wir unsere eigene Gruppe von einer anderen Gruppe abgrenzen beziehungsweise uns gegen sie verteidigen müssen.

B. Weiner hat sich intensiv mit dem Zusammenhang zwischen Zuschreibung von Verantwortlichkeit und Hilfeleistung im pädagogischen Kontext beschäftigt. In einem seiner Experimente (Weiner, 1980) halfen Studenten einem unbekannten Kommilitonen, der um Mitschriften aus Seminaren bat, weil er selber keine guten Aufzeichnungen hatte, seltener, wenn dieser offenbar aufgrund mangelnder Anstrengung keine gute Mitschriften angefertigt hatte. Den Grund für seine Notsituation konnten sie auf den Kommilitonen internal attribuieren, und zudem hätte er die Situation selbst verhindern können; sie war für ihn kontrollierbar. So rief seine Bitte eher Ärger und Empörung als Mitleid hervor, und die Bereitschaft zu helfen sank. Lag der Grund für die fehlenden oder schlechten Aufzeichnungen aber z. B. daran, dass der Professor keine gut strukturierten Seminare geben konnte, lag also eine externe Ursache vor, die der Kommilitone weder zu verantworten hatte, noch kontrollieren konnte, so reagierten die Versuchsteilnehmer positiv auf seine Bitte, zeigten Sympathie und halfen.

Manchmal tadeln wir sogar die Person in Not dafür, dass sie in diese Situation gekommen ist, um uns einer Hilfeleistung zu entziehen. Die Tendenz, das Schicksal des Opfers als selbstverschuldet anzusehen, basiert nach Lerner und Miller (1978) auf dem Bedürfnis, den Glauben an eine gerechte Welt aufrechtzuerhalten. Der *Glaube an eine gerechte Welt* schafft Sicherheit, weil er darauf basiert, dass man sich in einer kontrollierbaren Welt befindet, in der man selbst für seine Sicherheit und sein Wohlergehen sorgen kann. Regeln und Normen bewahren in dieser Welt vor Willkür und Unheil. Zufälliges Glück und Pech gibt es nicht. Gute Taten erhalten die verdiente Belohnung, Fehlverhalten die gerechte Strafe.

Der Vorwurf der Selbstverschuldung ist eine von mehreren Möglichkeiten, den Glauben an eine gerechte Welt zu verteidigen, wenn wir eine Person in einer Notsituation wahrnehmen. Wir können diese „ungerechte" Situation natürlich auch durch eigene Taten wieder ins Gleichgewicht bringen, etwa indem wir helfen. Wenn die Kosten dafür aber zu hoch sind (weil wir keine Zeit haben, weil uns die Kompetenz fehlt), bleibt als letzte Strategie, das Opfer abzuwerten und in seiner Lage zu belassen, da es kein besseres Los verdient (Lerner & Simons, 1966).

1.7 Gerechtigkeitstheorien

Adams (1965) hat die Dissonanztheorie von Festinger mit der Austauschtheorie von Homans für seine Analyse ungerechter oder unausgewogener Austauschbeziehungen als Equity-Theorie zusammengeführt. In Austauschbeziehungen kann sich eine Person bevorzugt oder benachteiligt fühlen. Durch den Vergleich der eigenen Beiträge (= Input) und erhaltenen Belohnungen (= Outcome) mit den Beiträgen und erhaltenen Belohnungen einer anderen Person, des Interaktionspartners, kommt eine Person zu dem Urteil, ob die Beziehung ausgewogen, balanciert oder unausgewogen, unbalanciert ist.

Balancierte Beziehung:

$$\frac{\text{Outcomes}_{Selbst}}{\text{Input}_{Selbst}} = \frac{\text{Outcomes}_{Vergleichsperson}}{\text{Input}_{Vergleichsperson}}$$

Unbalancierte Beziehung:

$$\frac{\text{Outcomes}_{Selbst}}{\text{Input}_{Selbst}} \neq \frac{\text{Outcomes}_{Vergleichsperson}}{\text{Input}_{Vergleichsperson}}$$

Wird diese Kalkulation als unausgewogen erlebt, entsteht Dissonanz und das Individuum versucht, Konsistenz wiederherzustellen. Welche Möglichkeiten gibt es dazu? Formal besteht die Möglichkeit, die eigenen Beiträge zu reduzieren und die eigenen Erträge zu erhöhen, z. B. durch

Einforderung von mehr Belohnungen. Das würde gleichzeitig bedeuten, dass die Leistung des anderen erhöht wird. Es können aber auch andere kognitive Mechanismen greifen. So kann eine Umbewertung von Kosten und Nutzen gemäß den Mechanismen zur Dissonanzreduktion erfolgen. Schlagen diese Versuche fehl, so kann es dazu kommen, dass das Individuum die Beziehung verlässt.

Was geschieht, wenn die Unausgewogenheit zugunsten der Person besteht? Die Equity-Theorie sagt, dass Menschen mit den Beziehungen am glücklichsten sind, in denen die eigenen Nutzen, Kosten und Beiträge den Nutzen, Kosten und Beiträgen des Partners entsprechen. Ausgewogene Beziehungen sind stabil und glücklich. Unausgewogene führen dazu, dass ein Partner sich als zu sehr begünstigt fühlt (er erhält sehr großen Nutzen, hat wenig Kosten und muss wenig Zeit oder Energie in die Beziehung stecken) oder dass er sich benachteiligt fühlt (er erhält wenig Nutzen, hat eine Menge Kosten und muss viel Zeit und Energie in die Beziehung stecken).

Nach der Equity-Theorie sind beide Zustände der Beziehung abträglich, und die Partner sollten motiviert sein, Gerechtigkeit in der Beziehung wiederherzustellen. Das klingt sinnvoll für die benachteiligte Person, denn wer möchte sich schon weiterhin schlecht fühlen, aber warum sollte der begünstigte Partner das aufgeben, was nach der Theorie des sozialen Austauschs als ein positives Ergebnis betrachtet wird, nämlich großer Nutzen bei niedrigen Kosten und wenig Aufwand?

Die meisten Menschen fühlen sich aber unbehaglich oder sogar schuldig, wenn sie in einer Beziehung mehr erhalten als sie verdienen. Gerechtigkeit ist eine sehr mächtige soziale Norm.

Adams (1963) hat die Bedeutung von Gerechtigkeit vor allem im Arbeitsbereich untersucht. Adams Grundgedanke ist, dass Personen eine gerechte Balance zwischen dem, was sie in ihrer Arbeit investieren, und dem, was sie an Gewinnen daraus erhalten, erreichen möchten.

Was wir für eine gerechte oder angemessene Balance von Inputs und Outputs halten, ist geprägt von den Vergleichen, die wir mit anderen Bezugspersonen erfahren. Solche Referenzpunkte sind Kollegen, Freunde und Bekannte, die als Standards oder Benchmarks herangezogen werden und an deren Ergebnis (Kosten-Nutzen-Relationen) wir das eigene Verhältnis von Inputs und Outputs bewerten.

Zu den typischen Inputs von Arbeitsbeziehungen zählt Adams Aufwand, Loyalität, Härte der Arbeit, Commitment, Fertigkeiten, Fähigkeiten, Anpassungsfähigkeit, Flexibilität, Toleranz, Determination, Enthusiasmus, Vertrauen in Vorgesetzte, Unterstützung von Kollegen. Zu den Outputs gehören in erster Linie finanzielle Belohnungen wie das Gehalt, Zuwendungen, Gratifikationen, aber auch andere Verstärker nichtfinanzieller Art, wie Anerkennung, Reputation, Verantwortlichkeit, Wahrnehmung von Leistungsfähigkeit, Lob, Anreiz, Entwicklungsmöglichkeit, Arbeitssicherheit.

Während Adams sich vor allem auf Austauschbeziehungen im Arbeitsbereich konzentriert, legen Walster, Berscheid und Walster (1973) und Walster, Hatfield, Walster und Berscheid (1978) besonderes Gewicht auf das Erleben von Gerechtigkeit in intimen persönlichen Beziehungen, die auch *sozial motivierte Beziehungen* genannt werden. Austauschbeziehungen (Exchange Relationships) und *sozial motivierte Beziehungen* (Communal Relationships) folgen im Prinzip den gleichen Gesetzmäßigkeiten. Sie unterscheiden sich jedoch im Ausmaß, in dem auf die unmittelbare Ausgewogenheit der Ergebnisse Wert gelegt wird.

In Austauschbeziehungen achten die Menschen darauf, wer was beiträgt, und fühlen sich benachteiligt, wenn sie denken, mehr in die Beziehung hineinzustecken als herauszubekommen. Gerechtigkeit wird erlebt, wenn eine gleiche Kosten-Nutzen-Relation vorliegt. Sozial motivierte Beziehungen (Freundschaften, Familien) sind dagegen stärker an den Bedürfnissen des Partners orientiert. Die Partner geben gemäß den Bedürfnissen des anderen, unabhängig davon, ob sie es zurückgezahlt bekommen oder nicht. Es geht darum, dem anderen Hilfe zu gewähren, wenn dieser sie braucht. In Austauschbeziehungen geht es darum, die Norm der Gleichheit und der Reziprozität zu etablieren, damit die Beziehung auch längerfristig bestehen kann. Die Ergebniskalkulation ist unmittelbarer. Wenn ein belohnendes Verhalten nicht unmittelbar wiederum verstärkt wird, wenn nicht sofort eine Gegenleistung geboten wird, entsteht leicht das Gefühl des Ausgenutztseins.

In sozial motivierten Beziehungen besteht nicht die Erwartung, dass für einen erbrachten Aufwand sofort eine Gegenleistung geboten wird. In sozial motivierten Beziehungen kann zudem die Gegenleistung auch mit einer anderen Ressource als der empfangenen erbracht werden. Selbst wenn es eine einseitige Belohnung ist, fühlt sich die belohnende Person nicht notwendigerweise ausgenutzt. Das Reziprozitätsprinzip trifft hier nicht (zeitlich) unmittelbar zu.

Die Norm der Reziprozität ist in Geschäfts- wie in familiären Beziehungen fest verankert. Freundliches mit Freundlichem zu vergelten ist nicht nur moralisch eine Pflicht, sondern auch die Grundlage für die Dauerhaftigkeit von Beziehungen. Reziprozität ist das Verhaltensmuster eines wechselseitig abhängigen Austauschs von Gratifikationen (Gouldner, 1960).

M. Clark hat eine Reihe von Untersuchungen zum Unterschied von Communal- und Exchange-Beziehungen durchgeführt. In einer Arbeit (Clark & Waddell, 1985) ließen die Autoren Versuchsteilnehmer mit einer interessanten Person interagieren und erzählte ihnen entweder, dass diese Person neu in der Gegend war und neue Freunde suchte und dass nach der Sitzung noch Gelegenheit sei, über gemeinsame Interessen zu reden (Verstärkung des Interesses an einer sozial motivierten Beziehung mit dieser Person) oder, dass diese Person gleich von ihrem Mann abgeholt würde, dass aber nach der Sitzung noch über Interessensunterschiede diskutiert werden sollte (die Person erschien also eher für eine Austauschbeziehung geeignet). Bei der Person handelte es sich um eine konföderierte Teilnehmerin, das heißt um eine Vertraute des Versuchsleiters, die sich entsprechend seinen Anweisungen verhielt. Neben diesen beiden Bedingungen – Erwartung einer sozial-motivierten vs. Erwartung einer Austauschbeziehung – wurde durch Variation des Verhaltens der Konföderierten noch eine weitere Variable in der Studie untersucht. Die konföderierte Person bat nämlich die echte Versuchsteilnehmerin um eine Hilfeleistung (Ausfüllen eines Fragebogens). In einer Bedingung bot sie eine Gegenleistung an (Entgelt), in einer anderen Bedingung nicht. Gemessen wurden das Ausmaß des Sich-Ausgenutztfühlens und der Attraktivität der Person.

Die Ergebnisse bestätigen die Hypothesen der Autoren, nach denen in Communal-Beziehungen kein Gefühl des Ausgenutztwerdens entsteht, wenn für eine Hilfeleistung keine Gegenleistung angeboten wird, wohl aber in Exchange-Beziehungen. Darüber hinaus sinkt die Attraktivität der Person mit dem Gefühl des Ausgenutztwerdens.

Aber auch in sozial motivierten Beziehungen muss eine gewisse Ausgewogenheit bestehen. Die Ausgewogenheit muss nicht unmittelbar erreicht werden, da man glaubt, dass sich im Laufe der Zeit eine gewisse Ausgewogenheit in der Ergebnisbilanz einpendeln wird. Doch auch in sozial motivierten Beziehungen kann irgendwann einmal das Vergleichsniveau negativ werden, die Beziehung wird als ungerecht erlebt und ist gefährdet.

Formen sozialer Gerechtigkeit

Distributive Gerechtigkeit (Verteilungsgerechtigkeit) ist eng mit den Aspekten des Austausches und des Verteilens von Ressourcen und Belohnungen verbunden. Distributive Gerechtigkeit wird bereits in Homans Regeln angesprochen. Dies zeigt die Herkunft der distributiven Gerechtigkeit aus ökonomischen Überlegungen. Die Austauschbeziehung muss als ausgewogen wahrgenommen werden, um von den Partnern als gerecht empfunden zu werden. Distributive Gerechtigkeit kann nach drei Prinzipien hergestellt werden:

– Nach dem *Beitragsprinzip* wird Ausgewogenheit dann wahrgenommen, wenn die eigenen Ergebnisse in entsprechender Relation zu den eigenen Beiträgen stehen, und in gleicher Weise muss dies auch für die Beitrags- und Ergebnisrelation des Partners gelten. Zum anderen sollte die eigene Kosten-Nutzen-Bilanz nicht besser oder schlechter sein als die Ergebnisbilanz des Partners.

– Nach dem *Gleichheitsprinzip* werden die Ressourcen und Belohnungen gleichmäßig auf die Beteiligten verteilt, ohne die jeweiligen Beiträge zu berücksichtigen.

– Das *Bedürfnisprinzip* schließlich bedeutet, dass der Bedürftigste die meisten Ressourcen erhält. Auch hier bleiben die Beiträge der einzelnen Beteiligten unberücksichtigt.

Mikula (1984) beschreibt, dass die verschiedenen Prinzipien distributiver Gerechtigkeit aus unterschiedlichen Motiven eingesetzt werden können. Die Aufteilungsprinzipien dienen nicht nur dem Ziel, gerechte Kosten-Nutzen-Relationen zu erzielen, sondern können auch strategisch eingesetzt werden. Das Gleichheitsprinzip kann etwa genutzt werden, um kooperatives Verhalten zu stärken, oder es kann eingesetzt werden, um mögliche interpersonale Konflikte zu vermeiden. Der Verweis auf das Gleichheitsprinzip kann aber auch aus egoistischen Bedürfnissen eingesetzt werden, wenn etwa nach dem Beitragsprinzip die eigenen Erträge schlechter wären. Oder es kann eingesetzt werden, um sich als besonders sozial darzustellen.

Ungleichheit in der Ergebnismatrix muss nicht unbedingt zu wahrgenommener Ungerechtigkeit führen. Ein schlechteres Kosten-Nutzen-Verhältnis als nach einem der Prinzipien erwartet kann akzeptiert werden, wenn der Prozess der Ergebnisfindung als fair und angemessen wahrgenommen wird.

Es handelt sich dabei um *prozedurale Gerechtigkeit*. Thibaut und Walker (Thibaut & Walker, 1975; L. Walker, Lind & Thibaut, 1979) verwendeten das Konzept zunächst im juristischen Kontext. Leventhal (1980) analysierte es dann in einem allgemeineren Bereich der Fairness in sozialen Beziehungen. Prozedurale Gerechtigkeit kommt vor allem bei Entscheidungen in Organisationen zum Tragen. Klendauer, Streicher, Jonas und Frey (2006) bringen eine Zusammenstellung zentraler Kriterien, die gegeben sein müssen, damit ein Prozess als fair und gerecht angesehen wird. Die folgende Auflistung der Kriterien und ihrer Definitionen ist von den Autoren übernommen:

– Stimme („voice"): Die Betroffenen haben die Möglichkeit, ihren Standpunkt und ihre Argumente den Entscheidungsträgern zu präsentieren.

– Regel der Konsistenz: Entscheidungsprozesse sind konsistent in Bezug auf verschiedene Personen und über den Zeitverlauf hinweg.

– Regel der Unvoreingenommenheit (Neutralität): Die Entscheidung wird nicht durch persönliches Selbstinteresse oder Voreingenommenheit der Entscheidungsträger beeinflusst.

- Regel der Akkuratheit: Akkurate, das heißt korrekte und genaue Informationen werden gesammelt und bei der Entscheidungsfindung angemessen berücksichtigt.
- Regel der Korrigierbarkeit: Es ist die Möglichkeit gegeben, Entscheidungen ändern zu können (etwa in Form von Beschwerdeverfahren).
- Regel der Repräsentativität: Bedürfnisse und Meinungen aller betroffenen Parteien werden berücksichtigt.
- Regel der Ethik: Der Entscheidungsprozess ist kompatibel mit persönlichen Wertvorstellungen der Betroffenen beziehungsweise mit fundamentalen moralischen und ethischen Werten.

Später ist zu den Konzepten der distributiven und der prozeduralen Gerechtigkeit noch die *interaktionale Gerechtigkeit* hinzugekommen (vgl. Müller & Hassebrauck, 1993). Ungerechtigkeit wird hier erlebt, wenn sich eine Person durch das Verhalten ihres Interaktionspartners beschämt, herabgesetzt, diskriminiert fühlt. Ein Arbeitnehmer, der sich durch einen Tadel seines Vorgesetzten vor allen Kollegen herabgesetzt fühlt, wird versuchen, diese erlebte Ungerechtigkeit wieder auszugleichen, indem er weniger arbeitet, über den Vorgesetzten schlecht redet oder versucht, ihm sonst irgendwie zu schaden.

Die Eigenständigkeit der interaktionalen Gerechtigkeitsform neben distributiver und prozeduraler Gerechtigkeit ist durch Meta-Analysen bestätigt worden (Colquitt, Conlon, Wesson, Porter & Ng, 2001). Dabei kristallisierten sich zwei Aspekte der interaktionalen Gerechtigkeit heraus:

- Interpersonale Gerechtigkeit liegt vor, wenn der Umgang der Beteiligten miteinander respektvoll, höflich und korrekt ist.
- Informationale Gerechtigkeit bedeutet, dass angemessen ausführliche und begründete Informationen über Entscheidungen gegeben werden.

1.8 Bindungstheorien

1.8.1 Das Investitionsmodell sozialer Beziehungen

Das Investitionsmodell sozialer Beziehungen legt den Schwerpunkt auf die Frage, welche Faktoren den Fortbestand oder den Abbruch von Beziehungen beeinflussen. Es ist ursprünglich für enge persönliche Beziehungen (Romantic Relationships) entwickelt worden (Rusbult, 1980), ist aber zunehmend auch in anderen Bereichen angewendet worden (Arbeitszufriedenheit: Farrell & Rusbult, 1981, Rusbult & Farrell, 1983, Geschäftsbeziehungen: Ping, 2003, Sport: Carpenter & Coleman, 1998,). Die Gültigkeit der Annahmen über den Bereich der persönlichen Beziehungen hinaus ist z. B. von Le und Agnew (2003) in einer Meta-Analyse bestätigt worden.

Rusbults Modell knüpft eng an die Konzeptionen von Blau (1986) und vor allem an die Interdependenztheorie von Thibaut und Kelley (1959) an.

Wie bei Thibaut und Kelley spielen auch im Investitionsmodell die Vergleichsniveaus (CL und CL_{alt}) eine große Rolle. Die Zufriedenheit mit einer Beziehung als Resultat der Belohnungs- und Kosten-Bilanz und die Ergebnisse aus möglichen alternativen Beziehungen werden auch im Investitionsmodell als zentrale Faktoren zur Vorhersage für die Aufrechterhaltung der Beziehung angesehen.

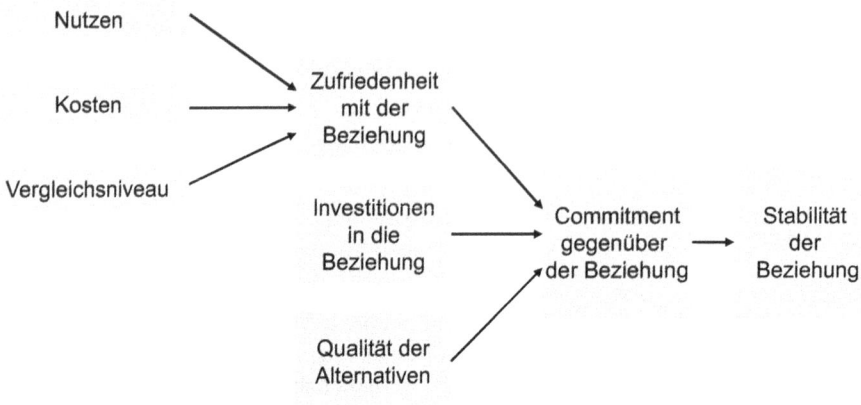

Abbildung 1.15: Das Investitionsmodell nach Rusbult (1980)

Nach Rusbult ist darüber hinaus aber noch die Höhe der Investitionen, das sind die Ressourcen, die in eine Beziehung gesteckt werden, für das Verbleiben in der Beziehung von Bedeutung. Die Höhe der Investitionen bestimmt – zusammen mit den Ergebnissen aus der Beziehung und den Ergebnissen aus der besten verfügbaren Alternative – das Commitment der Partner. Das Investitionsmodell nimmt an, dass das Commitment nicht nur durch die Höhe der Ergebnisse aus der aktuellen Beziehung und möglichen Alternativen beeinflusst wird, sondern auch durch die Höhe der Investitionen. Das Commitment wächst im Laufe der Zeit, weil die Ressourcen, die in eine Beziehung investiert worden sind, die Kosten für ein Aussteigen aus ihr erhöhen (Rusbult, 1980, S. 174).

Zunächst waren die Analysen noch individualistisch orientiert. Das Modell sollte vorhersagen, unter welchen Bedingungen eine Beziehung fortdauert und was die Kriterien dafür sind, dass sie beendet wird, dass ein Partner die Beziehung verlässt (siehe Abbildung 1.15).

Bald wurde das Modell ergänzt um eine echte interaktionistische Perspektive. Bui, Peplau und Hill (1996) testeten das Modell in einer Langzeitstudie mit heterosexuellen Paaren. Ihre Untersuchung bestätigte das Investitionsmodell in den meisten Punkten. Sie betrachteten aber zusätzlich die Perspektive beider Partner und fanden eine wichtige Ergänzung. Das Commitment der jeweiligen Partner wird beeinflusst auch durch die Alternativen, über die der jeweils andere verfügt.

Auch Rusbult betont später (Drigotas, Rusbult & Verette, 1999), dass für eine erfolgreiche Paarbeziehung zumindest zwei Kriterien erfüllt sein müssen:

– ein bestimmtes Maß an Commitment, das den Impetus für Verhaltensweisen (z. B. Anpassung oder Aufopferung) gibt, die für eine funktionierende Paarbeziehung wesentlich sind und

– ein beiderseitiges Commitment, das die Gefahren reduziert, die Commitment mit sich bringt und das eine sichere Umgebung bereitet, in der Eigeninteresse vernachlässigt werden kann.

Wenn sich aber die Beziehung verschlechtert und ein Partner Unzufriedenheit verspürt, gibt es vier Möglichkeiten mit dieser Beziehung umzugehen (Rusbult, Zembrodt & Gunn, 1982).
- *Beenden* (Exit): sich förmlich trennen, aus der gemeinsamen Wohnung auszuziehen, sich scheiden lassen,
- *Artikulieren* (Voice): die Probleme diskutieren, nach Kompromissen suchen, fremde Hilfe suchen, versuchen, sich oder den Partner zu verändern,
- *Loyalität* (Loyality): abwarten und hoffen, dass sich die Dinge verbessern, den Dingen etwas Zeit geben,
- *Vernachlässigen* (Neglect): den Partner ignorieren, weniger Zeit zusammen verbringen, ablehnen, Probleme zu diskutieren, den Partner emotional und physisch schlecht behandeln.

1.8.2 Bindungsstile

Aber es sind nicht nur Merkmale und Bedingungen der sozialen Interaktion, die den Fortbestand und die Qualität einer Beziehung beeinflussen, auch Persönlichkeitsfaktoren spielen eine Rolle. Insbesondere der *Bindungsstil*, das ist die generalisierte Erwartung, die eine Person an Beziehungen mit anderen Personen entwickelt hat, kann eine soziale Beziehung prägen.

Erwartungen an Beziehungen basieren nach der Bindungstheorie von Bowlby (1969) auf den Erfahrungen und Beziehungen, die ein Kind mit seinen primären Bezugspersonen hatte. Es entwickelt eine kognitive Repräsentation von sich selbst und von den anderen, die die Grundlage für seine späteren persönlichen Orientierungen werden.

Für die Entwicklung von Vertrauen spielen zwei Aspekte eine wesentliche Rolle. Erstens: Wird die Bezugsperson als eine Person beurteilt, die generell auf Anforderungen von Hilfe und Unterstützung positiv reagiert? Zweitens: Sieht das Kind sich selbst als jemanden, dem alle und insbesondere diese Bezugsperson hilfreich und unterstützend begegnen? Der Bindungsstil, den wir als Kind lernen, wird zum Schema für unsere Beziehungen im Erwachsenenalter.

Es lassen sich drei Bindungsstile unterscheiden (Hazan & Shaver, 1994), die in ihrer prozessualen Beziehung zur Bindungsperson in Abbildung 1.16 auf der nächsten Seite dargestellt sind:
- Der *sichere Bindungsstil* ist charakterisiert durch Vertrauen; das Individuum hat keine Angst, verlassen zu werden; es glaubt, dass es wertvoll ist und gemocht wird.
- Der *vermeidende Bindungsstil* ist charakterisiert durch Unterdrückung von Bindungsbedürfnissen – aufgrund der Erfahrung, dass Versuche, Nähe zu suchen, abgewiesen wurden.
- Der *ängstliche Bindungsstil* ist charakterisiert durch die Sorge, dass andere den Wunsch nach Zuneigung nicht erwidern, was zu starker Angst führt.

Die Bindungstheorie nimmt an, dass Menschen, die eine sichere Beziehung mit ihren Eltern oder Bezugspersonen hatten, auch in der Lage sind, reife, dauernde Beziehungen als Erwachsene zu entwickeln. Menschen, die von ihren Eltern bei Versuchen, sich ihnen zu nähern, abgewiesen wurden, haben später Probleme, anderen zu vertrauen und finden es schwierig, enge, intime Beziehungen einzugehen. Menschen mit einem ängstlichen Bindungsstil möchten zwar ihrem Partner näher kommen, haben aber Angst, dass dieser ihre Zuneigung nicht erwidert.

Bartholomew (1990) unterteilt das Vermeiden von Intimität bei Erwachsenen in eine angstvolle und eine ablehnende Form. Der angstvolle Stil ist charakterisiert durch den bewussten Wunsch

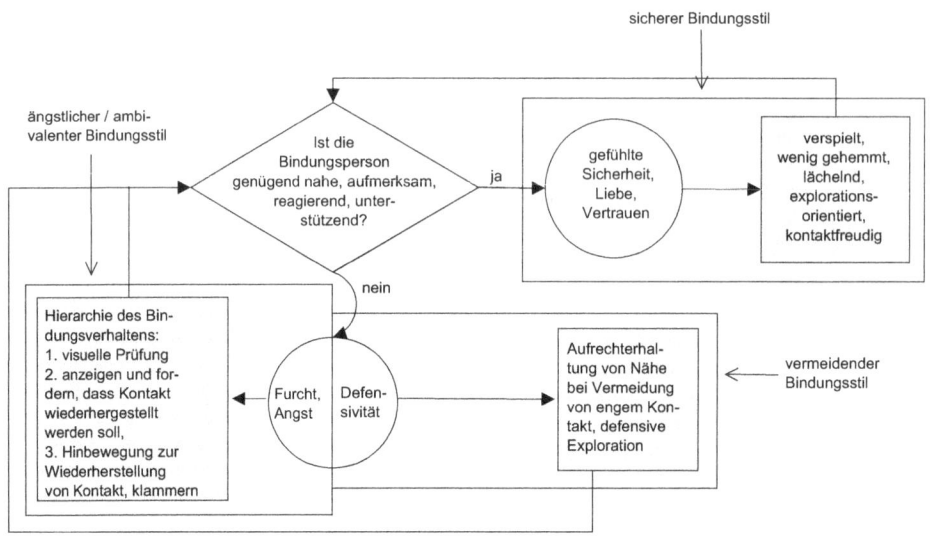

Abbildung 1.16: *Bindungsstile nach Hazan und Shaver (1994)*

nach Kontakt bei gleichzeitiger Furcht vor den Konsequenzen einer Bindung. Den ablehnenden Stil kennzeichnet eine defensive Leugnung des Bedürfnisses oder des Wunsches nach einer persönlichen Bindung.

Bindungsstile stehen in einem engen Zusammenhang mit den Coping-Strategien im Erwachsenenalter (Alexander, Feeney, Hohaus & Noller, 2001). Eine sichere Bindung wirkt sich positiv auf das Problemlösungsverhalten aus und erleichtert es, sich an andere mit der Bitte um Rat und Unterstützung zu wenden. Ein vermeidender Stil ist dagegen mit distanziertem Verhalten gegenüber anderen verbunden und von Affekten wie Selbsttadel und Wunschdenken begleitet.

Für das Thema enge persönliche Beziehungen gibt es nicht viele spezifische sozialpsychologische Theorien (Berscheid & Reis, 1998). Dieses Gebiet wird primär mit einer Sammlung von Phänomenen wie Attraktion, Ähnlichkeit, Affiliation, Commitment, Zufriedenheit, Vertrauen u. ä. beschrieben. Auf diese Themen wird an verschiedenen Stellen des Buches eingegangen.

1.9 Kommunikationstheorien

Kommunikation ist das Wesen sozialer Interaktion. Sie stellt eine Beziehung zwischen Personen her und gestaltet sie. Dieses Merkmal, die Gestaltung einer Beziehung durch Kommunikation, verdeutlicht den sozialen Charakter von Kommunikation. Kommunikation kann auf der einen Seite den Transfer bedeutungshaltiger Information von einer Person zu einer anderen bedeuten. Kommunikation kann aber auch als Mittel zur Beeinflussung von Personen eingesetzt werden. Damit erhält der Kommunikationsbegriff eine recht weite Spannbreite.

Damit Kommunikation gelingt, sei es als Vermittlung von Informationen, sei es als gezielter Beeinflussungsversuch, ist erforderlich, dass die an der Kommunikation beteiligten Personen ein geteiltes Verständnis davon haben, was bestimmte Wörter, Klänge, Zeichen oder Gesten bedeuten.

1.9.1 Kommunikation als Informationsübermittlung

Für die Funktion von Kommunikation als Informationsübermittlung haben Shannon und Weaver (1949) ein Modell vorgestellt, auf dem sehr viele der in der Psychologie, Soziologie und Kommunikationswissenschaft benutzten Modelle der Kommunikation basieren.

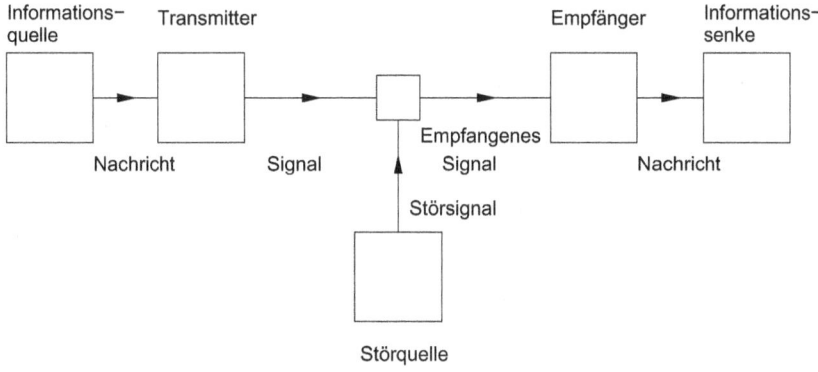

Abbildung 1.17: Das Kommunikationsmodell nach Shannon und Weaver

Das Modell von Shannon und Weaver (1949) beschreibt Kommunikation informationstechnologisch (siehe Abbildung 1.17). Von einer Quelle gelangt die Mitteilung zu einem Sender, der diese als Signal weitergibt. Bei der Signalübermittlung können Störungen eintreten, so dass das beim Empfänger ankommende Signal nicht mit dem gesendeten Signal identisch sein muss und dementsprechend auch die beim Adressaten decodierte Mitteilung von der ursprünglich gesendeten Mitteilung abweichen kann. Lasswell (1948) fasst den Kommunikationsprozess in die bekannte Formel: Wer sagt was zu wem in welchem Kanal mit welcher Wirkung?

In dieser Definition wird durch den Einbezug der Wirkung von Mitteilungen auch das Spektrum von Kommunikation als Beeinflussungsversuch darstellbar. Letztendlich ist aber auch Lasswells Formel ein formales Modell zur Beschreibung des Informationsübertragungsprozesses, das den Besonderheiten und Merkmalen sozialer menschlicher Kommunikation nicht gerecht wird. Zwar können mit dieser Formel eine Reihe von psychischen und sozialen Einflussfaktoren abgebildet werden, die im Prozess der Bedeutungsvermittlung zwischen Sender und Empfänger eine Rolle spielen. So kann man bei der Frage nach dem „Wer" Merkmale des Senders/Kommunikators (z. B. seine Glaubwürdigkeit, seine Expertise) in ihrer Bedeutung für den Informationsvermittlungsprozess analysieren, ebenso wie Merkmale des Empfängers/Rezipienten (z. B. seine Kritik- und Urteilsfähigkeit) unter dem Aspekt des „zu wem". Die

Kanalwahl ist die Frage, in welchem Medium der Prozess stattfindet (z. B. Face-to-Face oder computervermittelt, verbal oder nonverbal).

Bei der Frage nach der Wirkung ist in dem Modell zunächst nur gemeint, ob und inwieweit die Information beim Empfänger angekommen ist. Oft erhält aber eine Äußerung ihre Bedeutung erst durch den Kontext, in dem sie gesagt wird. Die Äußerung „Es ist laut hier." kann in einem Kontext einfach die Bestimmung des Lautstärkepegels bedeuten. Sagt aber ein Dozent in einer Vorlesung diesen Satz, so enthält dessen Bedeutung die Aufforderung an die Zuhörer, leiser zu sein.

Ein anderes Beispiel dafür, dass Kontextvariablen für eine angemessene Kommunikation berücksichtigt werden müssen, ist die interkulturelle Kommunikation. Kulturen unterscheiden sich darin, was in ihnen zu sagen angemessen ist. Sie unterscheiden sich darin, was man zu welchem Zeitpunkt, zu wem, wo und wie sagen kann.

1.9.2 Kommunikation und Sprache

Von besonderer Bedeutung zur angemessenen Encodierung einer Mitteilung ist aber auch, „wie" etwas gesagt wird. Sprachstile haben Merkmale, die Informationen darüber beinhalten, in welcher Stimmung sich der Sprecher befindet, welchen Status er innehat, wie alt er ist, zu welcher Gruppe er gehört usw. Solche Merkmale werden *soziale Marker* genannt (Scherer & Giles, 1979). So lassen z. B. Dialekte recht schnell die Einordnung in eine bestimmte Region zu und aktivieren auf diese Weise Vorstellungen und Stereotype beim Empfänger, welche die Interpretation einer Äußerung leiten.

Besonders gut untersucht sind soziale Marker, die das Geschlecht und den Status von Sprechern kennzeichnen. Sprache, die Macht signalisiert, äußert sich durch häufigeres Unterbrechen des Partners mit dem Ziel des Floor-Control. Floor-Control meint in diesem Zusammenhang die Kontrolle über die Verteilung von Redezeiten und Sprechanteilen. Machtvolles Sprechen äußert sich auch darin, dass eingebrachte Themen von den Kommunikationspartnern aufgegriffen und weitergeführt werden.

Die Merkmale machtloser Sprache sind sogenannte Intensifier (z. B. sehr, wirklich ...), Hedges (so etwas wie, eine Art) oder Tag Questions (nicht wahr, oder ...). Machtlose Sprache ist höflicher und im Tonfall eher fragend als behauptend. Die Sprache von Frauen ähnelt häufig derjenigen machtloser Sprecher, wobei hier sicher kulturelle wie auch zeitlich-historische Unterschiede existieren.

Giles hat in seiner Speech Accommodation Theory, die dann als Communication Accomodation Theory weitergeführt wurde (Giles & Ogay, 2006), beschrieben, wie und mit welchen Folgen der Sprachstil im Kontext einer interpersonalen Konversation modifiziert werden kann. Er unterscheidet zwei Richtungen. Es kann eine Angleichung an den Interaktionspartner im Akzent oder im Sprachstil erfolgen. Dann liegt Sprachkonvergenz vor. Bei Sprachdivergenz liegt eine Abweichung von der anderen Person durch Akzent oder Sprachstil vor. Die interaktionstheoretische Bedeutung liegt nahe. Durch Sprachdivergenz mache ich Unterschiede zur anderen Person deutlich, ich grenze mich von ihr ab. Durch Sprachkonvergenz bilde ich eine Einheit mit dem Partner. Durch Sprachkonvergenz und Sprachdivergenz wird zugleich die Nähe und Distanz zum Kommunikationspartner und die Kategorisierung in eine gleiche oder verschiedene soziale Kategorie geregelt.

Kategorie	Beispiele	Merkmale
Descriptive Action Verbs (DAV)	schubsen werfen	singuläre Verhaltensepisode Bezug zu konkreter Situation invariantes physikalisches Merkmal Verständnis kontextabhängig
Interpretive Action Verbs (IAV)	angreifen loben	singuläre Verhaltensepisode Bezug zu konkreter Situation Interpretation und Bewertung autonomes Verständnis
State Verbs (SV)	zürnen bewundern	affektiver oder kognitiver Zustand kein Bezug zu konkreter Situation Interpretation und Bewertung Abstraktion von Handlungen
Adjectives (ADJ)	aggressiv freundlich	dauerhafte Disposition kein Bezug zu konkreter Situation starke Interpretation und Bewertung Abstraktion von Handlungen

Abbildung 1.18: Das Linguistische Kategorienmodell

Kommunikation findet nicht nur nach bestimmten expliziten Sprachregeln statt, sondern auch nach impliziten „Spielregeln", denen die Kommunikationspartner durch das Kooperationsprinzip verpflichtet sind (Grice, 1975). Die impliziten Spielregeln fasst Grice in vier Maxime:

- Maxime der Quantität: Sei so knapp wie nötig.
- Maxime der Qualität: Sei wahr und aufrichtig.
- Maxime der Relation: Gib alle Informationen, die nötig sind.
- Maxime der Modalität: Formuliere den Umständen angemessen und eindeutig.

Bewusste Verletzungen der Spielregeln werden vor allem als unaufrichtige Kommunikationsstrategien wie Lügen, Informationsunterdrückungen, Umdeutungen und Schönfärbereien eingesetzt.

Das linguistische Kategorienmodell

Nicht nur der Sprachstil verleiht einer Äußerung Bedeutung, sondern auch die Wortwahl. Im linguistischen Kategorienmodell von Semin und Fiedler (1988, 1991) werden vier Wortklassen unterschieden, mit denen Prädikate formuliert werden können: Deskriptive Handlungsverben, interpretative Handlungsverben, Zustandsverben und Adjektive.

Die Wortklassen unterscheiden sich in ihrer Abstraktheit und in ihrem Bezug zu konkreten Situationen (siehe Abbildung 1.18). Deskriptive Handlungsverben bedürfen wenig Interpretation, Adjektive der meisten Interpretation. Deskriptive und interpretative Handlungsverben haben

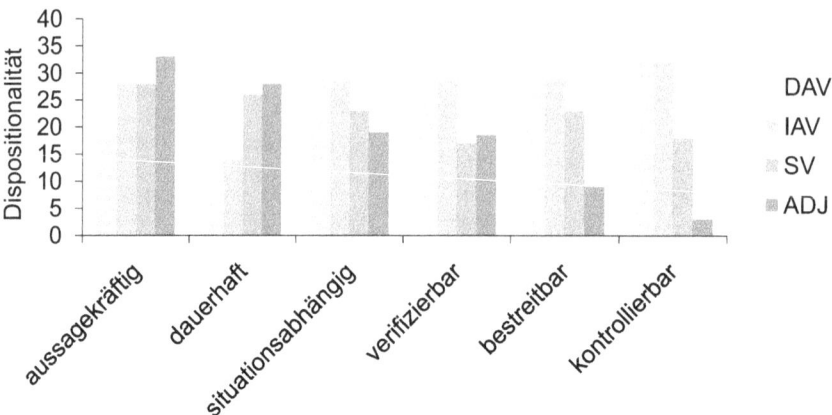

Abbildung 1.19: *Kognitiv-semantische Implikationen*

einen Bezug zur konkreten Situation, Zustandsverben und Adjektive nicht. Die unterschiedlichen Implikationen der Wortklassen auf kognitiv-semantischer Ebene liegen nach K. Fiedler und Semin (2002) vor allem in ihrer unterschiedlichen Dispositionalität, das heißt in dem Ausmaß, in dem das verwendete Prädikat auf stabile Eigenschaften innerhalb der Person schließen lässt.

Wie Abbildung 1.19 zeigt, nimmt die Dispositionalität von den deskriptiven Handlungsverben bis zu den Adjektiven kontinuierlich zu. Deskriptive Handlungsverben (z. B. werfen, laufen) sind in Bezug auf eine mögliche Eigenschaft der Person wenig aussagekräftig und wenig dauerhaft, sie sind vielmehr verifizierbar, kontrollierbar, situationsabhängig und auch bestreitbar. Im Gegensatz dazu spielt in einer Aussage wie „Der ist dumm.", einem adjektivischen Prädikat, der Hinweis auf die Eigenschaft der Person deutlich mit. Sie ist aussagekräftig, bezeichnet ein dauerhaftes Merkmal, ist aber schlechter verifizierbar, weniger bestreitbar und wenig kontrollierbar.

Die Verwendung von Zustandsverben und Adjektiven zur Beschreibung von Handlungen und Ereignissen einer Person bedeutet, dieser die Möglichkeit der Veränderbarkeit abzusprechen. Zugleich wird der Ursprung, die Ursache ihrer Handlung, in die Person verlegt, also internal attribuiert. Die Ursachen und Konsequenzen der selektiven Verwendung von Wortklassen sind eindrucksvoll im Intergruppen-Kontext aufgewiesen worden (siehe Kapitel 4).

1.9.3 Prozessmodelle der Überredung

Wir kommunizieren mit anderen, um sie zu beeinflussen. Wir möchten sie von unserer Meinung und unserem Standpunkt überzeugen, sie zur Änderung ihrer Einstellung veranlassen oder sie zu einem anderen Verhalten überreden. Wir verwenden dazu Mittel der *persuasiven Kommunikation*. Die Werbung ist ein Paradebeispiel hierfür, die Reden von Politikern, insbesondere vor Wahlen, ein weiteres.

1.9 Kommunikationstheorien

Das Prozessmodell nach McGuire

McGuire (1969) hat in seinem Prozessmodell der Überredung Schritte formuliert, die für eine erfolgreiche Kommunikation notwendig sind. Diese Schritte geben zugleich auch den Prozess der Informationsverarbeitung wieder, den der Rezipient einer persuasiven Botschaft durchläuft.

- *Exposition/Sich aussetzen:* Man muss sich der Botschaft überhaupt aussetzen.
- *Aufmerksamkeit:* Es muss die Bereitschaft zum Wahrnehmen und die Motivation zuzuhören geweckt werden. Der Sender muss sozusagen seine Botschaft zur Figur im Wahrnehmungsfeld des Rezipienten werden lassen, damit sie seine Aufmerksamkeit auf sich zieht.
- *Verstehen:* Die Darbietung der Botschaft muss den Fähigkeiten und Kenntnissen des Rezipienten angemessen sein. Eine zu anspruchsvolle Darbietung kann hinderlich sein, weil der Rezipient ihr vielleicht nicht folgen kann. Ebenso müssen aber auch situative Faktoren (wie z. B. Lärm oder Müdigkeit des Rezipienten) berücksichtigt werden.
- *Akzeptieren:* Ob die Botschaft akzeptiert wird, hängt davon ab, wie der Rezipient sie verarbeitet. Nicht immer führt eine inhaltliche Auseinandersetzung zur Akzeptanz, nicht immer führt eine periphere Verarbeitung zur Ablehnung. Es kommt darauf an, welche Assoziationen mit der Botschaft verknüpft werden. Auch die Glaubwürdigkeit des Kommunikators spielt eine Rolle.
- *Beibehalten:* Auch wenn eine Botschaft akzeptiert worden ist und es zu einer dementsprechenden Einstellungsänderung gekommen ist, muss diese nicht dauerhaft sein. Im Allgemeinen ist eine Einstellungsänderung dauerhafter, wenn sie durch eine tiefe und gründliche Auseinandersetzung erzielt wurde.
- *Verhalten:* Das Verhalten, das der durch Überredung erzielten Einstellungsänderung folgt, ist das sicherste Zeichen für die Akzeptanz des Beeinflussungsversuches.

Der Erfolg einer Botschaft lässt sich mit der nachfolgenden Gleichung darstellen. Die multiplikative Verknüpfung zeigt an, dass in diesem Modell jede Phase eine Mindestausprägung aufweisen muss, wenn der Änderungsprozess erfolgreich sein soll.

$$P_{Einfluss} = P_{Exposition} \times P_{Aufmerksamkeit} \times P_{Verstehen} \times P_{Akzeptieren} \times P_{Beibehalten} \times P_{Verhalten}$$

Diese Schritte sind später zusammengefasst worden zu einem Zweifaktorenmodell der Überredung mit den beiden Teilen Rezeption und Akzeptanz.

$$P_{Einfluss} = P_{Rezeption} \times P_{Akzeptanz}$$

Das Modell der Elaborationswahrscheinlichkeit

Petty und Cacioppo (1986) setzen in ihrem Modell der Elaborationswahrscheinlichkeit (Elaboration-Likelihood-Modell (ELM)) den Schwerpunkt auf die kognitive Verarbeitung der persuasiven Botschaft. Sie legen zwei Annahmen zugrunde:

Zum einen hängen Einstellungsänderungen davon ab, welche dominante kognitive Reaktion durch eine Kommunikation ausgelöst wird. Eine dominante Reaktion ist diejenige Reaktion,

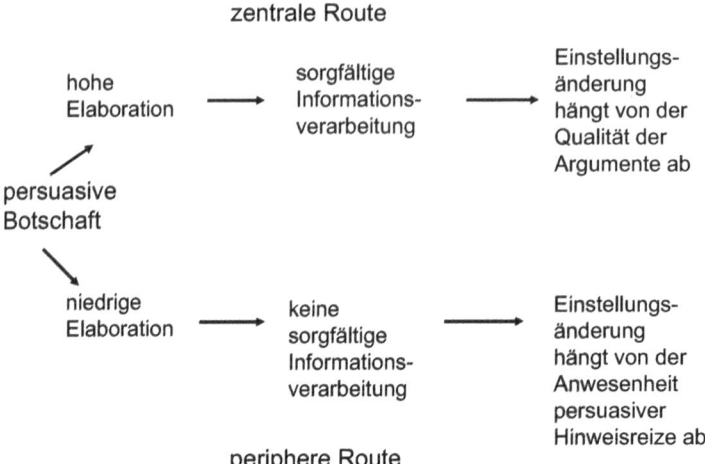

Abbildung 1.20: Das Elaboration-Likelihood-Modell

die als Erstes quasi automatisch auf einen Reiz gebildet wird. Bei positiven (zustimmenden) Gedanken als dominante Reaktion entsteht eine stärkere Überredungswirkung als bei negativen (kritischen) Gedanken.

Zum anderen bestimmt das Ausmaß der kognitiven Verarbeitung (Elaboration), ob es zu einer Einstellungsänderung kommt. Petty und Cacioppo (1986) unterscheiden zwei Wege der Verarbeitung: eine zentrale Route und eine periphere Route (siehe Abbildung 1.20).

Zwischen zentraler und peripherer Verarbeitung wird ein antagonistisches Verhältnis angenommen. Eine Verarbeitung auf der zentralen Route bedeutet, dass sich der Rezipient bewusst und sehr genau mit den Argumenten auseinandersetzt. Das bedeutet, dass, wenn der Sender den Rezipienten überzeugen will und dieser auf der zentralen Route verarbeitet, es sehr auf die Qualität der Argumente ankommt.

Die Verarbeitung auf der peripheren Route zeichnet sich dadurch aus, dass nicht die zentrale Botschaft der Überredung wichtig ist, sondern dass die Verarbeitung durch persuasive Hinweisreize stärker auf nebensächliche periphere Aspekte gelenkt wird. („Meine Mutter hat auch immer schon mit Ariel gewaschen.") Hier spielt also nicht so sehr die Qualität der Argumente, die sich auf das Einstellungsobjekt beziehen, eine Rolle, als vielmehr Merkmale und Eigenschaften, die mit dem Sender verbunden sind. Von Bedeutung sind hier die Glaubwürdigkeit des Kommunikators und insbesondere die positiven Assoziationen, die mit dem Einstellungsobjekt verbunden werden.

In der Werbung setzen Autofirmen beispielsweise auf diesen Aspekt, wenn sie dem Trend folgend die Sauberkeit und Umweltfreundlichkeit ihrer Modelle betonen.

Es sind also im Wesentlichen drei Aspekte wichtig, die eine Einstellungsänderung beeinflussen: die dominante kognitive Reaktion, die Elaboration (das Ausmaß der Verarbeitung) und die Qualität der Argumente (siehe auch Abbildung 1.21 auf der nächsten Seite).

1.9 Kommunikationstheorien

Abbildung 1.21: *Verarbeitung von Argumenten*

- *Dominante kognitive Reaktion:* Die dominante kognitive Reaktion ist definiert als die Gedanken, die mit einem Überredungsversuch assoziiert werden. Will man prüfen, welche Reaktionen durch eine bestimmte Botschaft ausgelöst werden, bietet sich die Methode der Gedankenauflistung an. Die Prozedur ist folgende: Man bittet die Personen nach dem Überredungsversuch zu assoziieren und ihre Gedanken aufzulisten. Auf diese Weise lässt sich feststellen, ob eher positive oder eher negative Gedanken als Reaktion folgten. Wie oben gesagt, unterstützen positive Gedanken die Überredung.

- *Elaboration:* Elaboration bedeutet das Ausmaß der Informationsverarbeitung. Auch dies lässt sich mit der Methode der Gedankenauflistung bestimmen. Werden nach dem Überredungsversuch viele verschiedene Gedanken und Assoziationen produziert, so ist die Informationsverarbeitung aufwendiger und ausführlicher als bei einander ähnlichen Gedanken und Assoziationen.

- *Gute Argumente:* Ein gutes Argument im Sinne des Elaboration-Likelihood-Modells ist ein Argument, das viele zustimmende Gedanken auslöst. Zur Prüfung kann wiederum die Gedankenauflistung eingesetzt werden. Es gibt keine absolut guten Argumente. Für verschiedene Rezipienten können verschiedene Argumente gut sein, das heißt zustimmende Gedanken auslösen. Man kann nicht ein Argument, das man für schlagend hält, bei allen Rezipienten anwenden.

Bei einem Überredungsversuch werden im allgemeinen sowohl Aspekte, die auf die zentrale Route zielen, als auch Aspekte der peripheren Route angesprochen, jedoch in unterschiedlichem Maße. Nehmen wir Werbespots als Beispiel. Auch in ihnen werden immer auch Informationen gegeben, aber ein großer Bestandteil sind affektive Assoziationen. Affektive Assoziationen sind Indikatoren für eine periphere Route. In welchem Verhältnis sie eingesetzt werden, hängt von der Zielgruppe der Rezipienten, von der Intention des Senders, von situativen Gegebenheiten und vom Medium ab, in dem die Botschaft vermittelt wird.

Letztlich liegt es aber am Rezipienten, ob er eine Botschaft auf der zentralen oder der peripheren Route verarbeitet. Personen unterscheiden sich in ihrer Fähigkeit und Bereitschaft, Informationen zu prüfen. Die persönliche Involviertheit bei einem Thema steigert die Auseinandersetzung mit der dargebotenen Information (Petty & Cacioppo, 1984). Ebenso verarbeiten Personen mit einem hohem Maß an Need-for-Cognition (das ist das Bedürfnis, sich mit Informationen auseinanderzusetzen) Informationen gründlicher (Cacioppo, Petty & Morris, 1983). Ablenkung (Petty, Wells & Brock, 1976) und eine gute Stimmung sind dagegen Faktoren, die eine Verarbeitung auf der zentralen Route hemmen. Daraus ließe sich die Konsequenz ziehen: Wenn Du keine guten Argumente hast, lenke den Rezipienten ab oder versetze ihn in gute Laune.

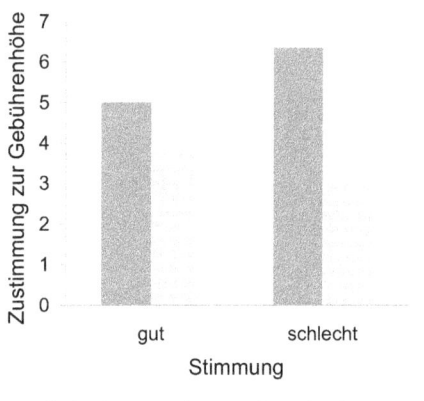

Abbildung 1.22: *Stimmung und Argumentverarbeitung nach Bless et al. (1990)*

Das letztere haben Bless et al. (1990) in einem Experiment untersucht. Die Versuchsteilnehmer wurden zunächst entweder in eine positive oder in eine negative Stimmung gebracht. Dies geschah, indem sie einen lebhaften und detaillierten Bericht über ein glückliches oder trauriges Lebensereignis schreiben sollten. Anschließend hörten die Versuchsteilnehmer einer Tonbandaufzeichnung zu, in der die Erhöhung von Studiengebühren angekündigt wurde. In der Aufzeichnung wurde die Erhöhung entweder durch elf starke oder durch elf schwache Argumente begründet. Danach wurde die Zustimmung der Teilnehmer zur Gebührenerhöhung gemessen sowie die Höhe der Gebühren, die sie empfehlen würden.

Sowohl bei der Zustimmung zur Gebührenerhöhung als auch bei der Höhe des empfohlenen Betrags setzten sich die starken Argumente durch, und dies auch bei den Teilnehmern mit schlechter Stimmung (siehe Abbildung 1.22). Bei guter Stimmung ziehen auch schwache Argumente. Die Teilnehmer mit guter Laune stimmten auch den schwachen Argumenten zu, eher als die Teilnehmer mit schlechter Laune, und sie schlugen auch eine höhere Gebühr vor.

In der Tat entfaltete sich die Wirkung der starken Argumente in Richtung auf eine Einstellungsänderung unabhängig von der Stimmung der Rezipienten, wenn die Rezipienten genügend Zeit zur Informationsverarbeitung hatten. Standen sie aber unter Zeitdruck, so bewirkte eine gute Laune, dass starke wie schwache Argumente gleich wirksam waren. Bei neutraler Stimmung setzten sich wiederum die starken Argumente durch.

Das heuristisch-systematische Modell (HSM)

Das heuristisch-systematische Modell von Chaiken und Eagly (1989) unterteilt die Informationsverarbeitung in einen *systematischen* und einen *heuristischen* Weg. Darin ähnelt es dem Elaboration-Likelihood-Modell, da eine systematische Verarbeitung der zentralen Route und eine heuristische der peripheren Route entspricht. Auch die Ziele der Modelle sind gleich; sie wollen den Prozess der Einstellungsänderung durch Überredung abbilden.

Ein wichtiger Unterschied zwischen beiden Modellen besteht aber darin, dass das HSM die beiden Wege der Informationsverarbeitung nicht als gegensätzlich ansieht, sondern von einem Zusammenspiel beider Komponenten ausgeht. In welchem Ausmaß der Rezipient auf Heuristiken (Daumenregeln) zurückgreift, um sein Urteil über die Botschaft und somit über seine bisherige Einstellung und eine eventuell vorzunehmende Einstellungsänderung zu bilden, hängt davon ab, wie sicher er sich ist, beziehungsweise wie sicher er sich in seinem Urteil sein will.

Wie Rezipienten mit den Informationen umgehen, die bei einem Überredungsversuch angeboten werden, wird davon beeinflusst, welche Funktion die infrage stehende Einstellung für sie hat. Drei Motivationen bestimmen, welchen Weg ein Rezipient bei der Informationsverarbeitung einschlägt.

– Möchte er möglichst realitätsgetreue Einstellungen besitzen (*Genauigkeits-Motivation*), wird er verstärkt systematisch verarbeiten.

– Möchte er solche Einstellungen unterstützen, die mit seiner Weltsicht übereinstimmen und die selbstwertdienlich sind (*Verteidigungs-Motivation*), wird er gern auch auf heuristische Aspekte zurückgreifen.

– Möchte er Einstellungen besitzen, von denen er positive interpersonale Konsequenzen erhofft (*Motivation zur Eindrucksbildung*), z. B. von anderen akzeptiert zu werden, wird er ebenfalls nicht nur auf eine systematische Verarbeitung bauen.

Das HSM hat die strikte Trennung in zwei unabhängige Verarbeitungspfade, wie sie im ELM vorgenommen wird, in einem gewissen Umfang aufgeweicht, da es viele Hinweise darauf gibt, dass sich die Prozesse überlagern. Kruglanski und Thompson (1999) gehen noch einen Schritt weiter und sagen, es sei sinnvoll, einen Verarbeitungspfad zu postulieren, in dem verschiedene Verarbeitungsprozesse durch situative Aufforderungen aktiviert werden können. Kruglanskis Uni-Modell zeichnet die Perspektive einer integrierten Betrachtung des Kommunikationsprozesses, wie er schon in Lasswells Formel *Wer sagt was zu wem in welchem Kanal mit welcher Wirkung?* (Lasswell, 1948, siehe dieses Kapitel S. 41) enthalten war. Die einzelnen Elemente werden zu Teilen in einem Gesamtpaket des kognitiven Repertoires und Überzeugungssystems des Rezipienten. Die Debatte zwischen Vertretern beider Auffassungen geht weiter; man kann gespannt sein, wer die besseren Argumente vorlegt.

Abbildung 1.23: Komponenten der psychologischen Reaktanz

1.10 Die Theorie der psychologischen Reaktanz

Beeinflussungsversuche verursachen manchmal Ärger und schlagen dann fehl. Oder es kann sogar noch zu einer Verstärkung der ursprünglichen Haltung kommen. Man spricht dann von einem Boomerang-Effekt. Offenbar fühlt sich der Rezipient in irgendeiner Hinsicht eingeengt oder sogar bedroht und will diesen Zustand ändern. Die Theorie der psychologischen Reaktanz von Brehm (Brehm, 1966; Miron & Brehm, 2006) befasst sich mit der Aktivierung von Widerständen gegen Bemühungen sozialer Einflussnahme, die den Spielraum einer Person einzuengen versuchen (siehe Abbildung 1.23).

Die Theorie der psychologischen Reaktanz setzt voraus, dass eine Person über verschiedene Verhaltensalternativen verfügt. Bei einem Überredungsversuch z. B. hat sie zumindest die beiden Optionen, bei der vorherigen Meinung zu bleiben oder eine Einstellungsänderung vorzunehmen. Hat sie den Eindruck, dass ihre Entscheidungsfreiheit zwischen den Alternativen von außen eingeschränkt wird, zeigt sie Reaktanz. Psychologische Reaktanz bezeichnet ein Motiv zur Wiederherstellung oder Verteidigung des Entscheidungs- oder Verhaltensspielraums.

Brehm hat sein Konzept in vielen Experimenten geprüft. Das Grundschema seiner Versuche zeigt sich an folgender Anordnung (Brehm, Stires, Sensenig & Shaban, 1966):

Es werden drei Versuchsbedingungen miteinander verglichen.

- In der Bedingung „Wahl ohne Einschränkung" wählen die Versuchsteilnehmer eine Alternative aus einem Angebot.
- In der Bedingung „Wahl mit Einschränkung" wählen die Teilnehmer eine Alternative aus einem Angebot, diese Alternative wird später als nicht verfügbar gekennzeichnet.

1.10 Die Theorie der psychologischen Reaktanz

- In der „Bedingung keine Wahl und Einschränkung" können die Teilnehmer nicht zwischen Alternativen wählen, eine Alternative wird sodann eliminiert.

Es zeigt sich, dass die Attraktivität der eliminierten Alternative steigt, sofern für die Teilnehmer vorher *Wahlfreiheit* bestand.

Die Intensität der Reaktanz hängt nach Brehm et al. (1966) von folgenden Faktoren ab:

- von der *Wichtigkeit* der bedrohten oder eliminierten Handlungsalternative für eine Person,
- von der relativen *Bedeutung* der bedrohten oder eliminierten Alternative im Kontext der anderen Alternativen,
- vom *Anteil* der bedrohten oder eliminierten Alternative *am gesamten Alternativen-Repertoire*,
- von der *Stärke der Bedrohung* einer Alternative; gut begründete und legitimierte Alternativen sind bedrohlicher,
- von der *Wahrscheinlichkeit*, dass die Bedrohung oder Eliminierung einer Alternative eine *weitere Einengung* des Handlungsfreiraums nach sich zieht.

Wenn Reaktanz ein Motiv zur Wiederherstellung von Entscheidungsfreiheit und Handlungsspielraum ist, dann stellt sich die Frage, wie Freiheit wiederhergestellt werden kann. Im oben geschilderten Versuch haben die Versuchsteilnehmer offenbar ihre Wahlfreiheit dadurch wieder vergrößert, dass sie die zunächst schlechter bewerteten Objekte aufwerteten. Sie haben den indirekten Weg der Wiederherstellung von Freiheit gewählt. Indirekte Wiederherstellung von Freiheit bedeutet, dass eine Person die eliminierte Alternative zwar nicht mehr zur Verfügung hat, aber eine vergleichbare Alternative wählt. Ein Kind, dem verboten wurde, mit den neuen Schuhen Steine zu kicken, unterlässt zwar dieses Verhalten, kann dafür nun aber ein ebenso unerwünschtes Verhalten zeigen, etwa mit den Schuhen durch Pfützen laufen.

Der Versuch, auf direktem Wege Freiheit und Handlungsspielraum wiederherzustellen, besteht darin, die bedrohte Alternative auszuführen.

Im Allgemeinen steigt durch eine Bedrohung der Verfügbarkeit die Attraktivität einer Alternative. Wenn ein Schwimmbad geschlossen werden soll, empfinden wir Schwimmen und insbesondere die Möglichkeit, in diesem Schwimmbad zu schwimmen, als etwas besonders Wichtiges, auch wenn wir seit Jahren nicht mehr in diesem Schwimmbad waren.

Ob wir den Versuch der direkten Freiheitswiederherstellung unternehmen, hängt davon ab, wie wir die soziale Macht der bedrohenden Personen einschätzen. Geht die Bedrohung des Handlungsfreiraums von einer Person mit einem niedrigen Machtstatus aus, so bezeichnen wir diesen Einschränkungsversuch gern als Machtanmaßung und versuchen durch eigene Machtdemonstrationen, zukünftige Bedrohungen zu unterbinden. Kommt die Bedrohung jedoch von einer statushöheren Person, ist eine direkte Wiederherstellung der Handlungsfreiheit schwieriger. Sich einer (unfreiwilligen) Versetzung an einen anderen Arbeitsplatz zu verweigern, hat in der Regel negative Konsequenzen, die nicht in Kauf genommen werden möchten.

Eine Einschränkung von Freiheit und Handlungsspielraum muss nicht immer von einer anderen Person verursacht worden sein. Barrieren zur Erreichung einer Alternative können auch räumlicher, zeitlicher, materieller oder physischer Art sein. Allgemein gefasst sind Barrieren alle Ereignisse, die einer Erreichung der Alternative im Wege stehen. Durch verstärkte Leistungsanstrengung kann versucht werden, diese Barrieren zu beseitigen.

Die Begrenzung individueller Freiheitsräume ist eine Notwendigkeit in sozialen Beziehungen. Durch Regeln und Normen werden individuelle Bedürfnisse den sozialen Gegebenheiten und Bedingungen angepasst. Die Akzeptanz solcher Normen verhindert das Entstehen von Reaktanz.

Als wichtige Maßnahmen, Überredungsversuche zu verhindern, haben sich Impfung und Vorwarnung erwiesen. Beide basieren auf der Reaktanztheorie. Ein Rezipient kann nach McGuires Inokulationstheorie (McGuire, 1964) gegen einen Überredungsversuch geimpft werden, indem ihm Gegenargumente zur Verfügung gestellt werden oder indem er angeregt wird, Gegenargumente zu produzieren. Diese Methode ist wirksam, wenn es gegen kulturelle Allgemeinplätze gehen muss, die mit dem Anschein der Nichthinterfragbarkeit kommuniziert werden. Im Allgemeinen genügt es jedoch, den Rezipienten vor einem Beeinflussungsversuch zu warnen (Petty & Cacioppo, 1977, 1979), um bei ihm Reaktanz und Gegenargumente auszulösen.

Sowohl der Erfolg von Überredungsversuchen als auch der Widerstand gegen Überredungsversuche können von der Einseitigkeit oder Zweiseitigkeit von Argumentationen und der Bereitstellung von jeweiligen Gegenargumenten abhängen. Die Wirksamkeit verschiedener Kombinationen von Ein-/Zweiseitigkeit und starker/schwacher Unterfütterung mit Gegenargumenten hängt von der Motivationslage der verarbeitenden Person und damit von dem Elaborationsaufwand ab, den diese betreibt.

Sowohl im Marketing- als auch im Aufklärungs- und Präventionskontext werden zweiseitige Botschaften eingesetzt, um die Neuartigkeit einer Maßnahme oder eines Produktes hervorzuheben und somit die Aufmerksamkeit und die Motivation zur Informationsverarbeitung zu erhöhen. Auf diese Weise steigt die Anzahl der Kognitionen, wobei man hofft, dass mehr positive als negative Gedanken angeregt werden. Zudem wird durch die Zweiseitigkeit der Botschaft die Glaubwürdigkeit der Informationsquelle erhöht. Dadurch wird die Produktion von Gegenargumenten reduziert – es wird somit die periphere Route der Verarbeitung angesprochen.

2 Interpersonale Beziehungen: Soziale Motive

2.1 Soziale Macht

2.1.1 Macht und sozialer Einfluss

Was ist soziale Macht, und wie lässt sich Macht von sozialem Einfluss unterscheiden? In klassischen Machttheorien bestehen nur graduelle Unterschiede zwischen sozialer Einflussnahme und Machtausübung. Will man trotzdem eine spezifische Definition von Macht formulieren, so könnte diese lauten: Macht ist die Fähigkeit, eine andere Person zu etwas zu bringen, was diese von sich aus nicht tun würde.

Der Widerstand der Person, den es zu überwinden gilt, ist bei einem Versuch, Macht auszuüben, deutlich größer als beispielsweise bei einem Überredungsversuch. Dementsprechend sind auch die Mittel unterschiedlich, die eingesetzt werden.

Der Begriff Macht ruft im Allgemeinen negative Assoziationen hervor. Willkür, Rücksichtslosigkeit, Machtmissbrauch, Egoismus werden schnell mit Machtbesitz verbunden. Macht korrumpiert, fanden Rind und Kipnis (1999) und zeigten, dass Machtbesitz auf die Persönlichkeit zurückwirkt. Machtbesitz führt zu vermehrten Beeinflussungsversuchen und dazu, dass die Personen, die Ziel dieser Versuche sind, abgewertet und gering geschätzt werden, die eigene Person aber aufgewertet wird.

Nach Keltner und Robinson (1996) neigen Personen mit Machtbesitz dazu, andere Personen schablonenhaft und stereotyp wahrzunehmen und im direkten Kontakt mit ihnen sozial unangemessene Verhaltensweisen zu zeigen. Die Führungskraft, die sich unter Einsatz ihrer Ellenbogen (im wörtlichen Sinne) den Vortritt vor ihren Mitarbeitern verschafft, scheint nicht unbedingt ein Einzelfall zu sein. Sich Stereotypen zu bedienen, fördert den Machterhalt, da Stereotypisieren selbst bereits eine Art von Kontrolle bedeutet und der Aufrechterhaltung und Rechtfertigung des Status quo dient (S. T. Fiske, 1993).

Machtvolle und machtlose Personen scheinen in unterschiedlichen Welten zu leben (so führen das Keltner, Gruenfeld und Anderson (2003) in ihrer Annäherungs-/Vermeidungstheorie des Machtverhaltens aus).

Macht ist mit Belohnung und Freiheit verbunden. Machtvolle Personen sind daher stärker auf soziale Verstärkungen ausgerichtet. Verfügungsgewalt über Ressourcen, die verteilt werden können, soziale Macht und Führungspositionen gehen im Allgemeinen mit einer positiven Stimmung einher. Machtvolle Personen kategorisieren die anderen danach, wie diese zum Erreichen der eigenen Ziele und Bedürfnisse beitragen. Sie haben eine automatische und einfache Sicht auf ihre soziale Umgebung.

Machtlosigkeit ist mit Bedrohung und Bestrafung verbunden. Machtlose Personen entwickeln daher eher negative Stimmungen und Gefühle. Sie orientieren sich mehr an Bedrohungen und Strafen als an Belohnungen und Verstärkungen. In ihren Urteilen über andere sind machtlose Personen vorsichtig und zurückhaltend und passen sich in ihrem Verhalten an andere an.

Es gibt aber auch positive Varianten sozialer Macht, die sich etwa in anerkannter Autorität und Führung, in transparenter Einflussnahme und Anleitung äußern. Während Macht im Sinne von Machtausübung in Organisationen die Produktion neuen Wissens und die Effektivität hemmt, fördert Macht im Sinne von Einflussnahme die Entstehung neuen Wissens, die Handlungsfähigkeit und die Effektivität (Scholl, 2007).

Auf eine weitere Form positiver sozialer Macht hat McClelland (1975) hingewiesen. Macht durch Geben impliziert ein Machtgefälle zwischen Geber und Rezipient. Geben (z. B. Spenden) kann die Situation des Rezipienten verbessern, und es kann das Selbstbild des Gebers positiv beeinflussen. So profitieren beide davon. Aber es gibt natürlich dabei auch negative Aspekte. Das Machtgefälle kann ausgebaut, die Abhängigkeit des Rezipienten vergrößert werden. (Zu den negativen Aspekten sozialer Unterstützung siehe die Ausführungen ab Seite 91.)

Gegen eine Gleichsetzung von Macht und sozialem Einfluss haben sich vor allen Dingen Forscher gewendet, die der sozialen Identitätstheorie verpflichtet sind. Ein Hauptargument ist, dass bisherige Theorien zu wenig die Bedeutung gesehen haben, die soziale Formationen in Form von Gruppen für soziale Macht haben.

Die *Drei-Prozess-Theorie der Macht* (Turner, 2005) unterscheidet sich von den klassischen Machtansätzen dadurch, dass sie die Kontrolle über Ressourcen und die damit verbundene Macht über Belohnungen und Kosten nicht als Ausgangspunkt sozialer Macht sieht, sondern als Endpunkt eines Prozesses, an dessen Anfang die Bildung von Gruppen und das Entstehen einer geteilten sozialen Identität stehen (siehe Abbildung 2.1).

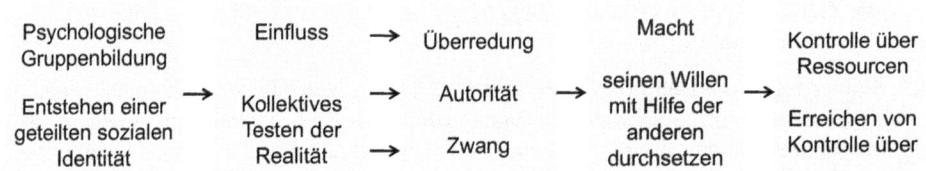

Abbildung 2.1: Drei-Prozess-Theorie der Macht nach Turner (2005)

Die Entwicklung einer gemeinsamen Identität, das heißt die Selbstkategorisierungen der Personen als Mitglieder einer Gruppe, ist die Grundlage für wechselseitige Einflussprozesse der Gruppenmitglieder. Sie äußern sich als Überredung, Autorität oder Zwang. Erfolgreiche (machtvolle) Gruppenmitglieder sind diejenigen, die es schaffen, ihren Willen und ihr Ziel mit Hilfe der anderen zu erreichen. Sie gewinnen auf diese Weise die Kontrolle über Ressourcen.

In der Austauschtheorie von Thibaut und Kelley (siehe Kapitel 1) ist soziale Macht eine Form der sozialen Ergebniskontrolle. Thibaut und Kelley unterscheiden zwei Arten von Macht: *Schicksalskontrolle* und *Verhaltenskontrolle*.

Wenn eine Person A über eine Person B Schicksalskontrolle hat, so kann A Bs Ergebnisse bestimmen, ohne dass B irgendeinen Einfluss darauf hat. Gleichgültig, welche Alternative B wählt, es hat keinen Einfluss auf das Ergebnis. Ein Kind, das einmal für den geringsten Fehler mit Fernsehverbot bestraft wird, ein anderes Mal bei einer wesentlich schwereren Verbotsübertretung straffrei ausgeht, kann keine systematischen Handlungsstrategien aufbauen, da die Reaktionen der Eltern für das Kind nicht vorhersagbar sind und es den elterlichen Launen ausgeliefert ist.

Hat die Person A Verhaltenskontrolle über Person B, so hat B noch in beschränktem Maße Einfluss darauf, welche Ergebnisse sie durch ihr Verhalten erzielt. Sie kann ihr Verhalten auf das von A einstellen, indem sie sich korrespondierend zu den Verhaltensweisen von A verhält. Ihre Ergebnisse sind dann zwar immer noch von A abhängig, aber sie kann durch Anpassung ihre Ergebnisse beeinflussen.

Jones und Gerard (1967) haben diese beiden Arten von Ergebniskontrolle um die *Kontaktkontrolle* ergänzt. Hat eine Person A Kontaktkontrolle über die Person B, so bedeutet dies, dass Bs Ergebnisse von As Gegenwart abhängen, nicht unbedingt von As konkreten Handlungen. Welche Ergebnisse B erzielt, ist allein durch Bs eigenes Verhalten bestimmt, aber B führt bestimmte Handlungen, die zum Erfolg führen, nur in As Gegenwart aus. Beispiel: Ein Kind lernt nur für einen oder bei einem bestimmten Lehrer.

Tedeschi und Felson (1994) unterscheiden in ihrer „Social Interactionist Theory of Coercive Action" (Theorie der Ausübung von Zwang) drei Motive, deren Ursprung in der sozialen Interdependenz von Personen liegt:

– das Motiv der sozialen Kontrolle,

– das Gerechtigkeitsmotiv und

– das Identitätsmotiv.

Das Motiv der sozialen Kontrolle bedeutet, zu versuchen, andere Personen so zu beeinflussen, dass sie etwas zum Vorteil des Akteurs machen. Ob dies durch Drohungen und Zwang oder durch verbale Überzeugungsversuche geschieht, hängt von den Erfahrungen ab, die ein Akteur mit diesen Durchsetzungstaktiken bisher gemacht hat und mit seinen Fähigkeiten, diese einzusetzen.

Das zweite Motiv bezieht sich auf die Wiederherstellung von Gerechtigkeit in Situationen wahrgenommener Ungerechtigkeit. Je nach Art der Beziehung werden zur Wiederherstellung von Gerechtigkeit aggressive oder nicht aggressive Maßnahmen eingesetzt. In engen persönlichen Beziehungen wird eher nicht aggressiv versucht, etwa durch Einfordern von Wiedergutmachung, Gerechtigkeit wieder herzustellen. Besteht dagegen eine negative, feindliche Beziehung, so werden zur Erreichung Formen von Vergeltung, Bestrafung und Rache eingesetzt.

Das Motiv der Identität als drittes Motiv zielt schließlich darauf, durch eine entsprechende Selbstpräsentation ein Bild von Stärke, Dominanz und Macht zu etablieren oder dieses gegen eine Bedrohung zu verteidigen. Dazu werden assertive Techniken der Machtdemonstration eingesetzt. Tedeschi (2001) bringt eine Reihe von Beispielen, die zeigen, dass die Taktik der assertiven Selbstpräsentation oft gezielt vor Publikum eingesetzt wird, um das gewünschte Bild auch öffentlich zu machen (z. B. rüpelhafte Schüler, die unterlegene Schüler auf dem Schulhof mobben oder das Macho-Verhalten von Männern bestimmter sozialer Gruppierungen).

Ob eine Zwangsmaßnahme eingesetzt wird, hängt von verschiedenen Faktoren ab. Eine Zwangsmaßnahme ist das Ergebnis eines Entscheidungsprozesses, in den vier grundlegende Elemente einfließen:

- der Wert des gewünschten Ergebnisses,
- die Erfolgswahrscheinlichkeit,
- die Negativität der möglichen Kosten und
- die Wahrscheinlichkeit von Kosten beim Durchführen der beabsichtigten Handlung.

2.1.2 Formen sozialer Macht

Eines der einflussreichsten Systeme zur Beschreibung unterschiedlicher Formen sozialer Macht ist die Klassifikation von French und Raven (1959 und Raven, Steiner & Fishbein, 1965). Die Formen im Einzelnen sind:

- *Belohnungsmacht* basiert auf der Fähigkeit, Belohnungen zu geben.
- *Zwangsmacht* ist die Fähigkeit, Strafen zu erteilen. Für Belohnungs- und Zwangsmacht gilt, dass die Stärke der Macht eine Funktion des Belohnungswertes ist und der subjektiven Wahrscheinlichkeit, dass Belohnung oder Bestrafung eintritt.
- *Expertenmacht* hat eine Person, wenn sie insgesamt über mehr Wissen und Expertise zu verfügen scheint.
- *Legitimierte Macht* scheint durch bestehende Machtstrukturen legitimiert zu sein. Die elterliche Macht über das Kind gehört ebenso zur legitimierten Macht wie die durch Normen etablierte Macht eines Führers einer Gruppe oder die des Papstes über seine Gläubigen.
- *Bezugsmacht* basiert auf der Identifikation mit der beeinflussenden Person. Sie kann deshalb wirksam werden, weil sich die beeinflusste Person der beeinflussenden Person ähnlich fühlt und sich daher auch so verhalten will wie sie. Die Wirkung von Modellen, wie sie z. B. Bandura in seiner Theorie des sozialen Lernens beschrieben hat, kann als Beispiel einer Form von Bezugsmacht angesehen werden.
- *Informationsmacht* wird einer Person zugeschrieben, die über mehr Informationen oder Informationsquellen verfügt. Informationsmacht ist die Macht zur Überredung.

In Folgeuntersuchungen sind diese sechs Formen differenziert und erweitert worden (Raven, 1992, 1999). Die Grundaufteilung ist aber beibehalten worden. Belohnungs- und Zwangsmacht wurden in persönliche und unpersönliche Formen unterteilt, Experten- und Bezugsmacht nach positiven und negativen Formen unterschieden und die legitimierte Macht in drei Unterformen aufgeteilt, die sich an den Prinzipien von Reziprozität, Gerechtigkeit und Verantwortlichkeit orientieren.

Die *Norm der Reziprozität* gibt demjenigen, der in Vorleistung getreten ist, das legitime Recht, eine Gegenleistung zu fordern.

Die *Norm der Gerechtigkeit* ist Grundlage, einen Ausgleich für auf sich genommene Mühen oder zugefügte Kosten zu fordern.

Die *Norm der Verantwortlichkeit* ist die moralische Verpflichtung, denjenigen zu helfen, die sich nicht selbst helfen können oder die von uns abhängig sind (Berkowitz & Daniels, 1963).

Manchmal aber können die Machtlosen, z. B. durch kollektive Aktionen, so viel Druck aufbauen, dass diese Norm zur Macht der Machtlosen wird.

Die verschiedenen Formen sozialer Macht lassen sich mit verschiedenen Formen sozialer Beziehungen verknüpfen. Belohnungs- und Zwangsmacht sowie Bezugsmacht finden sich vor allem in Abhängigkeitsverhältnissen, wie z. B. in pädagogischen Kontexten. Expertenmacht und Informationsmacht sind einander ähnlich und entfalten ihre Wirkung im Bereich aufgabenbezogener dyadischer und Gruppenbeziehungen. Der legitimierten Macht kommt sowohl in engen persönlichen als auch in Geschäftsbeziehungen Geltung zu.

Große Bedeutung hat legitimierte Macht aber auch in Organisationen. Mitarbeiter befolgen die Regeln innerhalb einer Organisation und die Entscheidungen, die von den Autoritäten innerhalb der Organisation getroffen werden, auch wenn sie manchmal nicht davon überzeugt sind (Tyler, 1997). Es überrascht nicht, dass Gruppenmitglieder normalerweise Gruppenregeln befolgen, weil die Befolgung von Regeln normalerweise belohnt und Regelverstöße bestraft werden. Aber interessanterweise verhalten sich Personen auch den Regeln entsprechend in Situationen, in denen sie weder Belohnungen noch Bestrafungen zu erwarten haben. Sie verhalten sich ihren internalisierten sozialen Werten entsprechend, die ihr Verhalten auch in Abwesenheit von Autoritäten bestimmen.

Tyler beschreibt zwei grundsätzliche Modelle der Zuschreibung von legitimierter Macht. Das *ressourcenbasierte Modell* hat seinen Ursprung in den sozialen Austauschtheorien. In diesem Modell ist die Bindung von Personen an Autoritäten abhängig von den Kosten und Nutzen und den Ergebnissen, die sie in der Vergangenheit erzielt haben und die sie für die Zukunft erwarten. Wichtige Einflussfaktoren sind dabei die Normen der Reziprozität, der Ergebnisfairness und der prozeduralen Gerechtigkeit .

Das *Identitätsmodell* basiert auf der sozialen Identitätstheorie von Tajfel und Turner (Tajfel, 1974; Turner, 1975; Tajfel & Turner, 1986). Zentrale Aussage der sozialen Identitätstheorie ist, dass die Personen aus ihren Gruppenmitgliedschaften Informationen über ihre eigene Identität ziehen (siehe Kapitel 4, Seite 166). Der Status, den eine Person innerhalb einer Gruppe besitzt, beeinflusst ihr Selbstwertgefühl. Ein höherer Status bedeutet mehr Achtung, und dies wiederum bedeutet, dass Personen, die sich als respektierte Mitglieder ihrer Gruppe fühlen, auch die Normen und Regeln der Gruppe freiwillig befolgen.

Ein Vergleich des ressourcenbasierten Modells mit dem Identitätsmodell auf der Basis empirischer Ergebnisse führt nach Tyler zu einem Vorteil des Identitätsmodells. Tyler (1997, S. 335f.) führt vier Gründe dafür an:

– Erstens sind Personen davon beeinflusst, wie sie von ihren Vorgesetzten behandelt werden, unabhängig von den Belohnungen, die sie von diesen Autoritäten erhalten oder nicht erhalten.

– Zweitens werden Personen von Vorgesetzten stärker beeinflusst, wenn diese zur gleichen Gruppe gehören.

– Drittens erhöht die Identifikation mit der Gruppe, die die Autorität repräsentiert, die Bedeutung der Behandlung durch die Autoritäten.

– Viertens legen die Personen bei der Beurteilung der Legitimität von Autorität mehr Gewicht auf Integrität als auf Kompetenz.

Einflusstaktiken

Die von Kipnis, Schmidt und Wilkinson (1980) bei Führungspersonen analysierten Taktiken sozialen Einflusses haben in der Folge viele Arbeiten zu Macht und Einflussnahme in Organisationen beeinflusst (z. B. Yukl & Falbe, 1990; Blickle, 2000). Kipnis u. a. unterscheiden acht Taktiken:

- *Assertivität* ist durch Verhaltensweisen wie etwa den anderen ständig überprüfen, Anweisungen geben, eine Deadline für die Ausführung der geforderten Aktion setzen u. ä. gekennzeichnet.
- *Einschmeicheln* bedeutet, dem anderen das Gefühl zu geben, er sei wichtig; ihm gegenüber zunächst freundlich und bescheiden aufzutreten, bevor er um etwas gebeten wird; den anderen zu loben; die Bedeutung dessen, um was er gebeten wird, herauszustreichen.
- *Rationalität* ist die Taktik, durch Informationen und Begründungen den eigenen Standpunkt zu rechtfertigen und den anderen davon zu überzeugen.
- *Sanktionen* einzusetzen, bedeutet beispielsweise, eine Gehaltserhöhung oder eine Beförderung zu verweigern oder zu versprechen oder mit einer Entlassung zu drohen.
- *Austausch* bedeutet, eine Gegenleistung anzubieten, wenn der andere das tut, was von ihm verlangt wird; ihn an einen Gefallen zu erinnern, den man ihm in der Vergangenheit erwiesen hat usw.
- *Anrufen* einer höheren Instanz wird realisiert durch Bitten an Vorgesetzte, die Forderung zu unterstützen; durch Berichte über den anderen an Vorgesetzte.
- *Blockieren* zeigt sich in Drohungen, extern von der Weigerung, der Forderung nachzukommen, zu berichten; in der Androhung, die Zusammenarbeit aufzukündigen.
- *Koalitionen* bilden ist die Taktik, sich die Unterstützung von Mitarbeitern und Untergebenen für die Forderung zu sichern; den anderen in einer formalen Konferenz mit der Forderung zu konfrontieren.

Blickle (2004) ergänzt diese Liste noch um die Taktiken *inspirierende Appelle*, (das sind Appelle an Emotionen, Werte oder Ideale, um Begeisterung hervorzurufen), *Konsultationen*, (der andere wird nach seiner Meinung gefragt und um Vorschläge gebeten), *Legitimation*, (es wird auf die eigene Autorität oder die Regeln der Organisation gepocht), *persönliche Appelle* (es wird an die Gefühle der Freundschaft und Loyalität appelliert) und *Self-Promotion* (man präsentiert sich als kompetent, tüchtig und/oder erfolgreich).

Die meisten dieser Taktiken beschreiben Verhaltensweisen, die Vorgesetzte einsetzen, um Mitarbeiter und Untergebene zu einem bestimmten Verhalten zu veranlassen. Lediglich Einschmeicheln ist eine Taktik primär für den machtniedrigeren Partner. Rationalität empfiehlt sich beiden Seiten.

Aber auch der machtniedrigere Partner hat Möglichkeiten, das Machtgefälle zu reduzieren. Jones und Gerard (1967, S. 577 ff.) führen dazu eine Reihe von Strategien auf.

- Der machtniedrigere Partner kann sich *den Bitten oder Forderungen des anderen fügen* und kann dadurch in gewisser Weise Gegenmacht ausüben, da das Ausführen der geforderten Handlung für den machthöheren Partner Belohnungswert hat.

- Der machtniedrigere Partner kann versuchen, *die Attraktivität seiner alternativen Beziehungen* zu vergrößern, das Vergleichsniveau für Alternativen anzuheben und somit ein mögliches Verlassen der Beziehung wahrscheinlicher zu machen.
- Durch *Herabspielen der Belohnungen* und des Belohnungswertes kann der unterlegene Partner versuchen, die Attraktivität der Beziehung für sich in Frage zu stellen, und so tun, als ob es besserer Belohnungen bedürfe, ihn in der Beziehung zu halten.
- Durch *Herabspielen der faktischen Kosten* kann der Eindruck erweckt werden, dass die Einschätzung oder Bestrafung durch den Interaktionspartner nicht die intendierte Wirkung hat.
- Durch *Übertreibung der empfangenen Bestrafung* soll bewirkt werden, dass der Interaktionspartner die Wirkung seiner ausgeübten Macht überschätzt und in der Folge einschränkt.
- Der machtniedrigere Partner kann versuchen, *seinen eigenen Wert für den Interaktionspartner* zu erhöhen, indem er sich Fähigkeiten und Fertigkeiten aneignet, die für den machthöheren Partner wichtig sind oder aber solche, über die der Partner verfügt und mit deren Hilfe er Macht ausübt.
- Machterhöhung kann auch durch *Propagierung der eigenen Werte* und Belohnungsmöglichkeiten erreicht werden, indem bei dem Partner ein Bedürfnis nach diesen Werten und Belohnungen geweckt wird.
- Schließlich kann durch *Einschmeicheln* versucht werden, die eigene Position zu verbessern.

Wovon hängt die Auswahl einer aufwärts gerichteten Beeinflussungstaktik ab? Ansari und Kapoor (1987) haben zwei wirksame Faktoren identifiziert: Das Ziel, das verfolgt wird und der Führungsstil, den die Vorgesetzten ausüben.

2.1.3 Macht als Persönlichkeitsmerkmal

Das *Machtmotiv* ist in McClellands Motivationstheorie – neben dem Leistungsmotiv und dem Anschlussmotiv – eine der drei wesentlichen Orientierungen einer Person. Das Bedürfnis nach Macht verlangt nach Kontrolle über Machtquellen. Solche Machtquellen können sehr unterschiedlich und sowohl materiell als auch immateriell sein, etwa Besitz, Prestige, Status, Führungsposition, Informationskontrolle. McClelland bietet zur Beschreibung des Machtmotivs ein einfaches zweidimensionales Klassifikationsmodell an (siehe Abbildung 2.2 auf der nächsten Seite). Auf der ersten Dimension wird unterschieden, ob sich die Quelle der Macht innerhalb oder außerhalb des Selbsts befindet, ob die eigene Person oder andere Personen zum Gefühl der Macht beitragen. Die zweite Dimension bildet ab, ob das Ziel der Macht auf das Selbst (sich stärker fühlen) oder auf andere Personen (andere beeinflussen) gerichtet ist. Eine Machtorientierung, deren Quelle und Ziel in der eigenen Person liegen, kennzeichnet Personen, die sich selbst kontrollieren, stärken und lenken und die z. B. durch das Sammeln von Prestigeobjekten das eigene Selbst stärken. Liegt die Quelle der Macht bei anderen Personen, so wird die Stärkung des Selbsts z. B. auf die Eltern, andere Autoritäten oder auch auf Nahrung zurückgeführt. Eine Machtorientierung, die auf den Einfluss anderer Personen gerichtet ist, kann sich, wenn ihr Ursprung in der eigenen Person liegt, in Wettbewerbsverhalten oder verbalen Auseinandersetzungen äußern. Wird ihr Ursprung bei anderen gesehen, so werden Gesetze oder die Zugehörigkeit zu Gruppen und Organisationen als Legitimation zur Beeinflussung anderer angesehen.

		Quelle der Macht	
		andere	selbst
Ziel der Macht	selbst	Unterstützung	Autonomie
	andere	Zusammengehörigkeit	Selbstbehauptung

Abbildung 2.2: *Machtquellen und Machtziele nach McClelland (1975)*

Eine weitere Persönlichkeitsvariable von Bedeutung im Kontext sozialer Macht ist die *Selbstwirksamkeitserwartung*. Eine (positive) Selbstwirksamkeitserwartung ist „die subjektive Gewissheit, neue oder schwierige Anforderungssituationen aufgrund eigener Kompetenz bewältigen zu können" (Schwarzer & Jerusalem, 2002, S. 35).

Das Konzept der Selbstwirksamkeitserwartung wurde von Bandura (1977) im Rahmen seiner sozial-kognitiven Theorie entwickelt. Will man es in McClellands Machtschema einordnen, so kennzeichnet eine positive Selbstwirksamkeitserwartung diejenigen Felder, in denen das Selbst die Quelle der Macht ist.

Die Wirksamkeitserwartungen (Efficacy Expectations) bilden zusammen mit den Ergebniserwartungen (Outcome Expectations) die maßgeblichen Komponenten der Verhaltenssteuerung. Wirksamkeitserwartungen beziehen sich auf die Einschätzung der eigenen Fähigkeit, bestimmte Leistungen erbringen zu können; Ergebniserwartungen beziehen sich auf die Konsequenzen, die ein bestimmtes Verhalten wahrscheinlich mit sich bringt. Bevor eine Person eine bestimmte Handlung ausführt, macht sie gleichsam eine Prognose, welches Verhalten zu welchen Konsequenzen führt und inwieweit sie kompetent ist, dieses Verhalten durchzuführen.

Das Konzept der Selbstwirksamkeitserwartung hat viele Ähnlichkeiten mit Rotters Konzept der internalen versus externalen *Kontrollüberzeugung* und mit anderen attributionstheoretischen Ansätzen zur Beschreibung positiver Aufgabenbewältigung.

Den größten Anwendungsbereich für die Selbstwirksamkeitserwartung bietet das schulische Lernen. Eine optimistische, aber zugleich realistische Kompetenzerwartung ist eine wichtige Voraussetzung jeglichen Lernerfolgs. Nach Bandura (1977) gibt es vier wichtige Quellen für die Entwicklung von Selbstwirksamkeitserwartungen.

- *eigene Leistungserbringung*, die mit Erfolgen und Misserfolgen verbunden ist,
- *stellvertretende Erfahrungen*, die durch Beobachtung von Modellen und deren Erfolgen und Misserfolgen gewonnen werden,
- *verbale Überredung und Überzeugung durch eine Autoritätsperson*, die Vertrauen in das eigene Können weckt oder stärkt und
- *eigene Gefühlserregung*, die etwa signalisiert, in welchem Maße Angst vor einem Problem besteht.

Die beste Quelle für eine angemessene Einschätzung der eigenen Selbstwirksamkeit bieten natürlich die eigenen Leistungserfahrungen. Durch das dosierte Setzen von Anforderungen, die gerade noch positiv bewältigt werden können, kann positives Kompetenzerleben trainiert werden. Dieses Prinzip wird nicht nur im schulischen, sondern auch im klinischen Bereich etwa in der Verhaltenstherapie eingesetzt.

Selbstwirksamkeitserwartungen haben ihre Bedeutung nicht nur im individuellen, sondern auch im Gruppenkontext, hier spricht Bandura von einer *kollektiven Selbstwirksamkeitserwartung*. Sie kennzeichnet die von Gruppen entwickelte Überzeugung, gemeinsam über diejenigen Fähigkeiten zu verfügen, die notwendig sind, um bestimmte Handlungen auszuführen und somit bestimmte Ziele zu erreichen. Anwendungsbereiche sind Arbeits- und Sportteams, aber auch Optimierungen in Arbeitsgruppen, soziale- und Protestbewegungen werden hiermit beschrieben, oder auch die kollektive Selbstwirksamkeitserwartung von Lehrern (Schmitz & Schwarzer, 2000).

Macht und Dominanz

In der Literatur werden die Begriffe Macht und Dominanz manchmal synonym verwendet, manchmal werden sie voneinander abgegrenzt. Bierstedt (1950) fand es noch einfach, Macht von Dominanz zu unterscheiden. Für ihn war Macht ein soziologisches Konzept, das die Beziehung und den Status von Personen und Gruppen in Organisationen und in Intergruppenbeziehungen beschreibt. Dominanz dagegen war für ihn ein psychologisches Konzept, ein Persönlichkeitsmerkmal. Kommunikationsforscher dagegen betrachten Macht eher als eine latente Persönlichkeitsvariable, die sich auf der Verhaltensebene als Dominanz manifestiert (Dunbar & Burgoon, 2005; Brock & Meer, 2004). Dominantes Verhalten wird eingesetzt, um Macht zu erhalten oder zu gewinnen.

In der Psychologie ist der Gebrauch der Konzepte Macht und Dominanz nach wie vor uneinheitlich. Es gibt die Auffassung von Dominanz als Bedürfnis, vergleichbar dem Machtmotiv, ebenso wie die Auffassung von Dominanz als der relativen Position eines Individuums in der Hierarchie einer Gruppe (vgl. Van Vugt, 2006) oder von sozialer Dominanz als der Überzeugung, dass bestimmte soziale Gruppen anderen überlegen sind (Sidanius & Pratto, 2001).

Vertreten ist aber auch die Sichtweise, dass Macht sich situationsspezifisch in sichtbaren dominanten Verhaltensweisen äußert (etwa Dovidio, Ellyson, Keating, Heltman & Brown, 1988). Von Interesse ist dabei, mit welchen Fähigkeiten und Fertigkeiten machtorientierte (oder dominante) Personen versuchen, Einfluss auszuüben.

Schultheiss und Brunstein (2002) fanden, dass Personen mit einem hohen, aber gehemmten Machtmotiv verstärkt Überzeugungsverhalten in Diskussionen zeigen. Dominante Personen, die versuchen, mit assertiven Verhaltensweisen Zwang auszuüben, scheitern eher bei dem Versuch, andere zu beeinflussen. Erfolgreich dominante Personen verhalten sich dagegen so, dass sie als kompetent und selbstsicher erscheinen, selbst wenn sie es nicht unbedingt sind (C. Anderson & Kilduff, 2009). Die Demonstration von Kompetenz und Potenz ist wichtiger als die direkte Einflussaktion. Im Time Magazine (11. Feb. 2009) gibt es dazu den guten Satz: „The way we pick our leaders is often based on something other than merit." Letztendlich wird aber auch Dominanz, wenn sie nur auf weichen sozialen Skills basiert, scheitern. Neben den Fähigkeiten zu kommunizieren und zu motivieren, benötigen einflussreiche Personen auch spezielle inhaltliche Kenntnisse und Fähigkeiten in dem Kontext, in dem sie Einfluss nehmen wollen.

2.1.4 Macht und Sprache

Das Vertrauen in die eigene Stärke und Kompetenz zeigt sich auch im Sprachgebrauch. „Ich kann das allein", „Ich kann das schon" sind Sätze, die Eltern schon recht früh von ihrem Nachwuchs hören können. Ebenso spiegeln sich das Bewusstsein und der Besitz von Macht in der Sprache wider. Reid und Ng (1999) unterscheiden vier Beziehungen zwischen Sprache und Macht:

- Sprache spiegelt Macht wider,
- Sprache schafft Macht,
- Sprache entpolitisiert Macht,
- Sprache routinisiert Macht.

Sprache spiegelt Macht wider, ist die erste von vier Funktionen, die Reid und Ng in der Beziehung zwischen Sprache und Macht identifizieren. Insbesondere der Sprachstil ist ein Indikator für die Macht des Sprechers. Den machtlosen Sprecher erkennt man daran, dass er häufig sogenannte Intensifier (Verstärker, z. B. „sehr", „wirklich"), Hedges (Heckenausdrücke, z. B. „so etwas wie", „eine Art") oder Tag-Questions (Frageanhängsel, z. B. „nicht wahr", „oder") benutzt.

Machtlose Sprache ist lange Zeit als ein Merkmal von Sprechern mit niedrigem Status und von Minoritäten angesehen worden oder auch als Charakteristikum weiblichen Sprechens. Man muss aber sehen, dass machtlose wie machtvolle Sprache in gleicher Weise von Sprechern dieser Gruppen genutzt werden kann. Männer wie Frauen können einen machtvollen oder machtlosen Sprachstil benutzen, ebenso wie Angehörige einer Minorität sich darin unterscheiden können.

Es scheint aber so zu sein, dass die Wirkung machtvoller oder machtloser Sprache durch die Gruppenzugehörigkeit modifiziert wird. So zeigte Carli (1990) beispielsweise, dass Frauen, die einen machtlosen Sprachstil benutzten, mehr Einfluss auf Männer hatten als Frauen mit einem machtvollen Sprachstil, obwohl sie als weniger kompetente Sprecherinnen eingeschätzt wurden. Bei Männern dagegen spielt der verwendete Sprachstil keine Rolle in Bezug auf ihre Einflussnahme.

Mitglieder einer statusniedrigen Gruppe können manchmal mit einem machtlosen Sprachstil bei ihrem statushöheren Partner mehr erreichen als mit einem machtvollen Sprachstil.

Sprache transportiert auch Emotionen, die in spezifischer Weise mit Macht verbunden sein können. Dies kann explizit über den Gebrauch entsprechender Wörter oder auch mit Unterstützung nonverbaler Hinweise geschehen. Tiedens (2001) untersuchte, welche Emotionen Machtinhabern zugeschrieben werden. Die Versuchsteilnehmer sahen einen Videoausschnitt aus Präsident Clintons Aussage vor dem Untersuchungsausschuss zu seiner Affäre mit Monica Lewinsky. Einer Gruppe von Versuchsteilnehmern wurde ein Ausschnitt gezeigt, in dem sich Clinton bedrückt und traurig zeigte und in dem er sagte, dass seine Beziehung mit Monica Lewinsky falsch gewesen sei. Während er sprach, war sein Kopf gesenkt und sein Blick abgewandt. Eine zweite Gruppe von Versuchsteilnehmern sah einen Ausschnitt, in dem Clinton sich ärgerlich zeigte und den gegnerischen Anwälten vorwarf, sie verhielten sich unangemessen, falsch und unfair. Während er sprach, schaute er direkt in die Kamera und unterstützte seine Worte mit starker Gestik. Anschließend wurden die Versuchsteilnehmer nach ihrer Meinung zur Amtsenthebung des Präsidenten gefragt. Die Versuchsteilnehmer, die einen ärgerlichen Präsidenten gesehen hatten, befürworteten stärker sein Verbleiben im Amt als die Versuchsteilnehmer, die einen niedergeschlagenen Präsidenten gesehen hatten.

Die Untersuchung wurde in ähnlicher Weise noch einmal wiederholt, allerdings mit einem unbekannten Politiker, der von einem Schauspieler gespielt wurde. Damit sollte der Einfluss der individuellen Person Clintons ausgeschaltet werden. Auch hier sahen die Versuchsteilnehmer in einer Bedingung einen Politiker, der in ärgerlichem Ton eine Rede über den Terrorismus hielt. In der zweiten Bedingung wurde der identische Text der Rede gehalten, jedoch in einem niedergeschlagenen Ton. Die Frage an die Versuchsteilnehmer war, welchen Kandidaten sie zum Präsidenten wählen würden. Auch hier zeigte sich das ähnliche Ergebnis wie zuvor. Der Kandidat, der in ärgerlichem Ton gesprochen hatte, erschien eher geeignet für die Position des Präsidenten zu sein.

Sprache schafft Macht ist die zweite Funktion und beschreibt, dass sprachliche Mittel eingesetzt werden, um Macht- und Statusunterschiede zu sichern oder zu vergrößern. Gespräche zwischen Personen oder Gruppen müssen bestimmten Regeln folgen, um erfolgreiche Kommunikation zu ermöglichen. Zu solchen Regeln gehören die auf S. 43 angesprochenen Maxime von Grice ebenso wie die Höflichkeitsmaxime, wie sie von P. Brown und Levinson (1987) formuliert worden sind.

Das Gebot der Höflichkeit erfordert es, dass die Interaktionspartner so miteinander sprechen, dass beide „ihr Gesicht wahren" können, sich wechselseitig respektieren. Takt und Fingerspitzengefühl sind daher wichtige Voraussetzungen. Sie äußern sich in Großzügigkeit, Bescheidenheit, Zustimmung und Verständnis gegenüber dem Gesprächspartner. Gerade in Bezug auf die Höflichkeitsstrategien in Gesprächen gibt es große kulturelle Unterschiede. Erfolgreiche interkulturelle Kommunikation muss diese berücksichtigen (vergleiche Kapitel 4).

Eine elementare Forderung höflicher Kommunikation bezieht sich auf die Wahrung von Kohärenz in der Gesprächs- und Themenführung. Dies bedeutet, dass die Interaktionspartner einander nicht unterbrechen und auf das eingehen, was der Partner sagt. Verletzungen in der Themenprogression, etwa durch einen abrupten Wechsel oder durch Nichtbeachtung des vom Partner eingebrachten Themas kann zu Konflikten zwischen den Interaktionspartnern führen (Foppa, 1990). Indem ein Sprecher ein Thema formuliert, formuliert er zugleich auch die Erwartung, dass der folgende Sprecher seine Äußerung in einer neutralen und kohärenten Weise fortführt (Hazadiah, 1993). Dies gehört zu den geteilten sozialen Normen für angemessenes Kommunikationsverhalten (Burgoon, 1993). Indem der Sprecher auf den in dem Beitrag seines Vorredners enthaltenen Gegenstand Bezug nimmt, zeigt er, dass er ihn respektiert (Ng & Bradac, 1993). Zu den Normen höflicher Kommunikation gehört auch, die Gesprächsbeiträge des anderen nicht kritisch und verletzend abzuwerten. Was liegt näher, als diese Regeln zu verletzen, um sich als überlegen zu präsentieren.

Sprache entpolitisiert Macht. Machtausübung geschieht oft versteckt, eben durch die Anwendung verschiedener linguistischer Techniken. Reid und Ng sprechen von Sprache, die Personen in die Irre führt und von Sprache, die Kontrolle tarnt und verdeckt. Dazu gehört in besonderem Maße die Strategie, soziale Kategorisierungen und Stereotype zu benutzen, um Macht auszuüben und sie zu legitimieren. Soziale Kategorisierungen dienen zum einen dazu, soziale Beziehungen einfach und übersichtlich zu strukturieren, können aber auch für Abgrenzungen und Diskriminierung verwendet werden. Stereotype können so aufgebaut werden, dass in ihnen eine Machtrelation deutlich wird. Der „Besserwessi" charakterisierte in den Jahren nach der Wiedervereinigung den (vermeintlichen) Anspruch von Westdeutschen, den Ostdeutschen überlegen zu sein. Auch in Geschlechterstereotypen („Blondinen sind dumm") und Stereotypen über ethnische Gruppen („Iren sind Säufer...") werden Machtverhältnisse versteckt und zugleich festgeschrieben.

Soziale Kategorisierungsprozesse (vergleiche Kapitel 4) dienen dazu, die soziale Welt übersichtlicher zu gestalten und so schneller reagieren zu können, wenn wir auf fremde Personen stoßen. Soziale Kategorien sind wie andere nicht-soziale Einteilungssysteme (Klassifikationen in der Medizin, in der Botanik usw.) Ordnungssysteme. Sie haben aber eine Eigenschaft, die sie von den anderen Klassifikationen unterscheidet. Die Mitglieder einer Kategorie können selbst den Abstand zu einer anderen Kategorie verändern. Wenn wir Mitglieder einer Gruppe sind, sprechen wir von Personen, die nicht zu unserer Gruppe gehören, als „den anderen", „den Außenseitern", „den Fremden". Wenn wir die anderen als uns unähnlich ansehen und erleben, legen wir eine größere Distanz zwischen sie und uns.

Oft sind solche an sich natürliche Kategorisierungsprozesse aber mit Bewertungen verbunden. Und im Allgemeinen werden die eigene Gruppe und die eigene Kategorie positiver bewertet und anders beschrieben (vgl. dazu das linguistische Kategorienmodell S. 43). Auch dies ist eine Form der Statuserhöhung.

Sprache routinisiert Macht. Als ein Beispiel für diese Funktion führen Reid und Ng die sexistische Sprache an. Konventionellerweise werden Kombinationen von weiblichen und männlichen Bezeichnungen in der Reihenfolge Mann vor Frau konstruiert: „Herr und Frau X.", „Adam und Eva", „Hiermit erkläre ich Euch zu Mann und Frau". Mit dieser Abfolge ist eine Positions- und damit Statusbestimmung assoziiert. Der Zweite ist immer etwas weniger wert oder nur in Relation zum Ersten denkbar. Ein weiteres Beispiel ist der Gebrauch des generischen Maskulinum. Sind beide Geschlechter gemeint und eine Unterscheidung ist unwichtig, so wird in der Regel die männliche Form zur Kennzeichnung benutzt. Der Sprecher, der Leser umfasst Männer, Frauen, Kinder. Mit der Bevorzugung der männlichen Form, so wird argumentiert, wird auch hier der Vorrang des männlichen Geschlechts dokumentiert.

Politisch korrekte Sprache zielt darauf ab, die durch Sprache manifestierte Dominanz einer Gruppe abzubauen und Diskriminierungen zu verhindern. Neben der Tatsache, dass dieses Bemühen manchmal zu etwas seltsamen Formulierungen geführt hat (z. B. wenn Behinderte als Menschen mit besonderen Herausforderungen beschrieben werden), oder zu mehrfachen Umbenennungen (negroes → Negroes → non-white → colored → blacks → minority group → African Americans), ist zu bezweifeln, dass der gewünschte Erfolg eintritt. Negative Assoziationen, die mit sozialen Gruppen verbunden sind, haften sich auch an einen neuen Namen. „PC (Political Correctness – Einfügung von mir) ist zu einem Instrument der allgemeinen Bewertung für Sprache und Verhalten gegenüber Minderheiten geworden, indem PC-Vertreter über das verbale und nonverbale Verhalten gegenüber sogenannten Opfergruppen urteilen" (Wirthgen, 1999, S. 5). Insofern ist Political Correctness selbst zum Machtinstrument bestimmter Gruppen geworden.

Neben der politischen Korrektheit hat sich in letzter Zeit eine Forderung nach ökologischer Korrektheit entwickelt, die ebenfalls Eingang in die Sprache gefunden hat. Jung (1996) beschreibt Wortschöpfungen, die z. B. auf ein umweltfeindliches, naturignorantes sprachliches Weltbild aufmerksam machen sollen. Zu den bekannteren Beispielen gehören die Umbenennungen von Waldsterben in Waldmord, Umwelt in Mitwelt, Unkraut in Wildkraut.

2.1.5 Macht und Gehorsam

Gehorsam ist die Bereitschaft, Anordnungen von einer als Autorität erlebten Person oder Instanz, unabhängig von der eigenen Bewertung der geforderten Handlung, auszuführen. In den 60er Jahren haben die Untersuchungen von Stanley Milgram (1963, 1965) Erstaunen und Erschrecken ausgelöst.

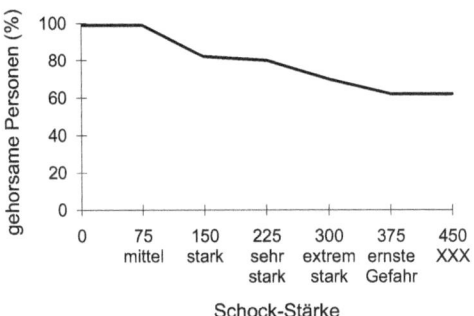

Abbildung 2.3: Ergebnis des Milgram-Experimentes (Milgram, 1963)

In fingierten Lernexperimenten, in denen eine eingeweihte Person (eine konföderierte Person) den Lernenden in einem Lernversuch spielte, wurden die echten Versuchsteilnehmer in der Rolle des Lehrers vom Versuchsleiter aufgefordert, den Lernenden für jeden Fehler mit einem Elektroschock zu bestrafen (siehe Box 2.1 auf der nächsten Seite). Mit zunehmender Fehlerzahl wurde der Elektroschock immer stärker. Im Verlauf des Experimentes zeigte das „Opfer" zunehmende Schmerzreaktionen und verlangte schließlich freigelassen zu werden. Wollten die Versuchsteilnehmer das Experiment beenden, drängte der Versuchsleiter eindringlich auf Fortführung. Die Ergebnisse des Experimentes sind in Abbildung 2.3 dargestellt.

Milgram variierte in einem Experiment die Nähe zwischen Versuchsteilnehmer und Opfer. In der ersten Bedingung (entferntes Feedback) befand sich das Opfer in einem anderen Raum und konnte von dem Versuchsteilnehmer weder gehört noch gesehen werden. Lediglich bei 300 Volt schlug das Opfer aus Protest gegen die Wand. In der zweiten Bedingung (stimmliches Feedback) konnten die Versuchsteilnehmer die Schmerzreaktionen des Opfers hören. In der dritten Bedingung (Nähe) befand sich das Opfer im selben Raum wie der Versuchsteilnehmer, es war seh- und hörbar. Die vierte Bedingung (Berührungsnähe) war mit der dritten Bedingung identisch mit der Ausnahme, dass das Opfer einen Schock nur dann erhielt, wenn seine Hand auf einer Schock-Kontaktplatte lag. Bei 150 Volt weigerte sich das Opfer, seine Hand auf die Kontaktplatte zu legen. Der Versuchsleiter wies die Versuchsteilnehmer an, die Hand des Opfers auf die Platte zu zwingen.

Mit zunehmender Nähe zum Opfer sank die Bereitschaft der Versuchsteilnehmer, den Aufforderungen des Versuchsleiters zu folgen. Aber immerhin waren 30% noch dazu bereit, das Opfer durch physischen Kontakt dazu zu bringen, seine Hand auf die Schock-Kontaktplatte zu legen.

Milgram hat dieses oder ähnlich angeordnete Experimente mit sehr vielen Versuchsteilnehmern wiederholt und seine Befunde immer wieder bestätigt.

Burger (2009) stellte die Frage, ob auch heute noch Personen in einem Experiment – ähnlich dem von Milgram – Gehorsam zeigen würden. Er passte die Bedingungen aus Milgrams Anordnung etwas an, so dass gesichert war, dass die Versuchsteilnehmer keinen Schaden davontrugen. In Milgrams Experimenten hatten die Teilnehmer zum Teil äußerst schwere Stressreaktionen gezeigt. Bei Burger erhielten die Versuchsteilnehmer zur Demonstration des angeblichen Schockgenerators nur einen sehr milden 15 Volt-Schock und nicht einen 45 Volt-Schock wie

Sind Menschen bereit, den Anweisungen einer Autorität zu folgen, selbst wenn sie durch ihren Gehorsam anderen Personen Schmerzen zufügen?

In fingierten Lernexperimenten, in denen eine eingeweihte Person (eine konföderierte Person) den Lernenden in einem Lernversuch spielte, wurden die echten Versuchsteilnehmer in der Rolle des Lehrers vom Versuchsleiter aufgefordert, den Lernenden für jeden Fehler mit einem Elektroschock zu bestrafen. Mit zunehmender Fehlerzahl wurde der Elektroschock immer stärker. Auf dem Schockgenerator waren ansteigende Schockstärken abgebildet.

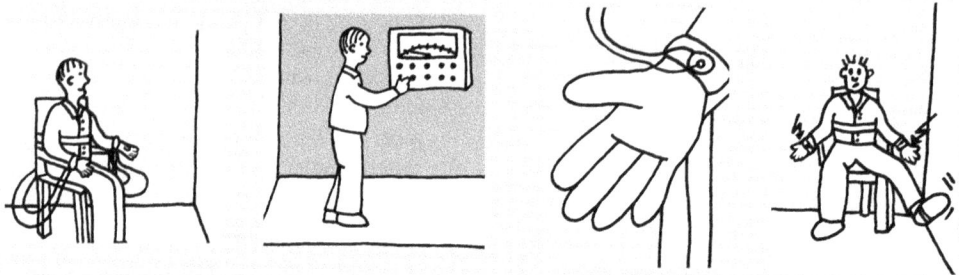

Die niedrigste war mit 15–60 Volt als leicht gekennzeichnet, die vorletzte Stufe lag bei 420 Volt und trug den Hinweis „Gefahr". Die letzte Stufe war nur noch durch „XXX" gekennzeichnet. Die Schockstärken konnten in Schritten zu 15 Volt dosiert werden, so dass insgesamt 30 Schockstufen zur Verfügung standen. Im Verlauf des Experimentes reagierte das „Opfer" das erste Mal bei 75 Volt und verlangte bei 150 Volt eine Beendigung des Experimentes.

Bei 180 Volt schrie es, dass es die Schmerzen nicht mehr ertragen könne, bei 300 Volt verweigerte es jede weitere Antwort in dem Lernexperiment und verlangte, freigelassen zu werden. Wollten die Versuchsteilnehmer das Experiment beenden und keine weiteren Schocks mehr austeilen, wurden sie vom Versuchsleiter aufgefordert, das Experiment weiterzuführen.

Der Versuchsleiter wies darauf hin, dass auch keine Antwort eine falsche Antwort sei und mit einem Schock bestraft werden müsse. Die Aufforderungen des Versuchsleiters waren graduell abgestuft und wurden nacheinander eingesetzt, um die Versuchsteilnehmer zum Weitermachen zu bewegen.

Die erste Aufforderung war ein einfaches „bitte mach weiter".
Die zweite Aufforderung lautete „das Experiment erfordert es, dass du weitermachst".
Die dritte Aufforderung bestand in dem Satz „es ist absolut notwendig, dass du weitermachst".
Die letzte Aufforderungsstufe war „du hast keine andere Wahl, du musst weitermachen".

Box 2.1: Experiment zum Gehorsam nach Milgram (1963)

bei Milgram. Außerdem wurden sie sofort nach Beendigung der Sitzung darüber informiert, dass der Lernende, das Opfer, in Wirklichkeit keine Schocks erhalten hatte. Eine sorgfältige Vorauswahl sorgte dafür, dass nur solche Versuchsteilnehmer an dem Versuch teilnahmen, die nicht anfällig für negative Stressreaktionen waren.

Burger fand, dass auch heute noch die Versuchsteilnehmer Gehorsam zeigen. Die Gehorsamkeitsraten waren nur wenig niedriger als jene, die Milgram 50 Jahre früher gefunden hatte.

Die Untersuchungen Milgrams haben viele Studien und Experimente über die Bedingungen von Macht und Gehorsam ebenso wie auch Untersuchungen zu aggressivem Verhalten oder zu hemmenden und fördernden Faktoren altruistischen Verhaltens angeregt.

Zunächst aber versuchte man als Erklärung für das inhumane Verhalten der Versuchsteilnehmer psychopathische Persönlichkeitszüge aufzuweisen. Aber die Versuchsteilnehmer, die dem Versuchsleiter den Gehorsam verweigerten, unterschieden sich in keiner Skala des Persönlichkeitsfragebogens MMPI (Minnesota Multiphasic Personality Inventory) von denen, die dem Opfer auch noch die stärksten Elektroschocks verabreicht hatten (Elms, 1972, S. 130f.).

Unterschiede finden sich jedoch in Bezug auf die autoritäre Persönlichkeitsstruktur. Die Personen, die dem Versuchsleiter den Gehorsam verweigerten, hatten niedrigere Werte auf der F-Skala der autoritären Persönlichkeit als die gehorsamen Teilnehmer (Elms, 1972, S. 132f.).

Das Konzept der autoritären Persönlichkeit geht auf Adorno, Frenkel-Brunswik, Levinson und Sanford (1950) zurück und bezeichnet eine (faschistoide) Persönlichkeit, die zu Vorurteilen, Rigidität des Denkens, Intoleranz gegenüber Ambiguität und Unterdrückung von Gefühlsausdrücken neigt.

Zur Erfassung der autoritären Persönlichkeit werden neben der Faschismus-Skala (F-Skala) auch eine Antisemitismus-Skala (AS-Skala), eine Ethnozentrismus-Skala (E-Skala) und eine politisch-ökonomische Konservatismus-Skala (PEC-Skala) eingesetzt. Die Faschismus-Skala besteht aus Items wie z. B.

„Gehorsam und Respekt gegenüber der Autorität sind die wichtigsten Tugenden, die Kinder lernen sollten."

„Wenn die Menschen weniger reden und mehr arbeiten würden, könnte es uns allen besser gehen."

„Was dieses Land vor allem braucht, mehr als Gesetze und politische Programme, sind ein paar mutige, unermüdliche, selbstlose Führer, denen das Volk vertrauen kann."

„Die Menschen kann man in zwei Klassen einteilen: die Schwachen und die Starken."

Eine Weiterentwicklung des Syndroms der autoritären Persönlichkeit hat Altemeyer (1981) mit dem Konzept des „rechtsgerichteten Autoritarismus" („right-wing-authoritarianism") vorgelegt. Zu den Merkmalen der rechtsgerichteten autoritären Persönlichkeit gehören die autoritäre Unterwürfigkeit, autoritäre Aggression und Konventionalismus.

Stärker auf die kognitive Ausrichtung autoritätsabhängiger Personen zielt das Dogmatismuskonzept von Rokeach (1960). Hier werden Personen unterschieden in „closed minded" und „open minded". Closed Minded-Personen besitzen ein geschlossenes Orientierungssystem, das aus wenigen zentralen Kernüberzeugungen besteht. Sie sind autoritätszentriert, intolerant gegenüber Andersdenkenden und Andersartigen. Sie haben ein pessimistisches und angstbeherrschtes Weltbild. Closed Mindedness kann politisch sowohl mit rechten als auch mit linken Orientierungen verbunden sein.

Eine andere Persönlichkeitsvariable, die im Zusammenhang mit Gehorsam untersucht worden ist, ist die internale versus externale Kontrollüberzeugung nach Rotter. Auch wenn es Hinweise darauf gibt, dass internal kontrollierte Personen weniger anfällig für Autoritätseinflüsse sind als external kontrollierte und unter bestimmten Bedingungen auch weniger starke Schocks gaben, sind die Ergebnisse nicht so eindeutig (Blass, 1991, S. 405).

External kontrollierte Personen sehen Ereignisse als Resultat fremder Einflüsse (andere Personen, Schicksal, Glück) an, während internal kontrollierte Personen glauben, die Ereignisse und daraus resultierende Ergebnisse selbst kontrollieren zu können. Das Fortschieben der Verantwortung auf den Versuchsleiter hatte schon Milgram als eine wichtige Erklärung seiner Ergebnisse gesehen. Gefördert wird dies, wenn die Versuchsteilnehmer den Versuchsleiter mit Expertenmacht ausstatten. Demgegenüber betont Mixon (1972), dass das *Vertrauen* der Versuchsteilnehmer in den Versuchsleiter, der schon dafür sorgen werde, dass die Schocks keinen Schaden anrichten, die Schlüsselvariable für das Verhalten der Versuchsteilnehmer ist. Rotters Theorie des interpersonalen Vertrauens (Rotter, 1971) könnte eine theoretische Erklärung hierfür liefern. Interpersonales Vertrauen ist die generalisierte Erwartung, sich auf Äußerungen und Versprechungen anderer Personen verlassen zu können. Blass (1996) verglich Milgrams und Mixons Erklärungsansätze und fand eine größere Unterstützung für Milgrams Annahme des Fortschiebens von Verantwortung.

Andere Analysen setzen den Schwerpunkt auf situative und interaktionale Faktoren, die zur Gehorsamsverweigerung oder auch zum blinden Gehorsam führen können. Schon Milgram hatte in seinen Experimenten verschiedene situative Faktoren variiert. So sank z. B. die Bereitschaft, Gehorsam zu zeigen, wenn der Versuchsleiter seine Anweisungen per Telefon gab und nicht im selben Zimmer war. Auch das Beispiel eines anderen (konföderierten) Versuchsteilnehmers, der sich weigerte, Schocks zu geben, führte zu einer Reduktion des Gehorsams.

In einer Meta-Analyse von mehreren Experimenten fand Packer (2008), dass sich so etwas wie ein kritischer Punkt in den Studien zeigte, an dem sich Gehorsam in Ungehorsam wandelte. In allen Studien lag dieser Punkt bei etwa 150 Volt, dem Punkt, an dem das Opfer das erste Mal forderte, freigelassen zu werden. An diesem Entscheidungspunkt sahen offensichtlich die ungehorsamen Versuchsteilnehmer das Recht des Opfers, das Experiment zu beenden, als höher und wichtiger an als die Anweisungen des Versuchsleiters, im Sinne des Experimentes fortzufahren und dieses nicht zu gefährden. Hier könnte man interpretieren, dass die Beziehung zum Opfer salienter geworden ist als die zum Versuchsleiter und dementsprechend die Versuchsteilnehmer sich in stärkerer Verantwortung gegenüber dem Opfer als gegenüber dem Versuchsleiter sehen.

Ein anderer Erklärungsansatz für das Nachgeben der Versuchsteilnehmer auf das Drängen des Versuchsleiters führt als Erklärung den „Foot-in-the-Door-Effekt" an. Nachdem es dem Versuchsleiter gelungen war, die Einwilligung für den ersten Schritt, die Verabreichung von Schocks überhaupt, zu erhalten, fühlten die Versuchsteilnehmer ein gewisses Commitment, das Experiment weiterzuführen.

2.2 Aggression

2.2.1 Frustration und Aggression

Die ersten Theorien über Aggression sind individualistische Ansätze wie etwa die triebtheoretischen Ausführungen Sigmund Freuds. Freud nimmt zwei Grundtriebe an, Eros, den Leben erhaltenden Trieb, und Thanatos, den Todestrieb. Um dem Todestrieb zu widerstehen, muss das Individuum seine Aggression von der eigenen Person wegleiten und gegen andere richten, da sonst die Selbstvernichtung droht. Auch die von Freuds Modell beeinflusste *Frustrations-Aggressions-Hypothese* von Dollard et al. (1939) gehört zu diesem Erklärungsmuster. Die Hypothese besagt, dass das Auftreten von Aggression immer die Existenz von Frustration voraussetzt und umgekehrt, dass das Vorhandensein von Frustration immer zu einer Form von Aggression führt.

Diese Formulierung hat zu der Interpretation geführt, dass Frustration keine anderen Konsequenzen als Aggression haben kann. Diese Konsequenz stellen N. E. Miller, Sears, Mowrer, Doob und Dollard (1941) richtig, indem sie den zweiten Teil der Annahme nun genauer formulieren (S. 338): „Frustration produziert Anreize für eine Anzahl verschiedener Reaktionsweisen, eine davon ist ein Anreiz zu Aggression". Also, Aggression ist zwar die dominante Reaktion auf Frustration, Frustration muss aber nicht immer zu Aggression führen.

Diese Beobachtung können wir überall machen. Wir stecken viele Rückschläge ein, ohne uns durch Aggression Luft zu machen. Frustration ist zweifellos oft der Auslöser für Aggression, aber eben nicht immer. Zum anderen wurde der Frustrations-Aggressions-Hypothese entgegengehalten, dass auch der erste Teil der Annahme nicht immer zutrifft. Einer Aggression geht nicht immer eine Frustration voraus. Als beliebtes Beispiel wird der Profi-Killer herangezogen, der zur Durchführung seines Auftrags nicht einer vorherigen Frustration bedarf.

Die Beobachtung, dass Frustration nicht unmittelbar dazu führt, den anderen schädigen zu wollen, so wie es in der ursprünglichen Frustrations-Aggressions-Hypothese formuliert war, sondern dass es der emotionale Zustand des Ärgers aufgrund einer Frustration ist, der Aggression auslöst, führte zum *kognitiv-neoassoziationistischen Ansatz* (Berkowitz, 1989, 1990). Erfolgt eine aversive Stimulation, so werden gleichsam in einem assoziativen Netzwerk des Gedächtnisses ängstliche oder feindselige Gedanken, Gefühle von Furcht oder Ärger und motorische Reaktionen in Richtung von Flucht oder Aggression aktiviert. Da alle Komponenten in einem Netz von Assoziationen miteinander verknüpft sind, kann die Aktivierung einer einzelnen Komponente auch zur Aktivierung andere Komponenten führen.

Einen ersten Beleg für die besondere Rolle negativer Gefühle fanden Berkowitz und LePage (1967) in ihrem bekannten Experiment zum Waffeneffekt. In diesem Experiment wurde die Hypothese geprüft, ob Reize, die im Allgemeinen mit Aggression assoziiert werden, aggressive Reaktionen bei Personen auslösen können, die zu aggressivem Verhalten bereit sind. Die Bereitschaft zu aggressivem Verhalten muss dabei nicht ausschließlich durch Frustration und der daraus folgenden aversiven Erregung (Ärger) bedingt sein. Auslöser können auch Schmerz, Stress oder Gewaltdarstellungen sein.

Die Versuchsteilnehmer wurden zunächst in zwei Gruppen, eine Ärger-Gruppe und eine Nicht-Ärger-Gruppe, aufgeteilt. Den Versuchsteilnehmern wurde gesagt, dass es sich bei dem Experiment um eine Studie zu physiologischen Reaktionen bei Stress handele. Der Stress würde durch leichte elektrische Schocks hervorgerufen. Die Teilnehmer hätten ein Problem zu bearbeiten und ihre Leistung würde durch einen Partner bewertet werden in Form von elektrischen Schocks. Bei der zweiten Person handelte es sich um einen konföderierten Mitarbeiter des Versuchsleiters, der auf Anweisung des Versuchsleiters den echten Versuchsteilnehmern entweder sieben Schocks in der Ärger-Bedingung oder nur einen Schock in der Nicht-Ärger-Bedingung verabreichte. Anschließend war die echte Versuchsperson an der Reihe, die Leistung ihres Partners zu bewerten, ebenfalls mit elektrischen Schocks. Hier führten die Versuchsleiter nun eine weitere Variation ein. Sie unterteilten wiederum die Versuchsteilnehmer der Ärger- und der Nicht-Ärger-Bedingung in zwei Gruppen. In einer Gruppe lag nur das Instrument zum Erteilen der elektrischen Schocks auf dem Tisch. In der anderen Gruppe jedoch lagen zwei Waffen (ein Gewehr und ein Revolver) zusätzlich auf dem Tisch. Außerdem führten sie eine weitere Bedingung ein, in der die Versuchsteilnehmer Badmintonschläger und Federbälle auf dem Tisch fanden.

Wie in den Hypothesen vorhergesagt, gaben diejenigen Versuchsteilnehmer, die zuvor sieben Schocks erhalten hatten (Ärger-Bedingung) ihrem Partner deutlich mehr Schocks zurück, wenn Waffen auf dem Tisch gelegen hatten. Waren die Versuchsteilnehmer zuvor nicht geärgert worden, so hatte die Anwesenheit von Waffen keinen Effekt. Neuere Erklärungsansätze interpretieren die Ergebnisse des Waffeneffektes als Resultat eines Priming-Prozesses. Durch aggressive Hinweisreize werden aggressionsbezogene Vorstellungen gebahnt, die auch ohne vorherige Frustration ein aggressives Verhalten wahrscheinlicher machen.

2.2.2 Aggression als gelerntes Verhalten

Aggressives Verhalten wird oftmals belohnt. Oft erlangt der Aggressor das, was er haben will. Dies können materielle Dinge sein, aber auch immaterielle wie z. B. Status und Anerkennung. Aggressives Verhalten wird dadurch verstärkt, es ist instrumentell konditioniert.

Die Theorie des sozialen Lernens (Bandura, 1986) geht davon aus, dass viele Verhaltensformen nicht notwendigerweise durch eigene Erfahrungen mit positiven oder negativen Verhaltenskonsequenzen erworben werden, sondern dass sie durch Beobachtung der Handlungen anderer und ihrer Konsequenzen übernommen oder verworfen werden. Das gilt insbesondere für komplexe Verhaltensweisen. Dieses stellvertretende Lernen, auch Lernen am Modell genannt, ist von großer Bedeutung dort, wo es zu gefährlich wäre, zunächst eigene Erfahrungen zu machen, oder dort, wo durch Beobachtung und Imitation anderer Lernzeiten verkürzt werden können.

Eines der bekanntesten Experimente, mit dem Banduras Theorie des Lernens am Modell überprüft wurde, ist das Experiment zur Wirkung film-mediierter Anreize auf aggressives Verhalten (Bandura, Ross & Ross, 1963). In diesem Experiment wurde die aus der Theorie des Lernens am Modell abgeleitete Hypothese überprüft, dass die Wahrscheinlichkeit, auf eine Frustration mit Aggression zu reagieren, steigt, wenn zuvor eine Person beobachtet wird, die sich aggressiv verhält. Es wurden drei Experimentalgruppen gebildet. In der ersten Gruppe beobachteten Kinder, wie eine erwachsene Person (ein Konföderierter des Versuchsleiters) mit einer Puppe spielte. Die Puppe hieß Bobo, und dieses Experiment ist später auch als Bobo-Doll-Experiment in die Literatur eingegangen. Die beobachtete Person (das Modell) führte aggressive Handlungen mit der Puppe durch, boxte sie und kickte sie durch den Raum. Die Versuchsteilnehmer in der zweiten Gruppe sahen eine Filmaufnahme des aggressiven Modells. Die dritte Gruppe von Kindern betrachtete eine Filmaufnahme, in der ein Cartoon gezeigt wurde. Hier führte ein Modell als schwarze Katze kostümiert aggressive Handlungen gegenüber anderen Cartoonkatzen durch. Nachdem die Kinder in den drei Bedingungen das Agieren der Modelle betrachtet hatten, wurden sie vom Versuchsleiter in einen Raum gebracht, in dem sehr attraktives Spielzeug herumlag. Gerade als die Kinder anfangen wollten, mit dem schönen Spielzeug zu spielen, sagte der Versuchsleiter ihnen, dass er beschlossen habe, dieses Spielzeug für einige andere Kinder zu reservieren. Das Kind könne jedoch mit den Spielzeugen in einem anderen Raum spielen. Er brachte das Kind dann in den nächsten Raum. In diesem Raum lagen sowohl Spielzeuge mit aggressivem Anreiz als auch Spielzeuge mit neutralem Anreiz. Zu den Spielzeugen mit aggressivem Anreiz gehörte auch eine Bobo-Puppe. Ein Beobachter notierte die Verhaltensweisen der Kinder. In einem Vergleich mit Kindern einer Gruppe, die kein aggressives Modell beobachtet hatten, zeigten die Kinder aus den Gruppen, die entweder ein Modell live, ein Modell im Film oder ein Modell als Cartoon beobachtet hatten, eine deutlich höhere Aggression.

Darüber hinaus zeigten die Kinder, die entweder ein Modell live oder im Film beobachtet hatten, ein stark imitierendes Verhalten.

Weitere Untersuchungen haben gezeigt, dass das beobachtete Verhalten vor allen Dingen dann übernommen wird, wenn der Beobachter sich mit dem Modell identifizieren kann. Ein Modell wird nachgeahmt, wenn es für den Beobachter sympathisch und attraktiv ist und wenn sein Verhalten erfolgreich ist.

Aggression als gelerntes Skript

Für komplexe Verhaltensweisen erwerben wir im Laufe der Zeit Ablaufstrukturen, sogenannte Skripte (Schank & Abelson, 1977; Abelson, 1981). Skripte sind schematisch organisiertes Wissen über Verhaltensmuster. Sie dienen dazu, Verhaltensmöglichkeiten in neuen Situationen, die jedoch Ähnlichkeiten mit bereits bekannten Situationen haben, zu bewerten und auszuwählen.

Ein klassisches Beispiel für ein Skript sind die Verhaltensabläufe, die wir mit einem Restaurantbesuch verbinden. Nach dem Betreten der Gastronomieräumlichkeiten setzen wir uns an einen freien Tisch oder werden vom Kellner zu ihm geleitet. Es folgen Getränkebestellung, Auswahl der Speisen usw. bis zum Bezahlen und Verlassen des Restaurants. Natürlich müssen wir manchmal die Erfahrung machen, dass unser Skript für eine bestimmte Situation nicht passt. Ein Besuch in einem Fast-Food-Restaurant läuft anders ab als ein Essen in einem Feinschmeckerrestaurant. Wir müssen unsere Skripte verfeinern oder modifizieren. Auch für aggressives Verhalten erlernen wir Skripte (Huesmann, 1998; Krahé & Greve, 2002). Im Allgemeinen Aggressionsmodell (General Aggression Model (GAM), C. A. Anderson & Bushman, 2002; Bushman & Anderson, 2002; siehe Abbildung 2.4 auf der nächsten Seite) wird Aggression auf die Aktivierung und Anwendung aggressionsbezogener Gedächtnisstrukturen (Schemata und Skripte) zurückgeführt. Das GAM integriert die verschiedenen Ansätze in einem episodischen Prozessmodell. Eingangsvariablen sind personale und situative Gegebenheiten, die gemeinsam den aktuellen inneren Zustand einer Person bestimmen. Dieser Zustand wird mit den Komponenten Affekt, Kognition und Erregung beschrieben. Aus ihnen resultiert die Bewertung der Situation und die Entscheidung über weitere Handlungen. Der Bewertungs- und Entscheidungsprozess löst bedachte oder impulsive Handlungen aus, die in der Interaktionsepisode ausgeführt werden und ihren Verlauf bestimmen.

Durch den Konsum gewalttätiger Darstellungen in Medien werden Skripte für aggressives Verhalten aufgebaut und erweitert, indem das Spektrum potentieller aggressiver Verhaltensweisen

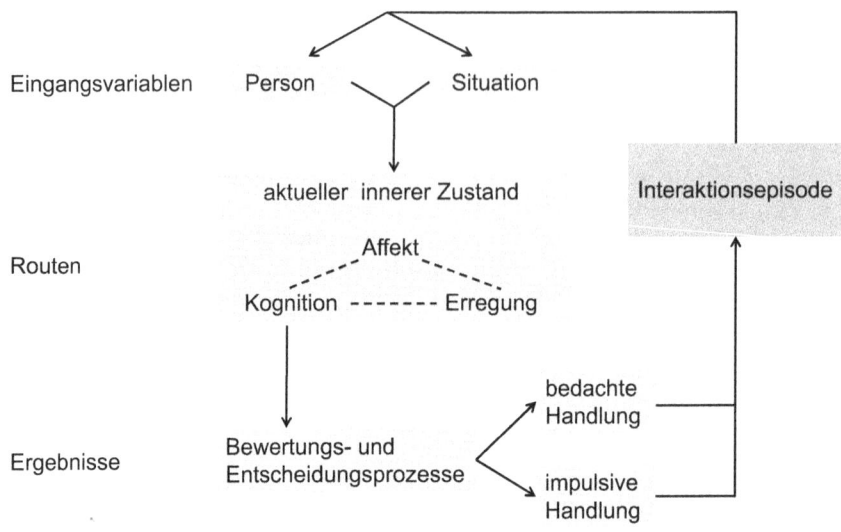

Abbildung 2.4: Das Allgemeine Aggressionsmodell (GAM) nach C. A. Anderson und Bushman (2002)

expandiert wird und sich die Bewertung dessen, was in einer Situation angemessen ist, verschiebt. Es kann zu einer Wahrnehmungsverzerrung kommen, dem sogenannten „hostile attribution bias" (Crick & Dodge, 1994), das ist die Tendenz, schädigende Handlungen anderer eher als intendiert denn als zufällig wahrzunehmen. Dies rechtfertigt, mit ebenfalls gewalttätigen Handlungen zu reagieren.

Skripte enthalten aber nicht nur Strukturen für den Ablauf von Verhalten, sondern auch das Wissen über Verhaltensalternativen, deren Konsequenzen und Bewertungen. Die Entscheidung für eine bestimmte Verhaltensmöglichkeit fällen wir nicht zuletzt danach, ob wir uns in der Lage sehen, ein entsprechendes Verhalten überhaupt ausführen zu können (siehe die Überlegungen zur Selbstwirksamkeit von Bandura).

Gewalt in Medien

Banduras soziale Lerntheorie spielt eine große Rolle bei der Diskussion über die Wirkung von Gewalt in Medien. Medien sind neben der Familie eine wichtige Sozialisationsinstanz. Sie bieten Modelle unterschiedlichster Art mit einem immer größeren Spektrum und immer größerer Intensität gewalttätiger Verhaltensweisen.

Inzwischen ist unbestritten, dass ein häufiger Konsum gewalt- und aggressionshaltiger Inhalte, sei es durch Fernsehen oder durch Computerspiele, die Aggressionsbereitschaft erhöht. C. A. Anderson und Bushman (2001) führten eine Meta-Analyse mit Forschungsberichten, die sich mit der Wirkung von Video- und Computerspielen auf aggressives Verhalten beschäftigten, durch. Die Analyse umfasst 35 Studien (Labor- und Feldexperimente sowie Langzeitstudien) mit insgesamt 4262 Teilnehmern. Die Ergebnisse unterstützen eindeutig die Annahme, dass gewalttätige Videospiele eine ernstzunehmende Bedrohung für Kinder und Jugendliche bedeuten. Zwischen Konsum und erhöhtem Aggressionspotential besteht ein positiver Zusammenhang und zwar bei Jugendlichen und Kindern und unabhängig vom Geschlecht. Zugleich wird prosoziales Verhalten gehemmt. Darüber hinaus konnte auch ein Langzeiteffekt nachgewiesen werden. Der Konsum gewalttätiger Spiele fördert die Ausbildung aggressiver Kognitionen und trägt somit zur Entwicklung einer aggressiven Persönlichkeit bei.

Da zudem der Konsum mit aggressiven Gefühlen und physiologischer Erregung verbunden ist, sind zwei weitere Voraussetzungen für die Evozierung aggressiven Verhaltens gegeben. Bandura selbst (2004) schreibt den Medien und ihrer Berichterstattung über gewalttätige Ereignisse eine große Rolle bei der Entstehung moralischen Disengagements zu. Eine Meta-Analyse von Comstock und Paik (1991) fasst die Determinanten einer aggressionssteigernden Wirkung von Gewaltdarstellungen in Medien in vier Punkten zusammen (zitiert nach Otten & Mummendey, 2002, S. 204):

– Ist das dargestellte Verhalten wirksam? Zieht es positive oder negative Konsequenzen nach sich?
– Wird es als normativ angemessen dargestellt (z. B. Gewalt durch legale Vertreter des Guten)?
– Besteht eine Ähnlichkeit zwischen dem Zuschauer und dem dargestellten Akteur auch hinsichtlich der Lebenssituation? (Ist eine Identifikation mit dem Aggressor möglich?)
– Ist der Zuschauer emotional beteiligt, so dass eine kritische Analyse des Gesehenen beeinträchtigt wird.

Was macht die Attraktivität gewalttätiger Darstellungen und Spiele aus? Als eine positiv gewendete Erklärung wird oft angegeben, dass man hierdurch den Ärger ablassen könne. Diese Erklärung stammt aus der Zeit, in der das Dampfkesselmodell die Abfuhr angestauter Triebenergie erklärte und der aggressiven Triebentladung katharsische Wirkung zugeschrieben wurde. Diese Annahme hat sich nicht bestätigt, sondern vielmehr das Gegenteil. Trotzdem hält sich dieser Glaube und ist bei vielen Spielern gewalttätiger Videospiele gleichsam als Rechtfertigung zu finden. Der Glaube an einen katharsischen Effekt steigert die Attraktivität solcher Spiele (Bushman & Whitaker, 2010).

2.2.3 Deindividuation

Die Annahme, dass Personen, wenn sie in Gruppen auftreten, aggressiver sind als wenn sie als Einzelpersonen handeln, findet durch vielfältige Alltagsbeobachtungen ihre Bestätigung. Fußballfans in Stadien, Ausschreitungen bei Demonstrationen, Bandenkriege, Überfälle durch Jugendliche sind Beispiele dafür, dass Personen im Kontext einer Gruppe ein Verhalten zeigen, wie sie es sich im Allgemeinen als Einzelperson nicht erlauben würden.

Le Bon (1896, Nachdruck 1951) formulierte in seiner Massenpsychologie, dass in der Masse eine Atmosphäre von Anonymität, Ansteckung und Beeinflussbarkeit herrsche, durch die die Menschen ihre Rationalität und Identität verlören und stattdessen ein „Gruppenbewusstsein", eine kollektive Mentalität entwickelten. Hierdurch fallen die normalen sozialen Grenzen und es erwachen destruktive Instinkte, die in Gewalt und irrationalem Verhalten enden. In der Masse verliert das Individuum seine Selbstkontrolle und wird zur Marionette, es wird entmenschlicht.

LeBons Erklärungen haben sich nicht halten können. Aber der Gedanke, dass Anonymität und das Aufgeben einer auf das Selbst gerichteten Aufmerksamkeit großen Einfluss auf gewalttätiges Verhalten in Gruppen haben könnten, wurde beibehalten und zur Erklärung kollektiven Verhaltens weiter untersucht. Insbesondere finden sich diese Annahmen in den Konzepten *Deindividuation* und *Depersonalisation* wieder.

Festinger, Pepitone und Newcomb (1952) beschreiben Deindividuation als einen Zustand in einer Gruppe, in dem die Gruppenmitglieder die anderen Individuen nicht als Individuen betrachten und dementsprechend sich auch nicht von den anderen als Einzelperson identifiziert fühlen (S. 389). Festinger et al. wiesen dies nach, indem sie die Versuchsteilnehmer veranlassten, in Gruppendiskussionen sozial unerwünschtes Verhalten zu zeigen (Hassgefühle und Hassgedanken gegenüber ihren Eltern zu äußern). Sie fanden, je mehr negative Einstellungen gegenüber den Eltern geäußert wurden, desto weniger waren die Gruppenmitglieder in der Lage zu differenzieren, wer was gesagt hatte und desto attraktiver wurde die Gruppe für ihre Mitglieder.

Besonders bekannt geworden sind die Deindividuations-Experimente von Zimbardo (1969). Die Grundanordnung besteht darin, dass, begründet durch eine Cover-Story, zwei junge Frauen zwei anderen jungen Frauen (die Opfer), die sie durch einen Einwegspiegel sehen und hören konnten, schmerzhafte Elektroschocks verabreichen sollten. Die Versuchsteilnehmerinnen wurden in zwei Gruppen geteilt. In der einen Gruppe (Anonymitätsbedingung) blieb die äußere Erscheinung aller vier Personen verborgen, statt ihres Namens trugen sie Zahlen zur Identifikation. In der anderen Gruppe (individualisierte Bedingung) wurden alle vier Personen mit ihrem Namen angeredet, so dass ihre individuelle Einzigartigkeit deutlich wurde.

Die Ergebnisse waren klar: In der Deindividuations-Gruppe gaben die Teilnehmerinnen zweimal so viele Elektroschocks wie in der anderen Gruppe. Dabei spielt es keine Rolle, ob sie das Opfer zuvor als freundlich oder unfreundlich eingeschätzt hatten. Die Frauen, deren Identität während des Experimentes sichtbar geblieben war, gaben dagegen den „freundlichen Opfern" weniger Schocks als den unfreundlichen.

Zimbardo kommt aufgrund seiner Experimente zu der Schlussfolgerung, dass alles, was dazu beiträgt, dass eine Person sich anonym fühlt, das Potential für aggressives und bösartiges Verhalten steigert. Beeindruckend hat Zimbardo dies in seinem Stanford-Prisoner-Experiment, das Grundlage für den Spielfilm „Das Experiment" war, gezeigt. Die durch Zeitungsannoncen geworbenen Versuchsteilnehmer wurden per Zufall in zwei Gruppen geteilt. Sie sollten entweder die Rolle von Gefängniswärtern oder die von Gefangenen übernehmen. Zuvor war durch diagnostische Verfahren sichergestellt worden, dass es sich um physisch und psychisch gesunde, normale durchschnittliche Personen handelt. Um die Anonymität zu verstärken, wurden die „Wärter" mit Polizeiuniformen und Sonnenbrillen ausgestattet, die „Gefangenen" trugen eine Art Krankenhaushemd mit einer Nummer. Die Gefangenen mussten Tag und Nacht in einem für dieses Experiment nachgebauten Gefängnistrakt bleiben, die Wärter verrichteten dort täglich 8 Stunden ihren Dienst. Die Wärter erhielten keine spezifischen Anweisungen, sondern lediglich die Aufforderung, gemäß ihrer Rolle für Ordnung zu sorgen.

Das Experiment war für die Dauer von zwei Wochen geplant, aufgrund der Ausschreitungen und Übergriffe der als Wärter fungierenden Versuchsteilnehmer musste es aber bereits nach sechs Tagen abgebrochen werden. Normale junge Männer verhielten sich auf einmal sadistisch, demütigten, erniedrigten und peinigten andere junge Männer, die den unterlegenen Status von Gefangenen innehatten. Einige der Gefangenen zeigten Anzeichen eines emotionalen Zusammenbruchs, so dass sie nach ein paar Tagen nicht mehr an dem Experiment teilnehmen konnten. Am besten mit der Situation kamen diejenigen Gefangenen zurecht, die den Befehlen der Wärter widerspruchslos folgten und sich nicht gegen die unmenschliche und degradierende Behandlung wehrten.

Zimbardo ging davon aus, dass allein schon die Wohndichte von bestimmten Vierteln Anonymität und dementsprechend auch Gewalttätigkeiten und Vandalismus begünstigt. In einem Feldexperiment kaufte er zwei alte Autos und stellte sie ohne Nummernschild an den Straßenrand. Ein Auto stellte er nahe dem Universitätscampus der New York Universität in der Bronx ab, das andere nahe dem Universitätscampus der Stanford University in Palo Alto. In New York kam der erste Autoplünderer nach 10 Minuten. Nach zwei Tagen war das Auto nur noch Schrott. Es wurden 23 Personen beobachtet, wie sie das Auto demontierten. Es waren übrigens meistens weiße, gut gekleidete Leute. In Palo Alto, einem viel kleineren Ort mit übersichtlichen Strukturen, machte sich niemand am Auto zu schaffen. Als nach fünf Tagen die Versuchsleiter das Auto wieder entfernten, meldeten drei Anwohner der Polizei, dass ein abgestelltes Auto gestohlen würde.

Zimbardo zieht aus seinen Experimenten folgende Schlussfolgerungen: Bestimmte Voraussetzungen, vor allem Anonymität in der Gruppe, führen zu einer Minimierung der Selbstbewertung und des Achtens auf soziale Bewertung. Dadurch wird die sonst übliche Kontrolle durch Scham, Furcht, Schuld und Verpflichtung reduziert. Dies wiederum senkt die Schwelle zum Ausführen ungehemmten Verhaltens. Situative Faktoren spielen dabei eine große Rolle. Deindividuiertes Verhalten ist anti-soziales Verhalten. (Für eine Zusammenfassung seiner Experimente und theoretischen Überlegungen siehe Zimbardo (2004)).

Bandura (2004) spricht von einem *moralischen Disengagement*, das durch verschiedene Faktoren gefördert wird und nicht nur bei aggressivem Verhalten, sondern auch bei unterlassener Hilfeleistung eine Rolle spielt. Dazu gehören:

– Abschieben der Verantwortung auf Autoritäten,
– Verantwortungsdiffusion,
– Schuldzuweisungen an das Opfer,
– moralische Rechtfertigungen und
– (für den Aggressor) vorteilhafte soziale Vergleiche.

Diener (1976; Diener & Wallbom, 1976) modifizierte die Annahmen Zimbardos, indem er eine Senkung der *Selbstbewusstheit* als kritische Variable einführt. Selbstbewusstheit ist ein Zustand, in dem die Aufmerksamkeit einer Person auf sich selbst gerichtet ist und in dem innere Standards verhaltensleitend sind (siehe Abbildung 2.5 auf der nächsten Seite).

Nach der Theorie der objektiven Selbstaufmerksamkeit von Duval und Wicklund (1972) wird sich eine Person, die sich ihrer selbst bewusst ist, eher normenkonform verhalten als eine Person ohne Selbstbewusstheit.

Die klassische Versuchsanordnung von Experimenten zur objektiven Selbstaufmerksamkeit besteht darin, Versuchsteilnehmer vor einen Spiegel zu setzen und eine Tätigkeit oder Aufgabe ausführen zu lassen. Sie werden sodann mit Personen ohne Anregung zur Selbstaufmerksamkeit verglichen. Personen im Zustand der Selbstbewusstheit mogeln und lügen seltener, sie sind selbstkritischer und realistischer in ihrer Selbstbeurteilung. Das Eintauchen in eine Gruppe führt

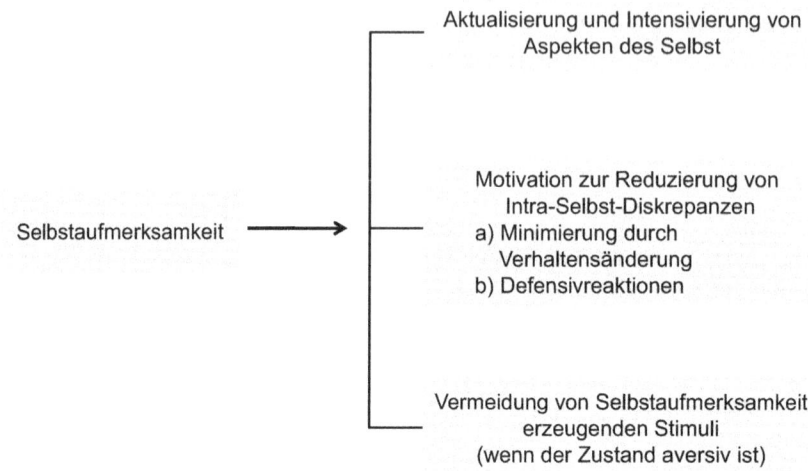

Abbildung 2.5: Wirkung der Selbstaufmerksamkeit nach Wicklund und Frey (1993)

zu einer Senkung der Selbstbewusstheit. Geringere Selbstbewusstheit bewirkt, dass die Verhaltenssteuerung durch interne Standards reduziert wird und das Verhalten durch äußere Stimuli dominiert wird. Dadurch wird der Zustand der Deindividuation oder des Mangels an Selbstbewusstheit verstärkt; ein Ausbrechen aus den situativen Zwängen wird immer schwieriger.

Anonymität bewirkt nicht immer eine Steigerung des aggressiven Verhaltens. Saliente prosoziale Normen können einen Kontext definieren, der den Einfluss geringer Selbstbewusstheit unter Anonymität reduziert.

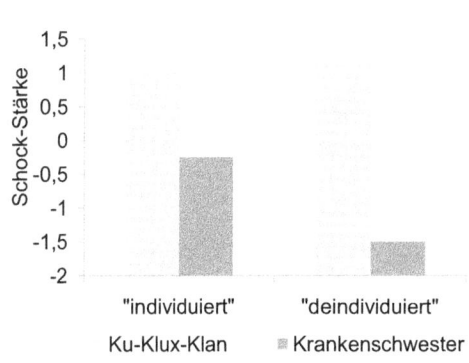

Abbildung 2.6: Deindividuation und Aggressivität nach R. D. Johnson und Downing (1979)

R. D. Johnson und Downing (1979) verglichen wie Zimbardo das Verhalten unter anonymen Bedingungen mit dem Verhalten unter individualisierten Bedingungen. Alle Teilnehmerinnen ihres Experimentes mussten eine Uniform tragen, aber in der individualisierten Bedingung trugen sie außerdem ein Namensschild. Darüber hinaus variierten sie aber noch einen weiteren Faktor, nämlich die situative Norm, die durch die Uniformen während des Experimentes salient wurde. In der Hälfte der Bedingungen mussten die Versuchsteilnehmer eine Ku-Klux-Klan-Uniform tragen, in der anderen Hälfte eine Krankenschwestertracht. Es ging wieder angeblich um ein Lernexperiment, in dem Fehler mit Elektroschocks bestraft werden soll-

2.2 Aggression

ten. Die Personen, die eine Krankenschwestertracht trugen, gaben weniger Schocks und zwar vor allem in der Deindividuations-Bedingung, also ohne Namensschild. Nach R. D. Johnson und Downing (1979) wirkte hier die durch die Krankenschwesteruniform angestoßene positive soziale Norm so stark, dass sie sogar stärker als in der individualisierten Bedingung aggressives Verhalten hemmte.

Vertreter der sozialen Identitätstheorie betrachten Anonymität als Auslöser für Selbstkategorisierungsprozesse (Lea, Spears & de Groot, 2001). Anonymität verstärkt die Tendenz, sich selbst und den Interaktionspartner als Gruppenmitglieder unterschiedlicher Gruppe zu sehen. Durch die Selbstkategorisierung als Mitglied einer Gruppe steigt die Attraktivität der Gruppe. Ein ähnliches Ergebnis hatten bereits Festinger et al. (1952) gefunden, dies aber noch als Ergebnis einer Deindividuation interpretiert. Die Kategorisierung der Interaktionspartner als Mitglieder einer anderen Gruppe verstärkt die Stereotypisierung der anderen. Auch dies erhöht die Attraktivität der eigenen Gruppe. Nach der Theorie der sozialen Identität definiert ein Individuum sich zu einem großen Teil über die Zugehörigkeit zu sozialen Gruppen. Wenn durch Anonymität die Zugehörigkeit zu einer Gruppe intensiviert und salient wird, dann treten zwar die Attribute der personalen Identität in den Hintergrund, aber es handelt sich nicht um eine „Entmenschlichung".

Reicher, Spears und Postmes (1995) stellen fest, dass es sich bei Situationen, in denen Gruppen enthemmtes Verhalten zeigen, oft um Intergruppen-Situationen handelt. Personen in solchen Situationen werden nicht anonym, sondern nehmen eine andere Identität an. Das Individuum verliert zwar an personaler Identität, betont aber zugleich seine soziale Identität als Mitglied einer bestimmten Gruppe. Kollektives Verhalten bedeutet nicht Identitätsverlust, sondern einen Wechsel der Identität. Im „Social Identity Model of Deindividuation" (SIDE) (Reicher et al., 1995) werden die Effekte von Anonymität daher eher als Depersonalisation aufgefasst, die durch die saliente Selbstkategorisierung als Mitglied einer Gruppe eintritt. Definiert sich die Person über ihre Zugehörigkeit zu einer Gruppe, so orientiert sie sich in ihrem Verhalten an den Normen dieser Gruppe.

Der Aggressionsbegriff hat sich im Laufe der Zeit geändert. Nach Dollard et al. (1939) war Aggression eine Verhaltenssequenz, die auf die Verletzung einer Person zielt, gegen die sie gerichtet ist. Mummendey, Linneweber und Löschper (1984) führen aus, dass die Definition von Aggression aber eine Frage der Perspektive sei. Deshalb sei Aggression kein Beschreibungsbegriff, sondern ein Beurteilungsbegriff. Aggression ist ein schädigendes und destruktives Verhalten, das durch eine Reihe von Faktoren als aggressiv definiert wird, von denen einige eher beim Beurteiler als beim Handelnden liegen. Mit Bezug auf die Attributionsunterschiede zwischen einem Handelnden und einem Beobachter (vgl. Kap.1 S. 28) weisen Mummendey et al. auf, dass eine aggressive Handlung vom Rezipienten als unangemessener und aggressiver eingeschätzt wird als vom Handelnden selbst. Weiter wird das eigene aggressive Verhalten als angemessener und positiver bewertet als ein aggressives Verhalten des Interaktionspartners. Zudem gibt es Perspektivenunterschiede hinsichtlich des Beginns einer aggressiven Interaktion. Beide Partner tendieren dazu, die Verantwortung für die Initiierung von sich zu schieben (Mummendey & Otten, 1989).

In neuerer Zeit wurde der Aggressionsbegriff dahingehend erweitert, dass nicht notwendigerweise die Absicht zu einer Schädigung des anderen vorliegen muss, sondern dass bereits eine Aggression vorliegt, wenn eine Schädigung des anderen in Kauf genommen wird. Auch die Verweigerung des Zugangs zu bestimmten Ressourcen wird als Aggression bezeichnet. Diese

Erweiterung deutet darauf hin, dass Aggression auch als Mittel zur Macht eingesetzt werden kann (Tedeschi & Felson, 1994). Durch Aggression kann versucht werden, die Kontrolle über andere Personen zu erlangen oder aufrechtzuerhalten, Aggression kann aber auch eingesetzt werden, um eine Situation von Fairness wiederherzustellen, wenn zuvor Ungerechtigkeit erlebt worden ist. Aggression kann zudem eingesetzt werden, um als starke und mächtige Persönlichkeit dazustehen.

2.3 Affiliation – das Bedürfnis nach Nähe und Kontakt

Maslow (1943) gliedert die Bedürfnisstruktur von Menschen in fünf Bedürfnisebenen. Diese Ebenen sind hierarchisch geordnet, wobei die unten liegenden Bedürfnisse stärker und wichtiger sind und die höher liegenden Bedürfnisse erst dann berücksichtigt werden, wenn die unteren Bedürfnisse befriedigt sind. Auf der untersten Ebene liegen die physiologischen Grundbedürfnisse (wie Essen, Schlafen). Darüber liegen die Bedürfnisse nach Sicherheit, Kontakt und Anerkennung. Das Bedürfnis nach Selbstverwirklichung bildet die Spitze der Pyramide.

Das Affiliationsbedürfnis charakterisiert die Ebene des Bedürfnisses nach Kontakt. In der Motivationsforschung wird das Bedürfnis nach Affiliation auch als Anschlussmotiv bezeichnet. „Mit Anschluss (Kontakt, Geselligkeit) ist eine Inhaltsklasse von sozialen Interaktionen gemeint, die alltäglich und zugleich fundamental ist mit dem Ziel, mit bisher fremden oder noch wenig bekannten Menschen Kontakt aufzunehmen und in einer Weise zu unterhalten, die beide Seiten als befriedigend, anregend und bereichernd erleben. Die Anregung des Motivs findet in Situationen statt, in denen mit fremden oder wenig bekannten Personen Kontakt aufgenommen und interagiert werden kann" (Sokolowski & Heckhausen, 2006, S. 194).

Wie viele Motive, so hat auch das Anschlussmotiv zwei Seiten, eine aufsuchende und eine vermeidende. Beim Leistungsmotiv konkurriert Hoffnung auf Erfolg mit Furcht vor Misserfolg, beim Anschlussmotiv sind es Hoffnung auf Anschluss und Furcht vor Zurückweisung.

Personen mit einem starken Affiliationsbedürfnis haben einen starken Wunsch nach Nähe und sozialem Kontakt und nach harmonischen interpersonalen Beziehungen. Da ihnen diese Beziehungen sehr wichtig sind, versuchen sie, diese zu schützen und aufrecht zu erhalten. Das führt dazu, dass sie Konflikten eher aus dem Weg gehen als den Partner mit Meinungsunterschieden und Kritik zu konfrontieren.

Warum sind der Kontakt und die Nähe zu anderen so wichtig? Die Epidemiologieforschung hat erkannt, dass sich soziale Isolation negativ auf den physischen wie mentalen Gesundheitszustand auswirken kann. Die Sterblichkeitsrate von Personen ohne soziale Bindungen war Anfang der 70er Jahre mehr als zweimal so hoch wie die von Personen mit vielen engen sozialen Beziehungen (Berkman & Syme, 1979). 20 Jahre später analysierte Berkman (1995) Studien über die Mortalitätsrate nach Herzinfarkten. Auch hier fand sie, dass sozial isolierte Patienten mehr als zweimal so häufig starben wie Patienten mit besseren sozialen Bindungen, bezogen auf einen Zeitraum von drei Jahren. Soziale Netzwerke wirken vor allem aufgrund von vier Faktoren positiv auf die Gesundheit (Berkman, Glass, Brissette & Seeman, 2000):

- Sie stellen *soziale Unterstützung* zur Verfügung. Dies kann sich als instrumentelle und finanzielle, informationelle oder emotionale Unterstützung zeigen oder auch durch Feedback und Bewertung.

- Sie üben *sozialen Einfluss* aus, etwa indem Einfluss auf das Gesundheitsverhalten genommen wird. Dies kann durch die Aktivierung sozialer Vergleichsprozesse, durch sozialen Druck oder Normen geschehen. Wichtig ist aber auch, dass es in sozialen Netzwerken Normen bezüglich der Hilfeanforderung gibt, die es dem Hilfebedürftigen erleichtern, um Hilfe zu bitten.
- Sie fördern *soziales Engagement* und soziale Bindungen. Soziale Netzwerke bieten die Gelegenheit, sich in verschiedenen sozialen Rollen zu engagieren, aber auch sich physisch und mental (z. B. in gemeinsamen Übungsgruppen) zu trainieren.
- Sie erleichtern den *Zugriff auf Ressourcen* und materielle Güter, wie etwa bei der Jobsuche, der Gesundheitsfürsorge, der Beschaffung von Gütern.

Die Bedeutung der sozialen Netzwerke ist vor allem in soziologischen Untersuchungen zum Sozialkapital vielfach thematisiert worden (Putnam, 2001).

2.3.1 Affiliation unter Stress

Aber auch kurzfristig kann die Nähe anderer hilfreich sein. Schachter (1959) beobachtete, dass in sozialen Isolationssituationen häufig Angst und Furchtreaktionen auftreten und schloss daraus, dass Furcht das Bedürfnis nach sozialem Kontakt intensiviert.

Zur Prüfung dieser Annahme führte Schachter eine Untersuchung durch, in der soziale Isolation einmal ohne Furcht untersucht wurde und einmal mit Furcht kombiniert wurde. Unter den Bedingungen von Isolation mit Furcht wurde den Teilnehmern gesagt, dass sie in diesem Experiment sehr schmerzhafte, aber ungefährliche Elektroschocks erhalten würden. In der Bedingung von Isolation ohne Furcht wurde die Wirkung der Elektroschocks als vollkommen harmlos dargestellt. Die Teilnehmer wurden dann vor die Wahl gestellt, die Zeit bis zur (vermeintlichen) Applikation der Elektroschocks allein oder gemeinsam mit anderen zu verbringen. Die Mehrzahl der Personen aus der Bedingung Isolation mit Furcht entschied sich für ein gemeinsames Warten, während nur ein Drittel der Personen aus der anderen Bedingung diese Möglichkeit wählte.

In weiteren Experimenten konnte Schachter nachweisen, dass nur die Gegenwart von Personen gesucht wird, denen das gleiche Schicksal droht, oder allgemeiner, die sich in der gleichen Situation befinden, nicht aber von beliebig anderen. Damit kann als Erklärung verworfen werden, dass die Gegenwart anderer Personen deshalb aufgesucht wird, weil sie von der Furcht ablenkt und die Furcht zerstreut. Die Tatsache, dass die Personen in einer furchtauslösenden Situation die Gesellschaft anderer suchen, bedeutet noch nicht notwendigerweise, dass sie deshalb weniger Furcht verspüren. Dies ist abhängig davon, wie sich die anderen verhalten. Zeigen die anderen Personen stärkere Furcht, so kann sich durch den Prozess einer *emotionalen Ansteckung* die Furcht auch erhöhen (Gump & Kulik, 1997).

Die Theorie der sozialen Vergleichsprozesse bietet zwei stimmige Erklärungsmöglichkeiten. Zum einen dienen die anderen Personen in einer mehrdeutigen Situation, die man nicht einschätzen kann, als Informationsquelle. Zum anderen werden sie in Situationen, in denen Emotionen entstehen, auch zu emotionalen Vergleichen herangezogen (Zimbardo & Formica, 1963). In der Gegenwart anderer fühlt man sich wohler, sie beruhigt, sofern die anderen zeigen, dass sie mit der Situation umgehen können. Das Bedürfnis nach Affiliation wird sich daher vor allem auf solche Personen richten, die sich offensichtlich angemessen in einer angstauslösenden Situation verhalten. Wie Stanton, Danoff-Burg, Cameron, Snider und Kirk (1999) zeigen konnten, werden bei einem Bedürfnis nach Affiliation aufwärtsgerichtete Vergleiche bevorzugt. Krebspatienten bevorzugten als Informationsquelle Personen, die mit einer ähnlichen Krankheitssituation gut umgehen konnten.

2.3.2 Nähe in interpersonalen Beziehungen

Es gibt zwei Sprichwörter: „Gleich und Gleich gesellt sich gern" und „Gegensätze ziehen sich an". Welcher Regel folgen wir denn nun tatsächlich, wenn wir den Kontakt zu anderen suchen, wenn wir mit ihnen eine Beziehung aufbauen wollen?

Beide Sprichwörter finden sich in konkurrierenden wissenschaftlichen Hypothesen wieder. Die *Ähnlichkeits-Attraktivitäts-Hypothese* geht davon aus, dass Ähnlichkeit eine wichtige Determinante interpersonaler Attraktivität ist. Die *Unähnlichkeits-Attraktivitäts-Hypothese* (auch Komplementaritäts-Attraktivitäts-Hypothese genannt) dagegen postuliert, dass Personen, die einander ergänzen, voneinander angezogen werden. Die Mehrzahl der Arbeiten über den Zusammenhang von Ähnlichkeit und interpersonaler Attraktion belegen, dass wir diejenigen Personen bevorzugen, deren Einstellungen, Werte, Verhaltensweisen oder auch physische Merkmale den unseren gleichen (Byrne, 1961, 1971; Vandenberg, 1972; Michinov & Monteil, 2002).

Diese Variablen haben aber einen unterschiedlichen prognostischen Wert. Die Ähnlichkeit von Einstellungen spielt für die Attraktivität unmittelbar nach dem Kennenlernen eine große Rolle, während Ähnlichkeit in Persönlichkeit und kognitiver Struktur die Attraktivität im Laufe der Beziehung erhöht (Neimeyer & Mitchell, 1988). Hierzu könnte noch ein anderer Effekt beitragen. Offenbar werden Partner in lange bestehenden Beziehungen einander im Laufe der Zeit ähnlicher (Gruber-Baldini, Schaie & Willis, 1995; C. Anderson, Keltner & John, 2003), so dass es fast zu einem Zirkel kommt. Ähnlichkeit führt zu Attraktion und Nähe, Nähe wiederum zu Ähnlichkeit.

Welche Mechanismen liegen der Attraktivität durch Ähnlichkeit zugrunde? Ein wichtiger Grund liegt in der Verstärkungswirkung, die ähnliche Einstellungen, ähnliche Werte besitzen. Wir brauchen andere Personen, um unsere Meinungen und Urteile zu überprüfen. Stimmen sie mit uns überein, fühlen wir uns in unserem Selbstkonzept und Selbstwert bestätigt. Da wir im Allgemeinen nach einer positiven Bewertung unseres Selbst streben, fühlen wir uns zu Personen, die uns in für unser Selbstkonzept wichtigen Dimensionen ähnlich sind, stärker hingezogen.

Im interdependenztheoretischen Ansatz ist interpersonale Nähe durch einen hohen Grad wechselseitiger Abhängigkeit charakterisiert. Es sind insbesondere vier Merkmale, die dies kennzeichnen (Kelley et al., 1983):

– *Häufigkeit:* Die Interaktionspartner nehmen häufig Einfluss aufeinander.
– *Stärke:* Jede Einflussnahme ist wirksam.
– *Diversität:* Der Einfluss bezieht sich auf verschiedene Aktivitäten.
– *Dauer:* Diese Merkmale bestehen für eine relativ lange Zeit.

Berscheid, Snyder und Omoto (1989) entwickelten einen Fragebogen, den Relationship Closeness Inventory, mit dem sie drei der vier Merkmale, nämlich Häufigkeit, Stärke und Diversität der Einflussnahme auf Gedanken, Gefühle und Verhalten durch den Interaktionspartner,

2.3 Affiliation – das Bedürfnis nach Nähe und Kontakt

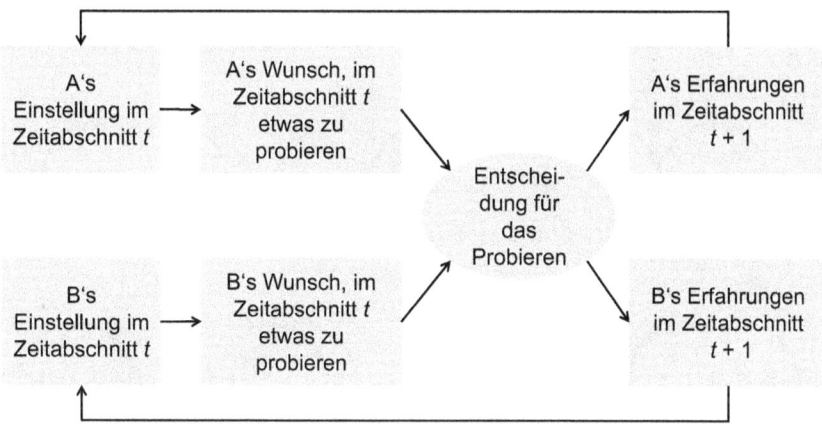

Abbildung 2.7: Interdependentes Sampling nach Denrell und Le Mens (2007)

operationalisierten. Diversität und Häufigkeit werden erfasst, indem aus einer Liste von unterschiedlichen Tätigkeiten (gemeinsames Fernsehen, gemeinsamer Einkauf, gemeinsame sportliche oder kulturelle Aktivitäten usw.) alle diejenigen angekreuzt werden sollen, die der Befragte in der letzten Woche gemeinsam mit der (zuvor erfragten) ihm besonders nahestehenden Person ausgeführt hat. Zur Erfassung der Stärke der Einflussnahme schätzen die Befragten auf einer siebenstufigen Skala den Einfluss ein, den diese Person auf wichtige Dinge ihres Lebens nimmt (Einfluss auf alltägliche Dinge des Lebens, Einfluss auf Grundüberzeugungen, Einfluss auf Auswahl von Freunden usw.). Berscheid et al. konnten mithilfe dieses Instruments den Status der Beziehungen bestimmen.

Das Interdependenzmodell von Berscheid et al. ist ein Modell der direkten Einflussnahme. Eine den indirekten Einfluss fokussierende Erklärung dafür, dass Partner in Langzeitbeziehungen einander ähnlicher werden, haben Denrell und Le Mens (2007) mit ihrer Theorie der Interdependenten Datensammlung (Interdependent Sampling) geliefert (siehe Abbildung 2.7).

Partner werden vorwiegend nicht durch direkte Einflussnahmen einander ähnlicher, sondern durch indirekte Vorgänge. A entscheidet sich dafür, sich den Objekten und Aktivitäten, die B präferiert, auszusetzen. Der soziale Einfluss verläuft nicht über persuasive Kommunikation, sondern über selektives Sich-Aussetzen und Erfahren von Ereignissen und Objekten. Die interdependente Datensammlung ist somit eine korrespondierende Erfahrungssammlung. Der Einfluss des Interaktionspartners zeigt sich darin, dass die Partner wechselseitig das Aufsuchen bestimmter Situationen und Ereignisse bahnen.

Nähe als *Inklusion des anderen in das Selbst* haben Aron, Aron und Smollan (1992) definiert: Zur Messung der interpersonalen Nähe haben sie die sogenannte Inclusion-of-Other-in-the-Self-Skala entwickelt. Geboten werden zwei Kreise, die das Selbst und den anderen repräsentieren. Die beiden Kreise werden mit sieben unterschiedlichen Überlappungen angeboten, von zwei nebeneinander stehenden, sich nur berührenden Kreisen bis zu einer weitgehenden Überlappung mit nur geringen eigenständigen Anteilen für das Selbst und den anderen (siehe

Abbildung 2.8). Die Instruktion lautet, diejenige Abbildung zu markieren, die am besten die Beziehung zu einem Partner beschreibt.

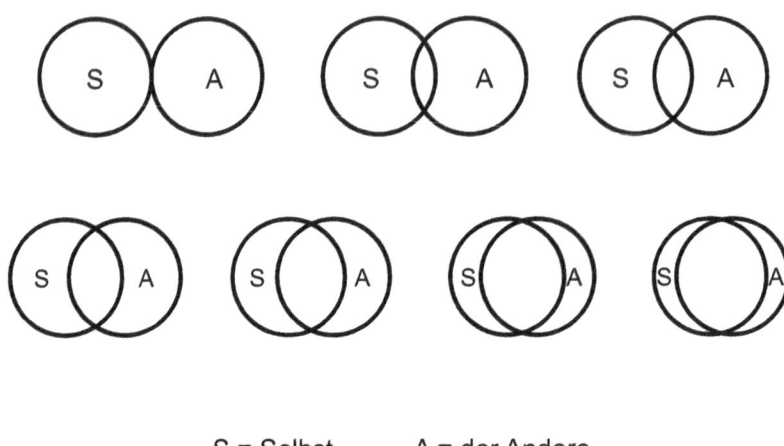

S = Selbst   A = der Andere

Abbildung 2.8: Messung der interpersonalen Nähe nach Aron et al. (1992)

Nähe kann aber in einer Beziehung auch belastend wirken. Das Gefühl, zu eng mit dem anderen verbunden zu sein, entsteht, wenn die Wahrnehmung des Grades an Nähe nicht mit der gewünschten Nähe übereinstimmt, das heißt wenn die Überlappung von Selbst und anderem stärker als gewünscht ist. Eine zu starke Überlappung von Selbst und anderem kann zu einem Verlust an personaler Identität führen. Eine Hauptmotivation für die Inklusion des anderen in das Selbst ist die Inklusion der Ressourcen des anderen in den eigenen Verfügungsbereich (Aron et al., 2004).

Es wäre eine egoistische Motivation, wenn die Inklusion des anderen nicht zugleich auch die Übernahme der Perspektiven, Werte und Überzeugungen des anderen bedeuten würde. Sich um die Ergebnisse und Outcomes des anderen zu kümmern, bedeutet, sich um die eigenen Ergebnisse und Outcomes zu kümmern; und umgekehrt, auf die eigenen Ressourcen bedacht zu sein, kommt auch dem anderen zugute.

Personen unterscheiden sich in dem Ausmaß, in dem sie Nähe in persönlichen Beziehungen suchen. Nach der *Bindungstheorie* vermeiden Personen mit Bindungsangst Nähe und Abhängigkeit in Beziehungen. Sie zeigen dabei aber ein großes Maß an motivationaler Ambivalenz, was ihren Annäherung-Vermeidungs-Konflikt widerspiegelt. Sowohl ihre Einstellung gegenüber dem Partner wie auch gegenüber dem Ausmaß an Nähe in der Beziehung ist ambivalent. Sie befürworten zwar ein gewisses Maß an interpersonaler Distanz, wenn es aber Zeichen von Trennung gibt, bewerten sie Distanz zunehmend ambivalenter und fühlen sich unwohl bei dem Gedanken, getrennt zu werden (Mikulincer, Shaver, Bar-On & Ein-Dor, 2010).

Ein wichtiges Mittel zur Herstellung von Nähe in Beziehungen ist die *Selbsteröffnung*. Selbsteröffnung bezeichnet den Informationsprozess, in dem eine Person Informationen über sich selbst

2.3 Affiliation – das Bedürfnis nach Nähe und Kontakt

einer anderen Person mitteilt (Cozby, 1973, S. 73). Das Konstrukt Selbsteröffnung bezeichnet zweierlei:

- Als Persönlichkeitsmerkmal ist Selbsteröffnung die Fähigkeit zur Selbstexploration und Mitteilung eigener Vorstellungen, Gedanken und Gefühle.
- Als Prozess bezeichnet Selbsteröffnung den Informationsprozess innerhalb einer interpersonalen Beziehung, in dem die Interaktionspartner Informationen über Einstellungen, Gefühle und Werte austauschen.

In der Theorie der *sozialen Penetration* (I. Altman & Taylor, 1973) ist der fortschreitende wechselseitige Austausch von Informationen der grundlegende Mechanismus für die Entwicklung einer Beziehung, beginnend mit relativ unpersönlichen Aspekten bis hin zu privaten Informationen über das Selbst.

Selbsteröffnung folgt der *Norm der Reziprozität*. Informationen über sich selbst werden dem Partner gegeben, der im Gegenzug sich ebenfalls eröffnet. Selbsteröffnung hat Belohnungswert für den Rezipienten, da es für ihn ein Zeichen des Vertrauens ist, wenn der Partner ihm persönliche und private Informationen mitteilt. Deshalb steigert Selbsteröffnung die interpersonale Attraktion. Aber der Prozess der wechselseitigen Selbsteröffnung verläuft nicht automatisch und unendlich. Er kann unterbrochen werden, wenn z. B. ein Partner eine Intensivierung der Beziehungen nicht wünscht. Auch Personen, die jedem ihr Herz ausschütten und von denen jeder nach kurzer Bekanntschaft schon die intimsten Dinge erfährt, werden selten reziproke Informationen erhalten.

Eng mit dem Konzept der Selbsteröffnung verknüpft ist das *interpersonale Vertrauen* nach Rotter (1971). Interpersonales Vertrauen ist eine generalisierte Einstellung, dass Versprechen eingehalten werden in interpersonalen Beziehungen. Eine solche Definition erweitert Vertrauenskonzepte, wie sie etwa in der Bindungstheorie formuliert sind, um eine lerntheoretische Komponente. Während die Bindungstheorie davon ausgeht, dass frühkindliche Prägungsprozesse bestimmte Vertrauensformen ausbilden, die beibehalten werden, gibt das Konzept des interpersonalen Vertrauens Spielraum für weitere interaktive Lernerfahrungen.

Wie die Selbsteröffnung so folgt auch interpersonales Vertrauen der Reziprozitätsnorm. Die Bereitschaft, dem Partner zu vertrauen, erhöht die eigene Vertrauenswürdigkeit. Vertrauen ist eine wichtige Voraussetzung für Kooperation (Deutsch, 1962).

Einsamkeit

Auch wenn sich die Menschen in ihrem Bedürfnis nach Nähe und Kontakt sehr unterscheiden, hat sich wahrscheinlich schon jeder einmal einsam gefühlt. Das Gefühl von Einsamkeit entsteht, wenn wir unzufrieden oder unglücklich über unsere gegenwärtigen sozialen Beziehungen sind. Wir erfahren eine Diskrepanz zwischen den gewünschten oder benötigten und den tatsächlichen sozialen Kontakten.

Perlman und Peplau (1984) unterscheiden zwei Gruppen von Variablen, die Einfluss auf das Entstehen dieser Diskrepanz haben. Zum einen sind dies Personenmerkmale und kulturelle Werte und Normen und zum anderen situative Gegebenheiten. Beispielsweise sind Personen mit einem sicheren Bindungsstil eher in der Lage, mögliche Kontaktdefizite aktiv zu bewältigen als Personen mit einem vermeidenden Bindungsstil. Personen mit einem niedrigen Selbstwert

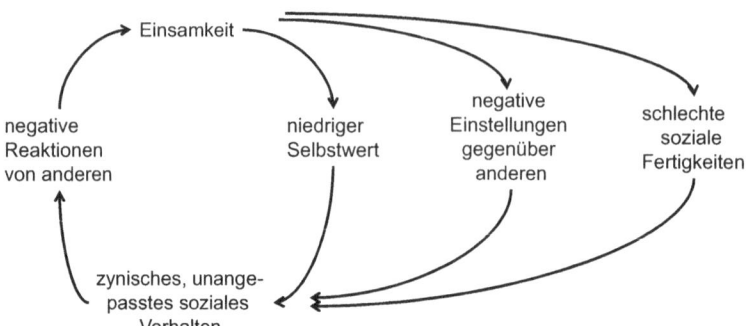

Abbildung 2.9: *Verstärkungszirkel der Einsamkeit nach R. S. Miller et al. (2007)*

oder mit einer externen Kontrollorientierung erfahren Einsamkeit häufiger als Personen mit hohem Selbstwert oder einer internalen Kontrollorientierung. Und Personen aus kollektivistischen Kulturen messen Sozialkontakten eine andere Bedeutung zu als Personen aus einem individualistischen Kulturkreis. Bei den situativen Faktoren beeinflussen unter anderem Zeit, Geld und räumliche Distanz die Möglichkeiten sozialer Kontakte. Die wahrgenommene Diskrepanz zwischen benötigten und tatsächlichen sozialen Beziehungen löst kognitive Verarbeitungsprozesse aus.

Zu den wichtigsten kognitiven Verarbeitungsprozessen gehören die Attributionsprozesse (s. Kapitel 1). Sie bestimmen in großem Maße die Intensität und Dauer der Einsamkeit. Berücksichtigt man beispielsweise, dass Ursachen auf interne oder externe Faktoren zurückgeführt werden und dass sie als stabil oder instabil angesehen werden können, so lassen sich bei den Erklärungen für Einsamkeit vier Attributionsstile unterscheiden. Eine interne und stabile Ursachenzuschreibung sieht den Grund für die Einsamkeit in einem Persönlichkeitsmerkmal („Ich bin einsam, weil ich nicht liebenswert bin."). Dies ist die schlechteste Voraussetzung, um der Einsamkeit zu entkommen. Aber auch die externale stabile Variante („Die Menschen hier sind kalt und unfreundlich.") verhindert erfolgreiche soziale Kontakte. Günstiger sind Erklärungen, die situative (instabile) Ursachen heranziehen (interne instabile Ursachenzuschreibung: „Ich werde etwas weniger arbeiten, um mehr Zeit zu haben, neue Leute kennenzulernen."; oder auch externe instabile Ursachenzuschreibung: „Das erste Semester an der Uni ist immer das schwierigste; ich bin sicher, dass es bald besser wird."). (Beispiele nach R. S. Miller et al., 2007, S. 446).

Ein großes Problem der Einsamkeit ist, dass sie zu Verhaltensweisen führen kann, die sie nicht mindern, sondern intensivieren. Einsame Personen geraten auf diese Weise in einen sich selbst verstärkenden Zirkel. In Abbildung 2.9 ist ein solcher Verstärkungsprozess dargestellt (nach R. S. Miller et al., 2007). Einsamkeit verhindert das Trainieren sozialer Fertigkeiten. Es sind keine angemessenen Reaktionen verfügbar. Einsamkeit wirkt sich negativ auf den Selbstwert aus und fördert negative, verbitterte Einstellungen gegenüber anderen Personen. Da kein angemessenes Verhaltensrepertoire vorhanden ist, verhält sich die Person zynisch und unangepasst. Dies ruft entsprechend negative Reaktionen bei den anderen hervor, und die Person wird zunehmend isolierter und einsamer.

2.4 Prosoziales Verhalten

Im März 1964 schockte ein Vorfall nicht nur die Bevölkerung in Queens, wo er sich ereignete. Eine junge Frau, Kitty Genovese, kam in den frühen Morgenstunden mit ihrem Auto von der Arbeit nach Hause. Als sie aus dem Auto stieg, wurde sie von einem Mann angegriffen und mit einem Messer attackiert. Sie rief um Hilfe. In den umliegenden Wohnungen gingen einige Lichter an und es wurden Fenster geöffnet. Ein Mann griff ein und rief, er solle das Mädchen loslassen. Der Angreifer zog sich zurück, stieg in sein Auto und fuhr fort. Als die Lichter wieder ausgegangen waren, kam er zurück und griff die junge Frau, die versuchte, zu ihrem Apartment zu gelangen, erneut an. Sie schrie in Todesangst um Hilfe. Noch einmal wurde der Mörder durch angehende Lichter und geöffnete Fenster verscheucht. Kitty Genovese schleppte sich bis zum Eingang ihres Hauses. Dort fand sie der Mörder, der wieder zurückgekehrt war, und ermordete sie. Die Polizei wurde schließlich nach 30 Minuten gerufen und war innerhalb von 2 Minuten am Tatort. Kitty Genovese hätte also überleben können. Die Polizei ermittelte, dass dieser Vorfall von 38 Personen beobachtet worden war.

Dieses Ereignis war Anlass für eine Fülle von Untersuchungen zu prosozialem Verhalten. Auch wenn sich herausgestellt hat, dass diese Geschichte sich nicht ganz so zugetragen hat, wie sie in der sozialpsychologischen Literatur kolportiert wird (Manning, Levine & Collins, 2007), ist sie doch zum Inbegriff eines Beispiels unterlassener Hilfeleistung geworden.

Bekannt geworden sind vor allem die Untersuchungen von Darley und Latané (z. B. Darley & Latané, 1968; Latané & Darley, 1969, 1970) zur sogenannten Bystander-Apathie. Aufgrund vieler Experimente filtern sie vier Entscheidungsschritte heraus, die ein Beobachter einer Notsituation quasi abarbeitet und in denen unterschiedliche, die Hilfe hemmende Faktoren einwirken. Dabei spielen die anderen Personen in der Situation eine große Rolle.

- Die beobachtende Person muss das Ereignis überhaupt wahrnehmen. Hemmender Faktor: Durch *Ablenkung* kann sie das Ereignis möglicherweise gar nicht bemerken.
- Sie muss das Ereignis als eine Notsituation interpretieren, in der eine Person tatsächlich Hilfe braucht und will. Hemmender Faktor: Vergleiche mit anderen Personen, die ebenfalls zur Stelle sind und möglicherweise nichts unternehmen, führen dazu, die Situation als nicht bedrohlich zu interpretieren. Dieser Faktor wird auch als *pluralistische Ignoranz* bezeichnet.
- Sie muss persönliche Verantwortung übernehmen. Hemmender Faktor: Es sind noch mehrere Personen da, die helfen können und die vielleicht auch helfen werden. Dieser Faktor wird als *Verantwortungsdiffusion* bezeichnet.
- Sie muss entscheiden, wie sie helfen soll. Soll sie selbst helfen, soll sie einen Arzt rufen? Kann sie überhaupt helfen? Hemmender Faktor: *Mangelnde Kompetenz*. Sie schätzt sich als nicht kompetent genug ein, um zu helfen.
- Sie muss die Entscheidung umsetzen. Hemmender Faktor: Die *Kosten* sind zu hoch. In die Überlegungen werden materielle Kosten (Kleider werden schmutzig, Hilfe kostet Geld) und immaterielle Kosten (ich kann mich blamieren) einbezogen.

Weitere Forschung hat noch verschiedene andere hemmende Faktoren ermittelt. Eine negative Einstellung gegenüber dem Opfer oder der Gruppe, zu der das Opfer gehört, senkt die Bereitschaft Hilfe zu leisten, ebenso wie Zeitdruck, die Fokussierung auf eigene Bedürfnisse oder eine Attribuierung der Verantwortlichkeit auf das Opfer. Wenn wir glauben, eine Person sei ohne eigenes Verschulden in eine Notlage geraten, helfen wir eher, als wenn wir annehmen, sie sei an ihrer Situation selbst schuld. Die Art der Ursachenzuschreibung in Notsituationen bahnt die Entstehung unterschiedlicher Emotionen. Führen wir die Notlage auf Umstände zurück, für die das Opfer nichts kann, attribuieren wir external. Dies führt in der Regel zu Empathie mit dem Opfer und erhöht so die Wahrscheinlichkeit einer Hilfeleistung. Machen wir dagegen das Opfer für die Situation verantwortlich, attribuieren wir internal und reagieren mit Ablehnung und Verweigerung von Hilfeleistung.

2.4.1 Empathie und Altruismus

Die Frage, wann und warum wir helfen, wann und warum wir Unterstützung verweigern, unter welchen Bedingungen wir um Unterstützung bitten und wann wir angebotene Hilfe ablehnen, wird traditionellerweise mit der Frage nach dem auslösenden Motiv beantwortet.

Nach Cialdini et al. (1987) werden Unterstützung und Hilfe auf der Basis egoistischer Motive geleistet: Zum einen können durch prosoziales Verhalten soziale oder Selbstbelohnungen, etwa Anerkennung, Ehre oder Stolz, erlangt werden, zum anderen kann es dazu dienen, soziale oder Selbstbestrafungen, etwa Kritik, Schuld oder Scham, zu vermeiden.

Der erste Mechanismus entspricht der sogenannten *Empathic-Joy-Hypothese* (K. D. Smith, Keating & Stotland, 1989). Wir helfen, um uns gut zu fühlen. Hilfeverhalten wird durch die positiven Gefühle motiviert, die wir haben, wenn wir helfen. Aber diese positiven Gefühle entstehen nur, wenn wir auch die Wirkung unserer Hilfe erfahren.

Der zweite Mechanismus ist in der *Negative-State-Relief-Hypothese* beschrieben. Prosoziales Verhalten ist hier durch den Wunsch motiviert, die negativen Gefühle, die bei der Beobachtung eines Notfalls entstehen, zu reduzieren. Hilfe wird nur gegeben, wenn negative Gefühle entstehen, wenn diese auf keine andere Weise beseitigt werden können und wenn Hilfeverhalten sie beseitigt (siehe Abbildung 2.10 auf der nächsten Seite).

Aus *behavioristischer Sicht* ist altruistisches Verhalten nicht durch den Zustand eines inneren Mechanismus motiviert, sondern kann als Teil eines gelernten Verhaltensmusters erklärt werden (Rachlin, 2002). Altruistisches Verhalten – Rachlin bringt das Beispiel einer Frau, die in ein brennendes Haus läuft, um ein fremdes Kind zu retten – ist definitionsgemäß ein Akt mit negativer Kosten-Nutzen-Bilanz und kann somit nicht mit der Verstärkung dieses spezifischen Aktes erklärt werden. Auch das Prinzip der verzögerten Verstärkung kann nicht zur Erklärung herangezogen werden, denn sollte das Verhalten unter der Erwartung einer späteren Belohnung, deren Höhe die der gegenwärtigen Kosten übersteigt, ausgeführt werden, wäre es eigennütziges und nicht altruistisches Verhalten. Nach Rachlin läuft die Frau in das brennende Haus weder weil sie von einem internen Mechanismus getrieben wird noch weil sie vorher eine Kosten-Nutzen-Kalkulation angestellt hat, die ja sowieso zu einem negativen Ergebnis geführt hätte, sondern weil dieses Verhalten Teil eines Verhaltensmusters in ihrem Leben ist, ein Verhaltensmuster, das für sie in sich wertvoll ist, unabhängig von den einzelnen Verhaltensweisen, aus denen es besteht.

Solche Verhaltensmuster sind gewöhnlich auch für die Gemeinschaft wertvoll, oft wertvoller als für das Individuum, das einen altruistischen Akt ausführt. Sie entstehen über das Erlernen ethischer Regeln und Prinzipien durch externe Verstärkung. Die Aufrechterhaltung altruisti-

2.4 Prosoziales Verhalten

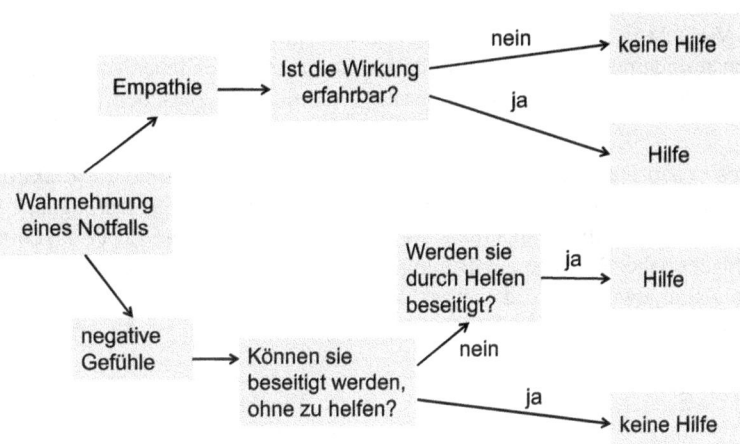

Abbildung 2.10: *Empathic-Joy und Negative-State-Relief*

schen Verhaltens kann jedoch nur über interne Verstärkungen erfolgen, indem seine Ausübung für das Individuum an sich positiv ist.

Die *Empathie-Altruismus-Hypothese* (Batson et al., 1988) dagegen geht davon aus, dass prosoziales Verhalten aus altruistischen Motiven resultieren kann: Wenn wir Empathie fühlen, das heißt uns spontan in die Lage der hilfebedürftigen Person versetzen können und die Ereignisse und Gefühle so erleben, wie sie es tut, dann werden wir versuchen, ihr zu helfen, ohne zuvor zu überlegen, was uns das kostet und was wir dabei gewinnen.

Batson, Duncan, Ackerman, Buckley und Birch (1981) führten ein Experiment durch, mit dem sie prüfen wollten, ob prosoziales Verhalten egoistisch oder altruistisch motiviert ist. Egoistisch motivierte Hilfe sollte letztendlich das eigene Wohlbefinden des Helfers vergrößern, während altruistisch motivierte Hilfe auf eine Verbesserung des Wohlbefindens des anderen zielt.

Die Aufgabe der Versuchsteilnehmerinnen war es, eine Person zu beobachten, die unter Stressbedingungen lernte. Diese (konföderierte) Person erhielt, während sie arbeitete, in zufälligen Abständen Elektroschocks. Es wurden zwei Variablen geprüft: Vermeidbarkeit versus Unvermeidbarkeit der Situation und Ähnlichkeit versus Unähnlichkeit des Opfers.

Bei der ersten Variablen wurde die Schwierigkeit variiert, mit der die Versuchsteilnehmer aus der Situation ohne zu helfen herauskommen konnten. In der einen Bedingung (leichtes Entkommen) wurde ihnen gesagt, dass die Arbeit über 2 bis 10 Durchgänge gehe, dass sie aber nur die beiden ersten beobachten müssten. Die Versuchsteilnehmer der zweiten Bedingung (schwieriges Entkommen) mussten alle Durchgänge beobachten. Allen Versuchsteilnehmern wurde dann später gesagt, dass die zu beobachtende Person (namens Elaine) eingewilligt habe, alle 10

Durchgänge zu absolvieren und dass sie die Möglichkeit hätten, ihr zu helfen, indem sie nach dem zweiten Durchgang die Plätze tauschten.

Die zweite Variable in diesem Experiment war die Ähnlichkeit mit der beobachteten Person. Den Versuchsteilnehmern wurde vermittelt, dass aufgrund angeblicher Voruntersuchungen entweder eine große Ähnlichkeit oder eine große Unähnlichkeit zwischen ihnen und Elaine bestünde.

Während des ersten Durchgangs zeigten Elaines Reaktionen, dass sie die Elektroschocks als äußerst unangenehm empfand. Dies steigerte sich noch im zweiten Durchgang. Auf Fragen des Versuchsleiters erzählte Elaine, dass sie früher einmal schlechte Erfahrungen mit Elektroschocks gemacht habe. Sie habe ein Trauma erlitten als sie als Kind von einem Pferd auf einen elektrischen Zaun geworfen worden war. Der Versuchsleiter brach daraufhin den Versuch ab und sagte, sie wolle die beobachtende Person fragen, ob sie bereit sei, statt Elaine den Versuch fortzusetzen.

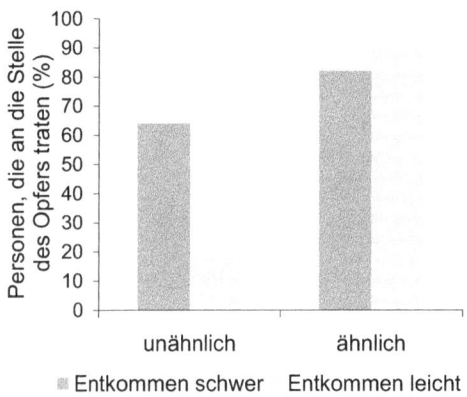

Abbildung 2.11: Prosoziales Verhalten und Empathie nach Batson et al. (1981)

Die Ergebnisse des Experimentes sind in Abbildung 2.11 dargestellt. In der Ähnlichkeitsbedingung war die Bereitschaft der Versuchsteilnehmer, Elaine zu helfen wesentlich höher als in der Unähnlichkeitsbedingung und zwar unabhängig davon, ob es für sie leicht war, der Situation zu entkommen oder nicht.

Batson et al. erklären den Zusammenhang von Ähnlichkeit des Opfers und Bereitschaft, dem Opfer zu helfen, mit der Annahme empathischer Prozesse. Von einer uns ähnlichen Person nehmen wir an, dass sie ähnliche Gefühle, Gedanken und Verhaltensweisen zeigt wie wir selbst. Wir können uns daher besser in sie hineinversetzen und ihre Lage in einer Notsituation nachempfinden. Bei Opfern, die uns unähnlich sind, ist empathisches Einfühlen nicht oder nur sehr eingeschränkt möglich. Wir können die Notsituation nicht nachempfinden und helfen daher auch nicht. Empathie ist eine notwendige Voraussetzung für altruistisches Hilfeverhalten.

Die Ergebnisse unterstützen diese Annahmen. Die Versuchsteilnehmer halfen dem ähnlichen Opfer, auch wenn sie der unangenehmen Situation entkommen konnten. Sie zeigten wirklich altruistisches Verhalten. Einem unähnlichen Opfer halfen sie aber nur, wenn sie die unangenehme Situation nicht vermeiden konnten. Konnten sie der Situation entkommen, unterließen sie es, Hilfe zu zeigen. Hier wurde ihr Verhalten durch egoistische Motive beeinflusst.

Die Bedeutung von Empathie für prosoziales Verhalten ist vielfältig untersucht worden. Empathie scheint eine Emotion zu sein, die eine altruistische Motivation fördert (Van Lange, 2008). Fehlt Empathie, oder wird sie in einer Notsituation nicht ausgelöst, ist ein egoistisch motiviertes Verhalten wahrscheinlicher. Batson, Van Lange, Ahmad und Lishner (2003) fassen die Debatte um die altruistische oder egoistische Fundierung von unterstützendem Verhalten in vier Endzielen zusammen.

Diese vier Endziele für die Unterstützung eines anderen lauten:

- Eigennutz („egoism"),
- Nutzen eines anderen („altruism"),
- Nutzen einer Gruppe („collectivism") und
- Aufrechterhaltung eines moralischen Prinzips („principlism").

Abhängig von der Natur der Interaktionsdependenz und der sozialen Einbettung werden unterschiedliche Ziele salient.

Wie sich gezeigt hat, fördert die wahrgenommene Ähnlichkeit zwischen notleidender Person und Helfer prosoziales Verhalten. Auch Batson et al. (1981) hatten dies in ihrem oben geschilderten Experiment festgestellt. Ihre Erklärung für den Zusammenhang von wahrgenommener Ähnlichkeit und Hilfeleistung war die Annahme, dass Ähnlichkeit Empathie auslöst, die dann die Wahrscheinlichkeit einer Hilfeleistung erhöht.

Andere Autoren beschreiben, dass wir Personen, die uns in Einstellungen, Überzeugungen, Verhaltensweisen ähnlich sind, attraktiver finden, sie mehr mögen. Ähnlichkeit schafft Verbundenheit und das Gefühl, zur gleichen Gruppe zu gehören. Und es überrascht nicht, dass wir Personen, die wir mögen, denen wir uns verbunden fühlen, eher helfen als Personen, die wir ablehnen. Aber ist es auch eine Erklärung?

Eine biologische Erklärung bietet Rushton (1989) an. Als Vertreter einer genetischen Ähnlichkeitstheorie postuliert er, dass die Wahl von Interaktionspartnern nach genetischer Ähnlichkeit geschieht. Genetisch ähnliche Personen schließen sich zusammen und bilden Beziehungen (Ehe, Freundschaften, soziale Gruppen), in denen sie sich wechselseitig unterstützen und somit das Überleben ihrer Gene absichern. Dieser Standpunkt hat zu einer sehr kontroversen Debatte geführt, wie die zahlreichen Kommentare zu seinem Artikel zeigen. Aus sozialpsychologischer Sicht werden in einem solchen Modell die Einflüsse der sozialen Umgebung unterrepräsentiert. Die Entwicklung prosozialen Verhaltens aufgrund sozialer Normen, sozialer Lernprozesse und situativer Faktoren erhält dort zu wenig Gewicht.

2.4.2 Situationen und Formen sozialer Unterstützung

Der Mensch ist seinem Wesen nach auf die soziale Umwelt eingestellt. Diese Grundüberzeugung liegt auch Fiskes *Taxonomie sozialer Beziehungen* zugrunde (A. P. Fiske, 1992). Ausgehend von unterschiedlichen Beurteilungs- und Bewertungsprozessen, mit denen Personen ihre soziale Umwelt strukturieren, unterscheidet er vier Formen sozialer Beziehungen.

- In *Communal-Sharing-Beziehungen* werden alle Mitglieder einer Kategorie als gleichwertig angesehen.
- In *Authority-Ranking-Beziehungen* haben die Mitglieder eine Position in einer Rangreihe inne.
- In *Equality-Matching-Beziehungen* wird besonders auf Ungleichheiten unter den Personen fokussiert.
- In *Market-Pricing-Beziehungen* zählt vor allem die relative Position einer Person zu den anderen Mitgliedern.

Prosoziales Verhalten wird sich in den verschiedenen Beziehungen unterschiedlich gestalten und aus unterschiedlichen Gründen gezeigt werden.

Prosoziales Verhalten ist am ehesten in Communal-Sharing-Beziehungen zu erwarten. Die Mitglieder empfinden sich als zusammengehörig und über ein oder mehrere Merkmale verbunden. Daher ist es für sie natürlich, jemandem von ihrer Art zu helfen. Communal-Beziehungen sind Familien, Religionsgemeinschaften, Vereine usw. und auch dyadische Beziehungen. Hier scheint Unterstützung aus affektiven Gründen zur Erhaltung von Gemeinschaft und Gleichheit gegeben zu werden. Die Mitglieder der Kategorie, der man selbst angehört, werden unterstützt, da dadurch die eigene Gruppe und die eigene Identität gestärkt werden.

Unterstützung in den anderen Beziehungsstrukturen wird dagegen vermutlich eher nach dem Kosten-Nutzen-Prinzip gestaltet, um die eigene überlegene Position zu demonstrieren, um in einer ähnlichen Situation ebenfalls Hilfe anfordern zu können und damit die eigene Position abzusichern.

Wie ist eine Situation beschaffen, in der Hilfe notwendig ist? Aus der Vielfalt von Definitionen von Not-, Mangel- und Belastungssituationen soll folgende gängige kurz betrachtet werden: Hilfe wird dann benötigt, wenn keine eigenen Ressourcen vorhanden sind oder wenn die eigenen Ressourcen nicht ausreichen, um sich aus eigener Kraft aus einer defizitären, stressvollen Situation zu befreien. Diese Definition ist primär aus Sicht des Hilfebedürftigen formuliert, ebenso wie der Akt der Hilfeleistung die Perspektive des Helfenden betont.

Eine Definition, die dem interaktiven Charakter der Situation Rechnung trägt, muss die Beziehung zwischen der Hilfe anfordernden und der Hilfe leistenden Person berücksichtigen. Charakteristisch für Hilfe- und Unterstützungssituationen ist die asymmetrische Beziehung zwischen Helfer und Empfänger. In asymmetrischen Beziehungen kann ein Partner die Ergebnisse des anderen durch *Verhaltens- oder Schicksalskontrolle* im Sinne von Kelley bestimmen. Der Partner, der auf die Hilfe durch den anderen angewiesen ist, befindet sich in einer Abhängigkeitsstruktur, in der die aktuelle (situative) Kosten-Nutzen-Relation unausgeglichen ist. Die Heterogenität der Interaktionspartner hinsichtlich ihrer Kosten und Nutzen oder ihrer Bedürftigkeit bildet nach Vogt und Weesie (2004) jedoch die Voraussetzung dafür, dass soziale Unterstützung stattfindet. In länger bestehenden Beziehungen verfügen im Allgemeinen beide Partner über Ressourcen, die vom jeweils anderen benötigt werden, so dass die aktuelle Asymmetrie langfristig in eine wechselseitige Abhängigkeit aufgelöst wird.

Unterstützung in länger bestehenden Beziehungen basiert auf der Möglichkeit beider Partner, einander wechselseitig mit dem Entzug von Unterstützung zu drohen und/oder einander für Unterstützung Belohnungen zu versprechen.

Nach Trobst (2000) sind Unterstützungssituationen solche Situationen, in denen dem Empfänger das Gefühl vermittelt wird, dass für ihn gesorgt wird und dass er geschätzt werde. Dies geschieht durch die Transaktion sozialer Ressourcen.

Eine Taxonomie sozialer Ressourcen im Rahmen der sozialen Austauschtheorie haben Foa und Foa (1975) vorgelegt. Sie umfasst die Ressourcen Liebe, Status, Dienstleistungen, Informationen, Güter und Geld. Liebe und Status sind dabei die Hauptdimensionen, die als Fürsorge und Dominanz auch in das Interpersonal-Circumplex-Modell (ICM) von Trobst eingehen. Interpersonale Transaktionen sind Interaktionen, die zwischen den Partnern aus Gründen des Selbstwertes und der Sicherheit stattfinden. Transaktionen, die beim Empfänger zum Gefühl, geliebt und geachtet zu werden, führen, können als hilfreiche Interaktionen angesehen werden.

Akte sozialer Unterstützung können jedoch auch als nicht hilfreich bewertet werden, auch wenn sie die gleichen Ressourcentransaktionen beinhalten wie hilfreiche Interaktionen. Wenn die Bedürfnisstruktur des Empfängers auf eine andere Ressource ausgerichtet ist als der Partner sie aktuell zur Verfügung stellen möchte (auch in bester Absicht und größtem Respekt), kann diese Ressource als nicht passend und daher als dem Selbstwert und der Sicherheit abträglich und somit als nicht hilfreich empfunden werden.

2.4.3 Nutzen und Kosten sozialer Unterstützung

Nutzen für den Geber

In interpersonalen Beziehungen kann der Geber damit rechnen, seine Kosten, die er aufgrund seiner Unterstützung hat, vom Empfänger in irgendeiner Form zurückzuerhalten. Dies gebietet die Reziprozitätsnorm. Dabei gilt: Je näher und damit ähnlicher die zurückerstattete Ressource der gegebenen ist, desto zufriedener sind Geber und Empfänger gleichermaßen, und der Austausch wird als gerecht und fair erlebt (Converse & Foa, 1993). Je nach Art der Beziehung kann die Gegenleistung jedoch durchaus verzögert und in Form einer anderen Ressource erfolgen, ohne die Beziehung zu belasten.

Unabhängig von dem direkten Reziprozitätsprinzip lassen sich die Nutzen für den Geber unterteilen in den Gewinn von Belohnungen, die Vermeidung von Bestrafungen und in die Beendigung eines aversiven Zustands (vergleiche auch die obige Unterteilung des prosozialen Verhaltens nach den Mechanismen von Empathic-Joy und Negative-State-Relief).

Belohnungen können materieller oder sozialer Art sein oder eine Verstärkung für das eigene Selbst bedeuten.

Belohnungen materieller Art sind Entgelte für die geleistete Unterstützung durch Bezahlung, Rückzahlung, Geschenke.

Belohnungen sozialer Art manifestieren sich im Gewinn von Sicherheit über den Fortbestand der Beziehung, im Erwerb sozialen Kapitals, das im Falle einer eigenen Notsituation zur Verfügung steht oder in dem Erreichen eines Zieles, das nur gemeinsam mit der unterstützten Person erreicht werden kann, für dessen Erreichung aber Defizite und Mängel der anderen Person durch besondere Maßnahmen kompensiert werden müssen.

Positive Konsequenzen für das Selbst ergeben sich durch eine positive Evaluation im sozialen Vergleich mit dem Hilfeempfänger und den daraus resultierenden selbstwertdienlichen Informationen, aber auch durch den Zuwachs an Kompetenz, der aus dem Einüben von angemessenen Unterstützungsformen resultiert. Der Kompetenzzuwachs kann sich zum einen durch das Trainieren spezifischer Unterstützungsformen (Rat, Anweisung, emotionale Zuwendung) ergeben, zum anderen lernen Geber offenbar durch das Leisten von Unterstützung zugleich auch, wie eine effektive Unterstützungsanforderung aussieht.

Die zweite Gruppe von Nutzen entsteht durch die *Vermeidung von materiellen, sozialen und Selbstbestrafungen*: Das Unterlassen von Unterstützung verstößt gegen individuelle und soziale Normen und kann mit Sanktionen belegt werden. Unterlassene Hilfeleistung kann eine materielle Bestrafung (Geld, Ersatzleistung), aber auch soziale Bestrafung (Vorwurf, Ächtung, Entzug von Vertrauen und Zuneigung, Schwächung der Beziehung) nach sich ziehen. Indem Unterstützung gegeben wird, werden diese zu erwartenden negativen Konsequenzen vermieden.

Auf intrapersonaler Ebene sind bei unterlassener Hilfeleistung als negative Konsequenzen der Normverletzung *Gefühle von Scham und Schuld* zu erwarten, also Gefühle mit negativen Auswirkungen auf den Selbstwert. Die Wahrnehmung einer Person in Not bedeutet für den potentiellen Hilfegeber eine Form interpersonaler Bedrängnis und Stress. Wenn er der für ihn aversiven Situation entkommen will, indem er die Situation einfach verlässt, muss er mit negativen Reaktionen anderer oder mit Scham- und Schuldgefühlen rechnen. Bietet er Unterstützung an, so erreicht er eine Reduktion des aversiven Zustands.

Andere Untersuchungen betonen zunehmend einen langfristigen Nutzen, den der Geber aus seinen Hilfeleistungen zieht. S. L. Brown, Nesse, Vinokur und Smith (2003) weisen in Studien mit alten Paaren auf, dass Hilfegeben, sei es instrumentelle Hilfe gegenüber Freunden, Verwandten oder Nachbarn oder emotionale Unterstützung des Partners, positive Wirkungen auf die Gesundheit hat und zwar unabhängig von demographischen und persönlichkeitsspezifischen Faktoren und auch unabhängig vom physischen und psychischen Gesundheitszustand des Gebers. Die Wirkung von Hilfeempfangen auf die Gesundheit ist dagegen in diesen alten Paarbeziehungen nahezu bedeutungslos. Dies steht in einem gewissen Gegensatz zu den Befunden der Epidemiologieforschung, wie sie oben berichtet worden sind.

Post (2005) fasst pointiert zusammen, dass Hilfegeben vor allem für den Hilfegeber hilfreich ist. Unter der Voraussetzung, dass keine Überforderung entsteht, fördert es den allgemeinen Stimmungszustand und damit Wohlergehen, Glück und Gesundheit. Sind die Unterstützungsanforderungen zu hoch, nicht zeitgerecht oder auf Dauer nicht erfüllbar, so wird die Gesamtbilanz natürlich negativ. Im Überforderungsfall kommt es zu einem Burnout (Ybema, Kuijer, Hagedoorn & Buunk, 2002). Bournout äußert sich dabei in emotionaler Erschöpfung („Das Kümmern um den Partner ist eine große Belastung für mich"), Depersonalisation („Ich behandele meinen Partner zu unpersönlich") und Mangel an Erfolgserlebnissen („Ich erfahre keine Befriedigung aus dem Kümmern um den Partner").

Nutzen für den Empfänger

Aus den unterschiedlich gearteten Formen sozialer Unterstützung resultieren verschiedene positive Ergebnisse für den Hilfeempfänger: Aus *emotionaler Unterstützung* erfährt er Wertschätzung, Mitgefühl und Vertrauen, aus *Bewertungsunterstützung* Bestätigung, Rückmeldung und soziale Vergleichsmöglichkeiten. *Informative Unterstützung* bedeutet für ihn Rat und Vorschläge, die seine Kompetenz erhöhen. *Instrumentelle Unterstützung* versorgt ihn mit materiellen Ressourcen, Leistung und Arbeitskraft, die er allein nicht aufbringen kann. Der Nutzen für den Hilfeempfänger ist umso größer, je autonomer motiviert die Unterstützung gegeben wird (Weinstein & Ryan, 2010). Eine als freiwillig wahrgenommene Hilfe erhöht das Gefühl wertgeschätzt zu werden und verringert das Empfinden von Scham über die Hilfebedürftigkeit.

In einer Hilfesituation laufen für den Empfänger mehrere Prozesse ab: Neben der Beendigung der direkten Mangelsituation und der daraus resultierenden Stressbeseitigung, die kurzfristige Ergebnisse sind, vollziehen sich langfristigere, das Überzeugungssystem in Bezug auf Hilfesituationen betreffende Prozesse. Der Hilfeempfänger zieht aus der für ihn positiven Situation Informationen zur Einordnung seiner Person, der Person des Helfenden, der Beziehung und der Situation. In eine einfache Form gebracht erfährt er,

- dass er eine Person ist, der geholfen wird,
- dass es Personen gibt, die Ressourcen verteilen,

- dass er vertrauen kann und
- dass es Auswege aus dieser Art von Situationen gibt.

Solch positive Verstärkungen einer latenten positiven Überzeugung können zum Erlernen effizienter Hilfeanforderungen beitragen.

Kosten für den Geber

Die Kosten für den Geber sind mit dem Nutzen für den Empfänger parallelisierbar. Der Geber muss Zeit, Aufwand und sonstige Mittel investieren, um emotionale, instrumentelle, informative oder bewertungsbezogene Unterstützung bereitzustellen. Darüber hinaus wird er häufig mit negativen Begleitumständen konfrontiert, die potentiell zu einer Verschlechterung seiner Lage und Stimmung führen. So können in bestimmten sozialen Konstellationen Gerechtigkeitsüberlegungen angestoßen werden, die in einem Gefühl des Ausgenutztwerdens münden. Oder er kann sich überfordert und in seinen Handlungsfreiräumen übermäßig eingeschränkt fühlen. Die Zuweisung der Rolle des Samariters kann mit seinen Vorstellungen von einer angemessenen Rolle in einer Beziehung konfligieren und sein Selbstbild belasten.

In vielen theoretischen Konzeptionen wird hypostasiert, dass prosoziales Verhalten gemäß der Austauschtheorie einer egoistischen Motivation entspricht. Hilfe und Unterstützung wird demnach nur dann gegeben, wenn die Kosten für Hilfe- und Unterstützungsleistungen in einer gewissen Relation zu dem Nutzen für den Hilfeleister stehen. Sieht ein Beobachter eine Person, die sich in einer Notlage befindet, so kann er sich selbst bedrängt fühlen und er kann für sich diese Bedrängnis lösen, indem er sich aus der Situation entfernt, wenn er nicht dadurch andere Kosten bewirkt, etwa wenn andere Personen zuschauen und sein Entfernen bemerken. Oder er kann helfen, wenn der Aufwand, den er hierfür treiben muss, nicht zu groß ist. Entfernt er sich aus der Situation, so erlischt auch die treibende Motivation (Bedrängung), obwohl die Notlage der anderen Person weiterbesteht.

Anders ist es bei Hilfeverhalten aufgrund prosozialer Motivation. Hier dauert die Empathie, die für die notleidende Person empfunden wird, an, wenn sich der Beobachter aus der Situation entfernt, da hier die treibende Motivation nicht an die eigene, sondern an die fremde Person gebunden ist (Bierhoff & Rohmann, 2004).

Kosten für den Empfänger

Penner, Dovidio, Schroeder und Piliavin (2005) schließen ihren Überblick über den Stand der Forschung zum prosozialen Verhalten mit der Forderung, stärker zu berücksichtigen, dass verschiedene Formen prosozialen Verhaltens in unterschiedlichen Kontexten zu differierenden Ergebnissen führen können. Erfolgreiche Kooperation, bei der wechselseitige Koordination und Vertrauen notwendig sind, kann den Zusammenhalt von Beziehungen, seien es Gruppen oder Dyaden, fördern. Hilfeleistungen können aber auch eingesetzt werden, um Statusdifferenzen aufzubauen und auf lange Sicht beim Hilfeempfänger die Kosten zu erhöhen. Fortwährende Hilfe fördert Abhängigkeit und kann zum Gefühl der Machtlosigkeit führen (Nadler, 2002; Nadler & Fisher, 1986).

Die oft negativen Effekte von Unterstützung sind stärker, wenn die Unterstützung nicht angefordert worden ist, sondern unaufgefordert angeboten oder aufgezwungen oder überdosiert wird oder aus der falschen Kategorie stammt. Dadurch werden Attributionen ausgelöst, die dem Hilfeempfänger signalisieren, dass die helfende Person ihn für nicht kompetent hält, die Situation selbst zu bewältigen. Deelstra et al. (2003) fanden – für den Arbeitskontext –, dass unerbetene aufgezwungene Hilfeangebote negativ bewertet werden. Selbst dann, wenn es sich um Hilfe bei einem für den Hilfeempfänger unlösbaren Problem handelt, wird die Hilfe nicht als positiv, sondern lediglich als neutral bewertet. Die Bedrohung des Selbsts wird gemildert durch das Ausmaß, in dem der Empfänger glaubt, auf Hilfe angewiesen zu sein.

Die Bedrohung für das Selbst, die durch unerbetene Hilfe entsteht, ist wahrscheinlich stärker, wenn die Hilfe von einem gleichgestellten Kollegen kommt, als wenn sie von einem Vorgesetzten geboten wird, da im ersteren Fall soziale Vergleichsprozesse zu einem negativen Ergebnis führen, während im zweiten Fall die Rolle des Vorgesetzten einen Kompetenzvorsprung und die Funktion der Fürsorge für die Untergebenen enthält. Andererseits kann Hilfe durch den Vorgesetzten bedrohlich sein, da dieser über Gratifikationen entscheidet und die Untergebenen sich ihm gegenüber nicht als inkompetent zu erkennen geben möchten.

Diese Befunde zeigen, dass es in den meisten Fällen zu einer mittelbaren Verarbeitung und Bewertung des Unterstützungsangebotes kommt. Wenn eine Akzeptanz des Unterstützungsangebotes nicht mit dem Selbstkonzept vereinbar ist, die Unterstützung aber aus bestimmten Gründen trotzdem angenommen werden muss, ist die Kosten-Nutzen-Bilanz negativ. Dementsprechend suchen Personen mit einem hohen Selbstwert weniger Hilfe, wenn die Notlage einen ich-zentralen Bereich tangiert (vgl. Nadler, 1991). Keine Hilfe anzufordern bedeutet, man ist noch nicht hilflos. Hilfeanforderung kann dagegen zum Erleben von Kontrollverlust und zur Attribution von Versagen führen, naturgemäß abhängig von anderen Personenmerkmalen wie Selbstwert, Leistungsmotivation usw.

Die *Zuschreibung von Verantwortlichkeit* für die Notlage steuert nicht nur, ob Hilfe geleistet wird oder nicht, sondern auch, ob Hilfe angefordert wird. Eine Notlage, die von mehreren geteilt wird, kann external attribuiert werden und berührt nicht den Selbstwert. Die Person kann eher um Hilfe bitten.

Auf einen interessanten Unterschied in der Bewertung solcher von mehreren Personen geteilten Notlage zwischen nicht betroffenen und betroffenen Personen haben Snyder und Ingram (1983) hingewiesen. Während Personen, die vorab zu einer gefährdeten Population zählten, in einer entsprechenden Situation diese als ernsthafter einschätzten und eher Hilfe anforderten, schätzen die „normalen" Personen die Schwierigkeit und Ernsthaftigkeit der Situation geringer ein und baten seltener um Unterstützung.

Ryan, Pintrich und Midgley (2001) haben im Instruktionskontext eine Taxonomie von Gründen erstellt, warum Hilfe nicht angefordert wird. Die hauptsächlichen Gründe sind der Wunsch nach Autonomie und die Bedrohung der Kompetenz. Ryan und Pintrich (1997) fanden eine negative Beziehung zwischen wahrgenommener eigener sozialer Kompetenz und der erlebten Bedrohung durch Hilfeanforderung. Unabhängig von der Einschätzung der eigenen kognitiven Kompetenz baten sozial kompetente Personen eher um Hilfe. Wenn Personen sich im Umgang mit anderen sicher und fähig fühlen, dann trauen sie sich offenbar auch eher zu, Hilfe anzufordern, ohne zugleich eine negative Reaktion durch die Hilfe gebende Person zu befürchten. Ob jemand Hilfe anfordert oder nicht, ist also nicht nur eine Frage der Einschätzung der eigenen Leistungsfähigkeit, sondern auch ein Ergebnis der sozialen Interaktionssituation.

2.5 Die Funktion von Emotionen für soziale Beziehungen

Emotionen werden in der psychologischen Beziehungsforschung oft nur am Rande behandelt. Ihr Einfluss auf das soziale Verhalten, die Aufnahme und Gestaltung von Kontakten und Beziehungen ist zwar unumstritten, wird aber selten systematisch behandelt. Wenn soziale Beziehungen, ob Austauschbeziehungen oder enge persönliche Beziehungen, als unbefriedigend, ungerecht, ärgerlich oder als gewinnbringend, Sicherheit gebend und Angst reduzierend erlebt werden, so hat das eindeutig Konsequenzen für den Fortbestand oder den Abbruch der Beziehungen. Emotionen bestimmen, ob wir uns anderen Personen zuwenden, oder uns von ihnen abwenden. Sie bestimmen, ob wir versuchen, andere Personen an uns zu binden, oder sie abweisen und verstoßen. Furcht und Unsicherheit lassen uns die Nähe anderer suchen, weil sie uns Maßstäbe und Informationen für die Interpretation einer ambigen Situation bieten. Angst vor anderen Personen (oder Gruppen) lässt gegenteilige Reaktionen entstehen; wir wollen nichts mit ihnen zu tun haben, weisen sie ab oder laufen vor ihnen davon. Empathie und Liebe führen zur Hinwendung und Versuchen, den anderen an uns zu binden, Verachtung und Ekel zur Abwendung und Ablehnung.

Emotionen bahnen Reaktionen auf den Interaktionspartner zu oder von ihm weg. Kafka (1937, 1950) hat diese Grundreaktionen als vier „Bezugswendungen" definiert, die seiner Auffassung nach allgemeine und nicht nur menschliche Grundreaktionen sind. „Fort" als eine der Grundreaktionen kann – auf interpersonale Beziehungen übertragen – zum einen „fort mit mir von dir" heißen und bedeutet dann Abwendung und Flucht; es kann aber auch als „fort mit dir von mir" umgesetzt werden und meint Abstoßung und Abwehr. Die zweite Grundreaktion ist „Heran" und kann „heran mit mir zu dir" und damit Annäherung oder „heran mit dir zu mir" und Anziehung bedeuten. „Fort mit mir" und „heran mit mir" veranlassen die Person, sich von der Zielperson zu entfernen oder sich ihr anzunähern, „fort mit dir" und „heran mit dir", die Zielperson von sich zu entfernen oder sie an sich heranzuziehen.

Diese Bezugswendungen sind aber nur allgemeine Reaktionsmuster, die ihre spezifische Ausformung durch die konkrete Situation und die besondere Beziehung der Protagonisten erhält. Kafka verdeutlicht dies an den verschiedenen Verhaltensweisen eines Hundes gegenüber einem fremden Hund, gegenüber einem Hasen, gegenüber einer läufigen Hündin und gegenüber seinem Herrn. Allen Objekten nähert er sich mit der Grundreaktion „heran mit mir", die Ausführung ist aber jeweils grundverschieden. Den fremden Hund will er vertreiben, den Hasen fressen, die Hündin decken und seinen Herrn freudig und unterwürfig begrüßen. Entsprechend lassen sich auch für interpersonale Beziehungen Annäherungen positiver und negativer Art unterscheiden. Ein Stalker sucht die Nähe seiner Zielperson und versucht Kommunikation und Annäherung zu erzwingen. Ein ängstliches Kind greift nach der Hand des Vaters, um durch seine Nähe Sicherheit zu spüren. Freunde rücken enger zusammen. Auch Abgrenzungen können in vielen Varianten geschehen. Eine von ihrem Freund in ihrer Selbstachtung verletzte Frau versucht, durch öffentliche Herabsetzung ihres ehemaligen Partners wieder eine Balance herzustellen und Distanz zu gewinnen. Ein Partner, der das Interesse an einer Beziehung verloren hat, verhält sich abweisend und kühl. Einen Fremden lässt man nicht ins Haus. Einen aufdringlichen Besucher lässt man notfalls von der Polizei entfernen. Immer sind andere Emotionen beteiligt: Demütigung, Liebeswahn, Angst, Zuneigung, Hass, Rache, verletzte Eitelkeit, Langeweile, Bedrohung.

In der sozialen Kognitionsforschung haben Affekte und Stimmungen schon lange ihren Stellenwert. Stimmungen beeinflussen die Informationsverarbeitung und modellieren Beeinflussungsversuche (siehe die Befunde zur Persuasionsforschung in Kapitel 1).

Für die Entwicklung sozialer Einstellungen ist die affektive Bewertung des Einstellungsobjektes von zentraler Bedeutung; Urteile und Entscheidungen werden von Affekten geformt. Im Affect-Infusion-Modell (AIM) der sozialen Entscheidungsfindung von Forgas (1995) wird beschrieben, wie und bei welchen Entscheidungsstrategien affektgetönte Informationen Eingang in das Urteil finden. Im Modell werden vier Strategien identifiziert, die in unterschiedlicher Weise von Affekten beeinflusst werden. Relativ gering ist der Einfluss einer aktuellen Gefühlsstimmung, wenn das Urteil unmittelbar aufgrund einer bereits vorhandenen Bewertung erfolgt (direct access) oder wenn die Urteilsbildung dem Zweck folgt, ein bestimmtes Ziel zu sichern (motivated processing). Bei beiden Strategien werden vorbestimmte und gerichtete Informationssuchmechanismen eingesetzt, die den Spielraum für beeinflussende Affekte stark einschränken. Wenn dagegen Urteilsprozesse konstruktive offenere Informationsverarbeitungsprozesse erfordern, entweder in Form vereinfachender Urteilsheuristiken (heuristic processing) oder als substantieller Entwicklungsprozess (substantive processing), können Affekte eher ihre Wirkung entfalten. In interpersonalen Beziehungen werden Urteile über andere Personen oft auf der Grundlage der durch die andere Person beim Betrachter ausgelösten Emotionen getroffen. Er fragt sich (implizit) „Wie fühle ich mich in der Gegenwart der Person?". Affekte werden als Information genommen (Schwarz & Clore, 1988; Clore, Gasper & Garvin, 2001) und aus ihnen Schlussfolgerungen darüber gezogen, ob eine Hinwendung oder eine Abwendung angeraten erscheint. Dabei spielen Attributionsprozesse eine große Rolle. Die wahrgenommene Emotion muss ihre Quelle im Gegenüber haben und nicht auf andere situative Faktoren zurückführbar sein.

Diese Betrachtungsperspektive begrenzt Emotionen auf eine Funktion als intrapersonale Regulation. Van Kleef, De Dreu und Manstead (2010) argumentieren jedoch, dass zum vollen Verständnis der Bedeutung und der Rolle von Emotionen bei sozialen Entscheidungsprozessen auch eine interpersonale Perspektive herangezogen werden muss. Emotionen beeinflussen nicht nur das eigene Verhalten, sondern auch das Verhalten des Interaktionspartners. Zu einer vollständigen interpersonalen Betrachtung der Funktion von Emotionen gehört zudem die Einbeziehung der Qualität der Interaktionssituation. Die gleichen Emotionen können vollkommen unterschiedliche Effekte haben, je nachdem ob sie in einem kooperativen oder in einem kompetitiven Umfeld gezeigt werden. Kooperative Situationen sind im Allgemeinen durch ein größeres interpersonales Vertrauen, Wohlwollen und größere Bereitschaft zur Zusammenarbeit gekennzeichnet. Kompetitive Situationen dagegen fördern Misstrauen, egoistische Motivationen und strategisches Verhalten. Es liegt nahe, dass ein Lächeln oder ein Stirnrunzeln in einer kooperativen Situation anders interpretiert wird als in einer kompetitiven und dass der Interaktionspartner dementsprechend auch anders reagiert.

Nach Van Kleef et al. (2010) müssen emotionale Effekte in kooperativen und kompetitiven Situationen unterschiedlich erklärt werden. Emotionen in kooperativen Situationen sind affektive Reaktionen wie emotionale Ansteckung, Affektausbreitung und Stimmungsmanagement, während in Wettbewerbssituationen aus den Emotionen des Gegenübers eher Schlussfolgerungen über dessen Strategie gezogen werden.

Die Autoren stellen ein Modell vor, in dem Emotionen als soziale Informationen (EASI-Modell) beschrieben werden und in dem diese beiden unterschiedlichen Funktionen einen zentralen

2.5 Die Funktion von Emotionen für soziale Beziehungen

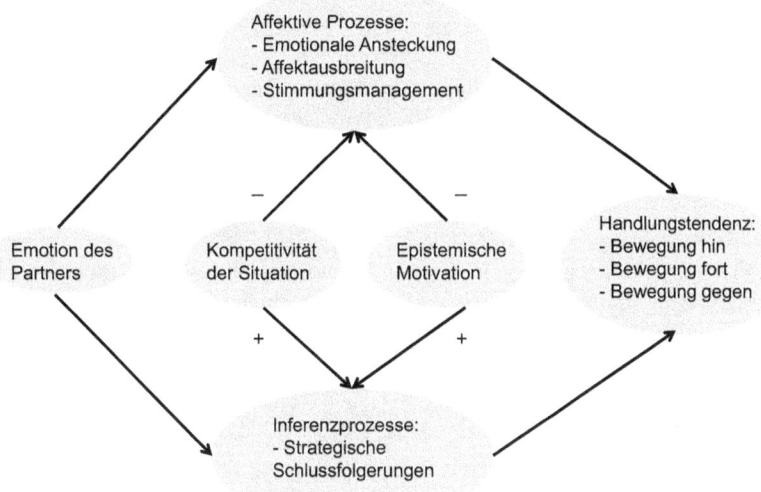

Abbildung 2.12: *Emotionen als soziale Informationen nach Van Kleef et al. (2010)*

Stellenwert haben (siehe Abbildung 2.12). In interpersonalen Beziehungen wirken Emotionen sowohl über Inferenzprozesse als auch über affektive Reaktionen.

Das Modell basiert auf zwei Grundannahmen. Die erste Annahme besagt, dass soziale Entscheidungssituationen unscharf sind und nur ungenügende Informationen über die Ziele, Wünsche und Absichten des Interaktionspartners enthalten. Daher muss nach zusätzlichen Hinweisen gesucht werden, um die Situation eindeutiger zu machen. Als solche Hinweise werden die Emotionen des Partners herangezogen.

Die zweite Annahme betrifft den Einfluss des situativen Kontexts auf die interpersonalen Effekte der Emotionen. Das Modell beschreibt, dass in vorwiegend kooperativen Situationen, in denen die interagierenden Personen gemeinsame Ziele verfolgen und einander vertrauen, die Person sich den Emotionen ihrer Partner anpasst und ihre Entscheidungen daher auch durch ähnliche Emotionen beeinflusst werden. In kompetitiven Situationen haben die Interaktionspartner unterschiedliche, eventuell konfligierende Ziele. Gegenseitiges Vertrauen ist daher gering, und die Person benutzt die emotionalen Reaktionen ihres Gegenübers als strategische Informationen über sein Verhalten und seine Absichten.

Die erste soziale Funktion von Emotionen in interpersonalen Situationen besteht in der Herausfilterung von Informationen über die Situation und den Partner. Aus Erfahrung weiß die Person, dass bestimmte Emotionen Konsequenzen aus bestimmten Situationen sind. Freude und Glück sind etwa Zeichen dafür, dass ein Ziel erreicht worden ist und die Erwartungen positiv sind. Der Ausdruck von Freude signalisiert, dass die Situation günstig und freundlich ist. Ärger dagegen ist mit Frustration und Misserfolg verbunden und signalisiert eine unfreundliche aversive Situation. Traurigkeit ist ein Hinweis auf einen Verlust oder die Erfahrung von Hilflosigkeit. Schuld verweist auf negative Gefühle aufgrund einer Normenverletzung und deutet Bereitschaft zur Wiedergutmachung an. Wenn die interagierenden Personen hinreichend motiviert sind, die Situation und den Partner richtig einzuschätzen, was natürlich mit der Bedeutung der Situation und den möglichen Konsequenzen zusammenhängt, benutzen sie diese Informationen zu einer gründlichen Situationsanalyse. Um sich letztlich für eine Reaktion (Annäherung, Abwendung oder Konfrontation) entscheiden zu können, erfolgt die Interpretation der Emotion auf dem Hintergrund der kompetitiven oder kooperativen Ausrichtung der Situation.

Für die zweite soziale Funktion von Emotionen, den affektiven Reaktionen, unterscheiden Van Kleef et al. (2010) drei Formen.

- *Emotionale Ansteckung* bezeichnet den Vorgang, dass die vom Partner nonverbal (durch Mimik, Gestik, Stimme) gezeigten Emotionen automatisch und nicht intentional übernommen werden. Man kann sich dies so vorstellen, dass beispielsweise ein Zusammenziehen der Augenbrauen unwillkürlich nachgemacht wird und dabei ein kritisches Gefühl nachempfunden wird.

- Unter *Affektausbreitung* ist zu verstehen, dass die Stimmung, die mit einem bestimmten Sachverhalt verbunden ist, sich auf andere Gebiete erstreckt, wenn diese assoziativ (zeitlich oder inhaltlich) mit ihm verknüpft sind. Eine gute Stimmung aufgrund einer zuvor gemachten positiven Erfahrung (beispielsweise ein Geschenk) kann eine anschließende soziale Interaktion kooperativer gestalten. Zuvor erfahrener Ärger beeinträchtigt dagegen Kooperation.

- *Stimmungsmanagement* ist die dritte Art und Weise, auf die soziale Entscheidungen durch das Aufgreifen der Emotionen beeinflusst werden können. Es ist eine Grundtendenz von Personen, möglichst einen positiven Gefühlszustand zu bewahren und negative Stimmungen zu vermeiden. Dementsprechend führen sie auch Handlungen eher aus, wenn sie daraus positive Gefühle erwarten. Ein Beispiel hierfür sind die Erklärungen für prosoziales Verhalten durch die Empathic-Joy- bzw. die Negative-State-Relief-Hypothese. Im Kontext von Emotionen als affektive Reaktionen bedeutet dies, dass beispielsweise die Wahrnehmung von Freude beim Interaktionspartner dazu führt, diesen positiven Zustand teilen zu wollen und durch freundliches Verhalten aufrechtzuerhalten. In ähnlicher Weise überträgt sich Traurigkeit des Partners und motiviert zu Verhaltensweisen (unterstützend, freundlich), die diesen negativen Gefühlszustand beseitigen oder zumindest mindern.

Fazit: Emotionen können dazu dienen, soziale Interaktionen zu regulieren und soziale Interaktionen können die Qualität der Interpretation von affektiven Mustern beeinflussen, wie dies schon Schachter (1959) untersucht hat. Zwischen Emotionen und sozialen Interaktionen bestehen reziproke Abhängigkeiten und Beeinflussungen (Parkinson, Fischer & Manstead, 2005; Fischer & Manstead, 2008; Fischer & Van Kleef, 2010). Emotionen sind oft nicht nur individuelle Reaktionen, sondern soziale Ereignisse. Die Ursachen für Emotionen liegen in interpersonalen Konstellationen, und Emotionen haben Konsequenzen für andere Personen (Parkinson, 1996). Die Bewertung einer starken emotionalen Reaktion in einem bestimmten Kontext und einer bestimmten Situation als angemessen oder unangemessen kann den gesamten weiteren Verlauf der Interaktionssequenz beeinflussen.

Die Bedeutung von Emotionen ist nicht auf interpersonale Beziehungen beschränkt. Auch in Gruppen, in Beziehungen zwischen Gruppen und Kulturen und ebenso im Organisationskontext formen Emotionen die Qualität der Interaktionen und beeinflussen auf diese Weise die Zufriedenheit und die Leistungsfähigkeit von Personen, Gruppen und Organisationen.

3 Beziehungen in Gruppen

3.1 Gruppenbildung

3.1.1 Was ist eine Gruppe?

Wir alle kennen Gruppen, und wir alle gehören irgendwelchen Gruppen an. Personen verbringen ihren Alltag in Familiengruppen, Arbeitsgruppen, Freundesgruppen, Freizeitgruppen, politischen und religiösen Gruppen. Allgemein kann man von einer Gruppe sprechen, wenn zwei oder mehr Personen in Interaktion miteinander stehen, wobei alle Personen sich wechselseitig beeinflussen (können). Diese Definition ist ganz ähnlich der Definition von sozialer Interaktion im Allgemeinen. Ein echtes wechselseitiges *Interaktionsniveau* (vgl. Kapitel 1, S. 2) erfordert die potentielle wechselseitige Einflussnahme zweier Interaktionspartner. Auch in Gruppen beeinflussen sich die Gruppenmitglieder untereinander. Um die vielfältigen Phänomene und Erscheinungsweisen von Gruppen angemessen abbilden zu können, ist es aber notwendig, weitere Bestimmungsstücke dieser allgemeinen Definition hinzuzufügen. Auch eine Menge, das sind nach Hofstätter (1957, S. 23) „...alle Personen, die zur gleichen Zeit am gleichen Ort – z. B. in einer U-Bahnstation – anwesend sind", kann interagieren, und ihre Mitglieder können sich wechselseitig beeinflussen. Was ist der Unterschied zu ähnlichen Begriffen wie etwa Aggregat, Klasse oder Kategorie? Der Unterschied besteht darin, dass bei diesen Begriffen kein erlebnismäßiges Zusammengehören notwendig ist. Gruppen hingegen zeichnet aus, dass sie nicht nur eine objektive Verbindung darstellen, sondern dass diese Verbindung der Gruppenmitglieder untereinander und somit die Zugehörigkeit zur Gruppe ihnen auch subjektiv bewusst wird.

Vorstellungen von dem, was eine Gruppe ist, spiegeln sich oft als *Stereotype über Gruppen* wider. Aber diese Stereotype beziehen sich auf eine relativ abstrakte Zusammenfassung vieler Personen unter einer Kategorie (die Gruppe der Lehrer, der Banker, der Sinti und Roma). Sie enthalten Merkmale, Eigenschaften und Verhaltensweisen dieser Gruppen, aber typischerweise keine Interaktionen zwischen den Mitgliedern einer Gruppe. Gruppen sind unter diesem Blickwinkel statische, relativ überdauernde soziale Gebilde. Reale Gruppen (Familie, Arbeits- und Freizeitgruppen) dagegen sind dynamische soziale Gebilde, die sich oft verändern – in ihrer Zusammensetzung und in der Dauer ihres Bestehens. Was ist das Kriterium dafür, dass sie als Gruppe wahrgenommen werden?

Ein wichtiges Kriterium ist das Ausmaß, in dem sie als existierende Einheit wahrgenommen werden. Dieser Aspekt ist von Campbell (1958, S. 17) mit dem neu geschaffenen Begriff „Entitativität" beschrieben worden. Entitativität ist „the degree of being entitative. The degree of having the nature of an entity, of having real existence". Es ist das Ausmaß, in dem eine Anzahl von Personen als untereinander verbunden und eine kohärente Einheit bildend angesehen wird. Campbell sieht mehrere Kriterien als maßgeblich für wahrgenommene Entitativität an, die aus wahrnehmungspsychologischen Annahmen der Gestalttheorie abgeleitet sind: Ähnlichkeit der

	intime Gruppen	aufgaben-bezogene Gruppen	soziale Kategorien	lose Verbindungen
Entitativität	hoch	hoch	mittel	mittel
Wichtigkeit für sich	hoch	hoch	niedrig	niedrig
Wichtigkeit für Mitglieder	hoch	hoch	mittel	niedrig
Interaktionen	hoch	hoch	mittel	niedrig
Ziele	hoch	hoch	mittel	mittel
Ergebnisse	mittel	mittel	niedrig	niedrig
Ähnlichkeit	hoch	mittel	niedrig	niedrig
Dauer	hoch	mittel	hoch	niedrig
Permeabilität	niedrig	hoch	niedrig	hoch
Größe	mittel	mittel	hoch	mittel
Reihenfolge der Nennung	1.	3.	4.	2.

Abbildung 3.1: *Entitativität von Gruppen nach Lickel et al. (2000)*

Mitglieder, (räumliche) Nähe, Festigkeit (Undurchlässigkeit) der Grenzen und ein „gemeinsames Schicksal".

Lickel et al. (2000) führen noch weitere Kriterien an, durch die die Wahrnehmung einer Gruppe als Einheit gefestigt wird: Wichtigkeit der Gruppe für die Gruppenmitglieder, Interaktionen, Ziele, Ergebnisse, Dauer des Bestehens der Gruppe, Gruppengröße. Sie untersuchten die Bedeutung dieser Kriterien zum einen für die Klassifikation von Gruppen allgemein (Fremdgruppen) und zum anderen für die Klassifikation von Gruppen, denen man selbst angehört (Eigengruppen). Hierfür baten sie Personen, 12 Gruppen aufzulisten, zu denen sie gehörten und anschließend diese Gruppen nach einigen Kriterien einzuschätzen. Eine Clusteranalyse ergab vier Gruppierungen:

- *intime Gruppen* (Familien, Freunde),
- *aufgabenbezogene Gruppen* (Arbeitsgruppen, Lerngruppen),
- *soziale Kategorien* (Nationalität, Geschlecht) und
- *lose Verbindungen* (temporäre/Wartegruppen).

Diese vier Gruppenarten zeigten hinsichtlich der eingeschätzten Kriterien unterschiedliche Profile (siehe Abbildung 3.1). Hinsichtlich der Entitativität ergab sich die erwartete Reihenfolge: Intime Gruppen werden als die festesten sozialen Einheiten angesehen, gefolgt von aufgabenbezogenen Gruppen. Soziale Kategorien und lose Verbindungen werden deutlich weniger als existierende, geschlossene Entitäten wahrgenommen. Intime Gruppen haben auch die größte Salienz, das heißt, sie fallen einem als erstes ein, wenn man mit dem Konzept Gruppe konfrontiert wird. Intime Gruppen wurden von den Teilnehmern meistens zuerst genannt. Die Profile für die wahrgenommenen Fremdgruppen glichen weitgehend denen der Eigengruppen.

Im alltäglichen wie wissenschaftlichen Sprachgebrauch wird Gruppen oft so etwas wie Handlungskompetenz zugeschrieben. Die Familie beschließt etwas, die Gruppe beeinflusst ihre Mitglieder, das Parlament diskutiert, die Firma stellt sich auf. Die Metapher der Gruppe als Agent verweist darauf, dass die Gruppe mehr ist als die Summe ihrer Mitglieder. Aber sind es nicht immer die Personen, die handeln? Lassen sich Gruppe und Gruppenmitglieder überhaupt als zwei getrennte Konzepte vertreten? F. H. Allport (1962) argumentiert, da eine Person eine Gruppe als etwas wahrnimmt, das nicht nur aus den einzelnen Personen besteht (die Familie ist nicht nur Mann, Frau und Kind, sondern auch Vater, Mutter, Partner, Geschwister, Onkel, Tante, Sicherheit, Geborgenheit, Pflicht und vieles mehr), muss es auch ein distinktes Konzept dieser kollektiven Realität geben. Die kollektive Realität zeigt sich darin, dass sich neue Verhaltensstrukturen entwickeln, nicht nur für die einzelnen Personen, sondern auch in Verschränkung mit den anderen Mitgliedern, so dass daraus inklusivere, kollektive Strukturen entstehen. So entwickeln sich beispielsweise der Zusammenhalt der Gruppe (Gruppenkohäsion) aus dem individuellen Bedürfnis, dazuzugehören und die Konformität mit Gruppennormen aus den positiven Verstärkern, die ein Individuum aus der und durch die Zugehörigkeit zur Gruppe zieht und für bestimmte Verhaltensweisen erhält.

Wenn Gruppen unserer Vorstellung nach als Agent handeln können, müsste ihnen auch die Verantwortung für ihr Verhalten zugeschrieben werden können. Die Attributionstheorien (siehe Kapitel 1, S. 20) zeigen, dass durch eine dispositionelle Attribution (Rückführung auf Persönlichkeitsmerkmale) der Handelnde als Ursache für ein Ereignis bestimmt wird. Die Vorstellung von der Gruppe als Agent ist in östlichen (kollektivistischen) Kulturen verbreiteter als in westlichen (individualistischen) Kulturen.

Menon, Morris, Chiu und Hong (1999) nehmen an, dass sich daher auch die impliziten Attributionstheorien über individuelles und kollektives Verhalten in den Kulturen unterscheiden. Sie legten Versuchsteilnehmern aus Nordamerika und aus Hongkong Vignetten vor, in denen jeweils das Fehlverhalten einer einzelnen Person oder einer Gruppe von Personen beschrieben wurde. Beispielsweise die Geschichte eines Feuerwehrmannes (alternativ einer Feuerwehrmannschaft), der/die nicht in das brennende Haus geht, aus dem ein kleines Mädchen um Hilfe ruft. Das Mädchen kommt in dem Feuer um.

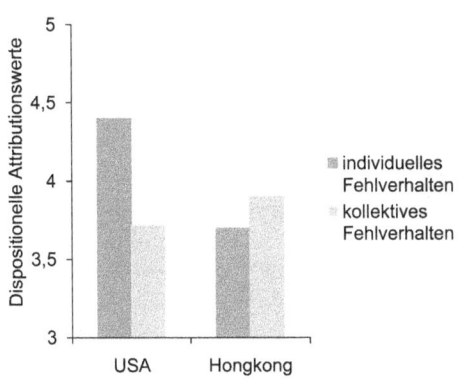

Abbildung 3.2: Attributionen bei Fehlverhalten von Personen und Gruppen nach Menon et al. (1999)

Die Teilnehmer schätzten anschließend eine Reihe potenzieller Gründe ein, die hinsichtlich der Zuschreibung von Verantwortlichkeit auf Personen und Situationen variierten. Es gab Gründe, die die Verantwortung intern und stabil auf Dispositionen des Handelnden (etwa mangelnder Mut) attribuierten. Andere Gründe führten instabile interne Faktoren (etwa mangelnde Anstrengung), stabile externe (Schwierigkeit der Aufgabe) oder instabile externe (Zufall) Faktoren an. Die amerikanischen Teilnehmer, die ein individuelles Fehlverhalten beurteilen sollten, sahen hierfür häufiger Persönlichkeitsmerkmale als Ursachen an als bei der Beurteilung des Fehlverhaltens einer Gruppe (siehe Abbildung 3.2). Die Teilnehmer aus Hongkong dagegen benutzten dispositionelle Attributionen häufiger bei kollektivem als bei individuellem Fehlverhalten. Umgekehrt sahen die amerikanischen Teilnehmer bei kollektivem Fehlverhalten eher situative Gründe als Ursachen an als bei individuellem Fehlverhalten. Die Teilnehmer aus Hongkong dagegen machten keinen Unterschied bei der Erklärung individuellen und kollektiven Fehlverhaltens durch situative Faktoren.

Die Ergebnisse dieses Experimentes lassen sich mit der unterschiedlichen Fokussierung von Person und Gruppe in individualistischen und kollektivistischen Kulturen erklären. In westlichen Kulturen steht das Individuum im Zentrum der Aufmerksamkeit und wird daher eher als Ursache von Ereignissen gesehen, während aus der Perspektive kollektivistischer Kulturen die Gruppe fokussiert wird. Daraus lässt sich folgern, dass in individualistischen Kulturen das Individuum auch als eine konsistentere Einheit erscheint als die Gruppe, und umgekehrt müsste in kollektivistischen Kulturen die Gruppe eine konsistentere Einheit bilden als das Individuum.

Einen Beleg hierfür – zumindest für Vorstellungen von Individuum und Gruppe in der westlichen Welt – bietet eine Untersuchung von Susskind, Maurer, Thakkar, Hamilton und Sherman (1999). Sie zeigten, dass Beurteiler sich viel schneller ein Bild über Individuen machen als über Gruppen und sich ihres Urteils über Individuen sicherer sind. Das Individuum wird als konsistenter wahrgenommen, trotzdem werden auch Gruppen als Einheit kognitiv repräsentiert und beurteilt.

Die Gruppe als eigenständige Handlungseinheit hat ihren Platz nicht nur in alltäglichen Vorstellungen, sondern auch in wissenschaftlichen Konzeptionen. Die Gruppe wird als soziale Einheit gesehen, deren Merkmale aus dem Zusammenspiel der individuellen Merkmale und Verhaltensweisen der Gruppenmitglieder emergieren. Emergenz bezeichnet das Entstehen neuer Strukturen oder Eigenschaften aus dem Zusammenwirken der Elemente eines Systems. Emergente Eigenschaften eines Systems lassen sich nicht aus den unmittelbaren Merkmalen der Teile, sondern nur aus deren Zusammenspiel ableiten.

Die Besonderheit von Merkmalen der Gruppe zeigt sich in den Funktionen und Handlungen, die nur von Gruppen, nicht aber von Individuen vollzogen werden können. Konfliktbewältigung, Interessensausgleich und Konsensbildung, Entwicklung eines Gruppengedächtnisses und Einsatz der Gruppe als kollektiver Informationsprozessor, Koordination der Arbeitsteilung, Erzeugen von Commitment, Zuweisung von Aufgaben, Rollen und Zielen, Etablierung von Normen und Bedeutungsstrukturen und nicht zuletzt Durchführung von Gruppenprojekten sind Beispiele für Funktionen und Handlungen auf Gruppenebene.

Arrow, McGrath und Berdahl (2000, S. 134) fassen die Gruppenvariablen in drei Gruppenfunktionen und Gruppenaktivitäten zusammen. Die drei Typen von Gruppenfunktionen sind: Befriedigung der Bedürfnisse der Gruppenmitglieder, Fertigstellung von Gruppenprojekten und Aufrechterhaltung der Struktur und der Integrität der Gruppe als System. Die drei Typen von Gruppenaktivitäten sind: Informationsverarbeitung und Herstellung von Bedeutung, Konfliktmanagement und Herstellung von Konsens und Motivation der Gruppenmitglieder, Regulierung und Koordinierung ihres Verhaltens.

Zur Definition einer Gruppe haben sich in der Literatur folgende formale Kriterien etabliert:

- Es handelt sich um zwei oder mehr Personen,
- die eine oder mehrere Eigenschaften gemeinsam haben,
- die sich selbst als Teil einer Einheit betrachten,

- die sich der positiven gegenseitigen Abhängigkeit einiger ihrer Ziele und Interessen bewusst sind,
- die miteinander agieren,
- die ihre gleichgerichteten Ziele gemeinsam verfolgen,
- deren Verbindung über eine bestimmte Zeitspanne hinweg existiert,
- die Normen zur Regulation der Interaktion untereinander entwickeln und
- die Regeln aufstellen, die mit bestimmten Aktivitäten, Verpflichtungen und Rechten verbunden sind.

Nicht immer werden alle Kriterien erfüllt, und trotzdem sprechen wir von Gruppen. Gruppen, die alle neun Kriterien erfüllen, lassen sich als organisierte Gruppen definieren. Arbeits- und Projektgruppen, Sport- und Freizeitgruppen sind Beispiele organisierter Gruppen. In ihnen findet man Normen zur Interaktion untereinander, ebenso wie Regeln über die Aktivitäten und Verpflichtungen und Rechte der Mitglieder, und sie existieren meistens über eine längere Zeitspanne. Das Ausmaß, in dem die Normen und Regeln explizit sind, variiert von elaborierten, schriftlich fixierten Satzungen bis zu impliziten, durch Gewohnheit entstandenen Normen.

Funktionsgruppen hingegen fehlen solche expliziten Normen und Regeln. Sie existieren oft auch nicht über eine gewisse Zeitspanne hinweg. Als Funktionsgruppe kann beispielsweise eine Gruppe angesehen werden, die sich zur Artikulation eines bestimmten Interesses zu einer Demonstration versammelt hat. Quasi-Gruppen fehlen die Kriterien des miteinander Agierens und der gemeinsamen Zielverfolgung. Um von einer Quasi-Gruppe zu sprechen, genügt es, dass die Mitglieder sich als ein Teil einer Einheit sehen. Quasi-Gruppe ist ein primär soziologischer Begriff. In psychologischer Terminologie sind es Gruppierungen oder Kategorien, wie etwa Nachbarn, Führungskräfte oder Christen.

Erstaunlicherweise hat sich gezeigt, dass sogar soziale Einheiten, die nur den beiden ersten Kriterien genügen, nämlich, dass es sich um zwei oder mehr Personen handelt, die eine oder mehrere Eigenschaften gemeinsam haben, ein subjektives Zusammengehörigkeitsgefühl entwickeln können, das in Verhalten mündet, welches auch bei stärker ausgeprägten Gruppen, wie etwa den Funktions- oder organisierten Gruppen, zu finden ist. Dieses genuine Gruppenverhalten äußert sich darin, die Mitglieder der eigenen Gruppe als positiver wahrzunehmen als Personen, die dieser Gruppe nicht angehören. Dementsprechend werden Mitglieder der eigenen Gruppe auch gegenüber Nichtmitgliedern bevorteilt. Die Rede ist hier von den sogenannten minimalen Gruppen. Und das Verhalten, das die eigene Gruppe bevorzugt, wird Ingroup-Bias genannt.

3.1.2 Das Paradigma der minimalen Gruppe

Kurt Lewin, einer der Begründer der experimentellen Sozialpsychologie, betrachtete eine Gruppe erst dann als gegeben, wenn eine gewisse Abhängigkeit der Mitglieder untereinander besteht. Auch Rabbie und Horwitz (1969) gingen davon aus, dass die notwendige Bedingung für die Erscheinungsform einer Gruppe die Wahrnehmung der wechselseitigen Abhängigkeit ist. Ihr Gruppenverständnis erfüllte also die ersten vier Kriterien: Zwei oder mehrere Personen, die eine oder mehrere Eigenschaften gemeinsam haben, sich selbst als einen Teil einer Einheit betrachten und sich der gegenseitigen Abhängigkeit ihrer Ziele und Interessen bewusst sind. Um dies zu dokumentieren, führten sie ein Experiment durch, das in Box 3.1 auf der nächsten Seite dargestellt ist.

Rabbie und Horwitz fragten sich, ob schon die bloße Zugehörigkeit zu einer von zwei Gruppen zu einem Gruppenbewusstsein und in der Folge zu einer Diskriminierung der jeweils anderen Gruppe führt oder ob erst gemeinsame Erfahrungen in der Gruppe zu einem Gruppenbewusstsein und zu Diskriminierung führen.

Rabbie und Horwitz folgerten aus ihrem Experiment, dass die Wahrnehmung eines gemeinsamen Schicksals notwendig sei, damit sich die einzelnen Mitglieder als Gruppe fühlen. Das heißt letztlich, dass das Kriterium der *Wahrnehmung der Abhängigkeit untereinander bei der Zielerreichung* erfüllt sein muss.

Tajfel, Billig, Bundy und Flament (1971) meinten jedoch, dass die bloße Klassifikation ausreiche, um Gruppenverhalten (in Form eines Ingroup-Bias) auszulösen. Sie ordneten in einem Experiment Schüler aufgrund ihrer angeblichen Präferenz für die Maler Klee oder Kandinsky zwei Gruppen zu. Die Schüler wussten lediglich, welcher Gruppe sie selbst zugeteilt worden waren, sie wussten aber nicht, wer von den anderen Schülern noch in der Klee- oder in der Kandinsky-Gruppe war, da im Folgenden nur noch Kennziffern verwendet wurden. Dann sollten die Schüler verschiedenen Personen Geldbeträge zuweisen, da es angeblich um eine Untersuchung über Entscheidungsprozesse ging. Von diesen Personen kannten sie nur die Kennziffer und zu welcher Gruppe sie gehörten. Eine Identifizierung der Personen war also ausgeschlossen. Die Schüler mussten nun mit Hilfe vorgegebener Matrizen Geldbeträge aufteilen (siehe Abbildung 3.3).

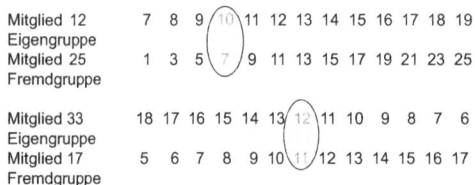

Innerhalb jeder Matrix kreisen die Teilnehmer diejenige Spalte ein, die kennzeichnet, in welchem Verhältnis sie die Punkte (Punkte stehen für echtes Geld) auf Eigengruppen- und Fremdgruppen-Mitglieder verteilen möchten.

Abbildung 3.3: *Beispiel für Minimal-Group-Matrizen*

Die Teilnehmer hatten die Aufgabe, innerhalb jeder Matrix diejenige Spalte einzukreisen, die kennzeichnet, in welchem Verhältnis sie die Punkte, die hier für echtes Geld standen, auf die Mitglieder der eigenen und der fremden Gruppe verteilen möchten. Das Ergebnis, das dieses Experiment berühmt gemacht hat, war, dass den Mitgliedern der eigenen Gruppe durchweg immer mehr Punkte zugewiesen wurden als den Mitgliedern der fremden Gruppe. Es zeigte sich also eine Favorisierung der Eigengruppe, ein Ingroup-Bias. Die Schlussfolgerung aus diesem Experiment, das zugleich die Begründung des Paradigmas der minimalen Gruppe wurde, war, dass schon eine gemeinsame Eigenschaft ausreicht (zweites Kriterium), um sich als ein Teil einer Einheit zu betrachten (drittes Kriterium).

In vielen Wiederholungen mit dem Paradigma der minimalen Gruppe konnte bestätigt werden, dass ein Wir-Gefühl bereits durch die Wahrnehmung eines gemeinsamen Merkmals in Abgrenzung von einer anderen Gruppe entstehen kann. Was aber nicht immer bestätigt wurde, ist, dass die eigene Gruppe immer und auf jeden Fall bevorzugt wird.

3.1 Gruppenbildung

In dem Experiment von Rabbie und Horwitz wurden Schulkinder zufällig in eine blaue und eine grüne Gruppe eingeteilt. Die beiden Gruppen bestanden aus je vier Kindern, die blaue oder grüne Abzeichen trugen. Zwischen den Gruppen wurde eine Trennwand aufgestellt.

Der Versuchsleiter sagte etwa Folgendes zu den Kindern: Vielen Dank, dass ihr hergekommen seid, um uns bei unserer Arbeit zu helfen. Dafür bekommt ihr von uns ein paar Radios geschenkt. Leider haben wir nur vier Radios, das heißt, es können nur vier von euch ein Radio bekommen. Am besten, wir werfen eine Münze, um zu entscheiden, welche Gruppe die Radios bekommt und welche nicht.

Die Trennwand wurde entfernt. Jedes Kind wurde aufgefordert, aufzustehen und einige Angaben über sich vorzulesen, wie Name und Adresse. Danach wurde es von den anderen Kindern beurteilt. Sie kreuzten z. B. auf einer Skala an, wie freundlich oder unfreundlich sie die Person finden oder wie sehr sie sich wünschen, mit dieser Person befreundet zu sein.
Die Kinder der eigenen Gruppe wurden durchgängig positiver beurteilt als die der anderen Gruppe. In der Kontrollbedingung unterschieden sich die Gruppen in ihren Bewertungen nicht.

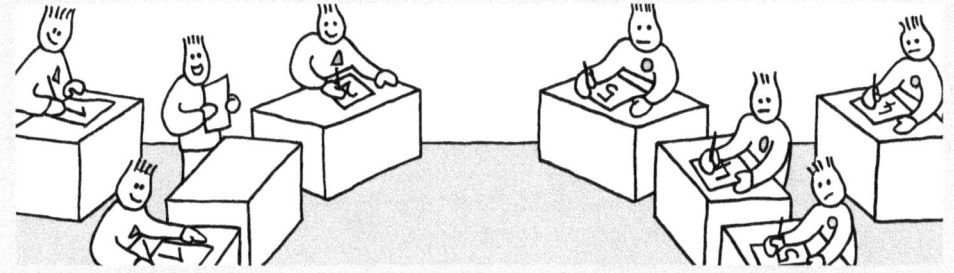

Die bloße Zugehörigkeit zu einer Gruppe reichte nicht aus, um Diskriminierung zu erzeugen, wichtig war eine gemeinsame Erfahrung.

Box 3.1: *Gemeinsames Schicksal und Diskriminierung (Rabbie & Horwitz, 1969)*

Es lassen sich verschiedene Strategien finden.

- Die *Strategie der Fairness* bedeutet, es wird eine gleiche Punktverteilung zwischen den Gruppen gewählt.
- Die *Strategie des maximalen gemeinsamen Profits* versucht, eine Maximierung der Gesamtzahl der Punkte, die von beiden Mitgliedern gemeinsam erhalten werden können, zu erreichen, unabhängig davon, welche Gruppe am meisten erhält.
- Mit der *Strategie maximaler Profit der Eigengruppe* wird eine Maximierung der Punkte für die Eigengruppe versucht.
- Die *Strategie der maximalen Differenz* versucht, die Differenz zwischen den beiden Gruppen zu maximieren zugunsten der Eigengruppe.
- Die letzte Strategie, die *Favorisierung der Eigengruppe*, besteht aus einer Kombination der beiden Strategien maximaler Profit der Eigengruppe und maximale Differenz.

In der Folge sind viele solcher Experimente gemacht worden, weil man untersuchen wollte, ob das Kriterium, das zur Einteilung der Gruppen herangezogen wurde, von Bedeutung ist. Gleichgültig, ob die Einteilung nach Sitzplätzen, nach der Augenfarbe oder durch Münzwurf vorgenommen wurde, es zeigten sich immer ähnliche Ergebnisse. Wichtig ist, dass das Kriterium keinen Bewertungsaspekt beinhalten muss, um einen Ingroup-Bias hervorzurufen.

Fasst man die Forschung zusammenfassen, so kann man sagen, dass es deutliche Tendenzen gibt, zwischen Mitgliedern der eigenen und der anderen Gruppe fair aufzuteilen, dass es aber auch die Tendenz gibt, selbst unter diesen minimalen Bedingungen die Mitglieder der eigenen Gruppe vor denen der Fremdgruppe zu bevorzugen. Diese Tendenz geht so weit, dass der relative Gewinn für die eigene Gruppe oft wichtiger ist als der absolute Gewinn. Die Maximierung der Differenz zwischen Eigengruppe und Fremdgruppe zugunsten der Eigengruppe ist oft wichtiger als die Maximierung des Gewinns für die Eigengruppe.

Diese Forschung ist von großer Bedeutung für die Analyse der Beziehungen zwischen Gruppen. Welche Bedeutung die Zugehörigkeit zu Gruppen und die Unterscheidung von Eigengruppe (Ingroup) und Fremdgruppe (Outgroup) für das Individuum und insbesondere für sein Selbstbild hat, wird in der Theorie der sozialen Identität von Tajfel und Turner (Tajfel, 1974, 1978; Tajfel & Turner, 1979) aufgegriffen (siehe Kapitel 4).

3.1.3 Gruppenbewusstsein und Gruppenentwicklung

Wie kommt es zur Bildung einer Gruppe? Diese Frage lässt sich aus zwei Perspektiven betrachten. Die erste Perspektive meint die Entwicklung einer Gruppe vom losen Aggregat von Personen zur funktions- und leistungstüchtigen sozialen Einheit. Die zweite Perspektive konzentriert sich auf das Entstehen eines Gruppenbewusstseins.

Gruppenbewusstsein

Gruppenbewusstsein meint den Moment, in dem die Gruppe für das Individuum salient wird, das heißt den Moment, in dem die Gruppe als Gruppe ins Auge springt. Wegner, Giuliano und Hertel (1985) ziehen einen Vergleich mit der Situation, in der ein Individuum durch situative Faktoren veranlasst wird, seine Aufmerksamkeit auf sich und das eigene Selbst zu richten.

Die Theorie der objektiven Selbstaufmerksamkeit (Duval & Wicklund, 1972; Wicklund, 1975) demonstriert dies mit einer ebenso einfachen wie wirksamen Versuchsanordnung. Duval und Wicklund setzten Versuchsteilnehmer vor einen Spiegel und konnten beobachten, dass Personen unter dieser Reflexionsbedingung sich ihres Selbst stärker bewusst wurden, ihnen ihre individuellen Standards bewusster wurden und sie bei wahrgenommenen Abweichungen von den Standards Maßnahmen zur Wiederherstellung eines konsistenten Selbstbildes trafen. Diese Maßnahmen sind den Maßnahmen zur Bewältigung kognitiver Dissonanz ähnlich (siehe Kapitel 1, S. 11).

Wegner und Giuliano berichten, dass ein ähnlicher Effekt auftritt, wenn zwei oder mehr Personen gleichzeitig vor einen Spiegel gesetzt werden. Die Spiegelsituation lässt in den Personen eine Bewusstheit von der Gruppe entstehen. Gruppenbewusstheit ist neben der Selbstbewusstheit und der Bewusstheit von anderen eine von drei Formen sozialer Bewusstheit.

Die Fokussierung auf das Selbst, die anderen oder die Gruppe wird durch einen Perspektivenwechsel bewirkt und kann durch verschiedene Faktoren erreicht werden. Durch den Einsatz von Videos und Kameras hatte beispielsweise Storms (1973, siehe auch Kapitel 1) die Perspektiven von Handelnden und Beobachter vertauscht und gezeigt, dass die Tendenz zur dispositionellen Attribution eine Frage des Blickwinkels ist.

Der Nachweis, dass für das Individuum in einer bestimmten Situation das Selbst, die anderen oder die Gruppe salient ist, lässt sich durch eine Analyse seiner Gedanken erbringen. Wenn ein Sachverhalt im Bewusstsein einer Person salient ist, sind ihr Informationen zu diesem Sachverhalt verfügbarer und somit leichter abrufbar. Fordert man Personen beispielsweise in einer Spiegelsituation auf, die Gedanken zu äußern, die ihnen durch den Kopf gehen, so sollten die Gedanken mehr gruppenbezogene als personenbezogene Aspekte enthalten, wenn die Gruppe für sie salient ist. Eine andere Methode besteht darin, den Personen eine Reihe unvollständiger Sätze vorzulegen und sie zu bitten, das fehlende Pronomen zu ergänzen („Dort lag ... Koffer"). Wenn es bei diesen Sätzen kein richtiges oder falsches Pronomen gibt, ist die Anzahl der verwendeten singulären (ich, mein, mich) oder pluralen Pronomen (wir, uns unser) ein Hinweis darauf, welche soziale Einheit salient ist.

Verfestigt wird das Gruppenbewusstsein durch Meinungen und Überzeugungen, von denen das Individuum annimmt, dass die anderen Gruppenmitglieder sie teilen (Bar-Tal, 1998). Solche Gruppenüberzeugungen („group beliefs") haben zwei Aspekte. Der erste Aspekt ist die Überzeugung, dass die anderen bestimmte inhaltliche Sichtweisen teilen. Der zweite Aspekt bezieht sich auf die Inhalte der von den Gruppenmitgliedern geteilten Meinungen („Wir werden ausgebeutet", „Jesus ist Gottes Sohn", „Mülltrennung schützt die Umwelt"). Es sind diejenigen Aspekte, die nach der Theorie der sozialen Identität die gemeinsamen Merkmale hervorheben. Für die Entwicklung eines Gruppenbewusstseins müssen es aber inhaltliche Überzeugungen sein, die als essentiell für die Gruppe erlebt werden. Essentiell sind solche Überzeugungen, über die sich die Gruppe definiert. Nach Bar-Tal sind es diese Überzeugungen, die zur Bildung von Gruppen führen und das Bestehen der Gruppe garantieren.

Gruppenentwicklung

Theorien zur Gruppenentwicklung nehmen an, dass sich Gruppen in verschiedenen Stadien konstituieren und entwickeln. Das wohl bekannteste Konzept zur Gruppenentwicklung stammt von Tuckman (1965), der eine Sequenz von vier Phasen annimmt.

- Forming ist die erste Phase. Es ist eine Orientierungsphase, in der die Gruppe die interpersonalen und aufgabenbezogenen Grenzen testet und Abhängigkeitsbeziehungen zum Führer der Gruppe und unter den Mitgliedern aufbaut.
- Storming definiert die zweite Phase, die durch Konflikte und Polarisierungen auf interpersonaler Ebene und emotionale Reaktionen auf der Aufgabenebene gekennzeichnet ist.
- Norming beschreibt die Phase, in der sich ein Ingroup-Gefühl entwickelt und der Zusammenhalt der Gruppe (Kohäsion) zunimmt. Es entstehen neue Standards und neue Rollen. Die Mitglieder trauen sich, intime, persönliche Meinungen zu äußern.
- Performing ist die letzte Phase, in der die interpersonalen Strukturen zum Werkzeug der aufgabenbezogenen Aktivitäten werden. Es entwickeln sich flexible und funktionale Rollen, und die Energie der Gruppe konzentriert sich auf die Aufgabe. Die entwickelten interpersonalen Strukturen unterstützen nun die Aufgabenbewältigung.

Tuckman und Jensen (1977) fügen später Adjorning hinzu, das Stadium, das die Auflösung der Gruppe beschreibt.

In ähnlicher Weise hat Bales (1950), dessen Instrument zur Erfassung von emotionalen und aufgabenbezogenen Interaktionsprozessen auf Seite 115 dargestellt ist, Probleme beschrieben, mit denen eine aufgabenorientierte Gruppe während einer Aufgabenbehandlung konfrontiert ist. Es sind dies die Probleme der Orientierung, der Bewertung, der Kontrolle, der Entscheidung, der Spannungsbewältigung und der Integration. Diese Probleme treten sequentiell auf und müssen bewältigt werden, wenn die Gruppe bestehen bleiben will oder soll. Wenn die Phase der Orientierung nicht hinreichend gestaltet wird, verbleiben Defizite in der Gruppenleistung. Wenn Mitglieder in der Phase der Entscheidung überstimmt werden und sie später nicht emotional und sozial integriert werden und ihnen nicht das Gefühl, wertvoll für die Gruppe zu sein, vermittelt wird, kann dies zum inneren oder äußeren Verlassen der Gruppe oder zu Konflikten führen. Das Modell von Bales ist empirisch gut bestätigt.

Ein Spezialfall der Gruppenentwicklung ist die Integration neuer Mitglieder in die Gruppe. Dieser Prozess ist ebenfalls in Phasenmodellen modelliert worden. In dem Phasenmodell von Levine, Moreland und Choi (2002) werden die Phasen Investigation (Orientierung und Erkundung), Socialisation, Maintenance (Pflege und Aufrechthaltung), Resocialisation und Remembrance (Erinnerung) unterschieden.

- In der Orientierungsphase wird erkundet, ob die Gruppe den Bedürfnissen der Person entspricht und inwieweit das Individuum den Gruppenzielen entspricht.
- In der Sozialisationsphase assimiliert das Individuum an die Gruppe (passt sich an) und die Gruppe akkomodiert. Individuum und Gruppe lernen und verändern sich.
- In der Phase Pflege und Ausbau der Beziehungen kommt es nach wechselseitiger Akzeptanz zu Rollenaushandlungen und wechselseitigem Commitment.
- Zu Resozialisation kommt es, wenn die Rollenaushandlungen fehlschlagen und große Interessensunterschiede bleiben. Es gibt erneute Versuche der Assimilation und Akkomodation und Pflege und Aufrechterhaltung.
- Wenn alles nichts nutzt, verlässt das Individuum die Gruppe, und es bleibt die Erinnerung des Individuums an die Gruppe und die Erinnerung der Gruppe als Teil der Gruppenhistorie.

3.1 Gruppenbildung

Die Assimilations- und Akkommodationsprozesse können als Strategien identifiziert werden, die etwa aus Angleichung und Reduzierung der Erwartungen, tatsächlichen Verhaltensveränderungen oder Veränderungen der Akzeptanzschwelle bestehen.

Warum sollen sich Gruppen überhaupt verändern? In vielen Fällen verlangen wechselnde Anforderungen eine Anpassung der Gruppenziele und Gruppenpraktiken. Neulinge können für Gruppen dann eine Ressource darstellen, wenn sie divergentes Wissen, Methoden, Vorstellungen und Ziele einbringen und die Gruppe es zulässt.

Während Modelle der Gruppenentwicklung die Entstehung und Ausdifferenzierung von Strukturen und Rollen und den Verlauf von emotionalen und aufgabenbezogenen Prozessen beschreiben, betrachtet das Konzept des Gruppenbewusstseins die Entwicklung einer subjektiven kognitiven und erlebnismäßigen Repräsentation von der Eigengruppe (und der Fremdgruppe). Die perzeptuelle Unterscheidung von Eigen- und Fremdgruppe ist Grundlage für das Phänomen des Gruppenverhaltens und den Ingroup-Bias, die Bevorzugung der Eigengruppe.

Das Ferienlager-Experiment

Ein Experiment von Sherif, Harvey, White, Hood und Sherif (1961) zeigt die Dynamik der Gruppenbildung und des daraus resultierenden Gruppenverhaltens eindrucksvoll. In dieser als Ferienlager-Experiment bekannt gewordenen Untersuchung wurden 25 Jungen, die an einem Ferienlager teilnehmen wollten, in zwei Gruppen aufgeteilt. Dabei wurde darauf geachtet, dass Freunde nicht in die gleiche Gruppe kamen.

Für das Experiment waren zwei Phasen geplant. Die erste Phase des Experimentes war geprägt durch gemeinsame Aktivitäten in der Gruppe. Einige Tage lang führten die Jungen in ihrer jeweiligen Gruppe verschiedene Aktivitäten durch. Die Gruppen entwickelten schnell eine eigene Struktur. Sie wählten sich Symbole, einen Namen, und sie entwickelten Normen für akzeptierbares Verhalten. Zudem entwickelte sich spontan ein Interesse, die andere Gruppe zu einem sportlichen Wettbewerb herauszufordern. Dieses Interesse an einem Wettbewerb mit der anderen Gruppe trat ein, bevor die zweite Phase experimentell eingeleitet wurde.

In der zweiten Phase wurden Gruppenwettbewerbe angekündigt. Diejenige Gruppe, die als Gesamtsieger aus allen Wettbewerben hervorginge, sollte einen Pokal erhalten und außerdem jedes Mitglied der siegreichen Gruppe ein neues Taschenmesser. Die Verlierergruppe ginge leer aus. Damit wurde ein Interessenskonflikt zwischen den beiden Gruppen geschaffen. Mit Beginn des Konfliktes veränderte sich das Verhalten der Jungen. Sie wurden feindlicher und aggressiver. Auch innerhalb der Gruppe veränderte sich das Verhalten der Gruppenmitglieder. Die Jungen schlossen sich enger zusammen, und es änderte sich die Führungsstruktur, da nun ein deutlich aggressiverer Junge die dominante Rolle übernahm.

Die Auseinandersetzungen zwischen den Gruppen nahmen so zu, dass eine dritte Phase, der Versuch der Konfliktreduktion, notwendig wurde. Konfliktreduktion sollte erreicht werden durch das Setzen eines übergeordneten gemeinsamen Ziels. Das gemeinsame Ziel, dessen Erreichung im Interesse aller lag und das auch nur durch gemeinsame Anstrengungen erreicht werden konnte, sollte also aus den beiden getrennten Gruppen wieder eine gemeinsame Gruppe machen. Eine solche Situation wurde von den Versuchsleitern folgendermaßen herbeigeführt: Ein Lastwagen, der die Versorgung des Ferienlagers sicherte, blieb eines Tages einige Kilometer außerhalb liegen. Nur durch den Einsatz aller Jungen und dem „Ziehen aller am selben Strang" konnte der Lastwagen wieder flott gemacht werden. Aber diese Maßnahme war nicht vorhaltend. Sobald das gemeinsame Ziel erreicht war und es keine Notwendigkeit mehr für eine Kooperation gab, flammten die ursprünglichen Gegensätze wieder auf.

Aus den Ergebnissen der Ferienlager-Experimente lassen sich folgende Faktoren als wichtig für die Entwicklung einer Gruppe und eines Gruppenbewusstseins ableiten:

- Erfolgreiche Kooperation: Wenn andere uns behilflich sind, Ziele zu verwirklichen, bewerten wir sie positiv, sie sind für uns attraktiv. Zugleich fühlen wir uns aber verpflichtet, sie gemäß der Reziprozitätsnorm ebenfalls zu unterstützen. Dadurch entwickelt sich eine Beziehung, deren Kosten-Nutzen-Bilanzen für alle Mitglieder positiv werden.
- Behandlung durch andere: Gruppenbewusstsein wird aber nicht nur durch Prozesse innerhalb der Gruppe unterstützt, sondern auch durch Konfrontation mit Außenstehenden. Außenstehende behandeln Mitglieder einer Gruppe ähnlich, sie identifizieren sie als Gruppe.
- Gruppenspezifische Merkmale: Je ähnlicher sich Mitglieder in ihren Überzeugungen, Werten, Erfahrungen, ihrer Sprache usw. sind und je mehr sie sich darin von anderen Gruppierungen unterscheiden, umso stärker wird ihr Bewusstsein, zu einer Gruppe zu gehören.
- Gebrauch von Symbolen: Symbole repräsentieren die Gruppe. Namen, Zeichen, Uniformen, Rangordnungen, Zeremonien dienen dazu, die Gruppenzugehörigkeit zu betonen und die Gruppe unverwechselbar zu machen.
- Interaktionsstil: Die Art und Weise des Umgangs zwischen Mitgliedern und Nichtmitgliedern ist unterschiedlich. (Beispiel: SPD-Mitglieder verwenden das „Du", wenn sie eine Person als einen Parteigenossen erkannt haben.)
- Gemeinsame Geschichte: Die Erinnerung an vergangene Ereignisse, an gemeinsame Erlebnisse, an ein gemeinsames Schicksal oder eine gemeinsame Zeitperspektive unterstützen die Entwicklung des Gefühls der Gruppenzugehörigkeit und den Aufbau eines Gruppenbewusstseins.

3.2 Gruppenstrukturen

3.2.1 Gruppenkohäsion

Der Zusammenhalt einer Gruppe ist abhängig von den Beziehungen der Mitglieder untereinander. Die älteste Methode zur Erfassung von Gruppenstrukturen ist die Soziometrie, die von J. L. Moreno (1934) eingeführt worden ist.

Durch die Erfassung von Sympathie und Ablehnung zwischen den Gruppenmitgliedern kann das Ausmaß des Zusammenhalts oder der Bildung von Untergruppen und dementsprechend von mangelnder Kohäsion abgeschätzt werden. Die Erfassung von Sympathie oder Ablehnung kann auf direktem oder indirektem Wege erfolgen. Eine direkte Erfassung wäre durch die Frage „Wer von den Gruppenmitgliedern ist Ihnen besonders sympathisch?" oder „Wen schätzen Sie am wenigsten?" gegeben. Eher indirekte Formulierungen wären „Mit welchen Mitgliedern würden Sie am liebsten eine Reise unternehmen?" oder „Mit wem möchten Sie auf keinen Fall Ihre Freizeit verbringen?".

3.2 Gruppenstrukturen

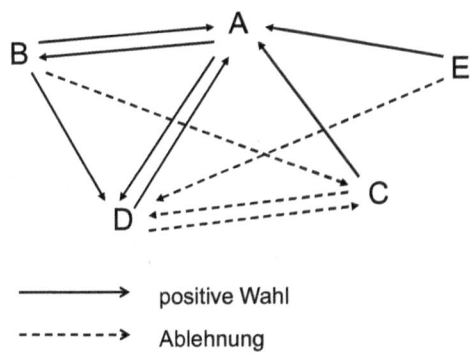

⟶ positive Wahl
------▶ Ablehnung

Abbildung 3.4: Wahlen in einem Soziogramm

Die Anzahl der Nennungen kann dabei freigestellt bleiben, oder es kann eine feste Zahl vorgegeben werden: „Geben Sie drei Personen an, ...!" Daraus ergibt sich eine Gruppenstruktur, die mit Hilfe eines Soziogramms graphisch veranschaulicht werden kann (Abbildung 3.4). In der Darstellung werden die Positionen der einzelnen Gruppenmitglieder anschaulich. So ist beispielsweise A ein Star der Gruppe und C ein Außenseiter.

Neben der graphischen Abbildung der Gruppenstruktur können soziometrische Indizes Aufschluss über den Zustand der Gruppe geben. Dazu wird der Wahlstatus jedes Mitglieds berechnet, der sich ergibt aus der Anzahl der Personen, die ein bestimmtes Mitglied wählen, im Verhältnis zur Anzahl möglicher Wahlen:

$$\frac{\text{Anzahl der Personen, die Mitglied A wählen}}{N-1}$$

In ähnlicher Weise wird der Ablehnungsstatus berechnet:

$$\frac{\text{Anzahl der Personen, die Mitglied A ablehnen}}{N-1}$$

Der Index für die Gruppenkohäsion setzt die Anzahl tatsächlicher reziproker Wahlen in die Beziehung zu der Anzahl möglicher reziproker Wahlen:

$$\frac{\text{Anzahl der gegenseitigen Wahlen von Mitgliedern}}{\frac{N(N-1)}{2}}$$

Je größer die Zahl gegenseitiger Wahlen in einer Gruppe ist, desto höher ist die Gruppenkohäsion.

Wenn die Gruppenkohäsion groß ist, ist dies oft Hinweis auf ein gutes Gruppenklima. Dies leitet sich aus den Annahmen der Balancetheorie von Heider (1958) ab. Heiders Balancetheorie gehört zu den Konsistenztheorien und hat zur Grundannahme, dass balancierte Strukturen als angenehm und stabil erlebt werden und unbalancierte Strukturen als unangenehm und instabil (siehe Kapitel 1, S. 19). Als unangenehm und instabil wahrgenommene Strukturen drängen nach Veränderung.

Am Beispiel einer Dreierbeziehung lässt sich formulieren, dass eine dreielementare Struktur dann balanciert ist, wenn entweder keine oder zwei negative Relationen vorhanden sind. Eine Struktur, in der alle drei Personen positive Beziehungen zueinander haben, ist angenehm und stabil. Balancierte Strukturen liegen aber auch vor, wenn zwei Beziehungen negativ und eine positiv sind. Ein unangenehmer Zustand ist immer dann vorhanden, wenn in einer Dreierbeziehung zwei positive und eine negative Relation vorhanden sind. Es lässt sich leicht nachvollziehen, dass die Situationen „ein Freund und ein Feind von mir mögen einander" oder „meine

Freunde A und B mögen einander nicht" unangenehm und instabil sind. Erweitert auf größere Gruppen lässt sich sagen, dass eine Gruppe umso dauerhafter (stabiler) ist, je höher der Balanciertheitsgrad ihrer soziometrischen Struktur ist. Bei hochgradig unbalancierten Strukturen bestehen starke Spannungen zwischen den Mitgliedern (Abbildung 3.5).

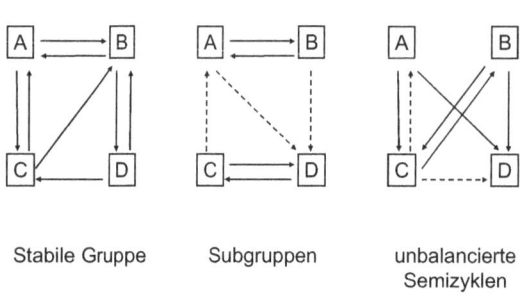

Abbildung 3.5: Beispiele für stabile und instabile Beziehungen

In stabilen Gruppen liegen nur positive Relationen und keine Ablehnungen zwischen den Mitgliedern vor. Die Bildung von Subgruppen, die in sich harmonisieren, sich wechselseitig aber total ablehnen, beeinflusst die Stabilität der Gruppe negativ, ebenso wie Semizyklen, in denen die Mitglieder untereinander auch divergente Einstellungen haben.

Die Erfassung der Kohäsion von Gruppen erfolgt häufig mit Fragebögen statt mit soziometrischen Erhebungen. Dabei steht dann weniger die Qualität und Intensität der Einzelbeziehungen, sondern das wahrgenommene Ausmaß der sozialen Integration oder der global bewertete Gruppenzusammenhalt im Vordergrund der Erhebung. Das Wir-Gefühl, die bindende Kraft der Gruppe insgesamt, die Attraktivität der Zugehörigkeit kann etwas sein, was über die Summe der Einzelbeziehungen hinausgeht. Aber auch andere Aspekte werden darunter gefasst, wie die emotionale Bindung oder das oben behandelte Gruppenbewusstsein. Kohäsion ist in der Operationalisierung durch soziometrische Verfahren so etwas wie die durchschnittliche Attraktivität der Gruppenmitglieder untereinander. Dieser Zugang ist formal zu kritisieren, weil Cliquenbildung und Außenseiterpositionen in diesem Wert verwischt werden. Dieser Zugang ist zudem inhaltlich kritisiert worden, weil die interpersonale Attraktivität der Mitglieder einer Gruppe etwas anderes ist als etwa der Stolz, den ein Individuum als Gruppenmitglied empfindet oder das Ausmaß, in dem sich eine Person durch die Gruppe akzeptiert fühlt.

Hogg (1992) hat vorgeschlagen, zwischen personaler Attraktivität und sozialer Attraktivität zu unterscheiden. In dieser Konzeption wird die soziale Attraktivität der Gruppe entkoppelt von der personalen Attraktivität: Soziale Attraktivität ist die Sympathie-Komponente der Gruppenmitgliedschaft. Die personale Attraktivität ist in diesem Verständnis keine gruppenbezogene Größe.

Mit Fragebögen wie dem Kurzfragebogen zur Einschätzung der perzipierten Kohäsion kann man die Attraktivität der Gruppe unabhängig von der Attraktivität der (inter-)personalen Beziehungen erfassen. Chin, Salisbury, Pearson und Stollak (1999) benutzen, Bollen und Hoyle (1990) folgend, diese Fragen:

− Ich spüre, dass ich zu dieser Gruppe gehöre.
− Ich bin froh, ein Teil dieser Gruppe zu sein.
− Ich empfinde mich als Teil dieser Gruppe.
− Diese Gruppe ist eine der besten weit und breit.

3.2 Gruppenstrukturen

- Ich empfinde mich als Mitglied dieser Gruppe.
- Ich bin zufrieden, Teil dieser Gruppe zu sein.

In vielen Ansätzen wird Kohäsion als mehrdimensionales Konstrukt betrachtet. So sehen Mullen und Copper (1994) Kohäsion als aus den drei Komponenten interpersonale Attraktion, Gruppenstolz und Aufgaben-Commitment bestehend. In anderen Ansätzen wird unterschieden zwischen der Wahrnehmung der Gruppe als Ganzes und der indviduellen Attraktion durch die Gruppe oder durch die Aufgabe/Tätigkeit, welche die Gruppe durchführt (etwa bei Carron & Brawley, 2000).

Ein altes und immer noch aktuelles Problem der Kohäsionsforschung ist, ob Kohäsion einen ursächlichen Einfluss auf die Erreichung des Gruppenziels hat oder ob Kohäsion eher ein Gruppenergebnis ist.

Man kann die Beziehung zwischen Kohäsion und Effektivität der Gruppe bei der Erreichung der Gruppenziele im Querschnitt und im Längsschnitt betrachten. Querschnittsanalysen zur Beziehung zwischen Kohäsion und Effektivität sind dann besonders interessant, wenn sie als Experimente durchgeführt werden. Experimente mit der Kohäsion als unabhängiger Variablen sind naturgemäß selten, da es schwierig ist, Kohäsion experimentell zu manipulieren. Dafür haben entsprechende Experimente den Vorteil, dass sie kausal interpretiert werden können.

Zaccaro und McCoy (1988) haben ein Experiment durchgeführt, in dem die Auswirkungen von hoher und niedriger interpersonaler Kohäsion und von hoher und niedriger aufgabenbezogener Kohäsion bei einer disjunktiven Gruppenaufgabe überprüft wurden. Die Gruppenaufgabe bestand in der Herstellung einer gemeinsamen Rangreihe der Wichtigkeit von Material in einem Überlebensplanspiel. Die interpersonale Kohäsion wurde durch eine Kennenlernaufgabe gefördert oder durch eine Ablenkungsaufgabe reduziert. In der hohen aufgabenbezogenen Kohäsion wurden Informationen über die Wichtigkeit der Aufgabenlösung gegeben und zusätzliche Belohnungen (Credit-Points) für die beste Gruppe ausgelobt. Unter niedrig aufgabenbezogener Kohäsion wurden diese Bedingungen nicht gesetzt.

Als Ergebnis zeigte sich, dass nur unter der Kombination hohe Aufgabenkohäsion und zugleich hohe interpersonale Kohäsion gute Leistungen der Gruppe zustandekommen. Die Erhöhung der interpersonalen Kohäsion hat nur dann positive Auswirkung auf die Leistung, wenn zugleich die Bindung der Gruppenmitglieder durch die Wichtigkeit der Gruppenaufgabe gegeben ist. Gegenseitiges Kennen und Mögen allein erhöhen nicht die Qualität der Aufgabenlösung.

Interessant zur Klärung der Frage, ob Kohäsion Bedingung oder Folge guter Gruppenleistung ist, sind Modelle, welche die Beziehung zwischen Kohäsion, Commitment und Erreichung des Gruppenziels im zeitlichen Verlauf der Gruppenentwicklung darstellen. Solche Modelle erlauben es, in gewissem Umfang die Dynamik der reziproken Beziehungen zwischen Kohäsion und Erreichen des Gruppenziels darzustellen.

Ein solches Modell haben Mullen und Copper (1994) für leistungsbezogene Gruppen (vorwiegend Sportgruppen) vorgelegt. In ihrer Zusammenstellung von Arbeiten setzten sie Kohäsion und Leistung in Gruppen sowohl innerhalb eines ersten und zweiten Zeitpunkts als auch zwischen den Zeitpunkten in Beziehung (siehe Abbildung 3.6 auf der nächsten Seite).

Es zeigte sich: Betrachtet man die beiden Zeitpunkte $t1$ und $t2$ je für sich, dann besteht zum Zeitpunkt $t1$ nur eine sehr schwache Beziehung zwischen Kohäsion und Leistung, die im Zeitpunkt $t2$ etwas ausgeprägter ist.

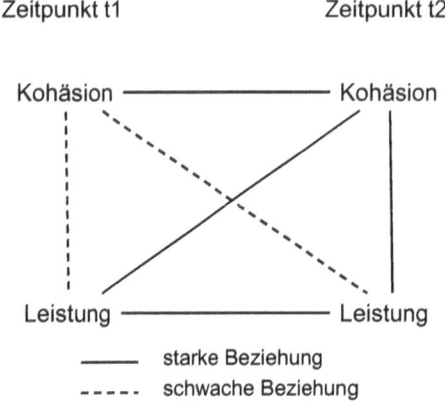

Abbildung 3.6: Beziehung von Kohäsion und Leistung nach der Meta-Analyse von Mullen und Copper (1994)

Betrachtet man die Beziehungen zwischen den Zeitpunkten, so zeigt sich, dass Kohäsionsniveau und Leistungsniveau der Gruppen stabil bleiben. Weiter zeigt sich, dass die Kohäsion zum Zeitpunkt $t2$ vor allem durch die Leistung zum Zeitpunkt $t1$ positiv beeinflusst wird. Dagegen hängt die Leistung zum Zeitpunkt $t2$ nur schwach von der Kohäsion zum Zeitpunkt $t1$ ab. Man kann vereinfachend zusammenfassen und interpretieren: Erfolg fördert Kohäsion, aber Kohäsion ist keine Voraussetzung für Erfolg. Mullen und Copper unterscheiden drei Aspekte der Kohäsion: Interpersonale Attraktion, Commitment für die Aufgabe und Gruppenstolz, und sie folgern aus ihrer Analyse, dass es vor allem das Commitment für die Aufgabe ist, das zum Gruppenerfolg beiträgt. Förderung der interpersonalen Attraktivität kann in den Gruppen nicht als Schmiermittel eingesetzt werden, um Reibungsverluste in der Gruppe zu mindern, wirksam ist das Commitment für die Aufgabe.

Kohäsion entwickelt sich in leistungsbezogenen und in intimen Beziehungsgruppen unterschiedlich. Nach Burke und Stets (1999) sind Kohäsion und Commitment in intimen Beziehungen die Ergebnisse einer Selbst-Verifikation im Gruppenkontext. Die wechselseitige Selbst-Verifikation schafft Vertrauen, und Vertrauen baut Commitment und Kohäsion (= positive Gefühle) auf. Kohäsion wird in diesem Ansatz als kumulatives Ergebnis von erfolgreichen Austauschprozessen dargestellt. Auch in diesem Ansatz wird Kohäsion eher als eine Folge denn als eine Ursache einer positiven Entwicklung angesehen.

3.2.2 Kommunikationsstrukturen

Ein weiteres Kriterium für den Zusammenhalt und die Leistungsfähigkeit von Gruppen ist das Ausmaß der Kommunikationsdistanz, das heißt die Anzahl der Kommunikationslinks, die ein Mitglied durchlaufen muss, um mit einem anderen zu kommunizieren (Abbildung 3.7 auf der nächsten Seite).

Im sogenannten Ypsilon ist z. B. die dritte Person zusammen mit drei anderen in einer Distanz von 1 verbunden, während für die Person 5 die Distanz deutlich größer ist. Manche Personen haben also eine zentralere Position in dem Kommunikationsnetz inne als andere. Außerdem unterscheiden sich die Kommunikationsstrukturen darin, ob sie eine zentrale Position besitzen oder nicht. Die Kette etwa hat keine zentrale Position. Der Zentralitätsindex lässt sich berechnen durch das Ausmaß, in dem der Informationsfluss in einer Gruppe um eine Person zentralisiert ist, bzw. inwieweit der Informationsfluss auf alle Mitglieder verteilt ist.

Die Bedeutung der Kommunikationsstruktur für die Leistung von Gruppen ist in Experimenten von Leavitt (1951) eindrucksvoll demonstriert worden. Fünf Personen bildeten jeweils eine Gruppe. Die Kommunikationswege in der Gruppe wurden vom Versuchsleiter durch eine operative Einrichtung gesteuert. Jede Person erhielt eine Karte mit Symbolen. Die Versuchspersonen sollten nun Botschaften schicken, um herauszubekommen, welches der sechs Symbole bei allen Versuchspersonen vorkam.

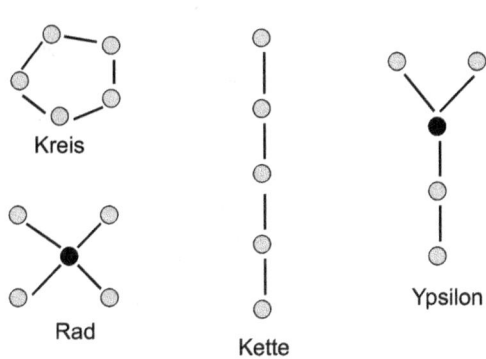

Abbildung 3.7: Beispiele für Kommunikationsstrukturen

Die Ergebnisse zeigten, dass bei den Formen Kette, Rad und Ypsilon die Fehlerrate geringer war, dass aber die Zufriedenheit bei der Kommunikationsstruktur Kreis am größten war. Vor allem bei komplexen Aufgaben erwies sich eine zentralisierte Kommunikationsstruktur (Rad oder Ypsilon) als effektiver.

Für die Darstellung und Analyse von Sympathie- und Kommunikationsbeziehungen zwischen Mitgliedern einer Gruppe gibt es elaborierte Analyseverfahren, die unter dem Stichwort Netzwerkanalyse in den letzten Jahren eine große Blüte, vor allem im soziologischen und kommunikationswissenschaftlichen Kontext, erleben. Für die Kleingruppenpsychologie hat Feger (1987) die einschlägigen Methoden zusammengestellt. Auf die komplementäre Rolle der Netzwerk-Perspektiven zu der vorherrschenden Analyse von Kleingruppen als geschlossene Einheiten weisen Poole, Hollingshead, McGrath, Moreland und Rohrbaugh (2004) hin. Gruppen sind immer eingebettet in weitere Beziehungsnetze, so dass das einzelne Gruppenmitglied immer auch als Vertreter der anderen Netzwerke, denen es angehört, erscheinen kann. So wie das Individuum eingebunden ist in die Gruppe, ist die Gruppe über diverse Verbindungen mit anderen Gruppen verknüpft. Die tatsächliche Umsetzung dieser Perspektive in Theorien und Untersuchungen ist aber noch sehr rudimentär.

3.2.3 Interaktionsstrukturen

Eine der bekanntesten Methode zur Erfassung interaktiven Verhaltens ist die (IPA) nach Bales (1950). Bales entwickelte dieses Kategoriensystem zum einen durch Aufarbeitung der bis dahin vorliegenden soziologischen und psychologischen Literatur über Verhalten in Gruppen und Systemen im Rahmen einer allgemeinen Handlungstheorie und zum anderen durch Überprüfungen an Laborgruppen. Auf diese Weise extrahierte er zwölf Kategorien, mit denen zumindest für Arbeitsgruppen eine erschöpfende Abbildung aller interaktiver Prozesse vorgenommen werden kann (siehe Abbildung 3.8 auf der nächsten Seite).

Das Kategoriensystem erfasst vier Bereiche, die jeweils durch drei Verhaltenskategorien spezifiziert sind: 1. Positive Reaktionen im expressiv-integrativen, sozial-emotionalen Bereich (Kategorien 1–3); 2. Negative Reaktionen im expressiv-integrativen, sozial-emotionalen Bereich (Kategorien 10–12); 3. Versuch der Beantwortung im instrumentell-adaptiven Aufgabenbereich (Kategorien 4–6) und 4. Fragen im instrumentell-adaptiven Aufgabenbereich (Kategorien 7–9).

In einer anderen Systematisierung beschreiben die Kategorien zugleich die verschiedenen Stadien, die eine aufgabenorientierte Gruppe von der Problemstellung bis zur Aufgabenlösung durchlaufen muss. Es sind dies die Phasen der Orientierung (Kategorien 6 und 7), Bewertung

(Kategorien 5 und 8), Kontrolle (Kategorien 4 und 9), Entscheidung (Kategorien 3 und 10), Spannungsbewältigung (Kategorien 2 und 11) und der Integration (Kategorien 1 und 12).

Sozialemotionaler Bereich: positive Reaktionen	1. Zeigt Solidarität 2. Zeigt Entspannung 3. Stimmt zu
Aufgabenbereich: Versuche der Beantwortung	4. Macht Vorschläge 5. Äußert Meinung 6. Orientiert, informiert
Aufgabenbereich: Fragen	7. Erfragt Orientierung 8. Fragt nach Meinungen 9. Erbittet Vorschläge
Sozialemotionaler Bereich: negative Reaktionen	10. Stimmt nicht zu 11. Zeigt Spannung 12. Zeigt Antagonismus

Abbildung 3.8: *Kategoriensystem der Interaktionsprozessanalyse nach Bales (1950)*

Zu Beginn der Gruppenarbeit an einer Aufgabe sind bei den Gruppenmitgliedern heterogene kognitive Orientierungen und Bewertungen vorhanden, die offengelegt und/oder erfragt werden müssen. Durch wechselseitige Beeinflussungsversuche (Kontrolle) soll eine vereinheitlichte Problemstrukturierung erreicht werden (Entscheidung). Da im Regelfall nicht alle eingangs vorhandenen individuellen Orientierungen und Bewertungen in der Endstrukturierung der Aufgabe berücksichtigt werden, können sich einige Mitglieder unterlegen oder übergangen fühlen. Diese so entstandenen Spannungen zu bewältigen und die sich ausgegrenzt fühlenden Mitglieder wieder in die Gruppe zu integrieren, sind die Anforderungen in den Stadien Spannungsbewältigung und Integration. Je erfolgreicher die sechs Stadien bewältigt werden, desto zufriedener ist die Gruppe und desto gesicherter ist ihr Bestand.

Die IPA ist später von Bales und Cohen (1979) zu dem komplexen Analyseinstrument SYMLOG (System for the Multiple Level Observation of Groups) ausgebaut worden, in dem neben Verhaltensbeobachtungen auch Ratingverfahren und Inhaltsanalysen eingesetzt werden.

3.3 Sozialer Einfluss in Gruppen

3.3.1 Normativer und informativer Einfluss

In vielen Fällen sind wir uns unserer Entscheidungen nicht sicher. Wir ziehen dann – so Festinger – andere Personen als Informationsquelle heran. Wenn wir annehmen, dass ihre Interpretation einer mehrdeutigen Situation richtiger ist als unsere, übernehmen wir ihr Urteil. Die anderen Personen üben Informationseinfluss auf uns aus.

Gut lässt sich dieser Informationseinfluss anhand Sherifs autokinetischer Studien (Sherif, 1935) aufweisen.

Sherif arbeitete mit dem autokinetischen Effekt, der darin besteht, dass ein heller Lichtpunkt, der auf eine gleichmäßig dunkle Umgebung projiziert wird, so wahrgenommen wird, als ob sich dieses Licht vor und zurück bewegen würde. Dies ist so, weil man keinen stabilen Bezugspunkt hat, um die Position des Lichtes zu verankern. Sherif ließ nun zunächst Versuchspersonen alleine die Bewegung des Lichtes schätzen. Es zeigte sich, dass es eine große Varianz zwischen den Versuchspersonen gab. Manche sahen eine sehr starke Lichtbewegung, andere wiederum nur eine sehr schwache.

3.3 Sozialer Einfluss in Gruppen

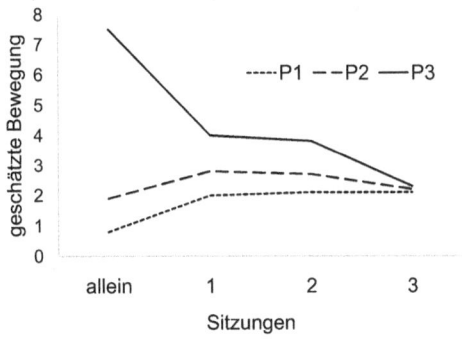

Abbildung 3.9: Verhalten der Versuchsteilnehmer im Experiment zum autokinetischen Effekt nach Sherif (1935)

In der zweiten Phase des Experimentes, die einige Tage später stattfand, sollten die Versuchsteilnehmer nun in Zweier- oder Dreiergruppen das Licht und seine Bewegungen einschätzen. Alle Teilnehmer der Gruppen hatten zuvor das Licht auch einzeln eingeschätzt. Um nun eine soziale Situation herzustellen, in der Einflussmöglichkeiten existierten, ließ Sherif die Teilnehmer ihre Urteile laut abgeben.

Was geschah nun, wenn die Teilnehmer hörten, dass die anderen Urteile abgaben, die sehr unterschiedlich zum eigenen Urteil waren? Sherif ließ die Schätzungen in mehreren Durchgängen wiederholen. Es zeigte sich, dass sich die Teilnehmer, deren Schätzungen, wie gesagt, zunächst eine sehr große Varianz aufwiesen, sich immer mehr annäherten und schließlich einen gemeinsamen Schätzwert erreichten, dem jedes einzelne Mitglied der Gruppe zustimmte. Abbildung 3.9 verdeutlicht die Ergebnisse aus Sherifs Experiment.

Welche Erklärungen gibt es für dieses Phänomen?

Möglich ist, dass es lediglich ein Anpassen an das Verhalten anderer in der Öffentlichkeit war, ohne dass die Mitglieder notwendigerweise das auch für richtig gehalten haben, dass sie also nur eine *öffentliche Zustimmung* gezeigt haben, aber nicht wirklich dahintergestanden haben.

Eine andere Möglichkeit ist, dass die Versuchsteilnehmer sich an das Verhalten der anderen angepasst haben aufgrund der Überzeugung, dass das, was diese taten, richtig ist. In diesem Fall handelt es sich um persönliche Akzeptanz. Ein wichtiges Merkmal des Informationseinflusses ist, dass er zu einer *privaten Akzeptanz* führen kann, nämlich dann, wenn man glaubt, dass die anderen wirklich recht haben.

Es klingt aber natürlich auch plausibel, wenn man annimmt, dass die Teilnehmer der Gruppe zwar öffentlich zustimmen, privat aber weiterhin überzeugt sind, dass das Licht sich nur ein bisschen bewegte oder auch mehr bewegte als die Gruppe es meinte, je nach der individuellen Ausgangslage. In diesem Fall würde es sich um eine öffentliche Zustimmung (Public Compliance) handeln, bei der eine Person öffentlich zustimmt, ohne zu glauben, dass das, was die Gruppe sagt oder tut, richtig ist.

Um nun zu entscheiden, ob es sich bei dem Experiment um private Akzeptanz oder öffentliche Zustimmung handelte, hat Sherif die Versuchsteilnehmer gebeten, noch einmal die Lichtbewegung einzuschätzen, und zwar wiederum allein. Die Versuchspersonen blieben weitgehend bei den Schätzungen, auf die sie sich in der Gruppe geeinigt hatten, so dass gesagt werden kann, dass es sich durchaus um eine private Akzeptanz der Gruppenschätzung gehandelt hat.

In Nachfolgestudien zu dem autokinetischen Experiment wurde gezeigt, dass es sich bei den in der Gruppe ausgebildeten geteilten Einschätzungen um soziale Normen handelt, die nicht nur privat akzeptiert, sondern auch über Generationen von neuen Gruppenteilnehmern weitergegeben werden können.

R. C. Jacobs und Campbell (1961) brachten mit der Hilfe von konföderierten Versuchsteilnehmern Gruppen dazu, extreme Schätzungen als Norm zu etablieren. In weiteren Schätzungssitzungen wurden dann Gruppenteilnehmer ausgetauscht. Selbst nach Austausch aller ursprünglichen Teilnehmer wurde die extreme Norm längere Zeit und über Generationen von Teilnehmern beibehalten, sie wurde tradiert. Allerdings dämpfte der Effekt allmählich ab und einiges spricht dafür, dass exzessive Gruppennormen, die keinen funktionalen Wert haben oder die nicht gerechtfertigt sind, nicht weiter tradiert werden (Weick & Gilfillan, 1971).

In welchen Situationen greifen wir auf andere Personen als Informationsquelle zurück? Eine wichtige Bedingung ist, dass die Situation ambig ist. Wenn keine objektiven Maßstäbe zur Verfügung stehen (bei den autokinetischen Studien war der Raum so abgedunkelt, dass kein Bezugspunkt zur Verankerung des Lichtpunktes gegeben war), werden soziale Maßstäbe gesucht. Festinger (1954) beschreibt diese Situation in seiner Theorie der sozialen Vergleiche (siehe Kapitel 1). Er geht davon aus, dass es ein Grundbedürfnis gibt, die eigenen Meinungen und Fähigkeiten zu bewerten und Urteile möglichst korrekt abzugeben. Wenn nun keine Vergleichsmaßstäbe objektiver Art gegeben sind, werden soziale Vergleichsmaßstäbe gesucht, die Meinungen und Urteile anderer. Soziale Vergleiche haben zwei zentrale Funktionen: eine Erklärungs- und Verstehensfunktion (durch soziale Vergleiche kann Ungewissheit reduziert werden) und eine Sicherungsfunktion für das Selbstkonzept (durch soziale Vergleiche kann das Selbstkonzept gesichert oder erhöht werden).

Wir orientieren uns auch an anderen, wenn die Situation krisenartig ist. In Panik- oder Krisensituationen werden vorrangig automatische Reaktionen aktiviert. Diese Situation wird nicht mehr aufwendig analysiert und eine Handlungsentscheidung getroffen, sondern eine naheliegende Reaktion gewählt. Und eine solche naheliegende Reaktion ist die Nachahmung des Verhaltens anderer in dieser Situation.

Und es gibt noch eine dritte Bedingung, in der der soziale Informationseinfluss wirksam wird. Wenn wir andere Personen als Experten wahrnehmen, dann verzichten wir oft gerne darauf, eigene Analysen zu machen und folgen der Expertenmeinung. Hier bevorzugen wir also eine heuristische Informationsverarbeitung.

Während der informative Einfluss dazu führt, dass wir die Meinungen und Urteile anderer akzeptieren und sie als eigene übernehmen, führt der normative Einfluss in der Regel nur zu öffentlicher Zustimmung. Die Zustimmung zum Urteil der anderen erfolgt, weil wir von ihnen gemocht und akzeptiert werden möchten. Diese Art von Konformität führt zu öffentlicher Zustimmung zu Meinungen und Verhalten anderer, nicht aber notwendigerweise auch zu einer persönlichen Akzeptanz von Meinungen und Verhalten.

Das klassische Experiment zum normativen Einfluss in Gruppen stammt von Asch (1940). In Sherifs Experiment war die Situation sehr mehrdeutig. Die Versuchspersonen versuchten abzuschätzen, wie stark sich das Licht bewegte. Solomon Asch glaubte nun, dass in einer vollständig eindeutigen Situation die Personen als rationale objektive Problemlöser agieren würden, dass der Effekt des Einflusses in Sherifs Experiment also durch die Mehrdeutigkeit der Situation zustande gekommen ist.

Asch nahm an, dass, wenn eine Gruppe etwas sagte, was eindeutig der Wahrheit widersprach, dann die Versuchsteilnehmer jeden sozialen Druck und jede soziale Einflussnahme zurückweisen würden und für sich selbst entscheiden würden. Um diese Hypothese zu überprüfen, führte Asch sein berühmtes Linienexperiment durch.

3.3 Sozialer Einfluss in Gruppen

In Sieben-Personen-Gruppen sollten die Teilnehmer angeblich an einem Experiment über Wahrnehmungsurteile teilnehmen. Der Versuchsleiter zeigte zwei Karten, auf denen einmal eine Standardlinie abgebildet war und auf der anderen drei Vergleichslinien unterschiedlicher Länge (siehe Abbildung 3.10). Jede Versuchsperson soll nun sagen, welche der drei Linien mit der Linie auf der ersten Karte am ehesten übereinstimmt. Die richtige Lösung ist dabei ganz offensichtlich und evident. Im ersten Durchgang ist es dann auch vollkommen klar, dass jede Versuchsperson eindeutig die entsprechende Linie identifiziert. In einem zweiten Durchgang präsentiert der Versuchsleiter wieder zwei neue Karten und bittet die Versuchspersonen wieder, ihre Urteile abzugeben. Auch hier ist die Lösung ganz klar, und jeder Teilnehmer gibt eine korrekte Antwort. Dann geschieht aber etwas Überraschendes. Der Versuchsleiter präsentiert im dritten Durchgang das dritte Kartenset und wieder ist die Lösung klar. Aber nun sagen die ersten fünf Versuchsteilnehmer, die alle konföderierte Versuchsteilnehmer, also Mitarbeiter des Versuchsleiters sind, eine falsche Antwort. Die sechste Versuchsperson ist eine echte Versuchsperson, die nun an der Reihe ist, ihr Urteil abzugeben. Wie wird sie sich verhalten? Die echten Versuchspersonen zeigten eindeutige Reaktionen der Überraschung und Irritation und schauten sich die Linien noch einmal ganz genau an.

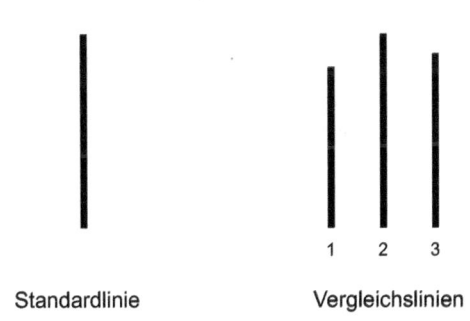

Abbildung 3.10: Material aus dem Linienexperiment nach Asch (1940)

Die Ergebnisse der Linienstudien von Asch (1956) sind überraschend. Nur 24 % der Versuchsteilnehmer gaben dem sozialen Druck der Gruppe niemals nach. 67 % stimmten mindestens einmal konform zu. Die meisten Versuchspersonen gaben ein- bis dreimal bei 12 Durchgängen nach. Und immerhin 11 % stimmten immer zu.

Die Versuchspersonen wussten sehr genau, dass das, was sie taten, falsch war. Befragt, warum sie aber trotzdem so abstimmten wie die Gruppe, gaben sie beispielsweise an, dass sie nicht als seltsam von vollkommen fremden Personen angesehen werden wollten. Dieser Effekt ist immer wieder untersucht worden, weil diese Ergebnisse niemand erwartet hatte, aber es hat sich herausgestellt, dass er reproduzierbar ist. Offensichtlich wollen wir keine soziale Missbilligung riskieren, auch nicht, wenn wir mit vollkommen fremden Personen zusammen sind, die wir nie wiedersehen werden.

Mit der sozialen Einflusstheorie von Latané (Latané, 1981; Latané & Wolf, 1981) lassen sich die Bedingungen angeben, unter denen ein öffentliches Nachgeben erfolgt. Öffentliches Nachgeben ist etwas anderes als persönliches Akzeptieren und Übernehmen.

Nachgeben erfolgt,

- wenn die Gruppe wichtig ist,
- wenn die Gruppe unmittelbar präsent ist,
- wenn die Gruppe sich einstimmig verhält und
- wenn die Gruppe aus drei oder mehr Personen besteht.

Bei einer für uns wichtigen Gruppe, das heißt, einer Gruppe, mit der wir uns identifizieren, geben wir eher dem Gruppendruck nach als bei einer uns unwichtigen Gruppe. Aber wie die Untersuchungen von Asch aufweisen, gibt es Konformität auch Fremden gegenüber. Hier hat es sich gezeigt, dass ein Nachgeben um so eher erfolgt, wenn die (fremde) Gruppe sich einstimmig verhält. Die Untersuchungen von Asch erbrachten, dass 32 % der Versuchsteilnehmer Anpassung an die Gruppenmeinung zeigten, wenn die anderen Gruppenmitglieder einhellig anderer Meinung waren, dass aber nur 6 % der Versuchsteilnehmer noch konform gingen, sobald auch nur ein verbündeter Abweichler da war.

Neben der Wichtigkeit und der Einstimmigkeit sind die unmittelbare Präsenz der Gruppe und die Gruppengröße noch von Bedeutung in Latanés sozialer Einflusstheorie. Die Gruppe kann einen stärkeren normativen Einfluss ausüben, wenn sie unmittelbar präsent ist und wenn sie aus drei oder mehr Personen besteht.

Die Stärke des Einflusses (Impact) ist eine Funktion des Produkts von Stärke, Nähe und Zahl der Einflussquellen. Die Stärke der Einflussquellen (Strength) wird durch die Macht, den Status und die Fähigkeiten der Einflussquelle bestimmt. Die Wirkung dieser Faktoren sind auch in allgemeinen Modellen der Persuasion in ähnlicher Weise beschrieben. Die Unmittelbarkeit des Einflusses (Immediacy) bezeichnet die Nähe der Einflussquelle zur Zielperson. Je näher die Quelle dem Empfänger ist, desto größer ist ihr Einfluss. Die Zahl der Einflussquellen (Number) (oder auch Größe des Einflusses) spielt eine besondere Rolle für die Stärke des Einflusses.

Latané und Wolf nehmen für sie eine Potenzfunktion an, nach der jede weitere Einflussquelle einen geringeren Effekt hat als die vorangegangene. 50 Menschen haben mehr Einfluss als 5, das Hinzufügen einer einzigen Person macht jedoch bei 50 Menschen einen geringeren Unterschied aus als bei 5 (siehe Abbildung 3.11).

Latané und Wolf konzentrieren ihre Annahmen in der Formel:

$$I(\text{Impact}) = f(S(\text{Strength}) \times I(\text{Immediacy}) \times N(\text{Number}))$$

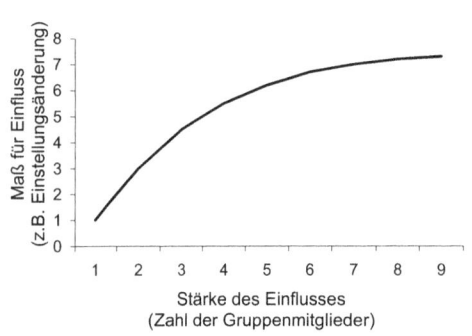

Abbildung 3.11: Beziehung zwischen Einflussquellen und Stärke des Einflusses nach Latané und Wolf (1981)

Bisher haben wir den Fall gehabt, dass mehrere Einflussquellen in ihrer Wirkung untersucht worden sind. Die Theorie lässt sich aber auch umgekehrt anwenden: Der Einfluss wird geringer, wenn eine Einflussquelle auf mehrere Personen gerichtet ist. Das Lampenfieber von Schauspielern ist geringer, wenn mehrere Schauspieler auf der Bühne stehen und sich die Aufmerksamkeit des Publikums auf mehrere Schauspieler verteilt, und es ist am stärksten, wenn ein Schauspieler allein auf der Bühne agiert (J. M. Jackson & Latané, 1981).

Latané (1996) hat seine Einflusstheorie in einer dynamischen Variante zur Beschreibung der Einflussprozesse auf Gruppenebene und für größere soziale Systeme ausgebaut.

3.3 Sozialer Einfluss in Gruppen

Es werden vier grundlegende Auswirkungen des Einflusses in Gruppen unterschieden:

- Konsolidierung: Minoritäten nehmen ab und Majoritäten nehmen zu.
- Clustering: Benachbarte Personen nehmen ähnliche Einstellungen und Werte ein.
- Korrelation: Meinungen konvergieren im Verlauf der Zeit, auch wenn die Themen nicht unmittelbar behandelt worden sind.
- Fortgesetzte Diversität: Bedingt durch das Clustering verbleiben Minderheiten in ihrer Isolation.

3.3.2 Einfluss von Minoritäten

Eines der ersten Experimente zum Nachweis des Einflusses von Minoritäten auf die Majorität stammt von Moscovici, Lage und Naffrechoux (1969). Das Versuchsdesign war quasi eine Umkehrung des Asch-Experimentes. Wurde in den Linienexperimenten von Asch eine naive Versuchsperson mit einer (konföderierten) Mehrheit konfrontiert, so setzten Moscovici et al. einer Mehrheit (vier echte Versuchsteilnehmer) eine konföderierte Minderheit von zwei Personen gegenüber.

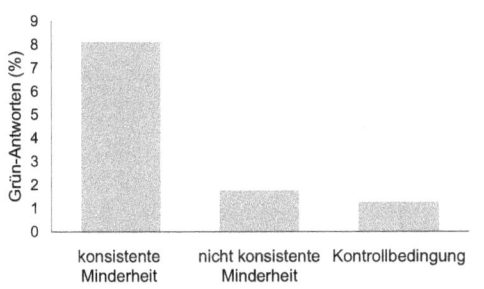

Abbildung 3.12: Einfluss einer konsistenten Minderheit nach Moscovici et al. (1969)

Die Aufgabe war, Farben zu beurteilen, die als Dias gezeigt wurden. Die Farbe aller Dias war blau, sie unterschieden sich lediglich in der Farbintensität. Moscovici et al. prüften nun, inwieweit sich die Mehrheit an die Minderheitsmeinung anpasste und unter welchen Bedingungen sie es tat. Dazu wurden drei Bedingungen gegenübergestellt, die sich hinsichtlich der Konsistenz des Verhaltens der Minderheit unterschieden. In der ersten Bedingung zeigte die (konföderierte) Minderheit Konsistenz im Verhalten. Sie beurteilte die Farbe der Dias durchweg als grün. In der zweiten Bedingung zeigte die Minderheit nichtkonsistentes Verhalten. Lediglich in $\frac{2}{3}$ der Fälle gaben die konföderierten Personen als Farbe der Dias grün an. Die dritte Bedingung stellte eine Kontrollbedingung dar. In ihr gab es keine abweichende Minderheit.

Die Ergebnisse zeigen (Abbildung 3.12), dass in der Konsistenzbedingung sich die Majorität an die Minderheit signifikant häufiger anpasste als in den beiden anderen Bedingungen.

Moscovicis Erklärung des sozialen Einflusses von Minderheiten und Mehrheiten besteht in der Annahme, dass es durch die Konfrontation mit den abweichenden Urteilen zu einem Konflikt kommt. Je nachdem, ob die Konfliktquelle eine Minorität oder Majorität ist, wird der Konflikt durch unterschiedliche Prozesse bewältigt. Übt die Majorität Einfluss aus, wird sich die Minorität aufgrund sozialer Vergleichsprozesse und weil sie von der Majorität akzeptiert werden möchte, der Majorität anpassen. Diese Anpassung ist jedoch nur eine öffentliche und keine private Anpassung. Auch hier gilt: Öffentliches Nachgeben ist etwas anderes als persönliches Akzeptieren und Übernehmen.

Öffentliche Anpassung ist nach Moscovici einfache Zustimmung (Compliance), während die private Anpassung eine tatsächliche Konversion (Conversion) der Einstellung bedeutet. Konversion basiert auf einem Validierungsprozess. Der Einfluss von Minderheiten regt den Wunsch zur Validierung auf der Basis gründlicher Auseinandersetzung an. Diese Annahmen sind die wesentlichen Bestandteile der Konversionstheorie.

Moscovici und Personnaz (1980) wollten diese Annahmen empirisch belegen und führten dazu ihr bekanntes (aber sehr umstrittenes) „Nachbild"-Experiment durch. Sie gingen davon aus, dass der Einfluss der Minderheit auf die Majorität auf indirektem Wege wirkt. Bei der Farbwahrnehmung der blauen Dias könnte sich ein indirekter Einfluss als Veränderung des Nachbilds zeigen. Sieht man zuerst ein blaues Dia und schaut dann auf eine weiße Fläche, so erscheint ein gelb-oranges Nachbild. Bei einer grünen Farbe ist das Nachbild purpurrot-violett.

Der Versuchsablauf war folgendermaßen: Die Versuchsteilnehmer beurteilten in Paaren (eine echte Versuchsperson und eine konföderierte) die Farbe von Dias. Im ersten Schritt sollten die Teilnehmer privat Farbe und Nachbild der blauen Dias auf einer Skala von 1 = gelb bis 9 = violett notieren. Anschließend wurden die Versuchsteilnehmer in eine Minoritäts- und eine Majoritätsbedingung aufgeteilt und zwar durch folgende Manipulation: Die Teilnehmer erhielten entweder die Information, dass sie aufgrund ihrer Einschätzungen zur Minorität („18,2 % teilen deine Einschätzung") oder dass sie zur Majorität („81,2 % teilen deine Einschätzung") gehörten.

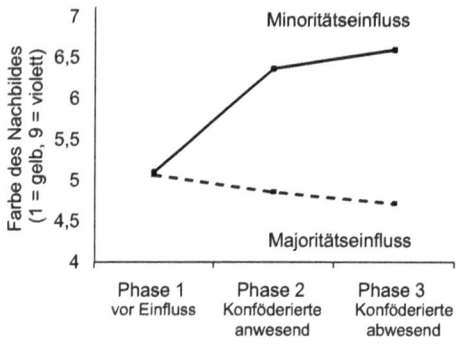

Abbildung 3.13: Ergebnisse des Nachbildexperiments nach Moscovici und Personnaz (1980)

Im zweiten Schritt mussten die Farbeinschätzungen öffentlich gemacht werden, wobei die konföderierte Person immer „grün" sagte.

In den nächsten Phasen wurden die Einschätzungen wieder privat vorgenommen, einmal in Anwesenheit und einmal in Abwesenheit der Konföderierten.

Moscovici und Personnaz nahmen an, dass, wenn es sich um eine tatsächliche Wahrnehmungsveränderung aufgrund der Einflussquelle handelt, es zu einer Verschiebung bei der Beurteilung des Nachbildes kommt und zwar in Richtung auf die Komplementärfarbe von Grün (auf der Skala also in Richtung 9 = violett).

Tatsächlich beschrieben die Versuchsteilnehmer unter dem Einfluss der Minderheit das Nachbild der blauen Dias stärker in Richtung violett (Abbildung 3.13). Nach Moscovici und Personnaz ist das ein Hinweis darauf, dass die Teilnehmer begonnen hatten, das Dia so zu sehen, wie die Minorität immer behauptet hatte, nämlich als grün. Das Experiment ist originell, seine Validität muss aber als sehr gering eingeschätzt werden, da seine Ergebnisse bisher nicht wirklich repliziert werden konnten.

Trotzdem haben Moscovicis Annahmen über einen direkten Einfluss der Majorität und einen indirekten Einfluss der Minorität viel Unterstützung gefunden. Eine Meta-Analyse von W. Wood,

3.3 Sozialer Einfluss in Gruppen

Lundgren, Ouellette, Busceme und Blackstone (1994) zeigte, dass Majoritäten zwar einflussreicher sind – sowohl bei öffentlichen als auch bei privaten Meinungen –, wenn diese direkt gemessen werden, dass aber Minderheiten bei indirekten Messungen die privaten Meinungen genau so beeinflussen können wie Mehrheiten.

Direkte Messungen sind beispielsweise die Erhebung von Einstellungen anhand von Skalen oder Fragebögen, bei denen das Einstellungsobjekt unmittelbar Gegenstand der Beurteilung ist. Bei einer indirekten Messung wird nicht die Einstellung zum angezielten Objekt unmittelbar erfragt, sondern die Einstellung zu einem anderen Sachverhalt, der aber eng mit dem eigentlichen Einstellungsobjekt verknüpft ist. So kann etwa die Einstellung gegenüber der Integrationspolitik einer Gesellschaft auf indirekte Weise Hinweise zur Einstellung gegenüber Ausländern geben.

Die Verhaltenskonsistenz der Minorität ist eine wesentliche Voraussetzung dafür, dass sie die Majorität beeinflussen kann. Eine Minorität, die konsequent und selbstsicher ihre Meinung vertritt, ist unter anderem deshalb erfolgreich, weil sie schnell in den Mittelpunkt der Diskussion gerät. Damit steht sie im Zentrum der Aufmerksamkeit der Gruppe und hat die Möglichkeit, eine überproportionale Anzahl von Argumenten einzubringen. Das heißt, die Informationen, die die Minderheit besitzt, können nun häufiger und mit mehr Nachdruck mitgeteilt werden.

Neben dem konsistenten Verhalten der Minorität, das heißt, sie muss über die Zeit bei ihrer Meinung bleiben, und sie muss innerhalb der Minorität Geschlossenheit zeigen, spielt auch ein selbstsicheres Verhalten der Minorität eine große Rolle. Durch festes und nachdrückliches Auftreten der Minorität signalisiert sie der Majorität Sicherheit und Überzeugtheit und veranlasst eventuell die Majorität, ihre Position zu überdenken.

Eine beharrliche Minorität zerstört die Illusion der Einmütigkeit der Gruppe und macht es denjenigen Mitgliedern der Majorität, die eventuell doch Zweifel hatten, einfacher, diese zu äußern und eventuell sogar zur Minderheitenmeinung zu wechseln. Wenn ein vormaliges Mitglied der Majorität diese verlässt und zur Minderheit wechselt, dann kann dies einen Prozess auslösen, der zu einer Auflösung der Majorität führt, da andere Majoritätsmitglieder nun ein Vorbild haben und bei eigenem Zweifel ebenfalls zur Minorität wechseln können. Es findet gleichsam ein Schneeballeffekt statt.

Levine (1989) fand, dass eine Person, die eine Majorität verlassen hat, einen größeren Einfluss hat als eine konsistente Minorität. Nemeth (1986) zeigte in Simulationen von Juryentscheidungen, dass, wenn einmal die Majorität zu bröckeln beginnt, dieser Prozess zu einer Auflösung der Majorität führt.

Spielt es eine Rolle, ob die Abweichler zu unserer Gruppe gehören oder ob sie einer anderen Gruppe angehören? Nach der Selbstkategorisierungstheorie wendet man sich im allgemeinen Mitgliedern der Ingroup eher zu als Mitgliedern der Outgroup. Das bedeutet, dass wir Minoritäten, die zu unserer Ingroup gehören, ernster nehmen, dass wir ihnen mehr Aufmerksamkeit widmen als Minoritäten, die wir als zur Outgroup gehörend kategorisieren. Dementsprechend werden wir von Ingroup-Minoritäten stärker beeinflusst als von Outgroup-Minoritäten.

Ein Experiment von David und Turner (1996) bestätigt diese Annahme. Versuchsteilnehmer, deren Einstellungen zu dem Bewahren von Regenwäldern vorher erhoben worden waren, hörten eine Kassettenaufnahme, die angeblich von einer Gruppe stammte, die eine positive Einstellung gegenüber dem Bewahren von Regenwäldern hatte, oder sie hörten in einer anderen Bedingung eine Kassettenaufnahme, die angeblich von einer Gruppe stammte, die gegen das Bewahren von Regenwäldern war.

Außerdem wurde die gehörte Gruppe entweder als Mehrheits- oder als Minderheitsmeinung beschrieben. Anschließend wurden die Einstellungen wieder erhoben und schließlich noch einmal nach drei bis vier Wochen. Die Erhebung nach drei bis vier Wochen sollte gewährleisten, dass auch latente Einflüsse erfasst werden würden. Latente Einflüsse sind vor allen Dingen bei Minoritäten zu erwarten.

Zwei Ergebnisse der Untersuchung von David und Turner sind besonders wichtig (siehe Darstellung in Abbildung 3.14). Nur wenn die Botschaften von der eigenen Gruppe kamen, zeigten sie einen positiven Einfluss. Alle Einflussversuche einer Outgroup hatten einen gegenteiligen Effekt, sie verstärkten die Distanz in den Einstellungen. Und schließlich zeigte sich, dass die Majorität einen unmittelbaren Einfluss ausübte, die Minorität aber durchaus einen verzögerten Einfluss bewirkte.

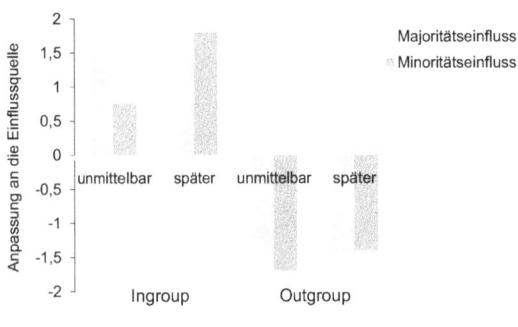

Abbildung 3.14: Minoritätseinfluss und Selbstkategorisierung nach David und Turner (1996)

Die verzögerte Wirkung kommt durch eine Art *Sleeper-Effekt* zustande. Liegt eine Zeitspanne zwischen der Botschaft und der Einstellungsmessung, kann es dazu kommen, dass die negative Quelle und die Botschaft dissoziiert werden, das heißt, es wird vergessen, wer der Ursprung der Botschaft war. Eine negative Quelle – wie eine Minorität – dient zunächst als Abschwächungsfaktor (Discounting Cue) für die Wirkung der Botschaft. Durch die später einsetzende Dissoziation gewinnt die Botschaft an Überzeugungskraft (Kelman & Hovland, 1953; Cook & Flay, 1978).

Die Argumente einer Minorität stoßen daher zunächst auf Ablehnung, insbesondere wenn der Minderheitenstatus salient ist. Ist dem Rezipienten aber die (Minoritäts-)Identität der Quelle nicht bewusst (oder hat er im Laufe der Zeit Quelle und Botschaft voneinander entkoppelt), wirken die Argumente der Minorität nach und beeinflussen den Rezipienten auf indirekte Weise (Kumkale & Albarracín, 2004). Der Argumentinhalt zieht unabhängig von der Quelle und bewirkt dadurch auch eine tiefere Auseinandersetzung.

Eine weitere Möglichkeit, die Wirkung von Minoritäten zu erklären, bietet die Attributionstheorie. Schon die Experimente von Moscovici hatten gezeigt, dass die Konsistenz des Verhaltens der Minorität von besonderer Bedeutung ist. Moscovici (1980) unterscheidet eine *diachrone* und eine *synchrone Konsistenz*. Damit ist gemeint, dass sich die Mitglieder einer Minorität sowohl über die Zeit als auch untereinander konsistent verhalten müssen. Diese beiden Informationen finden sich auch in Kelleys Attributionstheorie. Kelley (1973, siehe Kapitel 1) unterscheidet zwei Grundsituationen der Attribuierung:

– Situation 1: Die attribuierende Person verfügt über Informationen aus mehreren Beobachtungen, und

3.3 Sozialer Einfluss in Gruppen

– Situation 2: Die attribuierende Person verfügt lediglich über Informationen aus einer einzigen Beobachtung.

Nach diesen beiden Grundsituationen können die theoretischen Grundannahmen der Attributionstheorie in Kovariationsprinzipien (Situation 1) und in Konfigurationsprinzipien (Situation 2) unterschieden werden.

Für die Erklärung des Minoritäteneinflusses ist das Kovariationsprinzip der Attribution adäquat, da die Mitglieder der Gruppe im Allgemeinen über Informationen aus mehreren Beobachtungen bezüglich der Minorität verfügen. Das Kovariationsprinzip nach Kelley (1973, S. 108) besagt, dass ein Effekt derjenigen der möglichen Ursachen zugeordnet wird, mit der er kovariiert. Will die Minorität die Majorität überzeugen, muss die Majorität zum Schluss kommen, dass an den inhaltlichen Argumenten der Minorität etwas wahr ist. In Kelleys Attributionsmodell bedeutet dies, dass die Majorität die Ursachen im Stimulus sehen muss.

Um eine Attribution auf den Stimulus zu erreichen, müssen folgende Kriterien gegeben sein:

– Die Minorität muss sich untereinander übereinstimmend verhalten (Konsensuskriterium).
– Sie muss über die Zeit hinweg in ihrem Verhalten stetig sein (Konsistenzkriterium).
– Sie darf nicht bei allen Themen anderer Meinung sein als die Majorität, sondern sie muss das abweichende Verhalten speziell bei einem Thema, bei einem Stimulus zeigen (Distinktheitskriterium).

Würde die Minderheit sich fortwährend als Abweichler verhalten, so hätte es die Majorität einfach, sie als Querulanten, Nörgler usw. einzuschätzen und sie nicht weiter ernst zu nehmen.

Zwei-Prozess-Modelle

Moscovici nimmt für den Einfluss von Majoritäten und Minoritäten auf Einstellungskonstanz oder Einstellungsveränderung zwei unterschiedliche Prozesse an.

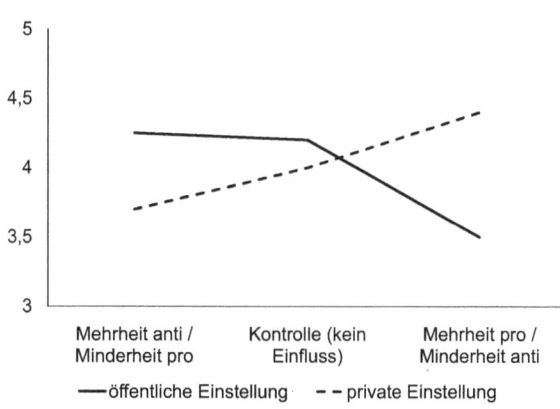

Abbildung 3.15: Einfluss von Mehrheits- und Minderheitsmeinungen auf öffentliche und private Einstellungen nach Maass und Clark (1983)

Übt eine Majorität Einfluss aus, so werden soziale Vergleiche angeregt. Oft führt der Majoritätseinfluss aber dazu, dass lediglich die „öffentliche" Meinung verändert wird. Der Minoritätseinfluss hingegen bewirkt ein stärkeres Auseinandersetzen mit den Inhalten, er führt zu Validierungsprozessen. Sind diese erfolgreich, so kommt es auch zu einer Einflussnahme und Veränderung der „privaten" Meinung.

Maass und Clark (1983) überprüften die sogenannte Zwei-Prozess-Hypothese in einem Experiment. Zunächst wurde bei den Versuchsteilnehmern ihre Einstellung gegenüber Schwulen erfasst. Anschließend lasen die Versuchsteilnehmer die Zusammenfassung einer Gruppendiskussion zum Thema Rechte von Schwulen. In dieser Zusammenfassung konnte leicht eine Majorität und eine Minorität ausgemacht werden. Es folgte eine erneute Erhebung der Einstellungen der Versuchsteilnehmer. Für die Hälfte der Teilnehmer geschah dies anonym (privat), für die andere Hälfte öffentlich. Und das heißt, sie mussten damit rechnen, dass die anderen Teilnehmer ihre Einstellungen erfuhren.

In der öffentlichen Bedingung waren die Einstellungen der Versuchsteilnehmer deutlich durch die Majoritätsmeinung, die sie gelesen hatten, beeinflusst (Abbildung 3.15 auf der vorherigen Seite). Wenn in der Zusammenfassung der Diskussion die Majorität für mehr Rechte von Schwulen war, dann verschob sich die Einstellung der Versuchsteilnehmer auch in diese Richtung. War die Majorität gegen die Ausweitung von Rechten von Schwulen, dann passte sich die Versuchsperson dieser Einstellung ebenfalls an. Unter der anonymen (privaten) Bedingung waren die Einstellungen dagegen hauptsächlich durch die Minderheitsmeinung beeinflusst.

De Vries, De Dreu, Gordijn und Schuurman (1996) analysieren die Annahmen der Konversionstheorie auf der Basis des Modells der heuristisch systematischen Verarbeitung (HSM), das in Kapitel 1 dargestellt ist. Folgt man den Annahmen Moscovicis, dann sollten Botschaften, die von der Majorität unterstützt werden, eine eher oberflächliche Informationsverarbeitung anregen, mit großem Gewicht auf den Merkmalen des Senders und wenig Beachtung der Botschaftsinhalte. Unter Majoritätseinfluss sollte es eher zu einer heuristischen Verarbeitung kommen. Als Heuristik, an der man sich orientieren kann, gilt in diesem Fall „Wenn die meisten anderen zustimmen, müssen sie recht haben."

Botschaften, die von der Minorität unterstützt werden, sollten dagegen die Aufmerksamkeit auf die Inhalte der Botschaft und weniger auf die Merkmale des Senders lenken. Der Minoritätseinfluss sollte eine systematische Verarbeitung bewirken. Schenkt man der Minorität Aufmerksamkeit und entfernt man sie nicht sofort aus dem Kreis potentieller Meinungsvertreter, dann sollte eine genaue Analyse der Argumente einsetzen. Die Verarbeitung ist gründlich, systematisch und tief. Voraussetzung dafür ist allerdings, dass der Adressat dieser Argumente zum einen motiviert ist, sich mit den Argumenten auseinanderzusetzen, und zum anderen auch über die Fähigkeit verfügt, sie zu analysieren und zu verarbeiten.

Aber es gibt eine Reihe von Arbeiten, die zu entgegengesetzten Ergebnissen kommen. Mackie (1987) beispielsweise präsentierte Versuchsteilnehmern abweichende Positionen, die entweder von einer Mehrheit oder von einer Minderheit unterstützt wurden. Sie erhob die privaten Einstellungen auf indirektem Wege durch Gedankenauflistungen oder Argumenterinnerungen und nicht durch einen Fragebogen. Auf diese Weise konnte sie zeigen, dass diese kognitiven Prozesse, die für eine tiefe Verarbeitung stehen, die Einstellungsänderung wohl in der Majoritätsbedingung beeinflussen, nicht aber in der Minoritätsbedingung.

In Experimenten von Baker und Petty (1994) entfaltete die Qualität der Argumente eine stärkere Wirkung wenn sie von der Majorität unterstützt wurden. Offenbar ist eine abweichende Mehrheitsmeinung gegen die Erwartung des Individuums und erfordert daher eine tiefere Auseinandersetzung, um diese Erwartungsinkonsistenz zu verarbeiten. Die erhöhte systematische Verarbeitung bei erwartungskonträren Meinungspräsentationen gilt auch für unerwartete Minoritätsmeinungen.

De Vries et al. suchten nach weiteren kognitiven Prozessen, die die Verarbeitungsmodi bei abweichenden Mehrheits- und Minderheitsmeinungen differenzieren. Einen wesentlichen Unterschied fanden sie in dem Faktor konvergentes vs. divergentes Denken. Auf den ersten Blick widersprüchlich zu den Befunden einer systematischeren Verarbeitung abweichender Mehrheitsmeinungen erscheint, dass abweichende Mehrheitsmeinungen zu konvergentem und abweichende Minderheiten zu divergentem Denken anregen.

De Vries et al. argumentieren jedoch, dass konvergentes Denken bedeutet, sich mit den Argumenten der Quelle auseinanderzusetzen und gegebenenfalls eine Änderung der eigenen Einstellung genau auf diesem Gebiet vornehmen zu müssen. Dieser Prozess ist anstrengender als sich divergent mit möglichen Alternativen zu beschäftigen. Er ist aber notwendig, um wieder Konsistenz und Einklang mit der Majorität zu erreichen und die durch die abweichende Meinung erlebte Verunsicherung der eigenen Position zu verarbeiten. Abweichende Mehrheitsmeinungen motivieren daher aus sich heraus eine systematische Verarbeitung.

Abweichende Minderheitsmeinungen dagegen sind nicht von sich aus eine Motivation zu einer tieferen Auseinandersetzung. Sie regen zu divergentem Denken an und führen daher auch nur zu Veränderungen in indirekt mit dem Einstellungsobjekt verbundenen Bereichen, nicht aber in den im Fokus stehenden Einstellungen.

3.3.3 Verzerrungen in der Entscheidungsfindung

Wenn Gruppen Entscheidungen treffen, können sie dies nach bestimmten expliziten oder impliziten Regeln tun. Gruppen fällen oft ihre Entscheidungen, indem sie bestimmte Heuristiken verwenden. Heuristiken sind bestimmte Daumenregeln oder Verfahrensregeln, die sich in der Vergangenheit und im Allgemeinen als nützlich erwiesen haben und die helfen, Entscheidungen in kürzerer Zeit zu treffen, ohne notwendige aufwendige Analysen machen zu müssen. Auf individueller Ebene sind insbesondere die Verfügbarkeitsheuristik, die Repräsentativitätsheuristik, die Simulationsheuristik und die Ankerheuristik bekannt (siehe S. 269), die häufig zu Verzerrungen im Urteil führen.

Auch auf Gruppenebene gibt es Verfahrensregeln, die angewendet werden, wenn Entscheidungen getroffen werden müssen. Die Gruppe kann z. B. beschließen, bei divergenten Positionen nach der Mehrheitsmeinung zu verfahren. Dies kann bei Aufgaben, bei denen es eine richtige Lösung gibt, die aber versteckt ist, zu einem falschen Konsens führen. Die Mehrheitsmeinung stimmt oft, aber nicht immer.

Eine andere Regel, die die Gruppe zur Entscheidungsfindung anwenden kann, ist die Delegation auf die Führungsperson oder einen Experten. Auch hier gilt: Expertenmeinungen treffen oft zu, aber nicht immer. Oder die Gruppe hat als Regel, Entscheidungen nur nach dem Konsensprinzip zu treffen, in diesem Fall diskutiert sie so lange, bis keine abweichenden Meinungen mehr geäußert werden.

Entscheidungsregeln in Gruppen sind als soziale Entscheidungsschemata (Social Decision Schemes) untersucht worden. Mit sozialen Entscheidungsschemata kann das Entscheidungsverfahren in Gruppen bestimmt und analysiert werden (J. H. Davis, 1973). Das Modell der sozialen Entscheidungsschemata erlaubt die Vorhersage der Gruppenentscheidung aus den individuellen Präferenzen der Gruppenmitglieder und der Entscheidungsregel, die in der Gruppe gilt. Umgekehrt lässt sich aus den Präferenzen und dem Gruppenergebnis die Entscheidungsregel erschließen, nach der die Gruppe verfahren ist. Davis hat fünf unterschiedliche Entscheidungsschemata aufgestellt:

- Die Wahrheit-siegt-Regel besagt: Sobald ein Mitglied der Gruppe auf die richtige Lösung gekommen ist, erkennt die Gruppe dies als richtige Lösung an. Wer die Lösung einer Aufgabe gefunden hat, teilt die Lösung den anderen Gruppenmitgliedern mit. Die Nichtlöser müssen die Lösung verstehen; die Lösung muss demonstrierbar und nachvollziehbar sein.
- Proportionalitätsregel: Die Wahrscheinlichkeit, mit der die Gruppe für eine von zwei Alternativen stimmt, ist proportional zu den Individualpräferenzen der einzelnen Gruppenmitglieder.
- Gleichwahrscheinlichkeitsregel: Die Wahrscheinlichkeit für eine von zwei Alternativen ist gleich, solange nicht alle Gruppenmitglieder für eine Alternative stimmen.
- Mehrheits-Gleichwahrscheinlichkeitsregel: Wenn eine Mehrheit für eine Alternative vorhanden ist, so wird diese mit hundertprozentiger Wahrscheinlichkeit gewählt. Ist keine Mehrheit für eine Alternative vorhanden, ist die Wahrscheinlichkeit für die Wahl einer Alternative gleich.
- Mehrheits-Proportionalitätsregel: Ist eine Mehrheit für eine korrekte Alternative vorhanden, wird diese mit hundertprozentiger Wahrscheinlichkeit gewählt. Besteht für die Alternative keine Mehrheit mehr, richtet sich die Gruppenentscheidung nach dem Proportionalitätsprinzip, das heißt, die Gruppenentscheidung fällt proportional zu den Präferenzen der einzelnen Gruppenmitglieder.

Diese Entscheidungsschemata sind keine rein statistischen Modelle, die ja selbst auch von den Gruppenmitgliedern angewandt werden könnten, sondern sie spiegeln teilweise auch den Druck durch die Mehrheitsverhältnisse innerhalb der Gruppe wider.

Gruppen verzichten oft auf eine genaue Analyse des Informationsstandes, sondern treffen ihre Entscheidung auf der Basis der Präferenzen der Mitglieder.

Eine verbreitete Annahme ist es, dass Entscheidungen, die in Gruppen getroffen werden, vorsichtiger sind als Einzelentscheidungen, da heterogene Meinungen vorhanden sind, die sich wechselseitig neutralisieren und es so zu einem Urteil im mittleren Bereich kommt.

Stoner (1961) überprüfte in einem Experiment die Annahme, dass Gruppen vorsichtiger als Individuen sind. Da in Gruppen vermutlich mehr Pro- und Contra-Argumente diskutiert werden als ein Individuum für sich abwägt, sollte das abschließende Urteil in Gruppen gemäßigter sein. Stoner verglich nun das Risikoverhalten von Individuen und von Gruppen. Er gab den Versuchsteilnehmern mehrere fiktive Geschichten vor, in denen die Protagonisten vor einer wichtigen Entscheidung stehen. Die Aufgabe der Versuchsteilnehmer war es, den Personen in den Geschichten Ratschläge zu geben, wie viel Risiko sie eingehen sollten. Anhand einer Skala mussten sie dann einschätzen, welches Risiko sie in Bezug auf das in der Geschichte geschilderte Verhalten des jeweiligen Protagonisten noch für akzeptabel hielten. Anschließend diskutierten dann die Versuchsteilnehmer in Gruppen zu jeweils fünf Personen die Aufgaben mit dem Ziel, zu einer gemeinsamen Entscheidung zu kommen.

Es zeigte sich ein unerwartetes Ergebnis. Die Gruppenentscheidung war deutlich risikobereiter als der Durchschnitt der individuellen Entscheidungen.

Aber Folgeuntersuchungen brachten auch andere Ergebnisse. Manchmal waren Gruppen auch weniger risikobereit als die Individuen. Man kann von zwei Tendenzen sprechen, die sich herauskristallisierten. War die durchschnittliche Tendenz der Gruppenmitglieder eher risikobereiter, was im Wesentlichen auch durch die Geschichte selbst gebahnt wurde, so verstärkte die

3.3 Sozialer Einfluss in Gruppen

Diskussion in der Gruppe diese Tendenz zu mehr Risikobereitschaft. War jedoch die Tendenz der Gruppenmitglieder eher auf Risikovermeidung gerichtet, so war das Ergebnis der Gruppendiskussion noch stärker Risiko vermeidend.

Verstärkt die Diskussion in der Gruppe die durchschnittliche Risikobereitschaft der Gruppenmitglieder, so spricht man von einem *Risikoschub*. Da sich aber in verschiedenen Experimenten gezeigt hat, dass nicht nur die durchschnittliche Risikobereitschaft von Gruppen verstärkt wird, sondern dass auch Risikovermeidung wie auch andere Einstellungen gegenüber anderen Einstellungsobjekten durch die Gruppendiskussion in ihrer durchschnittlichen Tendenz verstärkt werden, ist es sinnvoller, nicht von Risikoschub, sondern von Gruppenpolarisation zu sprechen.

Gruppenpolarisation

Gruppenpolarisation ist eine durch die Gruppe verursachte Verstärkung der bei den Mitgliedern vorherrschenden Tendenzen, eine Verstärkung der durchschnittlichen Meinungen, Einstellungen usw. der Mitglieder. (Es ist kein Splitting innerhalb der Gruppe, wie man aus dem Begriff Polarisation vielleicht annehmen könnte.)

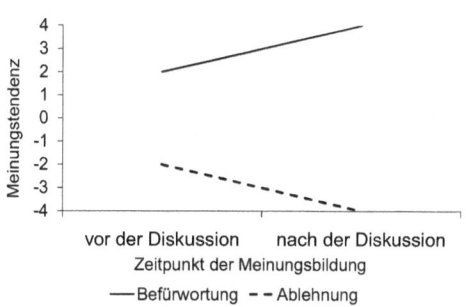

Abbildung 3.16: Theoretische Annahmen zur Gruppenpolarisation

Der in der Meinungsverteilung sich niederschlagende theoretische Effekt der Gruppenpolarisation ist in Abbildung 3.16 dargestellt.

Ein Beispiel für die verstärkende Wirkung von Gruppendiskussionen auch bei Einstellungen gegenüber unterschiedlichsten Themen haben Myers und Bishop (1970) gezeigt. Sie wählten Versuchsteilnehmer aus, die entweder eine positive oder eine negative Einstellung zu einem Einstellungsgegenstand hatten. So bildeten sie z. B. zwei Gruppen, die sich hinsichtlich ihres Vorurteils gegenüber Mitgliedern einer anderen Rasse unterschieden. Die Teilnehmer wurden nun vor und nach einer Diskussion gebeten, ihre Meinung zu verschiedenen Themen abzugeben, unter anderem zum Thema Rassentrennung. In beiden Gruppen zeigte sich die verstärkende Wirkung der Gruppendiskussion in Bezug auf die Ausgangstendenz der Gruppenmitglieder.

Die Diskussion in der Gruppe mit Mitgliedern, die eine sehr ähnliche Meinung hatten, führte dazu, dass die Befürworter von Rassentrennung diese nun noch vehementer vertraten, während die Gruppen, deren Mitglieder auch schon vor der Diskussion die Rassentrennung abgelehnt hatten, nun dieses Urteil forcierten (Abbildung 3.17 auf der nächsten Seite).

Der ursprünglich bestehende Abstand zwischen den beiden Gruppen vergrößerte sich durch die Diskussion deutlich. Gruppenpolarisation ist die durch die Gruppe verursachte Verstärkung der bei den Mitgliedern vorherrschenden durchschnittlichen Tendenz. Die Gruppenmeinung rückt also stärker zu dem Pol hin, zu dem die Mitglieder von Anfang an tendierten.

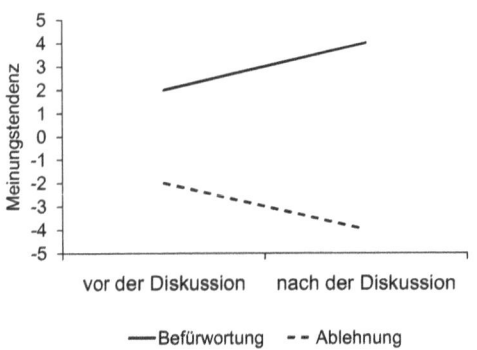

Abbildung 3.17: Empirische Befunde zur Gruppenpolarisation nach Myers und Bishop (1970)

Gruppenpolarisation kann sowohl durch Informationseinfluss als auch durch normativen Einfluss entstehen. Von Informationseinfluss sprechen wir dann, wenn die Gruppenmitglieder einander als Informationsquellen ansehen und wenn sie wechselseitig annehmen, dass die Interpretationen der anderen in einer mehrdeutigen Situation eventuell richtiger sind als ihre eigenen.

Der Prozess, der sich dabei in der Gruppendiskussion abspielt, ist folgendermaßen: In der Diskussion wird ein Pool von Ideen hervorgebracht, die meistens den Gruppenstand unterstützen. Dies wissen wir aus Befunden der Forschung zum Hidden-Profile-Paradigma (Seite 155). Ideen, die mit dem gemeinsamen Wissen der Gruppenmitglieder übereinstimmen, werden häufiger in Diskussionen ausgesprochen und beeinflussen auch stärker die Diskussion (Gigone & Hastie, 1993; Larson, Foster-Fishman & Keys, 1994).

Weiter bringen Gruppenmitglieder auch Gedanken ein, die von anderen bisher nicht gedacht worden sind. Wenn es sich dabei um ungeteilte Gedanken handelt, also um Gedanken, die vorher von einzelnen Gruppenmitgliedern nicht gedacht worden sind, dann können diese in der Diskussion wirken, sie können überzeugend, persuasiv, sein. In diesem Fall können solche Argumente ihren Einfluss dadurch geltend machen, dass sie tiefer verarbeitet werden. Eine tiefere Verarbeitung heißt ein intensiveres und gründlicheres Abwägen aller Assoziationen, die für oder gegen diesen neuen Gedanken sprechen. Wird dieser neue Gedanke als stichhaltig empfunden, so wird die Einstellung in Richtung auf dieses Argument geändert. Diese Erklärung findet sich im Elaboration-Likelihood-Modell (ELM) von Petty und Cacioppo (1984, siehe Kapitel 1, S. 45).

Zusätzlich zu diesem Aspekt des Hörens und Verarbeitens von Argumenten und Gedanken, die in der Gruppendiskussion ausgetauscht werden, spielt aber auch noch die *aktive Teilnahme* an der Diskussion eine wichtige Rolle. Aktive Teilnahme bewirkt im Allgemeinen stärkere Einstellungsänderungen als bloßes passives Zuhören. Wenn die Teilnehmer die Ideen, die andere geäußert haben, in ihren eigenen Worten wiederholen, so ist es eine Art persönliches Commitment, und dieses verstärkt den Einfluss der geäußerten Idee.

Brauer, Judd und Gliner (1995) zeigten, dass je mehr Gruppenmitglieder die Ideen eines anderen wiederholten, desto stärker beschäftigten sie sich damit und desto eher akzeptierten sie diese als richtig. Eine Erklärung ist, dass das Wiederholen von schon eingebrachten Ideen oder Meinungen, die zudem von der Gruppe positiv bewertet wurden, Ausdruck einer Suche nach Zustimmung ist.

Ähnliche Überlegungen haben Semin (1990) zu der Auffassung geführt, dass die Polarisation der Einstellungen und Meinungen nur ein Pseudo-Gruppenphänomen ist, da dieser Effekt auch bei Einzelpersonen erreicht werden kann. Die Qualität der Argumente ist die entscheidende Wirkgröße, die eine Einstellung extremer werden lassen kann. Und die Argumentqualität beeinflusst auch die Meinung Einzelner.

3.3 Sozialer Einfluss in Gruppen

Gruppenpolarisation aufgrund des normativen Einflusses lässt sich erklären über die Bedeutung, die der soziale Vergleich dabei spielt. Die Theorie des sozialen Vergleichs (Festinger) geht davon aus, dass wir ein Bedürfnis haben, unsere Meinungen zu bewerten. Wenn wir unsicher sind, ob unsere Einstellung richtig ist, dann überprüfen wir dies zunächst an Personen unserer Bezugsgruppen. Diese sind für uns wichtig, und wir nehmen sie daher als Standard, an dem wir unsere Meinungen und Einstellungen überprüfen. Aber darüber hinaus spielt auch das Bedürfnis, von anderen gemocht und akzeptiert zu werden, eine Rolle. Wenn wir feststellen, dass andere unserer Meinung zustimmen, dann äußern wir diese noch pointierter, um mehr Zustimmung zu erhalten.

Der Erklärungsansatz der sozialen Vergleichstheorie geht davon aus, dass ein Vergleich zwischen Positionen gezogen wird. Es ist nicht unbedingt notwendig, dass zu diesem Vergleich auch eine Auseinandersetzung mit den Argumenten der Vergleichspersonen gehört. Die Frage, die sich Forscher gestellt haben (Zajonc, 1968; Bornstein & D'Agostino, 1992) war, ob denn auch die bloße Konfrontation („mere exposure") mit einer Position bewirkt, dass wir uns in unserer Meinungstendenz verstärken.

Brauer et al. (1995) zeigten, dass Personen sich in ihren Überzeugungen allein schon dadurch verstärken können, dass sie ihre eigenen Argumente wiederholen. Von Bedeutung ist dies z. B. im Vorfeld von Wahlen. In der Tat hat auch das bloße Lesen von Ergebnissen einer Meinungsumfrage einen Polarisationseffekt insofern, dass auch hier eine Intensivierung der ursprünglichen Einstellung erfolgt. Allerdings ist dieser Effekt nicht so stark wie unter Kommunikationsbedingungen.

Einen anderen Erklärungsversuch des Phänomens der Gruppenpolarisation bietet die Selbstkategorisierungstheorie (Kapitel 4, S. 168). Die Grundannahme der Selbstkategorisierungstheorie ist, dass Personen sich als Mitglied einer Ingroup kategorisieren und Konformität hinsichtlich der Normen dieser Eigengruppe zeigen. Wenn sich die Normen der eigenen Gruppe nun, um sich stärker von einer Fremdgruppe zu unterscheiden, von den Normen dieser Outgroup fortbewegen, dann polarisieren sich auch die individuellen Normen. Gruppenpolarisation ist hier also eine Differenzierung innerhalb der Gruppen. Zunächst besteht das Bedürfnis, die eigene Meinung mit der Meinung der anderen zu vergleichen (Theorie des sozialen Vergleichs).

Hinzu kommt aber nach der Theorie der sozialen Identität (Tajfel & Turner, 1986) ein Streben nach einem positiven Selbstbild und ein Bedürfnis, auch von anderen positiv eingeschätzt und wahrgenommen zu werden. Dadurch entsteht eine Verzerrung (ein Bias). Man nimmt sich als „besser" oder als der Norm angemessener wahr als die anderen. Man sieht, dass die anderen Meinungen vertreten, die noch stärker in die von der Gruppe positiv eingeschätzte Richtung gehen als die eigene Meinung. Woraufhin man sich wiederum noch extremer in diese Richtung begibt, um sich positiv von den anderen zu unterscheiden und um von ihnen positiv wahrgenommen zu werden.

Die Gruppenpolarisation vollzieht sich nach der Theorie der sozialen Identität in drei Stufen (Hogg & Vaughan, 2005, S. 343).

- Die erste Stufe bedeutet die Wahrnehmung der tatsächlichen Verteilung der Einstellungen innerhalb der Ingroup. Durch den tatsächlichen oder vorgestellten Vergleich mit einer Fremdgruppe kommt es zu einer deutlichen Abgrenzung von Positionen der eigenen Gruppe und Positionen der Fremdgruppe.
- Es erfolgt eine Polarisation der Ingroup-Norm fort von Positionen außerhalb der Ingroup.

– Auf der dritten Stufe akzeptieren die Ingroup-Mitglieder die polarisierte Ingroup-Norm. Die Verteilung der Einstellungen wird homogener und polarisierter.

Gruppendenken

Der Einfluss der Gruppe auf das Denken und Verhalten einzelner Mitglieder wie auch der gesamten Gruppe kann dann gefährlich werden, wenn es die Meinungen in einer Weise beeinflusst, dass keinerlei Alternativen mehr gesehen werden. Janis (1972) beschreibt dieses Phänomen als den Zustand des Denkens, in den Personen geraten, wenn der Wunsch nach Übereinstimmung so dominant in einer kohäsiven Gruppe wird, dass er jede realistische Einschätzung von Alternativen verhindert. Dieses Phänomen wird seitdem als Gruppendenken bezeichnet.

Janis analysierte historische Fehlentscheidungen der US-amerikanischen Außenpolitik (unter anderem die Nichtvorhersage des Angriffs auf Pearl Harbour, die Invasion in der Schweinebucht auf Kuba, Vietnamkrieg) und kam zu der Schlussfolgerung, dass Gruppendenken diese Fehlentscheidungen begünstigte. Auch Untersuchungen anderer fataler Entscheidungen ziehen diese Konsequenz.

So analysierten Moorhead, Ference und Neck (1991) wie es zu der Katastrophe der Raumfähre Challenger kam. Die NASA hatte entschieden, die Raumfähre Challenger im Januar 1986 zu starten. Mit an Bord gehen sollte der erste Zivilist, eine Lehrerin. Ingenieure der Firmen, die die Trägerstufen und die Kapsel hergestellt hatten, sprachen sich gegen den Start aus, da sie Materialschäden aufgrund der herrschenden frostigen Temperaturen befürchteten. Die Ingenieure befürchteten, dass die Kälte das Gummi zwischen den einzelnen Tanks brüchig machen würde und hatten bereits einige Monate vor dem geplanten Start vor dieser Gefahr gewarnt. Am Abend vor dem Start brachten die Ingenieure in einer Telefondiskussion noch einmal zum Ausdruck, dass sie den Start als zu gefährlich ansahen. Für das Management stand viel Geld auf dem Spiel und die NASA wollte das Projekt unbedingt wegen der Außenwirkung „Lehrer im Weltraum" starten. Ein Ingenieur sagte später, sie hätten krampfhaft einen Weg gesucht, dem Management zu beweisen, dass die Trägerraketen nicht arbeiten würden. Aber sie hätten nicht absolut beweisen können, dass es nicht funktionieren würde. Daraufhin kam es zu Konformitätsdruck von Seiten der NASA und auch innerhalb der beteiligten Firmen. Der Manager bezog im Folgenden nur noch die Vertreter des Managements in die Diskussion ein und ignorierte die Ingenieure. Der NASA-Vertreter, der die letzte Entscheidung zum Start traf, erfuhr so nichts von den Befürchtungen der Ingenieure und gab, auf die Kompetenzen seines Teams vertrauend, den Befehl zum tragischen Start.

Die Analyse des Entscheidungsprozesses zeigt eine Reihe von Verkettungen, in denen auf unterschiedlichen Entscheidungsstufen Konformitätsdruck ausgeübt wurde, eine Abkapselung innerhalb der Gruppe stattgefunden hatte und dass alle Prozesse darauf ausgerichtet waren, eine Illusion von Übereinstimmung zu schaffen und alle störenden Einflüsse auszuschalten, um das gemeinsame Ziel, das sich die Gruppe gesetzt hatte und das sie gegen den Widerstand von außen verteidigte, zu erreichen.

In Janis Modell des Gruppendenkens spielen drei Ausgangsbedingungen eine große Rolle, die die Suche nach Zustimmung und Übereinstimmung verstärken (Abbildung 3.18 auf der nächsten Seite).

– Dies ist zum einen das Ausmaß der Gruppenkohäsion. Gruppenkohäsion fördert den Wunsch nach Übereinstimmung innerhalb der Gruppe.

3.3 Sozialer Einfluss in Gruppen

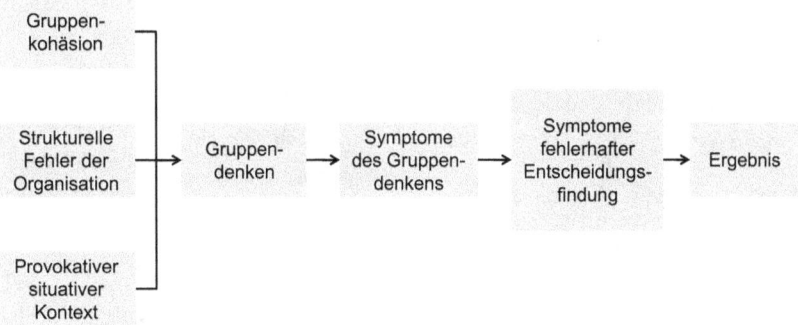

Abbildung 3.18: *Gruppendenken nach Janis (1972)*

- Die zweite Bedingung sind strukturelle Fehler der Organisation innerhalb der Gruppe. Dazu gehören die Isolation der Gruppe und ihre Abkapselung von anderen Standpunkten, ein direktiver Führer, der die Situation kontrolliert und der seine Wünsche und Vorstellungen deutlich macht, dazu gehören auch fehlende Normen, wenn es um die Einbeziehungen alternativer Standpunkte geht, und schließlich die Gruppenhomogenität der Gruppenmitglieder, die in Bezug auf ihren sozialen Hintergrund und ihre Überzeugungen wenig Varianz aufweisen.
- Die dritte Bedingung ist ein provokativer situativer Kontext. Hoher Stress innerhalb der Gruppe, der durch Druck von außen erzeugt wird (z. B. Erwartungen an das Gelingen einer Arbeit), wie auch temporär niedrige Selbsteinschätzung, weil es zu Schwierigkeiten bei der augenblicklichen Entscheidungsfindung kommt, bilden einen Kontext, gegen den sich die Gruppe zur Wehr setzen muss.

Diese drei Bedingungen führen dazu, dass verstärkt in der Gruppe nach Zustimmung gesucht wird. Der Wunsch nach Zustimmung und die Suche nach Übereinstimmung führen zu den Symptomen des Gruppendenkens.

Ahlfinger und Esser (2001) gruppieren die Symptome des Gruppendenkens in drei Typen:

- Typ I beschreibt die *Selbstüberschätzung der Gruppe*. Die Gruppe hat die Illusion der Unverletzbarkeit, sie fühlt sich unbesiegbar und unfehlbar. Oft findet sich auch eine nicht hinterfragte Überzeugung, dass ihr Tun richtig und gerechtfertigt ist.
- Typ II enthält Aspekte eines *eingeengten Denkens*. Inkonsistente Informationen werden wegrationalisiert. Konträre Meinungen werden vereinfachend und stereotyp behandelt und zur Seite geschoben.
- Typ III beschreibt Prozesse des *Drucks zur Einheitlichkeit*. Abweichler werden unter Druck gesetzt, sich der Majorität anzuschließen. Dazu gehört auch die Illusion der Übereinstimmung, die geschaffen wird, indem der Kontakt zu Personen mit abweichender Meinung vermieden wird. Es bilden sich Meinungswächter heraus, das sind Gruppenmitglieder, die die Entscheidungsträger und die Gruppe vor konträren Standpunkten schützen. Schließlich

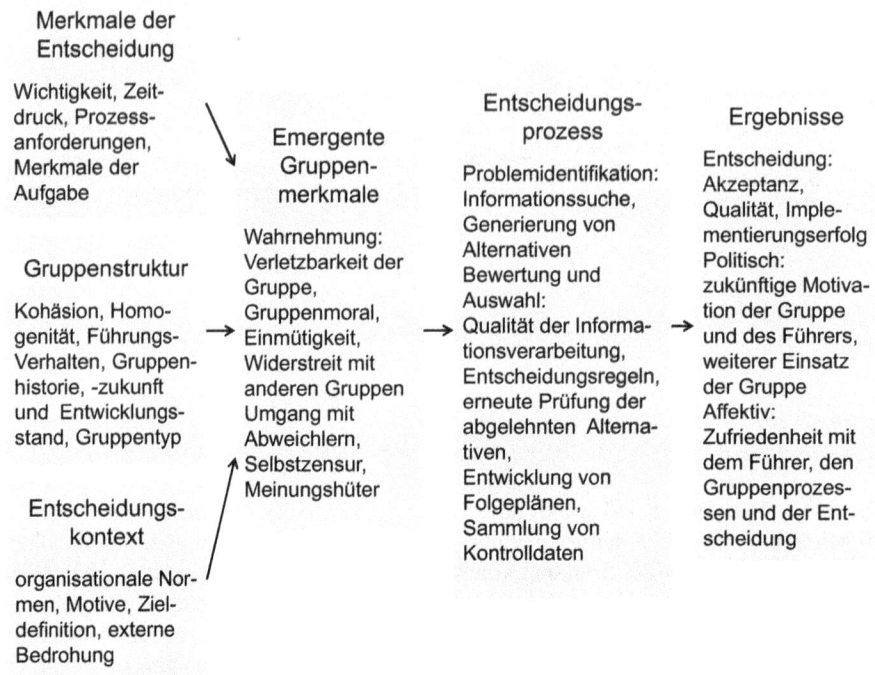

Abbildung 3.19: Das Modell des Problemlösens in Gruppen nach Aldag und Fuller (1993)

kommt es zur Selbstzensur, indem die Mitglieder sich entschließen, Gegenmeinungen nicht länger zu äußern, um den erfolgreichen Abschluss der Aufgabe nicht zu gefährden.

Als Folge dieser Prozesse kommt es zu fehlerhafter Entscheidungsfindung. Symptome sind die unvollständige Erhebung von alternativen Standpunkten und Aspekten, das Versäumnis, die Risiken der favorisierten Alternative zu prüfen, das Versäumnis, die verworfenen Alternativen erneut zu bewerten, eine schlechte, unvollständige Informationssuche, eine selektive Informationsverarbeitung und vor allen Dingen das Versäumnis, Folgepläne zu entwickeln für den Fall möglicher Konsequenzen.

Janis Modell ist vielfach überprüft worden. Nicht immer konnten alle Annahmen bestätigt werden (Park, 1990; Aldag & Fuller, 1993; Esser, 1998). Bestand scheint aber zu haben, dass bestimmte strukturelle Faktoren der Gruppe und der Gruppenzusammensetzung (Abkapselung, direktiver Führungsstil, Homogenität der Gruppe) Gruppendenken fördern. Vor allem spielen aber auch der Zeitfaktor und die Wichtigkeit und Bedeutung der Entscheidung eine Rolle. Beide Faktoren sind nur implizit in Janis Modell enthalten, da er sich von vornherein mit extrem wichtigen Entscheidungen, die in der Regel auch in einem kleinen Zeitfenster getroffen werden mussten, befasst hat. Aldag und Fuller (1993) greifen beide Faktoren explizit in ihrem Modell auf und transformieren Janis Annahmen in ein allgemeines Modell des Problemlösens in Gruppen (siehe Abbildung 3.19). Das Modell integriert in umfassender Weise die empirisch identifizierten Einflussfaktoren und zeigt zudem weitere Folgen des Gruppendenkens auf. Das Besondere dieses Modells ist sein prozeduraler Charakter und die genaue Ausfaltung des Entscheidungsprozesses in Problemidentifikation, Generierung und Bewertung von Alternativen. In unterschiedlichen Phasen des Problemlöseprozesses durch die Gruppe müssen unterschiedliche Bedingungen gegeben sein, damit jeweils eine optimale Situation für die Bewältigung der Teilaufgabe da ist. Weiterhin werden in dem Modell auch die Merkmale der Entscheidung berücksichtigt, zu denen insbesondere die Aufgabenmerkmale gehören. Bei den Gruppenstrukturen werden Aspekte einbezogen, die über die einfache Beschreibung der Gruppe durch den Grad der Kohäsion hinausgehen. Diese zeitabhängigen und auf die Aufgabenart bezogenen Aspekte des Arbeitens in Gruppen werden auch in Ansätzen wie dem Aufgaben-Circumplex-Modell (siehe S. 161) aufgegriffen.

Die Metapher „think tank" (Denkfabrik) kennzeichnet nach Hart (1998) den idealen Prozess der Gruppenentscheidung. Eine Gruppe, die als Denkfabrik funktioniert, geht möglichst rational und strukturiert an das Entscheidungsproblem heran. Sie versucht, die Fallstricke sozialer Einflüsse bei der Entscheidungsfindung zu vermeiden, insbesondere die Probleme bei der Informationssuche, der Informationsweitergabe und bei den Schlussfolgerungen aus den vorhandenen Informationen. Dazu muss sie das Problem sorgfältig analysieren, relevante Informationen einholen und sie kritisch bewerten, Entscheidungsalternativen erwägen und diejenige auswählen, die nach rationalen Kriterien die beste zu sein scheint. Dass dies nicht einfach zu verwirklichen ist, wird im Abschnitt über die Gruppe als informationsverarbeitendes System erläutert.

Präventionen zur Vermeidung von Gruppendenken setzen vor allen Dingen bei den strukturellen Faktoren der Organisation von Gruppenarbeit an (vgl. Schulz-Hardt & Frey, 2000). Eine zentrale Rolle kommt dabei dem Führer der Gruppe zu. Er sollte die Gruppe ermutigen, Zweifel und Einwände zu äußern, und sollte auch Kritik an eigenen Ideen akzeptieren. Der Führer sollte unparteiisch sein, das heißt, er sollte nicht von vornherein durch das Äußern von Vorstellungen und Wünschen in Bezug auf das Ergebnis der Gruppenarbeit Einfluss nehmen.

Eine Prävention, die von übergeordneter Stelle vorgenommen werden kann, ist das Einsetzen verschiedener unabhängiger Gruppen, die am gleichen Problem arbeiten. Dadurch ist gewährleistet, dass eventuell auch durch die Konkurrenz dieser Gruppen alternative Lösungen ausgelotet werden können.

Eine präventive Maßnahme innerhalb einer Gruppe ist die Bildung von Subgruppen, die sich unabhängig voneinander treffen. Kommt die Gruppe zusammen, so sollten Experten herangezogen werden, die auch die Standpunkte von Mitgliedern mit einer zentralen Position hinterfragen sollen. Externe Experten können dies eher als einfache Gruppenmitglieder. Durch die Einrichtung der Rolle eines *Teufelsadvokaten* kann die Gruppe das Hervorbringen konträrer Argumente legitimieren und abweichende Meinungen vor dem Gruppendruck schützen.

Sind konträre Meinungen vorhanden, so sollte versucht werden, die Intentionen der Gegner und Abweichler zu berücksichtigen. Die Frage, warum abweichende Meinungen vorliegen und vorgetragen werden, führt zu einer gründlicheren Auseinandersetzung mit Gegenpositionen. Ist schließlich ein Konsens erreicht, so sollte dieser nicht als endgültig festgestellt werden, sondern als vorläufig, und es sollte ein weiteres Treffen stattfinden, auf dem alle Gegenargumente noch einmal eine Chance erhalten.

3.4 Gruppenleistung

3.4.1 Leistung bei Anwesenheit anderer

Ein Ausbilder schaut zu, wie der Lehrling ein Eisenrohr passend schneidet. Ein Führerscheinneuling macht die erste Fahrt im Auto seines Vaters, der neben ihm sitzt. Ein Sänger singt vor einem großen Publikum. Eine Fußballmannschaft spielt im eigenen Stadion. Die Frage, mit der wir uns hier befassen wollen, ist: Führt die Anwesenheit anderer dazu, dass wir bessere Leistungen erbringen oder hemmt sie uns in der Durchführung unserer Aufgaben?

Eine faszinierende Untersuchung zu dieser Frage ist das Küchenschaben-Experiment (Zajonc, Heingartner & Herman, 1969): In diesem Experiment wurde die durchschnittliche Sekundenzahl gemessen, die Küchenschaben brauchen, um einem hellen Licht zu entkommen. Es wurden zwei Bedingungen variiert. Die Küchenschaben erhielten entweder eine einfache oder eine komplexe Aufgabe. In der einfachen Aufgabe hatten sie freie Bahn, und sie konnten vor dem Lichtstrahl einfach fortlaufen. In der komplexen Aufgabe wurden sie in ein Labyrinth entlassen, aus dem sie den Ausgang suchen mussten. Der zweite Faktor bestand ebenfalls aus zwei Bedingungen. Die Küchenschaben mussten die Aufgabe entweder allein lösen oder co-agierend, das heißt, ihnen wurde eine zweite Küchenschabe zur Seite gestellt.

Bei der einfachen Aufgabe zeigte sich, dass die Küchenschaben alleine deutlich länger brauchten, als wenn sie zu zweit das Weite suchen konnten. Bei der komplexen Labyrinthaufgabe aber war es umgekehrt. Hier brauchte die Küchenschabe bei Anwesenheit einer anderen Schabe deutlich länger, um dem hellen Licht zu entkommen, als wenn sie alleine war.

Mit diesem Experiment wird die zentrale Frage nach der Auswirkung der Anwesenheit anderer auf die Leistung eines Individuums deutlich. Zu dieser Frage gibt es frühe Untersuchungen. So verglich Triplett schon 1898 Leistungen von Radrennfahrern beim Fahren gegen die Uhr mit ihren Leistungen, wenn sie gegeneinander oder mit Schrittmachern fuhren. Triplett untersuchte auch, wie schnell 9–12jährige Kinder Angelrollen aufwickeln, wenn sie allein bzw. wenn sie im Wettbewerb mit anderen arbeiteten.

Da in diesen Untersuchungen noch der Wettbewerbsaspekt als zusätzliche Motivationskomponente eine Rolle spielen konnte, eliminierte F. H. Allport (1924) die Wettbewerbskomponente und ließ Personen einfach verschiedene kognitive Aufgaben bearbeiten. Sie mussten dies entweder allein oder in Anwesenheit anderer, die die gleiche Aufgabe lösten, tun, aber nicht im Wettbewerb mit ihnen.

Für das Phänomen, dass es bei Anwesenheit anderer zu besseren Leistungen kam als in der isolierten Bedingung, prägte er den Begriff „Social Fascilitation" (*soziale Erleichterung*). Solche Leistungsverbesserungen können sowohl auftreten, wenn die Leistung parallel zu anderen Personen erbracht wird, die die gleiche Aufgabe bearbeiten, als auch wenn die Leistung vor passiven Zuschauern erfolgt. Im ersten Fall wird von einer Co-Aktions-Situation gesprochen, im zweiten von einer Zuschauer-Situation.

Die Ergebnisse dieser ersten Studien waren konträr. Manche Studien ergaben eine Leistungsverbesserung bei Anwesenheit anderer Personen. Das ist der Effekt der sozialen Erleichterung. Manche Studien ergaben eine Leistungsminderung bei Anwesenheit anderer. Dieser Effekt wird *soziale Hemmung* genannt. Oft werden beide Effekte als *Social-Fascilitation-and-Inhibition-Effekt* (SFI) zusammengefasst.

Einen wichtigen Beitrag zur Auflösung dieser widersprüchlichen Ergebnisse konnten Zajonc und Sales (1966) in einem Experiment bringen, in dem sie das Konzept der dominanten Antworttendenz einführten.

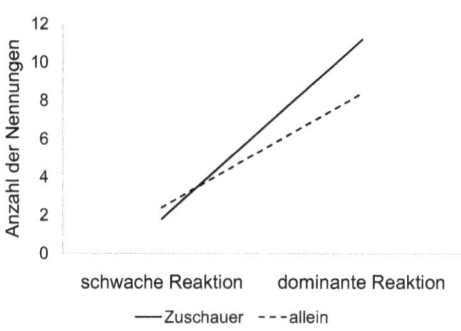

Abbildung 3.20: Dominante Antworttendenz, Hemmung und Erleichterung nach Zajonc und Sales (1966)

In diesem Experiment mussten die Versuchspersonen zunächst sinnlose Wörter unterschiedlich häufig aussprechen (1–16 Mal). Dann wurde ihnen gesagt, dass diese Wörter auf einem Bildschirm erscheinen würden und sie sagen sollten, welches Wort es war. Tatsächlich wurden jedoch nur ganz kurz ($\frac{1}{100}$ Sek.) unterschiedliche schwarze Linien gezeigt. Die Versuchspersonen „sahen" jedoch meistens die Wörter, die sie am häufigsten ausgesprochen hatten (Abbildung 3.20). Man sagt, dass diese Wörter zur *dominanten Reaktion* geworden waren. In der Bedingung, in der die Versuchspersonen das gleiche in Anwesenheit zweier Zuschauer taten, äußerten sie die dominanten Wörter sogar noch häufiger. Was bedeutet das? Offensichtlich werden dominante Reaktionen durch die Anwesenheit anderer gefördert. Dominante Reaktionen sind Reaktionen, die in einer bestimmten Reizsituation im Verhaltensrepertoire des Individuums Vorrang vor den anderen haben.

Zajonc (1965) erklärte das häufigere Nennen dominanter Silben (Wörter, die die Versuchspersonen im eben geschilderten Experiment häufig genannt hatten in der Einübungsphase) damit, dass die Gegenwart anderer das Triebniveau der Person erhöht, es also zu einer Aktivierung kommt, und diese Aktivierung erhöht die Ausführung dominanter Reaktionen. Zu einer besseren Leistung aber kommt es nur bei einfachen Aufgaben, bei denen es dominante Reaktionen gibt, die richtig und gut gelernt sind, nicht aber bei schwierigen Aufgaben, bei denen die Lösung nicht so gut gelernt ist. Hier hemmt die Gegenwart anderer das Finden der richtigen Lösung.

Zajoncs Erklärungsansatz zählt zu den *triebtheoretischen Modellen*, die annehmen, dass durch einen „drive" oder eine Erregung automatische (ohne kognitive Vermittlung) Reaktionen ausgelöst werden. Nach Zajoncs Ansicht genügt die bloße Anwesenheit anderer, um eine Erregung auszulösen und erleichternde oder hemmende Effekte zu bahnen. Es bedarf keiner weiteren Annahmen über die Situation und die Bedeutung der anwesenden Personen, lediglich die Schwierigkeit der Aufgabe muss einbezogen werden, da sie determiniert, ob die dominanten Reaktionen die richtigen Reaktionen sind.

Damit kann Zajonc die meisten der widersprüchlichen Befunde erklären. Einfache, gut gelernte Tätigkeiten (wie Radfahren) werden durch die Trieberhöhung gefördert, schwierige komplexe Tätigkeiten (wie Kopfrechnen mit dem großen Einmaleins) dagegen gehemmt.

Ebenfalls zu den triebtheoretischen Modellen zählt Cottrells Ansatz, der Zajons Modell erweiterte (Cottrell, Wack, Sekerak & Rittle, 1968; Cottrell, 1972). Cottrell nahm an, dass die bloße physische Präsenz (mere presence) nicht ausreicht, um Erregung zu erzeugen, sondern dass die Erhöhung des Triebniveaus eine Folge von Bewertungsangst ist. Die Gegenwart anderer beunruhigt, weil wir uns fragen, wie sie uns wohl bewerten.

Um seine Annahme zu überprüfen, wiederholte Cottrell das Experiment von Zajonc und Sales und fügte eine weitere Bedingung hinzu. In dieser Bedingung hatten die anwesenden Personen die Augen verbunden und warteten angeblich auf ein Wahrnehmungsexperiment. Dadurch wurde erreicht, dass die Anwesenden ohne jeden Bezug zur Aufgabe waren und also eine bloße Anwesenheit von Personen verkörperten. Im Gegensatz zu den beobachtenden Zuschauern hatte die Gegenwart dieser bloß Anwesenden keinen Einfluss auf die Zahl der genannten dominanten Wörter. Cottrell nimmt dies als Beleg dafür, dass die Versuchsteilnehmer nur von den beobachtenden Zuschauern, nicht aber von den nur anwesenden und in keiner Beziehung zu ihnen stehenden Personen bewertende Reaktionen erwarteten.

In einer dezidierten Analyse von Experimenten zur Wirkung bloßer Anwesenheit kommen Jonas und Tanner (2006) zu dem Schluss, dass es sehr wohl einen Mere-Presence-Effekt gibt und in diesem Fall somit Zajonc recht hat.

Aber auch Cottrells Annahme bezüglich der Wirkung von Bewertungsangst ist in verschiedenen Experimenten bestätigt worden. Die dominanten Reaktionen werden am stärksten unterstützt, wenn die Person glaubt, sie würde bewertet werden. In einem Experiment von Worringham und Messick (1983) zeigte sich, dass Jogger ihre Laufgeschwindigkeit erhöhten, wenn sie an einer Frau vorbeikamen, die ihnen zugewandt im Gras saß, nicht aber, wenn diese mit dem Rücken zu ihnen saß.

Dass die Gegenwart anderer und die damit verbundene Bewertungsangst aber bei weniger gut eingeübten und schwierigen Aufgaben leistungshemmend wirkt, zeigt beispielsweise das Ergebnis von Rosenbloom, Shahar, Perlman, Estreich und Kirzner (2007). In ihrer Untersuchung bestanden mehr Führerscheinprüflinge die Prüfung, wenn sie alleine geprüft wurden, als wenn sie mit einem weiteren Prüfling im Auto saßen. (Aber: Männer waren besser wenn die zweite Person eine Frau war; hier ist nicht auszuschließen, dass die männlichen Prüfer von einem impliziten Stereotyp beeinflusst waren.)

Durch die Hinzunahme von Bewertungsangst lässt sich auch erklären, warum Personen am besten abschneiden, wenn ihr Co-Akteur ihnen etwas überlegen ist; warum diejenigen Personen, die sich am meisten vor der Bewertung anderer fürchten, am stärksten durch die Gegenwart anderer beeinflusst werden; warum der Erleichterungseffekt am stärksten ist, wenn die anderen unbekannt sind und schlecht im Auge behalten werden können.

Aus den Befunden hat man die Schlussfolgerung gezogen, dass die Anwesenheit anderer aufgrund von Bewertungsangst den Drive erhöht und bei einfachen Aufgaben diejenigen dominanten Verhaltensweisen fördert, die zu guten Lösungen führen, dass der erhöhte Drive aber bei komplexen Aufgaben dominante Verhaltensweisen unterstützt, die zu falschen Lösungen führen, da es dafür noch keine automatisieren richtigen Lösungswege gibt.

J. M. Jackson und Williams (1985) erinnerten aber an Befunde von Schachter zur Affiliationsforschung (siehe Kapitel 2), die gezeigt hatten, dass die Gegenwart anderer unter bestimmten Bedingungen angstreduzierend wirkt, oder an das Experiment von J. M. Jackson und Latané (1981), in dem Schauspieler weniger Lampenfieber hatten, wenn sie mit anderen auf der Bühne co-agierten. Die Anwesenheit anderer scheint somit auch Erregung reduzieren zu können.

J. M. Jackson und Williams testeten diese Annahme in einem Experiment. In der Einzelbedingung lösten die Versuchsteilnehmer einzeln am Computer Labyrinthaufgaben. Ihnen wurde gesagt, dass ihre Lösungszeiten zu einem individuellen Wert verrechnet würden. In der Co-Aktions-Bedingung arbeiteten jeweils zwei Personen gleichzeitig. Auch ihnen wurde gesagt,

3.4 Gruppenleistung

dass jeweils individuelle Leistungswerte berechnet würden. Die dritte Bedingung war eine Kollektiv-Bedingung. Es arbeiteten wieder zwei Personen gleichzeitig, aber diesmal wurde den Teilnehmern gesagt, dass nur ein gemeinsamer Leistungswert erfasst würde und keine individuellen Werte. Faktisch wurden aber auch hier die individuellen Werte notiert. Jackson und Williams variierten zudem noch die Schwierigkeit der Aufgaben.

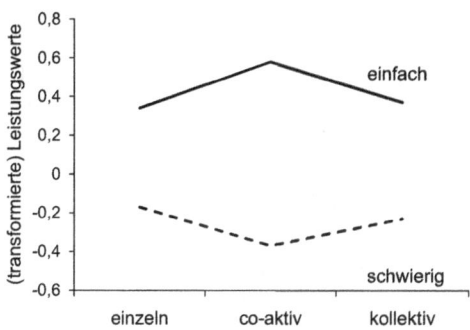

Abbildung 3.21: Bearbeitungszeiten von Aufgaben nach J. M. Jackson und Williams (1985)

Neben dem naheliegenden Ergebnis, dass einfache Aufgaben eine kürzere Bearbeitungszeit haben als komplexe Aufgaben (Abbildung 3.21), zeigte sich aber darüber hinaus, dass die individuelle Bewertung coagierender Personen die individuelle Leistung bei einfachen Aufgaben fördert (die Bearbeitungszeit war kürzer), dass bei schwierigen Aufgaben aber die individuelle Bewertung in einer Co-Aktionssituation die individuelle Leistung hemmt (längere Bearbeitungszeit).

Interessant ist vor allem der Effekt der kollektiven Bewertung. Bei schwierigen Aufgaben war die individuelle Leistung in der vermeintlich kollektiv bewerteten Situation besser (kürzere Bearbeitungszeiten) als in der individuell bewerteten co-aktiven Situation. Bei einfachen Aufgaben dagegen führte die kollektive Bewertung zu einer Leistungsminderung. J. M. Jackson und Williams führen die Leistungssteigerung bei komplexen Aufgaben auf die durch die anonymisierte (kollektive) Leistungserfassung reduzierte Bewertungsangst zurück. Die Anwesenheit anderer wirkt hier im Sinne einer sozialen Erleichterung. Die hemmende Wirkung einer kollektiven Bewertung bei einfachen Aufgaben interpretieren sie als Social Loafing (soziales Faulenzen). Die Nicht-Identifizierbarkeit der individuellen Leistung führt zu geringerer Leistung.

In realen Gruppen ist dieses Phänomen sehr bekannt. Jeder hat sich vermutlich schon einmal darüber geärgert, dass ein Teammitglied sich auf die Arbeit der anderen verlässt und selbst nicht vollen Einsatz zeigt. Für die Gruppenleistung ist das ebenso wenig dienlich wie für das Gruppenklima. Soziales Faulenzen in interagierenden Gruppen wird ab Seite 143 wieder aufgegriffen.

Andere Erklärungsansätze zum SFI-Effekt lassen sich als *Ablenkungskonflikt-Modelle* beschreiben. Hierzu gehören insbesondere die Annahmen von Sanders und Baron (Sanders & Baron, 1975; Baron, Moore & Sanders, 1978; Sanders, 1981). Zwar nehmen auch sie die Wirkung von Drive-Effekten an, sehen deren Auslösung aber in einem Ablenkungskonflikt, der durch die Gegenwart anderer entsteht.

Ihre Annahme ist, wenn Personen andere als Zuschauer wahrnehmen und sich Gedanken über deren Reaktion machen, dann werden sie in ihrer Aufmerksamkeit von der eigentlichen Aufgabe zum Teil abgelenkt werden. Es kommt zu einem Konflikt zwischen den Aufmerksamkeitsanforderungen durch die Aufgabe und der Aufmerksamkeitsanforderung durch die anderen Personen. Dieser Konflikt erzeugt Erregung, das heißt ein erhöhtes Triebniveau. Ein erhöhtes Triebniveau erleichtert die Ausführung dominanter Reaktionen, folglich führt die Gegenwart anderer zu einer Erleichterung einfacher Aufgaben. Bei schwierigen Aufgaben reicht die reduzierte Aufmerksamkeit für die Aufgabe nicht mehr für eine gute Bearbeitung. Folglich hemmt die Ablenkung durch die anderen bei komplexen Aufgaben.

Sanders, Baron und Moore (1978) nehmen an, dass SFI-Effekte nur dann entstehen, wenn durch irgendwelche Faktoren eine Bewertung oder ein Wettbewerb angeregt werden. In solchen Fällen entsteht bei dem Individuum ein Bedürfnis, seine Leistungen einschätzen zu können. Dies kann es etwa durch den sozialen Vergleich im Sinne Festingers mit den co-agierenden Personen erreichen, oder indem es aus den Reaktionen der Zuschauern Hinweise darüber zieht, wie diese seine Leistung und seinen Leistungsfortschritt bewerten. Sie nehmen weiter an, dass die sozialen Vergleiche und die Bewertungssituation das Individuum zu mehr Einsatz und mehr Leistung anspornen. Bewertungssituationen erhöhen den Aufmerksamkeitskonflikt und damit auch das Triebniveau.

Mit den Annahmen sozialer Vergleiche ist bereits die nächste Gruppe von Erklärungsansätzen angesprochen, Ansätze, deren Schwerpunkt auf kognitiven Variablen liegt. Eine gewisse Unterstützung erhält die Ablenkungskonflikt-Theorie durch Befunde, die Wicklund und Duval (1971) im Rahmen ihrer *Theorie der objektiven Selbstaufmerksamkeit* erhoben haben. Sie zeigten, dass eine Leistungssteigerung durch Selbstbewertung erzielt werden kann. Versuchsteilnehmer, die eine Routineaufgabe lösten, während sie vor einem Spiegel saßen, erbrachten bessere Leistungen als Personen, die ohne Spiegel arbeiteten. Die Spiegelsituation ruft eine Selbstbewertung hervor, welche die Person die erbrachte Leistung mit ihren idealen Standards vergleichen lässt.

Auch die *Kontrolltheorie* von Carver und Scheier (1981) argumentiert, dass die Gegenwart anderer die Aufmerksamkeit des Individuums auf sich selbst lenkt. Sofern es eine Diskrepanz zu einem internen Standard oder zu einem Ziel wahrnimmt, versucht das Individuum in einer Art Rückmeldungsschleife, diese Diskrepanz zu reduzieren. Auf diese Weise kommt es zu einer Leistungsverbesserung.

Sanna (1992) erklärt die hemmende oder erleichternde Wirkung der Gegenwart anderer mit zwei Variablen, die in Banduras *Theorie der Selbstwirksamkeit* verankert sind: Erwartung von Wirksamkeit (Efficacy Expectation) und Erwartung von Ergebnissen (Outcome Expectation). Wenn Personen eine gute Leistung von sich erwarten, erwarten sie auch eine positive Bewertung von den zuschauenden Personen, und ihre Leistung wird unter Anwesenheit anderer besser sein als in einer Einzelsituation. Umgekehrt wird ihre Leistung vor Zuschauern schlechter sein als in einer Einzelsituation, wenn sie eine niedrige Selbstwirksamkeitserwartung haben und negative Bewertungen erwarten.

Sanna variierte das Ausmaß der Selbstwirksamkeitserwartung und das Ausmaß der Ergebniserwartung. Eine niedrige bzw. hohe Selbstwirksamkeitserwartung wurde durch ein falsches Feedback zu einer von den Versuchsteilnehmern zuvor absolvierten Aufgabe erzielt. Die Ergebniserwartung wurde manipuliert, indem

- die Teilnehmer entweder alleine arbeiteten, wobei sie aber keine vergleichende Bewertung durch den Versuchsleiter erwarteten (niedrige Bewertungserwartung),
- oder mit einer anderen Person co-agierten, wobei die Leistung individuell bewertet werden konnte (hohe Bewertungserwartung)
- oder in einer kollektiven Situation mit einer anderen Person, in der keine individuelle Bewertung vorgenommen wurde (niedrige Bewertungserwartung).

3.4 Gruppenleistung

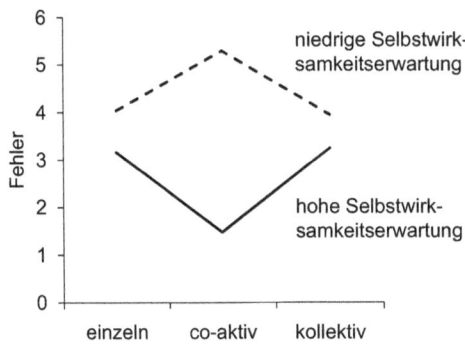

Abbildung 3.22: SFI-Effekte durch Selbstwirksamkeitserwartung und Ergebniserwartung nach Sanna (1992)

Die Teilnehmer hatten eine Signalentdeckungsaufgabe zu bearbeiten: Auf einem Monitor erschienen in unregelmäßigen Abständen Punkte. Die Versuchsteilnehmer mussten eine bestimmte Taste drücken, sobald sie einen Punkt entdeckt hatten.

Die Ergebnisse zeigen (Abbildung 3.22), dass bei einer hohen Bewertungserwartung (in der Co-Aktions-Bedingung) die Teilnehmer mit einer niedrigen Selbstwirksamkeitserwartung deutlich mehr Fehler bei der Signalentdeckungsaufgabe machten als in den beiden anderen Bedingungen (mit niedriger Bewertungserwartung). Umgekehrt zeigten die Personen mit hoher Selbstwirksamkeitserwartung in der Co-Aktions-Situation eine deutlich bessere Leistung (sie machten weniger Fehler) als in der Einzelsituation oder in der kollektiv bewerteten Situation.

Die Arbeit ist ein deutlicher Hinweis darauf, dass nicht nur die Art der Aufgabe und die Situation bestimmen, ob die Anwesenheit anderer zu Erleichterung oder Hemmung führt, sondern auch Persönlichkeitsmerkmale. Wie oft bei Leistungsaufgaben ist auch hier die Selbstwirksamkeitserwartung eine einflussreiche Größe.

Einen anderen Mechanismus nimmt die *Selbstpräsentationstheorie* (auch Impression-Management-Theorie) an. Grundannahme ist das Bedürfnis von Menschen, sich ihrer Umwelt in einem vorteilhaften Licht zu präsentieren, und dazu gehört, sich als kompetent darzustellen. Wenn andere Personen anwesend sind, setzen solche eindrucksbildenden Bemühungen ein und sind bei einfachen Aufgaben auch erfolgreich. Die Leistung verbessert sich. Bei schwierigen Aufgaben kommt es zu Fehlern, die dem Individuum unangenehm und peinlich sind. Dies führt zu einer weiteren Hemmung und Beeinträchtigung der Leistung (Bond, 1982).

Ein anderer kognitiver Ansatz stammt von Manstead und Semin (1980). Sie verfolgen einen Informationsverarbeitungsansatz und gehen von den beiden Prozessen *automatische und kontrollierte Verarbeitung* bei der Informationsverarbeitung aus. Manstead und Semin folgern daraus, dass die Gegenwart anderer eine erhöhte Konzentration auf automatische Aufgabenkomponenten bewirkt. Das führt wiederum zur Erleichterung einfacher Aufgaben, während bei schwierigen Aufgaben, die eine kontrollierte Verarbeitung erfordern, die Gegenwart anderer hinderlich ist.

Der kognitiv-motivationale Ansatz von Paulus (1983) versucht, die verschiedenen Ansätze zu integrieren. Er geht – ähnlich wie schon Cottrell – davon aus, dass die Anwesenheit anderer zu bestimmten sozialen Effekten führt. Bei guten Leistungen sind die sozialen Konsequenzen positiv, bei schlechten Leistungen negativ. Negative Konsequenzen sind die Erwartung von Misserfolg, Verlegenheit, Enttäuschung, Ablehnung usw. Zu den positiven Konsequenzen gehören etwa Aussicht auf Erfolg, Zustimmung und Anerkennung. Negative Konsequenzen wirken sich auf die psychischen Prozesse aus, indem vermehrt aufgabenirrelevante Verarbeitung erfolgt. Das heißt, die Aufmerksamkeit wird von der Aufgabe fort- und auf das Publikum umgelenkt.

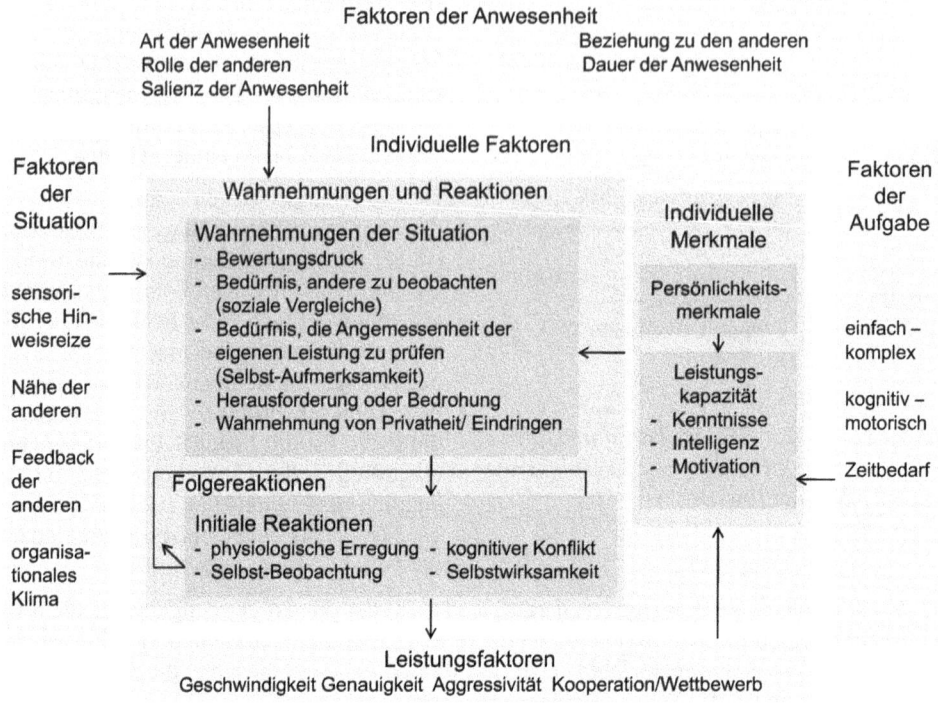

Abbildung 3.23: Einflussfaktoren in der SFI-Forschung nach Aiello und Douthitt (2001)

Hier wird das Ablenkungskonzept von Sanders und Baron aufgegriffen. Negative Konsequenzen führen aber auch zu einer höheren Anstrengung. Sie erhöhen die Motivation, gute Leistungen zu bringen, weil die Kosten für Misserfolg erhöht sind. Das heißt, negative Konsequenzen erhöhen die Aktiviertheit, meistens bedeutet dies aber eine Erhöhung der aufgabenirrelevanten Verarbeitung. Als Resultat werden einfache Aufgaben erleichtert, schwierige aber gehemmt. Die Anwesenheit anderer kann aber auch positive Konsequenzen haben. Ein erfolgreiches Abschneiden führt zu Anerkennung und Belohnung. Positive Konsequenzen führen ebenfalls zu einer gesteigerten Anstrengung, sie erleichtern aber anders als die negativen Konsequenzen sowohl die Erledigung einfacher als auch schwieriger Aufgaben.

Wie man sieht, besteht die Forschung zur sozialen Erleichterung und sozialen Hemmung, obwohl sie eines der ältesten Forschungsthemen der Sozialpsychologie ist, vorwiegend aus kleinen Einzelannahmen, abgeleitet aus den verschiedensten Theorien der Sozialpsychologie. Eine einheitliche Betrachtung oder ein einheitliches Konzept ist eigentlich nicht vorhanden. Es gibt einige wenige Integrationsversuche, wie das frühe Modell von Paulus oder das biopsychosoziale Modell von Blascovich, Mendes, Hunter und Salomon (1999). Das Modell von Blascovich et al. integriert in gewisser Weise sowohl das klassische triebtheoretische Konzept als auch die Ablenkungskonflikt-Theorie und die Bewertungserwartung. Auch Komponenten der Selbstwirksamkeitstheorie sind darin enthalten, wenngleich die Autoren diese nicht explizit erwähnen. Ausgangspunkt ist die Annahme, dass die Gegenwart anderer Personen Erregung hervorruft, die sich in physiologischen Veränderungen (etwa Herzschlag oder Blutdruck) zeigt. Je nachdem ob eine Person die Situation als Herausforderung (Challenge) oder als Bedrohung (Threat) wahrnimmt, zeigt sich ein anderes Muster der Erregung. Eine Herausforderung wird erlebt, wenn die Person glaubt, über genügend Möglichkeiten zur Bewältigung der Situation zu verfügen. Umgekehrt wird eine Bedrohung erlebt, wenn die Person fürchtet, nicht ausreichend für die Bewältigung der Situation gerüstet zu sein. Allerdings weist das Modell diese spezifischen Erregungsmuster nur als Korrelate bestimmter Leistungssituationen auf und sagt nichts darüber aus, ob oder wie diese Muster kausal auf die jeweilige Leistungsveränderung wirken (Jonas & Tanner, 2006, S. 189).

Eine Zusammenstellung und Systematisierung der bisher erforschten Einflussvariablen zu den SFI-Effekten liegt von Aiello und Douthitt (2001) vor. Ihr Modell ist auch als Überblick über Forschungsbefunde, wie sie hier berichtet wurden, zu verstehen und ist in Grundzügen in Abbildung 3.23 auf der vorherigen Seite dargestellt.

Viele der Einflussvariablen haben sich als relevant für die Praxis erwiesen, es sei hier nur auf die verschiedenen Formen der Überwachung von Arbeitstätigkeiten hingewiesen, die beispielsweise auch in elektronischer Form erfolgen können (K. J. Kolb & Aiello, 1996; Konradt & Hertel, 2007). Hier können mit den verschiedenen Untersuchungsansätzen etwa stressinduzierende Konstellationen beschrieben werden, wobei insbesondere auf die Wechselwirkung von individuellen und situativen Faktoren geachtet werden sollte.

3.4.2 Leistung in interagierenden Gruppen

Es ist ein bekanntes Phänomen, dass Gruppen oft nicht das leisten, was sie eigentlich leisten könnten. Schon früh hat Max Ringelmann, ein französischer Ingenieur, festgestellt, dass Teams oft nur die Hälfte dessen leisten, was sie als Summe aller einzelner Anstrengungen leisten könnten (eine Darstellung der Ringelmann-Arbeiten geben Kravitz & Martin, 1986). Ringelmann ließ junge Männer entweder allein oder zu zweit, zu dritt oder zu acht an einem Seil ziehen. Die jeweils aufgewendete Kraft wurde mit Hilfe eines Dynamometers gemessen. Arbeiteten die Männer allein, so zogen sie mit einer durchschnittlichen Kraft von 63 kg. Zwei Personen leisteten aber nicht wie zu erwarten 126 kg, sondern nur 118 kg. Drei Personen leisteten nicht 189 kg, sondern nur 160 kg. Auffallend war, dass mit zunehmender Personenanzahl der Leistungsverlust größer wurde.

Der Vergleich von potentieller individueller und tatsächlicher individueller Leistung ergibt: Mit zunehmender Teilnehmerzahl sinkt die durchschnittliche individuelle Leistung. Diese umgekehrte Beziehung zwischen Anzahl der Gruppenmitglieder und Einzelleistung wird Ringelmann-Effekt genannt.

Wie lässt sich die Minderleistung erklären? Naheliegend ist es, motivationale Aspekte wie das soziale Faulenzen als Erklärung heranzuziehen. Soziales Faulenzen ist die Tendenz von Personen, sich weniger anzustrengen, wenn sie gemeinsam mit anderen ihre Anstrengung zur Erreichung eines gemeinsamen Ziels bündeln, als wenn sie individuell für die Aufgabe verantwortlich sind.

Soziales Faulenzen ist das Gegenteil einer Leistungsaktivierung durch soziale Faktoren, wie wir sie bei der Anwesenheit anderer kennengelernt haben, da nämlich die durchschnittliche

Einzelleistung sinkt, wenn Personen in Gruppen arbeiten. Soziales Faulenzen führt zwar zu ähnlichen Ergebnissen wie soziale Hemmung, ist aber durch andere soziale Befindlichkeiten bedingt. Es liegt ein Motivationsverlust vor.

Soziales Faulenzen (social loafing), Trittbrettfahren (free riding) und der Gimpel-Effekt (sucker effect) sind die drei Hauptursachen für Motivationsverluste bei Zusammenarbeit mit anderen.

Soziales Faulenzen: Die Motivation einer Person verringert sich, weil kein persönlicher Gewinn vermutet wird oder weil keine persönliche Verantwortlichkeit für das Ergebnis besteht.

Trittbrettfahren: Die Motivation einer Person verringert sich, weil sie meint, dass zwischen ihrer individuellen Leistung und dem Gruppenerfolg kein Zusammenhang besteht.

Gimpel-Effekt: Die Person verliert ihre Motivation, weil sie vermutet, Partner zu haben, die die eigene Bereitschaft, einen Beitrag zu leisten, ausnutzen.

Es ist nicht immer leicht festzustellen, ob es sich bei der Leistungsminderung in sozialen Gruppen um soziale Faulheit oder soziale Hemmung handelt. Wenn Leistungsminderung aber bei einfachen Aufgaben auftritt, ist es wahrscheinlich, dass hier einer der drei Effekte eine Rolle spielt. Leistungsminderung hat sich vor allem bei motorischen Aufgaben (Seilziehen, Klatschen) aufweisen lassen, sie tritt aber auch bei einfachen kognitiven Aufgaben auf.

So zeigen Untersuchungen zum Brainstorming (Stroebe & Nijstad, 2004), dass die Zahl der geäußerten Ideen geringer ist, wenn sie in der Gruppe geäußert werden, als wenn sie durch einzelne Ideenauflistungen zusammengetragen werden. Diese Ergebnisse widersprechen den Annahmen der Aktivierungstheorien, weil es zu Leistungsminderungen bei einfachen Aufgaben kam. Bei einfachen Aufgaben müsste aber die Anwesenheit anderer förderlich wirken. Die Leistungsminderung bei Brainstormingaufgaben zeigt, dass mehrere Faktoren beteiligt sein können. Ist eine Identifikation der Einzelbeiträge nicht möglich, könnte einer der drei motivationalen Faktoren Ursache sein. Zumindest aber wenn Leistungsminderung auch bei Identifizierbarkeit der Einzelleistungen auftritt, sind andere hemmende Faktoren anzunehmen, wie etwa Interferenzen kognitiver wie koordinativer Art.

Prozessverluste und Prozessgewinne

Die Untersuchungen über die Leistungen in Gegenwart anderer haben gezeigt: Auch ohne Interaktion zwischen handelnder Person und Zuschauer hängt die fördernde oder hemmende Wirkung anderer Personen von der Art der Aufgabe ab. Bei interagierenden Gruppen kann man einen ebenso großen oder noch größeren Einfluss des Aufgabentyps erwarten.

Steiner (1972, 1976) wies darauf hin, dass die Leistung von Gruppen auch von der Art der Aufgabe beeinflusst wird, die sie zu bewältigen haben und verdeutlich das in seiner Aufgabentaxonomie.

Er unterscheidet allgemein zwischen teilbaren und nicht teilbaren Aufgaben. Teilbare Aufgaben bestehen aus Unteraufgaben, die nach verschiedenen Regeln auf die Gruppenmitglieder verteilt werden können. Dabei kann die Art der Aufgabe eine Aufteilung in Teilaufgaben selbst nahelegen (specified subtasks) oder die Gruppe kann eine Aufteilung der Aufgabe vornehmen (unspecified subtasks). Die Zuordnung von Teilaufgabe und Mitglied kann frei oder gebunden sein (specified vs. unspecified matching).

3.4 Gruppenleistung

Die unteilbaren Aufgaben unterscheidet Steiner nach der Art, wie die einzelnen Gruppenmitglieder zur Lösung der Aufgabe beitragen. Weiterhin unterscheidet Steiner diese Aufgaben in Maximierungsaufgaben und Optimierungsaufgaben. Bei Maximierungsaufgaben ist das Ziel, soviel wie möglich zu leisten oder so schnell wie möglich zu arbeiten. Bei den Optimierungsaufgaben geht es darum, die möglichst beste Lösung zu finden. Die unteilbaren Aufgaben werden in additive, kompensatorische, disjunktive und Aufgaben mit Ermessensspielraum eingeteilt (siehe auch Forsyth, 2009).

Bei *additiven Aufgaben* addieren sich im Prinzip die Leistungen der einzelnen Gruppenmitglieder, so dass im Ergebnis die Gruppe besser ist als das beste einzelne Mitglied. Beispiele solcher additiven Aufgaben sind Tätigkeiten, die gleichförmig und aufteilbar sind, wie z. B. das schon beim Ringelmanneffekt erwähnte Seilziehen, Sortieraufgaben, Schneeschaufeln und weitere motorische Aufgaben. Aber auch kognitive Aufgaben, wie z. B. das Brainstorming, sind additive Aufgaben. Merkmal additiver Aufgaben ist, dass individuelle Beiträge aneinandergefügt werden und die Aufgabe somit maximierend ist. Die potentielle Produktivität der Gruppe ist die Summe der maximalen Einzelleistungen. Dies wird aber nicht immer erreicht. Die tatsächliche Produktivität ist höher als die Leistung des einzelnen besten Mitglieds, aber sie bleibt in der Regel unter der potentiellen Produktivität.

Bei den *kompensatorischen Aufgaben* gleichen sich die Fehler der einzelnen Gruppenmitglieder aus. Die Gruppe ist daher erheblich besser als die einzelnen Mitglieder. Beispiele kompensatorischer Aufgaben sind Schätzaufgaben unterschiedlicher Komplexität, von der Schätzung der Außentemperatur über die Schätzung von Mengen und Gewichten bis hin zur Schätzung der Schwierigkeit von Prüfungen oder der Zeitdauer bis zu einer wirtschaftlichen oder technischen Veränderung. Merkmal der Lösung kompensatorischer Aufgaben ist der An- und Abgleich individueller Beiträge. Die potentielle Produktivität ergibt sich aus dem Mittelwert der Einzelleistungen. Da auf diese Weise extreme Werte einzelner Mitglieder (z. B. extreme Unter- und extreme Überschätzungen) ausgeglichen werden können, übertrifft die tatsächliche Produktivität der Gruppe die Leistung der meisten einzelnen Mitglieder.

Die *disjunktiven Aufgaben* sind dadurch charakterisiert, dass es eine richtige Lösung gibt. Die Gruppe ist dann so gut wie die Leistung desjenigen Mitglieds, das der Lösung am nächsten ist. Zu den disjunktiven Aufgaben gehören Rechenaufgaben, Puzzles oder Entscheidungen zwischen Optionen. Die Aufgabe für die Gruppen hat das Merkmal, dass eine gemeinsame Lösung gefunden werden muss. Die potentielle Produktivität der Gruppenleistung ist mit der Leistung des besten Mitglieds gleichzusetzen. Wenn ein Mitglied die richtige Lösung erkennt und diese für die übrigen Gruppenmitglieder einsichtig ist, dann kommt es zu dem sogenannten Heureka-Effekt, und die Gruppenleistung ist dann in der Tat so gut wie die Leistung des besten Mitglieds. Bei Nicht-Heureka-Aufgaben ist die tatsächliche Produktivität aber oft schlechter als das beste Mitglied. Das heißt, es kommt hier auf die richtige Kommunikation bei der Lösung an.

Bei den *konjunktiven Aufgaben* unterscheidet Steiner zwischen konjunktiven nicht unterteilbaren Aufgaben, bei denen die Gruppe so gut ist wie das schlechteste Mitglied, und konjunktiven unterteilbaren Aufgaben. Hier kann die Gruppe besser sein als das schlechteste Mitglied, wenn die Verteilung von Subaufgaben entsprechend der individuellen Leistungsmöglichkeiten gegeben ist.

Ein Beispiel für eine konjunktive, aber nicht unterteilbare Aufgabe sind Staffelläufe. Hier kann zwar ein wenig die individuelle Leistungsmöglichkeit als Start-, Kurven- oder Schlussläufer berücksichtigt werden, es kommt aber darauf an, dass alle Staffelläufer möglichst schnell sind.

Merkmal konjunktiver Aufgaben ist, dass alle Mitglieder gemeinsam zum Produkt beitragen müssen, damit es überhaupt zustande kommt. Als Beispiel für teilbare konjunktive Aufgaben gelten bestimmte Formen des Bergsteigens. Einige Mitglieder tragen eher zum Gewinn des Produktes bei, indem sie nicht bis zum Gipfel aufsteigen, sondern ein Lager errichten, Lasten tragen usw. Ist eine Aufgabe nicht teilbar, so ist die potentielle Produktivität der Gruppe gleich der Leistung des Schwächsten. Wird bei einer Teamwertung, z. B. bei einem Radrennen, die Zeit genommen, in der alle Teilnehmer über das Ziel kommen, dann hängt die Leistung der Gruppe vom schwächsten Mitglied ab. Ist die Aufgabe teilbar, so ist die potentielle Produktivität in der Regel besser als die Leistung des schlechtesten Mitglieds. Bei der Aufgabenteilung müssen die Fähigkeiten der Mitglieder berücksichtigt werden. Das leistungsschwächste Mitglied erhält dann die einfachste Teilaufgabe, bzw. die, die es am besten beherrscht.

Die tatsächliche Produktivität von Gruppen, die konjunktive Aufgaben lösen müssen, ist noch wenig erforscht. Fragestellungen, die sich hier ergeben könnten, sind etwa, inwieweit die Streuung der Leistungsfähigkeit der Mitglieder einen Einfluss auf die Leistung hat. Es könnte sein, dass Gruppen, in denen die Leistung der Gruppenmitglieder sehr homogen ist und lediglich ein Mitglied deutlich abfällt, die Leistung dieses schwächsten Mitglieds anders beeinflussen als Gruppen mit einer größeren Leistungsstreuung.

Aufgaben mit Ermessensspielraum: Hier sind die Mitglieder frei, ihre Beiträge so zu kombinieren, wie sie es wollen. Die Gruppenleistung hängt hier von der gewählten Kombinationsregel ab. Die Gruppe kann Beiträge von Gruppenmitgliedern, die in einem Aufgabenbereich Expertise besitzen, stärker berücksichtigen als andere Beiträge. Sie kann aber auch – wie bei einer additiven Aufgabe – die Beiträge gleich gewichten.

Aufgaben sind meist in einen sozialen Kontext eingebunden, der sie zu einer kooperativen, kompetitiven oder *mixed motive* Konstellation werden lässt. Belohnungen können bei der gleichen Aufgabe so verteilt werden, dass die Gruppenmitglieder untereinander konkurrieren, ein Mitglied gegen die anderen, oder alle am gleichen Strang ziehen, weil es eine Gruppenbelohnung gibt (Wilke & Meertens, 1994).

Bei allen Aufgabentypen zeigte sich, dass die *tatsächliche Produktivität* von Gruppen geringer ist als ihre *potentielle Produktivität*. Die potentielle Gruppenproduktivität ist diejenige Leistung der Gruppe, die sich ergibt, wenn alle Mitglieder ihr Bestes geben würden. Die tatsächliche Gruppenproduktivität ist das Ergebnis, das die Gruppe tatsächlich zeigt. Die Differenz zwischen tatsächlicher und potentieller Produktivität bezeichnet Steiner als *Prozessverluste*.

tatsächliche Produktivität = potentielle Produktivität − Prozessverluste

Wodurch entstehen Prozessverluste? Zum einen sind es natürlich Verluste aufgrund von mangelnder Motivation, wie wir sie bei den Phänomenen des sozialen Faulenzens oder des Trittbrettfahrens oder des Gimpel-Effektes bereits kennengelernt haben, zum anderen sind es aber auch Verluste, die entstehen, weil die Gruppe die Beiträge der einzelnen Mitglieder koordinieren muss. Prozessverluste setzen sich also aus Motivations- und Koordinationsverlusten zusammen.

Ein Experiment von Latané, Williams und Harkins (1979) ist zum klassischen Beispiel für die Untersuchung von Prozessverlusten geworden. Die Leistung, die die Personen dabei erbringen

3.4 Gruppenleistung

mussten, war, so laut wie möglich zu schreien (in anderen Experimenten wurde Klatschen verlangt). Die Lautstärke des Schreiens wurde als Schalldruck gemessen und war Ausdruck der Leistung bzw. der Produktivität der Personen.

Der Aufbau des Experimentes ist in Box 3.2 auf der nächsten Seite dargestellt. In dem Experiment erbrachten die Versuchsteilnehmer ihre Leistung als Nominalgruppe, in echten Gruppen und in Pseudogruppen. Eine Nominalgruppe ist definiert als die Summe aller Einzelleistungen ihrer Mitglieder und stellt damit die potentielle Leistung der Gruppe dar. Hier erbringt jedes Mitglied seine Leistung einzeln. In der Pseudogruppe glauben die Teilnehmer in einer Gruppe zu interagieren, faktisch erbringen sie ihre Leistung aber allein.

In dem Experiment wurde noch ein weiterer Faktor variiert, die Gruppengröße. In der Pseudogruppe und in der realen Gruppe schrien die Teilnehmer jeweils zu zweit oder in Sechsergruppen.

Latané et al. und Kollegen fragten sich nun, zu welchem Anteil die abnehmende Produktivität auf eine mangelhafte Koordinierung in der Gruppe zurückzuführen ist und zu welchem Anteil auf eine verringerte Motivation in der Gruppe. Die Forscher trennten deshalb Koordinations- und Motivationsverluste.

Koordinationsverluste in der Schreiaufgabe können verschiedene Ursachen haben: Erstens kann die Lautstärke aufgrund sich überkreuzender Schallwellen abnehmen. Zweitens ergeben sich Koordinationsverluste in dem Ausmaß, in dem alle Personen in verschiedene Richtungen schreien. Und drittens treten Koordinationsverluste dadurch auf, dass nicht alle Personen exakt gleichzeitig schreien.

Es handelt sich hingegen um Motivationsverluste, wenn die Gruppenmitglieder leiser sind, weil ihnen in der Gruppe die Motivation fehlt, ihr Bestes zu geben.

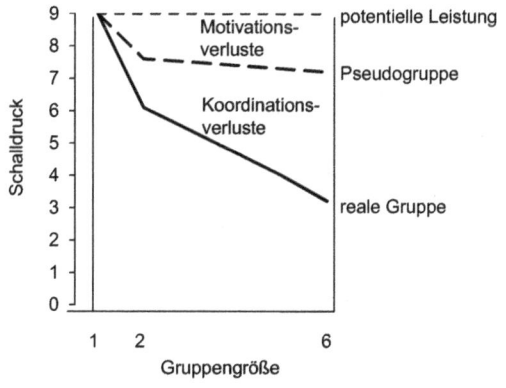

Abbildung 3.24: Prozessverluste nach Latané et al. (1979)

Die Trennung von Koordinations- und Motivationsverlusten realisierten die Forscher, indem sie die Ergebnisse echter Gruppen mit den Ergebnissen von Pseudogruppen verglichen. In einer Pseudogruppe glauben die Teilnehmer, sie würden mit allen Versuchspersonen gemeinsam schreien. In Wirklichkeit schreien sie alleine. Kommt es in einer solchen Pseudogruppe zu Produktivitätsverlusten, können dafür nur Motivationsverluste der Gruppenmitglieder und nicht Koordinationsverluste verantwortlich sein.

In der Abbildung 3.24 sind die Ergebnisse der echten und der Pseudogruppen sowie die potentielle Leistung (Nominalgruppe) dargestellt. Abgetragen ist die Schallintensität in den verschiedenen Gruppen, die pro Person als Einzelperson oder als Mitglied einer echten oder Pseudo-Zweier- bzw. Sechser-Gruppe gemessen wurde. Es ist erstens zu erkennen, dass die tatsächliche Gruppenleistung geringer war als ihr Potential. Zweitens nahmen die Produktivitätsverluste mit steigender Grup-

In dem Schrei-Experiment kamen immer sechs Versuchsteilnehmer zusammen. Sie hatten die Aufgabe, so laut wie möglich zu schreien. Alle trugen Kopfhörer und Augenbinden. Keiner konnte also etwas sehen oder hören, auch die eigene Stimme war nicht zu hören. Das Geschrei wurde als Schalldruck gemessen und war Ausdruck der Leistung bzw. der Produktivität der Personen. Die Versuchsteilnehmer durchliefen verschiedene Versuchsbedingungen. Jeder Teilnehmer schrie einzeln, in Gruppen zu zweit und zu sechst und in Pseudogruppen zu zweit und zu sechst. Die Pseudogruppen sind dadurch definiert, dass die Versuchsteilnehmer nur glaubten, dass sie mit anderen zusammen die Leistung erbringen.

In allen Versuchsdurchgängen wurde die individuelle Leistung durch ein Lautstärkemessgerät aufgezeichnet.

Ein Ergebnis war zunächst einmal, dass Gruppen natürlich ein lauteres Geräusch erzeugten als Einzelpersonen. Die interessante Frage aber war, ob die pro Person erzeugte Schallintensität als Einzelperson sich von der als Mitglied einer Zweier- oder Sechser-Gruppe unterscheidet und ob es einen Unterschied macht, ob sie als Pseudo- oder als echte Gruppe schreien.

Die Ergebnisse zeigen:
- Schreien die Teilnehmer als Nominalgruppe (= Summe aller Einzelleistungen), dann bringt jeder einzelne 100 %.
- Schreien die Teilnehmer als Pseudogruppe, erbringt jeder einzelne 74 %.
- In der realen Gruppe erbringt jeder einzelne nur 36 % seiner potentiellen Leistung.

Box 3.2: *Das Schrei-Experiment nach Latané et al. (1979)*

3.4 Gruppenleistung

pengröße zu. Die Einführung von Pseudogruppen ermöglichte drittens, den relativen Beitrag von Koordinations- und Motivationsverlusten zu schätzen. Mit zunehmender Gruppengröße wird der Koordinationsverlust größer.

Zurück zur Ausgangsfrage. Ist eine Gruppe als Ganzes besser als das einzelne Gruppenmitglied? Nach den Befunden von Latané et al. leistet zwar eine Gruppe mehr als eine Einzelperson, bei bestimmten Aufgaben schöpft aber die Gruppe ihr Potenzial nicht aus. Wir leisten mehr, wenn wir diese Aufgaben alleine lösen.

Abbildung 3.24 auf Seite 147 zeigt den Abfall der Gruppenleistung in Abhängigkeit von der Gruppengröße und aufgeteilt nach Leistungsminderung aufgrund von Motivationsverlusten und von Koordinationsverlusten. Durch die Einführung der Pseudogruppe, in der keine Koordinierung unter den Gruppenmitgliedern notwendig war (Koordinierung hinsichtlich des genauen Zeitpunktes des Schreiens oder Klatschens zur Optimierung der Lautstärke), ist die niedrigere Leistung im Vergleich zu der potentiellen Leistung nur auf Motivationsverluste zurückzuführen. Bei den tatsächlichen Gruppen kommen aber noch weitere Verluste aufgrund von Koordinationsproblemen hinzu. Koordinationsverluste sind je nach Aufgabe verschieden. Im Experiment von Latané et al. entsteht der Verlust dadurch, dass die Schallwellen, die die Teilnehmer durch ihr Schreien und Klatschen auslösen, nur dann zum stärksten Effekt führen, wenn sie in ihrer Amplitude gleichzeitig aufeinandertreffen. Beim Seilziehen oder Gewichtheben kommt es zu Koordinationsverlusten, wenn nicht jeder zum gleichen Zeitpunkt anpackt und in die gleiche Richtung zieht. Steiners Formel erfährt also folgende Erweiterung:

tatsächliche Produktivität = potentielle Produktivität − Motivationsverluste − Koordinationsverluste

Ein gutes Beispiel für die Wirkung von Prozessverlusten bei *kognitiven* Aufgaben ist das Brainstorming. Brainstorming ist ein beliebtes Verfahren, um kreative Ideen in Gruppen entwickeln zu lassen. Osborn (1953) ging davon aus, dass Gruppen kreativer sind als Individuen und daher mehr und bessere Ideen beim Brainstorming produzieren. Er entwickelte Regeln, die die Kreativität und die Produktion von Ideen unterstützen sollten. Dazu gehören etwa:

- jede Kritik unterlassen oder auf einen späteren Zeitpunkt verschieben
- je verrückter eine Idee ist, um so besser ist es
- je größer die Ideenzahl, um so größer ist die Wahrscheinlichkeit für nützliche Ideen
- Aufgreifen und Weiterentwickeln von geäußerten Ideen ist erwünscht
- ein Diskussionsleiter ist erforderlich
- die geäußerten Ideen werden für jedes Gruppenmitglied sichtbar notiert, z. B. von einem Protokollanten auf einer Tafel angeschrieben
- die Sitzung sollte einen informellen und eher spielerischen Charakter haben
- die Probleme sollten möglichst spezifischer Natur sein; Probleme allgemeiner Art eignen sich nicht so gut für dieses Verfahren
- die ideale Gruppengröße beträgt etwa 12 Personen und die ideale Sitzungsdauer etwa 30 Minuten

Empirische Untersuchungen zur Produktivität von Brainstorminggruppen haben aber ergeben, dass die Annahmen Osborns nicht so ohne Weiteres bestätigt werden können (zusammenfassend: Stroebe & Nijstad, 2004). Im Vergleich mit nominalen Gruppen schneiden reale Brainstorminggruppen schlechter ab. Eine nominale Gruppe besteht aus allein arbeitenden Personen, die aber nach den gleichen Regeln wie die echte Gruppe arbeitet. Die Leistung der nominalen Gruppen wird dann aus den individuellen Leistungen bestimmt, und zwar nach den gleichen Regeln, nach denen auch die Leistung der echten Gruppe bestimmt wird (also additiv, disjunktiv oder konjunktiv). Man hat nach Erklärungen gesucht, warum die Leistung der nominalen Gruppe bei der Ideengenerierung besser ist als die Leistung einer tatsächlichen Gruppe. Eine Erklärungsmöglichkeit, die Diehl und Stroebe (1987) aufgriffen, ist der Motivationsverlust aufgrund des sozialen Faulenzens. Soziales Faulenzen entsteht oft, wenn der individuelle Beitrag nicht erkennbar ist.

Diehl und Stroebe prüften dies in einem Experiment, in dem die Versuchsteilnehmer Ideen generierten entweder allein oder in einer Gruppe und in dem außerdem den Versuchspersonen entweder gesagt wurde, dass sie individuell bewertet werden würden oder zusammen mit den anderen. Es zeigte sich, dass die Leistung der in einer Gruppensituation arbeitenden Personen niedriger war als die Leistung der individuell arbeitenden Personen. Die nominale Gruppe übertrifft die tatsächliche Gruppe hinsichtlich der Leistung. Darüber hinaus zeigte sich aber, dass, wenn eine individuelle Bewertung erwartet wurde, die Produktivität etwas höher war. Es konnte hier also ein gewisses Maß an Motivationsverlusten reduziert werden.

In einem weiteren Experiment überprüften Diehl und Stroebe Motivationsverluste aufgrund von Bewertungsangst. Die Bewertungsangst, wie sie schon Cottrell als leistungshemmend beschrieben hat, führt bei Brainstormingaufgaben zur Zurückhaltung von Ideen. Furcht vor negativer Bewertung hemmt die Versuchsteilnehmer, ihre Ideen unbefangen vorzutragen. Nehmen sie die Aufgabe zudem noch als komplex wahr, so befürchten sie, eher unangemessene Antworten zu geben (dominante Reaktionen sind hier falsche oder unangemessene Antworten), so kommt es zu Produktivitätsverlust.

Die Prüfung sah folgendermaßen aus: In einer experimentellen Bedingung generierten die Versuchsteilnehmer die Ideen wie üblich in der Gruppe. In der zweiten Bedingung entwickelten die Teilnehmer Ideen ebenfalls in der Gruppe, aber sie wurden dabei auf Video aufgenommen mit dem Hinweis, dass die Aufnahme zu Demonstrationszwecken in einem Seminar verwendet werden sollte. Wie erwartet war die Leistung in der zweiten Bedingung etwas niedriger.

Diehl und Stroebe (1987) gingen aber davon aus, dass nicht nur die beiden motivationalen Komponenten soziales Faulenzen und Bewertungsangst die Leistung der Gruppe bei der Ideengenerierung beeinträchtigen, sondern dass darüber hinaus auch eine Hemmung entsteht, die auf notwendige Koordinierungsprozesse zurückzuführen ist. Bei Brainstorming darf immer nur ein Mitglied sprechen, so erwarten es die Regeln, daher werden Ideen vergessen und man wird von der Entwicklung eigener neuer Ideen abgelenkt. Diehl und Stroebe (1987, 1991) sprechen von einer Produktionsblockierung.

Zum Nachweis dieser Produktionsblockade führten sie ein Experiment durch, in dem fünf Bedingungen gegeneinander getestet wurden:

– 1. interaktive Gruppe: reale Vier-Personen-Gruppe

– 2. individuelle Ideengenerierung: allein, keine Kommunikation

3.4 Gruppenleistung

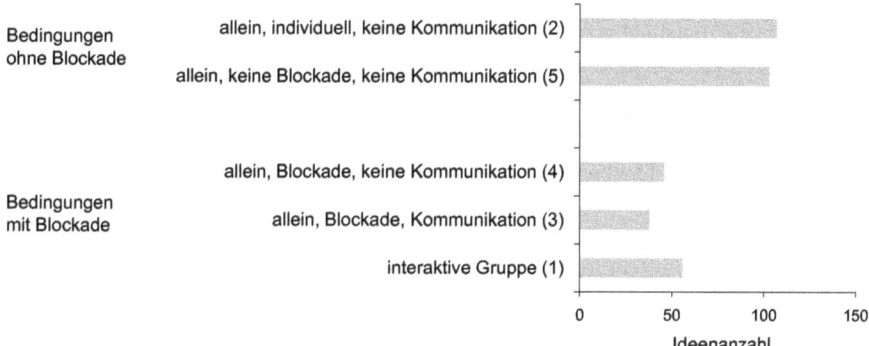

Abbildung 3.25: Blockierung bei der Ideengenerierung nach Diehl und Stroebe (1987)

- 3. allein, Blockierung, Kommunikation
- 4. allein, Blockierung, keine Kommunikation
- 5. allein, keine Blockierung, keine Kommunikation

Die 1. Bedingung entspricht einer realen Brainstormingsituation, während die 2. Bedingung Brainstorming unter einer nominalen Gruppenbedingung darstellt. In den Bedingungen 2 bis 4 waren die Versuchspersonen in getrennten Räumen. Sie mussten ihre Ideen in ein Mikrofon sprechen. Damit konnte gesteuert werden, ob die Versuchspersonen die Beiträge der anderen hören konnten (Kommunikation) oder nicht (keine Kommunikation). In den Bedingungen 3 bis 5 wurde die Variable Blockierung eingeführt. Hier hatten die Versuchsteilnehmer eine Gegensprechanlage und eine Signalanlage mit vier Lichtern, die für je ein Gruppenmitglied standen. Sobald ein Mitglied zu sprechen begann, wurde dessen Licht in den drei anderen Räumen auf grün geschaltet und die anderen Lichter auf rot. Bei einer Pause von 1,5 Sekunden wurden die roten Lichter wieder auf grün geschaltet, dann durfte wieder eine andere Person sprechen und nur deren Licht wurde auf grün geschaltet. In der 3. Bedingung konnten die Versuchsteilnehmer über Kopfhörer die Beiträge der anderen hören (Kommunikation), während in der 4. Bedingung die Gegensprechanlage ausgeschaltet war, so dass die Beiträge der anderen nicht zu hören waren. Die 5. Bedingung war eine Kontrollbedingung, in der die Versuchsteilnehmer die Signalanlage ignorieren sollten, das heißt, sie konnten Ideen äußern, wann sie wollten, und wurden auch nicht durch die Gegensprechanlage gestört.

Die Ergebnisse sind in Abbildung 3.25 dargestellt. In den beiden Bedingungen ohne Blockierung (Bedingung 2 und Bedingung 5) war die Anzahl der generierten Ideen signifikant größer als in den drei Bedingungen mit Blockierung. In beiden Bedingungen ohne Blockierung arbeiteten die Personen quasi als nominale Gruppe, allein, individuell und ohne Kommunikation. Sobald ein Nacheinander beim Äußern von Ideen gewahrt werden musste, sei es künstlich, wie in den Bedingungen mit Blockierung durch die Signalanlage, oder natürlich, wie in interaktiven Gruppen, sank die Anzahl der Ideen. Koordinierungsprozesse, wie sie vor allem in realen Gruppen notwendig sind, führen zu einer Produktionsblockade.

Nun ist Brainstorming in Gruppen immer noch sehr beliebt. Wie lässt sich dies erklären? Stroebe, Diehl und Abakoumkin (1992) haben gefunden, dass die Teilnehmer nach einem Brainstorming Schwierigkeiten haben, zwischen eigenen und fremden Beiträgen zu unterscheiden. Es kommt leicht zur Überschätzung der eigenen Leistung. Dies trägt sicher dazu bei, dass Brainstorming in Gruppen als anregend und effektiv angesehen wird.

Will man ein vorläufiges Fazit ziehen, so muss man sagen, dass die soziale Situation in einer realen Gruppe, das heißt die soziale Interaktion, in vielen Fällen durch Motivations- und Koordinationsverluste leistungshemmend wirkt. Dies gilt selbst für einfache additive Aufgaben.

Im Lichte der Befunde zu Motivations- und Koordinationsverlusten gibt es Vorschläge die Verfahrensliste von Osborn den Ergebnissen entsprechend anzupassen (z. B. Paulus & Brown, 2003). Die Anpassungen können beispielsweise aus Sequenzierungsregeln (Wechsle individuelle und Gruppensitzungen ab!) und aus Empfehlungen zum Einsatz von externen Speichern (zur Reduktion von Produktionsblockaden) bestehen.

Auf der anderen Seite kann die Gruppensituation aber auch leistungsfördernd wirken. Hierzu haben Williams und Karau (1991) ein Experiment ebenfalls mit einer Brainstormingaufgabe durchgeführt. Sie ließen die Versuchsteilnehmer unter drei verschiedenen Bedingungen arbeiten. In der ersten Bedingung arbeiteten die Teilnehmer alleine an einer Brainstormingaufgabe. In der zweiten Bedingung arbeiteten sie zu zweit, und in der dritten Bedingung arbeiteten sie ebenfalls zu zweit, erhielten aber eine Information über den Partner. Ihnen wurde gesagt, dass ihr Partner nicht so gut oder nicht so motiviert bei dieser Aufgabe sei. In dieser dritten Bedingung waren die Versuchsteilnehmer besser als unter der Bedingung, in der die Personen alleine gearbeitet haben. Insbesondere wenn den Teilnehmern gesagt wurde, dass die Fähigkeiten des Partners nicht so gut waren, schienen sie sich mehr anzustrengen, um die erwartete schlechtere Leistung des Partners wettzumachen. Der Leistungszuwachs, der in der Bedingung drei festzustellen war, wird als Prozessgewinn bezeichnet.

In diesem Fall war es das stärkere Mitglied, das motiviert wurde, sich mehr anzustrengen. In anderen Untersuchungen zeigte sich bei schwächeren Mitgliedern eine Leistungssteigerung. Diese Leistungssteigerung wurde von Köhler (1926) nachgewiesen und in neuerer Zeit wiederentdeckt und bestätigt (Witte, 1989; Hertel, Kerr & Messé, 2000; Stroebe, Diehl & Abakoumkin, 1996). Nach Hertel et al. (2000) tritt der Effekt bei konjunktiven aber nicht bei additiven Aufgaben auf. Erklärungsmöglichkeiten des Effektes sind: Selbst- und Fremddemonstration des Wertes des eigenen Beitrags zur Gruppenleistung, Wirkungen des sozialen Vergleichs, Vermeidung von Verantwortung für Misserfolg im Intergruppenvergleich.

Die Formel für die Gruppenleistung muss unter dieser Perspektive korrigiert werden. Es gilt nun:

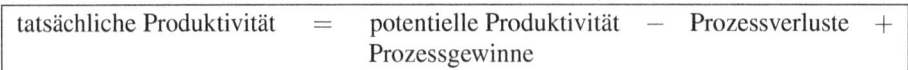

| tatsächliche Produktivität | = | potentielle Produktivität   −   Prozessverluste   + Prozessgewinne |

Prozessgewinne lassen sich ebenfalls wie die Prozessverluste aufteilen in motivationale und Koordinations-Aspekte. Von Motivationsgewinnen kann man sprechen, wenn sich die individuelle Anstrengung (Initiative, Ausdauer) in Bezug auf das Leistungskriterium durch die Gruppensituation steigert. Koordinationsgewinne entstehen, wenn durch die Gruppensituation die individuellen Ressourcen in ihrer Gesamtheit verbessert oder erweitert werden.

Zu Motivationsgewinnen kommt es insbesondere dann, wenn die Gruppensituation die kritische Reflexion der eigenen Beiträge fördert, zu Selbstüberwindung anregt, den sozialen Vergleich mit leistungsmäßig wenig starken anderen Gruppenmitgliedern ermöglicht, einen sozialen Wettbewerb mit den anderen Gruppenmitgliedern fördert, wenn die Gruppensituation die Bedeutung der Gruppe für das Individuum steigert und wenn es zu einer Kompensationsleistung für schwächere Mitglieder kommt.

Zu Koordinationsgewinnen durch die Gruppensituation kommt es, wenn in der Gruppe die Aufgaben nach der Leistungsfähigkeit der Mitglieder verteilt werden, gegenseitige Fehlerkorrektur vorgenommen wird, Antworttendenzen und individuelle Sichtweisen ausgeglichen werden und wenn eine Synthese der einzelnen Beiträge erfolgt.

3.4.3 Gruppen als informationsverarbeitende Systeme

Es ist die Frage, ob Gruppen aufgrund und als Resultat der sozialen Interaktion ein Produkt hervorbringen können, das anders geartet ist als Produkte der individuellen Mitglieder. Es ist die Frage, ob es soziale kollektive Kognitionen und Synergien gibt, die sich von den individuellen sozialen Kognitionen und den individuellen Leistungsprodukten unterscheiden.

Soziale individuelle Kognitionen sind die Wissens- und Denkinhalte von Individuen. Wenn man von sozialen Kognitionen in diesem Kontext redet, dann sind hiermit Kognitionen von Gruppen als Mittelwert der individuellen Kognitionen gemeint. Beispiel: Wenn ich die Meinungen und Stereotype eines Landes gegenüber einer Immigrantengruppe wissen möchte, dann kann ich dies durch die Erfassung der individuellen Vorstellungen tun und hieraus quasi eine mittlere, die Gesamtheit repräsentierende Meinung bilden. Bei einer kollektiven sozialen Kognition entsteht eine solche kognitive Repräsentation aber erst als Resultat der Interaktion der individuellen kognitiven Systeme der Mitglieder.

Betrachten wir einmal eine Gruppendiskussion. In einer Gruppendiskussion fließen die Informationen, über die die einzelnen Mitglieder verfügen, und ihre Meinungen, die sie sich aufgrund dieser Informationen gebildet haben, ein und werden für die anderen Gruppenmitglieder verfügbar. Nun kann es sein, dass aufgrund dieser Diskussion eine Perspektive auf das diskutierte Problem deutlich wird, die bislang kein Gruppenmitglied gesehen hat. Die neue Perspektive wird erst dann sichtbar, wenn alle Gruppenmitglieder ihre Informationen beigetragen haben und diese sich zu einem neuen Bild zusammenfügen. Hier ist ein kollektives Ergebnis entstanden, das die Informationen der Individuen zur Basis hat. Nach vollständigem Vollzug des Informationsaustauschs wird aus dem potentiellen Gruppenwissen tatsächliches, jedem Teilnehmer zugängliches kollektives Wissen.

Nach Stasser und Titus (1985) ist eine Gruppendiskussion ein Prozess, in dem Informationen aus einem zur Verfügung stehenden Informationspool zusammengestellt werden. Dieser Informationspool besteht aus den Informationen, über die die einzelnen Mitglieder verfügen. Da Gruppenmitglieder im Allgemeinen nicht nur gleiche, sondern auch unterschiedliche Informationen haben, die Informationen zwischen den Gruppenmitgliedern also ungleich verteilt sind, können die einzelnen Gruppenmitglieder potentiell von ihren Diskussionspartnern neue Informationen erhalten. Die Gruppe hat also gegenüber dem Individuum den Vorteil, dass eine Entscheidung auf breiterer, das heißt informativerer, Grundlage möglich ist. Voraussetzung ist aber, dass die einzigartigen Informationen, also die Informationen, über die jeweils nur ein oder wenige Mitglieder verfügen, der Gruppe auch mitgeteilt werden.

Nun haben viele Untersuchungen gezeigt, dass es eine Tendenz gibt, bevorzugt geteilte Informationen auszutauschen, also Informationen, über die alle Mitglieder verfügen. Im Collective-Information-Sampling-Modell (CIS-Modell, (Stasser & Titus, 1985, 1987)) wird diese Präferenz *Sampling Advantage für geteilte Informationen* genannt. Diese Tendenz hat einen nachteiligen Einfluss auf die Gruppenleistung. Wenn die Gruppe mehr Informationen diskutiert, über die alle verfügen (geteilte Informationen), und weniger Informationen diskutiert, über die nur einzelne Mitglieder verfügen (ungeteilte Informationen), dann sinkt der Vorteil der Gruppe gegenüber Individuen, und es kommt zu suboptimalen Gruppenentscheidungen, ähnlich wie wir sie beim Gruppendenken nach Janis kennengelernt haben.

In dem CIS-Modell wird die Präferenz, geteilte Informationen zu diskutieren, als Ergebnis ihrer Erwähnungswahrscheinlichkeit behandelt. Die erste Annahme im CIS-Modell besteht darin, dass es für jede Information eine Grundwahrscheinlichkeit gibt, mit der sie erinnert und erwähnt (R für Recall) wird. Die Erwähnungswahrscheinlichkeit einer einzelnen Information ist $p(R)$.

Die Erwähnungswahrscheinlichkeit einer Information ist von unterschiedlichen Faktoren abhängig, wie z. B. die Erinnerbarkeit der Information, die Gelegenheit der Teilnehmer, eine Information zu erwähnen, die Motivation der Teilnehmer, ihre Informationen mitzuteilen. Für die Gegenüberstellung von geteilten und ungeteilten Informationen können diese Faktoren zunächst vernachlässigt werden, da angenommen werden kann, dass geteilte und ungeteilte Informationen sich hinsichtlich dieser Faktoren nicht unterscheiden.

Die zweite Annahme bezieht sich auf die Erwähnungswahrscheinlichkeit in der Gruppe. Die Wahrscheinlichkeit, dass in einer Gruppe eine Information erwähnt und diskutiert wird $[p(D)]$ (D für diskutiert), ist eine Funktion der Anzahl der Mitglieder der Gruppe, die diese Informationseinheit erwähnen können (n), und der Wahrscheinlichkeit, dass diese Informationseinheit von einem Mitglied erwähnt werden kann, also der Erwähnungswahrscheinlichkeit $p(R)$. Die gruppenbezogene Erwähnungswahrscheinlichkeit ist $p(D)$ und zu berechnen als

$$p(D) = 1 - [1 - p(R)]^n$$

Dies ist die Formel der Erwähnungswahrscheinlichkeit für *geteilte* Informationen. Für *ungeteilte Informationen* gilt als Erwähnungswahrscheinlichkeit:

$$p(D) = p(R)$$

Angenommen, die zugrunde liegende Erwähnungswahrscheinlichkeit für eine ungeteilte Information ist $p(R) = 0,40$, dann ist dies zugleich die Erwähnungswahrscheinlichkeit in der Gruppe $p(D)_{ungeteilt} = p(R) = 0,40$.

Für die Erwähnungswahrscheinlichkeit der geteilten Information gilt, dass die Gruppe nur dann eine Information nicht diskutiert, wenn kein einziges Gruppenmitglied diese Information erwähnt. Bei einer angenommenen individuellen Erwähnungswahrscheinlichkeit einer Informationseinheit von $p(R) = 0,40$ gilt bei vier Mitgliedern $p(D)_{geteilt} = 1 - [1 - 0,40]^4 = 0,87$. Das heißt, die Erwähnungswahrscheinlichkeit einer geteilten Information ist deutlich höher als die einer ungeteilten Information.

Abbildung 3.26 auf der nächsten Seite verdeutlicht den Zusammenhang von Gruppengröße und Erwähnungswahrscheinlichkeit. Wie die Abbildung zeigt, steigt der Nennungsvorteil einer In-

3.4 Gruppenleistung

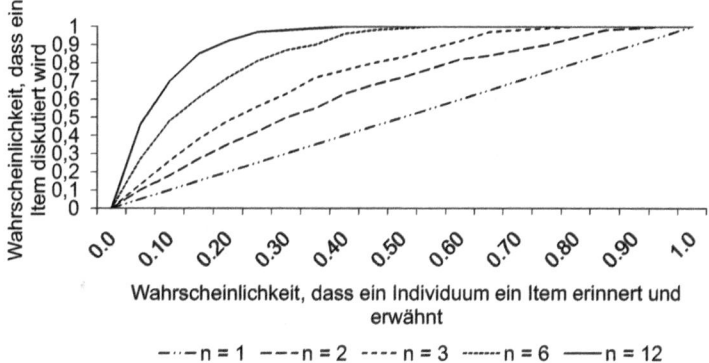

Abbildung 3.26: Erwähnungswahrscheinlichkeiten im CIS-Modell nach Stasser und Titus (1987)

formation zunächst mit der Gruppengröße. Aber er sinkt, je höher die allgemeine Erwähnungswahrscheinlichkeit einer Information ist. Eine Information, die sehr gut erinnert wird (aufgrund ihres semantischen Inhalts, ihrer Relevanz für die Person, ihrer Quelle oder ihrer Formulierung) hat auch dann eine gute Chance, in die Diskussion eingebracht zu werden, wenn nur eine Person sie besitzt. Eine schlecht erinnerbare Information dagegen bedarf einer großen Zahl von Personen, um mindestens von einer Person erwähnt zu werden.

Das Hidden-Profile-Paradigma

Die Probleme, die Gruppen mit dem Zusammentragen und angemessenen Verwerten von Informationen haben, werden mit einem speziellen Paradigma, dem sogenannten Hidden-Profile untersucht. Ein Hidden-Profile liegt vor, wenn bei einer Entscheidungsaufgabe die beste Alternative auf der Grundlage der individuellen Informationen der Gruppenmitglieder nicht erkennbar ist. Erst wenn alle Informationen zusammengetragen sind, wird die beste Alternative deutlich. Das Profil der besten Alternative ist versteckt. Im Hidden-Profile werden geteilte und ungeteilte Informationen unterschieden. Geteilte Informationen sind Informationen, die alle Mitglieder schon vor der Diskussion besitzen. Ungeteilte Informationen besitzt nur jeweils ein Mitglied. Es ist sein Spezialwissen. Als Zwischenform gibt es auch partiell geteilte Informationen, das heißt Informationen, über die eine Untergruppe der Gruppenmitglieder verfügt. Die Lösung eines Hidden Profiles erfordert es, die ungeteilten Informationen auszutauschen und zu integrieren. Aufgrund der Ausgangsinformationen, über die die einzelnen Mitglieder verfügen, entwickeln sie in einer Hidden-Profile-Aufgabe in der Regel unterschiedliche Präferenzen.

In Box 3.3 auf der nächsten Seite ist ein Beispiel für ein solches Hidden-Profile dargestellt. Es handelt sich hier um ein Hidden-Profile, in dem die Mitglieder nicht unterschiedliche Alternativen präferieren, sondern einheitlich eine falsche Alternative. Drei Gruppenmitglieder (A, B und C) sollen sich für einen der beiden Kandidaten X und Y entscheiden. Jedes Gruppenmitglied verfügt über geteilte Informationen, aber auch über ungeteilte, d. h. über Informationen, die nur jeweils ein Mitglied hat. Betrachtet man für jedes Mitglied individuell die verfügbaren Infor-

Ein Hidden-Profile ist eine Methode, um Informationsaustausch und Entscheidungen in Gruppen zu untersuchen. Die Informationen werden auf die Gruppenmitglieder so verteilt, dass einige Informationen alle Mitglieder kennen, andere aber nur jeweils einzelne Mitglieder.

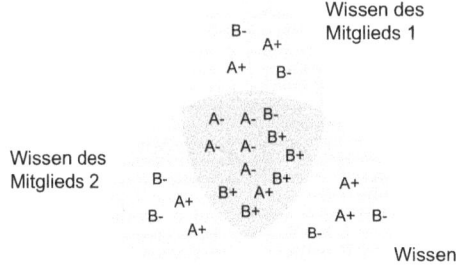

Die Gruppe hat die Aufgabe, sich für einen der beiden Kandidaten A oder B zu entscheiden. Abgebildet ist hier ein Hidden Profile, in dem die drei Mitglieder einheitlich eine falsche Alternative präferieren.

Informationsverteilung im Hidden Profile
Alle Mitglieder favorisieren B.

Informationen insgesamt über den Kandidaten A:
 5 geteilte negative Informationen; 1 geteilte und 6 ungeteilte positive Informationen. Insgesamt liegen 5 negative und 7 positive Informationen vor.

Informationen insgesamt über den Kandidaten B:
 1 geteilte und 6 ungeteilte negative Informationen und 5 geteilte negative Informationen. Insgesamt liegen 7 negative und 5 positive Informationen vor.

Diese Informationen verteilen sich auf die einzelnen Gruppenmitglieder wie folgt:
 Alle Gruppenmitglieder haben ein gleiches Verteilungsprofil der Informationen.

 Für den Kandidaten A besitzen alle Mitglieder 5 negative geteilte und 3 positive (davon sind 2 jeweils ungeteilt) Informationen.

 Für den Kandidaten B besitzen alle Mitglieder 5 positive geteilte und 3 negative (davon sind 2 jeweils ungeteilt) Informationen.

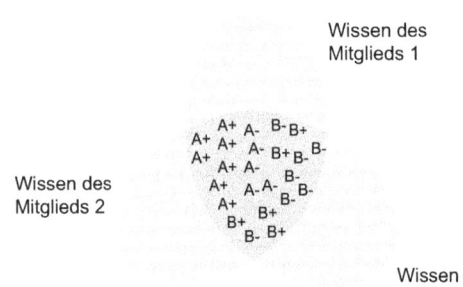

Auf der Grundlage aller Informationen, dem Idealfall vollständig geteilter Informationen, müsste aber die Entscheidung für den Kandidaten A fallen.

Idealfall vollständig geteilter Information
Alle Teilnehmer favorisieren die beste Lösung (A).

Box 3.3: *Das Hidden-Profile-Paradigma Stasser und Titus (1985)* mationen, so ergeben sich für Kandidat X jeweils drei positive und fünf negative Informationen, für Kandidat Y aber fünf positive und nur drei negative Informationen. Auf der Grundlage der individuellen Informationen sind die Präferenzen der Mitglieder A, B und C eindeutig auf den Kandidaten Y gerichtet.

Fasst man aber alle Informationen über die Gruppenmitglieder hinweg zusammen, so zeigt sich ein abweichendes Bild. Für Kandidat X gibt es nun sieben positive Informationen (davon sind sechs ungeteilt) und fünf negative Informationen, während es für den Kandidaten Y nur fünf (geteilte) positive Informationen gibt, aber sieben negative (davon sechs ungeteilte). Auf der Grundlage aller Informationen müsste daher die Entscheidung für den Kandidaten X fallen.

Viele Untersuchungen haben gezeigt, dass Gruppen leider oft nicht die beste Alternative wählen (Brodbeck, Kerschreiter, Mojzisch & Schulz-Hardt, 2007).

Ein Grund ist schon angesprochen worden. Der Nennungsvorteil geteilter Informationen, wie er in dem Collective-Information-Sampling-Modell von Stasser und Titus erklärt wird, unterstützt die Wirkung der geteilten Informationen. Die geteilten Informationen gehen schon in die Präferenzbildung jedes einzelnen Gruppenmitglieds vor der Diskussion ein. Sie beeinflussen auf diese Weise die Gruppenentscheidung, und sie werden häufiger genannt (wie das CIS-Modell beschreibt), und diese häufigere Nennung lässt die geteilten Informationen auch wichtiger erscheinen. Die ungeteilten Informationen wirken sich zwar auch auf die Präferenz der Gruppenmitglieder aus, aber nur auf die Präferenz eines einzelnen Mitglieds. Sie bestimmen aber nicht so sehr das Gruppenergebnis, da sie weniger häufig genannt werden und als weniger wichtig angesehen werden.

Die Bedeutung der geteilten Informationen und ihre Wirkung auf die Gruppenentscheidung haben Gigone und Hastie (1993) als „Common Knowledge"-Effekt beschrieben. In diesem Experiment mussten die Versuchsteilnehmer Noten von Studenten eines Chores vorhersagen. Als Informationsgrundlagen erhielten sie Beschreibungen der Studenten in Form von Notendurchschnitt in der Highschool, Arbeitsbelastung in anderen Kursen, Anwesenheitsdaten usw. Insgesamt gab es sechs Informationen. Es wurden Dreiergruppen gebildet, die jeden Studenten beurteilen sollten. Die sechs Informationen wurden auf die Gruppenmitglieder so verteilt, dass jedes Gruppenmitglied vier der sechs Informationen zur Durchsicht bekam und dann eine individuelle Einschätzung abgab. Danach diskutierte die Gruppe und kam zu einer konsensualen Entscheidung.

Die Ergebnisse bestätigen die Annahmen: Die geteilten Informationen wurden häufiger diskutiert, und sie hatten einen größeren Einfluss auf die Gruppenentscheidung, und zudem konnten die Gruppenentscheidungen von den Ausgangspräferenzen der Gruppenmitglieder vorhergesagt werden.

Was macht nun die Präferenz für geteilte Informationen aus? Neben dem statistischen Vorteil, den geteilte Informationen gegenüber ungeteilten haben, spielen aber auch psychische Faktoren eine Rolle. Die geteilten Informationen haben die Präferenzen aller Gruppenmitglieder beeinflusst. Sie bilden somit quasi eine Norm, die von allen Gruppenmitgliedern geteilt und verteidigt wird. Einzelne ungeteilte Informationen, die gegen diese auf der Grundlage von geteilten Informationen gebildeten Norm gerichtet sind, werden daher von ihren Besitzern leicht als wenig valide eingeschätzt. Die Gültigkeit einer ungeteilten Information kann im sozialen System der Gruppe nicht überprüft werden. Je mehr eine Gruppe auf Konsens und Konformität ausgerichtet ist, desto stärker wird die Präferenz für geteilte Informationen sein.

Hinzu kommt noch ein Prozess, der als wechselseitige Steigerung der Bewertung (Mutual Enhancement) bekannt ist. Durch die wechselseitige Bestätigung der Gruppenmitglieder in Bezug auf kommunizierte geteilte Informationen gewinnen die einzelnen Gruppenmitglieder an Wert und Bedeutung für den Gruppenprozess.

Winquist und Larson (1998) haben die unterschiedliche Wirkung geteilter und ungeteilter Informationen in einem Zwei-Prozess-Modell abgebildet. Danach wird die Qualität der Gruppenentscheidung von zwei Faktoren beeinflusst: Erstens von den vor der Diskussion bestehenden individuellen Präferenzen und zweitens von dem Informationsaustausch während der Diskussion. Die Vorabpräferenzen der einzelnen Gruppenmitglieder basieren, wie bereits gesagt, auf dem Einfluss der geteilten Informationen. Und über diese Vorabpräferenzen beeinflussen sie die Gruppenentscheidung. Der Einfluss der ungeteilten Informationen wird vorwiegend durch die Diskussion gebahnt und kann auch nur während der Diskussion zum Tragen kommen.

Gelingt es einer Gruppe, eine relevante, auch ungeteilte Information auszutauschen und daraufhin das versteckte Profil zu lösen und die richtige Lösung zu finden, so ist dies ein Produkt, das nur aufgrund der sozialen Interaktion zustande kommen konnte. Damit sind die Kriterien erfüllt, um von einer kollektiven Kognition zu sprechen.

Schauen wir uns einmal den Prozess der Informations- oder Wissensintegration innerhalb der Gruppe näher an. Indikatoren für Wissensintegration sind zum einen die Aufnahme fremder ungeteilter Informationen in das eigene Wissen und die aktive Verwendung in der Entscheidung und zum anderen die Bildung von Gruppenwissen. Bei einer Hidden-Profile-Aufgabe ist das Gruppenwissen die Summe der im Pooling-Prozess erwähnten geteilten und ungeteilten Informationen (Abbildung 3.27). Da es sich – nach Steiners Klassifikation – um eine unteilbare konjunktive Aufgabe handelt, ist der unverzerrte Aufbau des Gruppenwissens von den möglichst vollständigen Beiträgen aller Gruppenmitglieder abhängig.

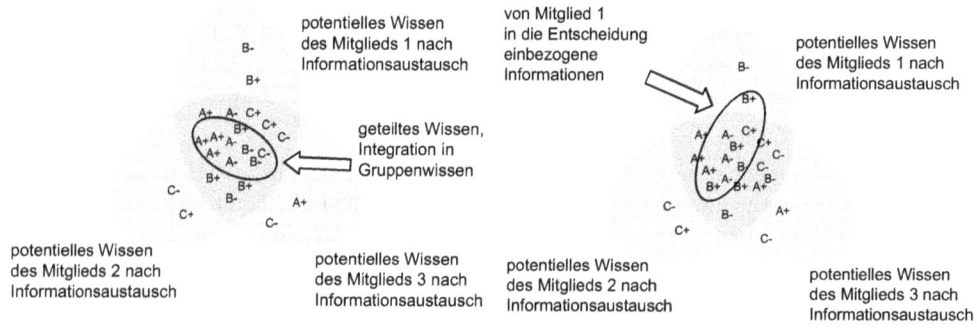

Abbildung 3.27: Gruppenwissen   *Abbildung 3.28: Individualwissen*

Das potentielle Individualwissen nach einer Informationszusammenführung (Abbildung 3.28) setzt sich aus dem zurückbehaltenen ungeteilten Wissen der einzelnen Person, dem nicht in der Diskussion erwähnten geteilten Wissen und den in der Diskussion erwähnten Informationen zusammen. Die Person wird aber nicht alle Informationseinheiten in gleicher Weise berücksichtigen. Die Informationen sind unterschiedlich zugänglich und gewichtet, und es gibt motivationale Gründe für die Bevorzugung bestimmter Informationen.

Während des Aufbaus des Gruppenwissens wird sowohl das Objektwissen als auch das Metawissen erweitert Brauner (2006). Zu dem erweiterten Objektwissen gehört die neue ungeteilte Information, die ein Gruppenmitglied von anderen Gruppenmitgliedern erfährt. Zu dem Metawissen gehört die gesamte Information über Informationsquellen: Wer-weiß-was? Wie-vielewissen-was? Was-wissen-ich-und-andere-gemeinsam? Dieses Metawissen ist sowohl für den aktuellen Entscheidungsprozess als auch für die langfristige Organisation der Wissensressource einer Gruppe von großer Bedeutung. Ein wichtiger Bestandteil des Meta-Wissens ist das von Wegner beschriebene Verzeichniswissen (Wer-weiß-was) im Transaktiven Gedächtnis, das nachfolgend dargestellt wird.

Transaktives Gedächtnis

In jedem Interaktions- und Kommunikationsprozess entsteht neues individuelles Wissen und ein Bewusstsein darüber, über welche Informationen die anderen verfügen. Es entsteht ein transaktiven Gedächtnis (Wegner, 1987, 1995): Personen haben ein eigenes Wissen und ein Wissen über das, was andere wissen. Das heißt, Person A weiß (zum Teil), was B weiß und was B nicht weiß. Ein Teil des Wissens wird von allen Personen geteilt, der andere Teil ist ungeteiltes Wissen.

Durch das Wissen über das Wissen der anderen erhalten Gruppen einen Zugriff auf eine größere Informationsbasis und können ihre Arbeit effektiver gestalten. Für die Effektivität von Gruppen ist daher nicht nur die individuelle Wissensintegration wichtig, sondern darüber hinaus der Aufbau eines Gruppenwissens und eines transaktiven Gedächtnisses. Für die individuelle Wissensintegration sind neben Strategien des Behaltens, Erinnerns und Bewertens, auch Elaborationen in Richtung eines mentalen Modells von dem Wissensgegenstand wichtig. Auf Gruppenebene ist zum einen die Erweiterung des Wissens jeden Teilnehmers durch neue (ungeteilte) Informationen wichtig. Bei komplexen Aufgaben, die eine Aufgabenteilung erfordern, ist aber die Entwicklung eines transaktiven Gedächtnisses von zentraler Bedeutung.

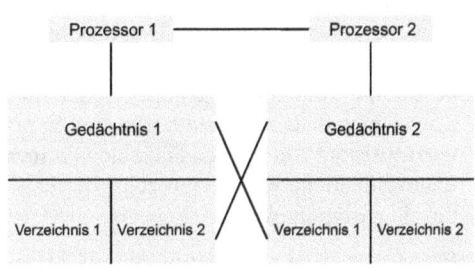

Abbildung 3.29: Transaktives Gedächtnis nach Wegner (1995)

Nach Wegner (1995) besteht ein transaktives Gedächtnis aus zwei Komponenten (Abbildung 3.29). Erstens aus einem organisierten Wissensspeicher, der vollständig in den Speichern der einzelnen interagierenden Individuen repräsentiert ist und zweitens aus transaktiven wissensbezogenen Prozessen zwischen diesen interagierenden Individuen. Wegner verwendet hier das Bild von Personen als informationsverarbeitenden Systemen (Prozessoren). Ein transaktives Gedächtnis ermöglicht den Beteiligten, die anderen Personen als externen Gedächtnisspeicher zu nutzen, mit dem Vorteil, auf diese Weise eigene Speicherkapazität, Zeit und Speicherungsaufwand zu sparen.

Ein transaktives Gedächtnis enthält sowohl eigenes und fremdes Objektwissen als auch eigenes und fremdes Metawissen (Brauner, 2003, 2006). Beide Wissensklassen können in unterschiedlichem Maße von den beteiligten Personen geteilt sein. Nicht nur lange bestehende Gruppen, auch ad hoc für eine begrenzte Aufgabe gebildete Gruppen können ein transaktives Gedächtnis aufbauen. Jedoch entfällt hier der Aufbau von transaktivem Metawissen, da ihr Bestand als Gruppe nur temporär ist und ein Metawissen über die Zeit nicht notwendig ist. Der Aufbau eines transaktiven Metawissens ist immer dann notwendig und sinnvoll, wenn eine Herausbildung von Informationsexperten für Wissensteilbereiche möglich und sinnvoll ist. Dies ist in der Regel aber nur bei lange zusammenarbeitenden Gruppen vorhanden.

In einer Arbeit von U. Piontkowski, Böing-Messing, Hartmann, Keil und Laus (2003) wurde der Aufbau eines transaktiven Gedächtnisses als hilfreich auch für ad hoc-Gruppen bei der Lösung einer Hidden-Profile-Aufgabe festgestellt. Verglichen wurden die Leistungen von Face-to-Face-Gruppen, Gruppen, die über ein Chatwerkzeug interagierten und von Gruppen, die die Aufgabe per E-Mail lösten. Die Ergebnisse zeigen, dass transaktive Gedächtnisproduktionen die Qualität der Informationsintegration in allen drei Medien fördern. Die größte Effektivität erzielt ein gut ausgebildetes transaktives Gedächtnis allerdings bei längerfristig bestehenden sozialen Systemen.

Wegner, Erber und Raymond (1991) untersuchten die Wirkung eines transaktiven Gedächtnisses in Partnerbeziehungen. Die Annahmen der Autoren waren, dass Paare ein Wissen über das Wissen des Partners entwickeln und dass Paare dieses Metawissen auch beim Lernen neuer Information benutzen. Versuchsteilnehmer waren Paare mit einer mindestens dreimonatigen Beziehung. Die Paare wurden zufällig ausgewählt, um entweder als natürliche Paare zusammenzuarbeiten, oder sie wurden getrennt und bildeten mit einem anderen gegengeschlechtlichen Partner ein zufälliges Paar.

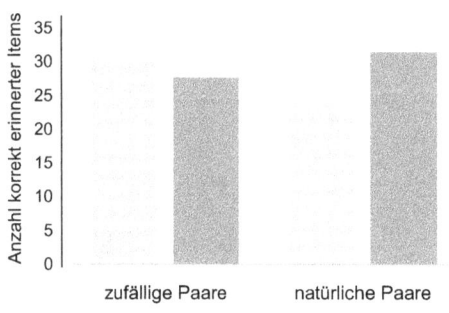

Abbildung 3.30: Wirkung des transaktiven Gedächtnisses nach Wegner et al. (1991)

Aufgabe der Paare war eine Gedächtnisaufgabe. Es wurden 64 Sätze präsentiert, in denen jeweils ein Wort (Kategorie) unterstrichen war, z. B. Alkohol. Die Paare sollten sich diese unterstrichenen Wörter gemeinsam merken. Nach der Aufteilung in natürliche Paare vs. zufällige Paare wurde noch eine weitere Variable variiert. Den Paaren wurde entweder eine Zuweisung als Experte für bestimmte Kategorien gegeben, oder diese Zuweisung fand nicht statt. Bei der Expertenzuweisung wurden den einzelnen Partnern unterschiedliche Kategorien zugewiesen, für die sie zuständig waren.

Es erfolgte dann eine Aktivierung des transaktiven Gedächtnisses, indem die natürlichen Paare angeben sollten, in welchen Bereichen sie und in welchen Bereichen der Partner Experte sei. Bei den zufälligen Paaren wurde gefragt, in welchem Bereich sie im Vergleich mit einem typischen Vertreter des anderen Geschlechts Experte seien. Nach der Gedächtnisaufgabe erfolgte die Abfrage, wie viele Kategorien sich die Teilnehmer einzeln gemerkt hatten.

3.4 Gruppenleistung

Bei den zufällig gebildeten Paaren bewirkte die Expertenzuweisung einen Anstieg der Gedächtnisleistung (Abbildung 3.30 auf der vorherigen Seite), wohingegen bei den natürlichen Paaren eine Expertenzuweisung hinderlich war. Offensichtlich war diese Zuständigkeitszuweisung gegenläufig zu dem von ihnen über die Zeit ausgebildeten Metawissen, das Wissen, was man selbst und der Partner weiß und wofür man selbst und der Partner Experte ist.

Voraussetzungen für Synergieeffekte

Das transaktive Gedächtnis ist ein Musterfall für Synergieeffekte, die Gruppen zeigen können. Synergie bezeichnet einen objektiven, durch Gruppeninteraktion entstandenen Leistungsgewinn (Larson, 2010). Der Synergieeffekt des transaktiven Gedächtnisses entsteht durch koordinierte Aufgabenteilung und den Aufbau von Wissen über die Aufgabenteilung.

Andere Synergieeffekte, die aus der Gruppeninteraktion entstehen können, hängen in starkem Maß von dem Aufgabentyp ab. Es gibt Aufgaben, bei denen Kollaboration förderlich ist, und Aufgaben bei denen sie schädlich ist. Die Aufgabe als Einflussfaktor für die Gruppenleistung ist in der Sozialpsychologie nicht besonders gründlich untersucht worden (vgl. Tschan, 2000).

Auch im Organisationskontext (siehe Kapitel 5) wird die Art der Aufgabe, mit der die Mitarbeiter betraut sind, in Effektivitätsüberlegungen vernachlässigt. Mehr Augenmerk als den besonderen Anforderungen der Aufgabe wird den Merkmalen der Mitarbeiter und Führungspersonen (Innovationskraft, Teamfähigkeit) gewidmet. Dabei ist ein aufgabenadaptives Verhalten für die Leistung von Gruppen sehr wichtig (Tschan, Semmer, Nagele & Gurtner, 2000).

In den Untersuchungen zu den Effekten sozialer Erleichterung und sozialer Hemmung ist die Einbeziehung des Aufgabenfaktors reduziert auf einfache vs. komplexe Aufgaben. Steiners Klassifikation berücksichtigt schon Teilbarkeit vs. Unteilbarkeit und Maximierung vs. Optimierung als aufgabeninhärente Vorgaben.

Ein relativ differenziertes Modell der Aufgabenklassifikation hat McGrath (1984) mit seinem Aufgaben-Circumplex-Modell vorgeschlagen. Es hat zum Ziel, eine Klassifikation vorzulegen, in der eine Aufgabe nur in eine Kategorie passt, jede Aufgabe in eine Kategorie eingeordnet werden kann, in der logische Beziehungen zwischen den Kategorien bestehen und die zudem praktische Relevanz hat (siehe Abbildung 3.31 auf der nächsten Seite).

Das Circumplex-Modell unterscheidet vier grundlegende Ziele von Gruppen: Generieren, Wählen, Verhandeln und Ausführen. Diesen Zielen sind bestimmte Aufgaben zugeordnet.

Unter die Kategorie *Generieren* fällt die Planung von Strategien (Planungsaufgaben) und die Entwicklung neuer Ideen (Kreativitätsaufgaben) zur Zielerreichung.

Ist die Gruppe mit *Wählen* befasst, trifft sie Entscheidungen über Probleme, für die es entweder eine richtige Lösung gibt (Intellective-Aufgaben) oder über Probleme, die auf verschiedene Weisen gelöst werden können (Entscheidungsfindungsaufgaben).

Beim *Verhandeln* muss die Gruppe Meinungsdifferenzen zwischen den Gruppenmitgliedern hinsichtlich ihrer Ziele oder Entscheidungen lösen (kognitive Konfliktaufgaben) oder Konkurrenzstreitigkeiten unter ihnen schlichten (Mixed-Motive-Aufgaben).

Unter die Kategorie *Ausführen* fallen Auseinandersetzungen mit anderen Gruppen (Wettbewerbsaufgaben) und die Durchführung und Erbringung von Leistungen (Leistungsaufgaben).

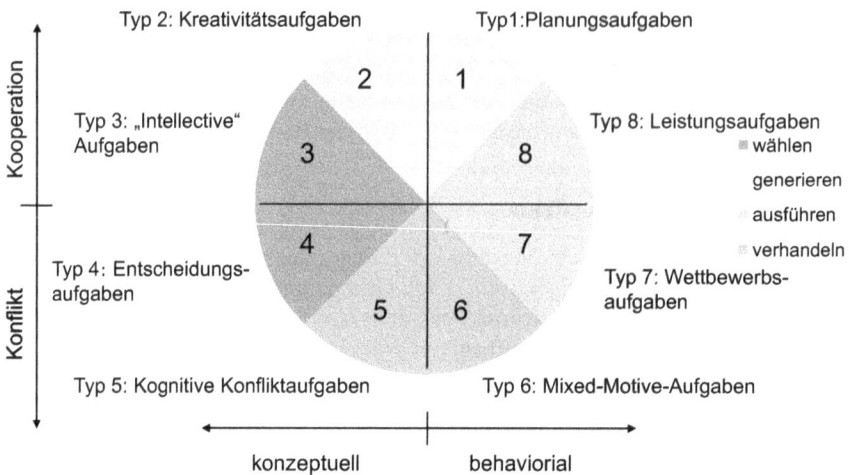

Abbildung 3.31: Das Aufgaben-Circumplex-Modell von McGrath (1984)

Gruppen können ihre Aufgabe in der Bewältigung eines der Ziele oder einer der Aufgaben sehen, andere Gruppen dagegen haben Aufgaben, die sich aus fast allen Unterkategorien des Modells zusammensetzen (Arrow et al., 2000). Solche Aufgabenkomplexionen nennen Arrow et al. Projekte.

Die einfache Aufgabenklassifikation erlaubt aber noch nicht in hinreichendem Maße abzuleiten, welche Maßnahmen getroffen werden können oder müssen, um Gruppen zu synergetischen Leistungen zu bringen. Dabei spielen der Zeitfaktor und die Abfolge, in der die Subaufgaben bearbeitet werden, eine wichtige Rolle.

In seinem Time-Interaction-Performance-Modell (TIP) integriert McGrath (1991) daher Gruppenfunktionen (Erbringung von Leistung, Unterstützung der Mitglieder, Wohlergehen der Gruppe) mit Gruppenprojektaktivitäten (Beginn, Problemlösen, Konfliktbewältigung, Ausführung) und Zeitstrukturen (Terminierung, Aktualität, Zeitbedarf).

Zur zeitlichen Abfolge von (Teil-)Aufgaben schreibt Tschan (1995), dass Subaufgaben immer von bestimmten Kommunikationseinheiten begleitet werden. Eine ideale Sequenz von Subaufgaben sollte mit einer vorbereitenden Kommunikation zur Orientierung und Planung beginnen und mit einer Kommunikation zur Evaluation enden. Das bedeutet, dass Gruppen eine Aufgabe oder Teilaufgabe (etwa die Sammlung von Informationen oder die Suche nach Alternativen) nicht abbrechen sollten, bevor das Ziel der (Teil-)Aufgabe erreicht ist.

Gruppen durchlaufen – in Abhängigkeit von der Art und Komplexität der Aufgabe – mehrere solcher Kommunikationszyklen. Die Qualität der Zyklen entscheidet über die Qualität der Gruppenleistung. Tschan konnte nachweisen, dass Gruppen, die solche Zyklen in idealer Weise und vollständig abarbeiten, höhere Leistungen erbrachten als Gruppen, die Kommunikationszyklen unterbrachen oder die Teilaufgaben unvollständig erledigten.

3.4 Gruppenleistung

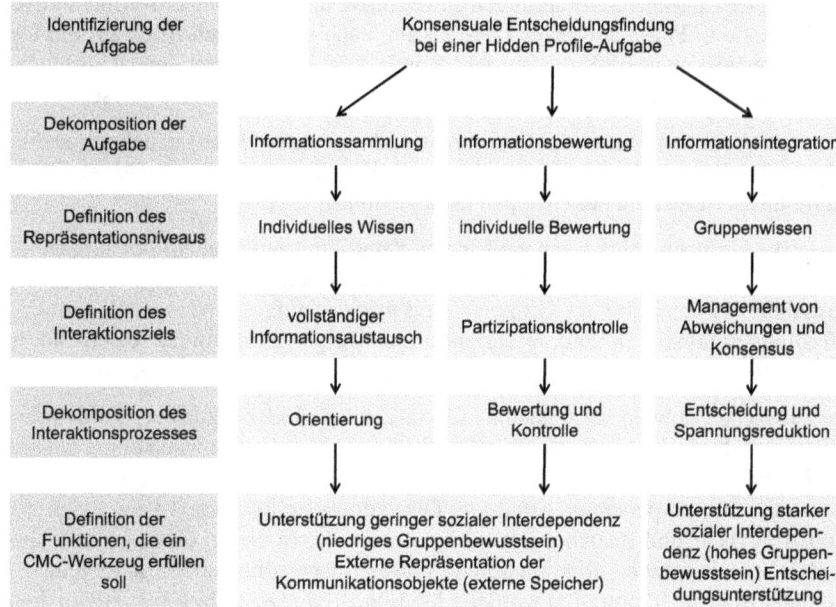

Abbildung 3.32: Das Task-Interaction-Requirement-Modell (U. Piontkowski et al., 2007)

Bei der Anwendung solcher Modells stellt sich heraus, dass unterschiedliche Gruppenphasen unterschiedliche Unterstützung brauchen. Es ist notwendig, für unterschiedliche Teilaufgaben in der Sequenz der Bearbeitung unterschiedliche Modi der Koordinierung zu wählen.

Das Task-Interaction-Requirement-Modell (U. Piontkowski et al., 2007) versucht, Kriterien für den Medien- und Werkzeugeinsatz bei Gruppenaufgaben von teilweise medienvermittelt arbeitenden Gruppen zu entwickeln, die nicht auf einer Mimikry der Arbeit von Face-to-Face-Gruppen basieren, sondern die das Zusammenspiel von Anforderungen der Aufgabe, kognitiver Wissensrepräsentation, Interaktionsprozess und den sich daraus ergebenden Anforderungen an ein Unterstützungswerkzeug berücksichtigen (siehe Abbildung 3.32).

Eine Grundforderung ist die Dekomposition der Gruppenaufgabe in Subaufgaben und daraus folgend die Definition spezifischer Ebenen individueller oder kollektiver Wissensrepräsentation, spezifischer Interaktionsziele und die Ableitung eines angemessenen Grades sozialer Interdependenz. Das erste Zusammentragen von Wissens- und Informationsbeständen erfordert eher einen zurückhaltenden Einsatz von Interaktionen, während die Entscheidungsfindung für ein bestimmtes Vorgehen intensive Interaktionen erfordert.

Die Unterstützung der Anforderungen kann durch angepasste Werkzeuge erfolgen, ähnlich, wie es im Beispiel zur Verhinderung von Blockaden beim Brainstorming erwähnt wurde (siehe Seite 152). In der Abbildung ist das Modell exemplarisch für die Aufgabe einer konsensualen Entscheidungsfindung bei einer Hidden-Profile-Aufgabe dargestellt.

Die Abbildung der Aufgabenanforderungen an kognitive und kommunikative/interaktive Strukturen und Prozesse in Phasenmodellen erlaubt dann auch einen neuen Blick auf die fördernde oder hemmende Wirkung von Kohäsion und Konflikt. Kohäsion kann unter Umständen Leistung hemmen, ebenso wie Konflikte Kräfte für produktive Neuentwicklungen sein können.

In einer Längsschnittstudie untersuchten Jehn und Mannix (2001) die Entstehung und Bewältigung aufgabenbezogener und beziehungsbezogener Konflikte in Gruppen und setzten die Konfliktverläufe mit der Leistung der Gruppen in Beziehung.

Leistungsstarke Gruppen zeigten ein niedrigeres Konfliktniveau (sowohl bei aufgabenbezogenen als auch bei interpersonalen Konflikten) als leistungsschwache Gruppen. Mit einer wichtigen Ausnahme: In der Mitte der Gruppenarbeit war der aufgabenbezogene Konflikt stärker. Dieser Konfliktverlauf spricht für eine angemessene divergente inhaltliche Auseinandersetzung und für eine angemessene Spannungs- und Konfliktbewältigung im sozialen Bereich.

Leistungsschwache Gruppen vermeiden konfliktäre Auseinandersetzungen, mit dem Ergebnis, dass häufig gegen Ende der Gruppenarbeit Konflikte eskalieren, etwa wenn durch äußeren Zeitdruck die Beendigung der Arbeit gefordert wird. Es eskalieren dann nicht nur aufgabenbezogene, sondern auch interpersonale Konflikte. Diese doppelte Eskalation kann einen negativen Zirkel von Aufgaben- und Beziehungskonflikten einleiten. In diesen Gruppen ist wahrscheinlich eine Auseinandersetzung über inhaltliche Fragen als persönliche Kritik aufgefasst und als interpersonaler Konflikt interpretiert worden (Amason, 1996; Deutsch, 1969). Bleibt diese Fehlwahrnehmung über die Zeit bestehen, eskalieren Aufgaben- und Beziehungskonflikte, und die Gruppen werden von ihrer gemeinsamen Arbeit nicht profitieren. Statt zu Synergieeffekten und Prozessgewinnen kommt es zu Prozessverlusten und Minderleistung.

Die einfache Regel, dass aufgabenbezogene Konflikte leistungsförderlich und beziehungsbezogene Konflikte leistungsmindernd sind, gilt nur mit Einschränkungen, da es im Verlaufe der Gruppenarbeit zu *Transformationen in der Konfliktart* kommen kann. So haben Greer, Jehn und Mannix (2008) in Weiterführung der Untersuchung von Jehn und Mannix gezeigt, dass eine Subklasse von aufgabenbezogenen Konflikten, die sogenannten Prozesskonflikte, die sich mit logistischen Fragen beschäftigen (z. B. wer macht was wann), sehr leicht in beziehungsbezogene Konflikte umschlagen können und auch auf die Aufgabendurchführung (wie Zielsetzungen und Massnahmen zur Zielerreichung) negativ beeinflussen können. Zur Vermeidung von Gruppendenken müssen Gruppen Dissens aushalten und austragen (Schulz-Hardt & Frey, 2000). Es ist aber kontraproduktiv, den Dissens an Verfahrensfragen statt an Punkten wie Problembestimmung, Informationssammlung und Wissensintegration zu fixieren.

Gruppen können homogen, mit ähnlichen Teilnehmern und heterogen, mit Teilnehmern unterschiedlicher Herkunft, Expertise und Weltsicht zusammengesetzt sein. Die inhaltliche Diversität von heterogen zusammengesetzten Gruppen hilft, Gruppendenken zu vermeiden. Um die potentiellen Synergieeffekte von heterogen zusammengesetzten Gruppen zu nutzen, sollten Verluste durch Prozesskonflikte vermieden und kooperative Arrangements gewählt werden (Larson, 2010) . Dagegen können zu starke kooperative Arrangements bei homogen zusammengesetzten Gruppen und/oder in unpassenden Phasen der Gruppenarbeit leicht zu Gruppendenken führen.

4 Beziehungen zwischen Gruppen und Kulturen

4.1 Soziale Kategorisierung

Kategorisierung ist ein alltäglicher Prozess. Wir packen Objekte oder Ereignisse zu Gruppen zusammen, um ein kognitives Gerüst für den Umgang mit neuen Informationen zu haben. Haben wir eine solche Kategorie verfügbar, erleichtert sie es uns, ähnliche Objekte schnell zu identifizieren. Raubvögel, Zierfische, Buchstaben, Zahlen, Sportwagen, Kutschen, Tennisturniere, Fußballspiele, G20, IM, Männer, Frauen, Schwaben, Friesen – sie benennen alle jeweils eine bestimmte Gruppe von Objekten, Personen oder Ereignissen, und wir verbinden mit ihnen bestimmte Eigenschaften, Merkmale und auch Gefühle.

Kategorisierung ist ein rationaler Prozess, da er auf bestehenden Unterschieden zwischen den Objekten, die in separate Kategorien klassifiziert werden, basiert. Kategorisierung bringt mit sich, dass Personen oder Objekte derselben Kategorie als ähnlicher wahrgenommen werden und Personen und Objekte unterschiedlicher Kategorien als unähnlicher. Personen oder Objekte innerhalb einer Kategorie werden assimiliert, Personen oder Objekte unterschiedlicher Kategorien werden kontrastiert. Dieser Prozess wird auch als *Akzentuierungs-* oder *Assimilierungseffekt* bezeichnet.

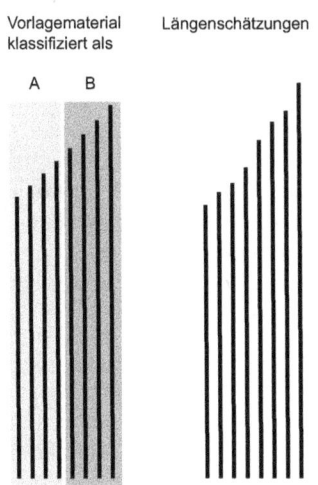

Abbildung 4.1: Tajfel und Wilkes Experiment (1963)

Das bekannte Experiment von Tajfel und Wilkes (1963) verdeutlicht diesen Effekt. Sie präsentierten ihren Versuchsteilnehmern acht Linien unterschiedlicher Länge in aufsteigender Reihenfolge, wobei der Längenzuwachs von Linie zu Linie immer ungefähr gleich blieb. Die Linien wurden sechsmal in zufälliger Abfolge gezeigt. Für eine Gruppe waren die vier kleineren Linien mit A und die vier größeren mit B gekennzeichnet (systematische Klassifikation). Für die zweite Gruppe waren die Linien zwar auch mit A und B gekennzeichnet, aber in einer unsystematischen Weise. Jede der acht Linien wurde während der Durchgänge jeweils zur Hälfte mit A und zur Hälfte mit B gekennzeichnet, wobei das Auftreten der Kennzeichnungen randomisiert war (zufällige Klassifikation). Einer dritten Gruppe wurden die Linien ohne Buchstabenkennzeichnung präsentiert (ohne Klassifikation). Aufgabe aller Versuchsteilnehmer war, die Länge der Linien zu schätzen. Es zeigte sich, dass die Versuchsteilnehmer bei einer systematischen Klassifikation der Linien den Längenunterschied zwischen der größten mit A gekennzeichneten Linie und der kleinsten mit B gekennzeichneten Linie unabsichtlich deutlich überschätzten – im Vergleich zu den übrigen Versuchsteilnehmern. Unterschätzt wurden dagegen die Linienlängenunterschiede innerhalb der mit A gekennzeichneten Linien und innerhalb der mit B gekennzeichneten Linien (siehe Abbildung 4.1 auf der vorherigen Seite).

Soziale Kategorisierung, das heißt die Klassifikation von Personen und Gruppen, folgt den gleichen Prinzipien wie nicht soziale Kategorisierungsprozesse. Sie hat aber eine Besonderheit. Die kategorisierende Person ist selbst Mitglied einer sozialen Kategorie. Wenn ich eine Person als Ausländer, Polizist, Banker klassifiziere, bedeutet das, dass ich selbst meist nicht Ausländer, nicht Polizist, nicht Banker bin. Ich gehöre einer anderen Gruppe an als diese Person. Sie ist Mitglied einer Fremdgruppe (Outgroup).

Mit der Bedeutung sozialer Kategorisierung für das Selbst, für interpersonale und intergruppale Beziehungen haben sich die Theorie der sozialen Identität und die Selbstkategorisierungstheorie beschäftigt.

Die Theorie der Sozialen Identität

Gruppenmitgliedschaften sind zentraler Bestandteil unseres Selbst. Wir gehören einer bestimmten Nationalität an, sind Frau oder Mann, zählen zu einer bestimmten Altersgruppe, sind Single oder verheiratet, hetero- oder homosexuell, vielleicht Mitglied in einem Verein usw. Wer wir sind, ist zum einen durch unsere Gruppenmitgliedschaften bestimmt und zum anderen durch unsere ganz individuellen Eigenschaften. Die Eigenschaften, die uns einzigartig machen und die Eigenschaften, die wir mit anderen teilen, definieren unser Selbst. Wenn Sie sich die Frage stellen „Wer bin ich ...?", werden Sie vermutlich eine Reihe von Adjektiven nennen, die Sie im Besonderen auszeichnen (z. B. ich bin tolerant, temperamentvoll) und auch einige Gruppen, denen Sie angehören (z. B. ich bin Frau, Studentin).

Die Gruppenmitgliedschaften variieren in ihrer Bedeutung, die sie für uns haben. Manche sind nur vorübergehend von Bedeutung, andere ein Leben lang. Wenn jemand z. B. während seines Sommerurlaubs einem Beachvolleyballteam angehört, so ist diese Gruppenmitgliedschaft für die Dauer seines Urlaubs für ihn wichtig und verliert anschließend an Bedeutung. Andere Gruppenmitgliedschaften sind stabil und überdauernd. So sind wir Zeit unseres Lebens Mann oder Frau und besitzen eine bestimmte ethnische Identität. Ist eine Gruppenmitgliedschaft in einer Situation relevant, leitet sie unsere Gedanken, Gefühle und Handlungen. Ein Fußballfan wird im Stadion oder in der Vereinskneipe eher als Fußballfan denken und handeln, während seine Gedanken während einer Vorlesung eher damit zu tun haben, dass er Student ist. Im Gespräch unter zwei Freunden wiederum stehen sich zwei einzigartige Individuen mit einzigartigen Eigenschaften gegenüber. Es werden jeweils unterschiedliche Aspekte des Selbstkonzept angesprochen.

Die Theorie der sozialen Identität von Tajfel und Turner (Tajfel, 1974, 1982; Turner, 1975; Tajfel & Turner, 1986) befasst sich mit diesen wechselnden Aspekten des Selbstkonzepts. Ein Teil des Selbstkonzepts ist auf die personale Identität gerichtet. Eine Person betrachtet sich als einzigartiges Individuum, das sich von allen anderen Menschen unterscheidet. Das idiokratische Selbst steht im Fokus der Aufmerksamkeit. Ein anderer Teil des Selbstkonzept bezieht sich auf die soziale Identität der Person, die immer dann angesprochen ist, wenn sich Personen vorrangig als Mitglieder von bestimmten sozialen Gruppen und weniger als einzigartige Individuen sehen. Soziale Identität bezeichnet diejenigen Aspekte des Selbstkonzepts einer Person,

4.1 Soziale Kategorisierung

die sich aus dem Wissen der Person um ihre Mitgliedschaft zu sozialen Gruppen ableiten und den mit den Gruppenzugehörigkeiten verbundenen Gefühlen.

Personale und soziale Identität sind als ein Kontinuum zu verstehen, das sich von einer interpersonalen Orientierung bis zur Intergruppenorientierung erstreckt. Je nach Situation sind Wahrnehmung, Gedanken und Handlungen näher am Intergruppenpol (z. B. im Fußballstadion) oder näher am interpersonalen Pol lokalisiert (z. B. im Gespräch mit einem Freund). Ist die soziale Identität einer Person angesprochen, wechselt die Person von einer „Ich"- zur „Wir"-Perspektive. Das Selbst umschließt nicht mehr nur die eigene Person, sondern darüber hinaus alle Personen, die der eigenen Gruppe angehören.

Der Prozess, sich selbst als Individuum oder als einer Gruppe zugehörig wahrzunehmen, wird als Selbstkategorisierung bezeichnet (Turner, Hogg, Oakes, Reicher & Wetherell, 1987). Damit befasst sich die Selbstkategorisierungstheorie, die anschließend vorgestellt wird.

Die Theorie der sozialen Identität postuliert ein Bedürfnis nach positiver sozialer Identität. Positive soziale Identität bedeutet zum einen eine positive Selbsteinschätzung, zum anderen aber auch ein zu anderen Personen und Gruppen distinktes Selbstbild. Erreicht werden kann dies mittels sozialer Vergleiche (siehe die Theorie der sozialen Vergleichsprozesse von Festinger, Kap. 1). Insofern ist das Bedürfnis nach einer positiven sozialen Identität auch das Bedürfnis, Unsicherheiten in Bezug auf das eigene Selbst zu reduzieren. Durch den Vergleich der eigenen Gruppe mit einer relevanten fremden Gruppe auf Dimensionen, die für das Individuum wichtig sind, kann eine positive soziale Identität hergestellt oder aufrechterhalten werden, sofern der Vergleich günstig für die Eigengruppe ausfällt. Ist der Vergleich negativ und entwickelt sich daraus eine unbefriedigende negative soziale Identität, werden Anstrengungen unternommen, diesen Zustand zu beenden. Als mögliche Mechanismen stehen ein Wechsel der Vergleichsdimension, das Verlassen der eigenen Gruppe oder der Versuch, die Position der eigenen Gruppe zu verbessern, zur Verfügung.

Die Grundannahmen der Theorie der sozialen Identität lassen sich folgendermaßen zusammenfassen:

- Personen streben danach, eine positive soziale Identität herzustellen oder zu erhalten.
- Ein Teil der sozialen Identität resultiert aus der Zugehörigkeit zu verschiedenen Gruppen und den Bewertungen dieser Gruppen.
- Die Bewertung einer Gruppe geschieht durch Vergleiche dieser Gruppe mit relevanten anderen Gruppen.
- Bei einer negativen Bewertung der eigenen Gruppe werden Maßnahmen ergriffen, um einer negativen sozialen Identität entgegenzuwirken.

Die Frage, wie soziale Identifikation (mit einer Gruppe oder einem anderen sozialen Objekt) erfasst und gemessen werden kann, hat viele Forscher beschäftigt. Soziale Identifikation beschreibt den Prozess der Bindung, während soziale Identität das Ergebnis des Prozesses darstellt. Übereinstimmung besteht darin, dass es sich nicht um ein eindimensionales Konstrukt handelt, sondern dass die soziale Identifikation mehrere Facetten bündelt. Solche Facetten sind z. B. die Selbstkategorisierung, das Commitment gegenüber der Gruppe und der Selbstwert der Gruppe (Ellemers, Kortekaas & Ouwerkerk, 1999), Beziehungsarten (Deaux, Reid, Mizrahi & Ethier, 1995) oder kognitive, evaluative und affektive Komponenten (J. W. Jackson, 2002).

Cameron (2004) integrierte verschiedene Identitätsansätze zu einem Drei-Faktorenmodell mit den Faktoren Zentralität, Ingroup-Affekt und Ingroup-Bindung. Zentralität beschreibt die Salienz der Gruppenmitgliedschaft, operationalisiert z. B. durch die Häufigkeit, mit der die Gruppenmitgliedschaft oder einer ihrer Aspekte das Individuum gedanklich beschäftigen. Ingroup-Affekt spiegelt den Wert wider, den das Individuum der Gruppenmitgliedschaft beimisst. Dieser Faktor kann etwa als Attraktion der Gruppe oder als Selbstwert der Gruppe erfasst werden. Ingroup-Bindung stellt die Beziehungen zu den anderen Gruppenmitgliedern dar, z. B. als Maß der Gruppenkohäsion oder des individuellen Gefühls des Dazugehörens.

Die Selbstkategorisierungstheorie

Kategorisierungsprozesse gibt es sowohl auf der individuellen als auch auf der sozialen Identitätsebene. Auf der personalen Ebene vergleicht sich ein Individuum mit anderen Individuen und beschreibt sich dabei in Kategorien (groß, intelligent, dunkelhäutig). Auf der sozialen Identitätsebene werden Vergleiche mit anderen Gruppen gezogen, und das Individuum definiert sich über seine Zugehörigkeit zu einer oder mehreren Gruppen. Wie schon erwähnt: Der Prozess, sich selbst als Individuum oder als einer Gruppe zugehörig wahrzunehmen, wird als *Selbstkategorisierung* bezeichnet (Turner et al., 1987).

Selbst-Kategorien sind kognitive Gruppierungen, die das Selbst und bestimmte Klassen von Stimuli als identisch definieren und von anderen Stimuli-Klassen abgrenzen. Die personale Identität bezieht sich auf die Selbst-Kategorien, die das Individuum in Abgrenzung von anderen Personen (aus der Eigengruppe) als einzigartig definieren. Die soziale Identität bezieht sich auf Kategorien, die das Individuum entsprechend seiner Ähnlichkeit mit Mitgliedern bestimmter sozialer Kategorien und seiner Unterschiedlichkeit zu anderen sozialen Kategorien beschreiben (Turner, Oakes, Haslam & McGarty, 1994). Ist die personale Identität angesprochen, fokussiert das Individuum auf das „Ich", bei der sozialen Identität liegt der Fokus auf dem „Wir".

Nach der Selbstkategorisierungstheorie kann jeweils nur eine Ebene aktiviert sein. Das bedeutet: Eine Kategorisierung auf der Ebene der sozialen Identität schließt eine Kategorisierung auf der personalen Ebene aus. Das Individuum sieht sich dann nicht mehr als Individuum, sondern als Mitglied einer Gruppe. Es ist zu einer *Depersonalisation* gekommen, ein Zustand, den wir bereits als Erklärung für das Entstehen gewalttätiger Aktionen von Gruppen in Kapitel 3, S. 74, kennengelernt haben.

Welche Ebene und welche Kategorie für eine Kategorisierung gewählt werden, ist zum einen durch die Persönlichkeit und die Lerngeschichte des Individuums bestimmt, zu einem großen Teil aber auch durch die Situation. Bei einer Sportveranstaltung wird die Zugehörigkeit oder die Verbundenheit mit einem Sportverein wichtiger sein und die Klassifizierung in Eigengruppe und Fremdgruppe danach erfolgen, während auf einer wissenschaftlichen Tagung eher eine Kategorisierung nach wissenschaftlichen Disziplinen wahrscheinlich ist. Man spricht dann davon, dass die Kategorie salient ist.

Die *Salienz einer Kategorie* wird durch zwei Aspekte bestimmt: die *kognitive Zugänglichkeit* und die *Passung*. Eine Kategorie ist umso zugänglicher, je häufiger sie von der wahrnehmenden Person kognitiv aktiviert wird und je größer ihre Bedeutung für sie ist. Die Passung einer Kategorie ist umso größer, je stärker die Kategorienmerkmale mit denen des aktuellen Stimulus übereinstimmen. Die Salienz einer Kategorie ist nach Bruner (1957) das Produkt von Zugänglichkeit (Accessibility) und Passung (Fit). Diese Annahme ist von der Selbstkatego-

4.1 Soziale Kategorisierung

risierungstheorie als Akzessibilität × Passungs-Hypothese übernommen worden. Die Salienz einer Kategorisierung in Eigen- und Fremdgruppe in einer spezifischen Situation ist demnach eine Funktion der Interaktion zwischen der relativen Zugänglichkeit dieser Kategorie für die wahrnehmende Person und der Passung zwischen den Merkmalen der wahrgenommenen Person (Stimulusperson) einerseits und den Kategoriespezifikationen (Stereotypen) andererseits (Turner, 1985).

Soziale Kategorien sind hierarchisch organisiert, und danach bestimmt sich auch ihre kognitive Zugänglichkeit. Den mittleren Rangplatz, den eine soziale Kategorie in dieser Hierarchie einnimmt, bezeichnet man als *chronische Akzessibilität* der sozialen Kategorie. Soziale Kategorien, die allgemein eine sehr hohe Akzessibilität besitzen bzw. hohe Rangplätze in der Hierarchie der Akzessiblität einnehmen, sind Geschlecht, ethnische Zugehörigkeit und Alter, die auch als natürliche Kategorien bezeichnet werden. Eine Repräsentation dieser Kategorien wird schon relativ früh in der Kindheit erworben (Kinzler, Shutts & Correll, 2010).

Im Vergleich dazu sind Kategorien wie Wohnort oder Studienfach weniger zugänglich. Wie zugänglich eine soziale Kategorie in einer bestimmten Situation ist, hängt außer von deren chronischer Zugänglichkeit noch von situativ wirksamen Einflussgrößen, nämlich dem besonderen Kontext der Wahrnehmungssituation, ab.

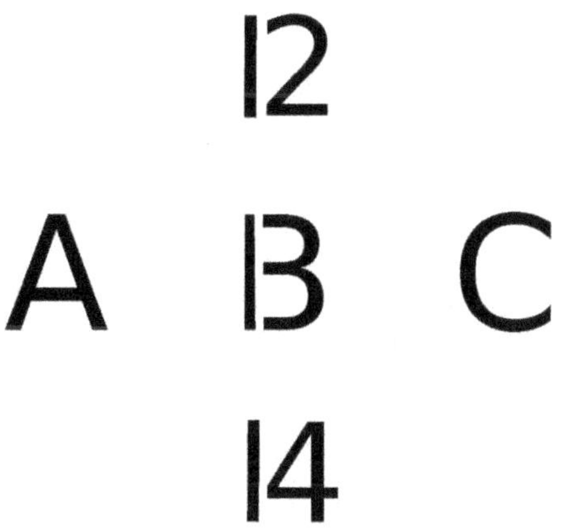

Bruner und Minturn (1955) zeigten dieses Phänomen in einem Experiment: Ein Teil ihrer Versuchsteilnehmer sollte verschiedene Zahlen benennen, die ihnen präsentiert wurden, ein anderer Teil verschiedene Buchstaben. Allen wurde anschließend ein mehrdeutiger Wahrnehmungsstimulus präsentiert, nämlich ein „B" bei dem zwischen der vertikalen Linie und der kurvenförmigen Komponente ein Zwischenraum blieb. Der Stimulus sah in etwa so aus, wie in Abbildung 4.2 dargestellt.

Es zeigte sich in der folgenden Wahrnehmungsaufgabe, dass der mehrdeutige Stimulus von den Versuchsteilnehmern, die zuvor Buchstaben benennen sollten, mehrheitlich als „B" wahrgenommen wurde, während er von den Versuchsteilnehmern, die Zahlen benennen sollten, mehrheitlich als „13" wahrgenommen wurde.

Abbildung 4.2: *Einordnung einer mehrdeutigen Figur nach Bruner und Minturn (1955)*

Eine durch den Kontext bereits aktivierte Kategorie erhöht folglich die Zugänglichkeit der Kategorie und damit die Wahrscheinlichkeit, dass nachfolgende Stimuli dieser Kategorie zugeordnet werden. Die Aktivierung durch Kontextmerkmale wird Priming genannt. Der neue Rangplatz, den eine soziale Kategorie nach Stimulierung durch Kontextmerkmale einnimmt, wird als situative Akzessibilität bezeichnet.

Die Salienz einer Kategorie wird außer von der kognitiven Zugänglichkeit der Kategorie auch von der Passung zwischen Eigenschaften der Wahrnehmungsstimuli und den Kategoriespezi-

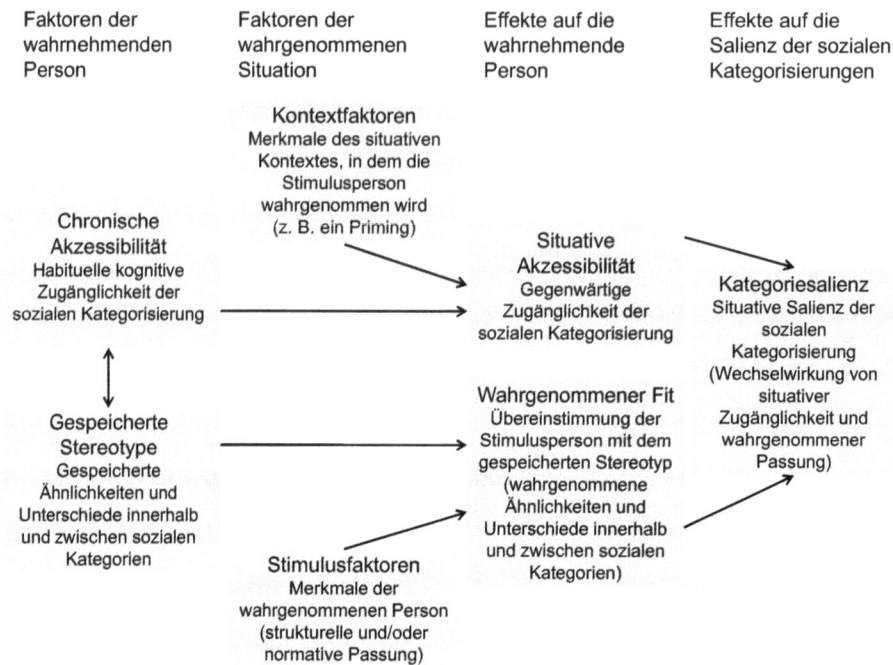

Abbildung 4.3: Das Akzessibilität × Fit-Modell der sozialen Kategorisierung nach Blanz (1999)

fikationen bestimmt. Eine Person nimmt dann Passung wahr, wenn sie eine gute Übereinstimmung sieht zwischen den Charakteristika der Stimuluspersonen und den Kriterien, durch die die Kategorie definiert wird (Stereotypen).

Oakes (1987) beschreibt zwei verschiedene Aspekte der Passung sozialer Kategorien, die strukturelle und die normative Passung (siehe auch Oakes, Turner & Haslam, 1991).

Unter *struktureller Passung* (oder auch komparative Passung) versteht sie das Ausmaß, in dem eine bestimmte soziale Kategorie mit solchen Charakteristika der Stimuluspersonen kovariiert, die nicht mit dem für die Kategorie gespeicherten Stereotyp verbunden sind. Wenn z. B. in einer Schulklasse alle Jungen rechts und alle Mädchen links sitzen, besteht eine hohe Kovariation zwischen der Geschlechtskategorie und der Sitzposition. Es handelt sich um strukturelle Passung, weil die Sitzposition nicht Teil des Geschlechtsstereotyps ist.

Wenn zusätzlich zur strukturellen Passung ein inhaltlicher Zusammenhang zwischen den Merkmalen der Stimuluspersonen und den gespeicherten Stereotypen besteht, spricht man von *normativer Passung*. Das wäre beispielsweise der Fall, wenn alle Mädchen einer Schulklasse einen Deutschkurs und alle Jungen einen Mathematikkurs belegten. Strukturelle Passung liegt hier vor, weil die Kurswahl mit dem Geschlecht der Kinder kovariiert und normative Passung, weil die Kurswahl entsprechend dem Stereotyp ausfällt: Danach wird Mädchen ein größeres Interesse und mehr Begabung für Sprache und Jungen für Naturwissenschaften zugesprochen.

4.1 Soziale Kategorisierung

Blanz (1999) hat die Annahmen Bruners und Oakes in einem empirisch überprüften Modell zusammengeführt (siehe Abbildung 4.3 auf der vorherigen Seite). Das Modell beschreibt die personalen und situativen Faktoren in ihrem Einfluss auf die Salienz der sozialen Kategorisierungen.

Zusammenfassend besagt die Akzessibilität × Passungs-Hypothese, dass die Salienz sozialer Kategorien in der Personenwahrnehmung von der kognitiven Zugänglichkeit der sozialen Kategorie abhängt (je zugänglicher die Kategorie, desto wahrscheinlicher wird sie genutzt) und von der Passung zwischen Merkmalen der Situation und Merkmalen der wahrnehmenden Person (ihr Stereotyp beispielsweise).

Akzessibilität und Passung sind dabei multiplikativ miteinander verknüpft. Wenn die Anwendung mehrerer Kategorien möglich ist, bedeutet dies, dass ein Wahrnehmungsobjekt am wahrscheinlichsten derjenigen sozialen Kategorie zugeordnet wird, für die Akzessibilität und Passung gleichzeitig hoch ausfallen. Ist eine der beiden Determinanten, Akzessibilität oder Passung, nicht gegeben, besteht auch keine kategoriale Wahrnehmung.

Die besondere Abhängigkeit der Kategorisierung von situativen Variablen einerseits und Variablen innerhalb der wahrnehmenden Person andererseits ermöglicht, dass Kategorisierung variabel ist und funktional zur sinnvollen Interpretation der sozialen Umwelt eingesetzt wird. Menschen nehmen sich und andere dann als Mitglieder sozialer Kategorien wahr, wenn diese sozialen Kategorien der wahrnehmenden Person geeignet erscheinen, die soziale Realität und ihre eigenen Ziele und Motive in der Situation angemessen zu beschreiben.

Das Konfusionsparadigma

Eine Methode zur Erfassung der Salienz von Kategorien ist das Konfusionsparadigma (Taylor, Fiske, Etcoff & Ruderman, 1978). Schauen Sie sich einmal Abbildung 4.4 an.

Abbildung 4.4: *Gruppierung von Personen*

Wie würden Sie sie beschreiben? Vielleicht sagen Sie, da sind ein paar Kinder dargestellt. Wahrscheinlich aber sagen Sie, da stehen einige Mädchen und Jungen. Sie sagen wahrscheinlich nicht, das sind Erna, Paul, Rosi usw. Sie haben also die Personen nach ihrem Geschlecht gruppiert. Das bedeutet, für Sie war die Geschlechterkategorie salient.

Im Konfusionsparadigma geht man ähnlich vor. Der Grundaufbau des Konfusionsparadigmas als Methode ist in Box 4.1 an einem Beispiel dargestellt. Das Konfusionsparadigma benutzt eine Gedächtnisaufgabe, bei der das Behalten von Informationsinhalten und Informationsquellen überprüft wird. Die Informationsquellen sind kategorisierbar – im Beispiel nach dem Geschlecht. Es wird eine Fehleranalyse hinsichtlich der korrekten Zuordnung von Inhalt und Quelle vorgenommen. Dabei kann es zu Fehlern innerhalb der Quellenangaben kommen, die darauf zurückzuführen sind, dass die Quellen kategorisiert worden sind.

Den Versuchsteilnehmern werden Informationen verschiedener Quellen präsentiert, gefolgt von einem Gedächtnistest. Dazu bekommen die Versuchsteilnehmer alle Aussagen noch einmal präsentiert. Ihre Aufgabe ist, die Sprecher der Aussagen zu erinnern.

Dabei sind zwei Fehlerarten möglich: Ein Fehler innerhalb des Geschlechts ist, wenn die Aussage einer anderen Person des gleichen Geschlechts zugeordnet wird (wenn etwa in dem Beispiel der Box 4.1 die Aussage „Der lokale Rundfunk und das lokale Fernsehen sollten darüber berichten" der Person C zugeordnet würde). Ein Fehler zwischen den Geschlechtern ist, wenn die Aussage irrtümlich einer Person des anderen Geschlechts zugeordnet wird (z.B. den Personen B oder D). Den Kategorisierungsforscher interessieren diese Fehler. Werden nämlich systematisch mehr Fehler innerhalb als zwischen Gruppen gemacht (unter Berücksichtigung einer Korrektur für die Ratewahrscheinlichkeit) wird das als Salienz der Kategorie, in diesem Fall der Geschlechterkategorie, interpretiert. Die Personenwahrnehmung der Versuchsteilnehmer war dann von dem Geschlecht der Zielperson beeinflusst. Anderenfalls hätten die Versuchsteilnehmer gleich viele Fehler innerhalb wie zwischen den Geschlechtern gemacht. Wenn man sich nicht mehr genau an den Sprecher aber an die Gruppenzugehörigkeit der Sprecher erinnert, dann ist dies ein Indikator für die Salienz der Kategorie. Taylor et al. haben ihre ersten Untersuchungen zum Konfusionsparadigma mit den Kategorien Hautfarbe und Geschlecht durchgeführt. In der Folge hat es Anwendungen mit vielen verschiedenen Kategorien gegeben (Klauer & Wegener, 1998).

Homogenitätseffekte

Soziale Kategorisierungen und die damit verbundene Unterteilung in Eigengruppe und Fremdgruppe haben zur Folge, dass die Fremdgruppe als homogen angesehen wird. Das bedeutet, dass die kognitiven Vorstellungen, die als Stereotyp von der anderen Gruppe existieren, einheitlich auf alle Mitglieder dieser Gruppe übertragen werden. Die Mitglieder der eigenen Gruppe werden dagegen durchaus unterschiedlich und mit einiger Varianz wahrgenommen.

Quattrone und Jones (1980) führten ein Experiment zur Outgroup-Homogenität durch. In diesem Experiment sahen die Versuchsteilnehmer drei Videoausschnitte, in denen jeweils ein junger Mann auftrat, der entweder ein Student der Universität Princeton oder ein Student der Universität Rutgers war, und der eine Entscheidung treffen musste, ob er während eines Wahrnehmungsexperimentes lieber Rockmusik oder lieber klassische Musik hören wollte. Für manche der Versuchsteilnehmer war dieser junge Mann dann ein Ingroup-Mitglied, wenn die Versuchspersonen von der gleichen Universität kamen, für die anderen ein Outgroup-Mitglied. Die Versuchspersonen sollten nun vorhersagen, was der Student wählen würde. Dann wurde das Video weiter präsentiert und gezeigt, was der Student gewählt hatte. Nun sollten die Versuchsteilnehmer schätzen, wie viele Studenten der jeweiligen Universität, aus der der Student kam, die gleiche Wahl treffen würden. Die Ergebnisse des Experimentes zeigen: Wenn es sich um ein Outgroup-Mitglied handelte, waren sich die Versuchspersonen in ihrem Urteil sicherer, dass andere Outgroup-Mitglieder sich ebenso verhalten würden, als wenn sie ein Ingroup-Mitglied beurteilen mussten und schätzen sollten, wie sich andere Ingroup-Mitglieder verhalten würden.

Folgeuntersuchungen haben aber gezeigt, dass es nicht nur einen Outgroup-Homogenitätseffekt, sondern auch einen Ingroup-Homogenitätseffekt gibt. Ob die Fremdgruppe oder die Eigen-

4.1 Soziale Kategorisierung

Im *Konfusionsparadigma* nach Taylor et al. (1978) geht man so vor: Man präsentiert den Versuchsteilnehmern eine Gruppe von (wie hier im Beispiel nach ihrem Geschlecht) kategorisierbaren Personen. Diese Personen führen eine fiktive Diskussion. Im folgenden Beispiel geht es um Vorschläge zur Gestaltung der Werbekampagne für ein Theaterstück. Die Versuchsteilnehmer sehen nacheinander die Photos dieser Personen. Zum Photo jeder Person hören sie jeweils deren Vorschläge zur Werbekampagne.

Auf diese Weise werden alle Personen mit ihren Meinungen präsentiert. Es folgt zur Überraschung der Versuchsteilnehmer ein Gedächtnistest. Dazu bekommen die Versuchsteilnehmer alle Aussagen noch einmal präsentiert. Ihre Aufgabe ist, die Sprecher der Aussagen zu erinnern.

Wer genau aufgepasst hat, wird hier A und E antworten. Wer sich nicht mehr genau erinnert, ordnet die Aussage möglicherweise einer falschen Person zu. Diese Falschzuordnungen werden ausgewertet.

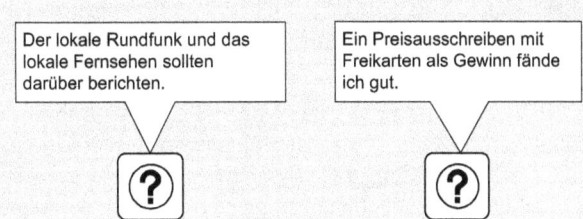

Box 4.1: *Versuchsanordnung zum Konfusionsparadigma*

gruppe als homogen angesehen wird, hängt von verschiedenen Faktoren ab (vgl. Simon, 1992). Einer dieser Faktoren ist die zahlenmäßige Relation von Eigengruppe und Fremdgruppe. Mitglieder der Mehrheitsgruppe neigen dazu, die Fremdgruppe als homogener anzusehen als die Eigengruppe (sie zeigen den Outgroup-Homogenitätseffekt), während Mitglieder der Minoritätsgruppe oftmals die Eigengruppe als homogener wahrnehmen (sie zeigen den Ingroup-Homogenitätseffekt).

Aber es ist nicht der Status der Minorität an sich, der zum Ingroup-Homogenitätseffekt führt. Eine wichtige Rolle spielen dabei soziale Identifikationsprozesse. Simon und Pettigrew (1990) zeigten, dass der Ingroup-Homogenitätseffekt um so stärker ist, je stärker sich die Mitglieder der Minorität mit der Eigengruppe identifizieren. Auch aus einem anderen Forschungskontext kommt Unterstützung für die Annahme, dass Minoritäten die Majorität stärker differenziert wahrnehmen. Stephan (1977), der sich schon früh mit der Rolle wahrgenommener Bedrohung für Intergruppenbeziehungen befasst hat (siehe dieses Kapitel, S. 198), nimmt an, dass ein Gefühl der Bedrohung zu einer sehr differenzierten Wahrnehmung der anderen Gruppe führt. Unter Bedrohung achtet man genauer auf die Fremdgruppe und ihre Merkmale, um ihr Verhalten besser zu verstehen und besser vorhersagen zu können. In einer Untersuchung mit Migranten konnte Guinote (2001) bestätigen, dass Mitglieder der Minorität die Fremdgruppe differenzierter und komplexer wahrnehmen als Mitglieder der Majorität.

4.2 Stereotype und Vorurteile

4.2.1 Entstehung von Vorurteilen und Stereotypen

Soziale Kategorien werden in ihren Merkmalen durch Stereotype bestimmt. Stereotype sind Teil der Einstellungen gegenüber einer Gruppe von Personen. Sie haben wie jede andere Art von Einstellungen drei Komponenten. Eine kognitive, eine affektive und eine Verhaltenskomponente. Im interpersonalen Bereich dient die Verhaltenskomponente oft dazu, die Gültigkeit der Annahmen der Stereotype zu bestätigen. Wir werden dies am Beispiel von Müttern sehen, die das stereotypkonforme Verhalten der Töchter und Söhne in Mathematikleistungen unterschiedlich behandeln. Bei Einstellungen gegenüber einer Gruppe werden diese drei Komponenten als *Vorurteile*, *Stereotype* und *Diskriminierungen* repräsentiert.

Das Vorurteil bezeichnet die affektive Komponente. Es lässt sich definieren als eine feindliche oder negative Einstellung gegenüber Personen allein aufgrund deren Zugehörigkeit zu einer sozialen Gruppe. Entgegen dem allgemeinen Sprachgebrauch, in dem Vorurteile immer negativ belastet erscheinen, können Vorurteile auch positiv sein. Wir finden Beispiele vielfältiger Art dafür: „Der gemütliche Bayer", „der fröhliche Kölner" usw.

In der Sozialpsychologie werden Vorurteile meist in ihrer negativen Variante untersucht. Die Verhaltenskomponente von Einstellungen gegenüber Gruppen manifestiert sich als Diskriminierung. Diskriminierungen sind ungerechtfertigte negative oder schädigende Handlungen gegenüber einem Mitglied einer Gruppe allein aufgrund dessen Zugehörigkeit zu dieser Gruppe.

Das Stereotyp kennzeichnet die kognitive Komponente sozialer Einstellungen gegenüber Gruppen. Ein Stereotyp ist eine Verallgemeinerung über eine Gruppe von Personen, bei der allen Gruppenmitgliedern die identischen Merkmale zugeschrieben werden ohne Berücksichtigung von tatsächlichen Unterschieden zwischen den Mitgliedern. Der Begriff Stereotyp wurde von

4.2 Stereotype und Vorurteile

Walter Lippmann (1922; deutsche Ausgabe 1964) eingeführt. Er beschreibt Stereotype als „little pictures we carry around inside our heads". Diese Bilder teilen wir mit vielen anderen Personen. Stereotype sind gesellschaftliches und kulturelles Gut. Wir benutzen Stereotype, um neue Personen schnell und leicht einschätzen zu können und um Kategorien aufzubauen, die es uns ermöglichen, ihnen möglichst adäquat zu begegnen. Wird mit einer neuen Person ein Stereotyp – etwa durch deren Vornamen (wie Mandy oder Tadzio) – aktiviert, so verbinden wir schnell mit der Person eine gewisse Vorstellung, und sie bekommt erste Konturen.

Man kann das Funktionieren von Stereotypen, also den kognitiven Komponenten von Einstellungen, recht einfach erproben. Man schließt die Augen und stellt sich einen sehr aggressiven Bauarbeiter vor. Man stellt sich vor, wie diese Person gekleidet ist, wo sie sich befindet, was sie tut, wenn sie Aggression zeigt. Danach stellt man sich einen sehr aggressiven Rechtsanwalt vor. Auch hier malt man sich aus, wie diese Person gekleidet ist, wo sie sich befindet, was sie tut, wenn sie aggressiv ist. Das Bild, das uns vor Augen tritt, ist mit großer Wahrscheinlichkeit das Stereotyp des Bauarbeiters, nämlich ein Mann in einem Overall oder einer sonstigen Arbeitskleidung mit einem Helm, der sich auf einer Baustelle befindet und der, wenn er Aggressionen zeigt, laut und handgreiflich wird. Bei dem Stereotyp des aggressiven Rechtsanwalts sehen wir in unserer Vorstellung eher eine Person im Anzug oder in Robe im Gericht, die ihre Aggressionen eher verbal zeigt oder durch demonstrative Gesten, wie das Hinschmettern von Akten.

Genau diese Vorstellungen haben auch die Versuchsteilnehmer in einem Experiment von Kunda, Sinclair und Griffin (1997) entwickelt. In dieser Studie sollten sich die Versuchsteilnehmer zunächst eine Person namens John vorstellen, die entweder Bauarbeiter oder Rechtsanwalt war. Anschließend sollten die Versuchsteilnehmer die Aggressivität dieser Person einschätzen. Dies geschah auf zwei Weisen. Zum einen beurteilten sie die Aggressivität auf einer Skala, die von sehr nicht-aggressiv (0) bis sehr aggressiv (6) reichte. Zum Zweiten sollten sie die Wahrscheinlichkeit angeben, mit der diese Person sich in zukünftigen Situationen in einer aggressiven Art und Weise verhalten würde. Abschließend wurden die Versuchsteilnehmer gebeten, verschiedene Verhaltensbeispiele aufzuschreiben, die ihrer Meinung nach das Maß an Aggressivität kennzeichnen, das sie gerade dem Protagonisten John zugeschrieben hatten. Der Rechtsanwalt und der Bauarbeiter wurden als ungefähr gleich aggressiv eingeschätzt. Und auch die Wahrscheinlichkeiten, mit denen sie sich in zukünftigen Situationen aggressiv verhalten würden, unterschieden sich nicht.

Große Unterschiede jedoch gab es in den Verhaltensweisen, die den Protagonisten zugeschrieben wurden. Verhaltensweisen, die zur Illustration der Aggressivität des Rechtsanwalts genannt wurden, fokussierten vorwiegend auf verbale Aggressivität, die man sich gut bei Personen der Mittelklasse vorstellen konnte (z. B. „zwingt seine Meinung anderen auf, um zu zeigen, dass er recht hat"). Im Gegensatz dazu zeigten die Beschreibungen für den Bauarbeiter Verhaltensweisen, die dem Stereotyp der Arbeiterklasse entsprachen (z. B. „schlägt Leute zusammen, die ihn ärgerlich machen").

Die Ergebnisse zeigen, dass die Stereotype, die mit der Kategorie der Rechtsanwälte beziehungsweise mit der Kategorie der Bauarbeiter assoziiert sind, die Bedeutung von Aggressivität verändern. Obwohl die Versuchsteilnehmer die Gruppe der Bauarbeiter und die Gruppe der Rechtsanwälte als ungefähr gleich aggressiv einschätzten, war das Bild, das sie von der Aggressivität dieser beiden Gruppen hatten, offensichtlich sehr unterschiedlich. Bei quantitativ gleicher zugewiesener Aggressivität sind die Verhaltenserwartungen qualitativ sehr gruppenspezifisch.

Natürliche Kategorien: Das Beispiel der Geschlechterkategorie

Zu den weit verbreiteten und sozial geteilten Stereotypen gehört die *Geschlechterkategorie*. Das Geschlecht gehört wie die Rasse, die Ethnie und das Alter zu den natürlichen Kategorien. Natürliche Kategorien werden von allen Menschen geteilt, haben aber in Abhängigkeit vom sozialen und kulturellen Kontext unterschiedliche Attribute. Natürliche Kategorien haben eine hohe Akzessibilität, ihre Wirkung ist daher sehr groß.

Nach landläufiger, in der westlichen Kultur verbreiteten Meinung sind Männer im Vergleich zu Frauen dominanter, kontrollierender, unabhängiger. Zum Stereotyp von Frauen gehören dagegen Einfühlsamkeit, Freundlichkeit, Bereitschaft, sich um andere zu kümmern. Solche Stereotype werden oft durch *Attributionsprozesse* aufrechterhalten. Dies zeigt ein Experiment von Feldman-Summers und Kiesler (1974). Studenten sollten eine erfolgreiche Ärztin und einen erfolgreichen Arzt einschätzen. Männliche Studierende schätzten die Ärztin als weniger kompetent ein und glaubten, dass sie es in ihrer Karriere wahrscheinlich einfacher gehabt hatte. Weibliche Studierende sahen Ärztin und Arzt als gleich kompetent an, meinten aber, dem Arzt sei es wahrscheinlich leichter gefallen, so erfolgreich zu werden. Deaux und Emswiller (1974) fanden in einem ähnlichen Experiment, dass sowohl männliche wie weibliche Studierende glaubten, dass die Ärztin motivierter sei.

Was kann man aus diesen Ergebnissen schlussfolgern? Offenbar wird bei komplexen Aufgaben, wie die erfolgreiche Karriere als Arzt, die gleiche Leistung bei Männern deren Fähigkeit zugeschrieben, bei Frauen wird dagegen auf glückliche Umstände oder allenfalls auf größere Anstrengung attribuiert.

Auch eine spätere Analyse von Swim und Sanna (1996) zeigte die gleichen Ergebnisse. Sie analysierten 58 Experimente und stellten fest, dass von den Ergebnissen her auch mit zeitlichem Abstand von den ersten Untersuchungen keine Veränderung in den Geschlechterattributionen vorhanden war. Die Hauptergebnisse können folgendermaßen festgehalten werden: War ein Mann bei einer Aufgabe erfolgreich, so schrieben Beobachter dies seiner Fähigkeit zu. War eine Frau erfolgreich, schrieben Beobachter dies ihrer Anstrengung zu. Versagen eines Mannes attribuierten die Beobachter auf Pech oder mangelnde Anstrengung. Versagte eine Frau, dann lag es nach Meinung der Beobachter an mangelnden Fähigkeiten.

Arbeiten Frauen und Männer in einem Team zusammen und wird die Leistung des Teams (und nicht die individuelle Leistung) beurteilt, so wird Frauen bei gleicher Leistung geringere Kompetenz, weniger Einfluss auf das Teamergebnis und geringere Führungskraft zugeschrieben, es sei denn, es liegen eindeutige Kompetenzbeweise aus früheren Arbeitseinsätzen vor (Heilman & Haynes, 2005). Nach der Attributionstheorie von Kelley (s. Kap. 1, S. 20) wird bei einmaliger Beobachtung auf heuristische Schemata zurückgegriffen, um eine Ursachenzuschreibung vorzunehmen. Offenbar bilden Geschlechterstereotype die Grundlage für ein solches Schema. Um die positive Leistung von Frauen auch als deren Verdienst wahrzunehmen, werden wiederholte Informationen aus wiederholten Beobachtungen benötigt.

Eine interessante Frage ist, warum Geschlechterstereotype so dauerhaft sind. Offenbar ändern sie sich trotz aller feministischer Aktivitäten kaum oder nur sehr langsam.

J. E. Jacobs und Eccles (1992) stellten sich die Frage, inwieweit Geschlechterstereotype durch die Einflussnahme von Sozialisationsagenten weitergegeben werden. Sie untersuchten, welchen Einfluss die Variablen Geschlecht des Kindes, Geschlechterstereotype, Interaktion von

4.2 Stereotype und Vorurteile

Geschlecht und Stereotyp sowie die Einschätzung durch den Lehrer darauf haben, wie Mütter die Fähigkeiten ihrer Kinder wahrnehmen. Und sie untersuchten, ob diese Variablen und vor allem die Wahrnehmungen der Mütter die Selbstwahrnehmung der Kinder beeinflussen. Sie nahmen an, dass das Geschlecht des Kindes nicht allein und direkt die Wahrnehmung der Mütter von der Fähigkeit ihres Kindes beeinflusst, sondern dass die Geschlechterstereotype der Mutter den Einfluss der Geschlechtsvariablen moderieren. Weiter stellten sie die Hypothese auf, dass die Stereotype der Mütter die Selbstwahrnehmungen der Kinder beeinflussen, aber auf indirektem Wege. Die Stereotype beeinflussen die Wahrnehmungen und Einschätzungen der Mütter und diese die Selbstwahrnehmungen der Kinder.

Die Ergebnisse (siehe Abbildung 4.5) bestätigen diese Annahmen. Hatten die Mütter z. B. ein Stereotyp über die mathematischen Fähigkeiten von Jungen und Mädchen, nach dem natürlich die Jungen eine höhere mathematische Begabung haben als die Mädchen, so überschätzten sie die mathematischen Fähigkeiten der Jungen und unterschätzten die der Mädchen. Einen sehr großen Einfluss auf die Wahrnehmung und Einschätzung der Mütter hat aber auch die Einschätzung durch den Lehrer. Die Selbstwahrnehmung der Jungen und Mädchen aber wird wesentlich geringer vom Lehrerurteil geprägt als von den Wahrnehmungen der Mutter. Dabei ist ja die Einschätzung durch den Lehrer in der Regel direkter und fachkompetenter.

Bei Fähigkeiten, für die das Stereotyp eine höhere Kompetenz für Mädchen enthält – z. B. soziale Fähigkeiten – verläuft der Prozess entsprechend. Die Mütter überschätzen die Fähigkeiten der Mädchen und unterschätzten die der Jungen. Und auch hier besteht eine hohe Korrelation zwischen der Wahrnehmung der Mutter und der Selbstwahrnehmung des Kindes.

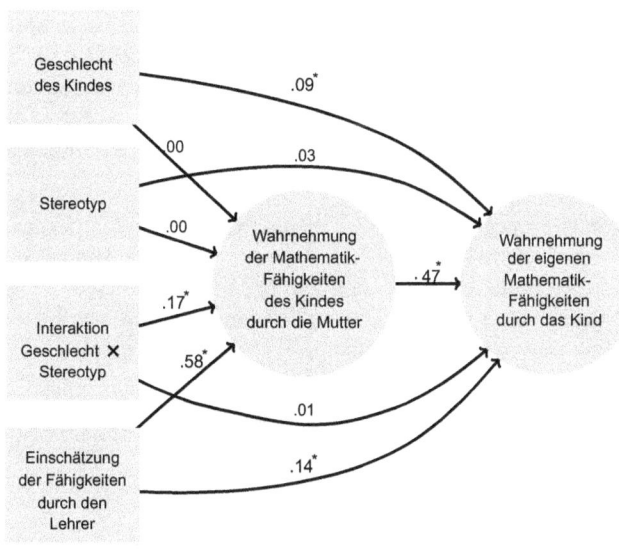

Abbildung 4.5: Einfluss der Geschlechterstereotype der Mutter auf die Selbstwahrnehmung der Kinder (J. E. Jacobs & Eccles, 1992); * = signifikante Beziehung

Eine mögliche Erklärung für den außerordentlichen Einfluss der Geschlechterstereotype und der mütterlichen Wahrnehmung auf die Selbstbilder der Kinder bietet nach Jacobs und Eccles der Prozess der sich selbst erfüllenden Prophezeiung. Die Mütter verhalten sich z. B. ihren Töchtern gegenüber so, dass sich deren Verhalten und Vorstellungen den (stereotypkonformen) Erwartungen der Mutter anpassen. Die Mütter loben und verstärken „weibliches" Verhalten, dagegen wird stereotypkonträres Verhalten nicht unterstützt. Auf diese Weise formen die Mütter ihre Kinder nach dem Bild, das sie von ihnen haben und hemmen dadurch bildinkompatible Begabungsansätze. Eine andere

Erklärungsmöglichkeit bietet die soziale Lerntheorie von Bandura. Mütter fungieren oft als Modell für ihre Töchter. Bei einer guten Beziehung zwischen Mutter und Tochter ist die Identifikation der Tochter mit der Mutter gegeben. Die Tochter eignet sich durch Nachahmung der Mutter deren Verständnis der Geschlechterrolle an.

Der Einfluss der mütterlichen Geschlechterstereotypen auf das Selbstbild der Jungen und Mädchen ist vor allem bei jungen Kindern groß. Glücklicherweise nehmen die Unterschiede zwischen Jungen und Mädchen hinsichtlich ihrer Kompetenzeinschätzungen mit zunehmendem Alter ab (J. E. Jacobs, Lanza, Osgood, Eccles & Wigfield, 2002).

Vorurteile und Ingroup-Bias

Vorurteile haben ihren Ursprung – wenn sie im sozialen Kontext entstehen – oft in sozialen Kategorisierungen. (Der Ursprung kann auch in Persönlichkeitsmerkmalen liegen, darauf geht der Abschnitt über den modernen Rassismus, S. 192, ein.) Diese Kategorisierungen können sehr stabil und tiefgreifend sein, wie bei den natürlichen Kategorien, es gibt aber auch eher flüchtige und situativ hervorgerufene Kategorien, die bereits die einschlägigen Mechanismen zur Entstehung von Vorurteilen aktivieren. Soziale Kategorisierungen sind Einteilungen der sozialen Umwelt beispielsweise in die beiden Kontraste *ich kontra der andere* oder *wir kontra die anderen*. Eine soziale Kategorisierung ist aber auch die Bildung von Gruppen basierend auf willkürlichen Merkmalen. Allein schon durch die Einteilung in Eigengruppe und Fremdgruppe ist ein erster Schritt zu einem Vorurteil getan.

In vielen Experimenten konnte nachgewiesen werden, dass das Bewusstwerden von Eigengruppe und Fremdgruppe dazu führt, dass die eigene Gruppe bevorzugt wird. Es entsteht ein sogenannter Ingroup-Bias. Dass man die Angehörigen der Gruppe, zu der man selbst gehört, besser findet, sie bevorzugt, ist nicht weiter verwunderlich und wird auch als gegeben und nachvollziehbar angesehen. Das Interessante aber ist, dass die Wahrnehmung von Eigengruppe und Fremdgruppe allein aufgrund minimaler Unterscheidungskriterien entstehen kann. Selbst wenn es nur ein nebensächliches Kriterium ist, hinsichtlich dessen sich Eigengruppe und Fremdgruppe unterscheiden, so kommt es doch zur Bevorzugung der Eigengruppe.

Dies haben Experimente zur sogenannten minimalen Gruppe verdeutlicht (siehe das bekannte Klee-Kandinsky-Experiment in Kap. 3, S. 104). Ich will an dieser Stelle noch einmal auf eine Strategie zurückkommen, die zur Verteilung der Ressourcen im Paradigma der minimalen Gruppe angewandt wird. Neben der Strategie der Fairness, der Strategie des maximalen gemeinsamen Profits und der Strategie des maximalen Profits der Eigengruppe verfolgten die Versuchsteilnehmer in großer Zahl die Strategie der maximalen Differenz. Bei dieser Strategie wird versucht, die Differenz der Erträge zwischen den beiden Gruppen zugunsten der Eigengruppe zu maximieren. Es wird nicht darauf geachtet, den größtmöglichen Ertrag für die Eigengruppe zu erzielen, wichtig ist vielmehr der relative Gewinn im Vergleich zur anderen Gruppe. Diese Strategie ist typisch für den Intergruppenkontext.

Besteht z. B. die Wahlmöglichkeit,

---

a) Ertrag für mich/die Eigengruppe: 50 – Ertrag für den anderen/die Fremdgruppe: 60
oder
b) Ertrag für mich/die Eigengruppe: 40 – Ertrag für den anderen/die Fremdgruppe: 30

---

so wird im Intergruppenkontext die zweite Möglichkeit gewählt, um die Eigengruppe in Relation zur Fremdgruppe besser dastehen zu lassen.

Diese Strategie ist typisch, wenn Vergleiche zwischen Gruppen angesprochen werden. Auf der interpersonalen Ebene dagegen wird die erste Möglichkeit bevorzugt, da hier der individuelle (absolute) Gewinn wichtiger ist. Zwar mag der Vergleich mit der anderen Person, die bei der Alternative *a* mehr erhält als man selbst, negativ sein, der persönliche Gewinn ist letztlich größer als bei der Alternative *b*.

4.2.2 Aktivierung von Stereotypen und Vorurteilen

Stereotype lassen sich recht einfach aktivieren. In einem Experiment von Greenberg und Pyszczynski (1985) hörten die Versuchsteilnehmer zwei Diskutanten zu, die über nukleare Energie diskutierten. Bei den beiden Diskutanten handelte es sich um konföderierte Versuchspersonen, wobei die eine weiß und die andere schwarz war. Die konföderierten Diskutanten verhielten sich nun so, dass in der einen Bedingung der schwarze Diskutant die weit besseren Argumente brachte und auch ganz klar die Debatte gewann, in der anderen Bedingung war der weiße Diskutant überlegen. Aufgabe der Versuchsteilnehmer war es, die Debattierfähigkeit der beiden Diskutanten einzuschätzen. Jedoch wurde kurz vorher noch eine Manipulation vorgenommen. Eine weitere, ebenfalls konföderierte Person machte in einer Bedingung eine rassistische Bemerkung („das gibts doch nicht, dass dieser Neger die Debatte gewonnen hat"), während sie in der zweiten Bedingung eine nicht rassistische Bemerkung machte („das gibt es doch nicht, dass der Gegner die Debatte gewonnen hat"). In einer dritten Bedingung, der Kontrollbedingung, machte die konföderierte Person keine Bemerkung. Die Forscher nahmen an, dass die Versuchsteilnehmer, die die rassistische Bemerkung hörten, fähig sein würden, sie vollständig zu ignorieren. Man erwartete also, dass der schwarze Amerikaner nicht anders bewertet werden würde als in der Bedingung, in der keine rassistische Bemerkung gefallen war. Die Ergebnisse zeigen etwas anderes. In den Bedingungen, in denen keine Bemerkung oder eine nicht rassistische Bemerkung gemacht wurde, wurden die beiden Diskutanten gleich eingeschätzt. Wenn jedoch durch eine Bemerkung das Rassenstereotyp aktiviert war, dann wurde der schwarze Diskutant schlechter eingeschätzt als der weiße.

Welche Erklärungsmöglichkeiten gibt es hierfür? Offenbar handelt es sich um einen Prozess, der durch die gehörte Bemerkung angestoßen wird, den wir nicht so richtig kontrollieren können. Auch Personen, die kaum oder wenig Vorurteile haben, kennen doch bestimmte Stereotype, die in ihrer Kultur existieren; z. B. homosexuelle Männer sind weibisch, oder Blondinen sind dumm, oder Juden sind materialistisch eingestellt. Unter bestimmten Bedingungen werden solche Stereotype automatisch angestoßen, das heißt, sie kommen uns in den Sinn. Da dieser Prozess automatisch ist, kann man ihn nicht verhindern. Man kann nicht unterdrücken, dass diese Stereotype uns bewusst werden. Man kennt die Stereotype, und sie kommen uns in den Sinn, wenn wir z. B. jemanden treffen, der diesem Stereotyp entspricht, oder wenn wir jemanden, wie in dem eben geschilderten Experiment, einschätzen müssen.

In dem Zwei-Prozess-Modell der Aktivierung von Stereotypen von Devine (1989) sind es die automatischen Prozesse, die Informationen ins Bewusstsein bringen, und zu solchen Informationen gehören eben auch Stereotype. Neben den automatischen Prozessen gibt es aber auch kontrollierte Informationsverarbeitungsprozesse, die diese durch automatische Prozesse aktivierten Informationen zurückweisen oder ignorieren können. Vorurteilsfreie Personen können solche kontrollierenden Prozesse einsetzen, die dann die aktivierten Stereotype unterdrücken oder dominieren. Durch Überlegungen, durch die man das aktivierte Stereotyp als ein ebensolches erkennt, kann man es als falsch oder unfair zurückweisen und versuchen, es zu ignorieren. Die Frage ist aber, ob diese kontrollierenden kognitiven Prozesse auch immer aktiviert werden können. Aus vielen Studien zur Informationsverarbeitung wissen wir, dass unter Ablenkung oder Stress solche kontrollierenden Prozesse reduziert werden, die automatischen Prozesse aber immer noch laufen.

Devine hat ihre Annahmen über das Zwei-Prozess-Modell der Aktivierung von Stereotypen in verschiedenen Experimenten überprüft. In einem Experiment (Devine, 1989, Experiment 2) wurden Studenten aufgrund eines Vortests mit der Modern-Racism-Scale (siehe S. 192) in eine Gruppe mit hohem Vorurteil und in eine Gruppe mit niedrigem Vorurteil eingeteilt. Dann wurden den Versuchsteilnehmern ganz kurz (unter der Wahrnehmungsschwelle) 100 Wörter gezeigt, von denen einige Labels für die Kategorie „Schwarze" waren (z. B. Schwarze, Neger, Nigger) oder die mit dem Stereotyp über Schwarze assoziiert waren (z. B. schwarz, feindlich, faul). In einer Bedingung (20%-Bedingung) bestand die Wortliste aus 20 stereotypbezogenen und 80 neutralen Wörtern, in einer anderen aus 80 stereotypbezogenen und 20 neutralen Wörtern (80%-Bedingung). Die Wörter wurden mit dem Tachistoskop so kurz dargeboten, dass die Versuchsteilnehmer sie nicht bewusst erkennen konnten. Es fand also ein Priming statt. Priming ist die Beeinflussung der Verarbeitung nachfolgender Information durch die möglicherweise unbewusste Aktivierung von Kategorien durch vorangegangene Reize. Nach der Darbietung mussten die Versuchsteilnehmer neben anderen Aufgaben auch eine Geschichte über eine Person namens Donald lesen und sie hinsichtlich verschiedener Eigenschaften einschätzen. Donalds Verhalten wurde in der Geschichte etwas mehrdeutig geschildert, so dass die Geschichte verschieden interpretiert werden konnte (Beispiel für Donalds Verhalten: Das Rote Kreuz bat um eine Blutspende. Donald log, indem er sagte, er hätte Diabetes und könne deshalb kein Blut spenden).

Die Versuchsteilnehmer, die dem 80%-Priming ausgesetzt worden waren, beurteilten Donald negativer als die Versuchspersonen der 20%-Bedingung. Die Präsentation der stereotypkonformen Wörter (zum Stereotyp Schwarze) unterhalb der Wahrnehmungsschwelle hat offenbar eine automatische Aktivierung des negativ besetzten Stereotyps bewirkt.

In einem weiteren Experiment untersuchte Devine auch die kognitiven kontrollierenden Prozesse. Sie bat die Versuchsteilnehmer alle Labels aufzuschreiben, mit denen schwarze Amerikaner benannt werden. Anschließend sollten sie Ihre Gedanken auflisten, die ihnen durch den Kopf gingen, wenn sie an die soziale Gruppe der schwarzen Amerikaner oder an die verschiedenen anderen Begriffe dachten, die sie zur Beschreibung dieser Gruppe generiert hatten.

Die Versuchsteilnehmer mit hohem Vorurteil unterschieden sich nicht von den Versuchsteilnehmern mit niedrigem Vorurteil hinsichtlich der Zahl der aufgeschriebenen Labels für die Kategorie schwarzer Amerikaner. Sie unterschieden sich aber deutlich in Bezug auf die positiven oder negativen Gedanken, die mit dieser Kategorie verbunden waren. Die Versuchsteilnehmer mit hohem Vorurteil schrieben signifikant mehr negative Wörter auf als die Versuchsteilnehmer mit niedrigem Vorurteil.

In diesem Versuch fand die Aktivierung des Stereotyps für die Versuchsteilnehmer erkennbar statt. Es war den Versuchsteilnehmern also möglich, das Aufschreiben ihrer Gedanken zu kontrollieren. Die Versuchsteilnehmer mit niedrigem Vorurteil scheinen versucht zu haben, der

Produktion stereotyper Reaktionen gegenzusteuern. Im positivsten Fall hatten sie auch tatsächlich keine stereotypen Reaktionen, was aber mit diesem Experiment nicht zu klären war.

Die Leichtigkeit, mit der Stereotype automatisch abgerufen werden, zeigt ein Experiment von Fazio, Jackson, Dunton und Williams (1995). Den Versuchsteilnehmern wurden an einem Computer Wörter gezeigt, die sie hinsichtlich ihrer positiven oder negativen Bedeutung beurteilen sollten. Dazu sollten die Versuchsteilnehmer eine bestimmte Taste drücken, wenn sie das Wort als gut beurteilten, und eine andere Taste, wenn sie das Wort als negativ einschätzten. In einigen Versuchsdurchgängen tauchte vor den Wörtern kurz das Photo eines Gesichts auf. Einige der Gesichter waren schwarze Amerikaner und einige weiße. Den Teilnehmern wurde gesagt, sie sollten sich die Gesichter anschauen, aber nur auf das Wort reagieren, das nach dem Gesicht auf dem Bildschirm erschien. Die Darbietungszeit betrug ungefähr $\frac{1}{3}$ Sekunde. Diese Zeit war lang genug, um die Gesichter zu erkennen und um eine automatische emotionale Reaktion auf sie zu entwickeln, aber zu kurz, um diese Reaktion zu kontrollieren und zu unterdrücken, denn sobald eine positive oder negative Reaktion auf das Gesicht entstanden war, erschien das Wort auf dem Bildschirm, und die Versuchsteilnehmer mussten entscheiden, ob das Wort gut oder schlecht war. Die Frage, die sich Fazio et al. stellten, war, ob die Darbietung der Gesichter die Reaktionszeiten auf die positiven und negativen Wörter beeinflusst. Sie gingen von der Annahme aus, dass bei Personen mit Vorurteilen gegenüber Schwarzen automatisch negative Gefühle gebahnt werden, sobald der Teilnehmer ein Photo eines schwarzen Amerikaners sieht. Diese Reaktion ist insbesondere dann vorhanden, wenn das Vorurteil tief verwurzelt und automatisch ist. Wenn eine solche negative Reaktion entsteht, dann sollte es für die Teilnehmer auch einfacher sein, ein negatives Wort zu identifizieren und die negative Taste zu drücken. Dagegen sollte eine negative Voreinstellung es schwieriger machen, bei einem positiven Wort die positive Taste zu drücken, da die Gefühlsausgangslage konträr wäre.

Fazio et al. entwickelten einen Index für automatische Vorurteile. Sie berechneten, in welchem Maße bei den Teilnehmern die Gesichter schwarzer Amerikaner die Reaktion auf positive Wörter verlangsamte und die Reaktion auf negative Wörter beschleunigte. Zwei Ergebnisse sind von besonderer Bedeutung. Zum einen zeigte sich eine große Variabilität zwischen den Teilnehmern. Nicht alle hatten automatische negative Reaktionen. Zum anderen konnten die Autoren aber auch zeigen, dass das Ausmaß an automatischem Vorurteil sich auf das Verhalten auswirkt. Das Experiment hatte nämlich noch eine Fortsetzung. Am Ende des Experimentes wurden alle Probanden über das Experiment aufgeklärt. Der Versuchsleiter war dabei eine schwarze Amerikanerin. Diese schätzte zum Schluss ein, wie freundlich die Teilnehmer ihr gegenüber nach der Aufklärung gewesen waren. Versuchsteilnehmer mit einem sehr hohen automatischen Vorurteil verhielten sich eher kühl und desinteressiert, während Teilnehmer mit geringem Vorurteil wesentlich freundlicher waren.

4.2.3 Erfassung impliziter Vorurteile

Der implizite Assoziationstest

Bei der Erfassung von Vorurteilen besteht das Problem, dass die Versuchsteilnehmer sozial erwünscht antworten. Je nach Fragesteller und Kontext können die Antworten sehr unterschiedlich ausfallen. Gerade bei Vorurteilen wird oft aus Gründen der politischen Korrektheit die eigene Meinung nicht offengelegt. Greenwald, McGhee und Schwartz (1998) haben daher ein Verfahren zur Messung impliziter Einstellungen entwickelt, den sogenannten Implicit-Association-

Test (IAT). Der Aufbau des IAT ist in Box 4.2 auf der nächsten Seite dargestellt, das verwendete Beispiel ist von Florack, Piontkowski, Rohmann, Balzer und Perzig (2003) übernommen.

Er funktioniert im Prinzip so: Den Versuchsteilnehmern werden auf dem Computer eine Reihe von Items dargeboten, die sie in vier Kategorien einordnen sollen. Typischerweise bezeichnen zwei Kategorien die Pole eines Einstellungsobjekts (z. B. Türken vs. Deutsche), und die beiden anderen Kategorien sind diskriminierende Attribute (z. B. gut vs. schlecht). Die Versuchspersonen sollen so schnell sie können beim Erscheinen eines Items einer Kategorie (z. B. *schön* für gut) eine rechte Taste drücken und bei einem Item der anderen Kategorie (z. B. *schmutzig* für schlecht) eine linke Taste drücken. Erfasst wird die Latenzzeit der Reaktionen bei den einzelnen Darbietungen.

Es hat sich gezeigt, dass die Reaktionszeiten bei stereotypkonformen Kombinationen (bei deutschen Teilnehmern z. B. Deutscher und gut) niedriger sind als bei Kombinationen, die dem Stereotyp widersprechen (z. B. Türke und gut).

Das Verfahren ist nur schwer – und von Laien kaum – zu beeinflussen, so dass keine den Vorurteilen gegensteuernde Mechanismen eingesetzt werden können. Kritiker bezweifeln aus methodischen Gründen aber, ob mit dem IAT tatsächlich überdauernde Vorurteilstendenzen von Personen für diagnostische Zwecke erfasst werden können (K. Fiedler, Messner & Bluemke, 2006), der IAT ist aber ein fruchtbares Instrument zur Erforschung von Vorurteilen (Gawronski & Bodenhausen, 2007).

Der linguistische Intergruppen-Bias (LIB) und der linguistische Erwartungs-Bias (LEB)

Sprache ist ein wirksames Mittel, um Stereotypen und Vorurteilen mehr oder weniger deutlich Ausdruck zu verleihen und um die Beziehungen zwischen Eigengruppe und Fremdgruppe zu gestalten. Das Beispiel des linguistischen Kategorienmodells von Semin und Fiedler hat gezeigt, dass sich in der Verwendung bestimmter Verbklassen Attributionsmuster widerspiegeln (siehe Kapitel 1). Der Einsatz bestimmter Attributionen erfüllt im intra- wie im interpersonalen Bereich verschiedene Funktionen. Eine ganz wichtige Funktion ist die Stützung des Selbstwerts durch selbstwertdienliche Attributionen.

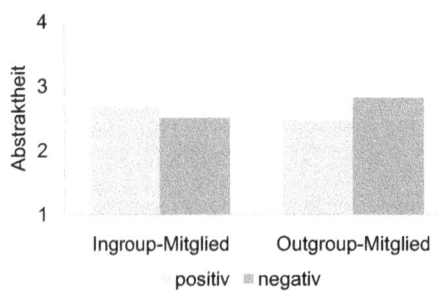

Abbildung 4.6: Abstraktheit der Wortklassen bei positivem und negativem Verhalten nach Maass et al. (1989)

Maass et al. (1989) haben aufgewiesen, dass auch im Kontext von Beziehungen zwischen Gruppen eine ähnliche Attributionsverzerrung auftritt, wie der Self-Serving-Bias im intra- und interpersonalen Bereich.

Sie untersuchten die Verwendung von Wortklassen bei der Beschreibung von erwünschtem und unerwünschtem Verhalten der eigenen und der Fremdgruppe und fanden, dass erwünschtes Verhalten der eigenen Gruppe und unerwünschtes Verhalten der Fremdgruppe jeweils relativ abstrakt beschrieben werden, das unerwünschte Verhalten der eigenen Gruppe und das erwünschte Verhalten der fremden Gruppe jedoch relativ konkret (siehe Abbildung 4.6).

4.2 Stereotype und Vorurteile

Der IAT funktioniert im Prinzip so (das folgende Beispiel ist von Florack et al., 2003 übernommen): Den Versuchsteilnehmern werden auf dem Computer Exemplare für eine bestimmte Kategorie dargeboten, z. B. männliche und weibliche Vornamen für die Unterkategorien Türke und Deutscher der Nationalitätskategorie. Sobald sie den Stimulus als zu einer Kategorie gehörend erkannt haben, müssen sie so schnell wie möglich eine korrespondierende linke oder rechte Taste auf der Tastatur des Computers drücken. In der nächsten Phase wird auf die gleiche Weise eine andere Kategorie aktiviert, z. B. die Wertungskategorie mit den Unterkategorien gut und schlecht und entsprechenden typischen Adjektiven. Danach werden die Begriffe aus den verschiedenen Kategorien gemixt dargeboten, also etwa ein männlicher Vorname mit einem Adjektiv der Unterkategorie schlecht.

Das Vorlagematerial

Vornamen, türkisch:	Yasemin, Sibel, Hasan, ...
Vornamen, deutsch:	Sabine, Bernd, Klaus, ...
Adjektive, gut:	nett, schön, lieb, ...
Adjektive, schlecht :	schmutzig, hässlich, böse, ...

Die Durchführungssequenzen

①	Türke	Deutscher
	Hasan	
②	gut	schlecht
	schön	
③	Türke	Deutscher
	oder	oder
	gut	schlecht
	schmutzig	
④	Deutscher	Türke
	Klaus	
⑤	Deutscher	Türke
	oder	oder
	gut	schlecht
	Sabine	

In den Durchführungssequenzen ① bis ⑤ müssen die Versuchsteilnehmer jeweils das Prüfwort der einfachen oder kombinierten Kategorie durch Drücken der Links- oder Rechtstaste zuordnen. Der IAT soll die Stärke der assoziativen Verknüpfung von Konzepten durch Vergleich der Reaktionszeiten bei unterschiedlichen Kombinationen von Stimulusvorlagen erfassen. Es wird dabei geprüft, ob eine Paarung von Vorlagen relativ stärker oder schwächer assoziativ ausgeprägt ist als eine andere Paarung.

Box 4.2: Der implizite Assoziationstest (IAT) nach Greenwald et al. (1998)

Berücksichtigt man die kognitiv-semantischen Implikationen der Wortklassen, wie sie von K. Fiedler und Semin (2002) beschrieben worden sind, so wird deutlich, dass durch die abstrakte Beschreibung des erwünschten Verhaltens der eigenen Gruppe dieses stabil und als Merkmal der eigenen Gruppe attribuiert wird, unerwünschtes Verhalten eher situativ begründet wird. Das Umgekehrte gilt für das Verhalten der Fremdgruppe.

Zur Erklärung wird, ähnlich wie bei den selbstwertdienlichen Attributionen, die Motivation, die eigene Gruppe zu schützen, herangezogen. Daneben gibt es noch eine weitere, eine kognitive Erklärung. Danach ist die Abstraktheit der Beschreibung abhängig von dem Ausmaß, in dem das Verhalten stereotyp ist, das heißt unseren Erwartungen entspricht. In diesem Fall liegt ein „linguistic expectancy-bias" (LEB) vor.

In einer Untersuchung von Wigboldus, Semin und Spears (2000) wurden die Versuchsteilnehmer gebeten, sich an Ereignisse zu erinnern, in denen ein Freund entweder ein stereotypisch männliches Verhalten oder ein stereotypisch weibliches Verhalten gezeigt hat, und weiter an Ereignisse, in denen eine Freundin entweder ein stereotypisch weibliches oder ein stereotypisch männliches Verhalten gezeigt hat. Die Beschreibungen wurden nach dem linguistischen Kategorienmodell ausgewertet. Die Ergebnisse zeigen, dass die erwarteten (stereotypischen) Verhaltensmuster abstrakter beschrieben werden. Zeigte ein Mann die erwarteten männlichen Verhaltensweisen, so wurden diese abstrakter, das heißt dauerhafter und eher der Person zugehörig beschrieben, als wenn er in der Erinnerung ein typisch weibliches Verhalten gezeigt hatte. Korrespondierendes gilt für die Beschreibung des weiblichen Verhaltens.

Diese Untersuchung ist ein Beleg dafür, dass unsere Erwartungen nicht nur die Beschreibung, sondern wohl auch die Wahrnehmung von Verhaltensweisen und die Art der Attribution, auf stabile Personenmerkmale oder auf situativ bedingte Gegebenheiten, beeinflussen.

Die meisten Untersuchungen zum linguistischen Intergruppen-Bias und zum linguistischen Erwartungs-Bias verwenden Untersuchungsdesigns, in denen die individuellen Beschreibungen und kognitiven Repräsentationen der Versuchsteilnehmer analysiert werden. Nun hat Sprache aber nicht nur die Funktion, Sachverhalte zu beschreiben, einer ihrer wichtigsten Funktionen ist es, Sachverhalte zu kommunizieren. Wie aus den verschiedenen Modellen zur persuasiven Kommunikation (Kapitel 1, S. 44) bekannt ist, muss der Kommunikator Wissen und Einstellungen des Rezipienten berücksichtigen, wenn er erfolgreich Einfluss auf ihn nehmen will.

K. Fiedler, Bluemke, Friese und Hofmann (2003) überprüften daher, inwieweit die Verwendung abstrakter oder konkreter Wortklassen durch das Interaktionsziel des Kommunikators und das Wissen des Rezipienten beeinflusst wird. Sie gingen davon aus, dass für die Mitteilung von Informationen, die neu und zudem unerwartet für den Rezipienten sind, abstrakte, interpretative Wortklassen gewählt werden müssen, um ihn von der Richtigkeit der Mitteilung zu überzeugen. In ihrem Experiment erhielten die Versuchsteilnehmer Informationen über einen schwedischen Studenten namens Eskil, der sich angeblich über die Gewohnheiten und Eigenschaften der Ostdeutschen informieren wollte. Dieser Student ließ entweder eine positive oder eine negative Einstellung gegenüber den Ostdeutschen erkennen. Die Versuchsteilnehmer wurden gebeten, ihre eigenen Eindrücke von den Ostdeutschen nach acht Themenfeldern gegliedert aufzuschreiben. Die Hälfte der Themenfelder war aufgrund einer Voruntersuchung von positiver Valenz für die Ostdeutschen (z. B. Gemeinschaftssinn, Umgang mit Mitbürgern, Familien- und Freundschaftsbeziehungen, Umgang mit Mangelsituationen), die andere Hälfte von negativer Valenz (Arbeitseinstellung, Umgang mit Fremden, Lebenszufriedenheit, Beziehungen zur früheren DDR). Die Versuchsteilnehmer sollten jeweils für die Hälfte der Themenfelder typi-

4.2 Stereotype und Vorurteile

sche ostdeutsche Verhaltensweisen oder Merkmale auflisten und für die andere Hälfte atypische. Die Auswertung der Niederschriften erfolgte nach dem linguistischen Kategorienmodell.

Zunächst konnten die Autoren einen starken LEB nachweisen. Beschreibungen von typischen Verhaltensweisen waren signifikant abstrakter als Beschreibungen atypischer Verhaltensweisen.

Darüber hinaus ist aber noch ein weiteres Ergebnis bedeutsam. Das Abstraktionsniveau variierte mit der (positiven oder negativen) Einstellung des Rezipienten, für den die Beschreibungen produziert worden waren.

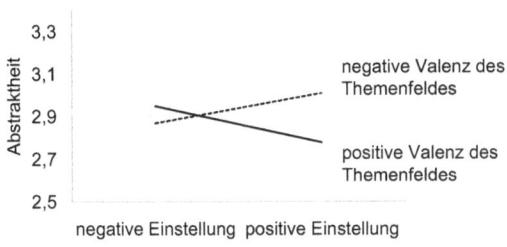

Abbildung 4.7: Abstraktheit der Wortklassen in Abhängigkeit von der Einstellung des Rezipienten (K. Fiedler et al., 2003)

Hatte der schwedische Student eine positive Einstellung gegenüber den Ostdeutschen, dann wurden die Informationen über die negativen Themenfelder abstrakter formuliert, als wenn er eine negative Einstellung gezeigt hatte. Umgekehrt galt für die positiven Themenfelder, dass bei einer negativen Einstellung des Rezipienten abstraktere Wortklassen gewählt wurden als bei einer positiven Einstellung. K. Fiedler et al. folgern, dass, um einen kommunikativen Einfluss auf einen Partner mit einer abweichenden Einstellung zu gewinnen, abstraktere Worte erforderlich sind. Sie haben mehr Gewicht und sind schwieriger zu widerlegen als konkrete Beschreibungen. Geht es nur darum, eine Einstellung des Rezipienten zu bestätigen, ist ein geringer Grad an Abstraktheit notwendig.

4.2.4 Aufrechterhaltung von Stereotypen und Vorurteilen

Illusorische Korrelation

Wir setzen unterschiedliche Mechanismen ein, um unsere kognitiven Orientierungen, zu denen auch die Stereotype und die Kategorienbildung gehören, aufrechtzuerhalten. Dies geschieht nicht nur auf automatischem Wege, sondern durchaus auch auf einer bewussten kognitiven Prozessebene. Ein Beispiel hierfür ist das Phänomen der illusorischen Korrelation. Eine illusorische Korrelation ist die Tendenz, eine Beziehung (eine Korrelation) zwischen Ereignissen zu sehen, die faktisch unverbunden sind. Wir nehmen an sich unverbundene zufällige Ereignisse wahr und glauben einen Zusammenhang zu erkennen.

Hamilton und Gifford (1976) führten hierzu ein Experiment durch. Den Versuchsteilnehmern wurden Informationen über zwei hypothetische Gruppen (die As und die Bs) gegeben. Von diesen Informationen waren für beide hypothetischen Gruppen $\frac{2}{3}$ positiv und $\frac{1}{3}$ negativ. Aber die Versuchsteilnehmer erhielten doppelt so viele Informationen über die hypothetische Gruppe A wie über die hypothetische Gruppe B, und zwar sowohl doppelt so viele positive wie auch doppelt so viele negative. Das Verhältnis von positiven zu negativen Informationen war also für beide Gruppen gleich, aber die absolute Anzahl an positiven und negativen Informationen war verschieden. Im Anschluss daran wurden die Versuchsteilnehmer gefragt, wie viele Informationen über jede Gruppe gegeben wurden.

Das Ergebnis war, dass sich die Wahrnehmung der Gruppe A zu deren Gunsten änderte und die Wahrnehmung der Gruppe B verschlechterte. Das heißt, es wurden für die Gruppe A weniger negative Verhaltensweisen erinnert (prozentual), während für die Gruppe B prozentual mehr negative Informationen behalten wurden. Das bedeutet, dass in der Beurteilung der Gruppe A sich die absolute Zahl der positiven Informationen wirksamer durchgesetzt hat und das Bild von der Gruppe A geprägt hat, während für die Wahrnehmung von der Gruppe B, für die die Unterschiede zwischen der absoluten Anzahl der positiven Informationen und der Zahl der negativen Informationen nicht so groß war, sich verschlechterte. Oder anders gesagt: Die Versuchsteilnehmer überschätzten die Häufigkeit, mit der die beiden Variablen, die am wenigsten häufig zusammen in der Präsentation vorgekommen waren, nämlich Gruppe B und unerwünschtes Verhalten. Gruppe B kam selten vor, und unerwünschtes Verhalten kam selten vor, wurden aber als zusammen vorkommend kodiert. Sie wurden zu einer illusorischen Korrelation verknüpft.

Eine übliche Erklärung ist: Die Kombination zweier seltener Ereignisse (Gruppenzugehörigkeit zur Gruppe B und negatives Verhalten) ist besser behaltbar als die Kombination zweier häufiger Ereignisse. Das mag daran liegen, dass sie stärker ins Auge fallen, also salienter sind. Es zeigt sich hier die Bestätigung der Definition von Stereotypen als wahrgenommene Korrelation zwischen Gruppenzugehörigkeit und Merkmalsausprägung (Meiser, 2008, S. 53).

Der ultimative Attributionsfehler

Die Aufrechterhaltung von Stereotypen und Vorurteilen durch kognitive Attributionsprozesse hat Bodenhausen (1988) untersucht und dabei den sogenannten *ultimativen Attributionsfehler* vorgestellt. In Ergänzung zum fundamentalen Attributionsfehler, der die allgemeine Tendenz beschreibt, dispositionale Attributionen zu bevorzugen, ist der ultimative Attributionsfehler die Tendenz, dispositionale Attributionen für eine ganze Gruppe von Personen zu machen.

In einem Experiment ließ Bodenhausen studentische Versuchsteilnehmer die Rolle von Geschworenen in einem imaginären Gerichtsverfahren spielen. Einige Versuchsteilnehmer erhielten Informationen über den Angeklagten in diesem Gerichtsverfahren, die ein negatives Stereotyp gegenüber Spaniern aktivierten. Ihnen wurde gesagt, der Angeklagte hieße Carlos Ramirez und käme aus New Mexico. Andere Versuchsteilnehmer erhielten neutralere Informationen, die mit keinem negativen Stereotyp verbunden waren. Hier hieß der Angeklagte Herbert Johnson und kam aus Ohio. Die Hälfte der Versuchspersonen erhielt diese Informationen mit dem Namen des Angeklagten bevor sie die Beweismittel im Fall erfuhren, die andere Hälfte erfuhr den Namen erst, nachdem sie die Beweismittel gelesen hatten. Bodenhausen nahm an, dass durch die Information vor dem Urteil ein Stereotyp aktiviert wird und dass daraufhin das Stereotyp das anschließende Urteil beeinflusst. Insbesondere nahm er an, dass die aktivierten Stereotype die Interpretation der Informationen verändere und dass die Personen dadurch angeregt würden, mehr stereotypkonsistente Informationen zu suchen und zu verarbeiten als inkonsistente. Nachdem die Versuchsteilnehmer den Namen des Angeklagten erfahren hatten und die Informationen über den Fall gelesen hatten, sollten sie nun die Wahrscheinlichkeit einschätzen, dass der Mann schuldig sei.

Bodenhausens Erwartung war, dass der Angeklagte als schuldiger eingeschätzt wird, wenn er einen ethnischen Namen trägt. Aber er sollte nur dann als schuldiger eingeschätzt werden, wenn die Versuchsteilnehmer diese Tatsache erfuhren, bevor sie sich mit den Informationen auseinandersetzten.

Dies trat genauso ein. Diejenigen Versuchsteilnehmer, die den ethnischen Namen erfuhren bevor sie die Beweismittel zu dem Fall erhielten, hielten den Angeklagten für signifikant schuldiger als die Versuchsteilnehmer in den drei anderen Bedingungen.

Hier hatte offensichtlich die Tatsache, dass der Angeklagte zu einer ethnischen Gruppe gehörte, die von den amerikanischen weißen Studierenden generell als krimineller angesehen wurde, dazu geführt, dass die Beweismittel anders, das heißt mehr in Richtung von Schuld, verarbeitet worden waren, als wenn es sich um einen Angeklagten amerikanischer Herkunft handelte. Die Aktivierung des Stereotyps wirkte aber nur dann, wenn die Auseinandersetzung mit dem Beweismaterial noch nicht abgeschlossen war.

Beim ultimativen Attributionsfehler, so wie er von Bodenhausen in seinem Experiment geschildert wurde, werden Annahmen der sozialen Identitätstheorie deutlich: Gehört der Urteilende einer anderen Gruppe an als der Angeklagte, so nimmt er als Folge dieser Kategorisierung sich und seine Gruppe als positiver und besser wahr. Um seine Gruppe deutlicher abzugrenzen, wählt er eine höhere Wahrscheinlichkeit der Schuldigkeit. Die soziale Distinktheit zwischen der Eigengruppe (Amerikaner) und der Fremdgruppe (Spanier) wird erhöht, die Eigengruppe und damit die Versuchsteilnehmer selbst erscheinen dadurch in einem besseren Licht.

Bookkeeping, Conversion und Subtyping

Oft erhalten wir aber Informationen über eine Person, die dem Stereotyp über diese Person bzw. die Gruppe, der sie zugehört, widersprechen. Nach der kognitiven Dissonanztheorie ist dies ein Zustand, den wir nicht mögen und den wir beseitigen wollen. Wir verfügen über verschiedene Möglichkeiten, mit inkonsisten Informationen umzugehen.

R. Weber und Crocker (1983) stellen drei Modelle vor, wie neue zum Stereotyp nicht passende Informationen verarbeitet werden können: Bookkeeping, Conversion und Subtyping.

– Bookkeeping: Im Buchhaltungsmodell wird die Information gesammelt.
– Conversion: Im Bekehrungsmodell kommt es zu einer schlagartigen Veränderung.
– Subtyping: Im Unterkategorisierungsmodell wird eine neue Kategorie gebildet.

Das *Bookkeeping-Modell* betrachtet die Veränderung von Stereotypen als einen inkrementellen Prozess, in dem jede stereotyperelevante Information genutzt wird, um ein bestehendes Stereotyp zu modifizieren. Bookkeeping ist ein Prozess der Feinabstimmung. Jede dem Stereotyp widersprechende Information bewirkt dementsprechend eine leichte Veränderung des Stereotyps, die im Allgemeinen zwar zu einer Modifikation des Stereotyps führt, es aber nicht widerlegt.

Im *Conversion-Modell* geschieht die Veränderung nach dem Alles-oder-Nichts-Prinzip. Bei kleineren Abweichungen vom Stereotyp tritt keine Veränderung ein. Sind die Informationen, die dem Stereotyp widersprechen, aber dramatisch und wichtig, kommt es zu einer grundlegenden Änderung des Stereotyps, zu einer Konversion.

Das *Subtyping-Modell* sieht Stereotype als hierarchische Strukturen, die sich durch Erfahrungen herausgebildet haben. Informationen, die dem Stereotyp widersprechen, führen zu Differenzierungen des Stereotyps. Werden die Abweichungen immer mehr und können sie nicht mehr durch eine Feinabstimmung integriert werden, kommt es zur Bildung eines Unterstereotyps. Es wird sozusagen eine Ausnahme instantiiert. Damit passt die Information wieder, ohne dass das ursprüngliche Stereotyp verändert werden muss. Subtyping ist ein Prozess, der einer gewissen kognitiven Anstrengung bedarf. Das Bilden einer Unterkategorie ist eine kreative Leistung und erfordert Rechtfertigungen, warum inkonsistente Informationen oder deviante Personen mit dem allgemeinen Stereotyp vereinbar sind (Kunda & Oleson, 1995).

Yzerbyt, Coull und Rocher (1999) untersuchten die Bedeutung kognitiver Ressourcen für die Aufrechterhaltung von Stereotypen und konnten zeigen, dass es nur dann zu einer Aufrechterhaltung durch Subtyping kommt, wenn die Versuchsteilnehmer während der Verarbeitung der abweichenden Informationen nicht abgelenkt sind. Dies scheint auf den ersten Blick in Widerspruch zu den Befunden zu stehen, dass gerade bei Ablenkung auf Stereotype zurückgegriffen wird (vgl. etwa Macrae, Hewstone & Griffiths, 1993). Dieser Widerspruch kann aber aufgelöst werden, wenn neben kognitiven auch motivationale Aspekte berücksichtigt werden. So betonen etwa Zwei-Prozess-Modelle der Einstellungsänderung (siehe Kapitel 1, S. 44), dass die motivationale Lage des Rezipienten darüber entscheidet, mit welcher Intensität er sich mit Gegenargumenten auseinandersetzt. Ist die Motivation zu einer möglichst genauen und zuverlässigen Einschätzung, zu einer akkuraten Wahrnehmung hoch, so sollten inkonsistente Informationen intensiver geprüft werden und gegebenenfalls zu einer Veränderung des Stereotyps führen. Steht dagegen die Motivation, die eigene kognitive Ordnung und somit das Stereotyp zu verteidigen im Vordergrund, werden Anstrengungen zur Bewältigung inkonsistenter Informationen unternommen. Hier kommen dann die kognitiven Prozesse ins Spiel. Nur bei hinreichender kognitiver Kapazität kann das Stereotyp aufrechterhalten werden.

Ein Modell von K. N. Moreno und Bodenhausen (1999) illustriert die Beziehung von motivationalen und kognitiven Prozessen bei der Aufrechterhaltung von Stereotypen (siehe Abbildung 4.8 auf der nächsten Seite). Wird eine Person mit stereotyp-inkonsistenter Information konfrontiert und ist ihre Motivation auf Genauigkeit ausgerichtet, verändert sie das Stereotyp. Ist ihre Motivation auf Verteidigung des Stereotyps ausgerichtet und ist ihre kognitive Kapazität niedrig, kommt es ebenfalls zu einer Veränderung. Ist jedoch die kognitive Kapazität hoch, hält sie das Stereotyp aufrecht.

4.2.5 Bedrohung und Diskriminierung durch Stereotype

Negative Stereotype und Vorurteile zu haben, wäre ja nicht so schlimm, wenn es bei den „kleinen Bildern in unserem Kopf" bleiben würde. Stereotype beeinflussen aber auch das Verhalten der stereotypisierten Personen. Word, Zanna und Cooper (1974) ließen in einem Experiment weiße Collegestudenten Bewerber für einen Job interviewen. Die Bewerber wurden von trainierten konföderierten Personen dargestellt, die jedoch nicht um die Hypothesen des Experimentes wussten. Zwei der Bewerber waren weiß, zwei schwarz. Zunächst einmal stellten Word et al. fest, dass die weißen Collegestudenten, wenn sie schwarze Bewerber interviewten, weniger Interesse zeigten und sich offenbar unwohler fühlten. Sie saßen weiter entfernt und versprachen sich öfter.

Die Frage aber, die sich Word et al. stellten, war, ob dies einen Einfluss auf die Bewerber hat. Sie führten ein zweites Experiment durch, in dem das Verhalten der Interviewer nun systematisch untersucht wurde. Konföderierte weiße Versuchsteilnehmer übten das Verhalten ein, das in dem vorangegangenen Experiment die Versuchsteilnehmer gegenüber schwarzen beziehungsweise gegenüber weißen Bewerbern gezeigt hatten. In dem zweiten Experiment waren aber alle Bewerber weiß. Von den Bewerbungsgesprächen wurden Videoaufnahmen gemacht,

4.2 Stereotype und Vorurteile

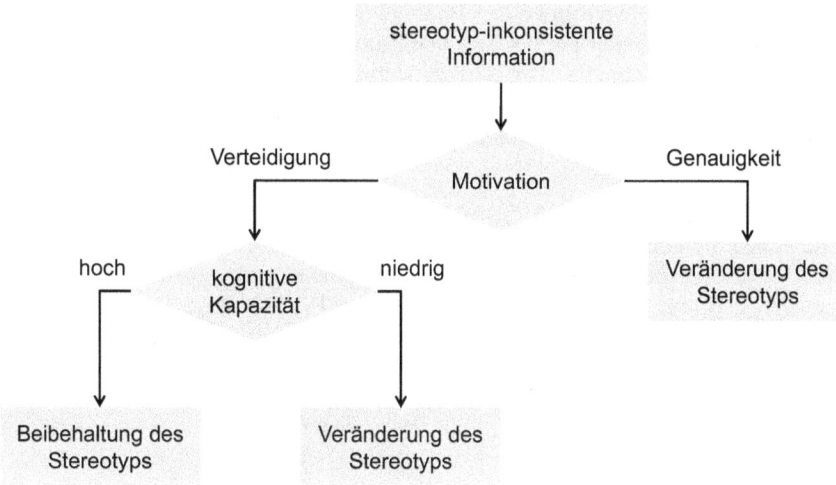

Abbildung 4.8: Motivationale und kognitive Faktoren bei der Aufrechterhaltung von Stereotypen nach K. N. Moreno und Bodenhausen (1999)

die von unabhängigen Beurteilern eingeschätzt wurden. Diejenigen Bewerber, die auf die Art und Weise interviewt wurden wie zuvor die schwarzen Bewerber, wurden als viel nervöser und weniger geeignet eingeschätzt als die Bewerber, die so interviewt wurden wie zuvor die weißen Bewerber. Die Ergebnisse sind eine Demonstration der selbsterfüllenden Prophezeiung. Wir haben ein Bild von unserem Gegenüber und bestimmte Erwartungen an ihn. Wir verhalten uns ihm gegenüber unserem Bild und unseren Erwartungen entsprechend. Das beeinflusst sein Verhalten, und wir bringen ihn dazu, sich unseren Erwartungen entsprechend zu verhalten.

Bedrohung durch das Selbst-Stereotyp

Stereotype können mehr oder weniger direkt das Verhalten der stereotypisierten Personen beeinflussen. Aber auch unsere eigenen Stereotype, Stereotype über uns selbst, können sich auf uns auswirken. Insbesondere, wenn es sich um ein negatives Stereotyp handelt, wenn wir also Mitglied einer Gruppe sind, über die es ein negatives Stereotyp gibt, kann dieses Stereotyp zu einer Bedrohung werden.

Die Befürchtung der Mitglieder einer Minoritätsgruppe, sie könnten sich in einer Weise verhalten, die ein existierendes negatives kulturelles Stereotyp verstärken würde, wird als Bedrohung durch das Stereotyp (*Stereotype Threat*) bezeichnet (Steele, 1999). Steele konnte in verschiedenen Untersuchungen zeigen, dass eine Bedrohung durch das Stereotyp sich leistungsmindernd auswirkt.

Steele und Aronson (1995) befassten sich mit der Wirkung von Rassenstereotypen. Sie ließen schwarze und weiße Studenten einen schwierigen verbalen Test bearbeiten. In einer Versuchsbedingung wurde den Teilnehmern gesagt, dass ihre intellektuellen Fähigkeiten erfasst werden sollten. In der zweiten Bedingung wurde gesagt, dass nur der Test selbst überprüft werden sollte. Die weißen Studenten lagen in beiden Bedingungen gleich gut. Die schwarzen Studenten waren in der Bedingung, in der nur der Test überprüft werden sollte, genauso gut wie die weißen Studenten. In der Bedingung aber, in der angeblich die intellektuellen Fähigkeiten erfasst werden sollten, waren sie schlechter als die weißen Studenten. Steele und Aronson nehmen an, dass durch den Hinweis, dass die intellektuellen Fähigkeiten überprüft werden sollten, ein für die Schwarzen negatives Stereotyp aktiviert worden war, das sich leistungsmindernd auswirkte.

In einem weiteren Experiment überprüften Steele und Aronson die Wirkung der Aktivierung von bedrohlichen Stereotypen. Die Versuchsteilnehmer sollten verbale Intelligenzaufgaben lösen, zuvor wurde aber bei einem Teil der Versuchsteilnehmer das Stereotyp aktiviert, indem die Teilnehmer gebeten wurden, ihre Rasse anzugeben. Bei einem anderen Teil der Versuchsteilnehmer wurde das Stereotyp nicht aktiviert, die Rasse wurde nicht abgefragt. Wurde das Stereotyp aktiviert, so führte dies bei Schwarzen zu einer deutlichen Minderleistung, bei den weißen Versuchsteilnehmern hingegen zu einer Leistungsverbesserung. Wurde das Rassenstereotyp nicht aktiviert, so zeigten dagegen die schwarzen Studierenden bessere Leistungen als die weißen.

In einem anderen Experiment zeigte Steele (1997), dass Frauen im Vergleich zu Männern in einem Mathematiktest nur dann schlechter abschnitten, wenn ihnen gesagt wurde, dass der Test die Überlegenheit von Männern zeigen würde; Frauen denen gesagt wurde, dass der Test keine Geschlechterunterschiede zeigen würde, schnitten gleich gut ab.

In einer weiteren Untersuchung (Steele, 1999) wurde weißen Männern, eine Gruppe, die als nicht stigmatisiert gilt, gesagt, dass sie einen schwierigen Mathematiktest machen würden, in dem Asiaten im Allgemeinen besser abschneiden als Weiße. Dies genügte, um eine signifikante Leistungsverschlechterung zu bewirken.

Steele schreibt (1999, S. 48), das Interessanteste der Bedrohung durch das Selbst-Stereotyp ist, dass diejenigen Studierenden, die am stärksten leistungsmotiviert waren, am stärksten durch das Stereotyp beeinträchtigt wurden. Seine Erklärung ist, dass diese Studenten sich sehr stark mit Schule und Studium identifizieren und sich daher besonders anstrengen, diesen negativen Stereotypen nicht zu entsprechen, sondern sie zu widerlegen.

Croizet, Desert, Dutrevis und Leyens (2001) erklären den dramatischen Leistungsabfall derjenigen Studierenden, die mit einem für sie bedrohlichen Stereotyp konfrontiert worden waren, dadurch, dass sie durch verschiedene Faktoren beeinträchtigt wurden: Ablenkung, Selbstaufmerksamkeit, Bewertungserwartung, Testangst, Motivationsverlust. Einige dieser Faktoren, wie Ablenkung und Bewertungsangst, kennen wir bereits aus den Ergebnissen zur Forschung über die Wirkung der Anwesenheit anderer Personen auf die Leistung.

Der Prozess der Aktivierung negativer Selbststereotype kann, wenn es sich um eine für das Selbst relevante Situation handelt, Angst und Stress auslösen. Damit einher gehen grübelnde, ablenkende Gedanken. Aus der Aktivierung erfolgt eine Bedrohung für das Selbst und den Selbstwert. Durch die im negativen Stereotyp implizierte geringe Erfolgserwartung und Überlegungen zu einer (geringeren) Selbstwirksamkeit, werden hemmende Prozesse angestoßen, die in einer Leistungsminderung resultieren.

Keller (2008) hat aus der Literatur eine Liste empirisch dokumentierter Mediatorvariablen, die eine Bedrohung durch das Stereotyp verstärken können, zusammengestellt. Er unterscheidet dabei zwischen kognitiven, affektiven und motivationalen Variablen.

4.2 Stereotype und Vorurteile

Zu den kognitiven Variablen gehören

- Aktivierung des Stereotyps,
- Belastung des Arbeitsgedächtnisses,
- Störung der Formulierung von Lösungsstrategien,
- Aktivierung des Selbstkonzepts,
- negative Gedanken.

Zu den affektiven Variablen gehören

- Ängstlichkeit,
- Frustration,
- Physiologische Erregung.

Zu den motivationalen Variablen gehören

- Zielsetzung,
- Leistungserwartung,
- Self-Handicapping (das ist das Schaffen von schlechten Voraussetzungen für die anstehende Aufgabe, um bei Misserfolg eine Entschuldigung zu haben – etwa am Tag vor einer Prüfung bis in die Nacht hinein zu arbeiten),
- defensive Ausrichtung der Selbstregulation (eine Ausrichtung des regulatorischen Fokus (siehe Kapitel 5, S. 275) auf die Vermeidung von Verlusten und negativen Ereignissen).

Moderner Rassismus

Vorurteile sind häufig *institutionalisierte Vorurteile*. Institutionalisierte Vorurteile werden durch soziales Lernen erworben. Es hängt von der Umgebung ab, in der wir leben, welche Informationen wir mit einem Stereotyp verbinden und welche diskriminierenden Verhaltensweisen wir als Norm ansehen. Institutionalisierte Vorurteile sind ein wesentlicher Faktor für Diskriminierungen.

Institutionalisierte Vorurteile sind in dem Regelwerk öffentlicher Institutionen verankert, wenn dieses für unterschiedliche Gruppen unterschiedliche Behandlungen vorsieht. Ein institutionelles Vorurteil, das sich schon als Diskriminierung verfestigt hatte, war beispielsweise die Nichtgleichbehandlung von Frauen im Bürgerlichen Gesetzbuch, etwa §1354

> Dem Manne steht die Entscheidung in allen das gemeinschaftliche eheliche Leben betreffenden Angelegenheiten zu; er bestimmt insbesondere Wohnort und Wohnung.

Vorurteile und die daraus resultierenden Diskriminierungen werden durch *normative Konformität* verfestigt. Pettigrew (1991) beschreibt normative Konformität als Tendenz, „mit der Gruppe zu gehen", um deren Erwartungen zu erfüllen und um Akzeptanz zu gewinnen. In seinen Untersuchungen fand er, dass Personen Vorurteile äußern und sich an diskriminierenden Handlungen beteiligen, weil sie Angst haben, von der Majorität abgewertet und eventuell aus der Gruppe ausgestoßen zu werden, wenn sie nicht in das gleiche Horn tuten. Die vielen Bemühungen und

Aktionen gegen Fremdenfeindlichkeit sollten eigentlich dazu führen, dass Diskriminierungen von Mitgliedern z. B. ethnischer Minoritäten geringer werden, dass Fremdenfeindlichkeit und Rassismus abnehmen. Hier tritt aber ein ähnliches Phänomen auf, wie wir es bei der Diskussion der politisch korrekten Sprache in Kapitel 2 gesehen haben. Vorurteile verschwinden nicht einfach, sie werden nur anders geäußert, oder die Personen sind vorsichtiger im Äußern ihrer Vorurteile. Wenn Normen sich verändern, wenn mehr Toleranz gefordert wird, dann werden Personen oft einfach vorsichtiger im Äußern ihrer Vorurteile, aber sie behalten sie insgesamt bei.

Die Erfassung des modernen Rassismus erfolgt mit der sogenannten Modern-Racism-Scale (McConahay, Hardee & Batts, 1981). Itembeispiele dieser Skala, zu denen die Zustimmung oder Ablehnung erfragt wird, sind:

– „Der Ärger der Schwarzen in Amerika ist leicht zu verstehen."
– „Schwarze haben mehr Einfluss auf die Pläne zur Aufhebung der Rassentrennung in Schulen als sie haben sollten."
– „Heutzutage sind die Straßen ohne Polizeipräsenz nicht sicher."
– „Schwarze werden zu fordernd in ihrem Bemühen um gleiche Rechte."
– „Während der letzten Jahre haben die Schwarzen ökonomisch mehr bekommen als sie verdienen."
– „Während der letzten Jahre haben die Regierung und die Medien den Schwarzen mehr Achtung entgegengebracht als sie verdienen."

Pettigrew und Meertens (1995) unterscheiden zwischen subtilen und unverhohlenen rassistischen Vorurteilen, für deren Erfassung sie die Blatant-and-Subtle-Prejudice-Skalen entwickelt haben. Sie nehmen an, dass sich ein unverhohlener Rassismus vor allem als wahrgenommene Bedrohung, als Ablehnung der anderen Gruppe und durch größere Distanz zeigt. Subtiler Rassismus äußert sich in Einstellungen zu traditionellen Werten, als wahrgenommene kulturelle Unterschiede und im Ausdruck von Gefühlen der anderen Gruppe gegenüber. Itembeispiele aus den Blatant- und Subtle-Skalen (mit der Zielgruppe Inder in Großbritannien) sind:

– „Inder haben Jobs, die eigentlich die Briten haben sollten." (Antwortskala von stimme sehr zu bis lehne sehr ab)
– „Ich hätte nichts dagegen, wenn ein Inder mit einem ökonomischen Hintergrund, der dem meinen gleicht, durch Heirat in meine engere Familie käme." (Antwortskala von stimme sehr zu bis lehne sehr ab)
– „Inder, die hier leben, bringen ihren Kindern andere Werte und Fähigkeiten bei als solche, die erforderlich sind, um in England erfolgreich zu sein." (Antwortskala von stimme sehr zu bis lehne sehr ab)
– „Wie oft haben Sie Bewunderung für die hier lebenden Inder gespürt?" (Antwortskala: sehr oft, ziemlich oft, nicht sehr oft, nie)

An der Formulierung der Items sieht man, dass moderner Rassismus nicht nur durch allgemeine Werturteile und emotionale Reaktionen definiert ist, sondern dass zugleich die verschiedenen Aspekte einer realistischen oder symbolischen Bedrohung (des Status, der eigenen Werte, der eigenen Ressourcen) angesprochen werden.

Infrahumanisierung

Eine besondere Form diskriminierender Einstellungen ist die sogenannte *Infrahumanisierung*. Sie gehört zu den subtilen Formen von Diskriminierung, da sie sich nicht offensichtlich in diskriminierenden Verhaltensweisen gegenüber den Mitgliedern einer fremden Gruppe äußert, sondern sich im Bild niederschlägt, das wir von den anderen haben.

Infrahumanisierung bedeutet, dass die eigene Gruppe als fähiger gesehen wird, einzigartige „menschliche" Emotionen zu erleben, als andere Gruppen. Als essentielle Merkmale menschlicher Lebewesen zählen die Sprache, das Ich-Bewusstsein und bestimmte Gefühle. Diese Merkmale unterscheiden uns – neben spezifischen biologischen Merkmalen und kulturellen Errungenschaften – von anderen Lebewesen. Bestimmte Gefühle, die sogenannten primären Emotionen, sind nicht einzigartig menschliche Emotionen, auch Tiere können diese haben. Dazu gehören z. B. Vergnügen, Zuneigung, Ärger und Leid. Einzigartig für menschliche Lebewesen sind die sekundären Emotionen, wie Hoffnung, Sympathie, Demütigung oder Reue.

Leyens et al. (2000) stellten folgende Überlegung an: Wie die Untersuchungen zur Ingroup-Favorisierung und zur Outgroup-Diskriminierung zeigen, bevorzugen Menschen ihre eigene Gruppe und werten die Fremdgruppe ab. Weiter zeigt die Kategorisierungsforschung, dass Menschen verschiedenen Gruppen verschiedene Wesensmerkmale (Essenzen) zuschreiben. Daraus folgt, dass sie die Essenzen ihrer eigenen Gruppe den Essenzen anderer Gruppen als überlegen ansehen müssen. In Bezug auf Emotionen sollten daher diejenigen Emotionen, die typisch menschlich sind, also die sekundären Emotionen, der Eigengruppe vorbehalten sein. Tatsächlich konnten Leyens et al. (2001) zeigen, dass der eigenen Gruppe deutlich mehr sekundäre, das heißt essentiell humane Emotionen zugeschrieben werden als der fremden Gruppe. Hinsichtlich der Zuschreibung primärer Emotionen sind die Ergebnisse nicht ganz so eindeutig. Manchmal wurden der Eigengruppe und der Fremdgruppe gleich viele primäre Emotionen zugeordnet, manchmal der Fremdgruppe sogar mehr.

Die Zuweisung oder Nichtzuweisung von sekundären Emotionen ist ein wichtiger Mechanismus in der Behandlung von statushohen oder statusniedrigen Gruppen. Statushohen Gruppen kann keine Intelligenz oder Fähigkeit abgesprochen werden, wohl aber der Besitz von menschlichen Gefühlen. Umgekehrt können statusniedrige Gruppen nicht durch Zuweisung von Fähigkeit, aber durch die Zuweisung von positiven Emotionen aufgewertet werden.

4.3 Diskriminierung

Diskriminierung ist „jede Behandlung anderer Personen auf Grundlage natürlicher oder sozialer Kategorien, die keine Beziehung zu den individuellen Fähigkeiten, Fertigkeiten, Verdiensten oder konkreten Verhaltensweisen dieser Personen aufweisen" (Memorandum der Vereinten Nationen aus dem Jahr 1949, zitiert nach G. W. Allport, 1954, S. 52).

Bond, DiCandia und MacKinnon (1988) untersuchten die Behandlung von weißen und schwarzen Patienten in einem psychiatrischen Krankenhaus, in dem fast ausschließlich weißes Personal arbeitete. In diesem Krankenhaus gab es zwei Hauptmethoden, um gewalttätiges Verhalten der Patienten zu unterbinden.

Die erste bestand darin, die Patienten in ein sogenanntes Time-out-Zimmer zu bringen, in dem sie alleine waren, sich aber nicht verletzen konnten. Die zweite Methode bestand darin, ihnen eine Zwangsjacke anzuziehen, sie ans Bett zu fesseln und ihnen Tranquilizer zu geben. Die Forscher notierten, welche Methode angewandt wurde.

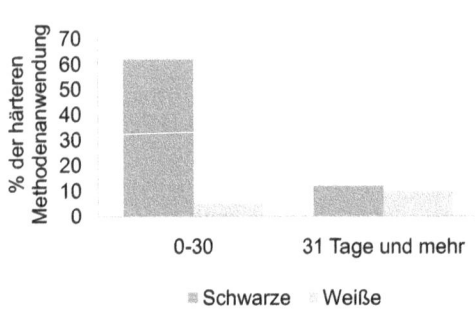

Abbildung 4.9: Behandlung von Schwarzen und Weißen nach Bond et al. (1988)

Die Beobachtung wurde 85 Tage lang durchgeführt. Die schwarzen und weißen Patienten unterschieden sich während des Beobachtungszeitraums nicht im Ausmaß der Gewalttätigkeit. Die Ergebnisse zeigten, dass die härtere Methode (Zwangsjacke und Beruhigungsmittel) viermal so häufig schwarzen Patienten gegenüber angewandt wurde als gegenüber weißen Patienten. Die Ergebnisse sind in Abbildung 4.9 dargestellt. Als positiven Effekt kann man berichten, dass nach vier Wochen das Personal einsah, dass weiße und schwarze Patienten sich nicht im Ausmaß ihrer Gewalttätigkeit unterschieden und von da an die weißen und schwarzen Patienten gleich behandelt wurden.

4.3.1 Theorien zu diskriminierendem Verhalten

Die Theorie des realistischen Konflikts

Aufgrund der bisher dargestellten Mechanismen können auch Vorurteile und Diskriminierungen gegenüber Gruppen entstehen, mit denen man bisher keinen Kontakt hatte, die man sozusagen nur vom Hörensagen kennt. Darüber hinaus können Vorurteile und Diskriminierungen aus der konkreten Interaktion oder aus wahrgenommenen Interessenskonflikten erwachsen. Mit diesem Punkt beschäftigt sich die Theorie des realistischen Konflikts.

Die Kernaussage dieser Theorie nimmt an, dass beschränkte Ressourcen zum Konflikt zwischen Gruppen führen. In harten Zeiten und wenn die Ressourcen knapp werden, fühlen sich Mitglieder der Ingroup durch Mitglieder der Outgroup bedroht, und es kommt zu einer Zunahme von Vorurteilen, Diskriminierung und Gewalt gegenüber ihnen.

Sherif et al. (1961), die diese Theorie konzipierten, postulierten, dass die Beziehungen zwischen Gruppen die Einstellungen und das Verhalten der Mitglieder zueinander bestimmen. Die Art der Beziehungen zwischen zwei Gruppen ergibt sich aus der Relation der objektiven Gruppeninteressen. Die Theorie unterscheidet positive Interdependenz und negative Interdependenz.

Bei positiver Interdependenz sind die Gruppen voneinander abhängig, aber in einer positiven Art und Weise. Beide profitieren voneinander. Das führt zu unterstützendem Verhalten mit einer positiven Einstellung gegenüber der anderen Gruppe. Bei einer negativen Interdependenz konkurrieren die Gruppen um Ressourcen und Ergebnisse. Es kommt zu feindseligem Verhalten und negativen, abwertenden Einstellungen gegenüber der Fremdgruppe.

Wie bereits in Kapitel 3 geschildert, basieren diese Annahmen auf den Ergebnissen aus den Ferienlagerexperimenten. Die Teilnehmer eines Ferienlagers wurden in Gruppen aufgeteilt, wobei darauf geachtet wurde, dass bestehende Freundespaare getrennt wurden.

4.3 Diskriminierung

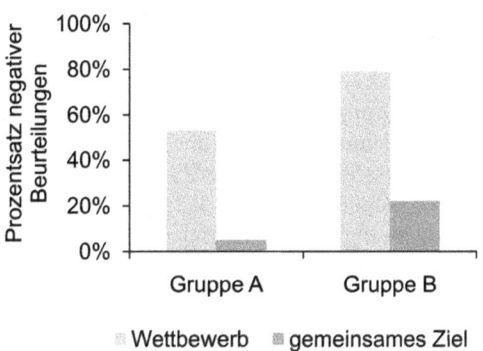

Abbildung 4.10: Wirkung eines gemeinsamen Ziels nach Sherif et al. (1961)

Es fanden Wettbewerbe statt, die zu Rivalität zwischen den Gruppen führten, vor allem dann, wenn ein objektiver Interessenskonflikt bestand. Dies wurde dadurch induziert, dass nur die Gewinnergruppe eine Belohnung erhielt. Es kam zu zunehmender Feindseligkeit zwischen den Gruppen und wechselseitigen negativen Einstellungen und negativen Stereotypen. Durch die Einführung eines übergeordneten Ziels konnten die Feindseligkeiten wieder abgebaut werden (Abbildung 4.10). Die Versuchsleiter erreichten das, indem sie eine Panne bei einem der Nahrungsmittel ins Lager transportierenden Lastwagen vortäuschten und dieser Lastwagen nur durch gemeinsame Anstrengung aller Ferienlagerteilnehmer wieder flott gemacht werden konnte. Die Einführung eines übergeordneten Ziels verringerte also oder hob die bestehende Feindseligkeit sogar gänzlich auf, aber nur solange wie ein Zusammengehen notwendig war.

Hovland und Sears (1940) fanden einen interessanten Zusammenhang zwischen Ressourcenknappheit und Gewalt gegen Mitglieder einer anderen Gruppe. In den Südstaaten Amerikas war die Baumwolle im 19. und Anfang des 20. Jahrhunderts der wichtigste Wirtschaftsfaktor. Hovland und Sears überprüften den Zusammenhang zwischen dem Baumwollpreis und den Fällen von Lynchjustiz. Sie fanden eine signifikante Korrelation zwischen diesen beiden Variablen. Sie fanden, dass in den Jahren, in denen eine ökonomische Depression vorlag, auch die Zahl der Morde stieg. Hepworth und West (1988) haben die Daten noch einmal sehr genau analysiert mit statistischen Verfahren, die seinerzeit noch nicht zur Verfügung standen. Sie konnten im Wesentlichen Hovland und Sears Ergebnisse bestätigen: Eine relative Deprivation von Ressourcen führt zu einer erhöhten Aggression, in diesem Fall zu einem Anstieg der Lynchmorde. Und ein zweiter Aspekt interessiert in Hovland und Sears Studie: Wird für die Situation ein Sündenbock gesucht und verantwortlich gemacht? Die nächsten Abschnitte beschäftigen sich mit diesen Aspekten.

Relative Deprivation

Eine Person empfindet Deprivation, wenn ihr etwas vorenthalten wird, das ihr ihres Erachtens zusteht. Von relativer Deprivation wird gesprochen, wenn das Gefühl des Zukurzkommens durch soziale Vergleiche entsteht. Wir stellen einen Mangel oder eine Benachteiligung nicht aufgrund eines absoluten Defizits oder anhand eines absoluten Standards fest, sondern indem wir uns mit anderen Personen oder Gruppen vergleichen. Runciman (1966) nimmt eine Unterscheidung in egoistische und fraternale relative Deprivation vor. Diese beiden Begriffe werden später auch ersetzt durch personale oder individuelle und gruppale bzw. kollektive relative Deprivation (Pettigrew & Meertens, 1995; Tyler & Smith, 1998; Major, 1994).

Individuelle relative Deprivation basiert auf dem Vergleich innerhalb der eigenen (etwa ethnischen) Gruppe („Wie sieht meine Position innerhalb der Deutschen aus, wie stehe ich da?").

Die kollektive relative Deprivation entsteht aus dem Vergleich der eigenen Gruppe mit anderen relevanten (ethnischen) Fremdgruppen („Wird meine Gruppe, die Deutschen, im Vergleich zu Ausländern benachteiligt?").

Schneidet die eigene Gruppe im Vergleich mit fremden Gruppen schlecht ab, ist also kollektive relative Deprivation vorhanden, so sollte dies zu Fremdenfeindlichkeit führen (Vanneman & Pettigrew, 1972). Interessanterweise muss sich die Feindseligkeit aber nicht gegen die Gruppe richten, mit der der soziale Vergleich gezogen wird. U. Wagner, Van Dick, Pettigrew und Christ (2003) befragten Deutsche, inwieweit sie eine Benachteiligung im Vergleich zu Ausländern empfänden und außerdem inwieweit sie eine Benachteiligung im Vergleich zum jeweils anderen Teil Deutschlands empfänden. Es zeigte sich, dass der Ausgang des innerdeutschen Vergleichs für die Vorhersage von Vorurteilen gegen Ausländer von besonderer Bedeutung ist. Je stärker die Befragten die eigene Gruppe (Ostdeutsche oder Westdeutsche) im innerdeutschen Vergleich benachteiligt sahen, umso stärker waren ihre Vorurteile gegen Ausländer. Dabei gaben die Ostdeutschen eine stärkere Benachteiligung an als die Westdeutschen. Kessler und Mummendey (2001) fanden ein ähnliches Ergebnis. Die von ihnen befragten Ostdeutschen lehnten Fremde in besonderem Maße ab, wenn sie sich im Vergleich zu Westdeutschen benachteiligt sahen. Die Autoren interpretieren dieses Ergebnis im Sinne Allports (1954) als das Wählen eines Sündenbocks: Wenn der Gegner oder Aggressor zu mächtig ist, werden Aggressionen auf einen Dritten übertragen. Einige Ostdeutsche sahen offenbar die Westdeutschen nach der Bildung einer gemeinsamen Gruppe (Wiedervereinigung) als einen starken Gegner an, der nicht so einfach zu bezwingen war. Deshalb suchten sie sich eine andere schwächere Gruppe, Ausländer in Deutschland, als Ziel ihrer Feindseligkeit.

Die Sündenbocktheorie

Jemanden zum Sündenbock zu machen, bedeutet, ihm in ungerechtfertigtem Maße Schuld und Verantwortung für ein Ereignis zuzuschreiben und ihn dementsprechend zu bestrafen. Die Sündenbocktheorie hat ihren Ursprung in der Psychoanalyse, wo sie als eine Art Projektionsmechanismus gesehen wird. Das Individuum projiziert seine aus frustrierenden Erlebnissen stammenden aversiven Gedanken und Gefühle auf andere Personen. Solche aversiven Gedanken und Gefühle können z. B. Schuld oder Angst, Inkompetenz- oder Unterlegenheitsgefühle sein. Das Individuum sucht sich dabei für seine Projektion bevorzugt schwache Personen aus.

Mit dem Finden eines Sündenbocks kann das Individuum glauben, dass seine Probleme vorhersagbar und kontrollierbar sind. Es kann ihm die Verantwortung aufbürden und sich selbst davon befreien. Damit verschwinden zugleich auch die Schuldgefühle und das Selbstwertgefühl steigt (Staub, 1989, S. 48).

Sündenböcke werden oft aus Gruppen gesucht, die sowieso schon negativ bewertet und abgelehnt werden. Vorurteile und Diskriminierungen werden nach der Sündenbocktheorie damit erklärt, dass Personen mit einem starken Vorurteil dazu neigen, aggressive Tendenzen auf andere Personen statt auf die eigentlich verursachenden Personen zu richten und auch ein stärkeres Maß an Aggressivität zu zeigen.

Die stärkere Aggressivität kann das Ergebnis von Erfahrungen aus der frühen Kindheit oder von ständigen Frustrationen oder von einer gesteigerten Sensitivität gegenüber Frustrationen sein. Versuche, diese Annahmen zu überprüfen, haben zu unterschiedlichen, letztlich aber nicht überzeugenden Ergebnissen geführt (Lindzey, 1950; Berkowitz & Green, 1962).

Eine der wenigen neueren experimentellen Studien zur Sündenbocktheorie stammt von M. Gollwitzer (2004). Er versuchte, die psychoanalytischen Implikationen der Theorie so zu operationalisieren, dass sie empirisch prüfbar waren. Er leitete u. a. folgende Hypothese ab: Personen, die sich einer Normen- oder Gesetzesübertretung schuldig gemacht haben – in Gedanken oder Taten –, entwickeln Schuldgefühle, die sie bewältigen müssen. Deshalb neigen sie dazu, andere Personen mit einem ähnlichen Vergehen strenger zu bestrafen als unschuldige Personen.

Dieser Annahme stellte er eine attributionstheoretisch begründete Hypothese gegenüber: Diese geht davon aus, dass bei einer Gesetzes- oder Normenverletzung die verursachende Person versucht, durch defensive Attributionen die Schuld von sich zu schieben. Danach ist zu erwarten, dass Personen, die sich einer Normen- oder Gesetzesübertretung schuldig gemacht haben, Personen mit einem ähnlichen Vergehen milder bestrafen als unschuldige Personen, insbesondere dann, wenn sie eine Ähnlichkeit zwischen sich und der zu bestrafenden Person feststellen. In diesem Fall trägt vermutlich auch Empathie zur milderen Bestrafung bei.

Die Ergebnisse sprechen für die attributionstheoretische Erklärung: Die Strafurteile der Personen ohne imaginär akzeptierte Norm- oder Gesetzesübertretung waren deutlich höher als die Strafurteile der Personen, die sich eine Gesetzesübertretung ihrerseits vorstellen konnten.

Positiv-negativ Asymmetrie

Wie weit gehen wir eigentlich bei der Diskriminierung einer Person oder einer Gruppe?

Das Paradigma der minimalen Gruppe wurde entwickelt, um herauszufinden, ob Personen aufgrund ihrer bloßen Zugehörigkeit zu einer Gruppe diskriminiert werden. Im Paradigma der minimalen Gruppen verteilen üblicherweise Versuchspersonen Belohnungen, z. B. Geld, an Mitglieder der eigenen oder einer fremden Gruppe. Ein sehr häufiges Ergebnis dieser Untersuchungen ist, dass Menschen der eigenen Gruppe mehr Geld zuteilen als einer fremden Gruppe. Sie verzichten aber darauf, dass die eigene Gruppe möglichst viel Geld bekommt, wenn das gleichzeitig auch einen hohen Geldbetrag für die fremde Gruppe bedeutet. Das heißt, der Relativgewinn für die eigene Gruppe ist oft wichtiger als der absolute Gewinn der Eigengruppe.

Mummendey und Otten (1998) fragten sich, ob die *Eigengruppenfavorisierung* nicht nur bei der Zuteilung von Belohnungen, sondern auch bei der Verteilung von Strafen auftritt. Ihre Versuchspersonen entschieden deshalb nicht über die Verteilung von Belohnungen, sondern über die Verteilung von unangenehmen Reizen. Dieser unangenehme Reiz in ihrem Experiment war ein hoher schriller Ton. Vor dem Start des Experimentes konnten sich die Versuchspersonen davon überzeugen, wie unangenehm der Ton war.

Bei dieser Anwendung des minimalen Gruppenparadigmas verteilten die Versuchspersonen nicht Geld, sondern entschieden über die Dauer, die Mitglieder der eigenen und der fremden Gruppe dem unangenehmen Geräusch ausgesetzt sein sollten. Es zeigte sich, dass bei der Verteilung von Strafen keine Eigengruppenbevorzugung auftrat. Strategie der Versuchspersonen war, alle Teilnehmer so kurz wie möglich dem unangenehmen Reiz auszusetzen. Sie verzichteten darauf, die eigene Gruppe möglichst kurz dem schrillen Ton auszusetzen, wenn das gleichzeitig eine lange Dauer für die fremde Gruppe bedeutete. Das heißt, eine faire Verteilung der Bestrafung war oft wichtiger als eine möglichst geringere Bestrafung der Eigengruppe.

Fazit: Die Bereitschaft zur Favorisierung der Eigengruppe sinkt, wenn negative Ressourcen zu verteilen sind. Dieses Phänomen der Intergruppendiskriminierung in positiven aber nicht in

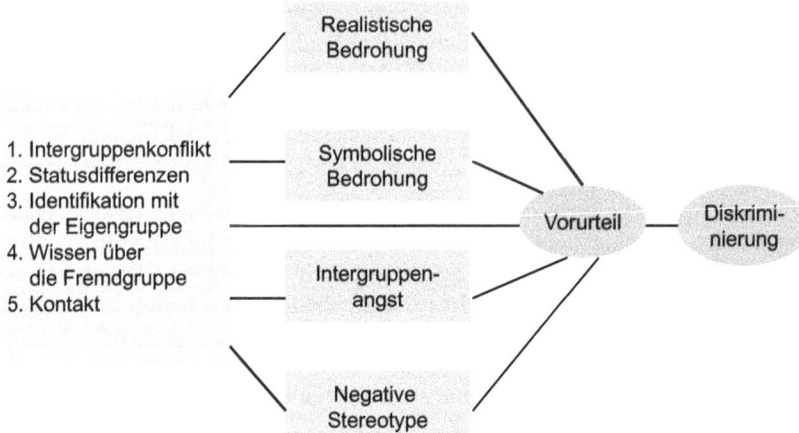

Abbildung 4.11: Grundstruktur der Integrated-Threat-Theorie

negativen Bereichen wird als positiv-negativ Asymmetrie bezeichnet. Mummendey und Otten (1998) erklären dieses Ergebnis mit einem Rekategorisierungsprozess. Die Versuchsteilnehmer haben sich offensichtlich solidarisch zu einer Gruppe gefunden (wir Versuchsteilnehmer gegen den Experimentator). Damit sind alle Mitglieder einer Gruppe und müssen gleich behandelt werden.

Eine Rekategorisierung gelingt in experimentellen Situationen sicher einfacher als in realen Kontexten. Die Diskriminierung von Minoritäten oder Gruppen von niedrigem Status durch negative Ergebnisse wird weiterhin stattfinden, wenn die Situation die Salienz der Eigengruppen-kontra-Fremdgruppen-Kategorisierung stabilisiert (R. Brown, 2000).

Die Integrated-Threat-Theorie (ITT)

Stephan und Stephan (2000) gehen davon aus, dass die wahrgenommene Bedrohung der eigenen Gruppe durch eine Fremdgruppe der zentrale Faktor für Vorurteil und Diskriminierung ist. Das Ausmaß der Bedrohung wird durch verschiedene Variablen modifiziert. Aus der Forschung sind vor allen Dingen bekannt: Intergruppenkonflikt, Statusdifferenzen, Identifikation mit der Eigengruppe, Wissen über die Fremdgruppe, Kontakt mit der Fremdgruppe.

Das Konzept der Bedrohung unterteilen Stephan und Stephan in vier Unterformen (siehe Abbildung 4.11).

- Die realistische Bedrohung kennzeichnet eine wahrgenommene Bedrohung der Existenz der eigenen Gruppe. Es ist eine Bedrohung der politischen oder ökonomischen Situation bis hin zur Existenzgefährdung der Gruppe. Das Konzept der realistischen Bedrohung basiert auf den Annahmen und Ergebnissen der Theorie des realistischen Gruppenkonflikts.
- Symbolische Bedrohung bezieht sich auf die wahrgenommene Bedrohung oder Verletzung von symbolischen Überzeugungen der Eigengruppe. Sie entsteht, wenn zentrale Werte als

durch die Fremdgruppe gefährdet wahrgenommen werden. Zentrale Werte sind Normen, Überzeugungen, Einstellungen, moralische Regeln und Werte, die für die Weltanschauung der Gruppe stehen. Bei der wahrgenommenen realistischen und symbolischen Bedrohung handelt es sich um subjektive Wahrnehmungen, die unabhängig von möglichen objektiven oder realen Gefahrengründen sind.

- Intergruppenangst ist die dritte Bedrohungsart. Sie beschreibt die Angst einer Person, durch Interaktionen mit der Fremdgruppe negative Folgen für die eigene Person zu erleben. Nach Stephan und Stephan (1985) gibt es vier mögliche negative Konsequenzen, die Personen durch Interaktionen mit der anderen Gruppe befürchten.

    Negative Konsequenzen für das Selbstkonzept können befürchtet werden, wenn eine Person beispielsweise antizipiert, in einer Intergruppenaktion mit der Fremdgruppe bloßgestellt zu werden, zurückgewiesen zu werden oder das Gesicht zu verlieren.

    Negative Verhaltenskonsequenzen können befürchtet werden, wenn antizipiert wird, dass das eigene Verhalten gegenüber der Fremdgruppe von Mitgliedern der Fremdgruppe sanktioniert wird.

    Unterschiede in Normen, Einstellungen und Werten können dazu führen, dass eine negative Bewertung durch andere erwartet wird.

    Das Individuum kann auch eine *negative Bewertung durch Mitglieder der Eigengruppe* befürchten.

- Die vierte Form der Bedrohung entsteht durch negative Stereotype. Wenn das Stereotyp, das einer Fremdgruppe zugeschrieben wird, überwiegend negativ ist, werden von der Fremdgruppe negative Verhaltensweisen erwartet, nämlich solche, die gegen die Eigengruppe gerichtet sind.

Das Ausmaß der wahrgenommenen Bedrohung wird durch verschiedene Faktoren beeinflusst. Dazu gehören Konflikte mit der Fremdgruppe, Statusdifferenzen, Identifikation mit der Eigengruppe, Ausmaß des Wissens über die Fremdgruppe und die Häufigkeit und die Intensität des Intergruppenkontakts.

In empirischen Überprüfungen zeigte sich, dass sich alle vier Bedrohungsarten gut eignen, um Vorurteile und Diskriminierungen vorherzusagen (Stephan, Renfro, Esses, Stephan & Martin, 2005). Auch im Bereich interkultureller Beziehungen spielt die Integrated-Threat Theorie eine wichtige Rolle (siehe S. 198).

4.3.2 Abbau von Vorurteilen

Die Kontakttheorie

Einer der bekanntesten und erfolgreichsten Ansätze zum Abbau von Vorurteilen ist Allports Kontakthypothese (G. W. Allport, 1954). Der Kerngedanke dieser Hypothese ist, dass durch Kontakt zwischen Gruppen Veränderungen von Stereotypen und Vorurteilen erreicht werden können, aber nur wenn mindestens folgende Bedingungen erfüllt sind:

- *Gleicher Status:* Ein Kontakt sollte zwischen Vertretern beider Gruppen stattfinden, die so weit wie möglich in ihrem Status vergleichbar sind. Viele Vorurteile und Stereotype beinhalten die Vorstellung, dass die Mitglieder der Fremdgruppe der Eigengruppe in verschiedenen Aspekten unterlegen sind. Ein Kontakt zwischen Vertretern ungleichen Status, wenn zudem der Vertreter der Fremdgruppe eine untergeordnete Position innehat, würde dazu führen, dass alte Vorurteile und Stereotype noch verstärkt würden.

- *Gleiche Ziele:* Haben die Gruppen gleiche Ziele und können sie diese nur gemeinsam erreichen, ist eine weitere wichtige Voraussetzung erfüllt. In einer Fußball-Nationalmannschaft etwa stehen Spieler aus verschiedenen Vereinen, die sich normalerweise bekämpfen. In der Nationalmannschaft verfolgen sie alle das gleiche (gemeinsame) Ziel.
- *Kooperation:* Bei der Erreichung eines gemeinsamen Ziels darf kein interner Wettbewerb stören. Kooperationen zwischen den Gruppen reduzieren den Ingroup-Bias und fördern freundliche und respektvolle Interaktionen.
- *Institutionelle Unterstützung:* Eine der wichtigsten Bedingungen dafür, dass Kontakt zum Abbau von Vorurteilen führt, ist die Unterstützung durch Gesetze, Gewohnheiten oder Normen. Wenn Intergruppen-Kontakte positiv verstärkt werden, etwa durch soziale Sanktionen, erfahren sie eine größere Akzeptanz und haben positivere Effekte.

In einer Meta-Analyse mit über 500 Studien (Pettigrew & Tropp, 2006) ließ sich der positive Effekt des Intergruppenkontakts bestätigen. Unter den von G. W. Allport formulierten optimalen Bedingungen führte Kontakt zu einer Reduzierung der Vorurteile. Die Analyse zeigte aber auch, dass diese Bedingungen eher ein (unvollständiges) Bündel von Einflussfaktoren sind als eine fundierte Theorie. Die Forschung ergänzte immer weitere wichtige Bedingungen, wie etwa Freundschaftspotential (Pettigrew, 1998); wahrgenommene Bedeutung des Intergruppenkontakts (Van Dick et al., 2004), Intergruppen-Freundschaft (U. Wagner, Christ, Pettigrew, Stellmacher & Wolf, 2006), indirekter Kontakt (Pettigrew, Christ, Wagner & Stellmacher, 2007). In seiner Reformulierung der Kontakttheorie (Pettigrew, 1998) legt Pettigrew Wert darauf, den Zeitfaktor bei der Veränderung von Vorurteilen zu berücksichtigen. Er bezieht die Erkenntnisse der sozialen Kategorisierungstheorie ein und formuliert vier Veränderungsprozesse, die durch Intergruppenkontakte ausgelöst werden.

- Etwas über die Fremdgruppe lernen: Neue Informationen und Erfahrungen sollten das negative Bild von der Fremdgruppe korrigieren und so Vorurteile reduzieren. Das war auch die Grundannahme der ursprünglichen Kontakthypothese. Aber wie wir oben gesehen haben, verfügen wir über verschiedene Mechanismen zur Aufrechterhaltung von Stereotypen, so dass die Vermittlung von Informationen allein nicht unbedingt ausreicht, um Stereotypen und Vorurteile zu verändern.
- Verhalten verändern: Ein optimaler Intergruppenkontakt bietet die Grundlage für Verhaltensmodifikationen. Da der Kontakt mit einer anderen Gruppe eine neue Situation ist, sind gegebenenfalls neue Verhaltensweisen notwendig. Ein Schritt auf die anderen zu kann Dissonanz auslösen, die dann etwa im Sinne der Selbstwahrnehmungstheorie durch Einstellungsänderung reduziert wird.
- Entwicklung affektiver Bindungen: Das erste Zusammentreffen von Gruppen ist oft von Angst und negativen Erwartungen geprägt. Verläuft das Zusammentreffen aber in einem optimalen Rahmen, so können positive Emotionen entstehen und mit ihnen Empathie und eventuell Freundschaft.
- Neue Bewertung der Eigengruppe: Der Kontakt mit anderen Gruppen lässt auch die Eigengruppe in einer anderen Perspektive erscheinen. Die Normen und Gewohnheiten der Eigengruppe werden nicht mehr als die einzig möglichen angesehen.

4.3 Diskriminierung

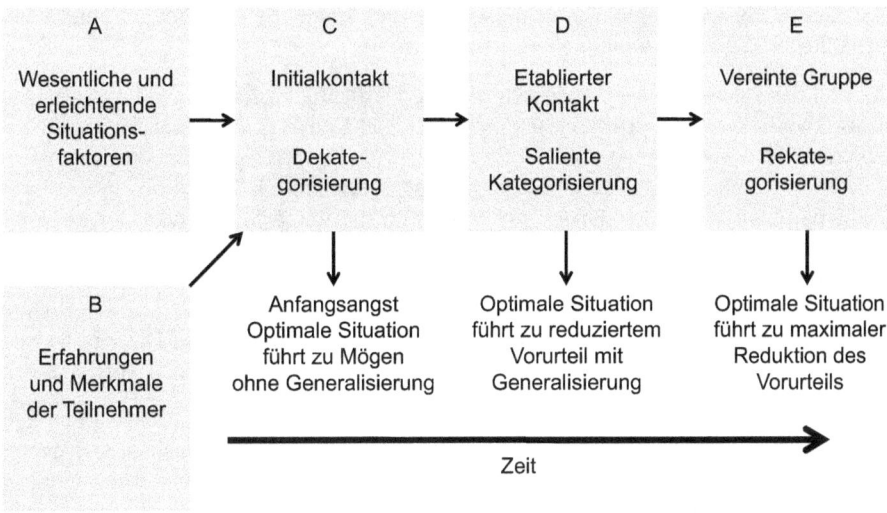

Abbildung 4.12: Die Kontakttheorie nach Pettigrew

Dekategorisierung und Rekategorisierung

Dekategorisierung und Rekategorisierung sind zentrale Konzepte in Pettigrews Ansatz.

Selbst wenn der erste Kontakt zwischen Mitgliedern zweier Gruppen positiv verlaufen ist, stellt sich doch die Frage, wie dauerhaft die positiven neuen Eindrücke sind und ob sie auf andere Intergruppensituationen und auf andere Gruppenmitglieder übertragen werden. Aus Sicht der sozialen Kategorisierungstheorie geht es dabei im Prinzip um die Frage, ob es gelingt, die starken Effekte der Ingroup-Outgroup- Kategorisierung zu verhindern. Die soziale Kategorisierungstheorie bietet verschiedene Modelle an, mit denen die Effekte des Intergruppenkontakts erklärt werden können.

Das personalisierte Modell – auch *Dekategorisierungsmodell* – basiert auf der Annahme, dass die Kontakte positiver verlaufen, wenn die Gruppenkategorie weniger salient ist, das heißt, wenn die Personen sich eher als Individuen denn als Mitglieder unterschiedlicher Gruppen begegnen. Gelingt es ihnen, ihre Gruppenmitgliedschaften wechselseitig zu vergessen oder zu ignorieren, so gelingt ihnen eine Dekategorisierung. Personalisierte Interaktionen haben eine größere Chance, Stereotype und Vorurteile zu verändern, insbesondere wenn es sich um Interaktionen mit atypischen Mitgliedern der Fremdgruppe handelt. Sie brechen am ehesten das festgefahrene Bild von der Fremdgruppe auf. Personalisierte Kontakte bergen aber die Gefahr, dass sie als Ausnahmen von der Regel gesehen werden und keine Generalisierung auf die Gruppe erfolgt.

Das Modell der *Rekategorisierung* (auch Modell der gemeinsamen Ingroup-Identität) schlägt den entgegengesetzten Weg vor. Die Kontaktsituation sollte so beschaffen sein, dass eine übergeordnete Kategorie denkbar wird, die sowohl Eigengruppe wie Fremdgruppe in einer sozialen Kategorie zusammenfasst und repräsentiert. Die Idee dahinter ist, dass durch die Bildung einer umfassenden Kategorie weniger Aufmerksamkeit auf Kategorienunterschiede und mehr auf Ähnlichkeiten und Gemeinsamkeiten gerichtet wird.

Das Modell der *Subkategorisierung* (auch Modell der distinkten sozialen Identität) geht davon aus, dass die Effekte eines positiven und erfolgreichen Kontakts zwischen Mitgliedern unterschiedlicher Gruppen eher generalisiert und auf die Fremdgruppe insgesamt übertragen werden, wenn der Kontakt als Interaktion zwischen Gruppen und nicht als Interaktionen von Individuen wahrgenommen wird. Das Modell plädiert dafür, die unterschiedlichen Gruppenmitgliedschaften salient zu lassen und die Kontaktsituation so zu strukturieren, dass die Mitglieder der verschiedenen Gruppen unterschiedliche aber komplementäre Rollen bei der Arbeit für ein gemeinsames Ziel einnehmen. Auf diese Weise behalten beide Gruppen ihre positive Distinktheit und können durch Kooperationen positive Kontakterfahrungen machen. Dieses Modell birgt andererseits jedoch die Gefahr, dass die Unterschiedlichkeit der Gruppen verstärkt wahrgenommen wird und auf diese Weise die Ingroup-Outgroup Kategorisierung verfestigt wird.

Pettigrews Modell integriert die verschiedenen Modelle auf einer Zeitachse. Der erste Kontakt sollte auf interpersonaler Ebene stattfinden und zu einer Dekategorisierung führen. Eine optimale Kontaktsituation führt zu einem wechselseitigen Mögen, aber es findet keine Generalisierung statt. Wenn sich der Kontakt etabliert hat, ist es ratsam, soziale Kategorisierungen salient zu machen, da sich dann die positiven Effekte des Kontakts nicht nur auf die beteiligten Individuen auswirken, sondern auf die sozialen Gruppen generalisiert werden können. Das Ziel ist die Rekategorisierung und die Bildung einer gemeinsamen Gruppe, in der Vorurteile zu einem großen Teil abgebaut sind.

Abbau von Vorurteilen durch gemeinsames Lernen – Die Jigsaw-Klasse

Eine Demonstration der bislang dargestellten Prinzipien der Kontakttheorie im Kontext schulischen Lernens ist die so genannte Jigsaw-Klasse. Die Jigsaw-Klasse (auch Gruppen-Puzzle genannt) ist eine spezielle Form des kooperativen Lernens, die helfen soll, Vorurteile abzubauen und das Selbstwertgefühl von Kindern zu stärken.

In der Jigsaw-Klasse werden die Kinder in Gruppen eingeteilt, die hinsichtlich ethnischer Herkunft und Geschlecht gemischt sind, das sind die Stammgruppen (siehe Box 4.3 auf der nächsten Seite).

Der zu lernende Unterrichtsstoff wird in Segmente unterteilt. Jedem Schüler wird ein Informationssegment zugeordnet, so dass jeder Schüler Experte für einen einzigen und wichtigen Teil des Lernstoffs ist. Jeder Schüler lernt seinen eigenen Anteil und ist dafür verantwortlich, seinen Stoff den anderen Gruppenmitgliedern zu vermitteln. Die einzelnen Gruppenmitglieder haben nur diesen Zugang zu dem Informationsmaterial der anderen. Bevor die Schüler ihren Lernstoff den anderen Mitgliedern ihrer Stammgruppe vermitteln, kommen sie in Expertengruppen zusammen, das heißt, sie treffen sich mit den Schülern der anderen Gruppen, die sich mit dem gleichen Informationssegment beschäftigen. Die Schüler haben die Gelegenheit, wichtige Punkte durchzusprechen. Sie überlegen z. B., welche Fragen die Mitglieder ihrer Stammgruppe stellen könnten, und erarbeiten eine Antwort. Außerdem können sie sich darin üben, wie sie das Material später in ihrer Stammgruppe präsentieren.

In der abschließenden Phase gehen alle zurück in ihre Stammgruppe, wo sie ihren Anteil möglichst anschaulich präsentieren.

4.3 Diskriminierung

Die Lehr-Lern-Strategie Gruppenpuzzle (Jigsaw Classroom) wurde von Aronson (1971) in Texas eingeführt, um Rassenkonflikte und Minoritätsprobleme im Klassenzimmer zu reduzieren. Zur Vorbereitung muss der Unterrichtsstoff in Themen-Segmente aufgeteilt werden, die sich ergänzen. Die Durchführung des Gruppenpuzzle erfolgt in Phasen. Die Klasse wird zunächst in Kleingruppen eingeteilt, jeder Schüler wird Mitglied einer Stammgruppe. Im Beispiel hier gibt es die Stammgruppen A–E. Jede Stammgruppe delegiert je ein Mitglied an eine unterschiedliche Expertengruppe 1–5.

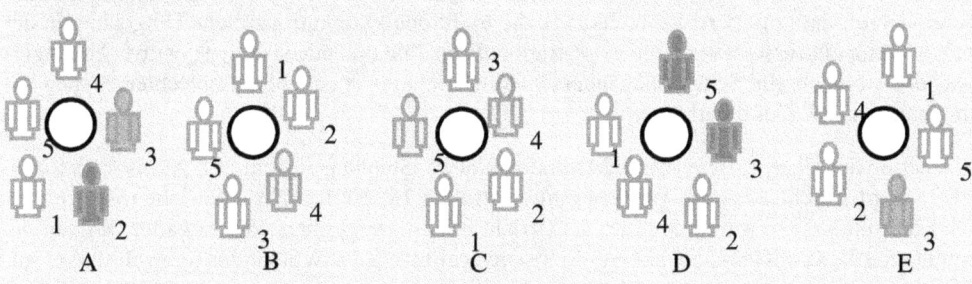

In einer nächsten Phase arbeiten die jeweiligen Mitglieder der Expertengruppen das Material ihres Segmentes, das sie zuvor erhalten haben, in Einzel- und Gruppenarbeit durch.

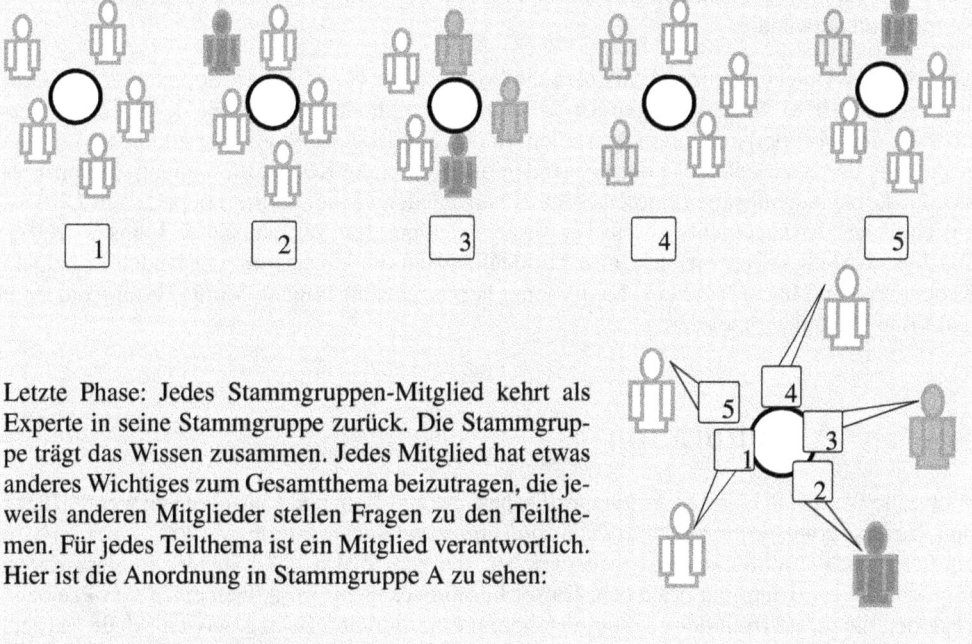

Letzte Phase: Jedes Stammgruppen-Mitglied kehrt als Experte in seine Stammgruppe zurück. Die Stammgruppe trägt das Wissen zusammen. Jedes Mitglied hat etwas anderes Wichtiges zum Gesamtthema beizutragen, die jeweils anderen Mitglieder stellen Fragen zu den Teilthemen. Für jedes Teilthema ist ein Mitglied verantwortlich. Hier ist die Anordnung in Stammgruppe A zu sehen:

Box 4.3: *Aufbau eines Gruppenpuzzles*

Die Lehrkraft geht von Gruppe zu Gruppe und beobachtet den Prozess. Sie interveniert, wenn eine Gruppe Probleme hat und ermutigt die Gruppenmitglieder, Fragen zu stellen, sie unterstützt und fördert kooperatives Verhalten.

In der Jigsaw-Klasse ist es im Interesse eines jeden Kindes, den Mitschülern gut zuzuhören, geduldig zu sein, wenn jemand Schwierigkeiten mit seiner Darstellung hat, und es ihm leicht zu machen, sein Wissen einzubringen. Durch die Jigsaw-Technik sollen Vorurteile abgebaut, das Selbstwertgefühl gestärkt und die Schulleistungen verbessert werden. Diese Annahmen basieren darauf, dass mit der Jigsaw-Technik die traditionell konkurrenzreiche Umgebung in der Klasse durch eine ersetzt wird, die Kooperation, Empathie und gegenseitige positive Abhängigkeit fördert, indem die Schüler aus unterschiedlichen ethnischen und Geschlechtergruppen auf ein gemeinsames Ziel hinarbeiten.

In einer ersten Überprüfung dieser Methode (Blaney, Stephan, Rosenfield, Aronson & Sikes, 1977) wurden Schüler sechs Wochen lang nach dem Jigsaw-Prinzip unterrichtet und mit einer Kontrollklasse, die traditionellen Unterricht erhielt, verglichen. Wie erwartet, zeigten die Schüler der Jigsaw-Klasse ein höheres Selbstwertgefühl als die Schüler der Kontrollklasse. Außerdem entwickelten sie, wie soziometrische Analysen zeigten, eine stärkere Sympathie für die Mitglieder ihrer speziellen Lerngruppen. Der Erfolg der Methode liegt in der strukturierten Interdependenz der Schüler einer Lerngruppe. Alle Gruppenmitglieder sind von den Informationen und Beiträgen aller übrigen Mitglieder abhängig. Auf diese Weise ist Wettbewerb, der im Allgemeinen Abgrenzungen zwischen Personen und Gruppen fördert, ausgeschlossen und Kooperation notwendig.

Auch weitere Untersuchungen bestätigen die Wirksamkeit der Methode. So konnten I. Walker und Crogan (1998) Verbesserungen der Schulleistungen, höhere Sympathie der Schüler untereinander und Vorurteilsreduktion feststellen. Interessant ist diese Studie vor allem, weil sie die Bedeutung der Interdependenz der Lernenden über die bloße Kooperation hinaus demonstrieren. Im Kontext schulischen Lernens gibt es verschiedene Modelle des kooperativen Lernens mit ähnlichen Arrangements wie in der Jigsaw-Methode (D. W. Johnson & Johnson, 2009). Die Jigsaw-Methode verwirklicht aber am deutlichsten die Umsetzung der beiden Prinzipien Kooperation und Interdependenz. Sie ist somit hervorragend geeignet, Vorurteile zu reduzieren und Minderheiten zu integrieren.

4.4 Akkulturation

Kulturelle Werte und Normen, kulturspezifische Gewohnheiten und Einstellungen werden durch drei Prozesse erworben: *Enkulturation*, *Sozialisation* und *Akkulturation*. Mit Enkulturation wird ein Lern- und Vermittlungsprozess beschrieben, der zum Ziel hat, Kompetenz in einer Kultur (Sprache, Werte, Riten) zu erwerben. Dieser Lernprozess wird im Allgemeinen von Personen begleitet, die dieser (fremden) Kultur angehören. Enkulturation ist in gewissem Maße das Ziel von Trainings zur interkulturellen Kompetenz. Sozialisation beschreibt den individuellen Lernprozess, der durch Agenten der selben Kultur (Eltern, Lehrer) vermittelt wird. Unter Akkulturation werden kulturelle und psychologische Veränderungen gefasst, die durch den Kontakt mit Personen aus anderen Kulturen und kulturellen Gruppen entstehen. Um diesen Aspekt wird es hier vorrangig gehen.

4.4.1 Interkulturelle Werteforschung

Kulturen unterscheiden sich hinsichtlich der verschiedensten Aspekte. Die Forschung hierzu ist so umfangreich, dass ich hier nur auf wenige, aus sozialpsychologischer Sicht besonders wichtige Aspekte für den Akkulturationsprozess eingehen kann. Berry, Portinga, Segall und Dasen (2002) geben einen Überblick über die umfangreiche Forschung zu Ähnlichkeiten und Unterschieden zwischen Kulturen in den Bereichen soziales Verhalten, Persönlichkeit, Kognition, Sprache, Emotion und Wahrnehmung. Es gibt prinzipiell zwei Ansätze, wie man sich der Beschreibung von Kulturen nähern kann. Der eine ist der *Etic*-Ansatz, der eine Betrachtung des kulturellen Systems von außen vornimmt und Kulturen miteinander vergleicht. Der Etic-Ansatz akzentuiert universelle Merkmale von Kulturen. Der andere Zugang ist der *Emic-Ansatz*, der ein kulturelles System immanent analysiert und auf idiosynkratische Merkmale achtet. Die beiden Zugänge scheinen auf den ersten Blick unvereinbar zu sein. In der kulturvergleichenden Psychologie versucht man, diesem Dilemma durch ein mehrstufiges Vorgehen zu entkommen (Berry, 1989). Die Untersuchung beginnt kulturspezifisch (emisch), die Konzepte und Instrumente werden in andere Kulturen transponiert, sind dort zunächst aufgesetzt etisch und können danach um die emische Perspektive der anderen Kulturen ergänzt werden, es entsteht ein abgeleiteter etischer Zugang mit dessen Hilfe man dann die Kulturen vergleichen kann.

Hofstedes Kulturdimensionen

Vergleiche zwischen Kulturen sind einfacher, wenn es Dimensionen gibt, in denen die Kulturen abgebildet werden können. Zu den bekanntesten Modellen in diesem Bereich zählen die Kulturdimensionen von G. Hofstede (1979) und G. Hofstede und Hofstede (2005). Die Hofstedes haben in sehr vielen unterschiedlichen Ländern Daten gesammelt und analysiert. Bekannt ist G. Hofstedes Unterscheidung von fünf Dimensionen:

- *Machtdistanz* ist definiert als das Ausmaß, in dem weniger machtvolle Mitglieder sozialer Systeme akzeptieren, dass Macht ungleich verteilt ist. Hohe Werte auf dieser Dimension haben beispielsweise Malaysia und die Slowakei, niedrige Werte Österreich und Israel.
- *Vermeidung von Unsicherheit* ist definiert als das Ausmaß, in dem sich Personen durch mehrdeutige Situationen bedroht fühlen und Überzeugungen aufgebaut und Maßnahmen ergriffen haben, um diese zu vermeiden. Hohe Werte haben Griechenland und Portugal, niedrige Werte Singapur und Jamaika.
- *Individualismus versus Kollektivismus* beschreibt Kulturen auf einem bipolaren Kontinuum. In individualistischen Kulturen wird erwartet, dass jeder für sich und seine Familie selbst Sorge trägt. In kollektivistischen Kulturen dagegen gehören die Menschen Gruppen oder Kollektiven an, die sich um sie kümmern, und die im Gegenzug dafür Loyalität erwarten. Hohe Werte haben die Vereinigten Staaten und Australien, niedrige Werte Guatemala und Equador.
- *Maskulinität versus Femininität* unterscheidet maskuline Kulturen, deren Werte auf Erfolg, Geld und materielle Dinge ausgerichtet sind und feminine Kulturen, deren dominante Werte die Sorgen um das Wohlergehen der anderen und um Lebensqualität sind. Hohe Werte haben die Slowakei und Japan, niedrige Werte haben Schweden und Norwegen.
- *Langzeit- versus Kurzzeitorientierung* unterscheidet Kulturen, deren Werte auf künftigen Erfolg, Beharrlichkeit und Sparsamkeit ausgerichtet sind von Kulturen, deren Werte mit

der Vergangenheit und der Gegenwart in Verbindung stehen, wie Respekt für Traditionen, Wahrung des „Gesichts" und die Erfüllung sozialer Pflichten. Hohe Werte haben China und Hongkong, niedrige Werte Pakistan und die Tschechische Republik.

Die den Dimensionen zugrundeliegenden Normen und Werte beeinflussen die verschiedensten sozialen Systeme einer Kultur. Sie bestimmen die Interaktionen in der Familie, in Berufs- und Freizeitsituationen, in Institutionen und Organisationen, und sie beeinflussen die Vorstellungen von Staat und Gesellschaft ebenso wie die Vorstellung vom eigen Selbst, dem Selbstkonzept.

Das Kulturmodell der Hofstedes ist in vielen kulturvergleichenden Untersuchungen verwendet worden. Es bildet auch die theoretische Grundlage für interkulturelle Trainings.

Das Wertemodell von Schwartz

Näher an individuellen Wertesystemen orientieren sich die Arbeiten von Schwartz und Bilsky (Schwartz, 1994; Schwartz & Bilsky, 1987). Auch sie haben eine Vielzahl verschiedener Länder untersucht und 10 Werte gefunden, die in den weitaus meisten Ländern vorkommen, und von den Mitgliedern der Kulturen identifiziert und differenziert werden können. Es handelt sich um folgende motivationale Werte:

– Macht ist definiert über das Streben nach sozialem Status und Prestige, nach Kontrolle oder Dominanz über Personen und Ressourcen. Zugehörige Werte sind z. B. soziale Macht, Reichtum, Autorität, öffentliches Ansehen.

– Leistung beschreibt das Streben nach persönlichem Erfolg, demonstriert durch Kompetenz gemäß bestimmter sozialer Standards. Werte sind hier erfolgreich, fähig, ehrgeizig sein.

– Hedonismus ist das Bemühen um Vergnügen oder sinnliche Freuden für sich selbst, mit Zielen wie etwa Vergnügen und das Leben genießen.

– Stimulation ist der Wunsch nach einem aufregenden, abwechslungsreichen Leben. Ziele sind Wagemut und Abwechslung.

– Selbstbestimmung ist das Bedürfnis nach Unabhängigkeit in Gedanken und Taten, nach Kreativität und Forscherdrang. Dementsprechend sind die Ziele Kreativität, Freiheit, Unabhängigkeit, eigene Ziele wählen.

– Universalismus ist das Bedürfnis nach Verstehen, Wertschätzung, Toleranz und Schutz gegenüber allen Menschen und der Natur. Dazu gehören Ziele wie soziale Gerechtigkeit, Offenheit, friedliche Welt, eine Welt voller Schönheit, Einklang mit der Natur.

– Benevolenz ist das Bemühen, das Wohlergehen der Personen, mit denen man in engem Kontakt steht, zu bewahren und zu vergrößern. Hilfsbereitschaft, Verzeihen, Ehrlichkeit und Loyalität werden hoch geschätzt.

– Tradition respektiert und akzeptiert die Gewohnheiten und Ideen, die traditionelle Kulturen oder Religionen dem Individuum auferlegen. Ziele sind, den eigenen Platz im Leben zu akzeptieren, Frömmigkeit, Respekt vor der Tradition, Mäßigung.

– Konformität ist das Bemühen, Handlungen, Neigungen und Impulse, die soziale Normen oder andere Personen verletzen könnten, einzuschränken. Werte sind Gehorsam, Selbstdisziplin, Höflichkeit, Wertschätzung von Eltern und Älteren.

- Sicherheit ist das Bedürfnis nach Harmonie, Stabilität und Sicherheit der Gesellschaft, von Beziehungen und des Selbst. Werte sind familiäre und nationale Sicherheit, soziale Ordnung, Sauberkeit, Reziprozität bei Gefälligkeiten, Zugehörigkeitsgefühl.

Diese 10 Werte haben eine nahezu gleiche Bedeutung in den Kulturen (Schwartz & Sagiv, 1995) und auch ihre Bedeutung wird annähernd gleich gewichtet (Schwartz & Bardi, 2001). Benevolenz wird die größte Bedeutung zugeschrieben, es folgen Selbstbestimmung und Universalismus, Sicherheit und Konformität. Als wenig wichtig werden (in absteigender Reihenfolge) Leistung, Hedonismus, Stimulation, Tradition und Macht eingeschätzt. Bei dieser Reihenfolge stellt sich allerdings die Frage, inwieweit nicht soziale Erwünschtheit bei der Beantwortung der Fragebögen eine Rolle gespielt hat.

Ein wichtiger Bestandteil des Wertesystems nach Schwartz ist die zweidimensionale Anordnung der Werte in einem Kreismodell, in dem Werte mit ähnlichen Zielen benachbart sind. Überprüfungen des Schwartz-Modells haben gezeigt, dass die 10 Werte eine gewisse Universalität besitzen, dass die Zweidimensionalität der Wertestruktur repliziert werden kann, dass es aber Schwierigkeiten bereitet, die Circumplexstruktur zu bestätigen (z. B. Hinz, Brähler, Schmidt & Albani, 2005)

Die Befunde von Schwartz u. a. bedeuten zunächst einmal, dass unterschiedliche Kulturen ähnliche Repräsentationen von Werten besitzen. Inwieweit Individuen diese Wertehierarchie übernehmen oder doch für sich eine andere Rangreihe formulieren, insbesondere wenn sie ihr Herkunftsland verlassen und in eine fremde Kultur eintreten, ist noch zu prüfen.

Mit Recht weisen Schwartz u. a. auf die Bedeutung von Benevolenz für Kooperation und Zusammenleben hin. Sollten dann aber nicht, wenn dieser Wert über Kulturen hinweg an erster Stelle der Wertehierarchie steht, auch interkulturelle Beziehungen einfacher und konfliktfreier verlaufen? Vieles spricht dafür, dass es noch ein großer Schritt ist, Wertvorstellungen in Verhalten umzusetzen.

4.4.2 Akkulturationseinstellungen

Wenn Gruppen unterschiedlicher kultureller Herkunft über einen längeren Zeitraum zusammenleben, dann unterliegen sie einem Prozess, der gemeinhin als Akkulturation benannt wird. Obwohl dieser Prozess als wechselseitige Beeinflussung anzusehen ist, lag lange Zeit der Schwerpunkt der Forschung vor allem auf der Perspektive der Gruppe, die als fremde oder auch als unterlegene Gruppe in ein Gastland kommt, das heißt, auf eine dominante Gruppe trifft.

Häufig gestellte Fragen sind dabei: Welche Erwartungen haben die immigrierenden Gruppen? Haben sie unterschiedliche Wertvorstellungen? Was sind die Probleme, mit denen die immigrierenden Gruppen konfrontiert sind? Mit welchen Copingstrategien reagieren sie auf Akkulturationsstress? Das Hauptaugenmerk liegt dabei auf der soziokulturellen Anpassung, die als die Fähigkeit definiert wird, sich einer anderen Kultur einzupassen, kulturangemessene Fertigkeiten zu erwerben und Interaktionen mit der aufnehmenden Gesellschaft zu bewältigen (Ward & Kennedy, 1994, 1999).

Es ist aber aus verschiedenen Gründen wichtig, beide Seiten zu betrachten. Zweifellos ist in der Regel die aufnehmende Gruppe im Vorteil. Sie bildet die Majorität und kann die Regularien des Zusammenlebens bestimmen. Sie ist die dominante Gruppe. Die aufnehmende Gruppe hat eventuell Erwartungen, die anders sind als die der immigrierenden Gruppe. Sie hat vielleicht

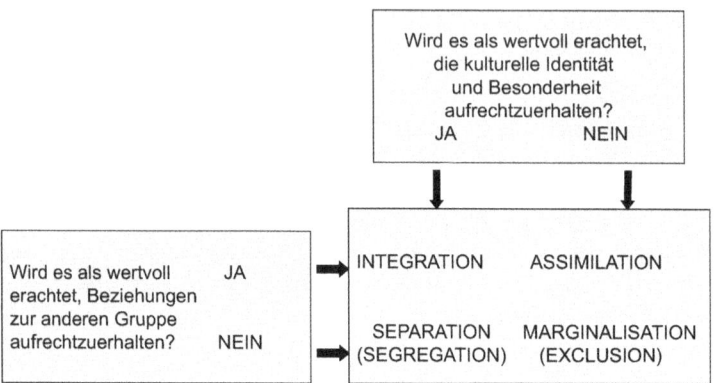

Abbildung 4.13: Das Modell der Akkulturationseinstellungen nach Berry

gegenüber bestimmten immigrierenden Gruppen Ängste oder negative Einstellungen. Zudem wird sie mit den Vorstellungen und Ansprüchen der immigrierenden Gruppe konfrontiert und muss darauf reagieren. Auch von ihr wird eine Anpassung erwartet.

Das Modell der Akkulturationseinstellungen nach Berry

John Berry, einer der prominentesten Forscher auf dem Gebiet der interkulturellen Psychologie, hat ein Modell der Akkulturationseinstellungen entwickelt, das beide Perspektiven einbezieht (Berry, Kim, Power, Young & Bujaki, 1989; Berry, 2001). Es thematisiert zwei Hauptaspekte: die Beibehaltung der ererbten kulturellen Identität und die Aufrechterhaltung der Beziehungen zu anderen Gruppen. Diese beiden Aspekte werden in dem Modell der Einfachheit halber und zur Verdeutlichung als dichotome Dimensionen dargestellt (siehe Abbildung 4.13).

Durch Kombination dieser beiden Faktoren ergeben sich vier Akkulturationseinstellungen, die jeweils eine etwas andere Konnotation erhalten, je nachdem ob sie von der dominanten oder von der nicht-dominanten Gruppe vertreten werden. Deshalb werden zum Teil unterschiedliche Bezeichnungen gewählt.

Aus Sicht der nicht-dominanten Gruppe ergeben sich folgende Optionen:

– *Integration* beschreibt aus der Sicht der nicht-dominanten Gruppe die Einstellung, die eigene Kultur zu bewahren und zugleich Kontakt und Beziehung zur dominanten Gruppe aufzunehmen.

– *Assimilation* wählen Mitglieder der nicht-dominanten Gruppe, die ihre bisherige kulturelle Identität aufgeben möchten, um vollständig in die aufnehmende Gesellschaft einzugehen.

– *Separation* ist die Wahl der nicht-dominanten Gruppe, wenn sie ihre eigenständige kulturelle Identität bewahren möchte und einen engeren Kontakt mit der dominanten Gruppe ablehnt.

– *Marginalisation* kennzeichnet jene Personen, die einen kulturellen und sozialen Kontakt sowohl mit ihrer Herkunftsgruppe als auch mit der aufnehmenden Gruppe verweigern.

4.4 Akkulturation

Aus Sicht der dominanten Gruppe ergeben sich folgende Optionen:

- *Integration* bedeutet zu akzeptieren, dass die Mitglieder der nicht-dominanten Gruppe ihre eigene kulturelle Identität bewahren wollen und es ihnen durch Kontakt zu ermöglichen, ein integrierter Teil der Gesellschaft zu werden.
- *Assimilation* vertreten Mitglieder der dominanten Gruppe, die eine eigenständige kulturelle Identität der hinzugekommenen Gruppe nicht gutheißen, sie jedoch an ihrem gesellschaftlichen Leben partizipieren lassen.
- *Segregation* bedeutet die Akzeptanz der andersartigen kulturellen Normen und Werte, aber gleichzeitig die Ablehnung jeder näheren Beziehung mit der nicht-dominanten Gruppe.
- *Exklusion* wird von der dominanten Gruppe vertreten, wenn weder die kulturelle Eigenständigkeit noch der Kontakt mit der nicht-dominanten Gruppe akzeptabel erscheinen.

Es ist wichtig zu beachten, dass die Definitionen von Integration und Assimilation hier anders sind als wir sie aus dem alltäglichen Sprachgebrauch kennen. Integration im alltäglichen Sprachgebrauch meint eher die Forderung nach Anpassung an die kulturellen Gepflogenheiten der aufnehmenden Gruppe, also das, was in Berrys Modell der Assimilation entspricht.

Passungsmodelle

Immigrierende Gruppen können unterschiedliche Akkulturationseinstellungen haben, und die aufnehmende Gruppe kann unterschiedlichen immigrierende Gruppen mit unterschiedlichen Einstellungen begegnen (Van Oudenhoven, Prins & Buunk, 1998; Zagefka & Brown, 2002; Kosic, 2005). U. Piontkowski, Florack, Hoelker und Obdržálek (2000) haben die Einstellungen verschiedener dominanter Gruppen (Deutsche, Schweizer und Slowaken) und nicht-dominanter Gruppen (Türken, ehemalige Jugoslawen und Ungarn) verglichen.

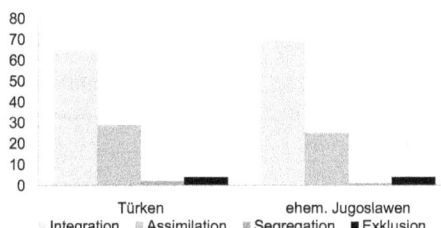 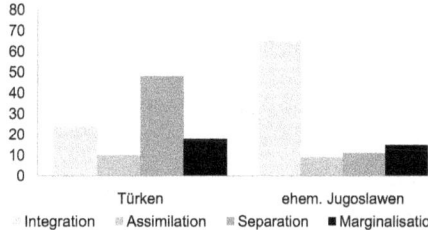

Abbildung 4.14: Einstellungen der dominanten Gruppe

Abbildung 4.15: Einstellungen der nichtdominanten Gruppe

Bei den dominanten Gruppen konnten sie durchgehend eine Bevorzugung der Integrationsstrategie beobachten, wobei es aber eine gewisse Variation zwischen den verschiedenen Ländern gab. Die Slowaken wählten annähernd oft auch die Assimilationsstrategie. Bei den nichtdominanten Gruppen unterscheiden sich die Türken sehr deutlich von den übrigen Gruppen. Sie entschieden sich für die Strategie der Separation, während die Immigranten aus dem ehemaligen Jugoslawien und die Ungarn Integration bevorzugten. Welche Einstellung gewählt wird, hängt in starkem Maße vom Stolz auf die Eigengruppe und der Identifikation mit ihr ab, aber

	dominante Gruppe		nicht-dominante Gruppe	
	Integration	Assimilation	Separation	Marginalisation
Integration	konsensual	Kultur problematisch	Kontakt problematisch	konfliktär
Assimilation	Kultur problematisch	konsensual	konfliktär	Kontakt problematisch
Segregation	Kontakt problematisch	konfliktär	konsensual	Kultur problematisch
Exklusion	konfliktär	konfliktär	konfliktär	konfliktär

Abbildung 4.16: *Das Konkordanzmodell der Akkulturation nach U. Piontkowski et al. (2002)*

auch davon, wie durchlässig die Grenzen zwischen aufnehmender und immigrierender Gruppe gesehen werden, von der Vitalität der eigenen Gruppe und der eigenen Selbstwirksamkeit.

In den Abbildungen 4.14 und 4.15 sind Ausschnitte der Ergebnisse für die dominante Gruppe der Deutschen und die nicht-dominanten Gruppen der Türken und ehemaligen Jugoslawen dargestellt. Man sieht, dass die Erwartungen der Deutschen und die der ehemaligen Jugoslawen recht gut übereinstimmen, dass aber große Differenzen zwischen den Akkulturationsvorstellungen der Deutschen und denen der Türken bestehen.

Haben solche Differenzen Konsequenzen? In mehreren Arbeiten wird *Integration* als diejenige Einstellung betrachtet, die zu den besten Akkulturationsergebnissen führt. Begründet wird das mit sozialen Identifikationsprozessen. Die Immigranten bauen eine gemeinsame Identität mit der Majorität auf, können sich aber von der Majorität trotzdem noch in einer positiven Weise unterscheiden (Dovidio, Gaertner & Validzic, 1998).

Anders sehen dies die sogenannten *Passungsmodelle.* Wenn die Einstellungen beider Gruppen zueinander passen, das heißt, wenn beide Gruppen ähnliche Akkulturationsorientierungen bevorzugen, besteht eine konsensuale Beziehung zwischen den Gruppen. Wenn sich die dominante und die nicht-dominante Gruppe aber darin unterscheiden, was sie für die angemessene Akkulturationsstrategie halten, ist ein Konflikt zwischen ihnen hoch wahrscheinlich.

Dabei ist es noch wichtiger, welche Akkulturationsorientierung bei der jeweils anderen Gruppe wahrgenommen wird, als welche diese tatsächlich vertritt. Konflikte entstehen dann, wenn beide Gruppen unterschiedliche Auffassungen über den Stellenwert der kulturellen Identität der hinzukommenden Gruppe und über das Ausmaß und die Intensität des Kontaktes zwischen den Gruppen haben oder wahrnehmen – unabhängig davon, ob sie die Wahrung der kulturellen Eigenständigkeit befürworten oder nicht und unabhängig davon, ob sie Kontakte intensivieren möchten oder nicht. Eine Ausnahme bildet die Einstellung Exklusion bzw. Marginalisation. Diese werden a priori als konfliktär gesetzt, da aufgrund der vollkommenen Ablehnung beider

Grundaspekte von Akkulturation (Wahrung kultureller Identität und Kontakt) keinerlei Basis für ein Auskommen miteinander gegeben ist.

Eine Überprüfung dieser Annahme führten U. Piontkowski et al. (2002) durch. Sie erhoben die Akkulturationseinstellungen von Deutschen als der dominanten Gruppe und von in Deutschland lebenden Polen und Italienern als nicht-dominante Gruppen und zudem das Ausmaß, in dem die jeweils andere Gruppe als bedrohlich wahrgenommen wurde. Ausgehend von dem Konkordanzmodell der Akkulturationseinstellungen (CMA) erwarteten sie für konsensuale Einstellungen die geringste und für konfliktäre Einstellungen die stärkste Bedrohung (siehe Abbildung 4.16 auf der vorherigen Seite). Die Ergebnisse bestätigten die Annahmen. Wenn die Akkulturationseinstellungen zueinander passen, nehmen sich dominante und nichtdominante Gruppen nicht als bedrohlich wahr. Da die Wahrnehmungen übereinstimmen, entsteht keine Dissonanz und keine Unsicherheit, so dass eine wesentliche Bedingung für bedrohungsfreie Interaktionen vorliegt und zwar unabhängig davon, welche Strategie die Gruppen jeweils verfolgen.

4.4.3 Die Rolle von Angst und Bedrohung in interkulturellen Beziehungen

Angst und negative Gefühle beeinflussen sowohl die direkte Kommunikation zwischen Gruppen als auch ihre Erwartungen und Vorurteile. Dabei muss Angst nicht immer eine Barriere bilden. Bei jeder Interaktion mit einem neuen Interaktionspartner verspüren die Teilnehmer eine gewisse Unsicherheit darüber, wie sie den Partner einzuschätzen haben, welche Einstellungen er hat und welche Absichten er verfolgt. Bei jeder Interaktion mit einem neuen Interaktionspartner ist auch eine gewisse Angst dabei, weil man nicht weiß, was auf einen zukommt. Zu große Unsicherheit oder Angst hemmen aber eine erfolgreiche Kommunikation.

Die Anxiety-Uncertainty-Management-Theorie (AUMT) nimmt an, dass eine effektive Kommunikation nur dann möglich ist, wenn die Interaktionspartner mit ihrer Angst umgehen können und wenn sie in der Lage sind, die Einstellungen, Gefühle und Verhaltensweisen der anderen zu erklären (Gudykunst, 1993). Zwar besteht ein gewisses Maß an Unsicherheit in jeder Beziehung, in Interaktionen zwischen Gruppen ist sie jedoch stärker (Gudykunst & Shapiro, 1996). Personen haben untere und obere Schwellen für Unsicherheit und Angst, wobei Unsicherheit als eine kognitive Variable angesehen wird und Angst ihr emotionales Pendant ist. Die obere Schwelle für Unsicherheit ist das Maß an Unsicherheit, das eine Person noch ertragen kann und sich trotzdem in der Lage fühlt, die Einstellungen, Gefühle und Verhaltensweisen des Interaktionspartners genau genug einzuschätzen, um sich in der Interaktion noch wohl zu fühlen.

Die untere Schwelle ist der niedrigste Grad an Unsicherheit, bei dem sich ein Individuum nicht gelangweilt oder zu sicher in den Interaktionen fühlt. Ähnliches gilt für die Angst. Personen müssen zumindest ein geringes Maß an Angst verspüren (untere Schwelle), damit ihnen die Interaktionen mit den anderen nicht vollkommen gleichgültig sind, das heißt, damit sie motiviert sind, die Interaktion fortzusetzen.

Überschreitet die Angst aber ein bestimmtes Maß (obere Schwelle) wird die Verarbeitung von Informationen schwieriger, und die Personen flüchten sich in Heuristiken und Stereotype. Kommt im Dunkeln ein Mann auf eine Person zu und fragt nach der Uhrzeit, so induziert das Angst und das Stereotyp eines Überfalls, die Reaktion wird Flucht sein, aber nicht die Ant-

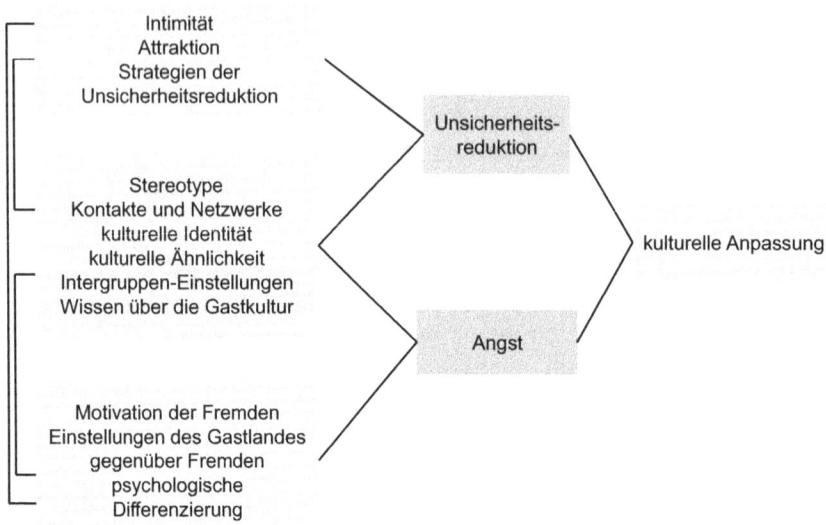

Abbildung 4.17: Die Anxiety-Uncertainty-Management-Theorie nach Gao und Gudykunst (1990)

wort auf die Frage nach der Uhrzeit. Unsicherheit und Angst müssen sich bei den beteiligten Personen zwischen diesen beiden Schwellen bewegen, um effektiv miteinander kommunizieren zu können. Liegen Angst und Unsicherheit außerhalb der Schwellen, muss sich die Person zur bewussten Aufmerksamkeit zwingen, um effektiv zu sein.

Normalerweise nimmt Angst ab, je besser sich die Interaktionspartner kennenlernen. Allerdings kann Angst zu jedem Zeitpunkt der Beziehung wieder aufflammen. Auch für Angst gilt, dass sie größer ist in Interaktionen zwischen Gruppen und insbesondere in der Interaktion mit Mitgliedern fremder Kulturen. Die Theorie ist speziell für die Situation von Fremden (Gästen, Immigranten, Touristen), die das erste Mal in eine andere Kultur kommen, entwickelt worden. Ihre Annahmen sind: Die ersten Erfahrungen, die Fremde in einer Gastgeberkultur machen, haben Krisencharakter, das heißt, die Fremden wissen nicht genau, wie sie sich verhalten müssen. Sie haben ein Gefühl mangelnder Sicherheit. Sie verhalten sich in der fremden Kultur daher mit einem hohen Grad von Bewusstheit.

Fremde überschätzen den Einfluss der Kultur auf das Verhalten der Gastgebergruppe insbesondere in Bezug auf negative Verhaltensweisen. Kernstück der Theorie ist die Annahme, dass die Reduktion von Unsicherheit und Angst notwendige Bedingung für eine interkulturelle Anpassung ist. Viele Untersuchungen in unterschiedlichen Ländern haben die Hauptannahmen der Theorie bestätigt. Sie ist die Grundlage für ein Training zur interkulturellen Anpassung geworden (Gudykunst, 1998). Abbildung 4.17 stellt die Theorie schematisch dar.

Gudykunst verwendet zur Operationalisierung von Angst Items aus den Fragebögen der Integrated-Threat-Theorie von Stephan und Stephan (1985, z. B. „Wie beunruhigt fühlen Sie sich in einer Interaktion mit ... ?"). Auch die ITT nimmt an, dass bei hoher Intergruppenangst bevorzugt auf kognitive Heuristiken, etwa (negative) Stereotype, zurückgegriffen wird und negative Gefühle und Emotionen hervorgerufen werden.

Die ITT konzentriert sich auf die Vorhersage von Vorurteilen auf der Grundlage wahrgenommener Bedrohung. Es gibt eine Vielzahl von Untersuchungen zur ITT und der Rolle der Angst. Esses, Jackson, Nolan und Armstrong (1999) etwa überprüften die Wirkung ökonomischer Bedrohung auf die Einstellungen gegenüber Immigranten. Sie gaben ihren Versuchsteilnehmern Informationen über eine fiktive Immigrantengruppe mit unterschiedlich bedrohlichem Inhalt. Versuchsteilnehmer, die die Informationen erhalten hatten, dass die neuen Immigranten um die Arbeitsplätze in Kanada konkurrieren würden, schrieben ihnen negativere Eigenschaften zu, machten sich negativere Gedanken über sie und zeigten eine negative Einstellung gegenüber Immigration im Allgemeinen.

Offen bleibt bei dieser und ähnlichen Untersuchungen, ob die wahrgenommene (und im Experiment künstlich herbeigeführte) ökonomomische Bedrohung als Ursache der negativen Einstellungen wirkt oder ob die Bedrohung nur als „argumentatives Vehikel" für die bereits vorhandene (latente) negative Einstellung dient (vgl. Cohrs & Ibler, 2009).

Auch Florack et al. (2003) setzten die Versuchsteilnehmer einer Manipulation aus, durch die die Salienz von Bedrohung, aber auch von Bereicherung durch die andere Kultur (der Türken) erhöht wurde. Die Versuchsteilnehmer lasen zunächst Zeitschriftenartikel mit Bildern, die entweder einen für die Deutschen bedrohlichen, einen bereichernden oder einen neutralen Inhalt hatten. Anschließend wurden die expliziten Einstellungen mithilfe von Fragebögen und die impliziten Einstellungen mithilfe des Impliziten Assoziations-Tests (IAT) erfasst.

Die Manipulationen hatten die erwartete Wirkung auf die expliziten Einstellungen. Die Beschäftigung mit Material, das die türkische Kultur als eine Bedrohung darstellte, führte zu einer negativeren Einschätzung der Türken; die Beschäftigung mit Material, das die türkische Kultur als eine Bereicherung darstellte, führte zu einer positiveren Einschätzung als in der neutralen Gruppe. Allerdings wurden die impliziten Einstellungen nicht beeinflusst.

Betrachtet man die impliziten Einstellungen als automatisierte Stereotype, so kann man die Ergebnisse auch als einen Hinweis auf die Stabilität und Resistenz stereotyper Einstellungen interpretieren. Schon verfestigte Einstellungen lassen sich nicht ohne Weiteres durch momentane situative Bedrohungs- (oder Bereicherungs-)Wahrnehmungen verändern.

Ward und Masgoret (2006) entwickelten ein Modell der Einstellungen gegenüber Immigranten, in dem sie Annahmen verschiedener theoretischer Ansätze aus den Bereichen des interkulturellen Kontakts (z. B. Pettigrews Kontakttheorie) und der multikulturellen Ideologie (z. B. Dominanztheorie; Sidanius & Pratto, 2001) mit den Annahmen der Integrated-Threat-Theorie (Stephan & Stephan, 2000) integrierten.

In diesem Modell nehmen die Intergruppenangst und die wahrgenommene Bedrohung einen zentralen Stellenwert ein. Intergruppenangst wird in diesem Modell primär durch die sozialen Kontakte beeinflusst. Realistische und symbolische Bedrohung sowie negative Stereotype werden dagegen durch Variablen der multikulturellen Ideologie bestimmt. Intergruppenangst beeinflusst nach diesem Modell die wahrgenommene Intergruppenbedrohung, aus der wiederum die Einstellungen gegenüber Immigranten resultieren.

Dieses Modell zeigt aber auch, dass die Bedeutung von Angst und ihrer Komponenten zur Erklärung intergruppaler Einstellungen noch nicht eindeutig geklärt ist.

Abbildung 4.18: Ein Modell der Einstellungen gegenüber Immigranten nach Ward und Masgoret (2006)

Während die meisten Untersuchungen Intergruppenangst und wahrgenommene Bedrohung als Prädiktoren der Einstellungen gegenüber Immigranten betrachten, gibt es auch Studien, welche überlegen, ob nicht umgekehrt auch die eigenen und wahrgenommenen Akkulturationseinstellungen und insbesondere die Diskordanz zwischen ihnen zu Intergruppenangst und Bedrohungsgefühlen beitragen.

Eine Pfadanalyse (Rohmann, Florack & Piontkowski, 2006) ergab, dass sowohl für die Immigrantengruppe als auch für die aufnehmende Gruppe Intergruppenangst und Bedrohung durch die wahrgenommene Diskordanz in den Akkulturationseinstellungen vorhergesagt werden können, stärker noch als durch Kontakt- und Identifikationsvariablen.

Eine der seltenen experimentellen Überprüfungen in diesem Bereich ist eine Untersuchung von Rohmann, Piontkowski und van Randenborgh (2008). Hier wurden die verschiedenen Passungsstufen aus dem Konkordanzmodell der Akkulturation experimentell manipuliert und geprüft, welches Maß an Bedrohung sie auslösten. In dieser Studie erhielten die Versuchsteilnehmer die Beschreibung einer fiktiven Immigrantengruppe. Die Beschreibungen variierten hinsichtlich der bevorzugten Akkulturationseinstellung (Integration, Assimilation, Separation oder Marginalisation), die diese Immigrantengruppe vertrat. So wurde beispielsweise für den Aspekt der Beibehaltung der kulturellen Identität beschrieben, dass die Immigranten ihre ursprüngliche Art und Weise der täglichen Lebensroutinen in Bezug auf Sprache, Kleidung und Nahrung beibehalten (oder nicht beibehalten) hätten. Für den Aspekt des Kontakts wurde differenziert, ob die Immigranten Sprachkurse besucht hatten (oder nicht) und ob sie häufig bei der Arbeit oder in der Freizeit Kontakt mit Mitgliedern der Gastgebergesellschaft hatten (oder nicht). Anschließend wurde die Akkulturationseinstellung der Versuchsteilnehmer gegenüber der ihnen präsentierten Immigrantengruppe erhoben und das Ausmaß der wahrgenommenen Bedrohung erfragt. Auf der Basis des Vergleichs der Einstellungen der Teilnehmer mit den Einstellungen der fiktiven Immigranten wurden die Versuchsteilnehmer entweder dem konsensualen, dem (kultur- und kontakt-)problematischen oder dem konfliktären Konkordanzniveau zugeordnet. Versuchsteilnehmer, bei denen eine größere Diskordanz zwischen ihren eigenen Akkulturationseinstellungen und denen einer fiktiven Immigrantengruppe hergestellt worden war, sahen eine stärkere Bedrohung durch die fremde Kultur als Versuchsteilnehmer, für die eine Übereinstimmung zwischen eigenen und fremden Akkulturationseinstellungen vorlag.

Fazit: Aus den geschilderten Untersuchungen zur AUM und ITT ergeben sich deutliche Hinweise auf die hemmende Wirkung von erlebter Bedrohung, Angst und Unsicherheit auf interkulturelle Beziehungen. Insbesondere eine Bedrohung der ökonomischen Situation und der kulturellen Werte führen zu Ablehnungen der fremden Gruppe. Nicht vollständig geklärt ist aber, inwieweit bereits existierende Einstellungen die Wahrnehmung von Bedrohung und Angst steigern, wobei es durchaus möglich ist, dass hierbei zirkuläre Effekte vorliegen.

4.4.4 Intergruppen-Emotionen und ihre Konsequenzen

Was aber wird, wenn Angst und Bedrohung in Ärger und Hass umschlagen? Soziale Beziehungen jeder Art werden dann nicht nur beeinträchtigt, sondern aktiv zerstört. Das Ziel ist die Vernichtung des Gegners. Hass ist eine (wenn auch nicht die einzige) mächtige Triebfeder für Gewalt gegen andere Personen, andere Gruppen und andere Kulturen. In Sternbergs (2003) Triangular-Theorie des Hasses wird Hass durch je drei Komponenten des Fühlens und des Handelns beschrieben, die (allein oder in Kombinationen) zu unterschiedlichen Formen von Hass führen können.

Die erste Komponente ist der *Ausschluss von Intimität*. Der Ausschluss von Intimität führt im Allgemeinen dazu, dass Distanz zur Zielperson geschaffen wird, da diese Abscheu und Ekel hervorruft. Gründe hierfür können Eigenschaften oder Verhaltensweisen der Person sein, aber auch von einer Institution propagierte vorgebliche Merkmale oder Handlungen der Zielperson oder der Zielgruppe. Hierbei werden die Mitglieder dieser Gruppe als „subhuman" und somit als nicht fähig zu echten humanen Gefühlen beschrieben (siehe den Abschnitt über Infrahumanisierung).

Die zweite Komponente in Sternbergs Modell ist die *Leidenschaft*, die sich als intensiver Ärger oder große Furcht äußert und als Reaktion auf eine Bedrohung entsteht. Furcht löst eine Vermeidungsreaktion aus, Ärger eine Annäherungsreaktion und führt somit eher zu einer gegen den Verursacher der Bedrohung gerichteten Handlung. Ärger folgt insbesondere auf eine Bedrohung oder Verletzung der eigenen Rechte und der eigenen Autonomie. Durch die öffentliche Darstellung einer Person oder Gruppe als Bedrohung der eigenen bevorzugten Gesellschaftsordnung oder Kultur konzentrieren sich die negativen Gefühle auf diese Person oder Gruppe.

Die dritte Komponente bildet die *Entscheidung für den Hass*. Sie wird unterstützt durch die Ansichten und Vorurteile gegenüber der Zielgruppe. Einer subhumanen Gruppe wird Geringschätzung entgegengebracht, sie wird abgewertet und als minderwertig betrachtet. Wenn Gruppen oder deren Führer es darauf anlegen, Hass gegenüber einer anderen Gruppe unter ihren Anhängern zu schüren, nutzen sie die Verbreitung gezielter Informationen, um das negative Bild des Hassobjektes zu formen. Dies kann soweit gehen, dass Ausbildungsprogramme mit der Funktion einer Gehirnwäsche eingerichtet werden. Dadurch wird das Commitment der Person, Handlungskonsequenzen aus ihrem Hass zu ziehen, entscheidend gestärkt.

So entsteht Hass als kollektive Emotion. Kollektive Emotionen sind Gefühle, die aus der Identifikation mit einer Gruppe entstehen und/oder die von einer großen Zahl von Mitgliedern einer

Gesellschaft oder kulturellen Gemeinschaft geteilt werden. Durch die Identifikation mit einer Gruppe wird diese zum Bestandteil des sozialen Selbst und gewinnt soziale und emotionale Bedeutung. Ein Ereignis, das auf die Gruppe wirkt, ruft daher in ähnlicher Weise emotionale Reaktionen hervor wie es Einwirkungen auf die Person selbst tun. E. R. Smith, Seger und Mackie (2007) bezeichnen diese Art von Gefühlen als Gruppen- oder auch Intergruppen-Emotionen. Der Ärger, wenn die eigene Fußballmannschaft ein Spiel verliert, der Abscheu und die Wut, wenn die Anhänger des siegreichen gegnerischen Teams grölend durch die Straßen ziehen, die Emotionen, die bei Terrorattacken oder Katastrophen in einem Land ausgelöst werden, sind Beispiele gruppenbasierter Gefühle. Sie entstehen, auch wenn das Individuum selbst nicht persönlich betroffen ist. Gruppen-Emotionen sind vom Ausmaß der Identifikation mit der Gruppe abhängig. Sie werden von den Mitgliedern der Gruppe geteilt, und sie steuern Einstellungen und Verhalten innerhalb der Gruppe und zwischen den Gruppen.

Gesellschaften können ein positives oder negatives Klima errichten, das für die Entwicklung positive oder negative kollektiver Emotionen verantwortlich ist (Bar-Tal, Halperin & De Rivera, 2007). Die Autoren sprechen von emotionalen Kontexten, die beeinflussen, wie die Mitglieder einer Gesellschaft Ereignisse verrahmen. Wie eine Gesellschaft auf ein Konflikt- oder Friedensereignis reagiert, ob sie es als Aggression oder Angebot wahrnimmt, wird zu großen Teilen durch die aktuellen kollektiven Gefühlsreaktionen auf dieses Ereignis bestimmt. Und diese Reaktionen werden durch das generelle emotionale Klima einer Gesellschaft gebahnt.

Gefühle bahnen Handlungen, aber sie erklären nicht hinreichend, wie es zu Gewalttaten von Gruppen gegen Gruppen kommt, wie Terrorismus, Völkermord und ethnische Säuberungen entstehen. Deindividuation und moralisches Disengagement sind Erklärungsansätze, mit denen der „Konversionsprozess" eines eigentlich sozialisierten Individuums zum erbitterten, gewalttätigen Revolutionär beschrieben wird. Es ist die Kombination von individuellen, gruppenspezifischen und organisationalen Faktoren und nicht einzelne Persönlichkeitsmerkmale oder einzelne Kontextfaktoren, die einen solchen Prozess begünstigen. Es ist weder die psychopathische Persönlichkeit noch die individuelle oder kollektive Deprivation oder die Hingabe an einen Führer oder die Verpflichtung gegenüber einer Ideologie, die für sich genommen terroristische Handlungen erklären. Diese Faktoren finden sich auch in anderen Kontexten. Zusammengenommen können sie aber eine Motivation zu gruppenbezogenen Gewalttätigkeiten erzeugen (Kruglanski & Fishman, 2009).

Banduras Ansatz des moralischen Disengagements (Bandura, 2004) zur Erklärung offen gezeigter, rücksichtsloser Gewalt geht von einem allgemeinen Modell der Selbst-Regulation moralischen Verhaltens aus. Dieser Selbst-Regulationsprozess wird im Falle rücksichtslosen schädigenden Verhaltens durch bestimmte selektiv aktivierte Mechanismen verändert (siehe Abbildung 4.19 auf der nächsten Seite). Dazu gehören insbesondere Mechanismen zur moralischen Rechtfertigung des destruktiven Verhaltens durch ideologische Begründungen. Auch vorteilhafte Vergleiche mit anderen Gruppen, die zur Erreichung ihrer Ziele ebenfalls (möglicherweise noch extensivere) Gewalt eingesetzt haben, dienen der Rechtfertigung ebenso wie eine vermeintlich weniger grausame Wortwahl bei der Beschreibung der Taten („friendly fire", „saubere Operation"). Weitere Mechanismen beziehen sich auf die Darstellung der Effekte. Die negativen Konsequenzen des Verhaltens werden minimiert, ignoriert oder falsch dargestellt. Dadurch wird die Wahrnehmung von Leid und Schmerz, die normalerweise Aggressionen hemmt, reduziert. Ein weiterer wichtiger Mechanismus ist die Möglichkeit, Verantwortung für das Handeln auf andere (etwa den Führer) abzuschieben. Dies haben schon Milgrams Studien über Aggres-

4.4 Akkulturation

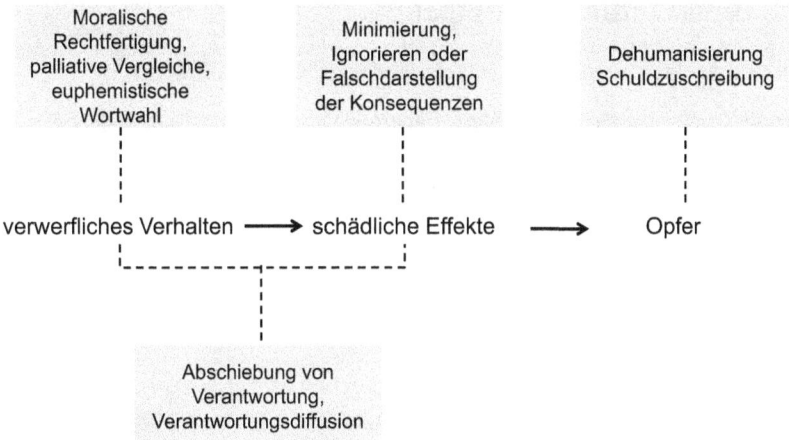

Abbildung 4.19: Mechanismen des moralischen Disengagements nach Bandura (2004)

sion und Gehorsam gezeigt (siehe Kapitel 2). Gerade in Organisationen mit ausgeprägter Hierarchie ist eine Verantwortungszuschreibung auf Autoritäten zum Selbstschutz des Handelnden leicht möglich. Schließlich gibt es noch den Mechanismus, die Schuld für die negativen Effekte anderen und insbesondere den Opfern selbst zuzuschreiben. Die Opfer werden de-humanisiert, ihnen wird das Menschsein abgesprochen. Sie werden nicht als Menschen, sondern als „Wilde", „Teufel", „Parasiten" bezeichnet, deren Vernichtung gebilligt, wenn nicht gar gefordert ist. Durch ihr Verhalten haben sie die Strafe selbst erwirkt. Alle Mechanismen werden verstärkt, wenn sie ihren Ursprung in Ideologien haben und wenn diese Ideologien durch organisationale und institutionalisierte Kontexte unterstützt werden.

Welche Möglichkeiten bietet die Sozialpsychologie zur Reduktion negativer Intergruppen-Emotionen und der daraus resultierenden Intergruppenkonflikte? Einige Interventionen lassen sich aus den Studien zu Gehorsam, Aggression, Deindividuation, Diskriminierung und Intergruppenverhalten ableiten. Sie zeigen, dass die unmittelbare Wahrnehmung der anderen, ihrer Gefühle und Bedürfnisse die Wahrscheinlichkeit von Aggressionen reduziert. Sie zeigen aber auch, dass der soziale Kontext eine große Rolle spielt, wenn es darum geht, Handlungen als gerechtfertigt und angemessen oder als verwerflich und schädigend zu interpretieren.

Bar-Tal (2011) legt daher bei seinen Hinweisen zur Konfliktreduzierung und Friedensschritten besonderes Gewicht auf die Durchdringung von Organisationen und sozialen Systemen mit Gruppenüberzeugungen, die gegen gewaltsame Lösungsversuche von Intergruppenkonflikten gerichtet sind. Dazu gehören auch die Unterstützung positiver kollektiver Emotionen und der Verzicht auf ideologisch verbrämte Abwertung und Dehumanisierung des Gegners. Zuvor müssen jedoch Wege gefunden werden, die bestehenden Bedürfnisse und Deprivationen der konfligierenden Parteien, etwa hinsichtlich Sicherheit, positiver sozialer Identität oder Selbstbestimmung, zu befriedigen. Und zum anderen müssen die Parteien lernen, mit Ängsten, Stress und anderen negativen Begleitumständen von Konflikten umzugehen.

4.4.5 Interkulturelle Kompetenz

Barrieren und Stolpersteine in der interkulturellen Kommunikation

„Herr Sprotte hatte in England seine Stelle bei einer Versicherung angetreten. Bei seiner Arbeit hatte er, wie alle Männer in der Firma, Anzug und Krawatte zu tragen. Dabei lebte er seine Vorliebe für auffällige, bunte Krawatten voll aus. Eines Tages spricht ihn überraschend der leitende Manager der Firma auf dem Flur gezielt auf seine Krawatte an:»Schöne Krawatte, Herr Sprotte!« Allerdings trug Herr Sprotte an diesem Tag ausnahmsweise nicht seinen bevorzugten Stil, sondern eine ganz biedere, sehr unauffällige Krawatte. Herr Sprotte war völlig verunsichert und wusste nicht, wie diese Bemerkung zu verstehen war." (aus Schmid und Thomas (2003, S. 48)).

Dieses Beispiel zeigt, dass es in der direkten Interaktion zwischen Angehörigen verschiedener Kulturen trotz Benutzung einer gemeinsamen Sprache (wie im Beispiel Englisch) zu Unsicherheit, Missverständnissen und Fehleinschätzungen kommen kann und in der Folge eventuell mit unpassenden Kommunikationsmustern reagiert wird. Ein wesentlicher Grund liegt in unterschiedlichen Kommunikationsstilen der Kulturen, die diese entsprechend zentraler Werte ihrer Kultur entwickelt haben. In den USA gehört zur effektiven verbalen Kommunikation Explizitheit und Eindeutigkeit, während in anderen (oft asiatischen) Kulturen ein mehrdeutiger, indirekter und impliziter Kommunikationsstil bevorzugt wird.

Die kulturelle Abhängigkeit des Kommunikationsstils ist von Hall (1977) in seiner bekannten Unterscheidung von hoch kontextualer (high context) und gering kontextualer (low context) Kommunikation beschrieben worden. In einer hoch kontextualen Kommunikation befindet sich die meiste Information bereits in der Person des Kommunikators, und nur noch ein geringer Teil wird in der Botschaft kodiert und explizit übermittelt. Bei der gering kontextualen Kommunikation ist es umgekehrt. Die meiste Information wird explizit kodiert in der Botschaft vermittelt. Ein gering kontextualer Kommunikationsstil wird vor allem in individualistischen Kulturen benutzt, während der hoch kontextuale Kommunikationsstil in kollektivistischen Kulturen bevorzugt wird. Aber nicht nur die kollektiven Merkmale einer Kultur bestimmen den Kommunikationsstil, er wird auch durch individuelle Werte und die Art und Weise, wie sich Personen definieren (etwa als unabhängige, autonome Persönlichkeit) beeinflusst (Gudykunst et al., 1996).

In einer interkulturellen Interaktion stehen die Interaktionspartner daher vor mehreren Problemen. Sie müssen, gegebenenfalls aus der nationalen und kulturellen Zugehörigkeit, auf die Bedeutung des Kontextes für die Interpretation der Kommunikationsinhalte schließen und sie müssen die individuellen, natürlich auch kulturspezifisch sozialisierten Kommunikationsformen ihrer Partner einschätzen und berücksichtigen. Die Fähigkeit hierzu ist Bestandteil des Konzepts der interkulturellen Kompetenz.

Die Adaptation an den Kommunikationsstil des Partners scheint eine Möglichkeit zu sein, um kommunikative Missverständnisse zu reduzieren. So berichten Rao und Hashimoto (1996), dass sich japanische Manager in der Interaktion mit ihren kanadischen Mitarbeitern an den kanadischen, gering kontextualen Kommunikationsstil anpassten, während sie ihren japanischen Mitarbeitern gegenüber einen hoch kontextualen Kommunikationsstil pflegten. Tse, Francis und Walls (1994) dagegen beobachteten bei Verhandlungen zwischen chinesischen und kanadischen Partnern keine Anpassung des Kommunikationsstils.

4.4 Akkulturation

Pekerti und Thomas (2003) diskutieren für diese widersprüchlichen Befunde zwei Erklärungsmöglichkeiten. Nach der *Similaritäts-Attraktivitäts-Hypothese* sollte eine Anpassung an den Stil des Partners zu einer Erhöhung der Sympathien und zu positiveren Einschätzungen führen. Deshalb werden die Interaktionspartner in einer interkulturellen Situation versuchen, sich an den Stil des Partners zu adaptieren. Die *soziale Kategorisierungstheorie* dagegen würde in einer interkulturellen Situation eine stärkere Salienz der eigenen und fremden Kultur annehmen, was in der Folge zu einem distinkteren Verhalten, das heißt zur Beibehaltung, wenn nicht sogar zur Verstärkung des eigenen Kommunikationsstils führen sollte.

Pekerti und Thomas führten ein Experiment durch, um zu klären, ob Personen in einer interkulturellen Interaktion ihren Kommunikationsstil eher ändern, weil sie dem Interaktionspartner ähnlich sein wollen, oder eher, weil sie ihre eigene Kultur stärker repräsentieren möchten. Sie ließen Teilnehmer verschiedener Kulturen eine Aufgabe lösen, die eine dyadische Kommunikation erforderte. Die Teilnehmer agierten entweder in intrakulturellen oder in interkulturellen Dyaden. Die Interaktionen wurden aufgezeichnet und hinsichtlich der Kommunikationsstile analysiert. Vergleiche zwischen den intrakulturellen und interkulturellen Dyaden ergaben, dass die Interaktion mit einem Mitglied einer fremden Kultur den dominanten eigenen Kommunikationsstil verstärkt. Die Teilnehmer der interkulturellen Dyaden passten ihren Stil nicht an den Interaktionspartner an; sie intensivierten im Gegenteil noch ihren eigenen kulturspezifischen Kommunikationsstil (siehe Abbildung 4.20).

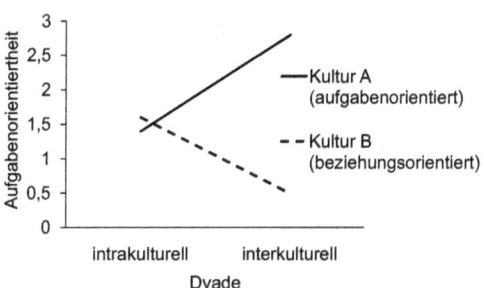

Abbildung 4.20: Kommunikationsstile in interkulturellen Dyaden nach Pekerti und Thomas (2003)

Es gibt verschiedene Erklärungsmöglichkeiten. Zum einen ruft eine interkulturelle Situation Unsicherheit hinsichtlich der angemessenen Verhaltensweisen hervor. Wenn keine expliziten Hinweise und auch keine anderen Personen als Modell vorhanden sind, greift man auf die Verhaltensnormen der eigenen Kultur zurück. Zum anderen kann auch die saliente Kulturkategorie die Teilnehmer veranlasst haben, sich als besonders gute Vertreter der eigenen Kultur zu präsentieren. In jedem Fall war aber die dominante Reaktion der Teilnehmer nicht Anpassung, sondern Überhöhung des eigenen Kommunikationsstils.

Welche Barrieren bestehen in der interkulturellen Kommunikation? Barna (1985) hat sich in ihrer Kommunikationstheorie genauer mit der Frage auseinandergesetzt, warum der Kontakt mit Personen aus fremden Kulturen so häufig zu Missverständnissen und Frustration führt. Sie identifizierte sechs Stolpersteine und Kommunikationsbarrieren (stumbling blocks), die zu Problemen bei der interkulturellen Kommunikation führen können.

Kurz zusammengefasst sind es folgende Barrieren:

- Der erste Stolperstein besteht darin, bevorzugt *Ähnlichkeiten statt Unterschiede* wahrzunehmen. Die Ansicht, alle Menschen seien im Grunde gleich, lenkt von den kulturellen Unterschieden ab und fördert den Fehler, Konsens und Ähnlichkeit zu überschätzen. Dabei sind es gerade die subtilen kulturellen Unterschiede, die unterschiedlichen Werte- und

Normensysteme, die die Kommunikation beeinflussen und interkulturelle Konflikte auslösen können.
- Der zweite Stolperstein liegt in der *Sprache*. Es sind nicht die fehlenden Vokabeln einer Fremdsprache, die hier als Hindernis gemeint sind, sondern die unterschiedliche Bedeutung, die Wörter und Sätze je nach kulturellem Kontext haben können und die Kulturabhängigkeit der Kommunikationsstile.
- Der dritte Stolperstein liegt in der *nonverbalen Kommunikation*. Gesten und Körperhaltungen können unterschiedliche Bedeutungen haben, und Gesichtsausdrücke, die Gefühle sichtbar machen, können trotz großer interkultureller Ähnlichkeit doch sehr unterschiedlich interpretiert werden.
- Der vierte Stolperstein bezieht sich auf *Stereotype* im interkulturellen Kontext. Stereotype (und Kategorien) erleichtern die Wahrnehmung und Einordnung neuer Informationen. Passen neue Ereignisse, Personen und Verhaltensweisen in verfügbare Schemata, reduzieren sie Unsicherheit. Stereotype sind aber Barrieren in der interkulturellen Kommunikation, wenn sie eine differenzierte und objektive Wahrnehmung verhindern.
- Der fünfte Stolperstein besteht in der *Tendenz zur Beurteilung* anderer Personen oder Gruppen und sie und ihr Verhalten auf- oder abzuwerten. Angemessener wäre es zu versuchen, sie im Kontext ihrer Kultur zu betrachten und keine vergleichenden Urteile zu fällen.
- Der sechste und einer der wichtigsten Stolpersteine ist *Angst*. Angst lässt Kommunikationsprobleme wahrscheinlicher werden. Angst ist das emotionale Pendant zur Unsicherheit und behindert, wenn sie zu groß wird, die Informationsverarbeitung. Personen mit großer interkultureller Angst greifen häufig auf Stereotype zurück. Die Anxiety-Uncertainty-Management-Theorie nimmt an, dass eine effektive Kommunikation nur dann möglich ist, wenn die Teilnehmer mit ihrer Angst umgehen können und wenn sie in der Lage sind, die Einstellungen, Gefühle und Verhaltensweisen der anderen zu erklären.

Facetten interkultureller Kompetenz

Interkulturelle Kompetenz ist zu einer Schlüsselqualifikation für die internationale Unternehmenstätigkeit und das internationale Management geworden. Im Zuge der wachsenden Globalisierung und Internationalisierung führen die zunehmend grenzüberschreitende Unternehmenstätigkeit und Zusammenarbeit in Wirtschaft, Wissenschaft und Technik zu einem Wandel des Qualifikationsbedarfs von Arbeitskräften. Die Mitarbeiter internationaler Konzerne und global aufgestellter Unternehmen werden mit neuen Anforderungen der internationalen Kommunikation und Kooperation konfrontiert und müssen sich zunehmend in einer Umgebung zurechtfinden, in der Menschen unterschiedlichster Herkunft mit verschiedenen Denkmustern, Wertvorstellungen, Kommunikations-, und Verhandlungsstilen aufeinandertreffen.

Doch was heißt interkulturelle Kompetenz? In Abgrenzung zur sozialen Kompetenz (für einen Überblick siehe Kanning, 2005), die eine angemessene Interaktionsfähigkeit im kultureigenen Umfeld gewährleistet, stellt die interkulturelle Kompetenz sowohl die Sozialkompetenz im interkulturellen Kontext als auch die Interaktionsfähigkeit im kulturfremden Umfeld dar. Sie ist somit eine Form der sozialen Kompetenz, die über die notwendigen Fähigkeiten im monokulturellen Umfeld hinausgeht (Kumbruck & Derboven, 2005). Etwas genauer wird die Vorstellung von dem, was interkulturelle Kompetenz bedeutet, wenn wir nicht nur die Handlungskomponente des Begriffs betrachten, sondern auch die Bedingungen, die für eine interkulturelle

Handlungsfähigkeit Voraussetzung sind. Es gibt eine Reihe von Arbeiten mit Zusammenstellungen der in der Literatur vorkommenden Definitionen und Aspekte interkultureller Kompetenz (Black & Mendenhall, 1990; Sue, 2001; Graf & Mertesacker, 2010). Eine mögliche Ordnung der verschiedenen Aspekte lässt sich erzielen, indem sie danach klassifiziert werden, ob sie vorrangig das kognitive, das affektive oder das Verhaltenssystem ansprechen, wie dies in vielen Lernzieltaxonomien üblich ist.

Die folgende Liste ist keineswegs vollständig und die Zuordnung der einzelnen Kompetenzaspekte nicht immer eindeutig möglich.

Zu den kognitiven Aspekten interkultureller Kompetenz gehören:
- ein Bewusstsein für kulturelle Unterschiede und dafür, wie sich Werte und Normen auf das Verhalten der Interaktionspartner auswirken,
- Kenntnisse der Werte und Normen des fremden Kultursystems,
- Kenntnisse der ökonomischen, politischen und historischen Situation,
- Fachkenntnisse,
- die Fähigkeit, das eigene Verhalten als kulturbedingt wahrzunehmen und einzuschätzen,
- ein Bewusstsein für den eigenen kulturellen Hintergrund,
- ein Bewusstsein darüber, wie die eigene Person und die eigene Gruppe von anderen Kulturen eingeschätzt werden,
- die Fähigkeit, die kulturelle Perspektive des Partners einzunehmen.

Zu den affektiven Aspekten können gezählt werden:
- Interesse an anderen Kulturen,
- Unvoreingenommenheit gegenüber Menschen anderer Kulturen,
- Realistische Erwartungen,
- die Bereitschaft, andersartige Denk- und Verhaltensweisen zu akzeptieren und wertzuschätzen,
- Respekt und Achtung gegenüber Menschen anderer Kulturen,
- Empathie.

Verhaltensaspekte umfassen:
- Sprachkompetenz,
- Soziale Kompetenz,
- Kommunikative Fähigkeiten, verbaler und nonverbaler Art, zur Ent- und Verschlüsselung kulturspezifischer Botschaften,
- Kulturbewusste Selbstdarstellung,
- Flexibilität im Verhalten und in den Reaktionen auf neue Situationen.

Die Diversität der aufgelisteten Fähigkeiten und Fertigkeiten zeigt, dass Interkulturelle Kompetenz eine komplexe Qualifikation darstellt. In anderen Ansätzen versucht man, interkulturelle

Kompetenz als Meta- oder Querschnittskompetenz abzubilden, die Personen einerseits qualifiziert, Sensibilität für Problemsituationen im interkulturellen Kontext zu entwickeln und andererseits in die Lage versetzt, Strategien einzusetzen oder Lernprozesse zu planen, um mit diesen Problemen umzugehen (Heyse & Erpenbeck, 2007).

Interkulturelles Training

Interkulturelle Trainings sind darauf ausgerichtet, den Erwerb dieser Kompetenzen zu fördern. Dabei stellt sich die Frage, ob diese Kompetenzaspekte so operationalisierbar sind, dass sie als Lern- und Unterrichtselemente konzipiert werden können und ob sie überhaupt durch ein Training beeinflusst werden können. Insbesondere bei einigen affektiven Kompetenzaspekten (Unvoreingenommenheit, Wertschätzung, Empathie) ist es fraglich, ob sie in kurzer Zeit – wenn überhaupt – erworben werden können. Interkulturelle Trainings konzentrieren sich daher häufig auf die kognitiven und die Verhaltensaspekte.

Die didaktische Grundlage interkultureller Trainings sind allgemeine Prinzipien des Instruktionsdesigns. Merrill (2002) fasst diese Prinzipien in fünf Aspekten zusammen: Effektive Lernumgebungen zeichnen sich aus durch

- Lernen an realen Problemen,
- Aktivierung früherer Erfahrungen,
- Demonstration neuen Wissens und neuer Fertigkeiten,
- Anwendung des neuen Wissens und der neuen Fertigkeiten durch den Lernenden und
- Integration des neuen Wissens und der neuen Fertigkeiten in die Welt des Lernenden.

Ähnlich ist auch der Experiential Learning Cycle (ELC) von D. A. Kolb (1984) organisiert, eines der bekanntesten Modelle interkulturellen Lernens. Verschiedene interkulturelle Trainings, insbesondere Simulationstrainings bauen auf ihm auf. Erfahrung ist im ELC die Grundlage für vier Lernmodi: Fühlen, Reflektieren, Denken und Handeln. In eine Abfolge gebracht, bilden diese Modi den vierphasigen Lernzyklus.

In der ersten Phase führen aktives Handeln und die erlebten Konsequenzen dieser Aktion zu unmittelbaren und *konkreten Erfahrungen*. Die Erfahrungsphase bildet die Basis für *reflexive Beobachtungen* in der zweiten Phase. Hier findet die kognitive Verarbeitung des Erlebten statt, indem die Aktivitäten und die damit verbundenen emotionalen und kognitiven Reaktionen analysiert werden. In der Phase der *abstrakten Konzeptualisierung* ziehen die Lernenden aus ihren Erlebnissen Schlussfolgerungen für die Realität. Relevantes Theoriewissen wird erworben und gemachte Beobachtungen und Reflexionen in dieses Wissen integriert. Zudem werden neue Konzepte und Hypothesen aus den Beobachtungen und Reflexionen abgeleitet und auf reale Lebenssituationen übertragen. In der letzten Phase des *aktiven Experimentierens* soll das Gelernte umgesetzt und die erarbeiteten Theorien, Hypothesen und Konzepte aktiv ausprobiert und überprüft werden. Dieses planvolle Anwenden kann sowohl in realen Situationen als auch in weiteren simulierten Lernumgebungen stattfinden. Damit schließt sich der Lernzyklus, da die Anwendung gleichzeitig auch eine neue Erfahrung darstellt.

Eine wichtige Frage ist, ob ein Training auf die Besonderheiten eines bestimmten Gastgeberlandes, das heißt auf eine bestimmte Kultur ausgerichtet sein sollte, oder ob es versuchen sollte,

4.4 Akkulturation

kulturübergreifend zu schulen. Trainings mit dem Ziel, Mitarbeiter auf ihre Arbeit in einem bestimmten Land vorzubereiten, sind eher (kulturelle) Trainings zur Anpassung an die Gepflogenheiten des neuen Arbeitsplatzes und zum Erwerb einer auf eine bestimmte Kultur ausgerichteten Kompetenz. Trainings zum Erwerb interkultureller Kompetenz wollen dagegen auch Fähigkeiten und Fertigkeiten vermitteln, die kulturübergreifend sind. Wichtige Ziele dieser Trainings sind, ein Bewusstsein für Kulturen und kulturelle Unterschiede (cultural awareness) zu wecken und ein Verständnis dafür aufzubauen, dass sich kulturelle Unterschiede in Normen und Werten auf das Interaktionsverhalten auswirken (interkulturelle Sensitivität). Der Prozess des Erwerbs von kulturellem Bewusstsein (cultural awareness) und interkultureller Sensitivität soll in der Relativierung der eigenen Kulturstandards münden, was oft Widerstand hervorruft, da eigene Kulturstandards ein zentraler Bestandteil der eigenen sozialen Identität sind.

Gudykunst et al. (1996) schlagen eine Klassifizierung interkultureller Trainings nach den Methoden und nach den Inhalten der Trainings vor. Unter dem Methodenaspekt lassen sich didaktische und erfahrungsbasierte Trainings unterscheiden, unter dem Inhaltsaspekt kulturspezifische und kulturallgemeine Trainings. Kulturspezifische Trainings beziehen sich jeweils auf eine bestimmte Kultur und vermitteln Informationen und Anleitungen zum Umgang mit Mitgliedern dieser Kultur. Kulturallgemeine Trainings haben das Ziel, Fähigkeiten und Fertigkeiten zu vermitteln, die nicht an eine spezifische Kultur gebunden sind. Im Allgemeinen sind Trainings aber eine Kombination beider Aspekte.

Didaktische/kulturspezifische Trainings basieren auf der Annahme, dass für eine erfolgreiche Interaktion mit Personen einer anderen Kultur ein kognitives Verstehen dieser Kultur notwendig ist. Das Wissen über die fremde Kultur wird dabei häufig durch Vorträge und Diskussionen vermittelt. Gehört die fremde Kultur beispielsweise zu den kollektivistischen Kulturen, so werden die Besonderheiten einer kollektivistischen Kultur erläutert (Wettbewerb wird als bedrohlich erlebt, Streben nach Harmonie und Kooperation in der Ingroup, Wahrung des Gesichts ist wichtig, Kritik wird immer auch auf die Person bezogen) und Anleitungen für Interaktionen mit Mitgliedern dieser Kultur gegeben. Soll dagegen ein Mitglied aus einer kollektivistischen Kultur für Interaktionen in einer individualistischen Kultur trainiert werden, so beziehen sich die Anleitungen auf die Besonderheiten der individualistischen Kulturen (das Verhalten von Personen kann nicht aus ihrer Gruppenmitgliedschaft vorhergesagt werden, Bevorzugung gleicher (horizontaler) Beziehungen, Betonung individueller Leistung, Beziehungen werden nach Kosten-Nutzen-Überlegungen gestaltet).

Ein Beispiel für das didaktisch-kulturspezifische Vorgehen sind *kulturspezifische Assimilatoren* (F. E. Fiedler, Mitchell & Triandis, 1971; Triandis, 1995). Assimilatoren sind Lernprogramme, in denen die Person durch eine Reihe von Interaktionsepisoden geführt wird, die sich für eine bestimmte Kultur als problematisch/kritisch oder undurchschaubar/unerklärlich erwiesen haben. Allgemeines Ziel des Programms ist es, den Lernenden zu befähigen, die Perspektive der anderen Kultur einzunehmen und die Interaktionsepisode dadurch neu zu interpretieren und neu zu bewerten. Die Lernprogramme, die in verschiedenen Medien (z. B. Buchform, Computerprogramm) realisiert werden können, bestehen aus der Präsentation einer Vielzahl solcher kritischer Ereignisse und aus Rückmeldungen an die Lernenden über die Korrektheit der ausgewählten Erklärungs- und Interpretationsvariante.

Ein Beispiel soll die Vorgehensweise der Assimilatoren verdeutlichen (F. E. Fiedler et al., 1971, S. 97f.).

Zunächst wird eine Situation geschildert:

> Sharon Hatfield, eine Lehrerin in Athen, wunderte sich darüber, welche Fragen ihr von Griechen gestellt wurden, die sie nur als beiläufige Bekannte ansah. Wenn sie ihr Apartment betrat oder es verließ, fragten die Leute, wohin sie ginge oder wo sie gewesen sei. Beendete sie das Gespräch, wurden ihr Fragen gestellt wie „Wieviel verdienst Du im Monat?" oder „Wo hast Du das Kleid, das Du anhast, gekauft?"
> Sie fand die Griechen ziemlich unverschämt.

Es folgt eine Reihe von Antwortvorgaben, von denen eine als zutreffend ausgewählt werden soll.

> Warum haben die Griechen Sharon solche „persönlichen" Fragen gestellt?
>
> 1. Die beiläufigen Bekannten haben sich so verhalten, wie es Freunde in Griechenland tun, Sharon hat es aber nicht begriffen.
> 2. Die Griechen stellten Sharon die Fragen, um herauszubekommen, ob sie der Griechisch-Orthodoxen Kirche angehört.
> 3. Die Griechen waren mit der Art und Weise, wie sie lebte, unzufrieden und versuchten, Sharon dazu zu bringen, ihre Gewohnheiten zu ändern.
> 4. In Griechenland sind solche Fragen korrekt, wenn sie von Frauen gestellt werden, aber inkorrekt, wenn Männer sie stellen.

Je nachdem welche Antwort gewählt wurde, erfolgt ein spezifisches Feedback. Beispielsweise:

> Sie haben 1 gewählt: Die beiläufigen Bekannten haben sich so verhalten, wie es Freunde in Griechenland tun, Sharon hat es aber nicht begriffen.
> Richtig.
> Für Ingroup-Mitglieder ist es nicht unpassend, einander solche Fragen zu stellen. Außerdem spiegeln diese Fragen wider, dass Freundschaften (auch „beiläufige") in Griechenland im Allgemeinen intimer sind als in Amerika. Daher können Freunde auch solche Fragen stellen, die in Amerika als zu persönlich angesehen würden.
> — Gehe zu Seite X

Oder:

> Sie haben 2 gewählt: Die Griechen stellten Sharon die Fragen, um herauszubekommen, ob sie der Griechisch-Orthodoxen Kirche angehört.
> Falsch.
> Das ist nicht der Grund, warum die Griechen Sharon solche Fragen stellten. Denken Sie daran, dass es von der Kultur abhängt, ob eine Information als „persönlich" angesehen wird. Warum? Versuchen Sie es noch einmal.
> — Gehe zu Seite Y

4.4 Akkulturation

Eine Variante der *didaktisch-kulturallgemeinen Trainings* sind kulturübergreifende Assimilatoren, in denen verallgemeinerte Prinzipien im Umgang mit fremden Kulturen erlernt werden sollen. Dieses Prinzip der kulturübergreifenden Vorgehensweise lässt sich besonders gut mit dem Verfahren der künstlichen Kulturen realisieren (wie es beispielsweise Klinge, Rohmann und Piontkowski (2009) mit dem Cultural Awareness Training machen).

Erfahrungsbasierte-kulturspezifische Trainings gehen dagegen davon aus, dass man am besten aus der eigenen Erfahrung lernt. Dementsprechend wird in den Trainings versucht, die Teilnehmer (meist im Rollenspiel) mit Situationen zu konfrontieren, denen sie in der fremden Kultur begegnen werden. Die Teilnehmer reagieren auf diese Situationen und zeigen dabei auch Affekte und entwickeln Kognitionen über die fremde Kultur. Nach diesem Erfahrungsschritt folgt im Allgemeinen eine Diskussion mit dem Trainer über die gemachten Erfahrungen und über Schlussfolgerungen aus den erlebten Situationen.

Als erfolgreiche *erfahrungsbasierte-kulturallgemeine* Trainings haben sich interkulturelle Simulationsspiele erwiesen, die mit synthetischen/künstlichen Kulturen arbeiten. Die Verwendung künstlicher Kulturen hat einige Vorteile gegenüber der Arbeit mit realen Kulturen. Künstliche Kulturen stehen beispielhaft für reale Kulturen, sind aber weit weniger komplex, was zumindest für interkulturell unerfahrene Personen zu Beginn des interkulturellen Lernens von Vorteil sein dürfte. Kulturelle Werte und Normen künstlicher Kulturen können durch die Aufstellung klarer Regeln operationalisiert werden, die wesentlich einfacher und schneller zu erlernen sind als reale Kulturstandards. Trotzdem stellt die Anwendung der Regel eine Herausforderung dar.

Der größte Vorteil synthetischer Kulturen liegt aber darin, dass die Teilnehmer zu Beginn eines Trainings noch keine vorgefassten Meinungen und Stereotypen über die Kulturen haben, und falls sie welche im Laufe der interkulturellen Interaktionen ausbilden sollten, sich diese nicht auf reale Kulturen beziehen. Zudem werden aus möglicherweise auftretenden Konflikten zwischen den Kulturen nicht so schnell negative Konsequenzen für die Kommunikation mit realen Kulturen gezogen.

Das Synthetic Culture Laboratory (SCL) von Pedersen (2004) basiert auf dem Kulturmodell von Hofstede (vgl. G. J. Hofstede, Pedersen & Hofstede, 2002; Pedersen & Ivey, 1993). Zu den ersten vier Dimensionen dieses Modells wurde jeweils eine synthetische Kultur entwickelt, die die Besonderheiten dieser Dimensionen repräsentieren.

Eine der Kulturen ist durch eine extrem hohe Machtdistanz geprägt, eine weitere kennzeichnet die Vermeidung von Unsicherheit, in der dritten wird die Maskulinität betont, die vierte Kultur repräsentiert Individualismus.

Für die Durchführung des Trainings werden die vier Kulturen anschaulich in einem Rollenskript beschrieben, das Vorgaben für das Verhalten in einer bestimmten Interaktionssituation macht. Beispiele für Vorgaben: *Kein direktes Anblicken des Interaktionspartners! Kritik nur indirekt äußern! Die Wünsche und Ziele der eigenen Gruppe verdeutlichen!*

Die Teilnehmer des Trainings erhalten jeweils eines der Rollenskripte sowie das Szenarium einer Aufgabe in einer interkulturellen Situation (etwa der erfolgreiche Abschluss eines Geschäfts mit einem Geschäftspartner einer anderen Kultur).

Das Simulationsspiel ist in mehrere Phasen gegliedert (siehe Abbildung 4.21 auf der nächsten Seite, Darstellung nach Klinge (2007)). In einer Einführungsphase bereiten sich die Teilneh-

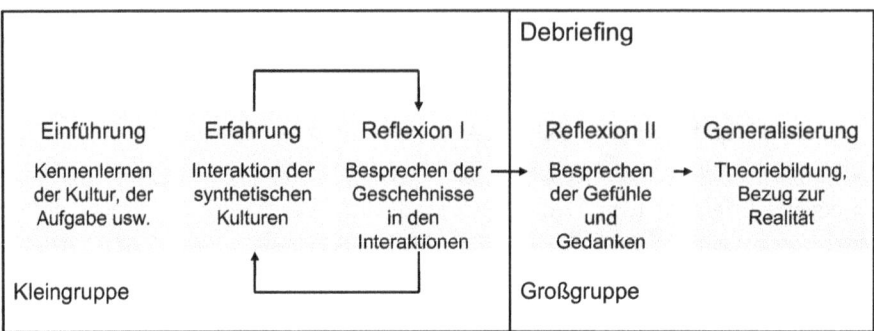

Abbildung 4.21: Lernzirkel in einem Trainingsprogramm nach Pedersen

mer auf die Rollenspiele vor. Sie vergegenwärtigen sich das Rollenskript und die Aufgabe. Wenn die Teilnehmer mit ihrer Kultur und der Aufgabe vertraut sind, beginnt das Rollenspiel, in dem zeitgleich jeweils zwei der vier künstlichen Kulturen aufeinander treffen. Es folgt eine Reflexionsphase. Nachdem die Teilnehmer versucht haben, in der jeweiligen interkulturellen Dyade die Aufgabe zu lösen, verlassen sie ihre Rollen und reflektieren über die Geschehnisse. In zwei Wiederholungsphasen treffen die Teilnehmer auf jeweils andere Interaktionspartner, die die weiteren Kulturen repräsentieren. Auf diese Weise interagiert jede Kultur (und jeder Teilnehmer) mit allen anderen. Die Erfahrung in multiplen Lernkontexten soll den Teilnehmern ermöglichen, ihre Erfahrungen aus den vorherigen Interaktionen und ihre Erkenntnisse aus den Diskussionen in jeder neuen Interaktionssituation zu überprüfen und umzusetzen. Zudem werden auf diese Weise die Vielfalt kultureller Systeme und die Komplexität der interkulturellen Kommunikation deutlich.

Abschließend findet eine gemeinsame Sitzung aller Teilnehmer und Trainer statt. Hier reflektieren zunächst alle Teilnehmer, was sie gelernt haben und was ihnen davon im realen Leben helfen könnte. Sie werden zur Generalisierung ihre Erkenntnisse angeleitet, indem sie relevante Theorien erarbeiten und das Modell der Kulturdimensionen von Hofstede kennenlernen.

Wie die meisten interkulturellen Trainings endet auch dieses Training nach dieser abschließenden Reflexionsphase, eine Anwendungsphase in der Realität ist nicht vorgesehen. Pedersen und Ivey (1993) schlagen allerdings vor, eine Reihe weiterer Simulationen anzuschließen, um eine Erweiterung und Verfestigung des Gelernten zu ermöglichen.

Letztlich wird sich der Erfolg interkultureller Trainings aber in der Praxis erweisen müssen.

5 Beziehungen in Organisationen

Was ist eine Organisation? Jedem fallen auf diese Frage bestimmt einige Beispiele ein – Krankenhaus, Greenpeace, Konzerne, Polizeipräsidium, Gewerkschaften, Kegelclub und viele mehr. Warum kann man alle diese höchst unterschiedlichen Beispiele unter den gemeinsamen Begriff Organisation fassen? Vermutlich deshalb, weil er im alltagssprachlichen Gebrauch so diffus und abstrakt ist, dass er ohne Probleme die heterogensten Gebilde einbeziehen kann. Was aber ist das Gemeinsame dieser Beispiele?

Auch wissenschaftliche Definitionen sind sehr allgemein gehalten. Organisationen sind soziale Systeme mit einem bestimmten Zweck und Ziel und mit Regeln, die dafür sorgen, dass die organisationsbezogenen Verhaltensweisen der Mitglieder auf die Ziele der Organisation ausgerichtet werden.

Katz und Kahn (1966) beschreiben in ihrem bekannten *Lehrbuch der Sozialpsychologie der Organisation* Organisationen als soziale Systeme, die das Verhalten von Personen durch Rollen, Normen und Werte koordinieren.

Eine noch allgemeinere Definition favorisiert Haslam (2004), ein Vertreter der sozialen Identitätstheorie: Eine Organisation ist jede intern differenzierte und zielgerichtete soziale Gruppe, die eine psychologische Wirkung auf ihre Mitglieder hat. Damit können nun soziale Gebilde unterschiedlichster Art beschrieben werden.

Das Verständnis von Organisationen hat sich im Laufe der Zeit immer wieder geändert, und es ist vor allen Dingen abhängig von Organisationsideologien und -theorien. Scholl (2007) hat die gängigsten Ansätze als Metaphern zusammengestellt (S. 520–529), die hier verkürzt wiedergegeben werden.

Die *Ausbeutungsmetapher* stellt die negativen organisationalen Praktiken und deren Auswirkungen in den Vordergrund, mit denen Unternehmen ihre Interaktionspartner, z. B. in wirtschaftlich schwächeren Ländern, oder auch ihre Mitarbeiter ausnutzen oder zur Selbstausbeutung animieren.

Die *Maschinenmetapher* sieht eine perfekte Organisation als Maschine, deren exaktes Funktionieren die Produktivität entscheidend erhöht. Durch Rationalisierung und Mechanisierung der Produktion können die einzelnen Arbeitsschritte besser überwacht und optimiert werden. Charakteristisch für diesen Ansatz ist der sogenannte Taylorismus, unter dem die Zerlegung des Arbeitsprozesses in einzelne Arbeitsschritte zur besseren Kontrolle verstanden wird.

Die *Bedürfnismetapher* kennzeichnet eine auf den Taylorismus folgende Gegenbewegung, die sogenannte Human-Relations-Bewegung. Der Bedürfnishierarchie von Maslow folgend (siehe S. 78) wird betont, dass Arbeitsmotivation nicht allein eine Frage der Entlohnung ist, sondern davon abhängt, inwieweit auch Bedürfnisse nach sozialem Kontakt und sozialer Anerkennung sowie Selbstverwirklichung durch die Organisation erfüllt werden. Eine große Rolle spielen dabei Führungsstile.

Die *Problemlösungsmetapher* betont die Probleme, denen Organisationen sich fortlaufend gestellt sehen. Die Arbeit in Organisationen ist ein fortwährender Strom von Lern- und Problemlösungsaktivitäten. Besondere Bedeutung kommt den Entscheidungsprozessen zu und der begrenzten Rationalität der Menschen bei Entscheidungen.

Die *Politikmetapher* betont die unterschiedlichen Interessen von Organisationsmitgliedern und die daraus entstehenden Konflikte. Der Name verweist auf Ähnlichkeiten zur Machtausübung und Konfliktaustragung in der Politik. Persönliche Ziele und Gruppeninteressen beeinflussen wichtige Entscheidungen. Interessenskonflikte sind in Organisationen unvermeidbar, deshalb kommt es auf konstruktive Formen der Konfliktaustragung und auf institutionelle Regelungen an.

Die *Organismusmetapher* betrachtet Organisationen als offene Systeme, die im ständigen Austausch mit ihrer Umwelt stehen. Auf wachsende Anforderungen aus der Umwelt muss das System durch zunehmende innere Differenzierung reagieren. Entsprechend der Systemtheorie haben Organisationen auch die Fähigkeit zur Selbstorganisation, die Innovationen aus dem System heraus ermöglicht. Rückkopplungsmechanismen bewirken, dass das System je nach Erfolg oder Misserfolg wächst oder schrumpft. Auch dies führt zu einer Veränderung der Organisationsstrukturen.

Die *Kulturmetapher* fokussiert auf kollektive Werte und Normen sowie sinnstiftende Mythen und Rituale. Die Organisationskultur soll der Schlüssel zum wirtschaftlichen Erfolg sein. Normen und Werte einer Organisation sind aber eher Rahmenbedingungen als Determinanten des Handelns.

Die *Kostenmetapher* beschreibt den Transaktionsprozess, das heißt den Austausch materieller oder immaterieller Güter, als den zentralen Aspekt wirtschaftlicher Organisationen. Nach der Transaktionskostentheorie werden Transaktionen aufgrund von Kosten-Nutzen-Überlegungen getätigt. Zu den Kosten gehören nicht nur die unmittelbaren Kosten der ausgetauschten Güter, sondern auch Kosten aus Investitionen und Verhandlungen und aus Absicherungen gegen Ausnutzung. Wichtige Themen sind Vertrauen und vertrauensfördernde Bedingungen zur Reduktion von Transaktionskosten, die aus der Gefahr der Ausnutzung beziehungsweise des Opportunismus entstehen.

Die *Netzwerkmetapher* greift Ideen der klassischen Soziometrie auf. Sie bezieht sich auf innerorganisatorische Beziehungsstrukturen, aber auch auf Netzwerke, die mehrere Organisationen umfassen. Sie regeln den Informationsfluss und die Wissensgenerierung ebenso wie die Kommunikation und Kooperation.

Die Liste der Definitionen und Beschreibungen von Organisationen ließe sich natürlich ergänzen, vor allem, da sich sehr viele und unterschiedliche Disziplinen mit dem Thema Organisation beschäftigen. Allgemein lassen sich die verschiedenen Ansätze auf zwei Dimensionen projizieren. Auf der Dimension optimistisch vs. pessimistisch unterscheiden sich die Ansätze in der Einschätzung, ob Organisationen notwendig sind zur Kontrolle der Beteiligten oder ob Organisationen die Beteiligten fördern und auf diese Weise ihre Effektivität steigern. Auf der Dimension instrumentell vs. institutionell werden Organisationen entweder als Mittel und Werkzeug zur Erreichung kollektiver Ziele angesehen oder als eine Institution mit Strukturen, Rollen und Funktionen. Viele der in diesen Metaphern angesprochenen Aspekte sind in diesem Buch bereits grundwissenschaftlich angesprochen worden. In den folgenden Abschnitten sollen nun einige Themen aus einer organisationsbezogenen Perspektive dargestellt werden.

5.1 Führung

Führung in sozialen Systemen bedeutet, „andere Personen zu beeinflussen, zu motivieren oder in die Lage zu versetzen, zum Erreichen kollektiver Ziele in Gruppen und Organisationen beizutragen" (Brodbeck, Maier & Frey, 2002, S. 329). Diese Definition bildet das Verständnis der meisten Ansätze zur Führungsforschung gut ab, auch wenn es viele verschiedene Definitionen gibt, die je nach Forschungsinteresse den einen oder anderen Aspekt stärker betonen (z. B. die Aufgaben des Führers, wie etwa koordinieren, Visionen entwerfen, Ressourcen beschaffen). Trotzdem sollte sie aber in einem Aspekt konkretisiert werden, der zunehmend zu den Aufgaben von Führungskräften gezählt wird, die Initiierung von Veränderung.

In Anlehnung an Hogg (2005, S. 53) kennzeichnet Führung auch oder gerade die Fähigkeit, andere Personen zu überzeugen, neue Werte, Einstellungen und Ziele für und in der Gruppe zu übernehmen und Anstrengungen zur Erreichung dieser Werte, Einstellungen und Ziele zu unternehmen. Führungsforschung beschäftigt sich dementsprechend mit der Frage, durch welche Verhaltensweisen und Maßnahmen dies Führungskräften gelingt. Als Kriterien für den Führungserfolg gelten im Allgemeinen die Leistungen der Geführten und die Anerkennung, die der Führungskraft durch materielle und immaterielle Zuwendungen zuteil wird.

Eine gängige Einteilung bestehender Führungstheorien unterscheidet zwischen

– *personalistischen* Ansätzen, die Persönlichkeitseigenschaften erfolgreicher Führungspersonen identifizieren wollen,

– *verhaltensorientierten* Ansätzen, die das Verhalten von Führungspersonen als Führungsstile untersuchen,

– *kontingenzorientierten* Ansätze, die Führungsverhalten in Abhängigkeit von Kontextfaktoren betrachten und

– *beziehungsorientierten* Ansätzen, die Führung als Interaktion zwischen Führer und Geführten definieren.

5.1.1 Der personalistische Ansatz

Der personalistische Ansatz sieht in den Persönlichkeitseigenschaften von Führern die zentrale Ursache des Führungserfolgs. Gesucht wird nach dem Persönlichkeitsprofil des erfolgreichen Führers. Nachdem zunächst nur schwache korrelative Beziehungen zwischen einigen wenigen Personenmerkmalen (Intelligenz, Selbstsicherheit, Dominanz, Leistungsorientierung) und Führungserfolg aufgewiesen werden konnten, verlor dieser Ansatz zunächst an Bedeutung. Inzwischen haben neuere Untersuchungen aber gezeigt, dass bestimmte Persönlichkeitsmerkmale der Führungsperson durchaus Einfluss auf die Leistung der Gruppe haben. Als weitgehend gesichert gilt, dass Intelligenz, eine positiv ausgeprägte Leistungsmotivation, eine positiv ausgeprägte Machtmotivation, Extraversion, Gewissenhaftigkeit und eine ausgeprägte internale Kontrollüberzeugung bedeutsame Merkmale effektiver Führer sind (Wegge & von Rosenstiel, 2007). Dem Vorbehalt, dass die meisten Befunde auf korrelativen Untersuchungen basieren und deshalb Aussagen über Ursache-Wirkungsrelationen nicht gemacht werden können, es also nicht klar ist, ob Führungskräfte diese Eigenschaften mitbringen oder ob nicht Inhaber von Führungspositionen über ihr Amt bestimmte Eigenschaften erwerben, stehen inzwischen die Befunde einiger Längsschnittuntersuchungen entgegen. So konnte etwa Winter (1991) die Bedeutung bestimmter Motivausprägungen zur Prognose des Führungserfolgs nachweisen.

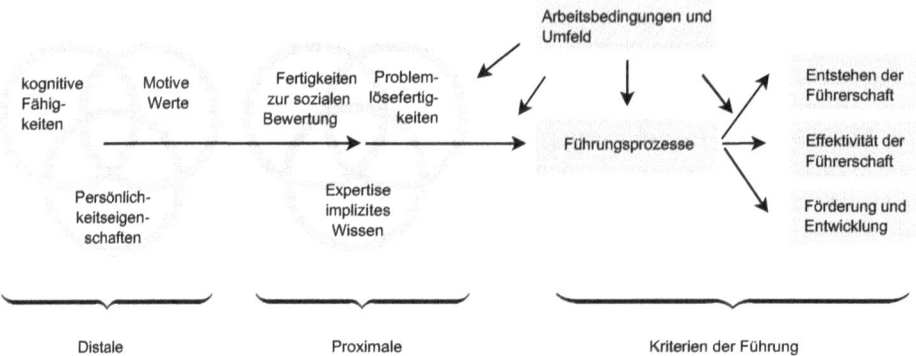

Abbildung 5.1: Modell der Führereigenschaften und der Führerleistung nach Zaccaro et al. (2004)

Trotzdem bleiben einige Probleme des personalistischen Ansatzes. Es ist zu wenig untersucht, auf welche Weise und vermittelt durch welche Verhaltensweisen und situativen Faktoren diese Persönlichkeitseigenschaften wirken. Wegge und von Rosenstiel fordern zudem, dass nicht nur die Dispositionen von Führern, sondern auch die Dispositionen der Geführten in die Betrachtung einbezogen werden müssen. Wie aus der Persuasionsforschung bekannt (siehe Kapitel 1) ist der Erfolg von Beeinflussungsversuchen auch von Merkmalen des Rezipienten abhängig. Außerdem ist es plausibel, dass unterschiedliche Personen als Geführte unterschiedliche Führungspersönlichkeiten und unterschiedliche Führungsweisen bevorzugen.

Auch der Ansatz des charismatischen Führers (beispielsweise House, Spangler & Woycke, 1991), der sich selbst eher einer beziehungsorientierten Position zuordnet (siehe unten), nimmt an, dass Persönlichkeitsmerkmale (etwa bestimmte Ausprägungen des Leistungs-, Affiliations- und Machtmotivs) von Führungspersonen zu der Bildung einer charismatischen Beziehung mit den Untergebenen beitragen und dass auf Seiten der Geführten eine gewisse Empfänglichkeit für diese Führungsweise vorhanden sein muss.

Neuere Ansätze sprechen lieber von einem Muster von persönlichen Eigenschaften, das eine effektive Führung über eine Bandbreite von gruppalen und organisationalen Situationen sichert (Zaccaro, 2007). Zaccaro, Kemp und Bader (2004) haben ein Modell der Führereigenschaften und der Führerleistung vorgestellt, das mit solchen Merkmalskombinationen arbeitet (siehe Abbildung 5.1). In diesem Modell werden distale und proximale Attribute unterschieden, die jeweils als Merkmalscluster Führungsprozesse und die Effektivität von Führern beeinflussen.

Zu dem distalen, relativ situationsunabhängigen Merkmalscluster gehören kognitive Fähigkeiten und soziale Kompetenzen, sowie Persönlichkeitsmerkmale (wie Extraversion, Risikobereitschaft, Offenheit) und Motive und Werte (sozialisierte Macht, Leistungsmotivation, Führungsmotivation), die sich alle in ihrer Wirkung auf eine effektive Führung wechselseitig beeinflussen können. So kann etwa eine hohe kognitive Fähigkeit zur Erfassung komplexer Zusammenhänge von einer Führungsperson nicht angemessen zur Lösung von Problemen eingesetzt werden, wenn sie zugleich geringe Ambiguitätstoleranz besitzt oder wenig leistungsmotiviert ist.

Proximale Eigenschaften sind Merkmale wie Problemlösefertigkeiten, Fertigkeiten zur sozialen Einschätzung und zur sozialen Interaktion sowie explizites und implizites Wissen. Die Effektivität dieser Attribute kann durch situative Faktoren beeinflusst werden, so dass ihre Bedeutung für effektive Führung variiert. Beispielsweise können die Zusammensetzung und die Kohäsion der Gruppe, Organisations- und Kommunikationsstrukturen oder das Ausmaß organisationaler Innovationsunterstützung das Führen einer Arbeitsgruppe erleichtern oder erschweren und zwar unabhängig von bestimmten Qualitäten der Führungsperson. Die spezifische Konstellation solcher situativer Faktoren gestaltet den Kontext, innerhalb dessen die Führungsperson agieren muss.

Das Modell beschreibt, wie distale und proximale Eigenschaften die Führungsleistung formen. Da ihr Einfluss unterschiedlich direkt ist, sind sie auch unterschiedlich für Interventionsmaßnahmen zur Entwicklung von Führungspersönlichkeiten geeignet. Distale Eigenschaften sind relativ immun gegen Interventionsmaßnahmen, dagegen bieten die proximalen Attribute gute Ansatzpunkte zur Förderung effektiven Führungsverhaltens.

5.1.2 Führungsstile – der verhaltensorientierte Ansatz

Größeres Gewicht auf die Verhaltensweisen von Führungspersonen legt die Forschung zu Führungsstilen. Ihr Ziel ist es, effektive Führung anhand von Verhaltensdimensionen von weniger effektiver Führung zu unterscheiden.

Entscheidend angeregt worden ist diese Forschung durch die Arbeiten Kurt Lewins und seiner Mitarbeiter über die Wirkung autoritärer und demokratischer Erziehungs- und Arbeitsatmosphären (Lewin, Lippitt & White, 1939). Die Untersuchung wurde mit Schulkindern, die nach dem Unterricht in Freizeitgruppen zusammenkamen, durchgeführt. Die Gruppen wurden von Erwachsenen geleitet, die Konföderierte des Versuchsleiters waren. Sie wurden in drei spezifischen Führungsstilen trainiert: autokratisch, demokratisch und laissez-faire. Jede Führungsperson blieb sieben Wochen bei einer Gruppe, dann wechselte sie die Gruppe und zugleich auch ihren Führungsstil.

- Beim autokratischen Führungsstil liegen alle Entscheidungen beim Führer, der auch festgelegt, wer mit wem zusammenarbeitet.
- Unter einem demokratischen Führungsstil trifft die Gruppe alle Entscheidungen unter Anregung und Betreuung durch den Führer.
- Ein Laissez-faire-Führer hält sich vom Gruppengeschehen fern, er stellt lediglich Arbeitsmaterial zur Verfügung und reagiert nur auf Anforderung.

Einige der wichtigsten Beobachtungen, die Lewin u. a. machten, bezogen sich auf die Gruppenatmosphäre, die Aggressivität der Kinder und die Produktivität der Gruppen.

Sie fanden, dass die Atmosphäre in den demokratisch geführten Gruppen freundlich, gruppenzentriert und aufgabenorientiert war. Außerdem war der demokratische Führer beliebter als die beiden anderen. Unter einem autokratischen Führer waren die Jungen aggressiver, ichzentrierter und stärker abhängig vom Führer. Der Laissez-faire-Führer war zwar gut gelitten, aber die Arbeitsmoral der Jungen ließ zu wünschen übrig. Die Produktivität der Gruppen war am höchsten bei einem autokratischen Führungsstil, aber nur solange der Führer anwesend war. Der demokratische Führungsstil war etwas weniger produktiv, dafür arbeiteten die Jungen aber auch in

Abwesenheit der Führungsperson. Die geringste Produktivität zeigten die Gruppen bei einem Laissez-faire-Führer.

In vielen Folgeuntersuchungen bestätigten sich im Großen und Ganzen diese Ergebnisse. Hinsichtlich der Effektivität ließen sich keine großen Unterschiede zwischen dem autokratischen und dem demokratischen Führungsstil feststellen, während der Laissez-faire-Führungsstil eindeutig unterlegen war. Die Beziehungen der Gruppenmitglieder untereinander und zu dem Führer waren jedoch bei einem demokratischen Führungsstil deutlich positiver als bei den beiden anderen.

Der Ansatz von Lewin et al. ist aber keineswegs nur von historischer Bedeutung. Die Unterscheidung in autokratische, demokratische und Laissez-faire-Führung findet weiterhin Anwendung, manchmal unter etwas anderen Bezeichnungen (etwa direktiv, partizipativ), durchaus aber auch in der klassischen Form. So untersuchten Van Vugt, Jepson, Hart und De Cremer (2004) etwa, welche Bedeutung die drei Führungsstile für die *Stabilität* einer Gruppe haben. Die Ergebnisse ihrer Experimente zeigen, dass ein autokratischer Führungsstil den Fortbestand von Gruppen ernsthaft gefährden kann. Das liegt nicht daran, dass die Gruppenmitglieder etwa mit den Ergebnissen der Führung unzufrieden waren, sondern daran, dass sie bei Entscheidungen zu wenig Einfluss nehmen können.

Bereits Bales (siehe Seite 115) hatte mit seiner Interaktionsprozessanalyse die Möglichkeit geboten, die verschiedenen Verhaltensweisen von Führungspersonen zu beschreiben. Der *mitarbeiterorientierte* Führer (oder auch sozialemotionale Führer) zeichnet sich – bei Anwendung der Kategorien der Interaktionsprozessanalyse – durch Verhaltensweisen aus, die verstärkt im Bereich positiver sozialemotionaler Reaktionen liegen. Er gibt Belohnungen, unterstützt, macht entspannende Bemerkungen. Der *aufgabenorientierte* Führer äußert seine Meinung, gibt Hinweise und Anweisungen, das heißt, er orientiert und lenkt.

Diese beiden Führungsstile finden sich auch in den Untersuchungen der sogenannten Ohio-Gruppe, einer Gruppe von Wissenschaftlern an der Ohio-State-Universität, die Anfang der fünfziger Jahre ein großes Projekt über Führungsverhalten betreuten. *Consideration* (Personenorientierung) kennzeichnet das Ausmaß, in dem Führungspersonen sich um das Wohlbefinden der Mitarbeiter kümmern, sich für sie einsetzen und sozial unterstützen. *Initiating Structure* (Aufgabenorientierung) kennzeichnet das Ausmaß, in dem Führungspersonen auf die Etablierung und Überprüfung klarer Leistungsstandards und auf die Festlegung und Einhaltung von Regeln ausgerichtet sind (Fleishman, 1953).

Zur Erfassung der Führungsstile wurden sehr aufwendig zwei Fragebögen konstruiert. Der *Leader Behavior Description Questionnaire* (LBDQ) wird zur Fremdeinschätzung des Verhaltens von Führungspersonen (etwa durch Mitarbeiter) eingesetzt. („Er lässt es Untergebene wissen, wenn sie gute Arbeit geleistet haben.", „Er setzt klare Leistungserwartungen.", „Er kümmert sich individuell um die Untergebenen.", „Er kümmert sich um das Wohlbefinden der Untergebenen.") Mit dem *Leader Opinion Questionnaire* (LOP) beschreiben die Führungspersonen sich selbst. Trotz einer umfangreichen Forschung konnten aber kaum gesicherte Zusammenhänge zwischen Führungsstil und Führungserfolg aufgewiesen werden. Am besten gesichert ist noch ein positiver Zusammenhang zwischen dem personenorientierten Stil *Consideration* und der Mitarbeiterzufriedenheit.

Im *Verhaltensgitter* von Blake und Mouton (1982) bilden Mitarbeiterorientierung und Aufgabenorientierung die beiden Achsen, auf denen die Ausprägung der beiden Führungsstile abgetragen wird. Diese Achsen sind durch Orientierung an den Interessen der Mitarbeiter bzw. durch Orientierung an eigenen Interessen charakterisiert. Das Führungsverhalten wird durch ein Zahlenpaar ausgedrückt, das die Ausprägungen (von 1 bis 9) auf den beiden Dimensionen wiedergibt. 1/9 würde z. B. eine niedrige Mitarbeiter- bei gleichzeitig hoher Aufgabenorientierung bedeuten. Der optimale Führungsstil hat hohe Ausprägungen sowohl in der Mitarbeiterorientierung als auch in der Aufgabenorientierung. Ob ein solcher Führungsstil in der Praxis ohne Weiteres realisierbar ist, ist zu bezweifeln, da Konflikte zwischen den Anforderungen der Aufgabe und den Forderungen der Mitarbeiter wahrscheinlich sind.

Nur wenige Autoren verlassen die prinzipielle Aufteilung von Führungsverhalten in Mitarbeiter- und Aufgabenorientierung. Lindell und Rosenqvist (1992) stellten die Frage, ob diese Zweiteilung noch zeitgemäß sei und die Anforderungen an Führungskräfte noch angemessen abbilde. Neben Mitarbeiterführung und Aufgabenbewältigung kommen zunehmend auch *Probleme der Weiterentwicklung und Veränderungen* zu den Aufgaben von Führungskräften hinzu. Zwar sind diese Aspekte in Ansätzen auch schon in den bisherigen Beschreibungen von Führungsverhalten enthalten, z. B. in Items des oben erwähnten LBDQs („Er entwickelt neue Zugänge zu Problemen.", „Er ermutigt die Mitglieder, neue Aktivitäten zu starten."). Sie bilden dort aber keine eigenständige Dimension. In einer Untersuchung mit mehr als 500 Personen (Führungskräften und Nicht-Führungskräften) konnten Lindell und Rosenqvist zeigen, dass die Einbeziehung einer Entwicklungsorientierung das Führungsverhalten insgesamt besser abbildet als ein Modell mit nur den beiden traditionellen Dimensionen. Entwicklungsorientierung ist gekennzeichnet durch Verhaltensweisen wie Eingehen von Risiken, Entwicklung von Visionen und Aktionen und Zielsetzung und Rückmeldung.

5.1.3 Der kontingenztheoretische Ansatz

Ein Defizit der eigenschaftsorientierten und verhaltensorientierten Ansätze liegt in der Nichtberücksichtigung situativer Anforderungen an das Verhalten von Führungspersonen. Dies wollen die kontingenztheoretischen Ansätze beheben. Einer der ersten ist das Kontingenzmodell der Führung von F. E. Fiedler (1978). Das Modell geht davon aus, dass sich Führungsverhalten in den Einstellungen der Führungsperson gegenüber den Mitarbeitern manifestiert. Besonders aussagekräftig sei die Einstellung des Führers zu der Person, die er bisher am wenigsten in der Zusammenarbeit geschätzt hat, dem sogenannten „least preferred coworker" (LPC). Diese Einstellung wird als LPC-Wert erfasst, indem die Führungskraft diese Person hinsichtlich bestimmter Eigenschaften einschätzt. Eine vergleichsweise positive Einschätzung dieser an sich wenig geschätzten Person spiegelt sich in einem hohen LPC-Wert wider, eine negative Einschätzung in einem niedrigen. Ein hoher LPC-Wert ist einer Mitarbeiterorientierung ähnlich, ein niedriger Wert der Aufgabenorientierung. Fiedler nimmt nun an, dass die Gruppenleistung abhängig ist von dem Zusammenpassen von Führungsstil und Gruppensituation. Ist die Gruppensituation für den Führer günstig, kann er Einfluss auf die Gruppenmitglieder nehmen.

Die Günstigkeit der Gruppensituation ist abhängig von drei Faktoren:

- den persönlichen Beziehungen zwischen Führer und Mitarbeitern,
- dem Grad der Strukturiertheit der Aufgabe und
- von der Macht und den Sanktionsmöglichkeiten, mit denen die Führungsposition ausgestattet ist.

Diese drei Faktoren werden in dem Modell in jeweils zwei Ausprägungen (hoch versus niedrig) abgebildet und miteinander kombiniert, so dass sich acht Situationskonstellationen ergeben (siehe Abbildung 5.2).

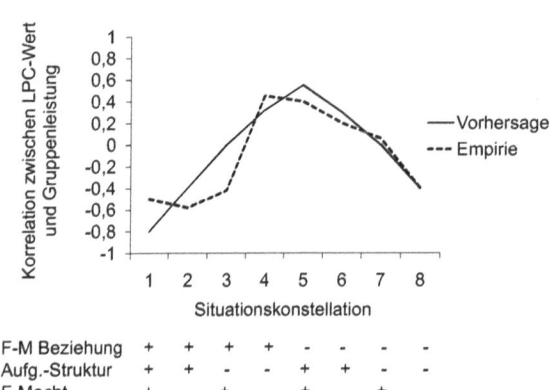

Abbildung 5.2: Das Kontingenzmodell nach F. E. Fiedler (1964)

Das Modell sagt voraus, dass Mitarbeiterorientierung vor allem bei mittelgünstigen Situationen erfolgreich ist. Dies ist etwa dann der Fall, wenn eine gute Führer-Mitarbeiter-Beziehung zusammenfällt mit einer geringen Aufgabenstrukturiertheit und wenig Positionsmacht, oder wenn viel Positionsmacht, gute Aufgabenstrukturiertheit und eine eher schlechte Beziehungen zwischen Führer und Mitarbeitern vorliegen. Bei sehr günstigen oder sehr ungünstigen Situationskonstellationen ist eher ein aufgabenorientierter Führungsstil effektiv.

Obwohl viele empirische Überprüfungen das Modell in großen Teilen bestätigt haben, dies zeigt beispielsweise die Meta-Analyse von Peters, Hartke und Pohlmann (1985), bleiben einige Aspekte offen. Das Kontingenzmodell von Fiedler ist noch relativ statisch, da es zum einen den Führungsstil als stabiles Merkmal von Führungspersonen ansieht und zum anderen nur drei Situationsaspekte berücksichtigt. Etwas flexibler sind Weg-Ziel-Theorien (House, 1971, 1996) und entscheidungsorientierte Theorien.

Als Beispiel für diese Theorien soll das normative (oder auch partizipative) Entscheidungsmodell von Vroom und Jago (Vroom & Yetton, 1973; Vroom & Jago, 1978, 1995) dargestellt werden. In diesem Modell werden fünf Führungsstile berücksichtigt, die sich in dem Ausmaß, in denen die Gruppe bei der Entscheidungsfindung einbezogen wird, unterscheiden. Der Aufbau des Modells ist in Box 5.1 auf der nächsten Seite skizziert.

Um zu entscheiden, welcher der Stile am besten den Anforderungen der Situationen entspricht, müssen sieben situative Faktoren berücksichtigt werden, die sich die Führungsperson als Fragen vergegenwärtigen kann.

- Q1 *Bedeutsamkeit der Entscheidung*: Wie wichtig ist die Entscheidung für den Erfolg des Projekts und der Organisation.
- Q2 *Expertise des Führers*: Wie groß ist das Wissen und die Expertise des Führers in Bezug auf dieses Problem.
- Q3 *Expertise der Gruppe*: Wie groß ist das Wissen und die Expertise der Gruppenmitglieder in Bezug auf dieses Problem.
- Q4 *Wichtigkeit des Commitments*: Wie wichtig ist es, dass die Gruppenmitglieder sich der Entscheidung verpflichtet fühlen.
- Q5 *Wahrscheinlichkeit des Commitments*: Wie groß ist die Wahrscheinlichkeit, dass das Team sich an eine Entscheidung gebunden fühlt, die der Führer alleine getroffen hat.

Es werden fünf Führungsstile unterschieden, die den Entscheidungsraum für die Führungsperson und die Gruppe bestimmen. Die Positionen der Führungsstile auf der Skala wurden durch Experteneinschätzung gewonnen.

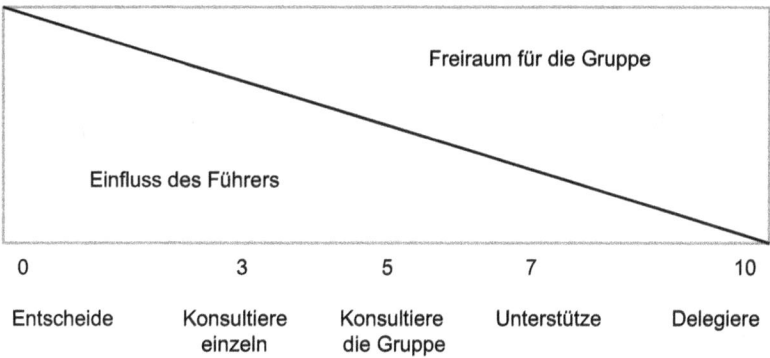

Entscheide: Treffe die Entscheidung allein und verkünde sie der Gruppe.

Konsultiere einzeln: Stelle das Problem den Gruppenmitgliedern einzeln vor, höre ihre Vorschläge und treffe daraufhin die Entscheidung.

Konsultiere die Gruppe: Stelle das Problem der Gruppe in einem Meeting vor, höre ihre Vorschläge und treffe daraufhin die Entscheidung.

Unterstütze: Stelle das Problem der Gruppe in einem Meeting vor. Handle als Moderator. Definiere die Grenzen, innerhalb derer die Entscheidung getroffen werden muss. Lass sie an einer Entscheidung mitwirken. Achte darauf, dass deine Ideen nicht höher gewichtet werden als die der anderen, nur weil du eine höhere Position hast.

Delegiere: Erlaube der Gruppe, die Entscheidung innerhalb bestimmter Grenzen zu treffen. Die Gruppe übernimmt die Identifikation des Problems, die Entwicklung alternativer Lösungsmöglichkeiten und die Entscheidung über eine Lösungsmöglichkeit. Du greifst nur ein, wenn du explizit darum gebeten wirst. Deine Rolle ist es, im Hintergrund die notwendigen Ressourcen zur Verfügung zu stellen und zu motivieren.

Das Kontinuum, auf dem die Führungsstile lokalisiert sind, kann mit den Polen autokratische und partizipative Entscheidung gekennzeichnet werden. Das Modell wird daher auch partizipatives Entscheidungsmodell genannt.

Die Führungsstile werden innerhalb eines Entscheidungsbaums eingesetzt. Die Auswahl und der Einsatz der Führungsstile erfolgt aufgrund einer Situationsanalyse, in der die wichtigsten Kriterien das Commitment der Mitarbeiter hinsichtlich der Entscheidung und ihre Kompetenz und Expertise sind.

Box 5.1: *Führungsstile im normativen Entscheidungsmodell nach Vroom (2000)*

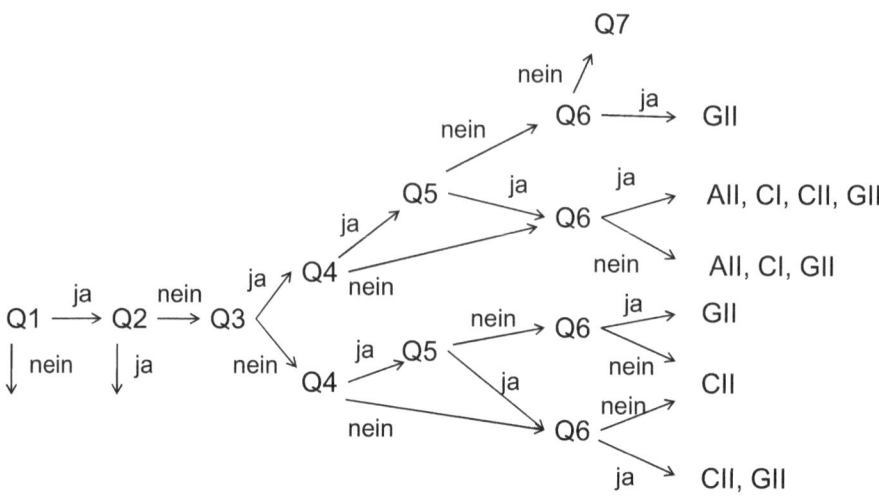

Q1: Ist die Entscheidung für den Erfolg der Organisation wichtig?
Q2: Stehen genügend Informationen zur Verfügung?
Q3: Hat die Gruppe Expertise in Bezug auf das Problem?
Q4: Ist die Akzeptanz durch die Mitglieder wichtig?
Q5: Werden die Mitglieder die Entscheidung akzeptieren?
Q6: Teilen die Mitglieder die übergeordneten Ziele der Gruppe?
Q7: Wird ein Konflikt zwischen den Mitgliedern entstehen?

AI: Entscheide
CI: Konsultiere einzeln
AII: Konsultiere die Gruppe
CII: Unterstütze
GII: Delegiere

Abbildung 5.3: Ausschnitt aus einem Entscheidungsbaum nach Vroom und Jago (1995)

- Q6 *Zielunterstützung durch die Gruppe*: In welchem Maße unterstützt das Team die Ziele der Organisation, um die es in diesem Problem geht.

- Q7 *Teamkompetenz*: Wie groß ist die Fähigkeit der Gruppenmitglieder, gemeinsam an der Lösung von Problemen zu arbeiten.

Die Antworten auf diese Fragen ergeben Muster von situativen Konstellationen, für die nach dem normativen Entscheidungsmodell jeweils bestimmte Führungsstile angemessen sind.

Abbildung 5.3 stellt einen Ausschnitt aus einem solchen Entscheidungsbaum dar (Vroom & Jago, 1995).

- Treffen einer Entscheidung, ohne jemanden zu konsultieren. (A1 Entscheide)

- Diskussion des Problems mit Mitarbeitern auf einer eins-zu-eins Basis, aber die Entscheidung allein treffen. (C1 Konsultiere einzeln)

- Heranziehen einiger Ideen und Informationen von Mitarbeitern, aber die Entscheidung allein treffen. (A11 Konsultiere die Gruppe)

- Diskussion auf kollektiver Ebene, aber Vorbehalt, die Entscheidung allein zu treffen. (C11 Unterstütze)

5.1 Führung

– Gemeinsamer Lösungsversuch mit nach Möglichkeit konsensualer kollektiver Entscheidung. (G11 Delegiere)

Vroom (2000) unterscheidet kurzfristige Modelle, in denen es darum geht, effektive Entscheidungen mit minimalen Kosten zu treffen, und eher langfristige Modelle in denen es darum geht, effektive Entscheidungen mit maximaler Entwicklungsmöglichkeit für die Mitarbeiter zu treffen.

Die Validität des Modells ist mehrfach mit unterschiedlichen Methoden empirisch überprüft und weitgehend bestätigt worden. In einer experimentellen Untersuchung von Field (1982) hatten Gruppen von drei Personen, von denen eine die Rolle der Führungsperson zugewiesen bekam, verschiedene Probleme zu lösen. Diese Probleme waren so konstruiert, dass sie die verschiedenen Pfade des Vroom-Yetton-Modells repräsentierten. Die Gruppenteilnehmer erhielten Beschreibungen des Problems, in denen auch ihre Rolle entsprechend des jeweiligen Pfades charakterisiert war. Die Führungsperson erhielt zudem noch eine Beschreibung des Entscheidungsprozesses, der für das jeweilige Problem angewandt werden sollte. Eine weitere Person beobachtete das Verhalten der Führungsperson und schätzte ein, welchen Führungsstil sie tatsächlich am ehesten realisierte. Ein unabhängiger Beurteiler schätzte zum Schluss die Qualität der Entscheidung ein. Die Ergebnisse zeigen, dass 49 % der Entscheidungen, die nach dem vorgegebenen Entscheidungspfad getroffen worden waren, erfolgreich waren, aber nur 36 % der von dem vorgegebenen Pfad abgewichenen Entscheidungen.

Paul und Ebadi (1989) untersuchten in einer Feldstudie 36 Abteilungen eines großen Verkaufshauses. Sie überprüften zunächst mit den Problembeschreibungen des Vroom-Yetton-Modells, inwieweit die das Verhalten der Führungskräfte mit den Entscheidungspfaden und den vorgeschlagenen Führungsstilen übereinstimmte. Auf dieser Grundlage teilten sie die Abteilungen in eine Gruppe mit hoher Übereinstimmung und in eine Gruppe mit niedriger Übereinstimmung mit dem Vroom-Yetton-Modell auf. Ferner wurde die Arbeitszufriedenheit der Untergebenen durch einen Fragebogen und ihre Produktivität durch Beobachtung erfasst. Die Führungskräfte mit einem Entscheidungsstil, der dem Modell entsprach, hatten produktivere und auch zufriedenere Mitarbeiter. Duncan, LaFrance und Ginter (2003) wendeten das Modell retrospektiv auf das Führungs- und Entscheidungsverhalten militärischer Kommandanten während des Bürgerkriegs in Amerika an. Auch hier zeigte sich, dass die Kommandanten zwar insgesamt einen autokratischen Stil bevorzugten, dass diejenigen aber, die sich entsprechend den Vorgaben des Vroom-Yetton-Modells verhielten, erfolgreicher die Ziele der jeweiligen Schlachten bewältigt hatten.

Trotz der positiven Validierungsergebnisse wird das Modell in der Praxis nicht richtig akzeptiert. Die Nachteile dieses Modells liegen darin, dass praktisch für jede Entscheidung ein großer analytischer Aufwand getrieben werden muss. Oft müssen in der Praxis mehrere Entscheidungen zeitgleich oder zeitnah getroffen werden, die voneinander abhängen. Das Modell ist aber bisher nur für eine Entscheidungssituation ausgelegt. Außerdem berücksichtigt es nicht in genügendem Maße, dass die Fähigkeiten und Fertigkeiten der Gruppenmitglieder und die Fertigkeiten, mit denen der Entscheidungsprozess durchgeführt wird, einen großen Einfluss auf die Effektivität der Entscheidung haben können (Field, 1982).

Ähnliche Überlegungen führten Kerr und Jermier (1978) dazu, Substitute für Führung zu untersuchen. Substitute sind bestimmte Merkmale von Personen, Aufgaben und Organisationen, die den Versuch der Einflussnahme von Führungspersonen auf die Geführten, ihre Einstellungen und ihre Produktivität unwirksam machen können. Auf Seiten der Mitarbeiter können dies die Variablen Fähigkeit, Erfahrung, Wissen, Bedürfnis nach Unabhängigkeit, Sachorientierung oder Gleichgültigkeit gegenüber Belohnungen durch die Organisation sein. Bei den Aufgaben sind es Merkmale wie Routinemäßigkeit, methodische Gleichförmigkeit, aber auch ein intrinsischer Belohnungswert. Entsprechende Merkmale der Organisation sind vor allen Dingen der Formalisierungsgrad, Inflexibilität und das Regelnetzwerk. Wenn alles bis ins Detail geregelt und vorgeschrieben ist, bedarf es keiner zusätzlichen Anweisung durch eine Führungsperson. Die Befunde empirischer Überprüfungen der Substitutionsannahme sind widersprüchlich (Podsakoff & MacKenzie, 1997). Die Annahme, dass Führungssubstitute die Beziehung zwischen Führungsverhalten und Führungseffektivität moderieren, konnte nicht bestätigt werden. Merkmale von Mitarbeitern, Aufgaben und Organisationen können Einfluss auf die Produktivität nehmen, aber zusätzlich zur und nicht an Stelle von Führung.

5.1.4 Beziehungsorientierte Ansätze

Keine der bisher dargestellten Theorien berücksichtigt in irgendeiner Weise die Interaktionen, die zwischen Führenden und Geführten stattfinden. Dementsprechend wird auch nur eine Richtung der Einflussnahme gesehen, die von oben nach unten, von der Führungsperson auf die Mitarbeiter. Die erste Theorie, die überhaupt eine wechselseitige Beeinflussung annimmt, ist die Leader-Member-Exchange-Theorie (LMX-Theorie, Graen & Uhl-Bien, 1995). Ihr liegt die Vorstellung zugrunde, dass Führung nicht ein Konzept ist, das jeweils für die Beziehung zwischen Führungsperson und der Gesamtheit der Mitarbeiter gilt, sondern dass es sich um verschiedene dyadische Beziehungsstrukturen handelt. Die Art und die Qualität der dyadischen Beziehungen sind entscheidend für die Leistung der Mitarbeiter, ihre Zufriedenheit und Bindung an die Organisation. Führungskräfte bauen zu jedem Mitarbeiter eine qualitativ spezifische Beziehung auf, je nach ihrer Einschätzung hinsichtlich Kompetenz und Motivation. Führungskräfte sollten allerdings versuchen, zu möglichst allen Gruppenmitgliedern qualitativ hochwertige Beziehungen aufzubauen, da dies eine erfolgreiche Führung der Gruppe erleichtert. Die Entwicklung der dyadischen Beziehungen verläuft in drei Phasen, siehe dazu Abbildung 5.4 auf der nächsten Seite.

– Zu Beginn der Interaktion stehen sich gleichsam Fremde gegenüber, deren Beziehung nach elementaren Austauschprinzipien gestaltet ist (Norm der unmittelbaren Reziprozität, Cash-and-Carry-Entlohnung, Verhalten nach Eigeninteresse).

– In der nächsten Phase handelt es sich um Interaktionen zwischen Bekannten, die, da sich bereits eine gewisse Vertrauensgrundlage herausgebildet hat, nicht mehr auf eine unmittelbare Vergütung für Leistungen bestehen, sondern in der sich auch gemischte (aus unterschiedlichen Ressourcen bestehende) Belohnungsstrukturen entwickeln.

– Das Ziel der dritten Phase ist die reife Beziehung, in der nicht-monetäre Entlohnungen wichtig sind, in der wechselseitiger Einfluss und reziproker Nutzen gelten. Das anfängliche Eigeninteresse ist in dieser Phase zu einem Gruppeninteresse geworden.

In einer Metaanalyse untersuchten Gerstner und Day (1997), inwieweit in den verschiedenen Studien die Vorhersagen der Theorie bestätigt worden sind. Hinsichtlich der Annahmen, dass mit der Qualität der dyadischen Beziehungen die Arbeitszufriedenheit und die Bindung an die Organisation wachsen, ist dies der Fall. In Bezug auf die Leistung ist das Bild etwas differenzierter. Die subjektiven Leistungsbeurteilungen der Mitarbeiter durch die Führungskraft und

5.1 Führung

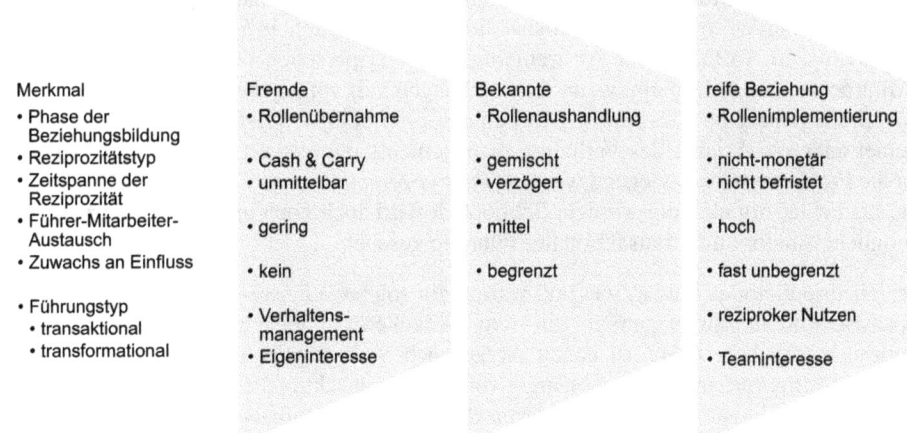

Abbildung 5.4: Lebenszyklus der Führungsgestaltung nach Graen und Uhl-Bien (1995)

durch die Mitarbeiter selbst zeigten positive Korrelationen mit der Qualität der Beziehungen. Objektive Leistungskriterien (z. B. Verkaufszahlen, Umsatz) bestätigen dies aber nicht in gleicher Weise.

Die LMX-Theorie sieht zwei mögliche Führungsstile, die zu unterschiedlichen Ausformungen in der dritten Phase führen. Der *transaktionale* Führungsstil beginnt mit einseitig gerichtetem Verhaltensmanagement und mündet in einer reziproken Belohnungsstruktur. Durch den *transformationalen* Führungsstil wird eine Umwandlung des ursprünglichen Eigeninteresses in ein Teaminteresse vollzogen. Prinzipiell sollten beide Führungsstile beherrscht werden und zur Anwendung kommen. Die Unterscheidung und Operationalisierung des transformationalen und transaktionalen Führungsstils ist vor allem von Bass und Avolio (Bass & Avolio, 1994; Bass, 1999; Bass, Avolio, Jung & Berson, 2003) vorangetrieben worden.

Der Grundgedanke transaktionaler Führung scheint in drei Theorien verankert zu sein.

– Von der Austauschtheorie (siehe Kapitel 1) stammt die Überlegung, dass die Beziehung zwischen Führer und Geführten auf Kosten-Nutzen-Kalkulationen basiert. Die von der Führungsperson angeforderten Leistungen müssen eine entsprechende Belohnung erfahren. Belohnungen sind dabei extrinsischer Art (Geld, Weiterbildung, Beförderung).

– Gerechtigkeitstheorien (siehe Kapitel 1) spielen eine Rolle bei der Bewertung der Investitionen und Ergebnisse. Distributive und prozedurale Gerechtigkeit sind notwendig, um eine gute Beziehung zwischen Führenden und Geführten zu ermöglichen.

– Die Weg-Ziel-Theorie liefert den Rahmen für Handlungsanweisungen an den Führenden, der den Mitarbeitern aufweisen muss, auf welchem Wege sie für sie wichtige Belohnungen erreichen können.

Transaktionale Führung ist durch verschiedene Komponenten charakterisierbar. Nach dem Prinzip der leistungsabhängigen Belohnung (*Contingent Reward*) klären Führungspersonen die wechselseitigen Erwartungen, belohnen die Unterstützung durch die Mitarbeiter mit Versprechen und Ressourcen, treffen Abkommen, die für beide Seiten zufriedenstellend sind, geben Unterstützung im Austausch für Anstrengung. Führungspersonen beobachten die Leistungen der Mitarbeiter und greifen ein, wenn Abweichungen von vorgegebenen Prozeduren auftreten (*Active Management by Exception*). Um Fehler zu vermeiden, verstärken sie das Regelwerk. Bei einer anderen Variante des Verhaltensmanagements interveniert die Führungsperson erst, wenn die Probleme schwerwiegend werden (*Passive Management by Exception*). Sie wartet solange, bis Fehler offenkundig werden. Schließlich wird auch noch ein Laissez-faire-Verhalten als mögliche Ausformung transaktionaler Führung gesehen.

In der Theorie bleibt es unklar, wie und warum ein solches Laissez-faire-Verhalten oder auch das passive Verhaltensmanagement mit dem Gedanken der leistungsabhängigen Belohnungen zusammenhängen, zumal es genau hierzu auch Studien gibt, die passives Management und Laissez-faire-Verhalten als unabhängig von einem transaktionalen Führungsstil sehen (vgl. Yukl, 1999). Die Intention liegt wohl darin, den bisherigen aufgaben- oder personenbezogenen Modellen eine neue Art der Führer-Geführten-Beziehung entgegenzustellen, in der es um Visionen, Symbolik und Aufopferung geht, den transformationalen Führungsstil.

Ziel des transformationalen Führungsstils ist es, die Geführten so zu „verwandeln", dass sie ihr Eigeninteresse zugunsten der Vorstellungen und Ziele der Führungsperson zurückstellen.

Vier Komponenten beschreiben den transformationalen Führungsstil.

– Idealisierter Einfluss (Charisma): Führungspersonen verkünden Überzeugungen, betonen Vertrauen, beziehen einen Standpunkt, legen ihre Werte offen, betonen die Wichtigkeit von Commitment und die ethischen Konsequenzen von Entscheidungen. Solche Führungspersonen werden bewundert und dienen als Modelle.
– Inspirierende Motivation: Führer artikulieren herausfordernde Zukunftsvisionen, fordern die Mitarbeiter mit hohen Standards, verbreiten Optimismus und Enthusiasmus und muntern auf, das zu tun, was getan werden muss.
– Intellektuelle Stimulation: Führer stellen alte Annahmen, Traditionen und Überzeugungen infrage, stimulieren die Entwicklung neuer Perspektiven, Ideen und Begründungen.
– Individualisierte Beachtung: Führer behandeln die Mitarbeiter als Individuen, beachten ihre individuellen Bedürfnisse, Fähigkeiten und Erwartungen, fördern ihre Entwicklung. Dieser Aspekt wird unter anderem in Führungsansätzen, die mit individuellen Zielvereinbarungen arbeiten, aufgegriffen.

Natürlich besteht in der Theorie die Erwartung, dass transformationale Führung zu besseren Leistungen und Ergebnissen führt als ein transaktionaler Führungsstil. Und viele Untersuchungen in unterschiedlichen Bereichen haben dies auch bestätigt. Metaanalysen und neuere Arbeiten zeichnen aber ein etwas differenzierteres Bild. In einer der seltenen experimentellen Studie untersuchten Hoyt und Blascovich (2003) die Wirkung einer transaktionalen versus transformationalen Führung in drei unterschiedlichen Arbeitsumgebungen (Face-to-Face, nur auditive Kommunikation, virtuelle Kommunikation). Sie fanden, dass Gruppen unter transaktionaler Führung quantitativ mehr Leistung bringen, dass aber unter transformationaler Führung die Qualität der Leistung besser ist. Auch die Zufriedenheit mit der Führung und der Zusammenhalt der Gruppe waren bei transformationaler Führung höher.

5.1 Führung

Die Metaanalyse von Lowe, Kroeck und Sivasubramaniam (1996) gliedert die Effekte nach den verschiedenen Komponenten der beiden Führungsstile auf. Lowe et al. bestätigen zwar, dass von den Aspekten der transformationalen Führung der idealisierte Einfluss die Variable ist, die den stärksten Zusammenhang mit Führungseffektivität aufweist. Aber sie weisen zugleich darauf hin, dass dieser Zusammenhang stärker ist, wenn subjektive Einschätzungen durch die Mitglieder als Kriterium genommen werden, als wenn objektive organisationale Kriterien verwendet werden.

Ähnliches gilt für die individualisierte Beachtung. Intellektuelle Stimulation erwies sich als ein besonders interessanter Aspekt. Wider Erwarten spielt intellektuelle Stimulation auf allen Ebenen von Führung eine große Rolle und nicht nur in höheren Führungsebenen. Und dabei zeigt sich, dass Führer, die es verstehen, ihre Mitarbeiter intellektuell zu stimulieren, nicht nur in der Wahrnehmung ihrer Mitarbeiter effektiv sind, sondern auch bei objektiven Produktivitätskriterien.

Von den Komponenten der transaktionalen Führung hatte die leistungsabhängige Belohnung den größten Einfluss auf die wahrgenommene Führungseffektivität, während Management-by-Exception ohne Bedeutung ist. Letztlich ist es empfehlenswert, Elemente beider Führungsstile je nach den Anforderungen von Situationen und Aufgaben einzusetzen.

Transformationale und transaktionale Führungsstile werden in verschiedenen Organisationen unterschiedlich eingesetzt. In öffentlichen Organisationen ist häufiger transformationale Führung zu finden als in privaten Firmen.

Der Aspekt des idealisierten Einflusses hat sich in gewisser Weise verselbständigt und ist zum Kernpunkt charismatischer Führungstheorien geworden. Doch was ist Charisma? Einige Theorien sehen Charisma darin, dass die Geführten dem Führer außerordentliche Qualitäten attribuieren, wobei diese Zuschreibungen durch Merkmale des Führers und der Geführten sowie durch situative Merkmale bestimmt werden. Bei diesen Ansätzen stellt sich die Frage, inwieweit hier nicht doch wieder ein alter personalistischer Gedanke zum Tragen kommt. Andere Theorien definieren charismatische Führung durch die Art und Weise, wie die Führungsperson die Einstellungen und Motivationen der Geführten beeinflusst, unabhängig davon, ob diese sie als außergewöhnlich ansehen.

Yukl (1999, S. 294) hält es für sinnvoll, Charisma als Merkmalszuschreibungen durch Geführte, die sich stark mit der Führungsperson identifizieren, zu definieren. Damit wird auch deutlich, dass ein Führer, der für eine Gruppe von Personen charismatisch ist, diese Wirkung auf andere nicht haben muss.

Schauen wir uns einmal ein Beispiel für ein (verbales) Verhalten an, das einige der Kriterien charismatischen Führungsverhaltens, so wie sie beispielsweise von Bass (1998) oder Conger (1989) aufgelistet werden, realisiert.

Charismatische Führer

- überzeugen andere von der eigenen Kompetenz:

    „Aber ich möchte ein zweites in Richtung der Opposition sagen: Man weist ja zurecht immer darauf hin, und ich will das auch unseren Menschen sagen, was meine Erfahrungen hier als Außenminister in den sechseinhalb Jahren sagt: Man weist zurecht immer darauf hin, wir sind stolz darauf, wie viele Arbeitsplätze hier erhalten und geschaffen werden."

– sprechen ideologische Ziele für die Gruppe aus:

„Meine lieben Freundinnen und Freunde, ich möchte an euch appellieren: Zieht euch diese Vorwürfe nicht an! Die Partei muss sich für ihre Politik der Menschenrechtsorientierung, der Weltoffenheit, der Toleranz nicht verstecken. Dafür müsst ihr euch nicht verstecken, im Gegenteil! Ganz im Gegenteil!"

– verknüpfen die Aufgaben mit allgemein geteilten Werten und Idealen:

„Wir Grünen müssen Freiheit und Sicherheit im zusammenwachsenden Europa natürlich auch immer wieder versuchen neu zu bestimmen. Freiheit und Sicherheit. Wir können uns dieser Debatte nicht entziehen, wobei ich das jetzt nicht sage, geht in Richtung Sicherheit, da ist es sicherer, im Gegenteil, diese Partei steht vor allem für Freiheit, für Menschenrechte, für Minderheitenschutz. Das ist unsere Rolle auch im Parteiensystem, die sollten wir uns weder durch solche Kampagnen, noch durch etwas anderes nehmen lassen. Das ist eine Kernaufgabe der Grünen Partei."

– geben ein positives Beispiel und halten zur Nachahmung an:

„Dazu, liebe Freundinnen und Freunde, wer mich kennt, zum Wegducken tauge ich nicht. Zum Weglaufen auch nicht, aber ich musste mir erst selbst Klarheit in der Sache verschaffen. Und lasst mich hier beginnen mit den Vorwürfen an die Partei, bevor ich sehr klar zu meiner Verantwortung komme ... Ihr müsst euch nicht wegducken. Ihr müsst euch nicht entschuldigen und schon gar nicht für meine Fehler. Für die habe ich geradezustehen."

– sprechen hohe Erwartungen an die Leistung aus und zeigen zugleich Zuversicht in die Leistungsfähigkeit der Mitarbeiter:

„Wenn wir diese Herausforderung annehmen, wenn wir diese Herausforderung annehmen, und zwar selbstbewusst, und ich sage das auch in Richtung des Koalitionspartners, weil ich auch für Rot-Grün kämpfe, wenn wir diese Herausforderung selbstbewusst annehmen, wenn wir uns nicht wegducken, sondern offensiv in diese Auseinandersetzung reingehen, dann bin ich mir sicher, dann wird Nordrhein-Westfalen erneut Rot-Grün gewonnen werden."

(Alle Zitate stammen aus einer Rede des ehemaligen deutschen Außenministers Joseph Fischer auf dem Parteitag der Grünen im Februar 2005.)

Charismatische (transformationale) Führung hat aber nicht nur positive Wirkungen, sie birgt auch Gefahren. Um einige zu nennen: Charismatische Führer können ihre Anhänger manipulieren und für ihre eigenen Bedürfnisse benutzen. Sie können ihr Charisma für destruktive Zwecke einsetzen und so der Organisation schaden. Die Identifikation mit der Führungsperson kann eine entsprechende Minderung der Identifikation mit der Organisation nach sich ziehen. Die zum Kreis der Führungspersonen gehörenden Mitarbeiter können ein Ingroup-Gefühl entwickeln, dass zur Abwertung aller derjenigen führt, die nicht zum Kreis der Ausgewählten gehören. Bass und Steidlmeier (1999) betonen daher, dass echte transformationale wie auch transaktionale Führung auf moralischen Grundfesten basiert (basieren sollte).

Auch das Führungsmodell der sozialen Identitätstheorie zielt letztlich auf einen charismatischen Führer. Anders als die vorher dargestellten Theorien sieht die soziale Identitätstheorie Führung aber als Ergebnis von Gruppenprozessen. Die Selbstkategorisierungstheorie als Teil der sozialen Identitätstheorie sieht Führer als Individuen, die, oft aufgrund ihres Ansehens und

5.1 Führung

ihrer Macht, einen überproportionalen Einfluss auf die Einstellungen, Verhaltensweisen und das Schicksal der Ingroup-Mitglieder haben. Da das Bestreben nach sozialer Identität und positiver Distinktheit (in Abgrenzung von der Outgroup) aber bedeutet, sich mit den Werten, Einstellungen und Verhaltensweisen der eigenen Gruppe zu identifizieren und mit ihnen konform zu gehen, muss eine Person, die den übrigen Gruppenmitgliedern in diesen Aspekten Anweisungen geben kann und Vorbild ist, genau diese Werte, Einstellungen und Verhaltensweisen in besonderem Maße verkörpern.

Ein Führer ist also dasjenige Gruppenmitglied, das die Gruppenposition prototypisch besetzt, da dies die Position ist, mit der die meisten Gruppenmitglieder konform gehen.

Prototypen sind jedoch kontextabhängig. Da sich die Ingroup immer über Vergleiche mit anderen Gruppen definiert, werden unterschiedliche Merkmale zur Abgrenzung von den Fremdgruppen herangezogen. Je nachdem welche Kategorien in einem bestimmten Intergruppenkontext salient sind, ändern sich auch die Merkmale des Prototypen und zwar so, dass sie eine optimale Balance zwischen der maximalen Intragruppenähnlichkeit und der maximalen Differenz zur Outgroup darstellen.

Der Ingroup-Prototyp ist eine abstrakte kognitive Repräsentation des „Wir", die sich aus unmittelbaren situativen Informationen zur Maximierung von Intergruppen-Unterschieden und Ingroup-Ähnlichkeit bildet, die aber auch das Ingroup- und das Intergruppen-Gedächtnis und die Geschichte der Gruppe einbezieht (Van Knippenberg & Hogg, 2003, S. 245)

Die Macht der Führungsperson speist sich aus mindestens zwei Quellen (Hains, Hogg & Duck, 1997): Zum einen aus ihrer sozialen Attraktivität, die sie aufgrund ihrer Stellung und Macht besitzt, zum anderen, weil sie aufgrund von Attributionsprozessen als charismatische Persönlichkeit empfunden wird. Der Einfluss eines Führers wird nämlich verstärkt der Person und weniger der Position, die er innehat, zugeschrieben. Die Geführten unterliegen hier dem klassischen fundamentalen Attributionsfehler.

Prototypische Führer sind etwas anderes als (stereo-)typische Führer. Stereotypisches Führungsverhalten entspricht den Vorstellungen und Schemata, die wir allgemein von einem Führer haben (vgl. Lord & Hall, 2004): Führer sind u. a. zielorientiert, informiert, charismatisch, intelligent, extravertiert, dominant, flexibel. Prototypisches Verhalten dagegen entspricht den typischen Merkmalsanforderungen einer bestimmten Gruppe in einer konkreten salienten Intergruppensituation.

Hains et al. folgern daraus, dass in Situationen mit hoher Salienz der Gruppe (beispielsweise in Wettbewerbssituationen zwischen Gruppen) prototypische Führer als effektiver eingeschätzt werden als stereotypische Führer, da sie besser die Merkmale der Gruppe verkörpern.

In ihrem Experiment manipulierten sie die Gruppensalienz sowie die Prototypikalität und die Stereotypikalität des Führers als unabhängige Faktoren und erfassten die erwartete Effektivität, Relevanz und Angemessenheit des Führers.

Die Ergebnisse zeigen zunächst, dass stereotypische Führer generell als effektiver eingeschätzt werden als nicht stereotypische Führer. Und auch prototypische Führer werden als effektiver eingeschätzt als nicht prototypische. Bei den prototypischen Führern gab es aber auch noch die erwartete Wechselwirkung mit der Gruppensalienz. Bei hoher Gruppensalienz schätzten die Versuchsteilnehmer den prototypischen Führer als effektiver ein als bei niedriger Gruppensalienz.

Das bedeutet, wenn die Gruppenzugehörigkeit wichtig ist, erscheinen Führungspersonen, die die gleiche Kompetenzstruktur wie die Gruppe haben, als besonders kompetent. Dies ist wahrscheinlich deshalb so, weil dadurch das positive Selbstbild der Gruppe und damit das positive Selbstbild der einzelnen Gruppenmitglieder gestärkt werden.

Neuere Forschungsansätze wenden sich der Frage zu, ob es eine Wechselwirkung gibt zwischen Gruppensalienz und effektivem Führungsverhalten. Die soziale Identitätstheorie geht davon aus, dass bei hoher Gruppensalienz die Beziehung zwischen Führer und Geführten weniger interpersonal und stärker depersonalisiert ist. Das würde bedeuten, dass bei niedriger Gruppensalienz ein interpersonaler (vermutlich mitarbeiterorientierter) Führungsstil effektiver sein sollte als ein depersonalisierter. Dagegen sollte die Bedeutung eines depersonalisierten Führungsstils bei hoher Gruppensalienz zunehmen. Befunde, über die Hogg und Martin (2003) berichten, unterstützen diese Annahme. Die Autoren ziehen eine weitere Schlussfolgerung: Da das Ausmaß der Orientierung an der Gruppe kulturell unterschiedlich ist, könnte es sein, dass auch die Effektivität von Führungsstilen kulturabhängig ist. Möglicherweise wird in kollektivistischen Kulturen ein depersonalisierter Führungsstil bevorzugt, denn es geht dort nicht um den Einzelnen, sondern das Kollektiv.

Wie lässt sich der Kenntnisstand zum Führungsverhalten und zur Beziehung zwischen Führer und Geführten zusammenfassen? Führung ist keine einseitige Sache einer Führungsperson, sondern ein Austauschprozess, der zwischen Führer und Gruppenmitgliedern stattfindet.

Messick (2005) hat die Ressourcen, die Führungspersonen und Mitarbeiter für diesen Austausch zur Verfügung stehen, folgendermaßen zusammengefasst.

Die Leistungen auf Seiten der Führungspersonen sind:

- Vision und Lenkung: Führungspersonen geben Antwort auf Fragen wie „Was sind unsere Ziele?", „Wohin gehen wir?", „Was wollen wir erreichen?" Die Vorgaben können dabei unterschiedlich ambitioniert sein. Die Anleitung zur Implementierung erfolgt in der Regel nur in groben Zügen und lässt den Mitarbeitern Raum für Flexibilität.
- Schutz und Sicherheit: Führungspersonen stellen sich vor ihre Mitarbeiter, riskieren manchmal die eigene Karriere, um sie zu schützen.
- Leistung und Effektivität: Führungspersonen ermöglichen die Erreichung von Zielen, die einem Einzelnen oder einer Gruppe ohne Führung nicht möglich wären. Dazu gehört zweierlei: Zum einen muss die Führungskraft die Gruppe davon überzeugen, dass eine bestimmte Leistung und ein bestimmtes Ziel tatsächlich auch erreicht werden können. Dazu gehören ein expliziter Plan und das Vertrauen der Geführten in die Führungsfähigkeit. Zum Zweiten muss die Führungskraft bei der Gruppe einen gewissen Optimismus erzeugen, dieses Ziel auch erreichen zu können. Mit anderen Worten, sie muss ihr ein Gefühl der Selbstwirksamkeit vermitteln.
- Einbeziehung und Zugehörigkeit: Führungspersonen geben den Mitarbeitern das Gefühl, ein wertvolles Mitglied der Organisation zu sein. Sie gehen damit auf Bedürfnisse nach sozialem Kontakt und Anerkennung ein.
- Stolz und Selbstwert: Führungspersonen geben den Mitarbeitern das Gefühl, als Person geschätzt zu werden und als ein Gruppenmitglied angesehen zu werden, das für den Erfolg der Gruppe von großer Bedeutung ist. Sie geben den Mitarbeitern das Gefühl, für die Organisation wichtig zu sein.

Die von Messick gewählten Kategorien haben eine große Ähnlichkeit mit den Kategorien aus Maslows Bedürfnishierarchie (Maslow, 1943). So entspricht die Kategorie Schutz und Sicherheit den physiologischen Sicherheitsbedürfnissen bei Maslow. Einbeziehung und Zugehörigkeitsgefühl haben ihre Entsprechung im Kontaktbedürfnis, Leistung und Effektivität im Bedürfnis nach Anerkennung. Stolz und Selbstwert entsprechen dem Bedürfnis nach Selbstentfaltung.

Im Gegenzug geben die Mitarbeiter:

- Fokus und Eigenregie: Als Reaktion auf Vision und Lenkung internalisieren die Mitarbeiter die Ziele, die die Führungspersonen entworfen haben und organisieren die anfallende Arbeit eigenständig und ohne die Notwendigkeit einer externen Supervision.

- Dankbarkeit und Loyalität: Die Reziprozitätsnorm als eine der wichtigsten Regulative sozialer Beziehungen bewirkt, dass die Mitarbeiter für ihnen gebotenen Schutz und Sicherheit Dankbarkeit und Loyalität gegenüber der Führungsperson zeigen.

- Commitment und Anstrengung: Die Erfahrung, dass wichtige Ziele durch gemeinsame Anstrengungen erreicht werden können, vermittelt den Mitarbeitern das Gefühl, dass sich Anstrengung lohnt. Dies im Gegenzug fördert die Selbstverpflichtung, weitere Ziele, gemeinsam mit einer entsprechenden Anstrengung, in Angriff zu nehmen. Gemeinsame Ziele verbinden und reduzieren abträgliches Wettbewerbsverhalten.

- Kooperation und Aufopferung: Wenn Mitarbeiter sich der Gruppe und der Organisation zugehörig fühlen, betrachten sie die Organisation als ihre Ingroup und verhalten sich dementsprechend. Ein besonderes Merkmal ist, dass Mitglieder einer Ingroup sich wechselseitig mehr helfen als Personen einer anderen Gruppe und dafür auch beträchtliche Kosten in Kauf nehmen.

- Respekt und Gehorsam: Als Gegenleistung für den erworbenen Stolz und das verbesserte Selbstwertgefühl bringen die Mitarbeiter der Führungsperson Anerkennung und Respekt entgegen und akzeptieren und befolgen die Regeln und Normen der Organisation. Sie befolgen sie nicht aus Angst vor Bestrafungen bei Übertretungen, sondern sie befolgen sie, weil es in ihren Augen nützlich ist und sie die Regeln und Normen für legitim und berechtigt erachten.

5.2 Kooperation

5.2.1 Mixed-Motive-Situationen und soziale Dilemmata

Von Mitgliedern in Organisationen und Arbeitsgruppen wird Kooperation erwartet. Sie sollen gemeinsam an einem Problem arbeiten, ihr individuelles Wissen und ihre individuellen Fähigkeiten für ein gemeinsames Ziel zur Verfügung stellen, andere – vielleicht sogar schlechtere – Mitglieder unterstützen. Warum sollten sie das tun? In der Regel ist es ja so, dass Belohnungsstrukturen in Organisationen individualisiert und nach oben verengt sind. Gehaltserhöhungen oder Beförderungen werden nicht einer Gruppe, sondern einzelnen Personen gewährt. Das bedeutet, dass es Konkurrenz um die Belohnungen für eine gute Leistung gibt. Warum also sollten Personen sich kooperativ verhalten? Da es aber natürlich Kooperation gibt, sollte die Frage besser lauten: Unter welchen Bedingungen verhalten sich Personen kooperativ?

Diese Frage steht im Mittelpunkt der Forschung zu den sogenannten Mixed-Motive-Situationen und sozialen Dilemmata. Ein prominentes Beispiel einer Mixed-Motive-Situation ist das Gefangenendilemma, das bereits in Kapitel 1 (S. 5) dargestellt worden ist. Eine Mixed-Motive Situation ist eine Interdependenzsituation, in der das Erreichen von Ergebnissen von dem Verhalten des Interaktionspartners abhängt und in der die individuellen und die gemeinsamen Interessen konfligieren. In einer solchen Situation haben beide Partner zwei Möglichkeiten, nämlich zu kooperieren oder nicht zu kooperieren. Jeder muss sich entscheiden, ohne zu wissen, wie der andere sich verhalten wird. Das individuell beste Ergebnis kann durch egoistisches Verhalten erreicht werden, aber dabei besteht die Gefahr, dass der Partner eine ebensolche Strategie wählt und damit letztendlich für beide ein schlechtes Ergebnis erzielt wird. Noch schlechter ist das Ergebnis aber für den Partner, der kooperiert (das gutgläubige Opfer), während der andere sich egoistisch verhält. Eine beiderseits kooperative Strategie würde zum besten Ergebnis führen.

Welche Strategie eine Person aber tatsächlich wählt, hängt von verschiedenen Faktoren ab. Prinzipiell ist zu berücksichtigen, dass ein Merkmal von Mixed-Motive-Situationen die Unsicherheit über das Verhalten des Partners ist. Zur Reduktion dieser Unsicherheit gibt es einen relativ sicheren Weg, die Kommunikation. Besteht die Möglichkeit zur Kommunikation über das Problem, so lassen sich Verabredungen über Strategien treffen, oder es ist zumindest möglich, den Konsens mit den anderen Spielern abzuschätzen. Bouas und Komorita (1996) konnten zeigen, dass eine Diskussion über das anstehende Dilemma den wahrgenommenen Konsens erhöht und dies wiederum kooperatives Verhalten wahrscheinlicher macht. Eine Diskussion über ein anderes, für die Gruppe ebenfalls relevantes Thema, reicht nicht.

Eine Untersuchung von Bohnet und Frey (1999) bestätigt, dass Kommunikation Kooperation steigert, sie zeigt aber auch, dass manchmal es sogar ausreicht, wenn das anstehende Problem nicht anonym gelöst werden muss, sondern wenn die Partner identifiziert werden können.

Meistens – und besonders in realen Mixed-Motive-Situationen – besteht aber nicht die Möglichkeit zur Kommunikation. In diesen Fällen muss man versuchen zu erschließen wie sich der Partner verhalten wird. Kennt man den Partner und hat man bereits Erfahrung mit ihm, hat man auch eine Erwartung darüber entwickelt, wie er sich verhalten wird. Bei neuen Partnern ist die Unsicherheit größer, und man greift auf sich selbst als Ankerpunkt zurück. Man schließt von sich auf den anderen. Dabei ist die Gefahr groß, einen Konsens zu überschätzen oder ihn fälschlicherweise anzunehmen. Dieses Phänomen wird False-Consensus-Bias genannt (Ross, Greene & House, 1977) und spielt bei der Attribution auf Personenmerkmale eine große Rolle (siehe Kapitel 1, S. 20).

Noch größeren Einfluss auf die Wahl der Strategie scheinen aber die individuellen Normen und Werte zu haben. Die *Norm der Gleichverteilung* fördert kooperatives Verhalten in Mixed-Motive-Situationen, da in dieser Art von Spielsituationen ja kein unterschiedlich großer Einsatz der beteiligten Personen berücksichtigt werden muss. Im anderen Fall wäre sicher ein anderes Gerechtigkeitsprinzip angebracht (siehe Kapitel 1, S. 36), das den unterschiedlichen Einsatz und die unterschiedliche Anstrengung berücksichtigt. Die *Norm der Reziprozität* ist eine Grundregel sozialen Verhaltens und entfaltet auch bei der Entwicklung kooperativen Verhaltens ihre Wirkung.

Um die Entwicklung von Kooperation in Mixed-Motive-Situationen zu untersuchen, werden mehrere Durchgänge der Spielsituation benötigt. Man variiert mit Hilfe einer konföderierten Person die Strategie und beobachtet die Reaktionen der Partner. Einen wichtigen Beitrag hat hier Axelrod (2003) geleistet. In seinen Analysen zeigte sich, dass die Strategie TIT FOR TAT eine der erfolgreichsten Strategien ist, kooperative Ergebnisse zu erzielen. TIT FOR TAT ist eine sehr einfache Strategie und besteht darin, mit einem kooperativen Zug zu beginnen und danach immer das zu tun, was der Partner im vorangegangenen Zug getan hat. In der TIT FOR TAT Strategie wird die Norm der Reziprozität streng befolgt und zwar sowohl in der Beantwortung kooperativer als auch in der Beantwortung egoistischer Züge. Und noch eine andere einfache Regel hatte Erfolg: Freundlichkeit. Freundlichkeit bedeutet in diesem Kontext, niemals als erster unkooperativ zu sein.

Unter den Wertvorstellungen haben sich insbesondere drei als wichtig erwiesen

- Personen mit einer starken *Wettbewerbsorientierung* versuchen, die Differenz zwischen ihrem Ergebnis und dem des Partners zu maximieren.
- Bei einer *Kooperationsorientierung* wird versucht, das beste gemeinsame Ergebnis zu erreichen.
- Eine *individualistische Orientierung* schließlich zielt auf die Maximierung des eigenen Ergebnisses.

Gärling (1999) wandte das von Schwartz entwickelte Wertesystem (siehe Kapitel 4, S. 206) an und fand einen positiven Zusammenhang zwischen Universalismus und der Präferenz zur Kooperation in sozialen Dilemma-Situationen. Wider Erwarten erwies sich das Bedürfnis nach Verstehen, Wertschätzung, Toleranz und Schutz gegenüber allen Menschen und der Natur (Universalismus) als ein besserer Prädiktor als die Benevolenz-Orientierung, das ist das Bemühen, das Wohlergehen der Personen, mit denen man in engem Kontakt steht, zu bewahren und zu vergrößern.

Eine spezifische Form der Mixed-Motive-Situationen ist *das soziale Dilemma*. Ein soziales Dilemma ist eine Situation, in der sich eine Gruppe von Personen zwischen der Maximierung eigennütziger Interessen und der Maximierung kollektiver Interessen entscheiden muss. Auch hier ist es so, dass generell die Maximierung eigennütziger Interessen profitabler ist. Wenn dies aber alle tun, ist das Ergebnis für alle schlechter als wenn jeder die Maximierung kollektiver Interessen verfolgt.

Brewer und Kramer (1986) unterscheiden zwei Formen sozialer Dilemmata: „public goods"- und „commons dilemma"-Probleme. Beim Public-Goods-Problem geht es darum, den Fortbestand eines Gemeinguts (Dienste und Ressourcen), dessen Nutzen allen möglich ist, durch Beiträge zu unterstützen. Je mehr Personen einen Beitrag leisten, desto geringer können diese Beiträge sein. Das Individuum muss entscheiden, ob es beitragen will und wenn ja, wie hoch sein Beitrag sein soll. Wenn dies auf freiwilliger Basis geschieht, gibt es immer einige, die nichts einzahlen, das Gemeingut aber nutzen. Dies ist in einem anderen Zusammenhang als Free-Riding bezeichnet worden (siehe Kapitel 3, S. 144). Wenn dies alle täten, würde das Gemeingut schnell verschwinden. Ein bewährtes Mittel dagegen ist, Beiträge und Nutzen zu ent-anonymisieren und eine explizite Rückmeldung zu geben.

Bei dem Commons-Dilemma-Problem muss das Individuum entscheiden, wieviele der allen zur Verfügung stehenden Ressourcen es für sich herausnimmt. Bei einem Commons-Dilemma (ein Beispiel ist die sogenannte Allmende-Klemme) existiert ein Gemeingut, das von allen genutzt werden kann, z.B. eine von mehreren Bauern für ihr Vieh genutzte Weide. Der Gemeinnutzen nimmt schnell ab, wenn es zu individueller Übernutzung kommt. Eine individuelle Übernutzung führt kurzfristig zu einem höheren individuellen Gewinn, aber langfristig zu einem geringeren Gewinn, wenn nämlich alle das Gemeingut übermäßig ausnutzen. Auch hier ist die Verständigung auf eine angemessene kooperative Nutzung des gemeinen Gutes die beste Strategie. Beispiele für diese Art sozialer Dilemmata finden sich oft in der Ökologie; die Nutzung von Fischereigebieten, die Bebauung von Flächen oder der Ausstoß von CO_2 sind hierfür Beispiele. Aber auch die Inanspruchnahme staatlicher Leistungen und Unterstützungen gehören dazu. Prinzipiell lassen sich auch Verhandlungen zwischen Gewerkschaften/Betriebsrat und der Firmenleitung als soziales Dilemma auffassen. Schon oft hat sich gezeigt, dass Forderungen nach Lohnerhöhungen in schlechten Ertragsjahren zurückgestellt wurden, um die Existenz des Betriebs nicht zu gefährden.

Die Identifikation mit der Nutzergemeinschaft bewirkt, zumindest wenn der Verlust des Gemeingutes droht, eine Zurückhaltung bei der individuellen Bereicherung. Dies gilt aber nur für Probleme vom Typ Commons-Dilemma. Bei Public-Goods-Problemen findet eher eine Verantwortungsdiffusion statt, vor allem wenn die Nutzergemeinschaft zahlenmäßig groß ist (Brewer & Kramer, 1986).

Welche Maßnahmen sind geeignet, um kooperatives Verhalten zu fördern? Bringen Belohnungen oder negative Sanktionen den gewünschten Erfolg? Es gibt Untersuchungen, die zeigen, dass Kooperation wahrscheinlicher wird, wenn die Gruppenmitglieder die Möglichkeit haben, abweichende unkooperative Mitglieder zu bestrafen. Fehr und Gächter (2000) und Andreoni, Harbaugh und Vesterlund (2003) fanden, dass Belohnungen kooperativen Verhaltens relativ wenig bei einem egoistischen Mitglied bewirken, Bestrafungen zumindest extrem egoistisches Verhalten verhindern, eine Kombination von Belohnungen und Bestrafungen aber die wirksamste Methode ist.

Wie genau wirken aber Belohnungen und Bestrafungen bei der Lösung sozialer Dilemmata? Kooperatives Verhalten in sozialen Dilemmata ist in gewisser Weise moralisches Verhalten. Das wird zwar umgangen und egoistisches Verhalten gewählt, wenn die Situation es zulässt. Wird die moralische Norm aber z. B. durch das kooperative Verhalten eines Interaktionspartners salient, so überlagert die Reziprozitätsnorm den Wunsch nach einem bestmöglichen individuellen Ergebnis und die Wahrscheinlichkeit für kooperatives Verhalten steigt.

Fehr und Falk (2002) argumentieren, dass materielle Belohnungen für eigentlich intrinsisch motiviertes (reziprokes) Verhalten auch gegenteilige Effekte haben können. Ähnlich wie Belohnungen für gute Mathematikleistungen die mögliche intrinsische Motivation eines Schülers geringer werden lässt, so kann auch die Belohnung kooperativen Verhaltens dazu führen, dass dieses Verhalten nicht mehr um der Kooperation willen, sondern um der Belohnung willen gezeigt wird.

In einer Metaanalyse weisen Deci, Koestner und Ryan (1999) auf, dass Belohnungen zwar Verhalten kontrollieren können, dass sie aber auch die Selbstregulation von Personen untergraben. Auch Mulder, Van Dijk, De Cremer und Wilke (2006) legen dar, dass Sanktionen die Grundlage für Kooperationen verändern. Das Vorhandensein eines Sanktionssystems legt den Gedanken nahe, dass die Interaktionspartner eigennützig motiviert sind, so dass das Vertrauen in eine interne Motivation für kooperatives Verhalten sinkt. Vertrauen, dass die anderen kooperieren werden, ist aber eine wichtige Determinante von Kooperation.

In einer Studie von Chen, Pillutla und Yao (2009) wurde die Wirkung von positiven und negativen Sanktionen sowie von moralischen Appellen auf kooperatives Verhalten und Vertrauen getestet. Zunächst prüften die Autoren, wie sich der Wegfall von Sanktionen (Belohnungen und Strafen) auf das Verhalten in Public-Goods-Situationen auswirkt. Die Versuchsteilnehmer wurden drei experimentellen Bedingungen zugeordnet. In der Bedingung Belohnung – keine Belohnung wurden sie darüber informiert, dass die Person, die den höchsten Betrag in ein gemeinsames Konto investieren würde, einen Bonus von sechs Punkten erhalten würde. In der zweiten Phase entfiel dann der Bonus. In der Bedingung Strafe – keine Strafe wurde den Versuchsteilnehmern gesagt, dass die Personen, die weniger als fünf Punkte in das gemeinsame Konto einzahlen würden, eine Reduktion von sechs Punkten erhalten würden. In der zweiten Phase wurde diese Regelung fallengelassen. Eine Kontrollgruppe agierte ohne Sanktionen.

Die Annahme der Autoren, dass kooperatives Verhalten, das durch Sanktionen etabliert wird, nach Wegfall der Sanktionen ebenfalls schwindet, wurde bestätigt. In einem zweiten Experiment wurde zusätzlich eine Bedingung eingeführt, in der keine Sanktionen gesetzt wurden, sondern in der die Versuchsteilnehmer per E-Mail einen Aufruf des Versuchsleiters erhielten, in dem er an ein nicht egoistisches Verhalten appellierte. Diesmal gliederte sich der Versuchsablauf in drei Phasen. In der ersten Phase sollten die Versuchsteilnehmer entscheiden, wie viele Stunden sie in ein gemeinsames Gruppenprojekt investieren wollten. In der zweiten Phase wurde dann ein Sanktionssystem (Belohnung oder Bestrafung) beziehungsweise der moralische Appell eingeführt. In der dritten Phase wurde das Sanktionssystem außer Kraft gesetzt.

Neben dem Ausmaß kooperativen Verhaltens, gemessen als die Stundenzahl, die in das gemeinsame Projekt investiert wurde, wurde das Vertrauen in die Kooperativität der anderen erfasst. Dazu wurden Items eingesetzt wie „Ich kann darauf vertrauen, dass die anderen Gruppenmitglieder ihren Teil an Stunden für das Gruppenprojekt beitragen" oder gegenläufig formuliert „Ich habe gespürt, dass andere Gruppenmitglieder meinen Beitrag ausnutzen."

Die Ergebnisse zeigen, dass in den beiden Bedingungen mit Sanktionen und auch in der Appellbedingung die Kooperation von der ersten zur zweiten Phase stieg, nicht aber in der Kontrollgruppe. Nach Fortfall der Sanktionen sank die Kooperativität, zum Teil unter das Anfangsniveau, während sie in der Appellbedingung relativ hoch blieb.

Die Sanktionsbedingungen unterschieden sich zudem von den beiden anderen Bedingungen (Appell- und Kontrollbedingung) hinsichtlich des Vertrauens, das die Versuchsteilnehmer ihren Gruppenmitgliedern entgegenbrachten. Es war in den Sanktionsbedingungen deutlich geringer. Offenbar führten die Sanktionen dazu, dass weniger Vertrauen entwickelt wurde, was wiederum eine Verringerung der Kooperation bewirkte. In der Appellbedingung dagegen verstärkt Vertrauen die Wirkung des moralischen Appells.

Belohnungen und Bestrafungen verändern offensichtlich die Attributionen. Unter Sanktionssystemen wird kooperatives Verhalten eher auf externale Kräfte als auf Merkmale der Personen zurückgeführt. Es wird angenommen, dass die Gruppenmitglieder nur aufgrund externer Belohnungen und Bestrafungen kooperativ sind. Das senkt natürlich das Vertrauen in zukünftige Kooperationen.

Andererseits kann ein konsistent kooperatives Verhalten eines oder mehrerer Gruppenmitglieder die gesamte Gruppe zu mehr Kooperativität veranlassen (J. M. Weber & Murnighan, 2008). Dieser Effekt kann als Einfluss einer konsistenten Minderheit auf die Majorität betrachtet werden (s. Kap. 3). Verhält sich eine Minderheit intern (alle Personen der Minderheit verhalten sich in gleicher Weise) und über die Zeit hinweg konsistent, führt das dazu, dass die Majorität das Verhalten der Minderheit nicht mehr als abwegig und abweichend, sondern als begründet und als richtige Reaktion auf einen Stimulus – hier das Public-Goods-Problem – attribuiert wird.

Nicht nur Belohnungen und Bestrafungen auch andere externe Faktoren können die Glaubwürdigkeit und Verlässlichkeit kooperativen Verhaltens reduzieren. Gehört es z. B. zur Gruppennorm, kooperatives Verhalten zu zeigen, könnte ein ähnlicher Effekt der Reduktion eintreten sobald die Gruppennorm nicht salient ist.

Kramer (1999) betrachtet Organisationen als einen Pool von Ressourcen (Arbeit, Informationen), an dem die Arbeiter und Angestellten partizipieren. Wenn die Organisation nach dem Prinzip Belohnung für Leistung verfährt, werden limitierte Ressourcen schnell zu einem sozialen Dilemma. Einzelne Personen oder Arbeitsgruppen können diese Ressourcen im individuellen Interesse übernutzen. Dies nützt zwar der Person oder der Gruppe, schadet aber der Organisation als Ganzes.

Chen et al. (2009) empfehlen Organisationen, in Situationen mit sozialem Dilemma-Charakter nicht zu sehr auf externe Kräfte wie Sanktionen oder Autorität zu setzen, sondern eher auf moralische Appelle und Aufklärung darüber, wie Kooperation zum Nutzen aller beiträgt. Sie konnten zeigen, dass Appelle zu Kooperation nachhaltiger wirken als Sanktionen. Zudem sollten Beispiele kooperativen Verhaltens – bei entsprechendem Nutzen – zur Nachahmung anregen, nicht nur aufgrund eines grundlegenden Reziprozitätsverständnisses, sondern auch als Ergebnis sozialen Lernens im Sinne Banduras. Danach ist zu erwarten, dass die Wirksamkeit moralischer Appelle abhängig ist von der allgemeinen Vertrauenssituation in der Organisation (Kramer, 1999).

Das Problem bei sozialen Dilemmata sind vor allem die egoistischen Personen und nicht die sozial eingestellten, zu deren sozialen Wertvorstellungen sowieso kooperatives Verhalten gehört. De Cremer und Van Vugt (1999) haben untersucht, ob durch eine Erhöhung der Identifikation vielleicht auch egoistische Personen zu kooperativem Verhalten bewegt werden können. Sie erfassten zunächst die soziale Wertorientierung ihrer Versuchsteilnehmer. Sie benutzten dazu ein Instrument, das von Messick und McClintock (1968) zur Erfassung von Motiven bei experimentellen Spielen entwickelt worden ist. Hierbei werden den Personen mehrere Ergebnismatrizen mit jeweils drei alternativen Ergebnisverteilungen vorgelegt.

Jede Ergebnisverteilung repräsentiert eine bestimmte Orientierung. So können die Personen z. B. wählen zwischen

- der Option A: 500 Punkte für sich selbst und 500 Punkte für einen (anonymen) anderen,
- der Option B: 560 Punkte für sich selbst und 300 für den anderen oder
- der Option C: 500 Punkte für sich selbst und 100 für den anderen.

Die Option A ist die kooperative oder prosoziale Orientierung, da sie von einer Gleichverteilung ausgeht. Option B stellt die individualistische Orientierung dar, da sie eine Maximierung des eigenen Nutzens bedeutet. Option C schließlich steht für eine kompetitive Orientierung, da sie die Differenz zwischen eigenem Gewinn und dem Gewinn des anderen maximiert.

Aufgrund ihrer Wahlen wurden die Versuchsteilnehmer dann in eine Gruppe mit prosozialer Orientierung (überwiegend kooperative Wahlen) und in eine Gruppe mit individualistischer oder kompetitiver Orientierung aufgeteilt.

Die zweite Variable in diesem Experiment war das Ausmaß der Identifikation mit der Gruppe. Hierzu wurde der Hälfte der Versuchsteilnehmer (in der Bedingung mit hoher Identifikation) gesagt, dass es in dem Experiment darum ginge, das Verteilungsverhalten von Studenten ihrer

5.2 Kooperation

Universität mit dem Verteilungsverhalten von Studenten anderer Universitäten zu vergleichen. Damit wurde die Gruppenzugehörigkeit salient gemacht und dadurch eine kollektive Identifikation erreicht. In der Bedingung mit geringer Identifikation wurde als Ziel der Untersuchung vorgegeben, das individuelle Verteilungsverhalten bei Studenten ganz allgemein zu untersuchen.

Die Versuchsteilnehmer hatten dann in Gruppen zu sechst ein Public-Goods-Problem zu spielen. Jeder Teilnehmer erhielt zu Beginn £3 als Einsatz. Die Gruppe konnte einen Bonus von £30 gewinnen, sofern eine bestimmte Anzahl der Mitglieder ihren Einsatz in das gemeinsame Konto investierte. War dies der Fall, so wurde der Bonus unter allen Mitgliedern aufgeteilt, unabhängig davon ob sie im Einzelfall einen Beitrag geleistet hatten oder nicht. Es bestand also die Möglichkeit, nicht zu investieren, trotzdem am Bonus zu partizipieren und auf diese Weise einen größeren individuellen Gewinn zu erzielen.

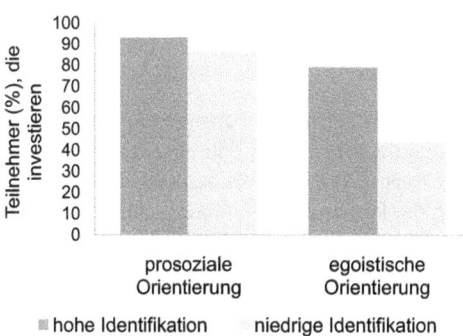

Abbildung 5.5: *Einfluss von Identifikation und sozialer Orientierung auf Kooperation nach De Cremer und Van Vugt (1999)*

Wie Abbildung 5.5 zeigt, führte die Identifikation mit der Gruppe bei den individualistischen/kompetitiven Teilnehmern zu einer deutlichen Steigerung kooperativen Verhaltens, das nun annähernd gleich hoch war wie bei den prosozialen Teilnehmern. Bei den prosozialen Teilnehmern war eine solche Steigerung durch Identifikation nicht vorhanden, was auch nicht weiter verwundert, da diese Gruppe auch ohne Identifikation kooperatives Verhalten zeigte. Die Ergebnisse können mit der Selbstkategorisierungstheorie so interpretiert werden, dass durch die Thematisierung eines Vergleichs mit anderen Gruppen eine Identifikation auf Gruppenebene erfolgte, durch die das Individuum zu einer anderen Sicht auf sich selbst angeregt worden ist. An die Stelle einer Selbstwahrnehmung als Individuum ist die Wahrnehmung als Gruppenmitglied getreten. Was die Ergebnisse aber auch zeigen und was durch weitere Experimente in der Studie belegt wurde, ist, dass offensichtlich bei den egoistischen Teilnehmern eine Transformation der Motive vom Eigeninteresse zum Gemeininteresse stattgefunden hat (Kelley & Thibaut, 1978, S. 19f.).

Kelley und Thibaut beschreiben in ihrer Interdependenztheorie (siehe Kapitel 1) den Transformationsprozess als eine Neudefinition der Wahlstrategie und/oder als eine Veränderung in den Bewertungskriterien aufgrund wichtiger sozialer Determinanten. Solche Determinanten können z. B. soziale Werte oder ein bestimmter sozialer Kontext sein. Im Transformationsprozess – und zumal in interdependenten sozialen Interaktionssituationen – werden breitere Überlegungen in die Entscheidung einbezogen als die lokal und temporär sich anbietenden Nutzenüberlegungen.

5.2.2 Vertrauen und Kooperation

Vertrauen ist ein elementares Prinzip in interpersonalen Austauschprozessen in verschiedenen sozialen Kontexten und gründet auf der Erwartung, dass die Norm der Reziprozität eingehalten wird. Vertrauen hat viele Facetten und dementsprechend gibt es auch viele Definitionen von Vertrauen. Die meisten berücksichtigen zumindest drei Komponenten (Lane, 2002, S. 3).

- Sie nehmen eine Interdependenz an zwischen der Person, die vertraut, und der Person, der vertraut wird. Vertrauen wird nur wichtig, wenn die beiden Personen in einer sozialen Interaktion stehen, in der die Ergebnisse der einen Person durch das Verhalten der anderen beeinflusst werden können.
- Vertrauen ist eine Möglichkeit, mit Risiken und Ungewissheiten in Austauschbeziehungen umzugehen. In Austauschbeziehungen besteht immer das Risiko, dass entgegengebrachtes Vertrauen vom Partner opportunistisch ausgenutzt wird.
- Vertrauen ist auch die Erwartung oder die Überzeugung, dass die zukünftigen Handlungen des Partners nutzbringend und günstig, zumindest aber den eigenen Interessen nicht abträglich sind.

Vertrauen lässt sich formal nach Interaktionsebenen klassifizieren in Vertrauen auf interpersonaler Ebene, auf Gruppen-Ebene und auf System-Ebene (Bierhoff & Herner, 2007). Auf der Ebene von Organisationen (System-Ebene) schlägt Lane (2002) eine Einteilung der gängigen Theorien über Vertrauen nach den Erwartungen vor, die Personen gegenüber dem Interaktionspartner haben. Dies sind das kalkulatorische Vertrauen, wert- oder normenbasiertes Vertrauen und gemeinsame Kognitionen.

Kalkulatorisches Vertrauen ist in der Transaktionskostentheorie verankert und bezeichnet Vertrauen als eine kalkulierte Risikoeinschätzung im ökonomischen Austausch (Williamson, 1993). Damit wird die zweite Komponente der Definition von Vertrauen (Vertrauen als Möglichkeit, mit Risiken und Ungewissheiten in Austauschbeziehungen umzugehen) fokussiert. Es wird ein rational Handelnder angenommen, der nur dann Vertrauen schenkt, wenn nach seiner Kalkulation der Nutzen aus reziprokem Vertrauen höher ist als die möglichen Verluste aufgrund von Vertrauensbrüchen und opportunistischem Verhalten. Kalkulatorisches Vertrauen ist eigentlich ein Widerspruch in sich selbst. Entscheidungen, die auf Vertrauen basieren, sind immer mit Risiko behaftet. Deshalb sind Kontroll- und Überwachungsprozeduren notwendig, die, wenn sie eingerichtet sind, Vertrauen überflüssig machen. Aufgrund dieser Argumentation hat Vertrauen in der Transaktionskostentheorie nur einen sehr geringen Stellenwert.

Kontrolle mag Vertrauen zwar überflüssig machen, ob sie aber auch das Bedürfnis nach Vertrauen tilgt, muss man bezweifeln. Dafür gibt es zu viele Beispiele, die die Bedeutung von Vertrauen im intra- wie interpersonalen Bereich zeigen. Die Entwicklung eines sicheren Bindungsstils (siehe Kapitel 1, S. 39) basiert z. B. auf dem Vertrauen des Kindes zur Bezugsperson. In dem Investitionsmodell sozialer Beziehungen (Kapitel 1, S. 37) erhöht Vertrauen das Commitment gegenüber dem Interaktionspartner und dies wiederum die Kooperationsbereitschaft (Rusbult, Verette, Whitney, Slovik & Lipkus, 1991). Ansätze zu wert- oder normenbasiertem Vertrauen und gemeinsamen Kognitionen basieren auf der Annahme, dass Vertrauen nur auf der Grundlage geteilter Werte entstehen kann. Vertrauen hat hier einen eindeutig moralischen Aspekt. In verstärkter Weise wird hier die dritte Definitionskomponente thematisiert (Vertrauen als Überzeugung, dass die Handlungen des Partners nicht gegen einen gerichtet sind).

5.2 Kooperation

Auch wenn Lane hier vorwiegend soziologische Theorien einordnet, arbeiten auch psychologische Theorien mit einem wert- und normenbasierten Konzept. Dazu gehört etwa die soziale Austausch- und Interdependenztheorie, deren zugrundeliegende Norm die Verpflichtung zur Reziprozität ist. Im Bereich enger persönlicher Beziehungen hat sich gezeigt, dass aufgrund interpersonalen oder beziehungsspezifischen Vertrauens durchaus auch eine verzögerte Gratifikation oder eine Gegenleistung von anderer Qualität als die gebotene Leistung akzeptiert wird. Bei einer Anwendung des austauschtheoretischen Ansatzes auf Beziehungen in und zwischen Organisationen zeigt sich, dass häufig erwartet wird, dass die ausgetauschten Ressourcen von annähernd gleichem Wert sind. Aber es finden sich auch viele Fälle, in denen ein Vorschub an Leistung erbracht wird, im Vertrauen darauf, dass der Partner seine Verpflichtungen mittelbar erfüllen wird, also ähnlich wie in persönlichen Beziehungen. Fairness und Gerechtigkeit sind ebenfalls Normen mit Bedeutung für die Entwicklung von Vertrauen. In Erwartung einer fairen und gerechten Entlohnung erbringen Mitarbeiter punktuell auch größere Leistung.

Gemeinsame Kognitionen sind sozial geteilte Erwartungen über die Regelhaftigkeit und Ordnung sozialen Lebens im Allgemeinen und in bestimmten sozialen Kontexten. Da sie intersubjektiv sind, spiegeln sie nicht die individuellen Wahrnehmungen und Erwartungen wider, sondern die in einer Gesellschaft konstituierten und von ihren Mitgliedern akzeptierten Regeln. Somit bilden sie einen verlässlichen Rahmen für soziale Interaktionen.

Von besonderem Interesse ist natürlich die Frage, inwieweit Vertrauen die Leistung der Organisation verbessert. Innerhalb einer Organisation ist Vertrauen als Grundlage für die Motivation und die Leistungen der Mitarbeiter unverzichtbar. Aber auch in den Beziehungen zwischen Organisationen ist Vertrauen ein wichtiger Faktor. Dabei sind drei Formen von Vertrauen besonders wichtig: Vertrauen in das Einhalten von Verträgen, Vertrauen in die Kompetenz des Partners, also die Überzeugung, dass der Partner die notwendige Kompetenz besitzt und Vertrauen in den Goodwill des Partners. Goodwill-Vertrauen bedeutet Vertrauen darin, dass der Partner zu wechselseitigem Nutzen agiert und keine Aktionen zu einem unfairen Eigennutzen ausführt (dritte Komponente der Definition von Vertrauen). Sako (2002) konnte in einer Untersuchung zeigen, dass schriftliche Verträge nicht das Vertrauen in die Kompetenz des Partners steigern und auch nicht unbedingt opportunistisches Verhalten reduzieren. Hingegen werden alle drei Vertrauensformen durch informelles Commitment gestützt und opportunistisches Verhalten reduziert.

Die Bedeutung von Verträgen ist aber abhängig von der ökonomischen und rechtlichen Kultur eines Landes. So konnte Sako zeigen, dass die Dauer der Verträge in verschiedenen Ländern eine unterschiedliche Wirkung auf die Ausbildung von Vertrauen hat und zwar in Abhängigkeit von dem Ausmaß des Eingangsvertrauens. In den USA zeigte sich, dass ein niedriger Eingangslevel an Vertrauen den Käufer (hier Automobilfirmen) dazu veranlasste, langfristige Verträge anzubieten, was aber wiederum zu einem niedrigeren Vertrauenslevel führte. Das heißt, in den USA hat die Verlängerung der Vertragsdauer nicht den intendierten Effekt der Wiederherstellung von Vertrauen gehabt. In Europa hingegen ist der Einfluss der Vertragsdauer auf Vertrauen positiv, das gilt insbesondere für Frankreich, Italien und Spanien. Insgesamt scheint sich eine Veränderung anzubahnen. Die Fokussierung auf Maßnahmen gegen den Missbrauch von Vertrauen wird zunehmend abgelöst von Überlegungen, wie Vertrauen gestärkt werden kann. Insbesondere das dosierte einseitige Zur-Verfügung-Stellen von Informationen durch den Käufer, unabhängig davon, ob der Zulieferer gleichzeitig Informationen zurückgibt oder nicht, ist geeignet, um Vertrauen zu erhöhen (J. O. Piontkowski & Hoffjan, 2009).

Das Verhältnis von Vertrauen und Risiko ist nicht eindeutig. Einerseits kann Vertrauen als durch Risiko bedingt angesehen werden. Risikosituationen lassen ein Bedürfnis nach Vertrauen entstehen. Andererseits kann Risiko auch ein Ergebnis von Vertrauen sein.

Das und Teng (2004) haben die verschiedenen Konzepte von Vertrauen und Risiko zu einem Modell des risikobasierten Vertrauens integriert. Zunächst postulieren sie, dass sich Personen in ihrer Risiko- bzw. Vertrauensbereitschaft unterscheiden. Vertrauen als Persönlichkeitsmerkmal hat Rotter als die generalisierte Erwartung über die Vertrauenswürdigkeit anderer Personen definiert.

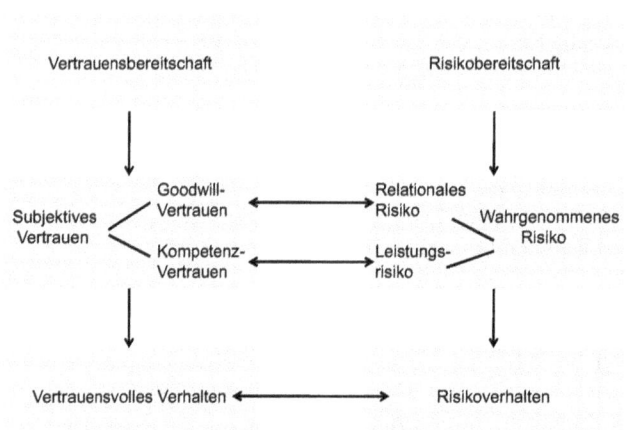

Abbildung 5.6: *Modell des risikobasierten Vertrauens nach Das und Teng (2004)*

Die Risikobereitschaft gibt an, in welchem Maße Personen generell auf die Vermeidung von Verlusten orientiert sind. Ein Ansatz, der diese Variable operationalisiert, ist die Theorie des regulatorischen Fit (siehe S. 275), die zwischen einem Promotion- und einem Prevention-Fokus unterscheidet. Personen mit einem Promotion-Fokus haben ein Bedürfnis nach Weiterentwicklung und Selbstverwirklichung, sind neugierig und risikobereit. Personen mit einem Prevention-Fokus haben ein starkes Bedürfnis nach Sicherheit und wollen Risiken vermeiden. Ausgehend von diesen dispositionalen Determinanten werden konkrete Interaktionssituationen als risikobehaftet oder als Vertrauen schaffend wahrgenommen.

Subjektives Vertrauen besteht aus den beiden Komponenten Goodwill-Vertrauen und Kompetenz-Vertrauen. Kompetenz-Vertrauen bezieht sich auf das Vertrauen in die Fähigkeit des Partners, die vereinbarten Leistungen ausführen zu können. Goodwill-Vertrauen ist das Vertrauen in den Partner, dass dieser die Leistungen auch auszuführen wird. In den beiden Komponenten Goodwill-Vertrauen und Kompetenz-Vertrauen finden sich die von Heider in seiner Handlungsanalyse zentral gesetzten Begriffe *Können* und *Intention* wieder (siehe Kap. 1): Vertrauenszuschreibung ist das Ergebnis eines Attributionsvorgangs.

Das subjektive oder wahrgenommene Risiko setzt sich aus den Komponenten *relationales Risiko* und *Leistungsrisiko* zusammen. Relationales Risiko bezieht sich auf die Wahrscheinlichkeit, dass ein Partner sich nicht an die Vereinbarungen hält und auf die Konsequenzen, die sich daraus ergeben. Leistungsrisiko ist als die Wahrscheinlichkeit definiert, mit der die angestrebten Ziele trotz positiver Intentionen und Anstrengungen des Partners nicht erreicht werden. Dabei korrespondieren die Vertrauens- und die Risikokomponenten miteinander. Goodwill-Vertrauen lässt sich auch in Ausprägungen des relationalen Risikos beschreiben, Kompetenz-Vertrauen als Ausprägungen des Leistungsrisikos (und umgekehrt). Je geringer das Risiko zu sein scheint, dass der Partner sich nicht an die Vereinbarungen hält, desto größer ist das Goodwill-Vertrauen. Und je größer das Vertrauen in die Kompetenz des Partners ist, desto geringer ist die Befürchtung, ein angestrebtes Ziel nicht zu erreichen. Ebenso entsprechen sich Risikoverhalten und vertrauensvolles Verhalten.

In gewisser Weise sind damit Vertrauen und Risikowahrnehmung lediglich unterschiedliche Perspektiven auf eine unsichere Situation. Die Wahl der Perspektive wird zum einen durch die Persönlichkeitsdisposition des Handelnden determiniert, zum anderen aber auch durch das Verhalten und die Persönlichkeit des Interaktionspartners beeinflusst. Eine solche interaktionsbezogene Konzeption fehlt allerdings noch, auch im Modell von Das und Teng (2004, S. 112).

5.2.3 Führung und Kooperation

In der Natur von Führung in Gruppen ist enthalten, dass Personen dazu gebracht werden, sich für das Erreichen kollektiver Ziele einzusetzen. Wie aus der Zusammenfassung von Messick (2005) deutlich wird, ist Kooperation eine Reaktion von Mitgliedern auf bestimmte Leistungen der Führungsperson. Wenn sie in der Lage ist, ihnen das Gefühl zu vermitteln, dass sie ein wichtiger Bestandteil der Organisation sind, sind sie bereit, individuelle Interessen (in Maßen) zugunsten der von der Führungsperson entwickelten kollektiven Zielvorstellungen zurückzustecken. Wenn ihr das gelingen soll, muss sie berücksichtigen, dass die Mitarbeiter für ihre Leistungen einen entsprechenden, meist materiellen Gegenwert erhalten wollen. Kooperation geschieht hier aus Eigeninteresse und wird instrumentell eingesetzt.

Durch Einsatz von Sanktionen kann die Führungsperson kooperatives Verhalten belohnen und verstärken und unkooperatives Verhalten bestrafen und abschwächen. Aber wie wir gesehen haben, sind Sanktionssysteme nicht immer erfolgreich – aus verschiedenen Gründen (siehe De Cremer 2003, S. 111). Sie bewirken oft negative Emotionen und eine geringere Produktivität und sind zudem teuer. Sie untergraben das Vertrauen in andere, verletzen und beschränken die Freiräume, was schnell zu Reaktanz führen kann, und sie sind oftmals unangemessen, weil das Kontingenzsystem nicht immer und für alle Situationen und Verhaltensweisen vorweg geplant sein kann.

Deshalb muss die Führungsperson nach anderen zusätzlichen Möglichkeiten suchen, um die Mitarbeiter zur Kooperation zu motivieren. Und dies ist eben die Motivation, die Ziele und das Wohlergehen der Gruppe als eigenen Wert zu übernehmen und Kooperation als Wert zu internalisieren. Einem transformationalen Führer sollte dies eher gelingen als einem transaktionalen Führer, da er stärker die Gefühle der Mitarbeiter anspricht, Commitment von ihnen einfordert und auf ihre Bedürfnisse als Mitglieder einer Gruppe individuell eingeht. De Cremer und Van Knippenberg (2002) konnten in der Tat nachweisen, dass Gruppenmitglieder bei Führern, die sie als charismatisch erleben, in Public-Goods-Situationen mehr zum Gemeingut beitragen.

Den Gruppenmitgliedern das Gefühl zu geben, dass sie wichtige Mitglieder für die Organisation sind, heißt, ihnen das auch kommunikativ mitzuteilen. Diese relationalen Informationen sind für die Beziehung zwischen Führer und Geführten, für die Beziehung der Gruppenmitglieder untereinander und ebenso für die Beziehung des Mitglieds zur Organisation äußerst wichtig, da sie das soziale Selbst aufbauen und beeinflussen. Dies kann auf direktem Wege durch Äußerungen von Respekt und Beachtung geschehen, effizienter und nachhaltiger aber durch eine faire und gerechte Behandlung.

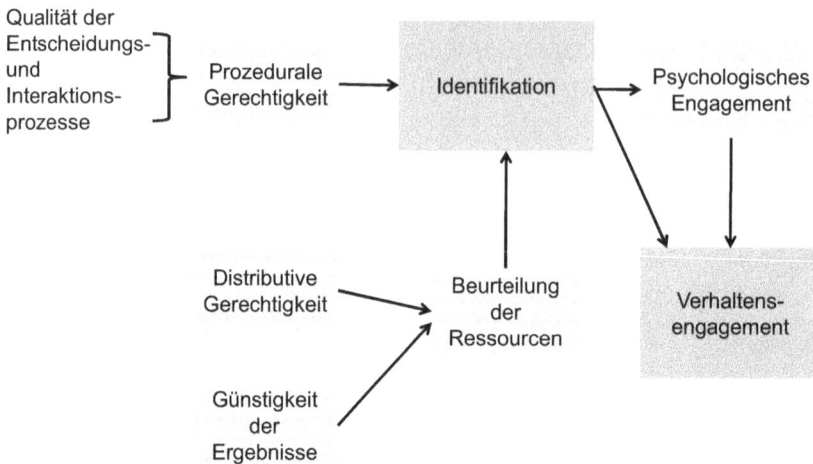

Abbildung 5.7: *Group-Engagement-Modell nach Tyler und Blader (2003)*

Tyler und Blader (2003) setzen in ihrem Group-Engagement-Modell *prozedurale Gerechtigkeit* und *distributive Gerechtigkeit* als zentrale Faktoren für das Arbeitsengagement an. Aus der Beobachtung, wie und welche Entscheidungen getroffen werden und wie die Gruppenmitglieder behandelt werden, können Schlussfolgerungen über Fairness und Gerechtigkeit gezogen werden. Veränderungen in der prozeduralen Gerechtigkeit werden vom Individuum als Information darüber interpretiert, wie die soziale Umgebung es sieht und schätzt (De Cremer & Tyler, 2005). Dabei können individuelle wie soziale Aspekte des Selbst angesprochen werden und dementsprechend verschiedene Aspekte der sozialen Identität salient werden. Die Aktivierung sozialer, gruppenbezogener Selbst-Aspekte fördert gruppenbezogene Aktivitäten, mithin auch Kooperation.

Einen zweiten Strang im Group-Engagement-Modell bilden die Verteilung und die Bewertung der Ressourcen. Stehen Ressourcen zur Verfügung, die vom Individuum geschätzt werden und werden diese auch gerecht verteilt, so beeinflussen sie ebenfalls das Engagement der Mitglieder, aber nicht unmittelbar, sondern indirekt über ihre Wirkung auf die Identifikation mit der Gruppe. Die Abbildung 5.7 stellt eine vereinfachte und gekürzte Version des Group-Engagement-Modells dar.

Kurz zusammengefasst nimmt das Modell an, dass prozedurale Gerechtigkeit in der Lage ist, Kooperationsbereitschaft zu fördern, weil eine faire und respektvolle Behandlung die Gruppenmitglieder motiviert, die Gruppe und ihre Ziele als Teil ihres Selbst anzusehen. Als Folge dessen werden auch Verhaltensweisen gefördert, die dem kollektiven Nutzen dienen.

Der zentrale Punkt dieser Annahme ist die Veränderung eines individuellen Selbst zu einem Selbst, das die Gruppe und ihre Ziele inkorporiert. Es handelt sich um einen Prozess der Selbst-Erweiterung, der durch die Inklusion von anderen in das eigene Selbst entsteht (siehe Kapitel 2, S. 81). Ein anderer Begriff dafür ist die Verschmelzung von Selbst und anderen („self-other merging").

De Cremer, Tyler und den Ouden (2005) untersuchten die Bedeutung, die eine Inklusion des Gruppenleiters in das eigene Selbst für die Entstehung von Kooperation hat. Sie nehmen an, dass prozedurale Gerechtigkeit Kooperation fördert und dass dieser Effekt durch den Inklusionsprozess mediiert wird. In ihrem Experiment lasen die Versuchsteilnehmer eine Situationsbeschreibung über ein Arbeitsteam einer Firma, die Computerspiele und Software herstellt und vertreibt. Die Teilnehmer sollten sich vorstellen, Mitglied dieses Arbeitsteams zu sein. Es wurde geschildert, dass der Vorgesetzte des Teams zu entscheiden habe, ob ein neues Computerspiel produziert werden soll oder nicht.

Einer Gruppe von Versuchsteilnehmern wurde gesagt, dass der Vorgesetzte ihre Meinung hören wolle, um sie in den Entscheidungsfindungsprozess einzubeziehen. Dieser Gruppe wurde also eine faire Behandlung bei der Entscheidungsfindung signalisiert. Die andere Gruppe der Versuchsteilnehmer wurde darüber informiert, dass ihre Meinung nicht gefragt sei und sie dementsprechend auch nicht in die Entscheidungsfindung einbezogen würden. Ihnen wurde damit eine unfaire Behandlung signalisiert.

Es wurde geprüft, ob sich die beiden Gruppen hinsichtlich des Ausmaßes der Inklusion und der Kooperation unterscheiden. Als Maß für die Inklusion wurde die IOS-Skala von Aron et al. (1992) (siehe Abbildung 2.8 auf Seite 82) verwendet.

Die Teilnehmer sollten dasjenige Paar überlappender Kreise heraussuchen, das am besten ihre Beziehung zum Vorgesetzten charakterisiert. Um die Kooperationsbereitschaft zu erfassen, wurden die Teilnehmer gefragt, in welchem Maße sie bereit wären, mit dem Vorgesetzten zu kooperieren und ihm zu helfen.

Wie erwartet zeigten die Teilnehmer in der Bedingung mit fairer Behandlung höhere Inklusionswerte und höhere Kooperationsbereitschaft als in der Bedingung mit unfairer Behandlung. Eine genauere Analyse zeigte aber, dass Inklusion und Kooperation zusammenhängen. Und es zeigte sich weiter, dass die Wirkung der fairen Behandlung auf die Kooperationsbereitschaft in wesentlichem Maße auf der höheren Inklusion in dieser Bedingung beruht.

Damit konnten De Cremer et al. zeigen, dass prozedurale Gerechtigkeit ein wichtiges Mittel für die Entwicklung von Kooperation in Gruppen ist, und sie konnten ebenfalls einen Mechanismus identifizieren, über den prozedurale Gerechtigkeit wirkt, nämlich die enge Beziehung zum Vorgesetzten, hier operationalisiert als Inklusion des Vorgesetzten in das eigene Selbst.

5.3 Information und Wissen

5.3.1 Wissensressourcen und Wissenstransfer

Die Weitergabe von Wissen von einer Gruppe, Abteilung oder Division zu einer anderen ist unumstritten eine wichtige Voraussetzung organisationaler Performanz. Wissenstransfer ist der Prozess, durch den eine Organisationseinheit durch die Erfahrung einer anderen beeinflusst wird (Argote & Ingram, 2000).

Diese Definition beinhaltet nicht, dass der Einfluss immer positiv sein muss. Die Übertragung von Wissen in einen anderen Kontext kann sich auch negativ auswirken, wenn es sich beispielsweise um Routinen handelt, die in einer Organisation oder Organisationseinheit erfolgreich waren, für eine andere aber unangemessen sind, weil andere Bedingungen vorliegen (zum

Beispiel andere Produktionssparten, andere Käuferschichten, andere Komplexität der Organisation). Wissen ist eine der wichtigsten Ressourcen einer Organisation, die verlangt, bewahrt, gefördert und vermittelt zu werden.

Es gibt viele Möglichkeiten, Wissen weiterzugeben. Man denkt vielleicht zuerst an die Wissensvermittlung durch Kommunikation und Instruktionen in schriftlicher oder mündlicher Form. Hier bietet sich eine Bandbreite unterschiedlicher Techniken von Vorträgen, Präsentationen und Publikationen über Trainings und Beobachtungen bis zu mehr oder weniger zielgerichteten sozialen Interaktionen. Die verschiedenen Techniken unterscheiden sich hinsichtlich der Direktheit der Wissensvermittlung und des Wissenserwerbs. Bei den eher direkten Formen (Vorträgen, Präsentationen, Publikationen) lässt sich der Erfolg des Wissenstransfers relativ einfach als Wissenszuwachs erfassen. Bei den indirekten Formen ist das schwieriger, da hier nicht immer klar zu identifizieren ist, welches Wissen weitergegeben werden soll und welcher Zuwachs an Wissen resultiert. Am ehesten gibt hier noch die Leistung Aufschluss über einen erfolgreichen Wissenstransfer.

Korrespondierend zu der Direktheit und Indirektheit der Vermittlungstechniken lässt sich auch Wissen in explizites und implizites („tacit") Wissen unterteilen. Explizites Wissen lässt sich verbalisieren, implizites Wissen nur sehr schwer. Implizites Wissen lässt sich demonstrieren und somit vielleicht per Beobachtung erlernen, aber es findet sich in der Regel nicht in Plänen, Vorschriften, Anleitungen.

R. K. Wagner und Sternberg (1985) definieren Tacit-Wissen als Teil der praktischen Intelligenz. Tacit-Wissen ist gewöhnlich nicht verbalisiert und wird auch nicht explizit vermittelt. In ihrer Studie untersuchten sie, ob sich das implizite Wissen von Experten und Novizen unterscheidet und ob es in einem Zusammenhang mit der Leistung steht. In einem Experiment verglichen sie eine Gruppe von Managern mit einer Gruppe fortgeschrittener Studenten einer Business School und mit einer Gruppe von Studienanfängern. Sie legten den Versuchsteilnehmern Szenarien über Arbeitssituationen vor, zu denen es mehrere Antworten gab. Diese Antworten sollten nach ihrer Wichtigkeit für die Situation auf einer Antwortskala von 1 (nicht wichtig) bis 7 (extrem wichtig) eingeschätzt werden. Zwei Beispiele aus dem Erhebungsinstrument verdeutlichen den Charakter des Tacit-Wissens (siehe Abbildung 5.8 auf der nächsten Seite).

Die Einschätzungen der Teilnehmer wurden mit verschiedenen Erfolgskriterien (bei den Managern etwa Höhe des Gehalts und das Ranking der Firma, bei der sie arbeiteten) und mit der Dauer ihrer Erfahrung (etwa Studienzeiten und Berufserfahrung) korreliert. Die Ergebnisse zeigen keinen Zusammenhang des Tacit-Wissens mit der Berufserfahrung. Tacit-Wissen wird offenbar nicht automatisch von Jahr zu Jahr während des Berufs akkumuliert. Die Ergebnisse zeigen aber einen starken Zusammenhang des Tacit-Wissens mit der Höhe des Gehalts und dem Ranking der Firma. Dies weist darauf hin, dass für den Aufbau arbeitsrelevanten impliziten Wissens qualitative Erfahrungen wichtiger sind als quantitative Erfahrung in Form von Berufsjahren.

Implizites Wissen macht aber den größten Teil individuellen wie organisationalen Wissens aus, und es stellt sich daher die Frage, wie es genutzt und systematisch weitergegeben werden kann. Eine Möglichkeit besteht darin, durch einen Konversionsprozess implizites in explizites Wissen zu überführen (Nonaka, Toyama & Konno, 2000).

Das Modell von Nonaka et al. (2000) nimmt vier Zustände der Wissenskonversion an: Sozialisation, Externalisierung, Kombination und Internalisierung.

5.3 Information und Wissen

---

1. Schätzen Sie die folgenden Arbeitsstrategien danach ein, wie wichtig sie ihrer Meinung nach für eine gute Abwicklung des Alltagsgeschäfts eines Managers sind.
   a. Immer eine Anzahl von Projekten in
   Arbeit haben; viele „Eisen im Feuer"
   b. Lieber in Begriffen von erledigter Arbeit als von
   verbrachter Arbeitszeit denken
   ...
   p. Einen Weg finden, der die Erledigung der
   alltäglichen Aufgaben leicht und schnell macht.

---

2. Eine Reihe von Faktoren tragen zum Erwerb einer guten Reputation als Manager in einer Organisation bei. Betrachten Sie die folgenden Faktoren und schätzen Sie ihre Bedeutung ein:
   a. Die Fähigkeit zum kritischen Denken
   b. Die Sichtbarkeit (das heißt, die Bekanntheit
   in der gesamten Firma)
   ...
   q. Eine genaue Vorstellung davon zu haben,
   wie Vorgesetzte von etwas begeistert werden können.

Abbildung 5.8: Szenarien zur Erfassung von Tacit-Wissen nach R. K. Wagner und Sternberg (1985)

- Sozialisation ist der Prozess, in dem implizites Wissen des einen zum impliziten Wissen des anderen wird („from tacit knowledge to tacit knowledge"). Da implizites Wissen schwer zu formalisieren ist, erfolgt der Erwerb fast ausschließlich durch gemeinsame Erfahrung. Dies ist oft der Weg, auf dem Auszubildende handwerkliche Fähigkeiten erlernen. Aber auch der informelle Austausch von Gedanken, Ansichten und Ideen vermittelt implizites Wissen.

- Externalisierung ist der Prozess, in dem implizites Wissen artikuliert wird und somit explizit wird („from tacit knowledge to explicit knowledge"). Es kristallisiert sich heraus und kann so mit anderen geteilt und zur Grundlage neuen Wissens werden. Als Beispiel geben (Nonaka et al., 2000) Qualitätskontrollzirkel an, in denen es Arbeitern ermöglicht wird, Verbesserungen im Herstellungsprozess vorzunehmen, indem sie ihr durch jahrelanges Arbeiten erworbenes implizites Wissen artikulieren.

- Kombination ist der Prozess, in dem explizites Wissen in komplexere und systematische Wissensbestände eingebaut wird („from explicit knowledge to explicit knowledge"). Damit wird es vermittelbar und in andere Teile der Organisation transferierbar. Ein Bilanzprüfer, der in den einzelnen Abteilungen und Divisionen Informationen sammelt und sie zu einem Finanzreport zusammenstellt, befindet sich im Prozess der Kombination.

- Internalisierung schließlich ist der Prozess, in dem explizites Wissen in implizites Wissen überführt wird („from explicit knowledge to implicit knowledge"). Das in der Organisation vorhandene explizite Wissen wird von den Individuen in ihr implizites Wissen übernommen. Ein wichtiges Prinzip ist hier Learning-by-Doing. Dies kann beispielsweise durch Trainingsprogramme unterstützt werden, in denen Trainees die Organisation und sich selbst kennenlernen, oder durch Simulationen, mit denen Probleme und Entscheidungswege nachvollzogen und wichtige Konzepte kennengelernt werden können.

Mit dem Modell der Konversion impliziten Wissens in explizites Wissen sind aber einige Probleme verbunden, auf die Stenmark (2000) hingewiesen hat. Zum einen sind wir uns nicht notwendigerweise über unser implizites Wissen bewusst. Zweitens müssen wir es nicht unbedingt explizit machen, um es zu nutzen und drittens möchten wir es vielleicht gar nicht weitergeben, weil es für uns einen Wettbewerbsvorteil bedeutet. Denn implizites Wissen bringt nicht nur auf Organisationebene Vorteile gegenüber Konkurrenten, sondern auch auf interpersonaler Ebene. Personen geben ihr Wissen nicht ohne Weiteres weiter und schon gar nicht, ohne zu überlegen, ob die Weitergabe zu ihrem Nutzen oder zu ihrem Nachteil ist. Eine Verbindung zur Motivation der Mitarbeiter ziehen auch Osterloh und Frey (2000).

Für den Transfer impliziten Wissens ist intrinsische Motivation der entscheidende Faktor. Wenn es Organisationen gelingt, eine Arbeitsumgebung zu schaffen, in der entweder die Aufgabe für sich motivierend ist, oder in der sich die Mitarbeiter mit der Organisation identifizieren, ist es wahrscheinlicher, dass implizites Wissen eingebracht wird.

Von der Weitergabe des Wissens sind insbesondere neue Mitglieder abhängig. Bei Eintritt in eine Organisation haben neue Mitglieder in der Regel nur verschwommene Vorstellungen von ihren Aufgaben und ihrer Position und wenig genaue Informationen. Entsprechend groß ist ihre Unsicherheit. Sie sind vor zwei große Aufgaben gestellt:

– Zum einen müssen sie versuchen, Informationen darüber zu erhalten, welche Erwartungen an sie gestellt werden,

– und zum anderen müssen sie so schnell wie möglich in Erfahrung bringen, wer in ihrer Arbeitsgruppe über welche Informationen verfügt.

Erst dann können sie auch den gut gemeinten Ratschlag „Frag einfach, wenn du etwas nicht weißt!" umsetzen.

V. D. Miller und Jablin (1991) haben einmal zusammengestellt, mit welchen Strategien neue Mitglieder versuchen, Informationen zu erhalten. Die Palette reicht von offenen Fragen, über indirekte Fragen, Beobachtungen und Analysen bis zu Techniken der verschleierten Konversation und dem Testen von Grenzen. Welche Technik eingesetzt wird, hängt zum einen davon ab, von welcher Person die Information erfragt werden soll (bei Vorgesetzten werden andere Techniken eingesetzt als bei Gleichgestellten), zum anderen aber auch von dem Maß an Sicherheit, die der neue Mitarbeiter entweder mitbringt oder bereits erworben hat. Offene Fragen zu stellen erfordert einen sicheren Kontext, in dem auch dumme Fragen nicht zu Gesichtsverlust führen. Schnell die eigene Rolle zu klären und genügend Informationen zu sammeln, um die übertragenen Aufgaben gut zu meistern, sind im Modell von Kammeyer-Mueller und Wanberg (2003) zentrale Faktoren für eine gute An- und Einpassung neuer Mitglieder und damit Voraussetzung für Arbeitszufriedenheit und Produktivität. In einer Metaanalyse von Bauer et al. (2007, siehe Abbildung 5.9 auf der nächsten Seite) bilden die individuellen Informationssuchstrategien zusammen mit den Sozialisationstechniken der Organisation wichtige Prädiktoren für die Anpassung neuer Mitglieder und entscheiden somit über den Verbleib in der Organisation.

5.3 Information und Wissen

Abbildung 5.9: Modell der Anpassung von Newcomern nach Bauer et al. (2007)

5.3.2 Mobilisierung von Wissensressourcen

Auch ohne die besonderen Schwierigkeiten, die die Aktivierung und Weitergabe impliziten Wissens mit sich bringen, haben Arbeitsgruppen oft Probleme, ihre Wissensressourcen zu mobilisieren. In Kapitel 3 sind die Probleme, denen interagierende Gruppen bei der Verarbeitung von Informationen ausgesetzt sind, ausführlich geschildert. Prinzipiell sind es die gleichen Probleme, die auch organisationale Gruppen zu gewärtigen haben. Deshalb soll hier nur ein kurzer Überblick gegeben werden, der einige für Organisationen spezifische Aspekte thematisiert.

Gruppen verfügen prinzipiell über mehr Wissensressourcen als Einzelpersonen. Wenn sie diese aktivieren, sind sie gewöhnlich in ihrer Leistung einer Einzelperson überlegen, wobei die Art der Aufgabe allerdings eine Rolle spielt. Aber bei der Gruppenarbeit gibt es neben *Prozessgewinnen* auch eine Reihe von *Prozessverlusten*, die dazu führen, dass die Gruppe nicht ihre potentielle Leistung erbringen kann. Prozessgewinne entstehen, wenn durch die soziale Interaktion Ideen, Wissen oder Lösungen generiert werden, die die potentielle Leistung der Gruppe (als Aufsummierung der möglichen individuellen Leistungen der Gruppenmitglieder) übersteigt. Prozessgewinne können zum einen durch die potentielle Aktivierung von mehr Wissensressourcen erreicht werden. Zum anderen können individuelle Leistungen in einem Gruppenkontext möglicherweise besser abgerufen werden, sei es aus Wettbewerbsgründen oder weil die anderen Gruppenmitglieder durch Nachfragen das Wissen aktivieren. Die Gruppe kann schwächere Leistungen eines Mitglieds kompensieren, insbesondere wenn sie in Wettbewerb mit einer anderen Gruppe steht. Weiter kann auch eine mögliche Stimulation durch einen charismatischen Führer die Motivation erhöhen.

Prozessverluste lassen sich in *Koordinationsverluste* und *Motivationsverluste* unterteilen. Koordinationsverluste sind situative Einschränkungen, die sich aus der sozialen Interaktion ergeben. Sie entstehen naturgemäß dadurch, dass sich in einer Gruppe mehrere Personen abstimmen müssen. Ein Beispiel hierfür ist die Produktionsblockade, die Diehl und Stroebe (1987) am Beispiel des Brainstormings nachgewiesen haben (siehe Kapitel 3, S. 150). Bei der Generierung von Ideen in der Gruppe können nicht alle gleichzeitig sprechen. Die Mitglieder müssen ihre Sprechzeiten koordinieren, so dass es beim Warten auf eine Sprechmöglichkeit dazu kommen kann, dass die eigene Idee vergessen wird. Im organisationalen Kontext können Produktionsblockaden auch durch restriktive Vorgaben durch die Führungsperson oder durch Normen und Regeln der Organisation entstehen.

Das Beispiel des Brainstormings verdeutlicht zugleich auch mögliche Motivationsverluste bei der Gruppenarbeit. Motivationsverluste beschreiben die reduzierte Bereitschaft, sich mit vollem Einsatz an einer Aufgabe zu beteiligen, wenn diese im Gruppenkontext stattfindet. Die eigene Idee kann im Vergleich zu den Ideen der anderen als weniger originell oder weniger relevant betrachtet werden und wird daher nicht mitgeteilt. Außerdem kann es zum sozialen Faulenzen oder Trittbrettfahren kommen, wenn der eigene Beitrag als unwichtig für die Gruppenleistung angesehen wird oder wenn der eigene Beitrag nicht sichtbar wird. Die Bedeutung einer intrinsischen Motivation im Organisationskontext ist bereits oben bei der Diskussion der Weitergabe impliziten Wissens aufgewiesen worden.

Was sind Maßnahmen, mit denen Prozessverluste reduziert werden können? Eine stimulierende und wenig restriktive Arbeitsumgebung mit freien und hierarchisch nicht unangemessen eingeschränkten Kommunikationswegen könnte dazu beitragen. Die Förderung des Commitments und der Motivation der Mitarbeiter, ihren Beitrag zu leisten und zugleich sich selbst um die notwendigen Informationen zu kümmern und diese bei anderen abzurufen, ist wohl das stärkste Mittel gegen Prozessverluste.

Aber auch eine starke Motivation der Mitarbeiter ist nicht ausreichend, um ein Phänomen außer Kraft zu setzen, dass bei der Informationsverarbeitung in Gruppen auftritt. Das ist die Tendenz, geteilte Informationen, das sind Informationen, die alle Gruppenmitglieder besitzen, stärker zu berücksichtigen als ungeteilte Informationen, das sind diejenigen Informationen, über die nur einzelne Gruppenmitglieder verfügen. Dabei ist es oft so, dass eine richtige Lösung eines Problems nur zu finden ist, wenn alle ungeteilten Informationen mitgeteilt werden und diese bei der Lösungsveränderung auch berücksichtigt werden.

Viele Studien mit dem Hidden-Profile-Paradigma (siehe Kapitel 3, S. 155) haben gezeigt, wie ineffektiv Gruppen das Sammeln und Zusammenführen von Informationen betreiben. Die Versuche, Gegenmaßnahmen zu finden, erbrachten eher enttäuschende Ergebnisse: Weder die Vorwarnung, dass es dieses Phänomen gibt, noch die Intensivierung einer Wettbewerbssituation, noch die Unterstützung durch computergestützte Maßnahmen bei der Informationssammlung und Informationsbewertung, die Einführung eines Advocatus Diaboli oder die Erhöhung der Identifikation können hinreichend eine angemessene Berücksichtigung der ungeteilten Informationen sicherstellen.

Gründe für die Bevorzugung geteilter Informationen sind zum einen formaler Art. Geteilte Informationen haben einfach eine höhere Auftretenswahrscheinlichkeit als ungeteilte, da sie mehrfach vorhanden sind. Zum anderen gibt es auch motivationale Gründe. Geteilte Informationen sind eher dazu geeignet, das eigene Vorurteil, das man sich auf der Grundlage unzureichender Informationen gebildet hat, zu bestätigen. Die Übereinstimmung mit den Urteilen der anderen ist eine Validierung des eignen Urteils, auch wenn diese, wie das eigene Urteil, eine unzulängliche Informationsbasis haben.

Stasser, dessen Arbeiten zentral in diesem Bereich sind, hält die Zuweisung von Expertenrollen für eine relativ erfolgreiche Intervention, um ungeteilten Informationen zu ihrem Stellenwert zu verhelfen (Stasser, Vaughan & Stewart, 2000).

Die Zuweisung von Expertenrollen ist eine Möglichkeit, die sich auch in realen Arbeitsgruppen anbietet, da hier die Aufgaben und Zuständigkeiten unter den Mitgliedern verteilt sind. Worauf die Wirkung dieser Maßnahme letztendlich basiert, ist noch ungeklärt. Eine Erklärungsmöglichkeit könnte sein, dass durch die Zuweisung von Zuständigkeit und Expertise ein mentales

Modell für die Verteilung und die Wichtigkeit bestimmter Informationen aufgebaut wird. Dieser Gedanke wird in der Diskussion kollektiver Wissenssysteme aufgegriffen.

5.3.3 Kollektive Wissenssysteme

Gruppenlernen ist ein Aspekt, der die einfache Wissenssammlung überschreitet. Brodbeck und Greitemeyer (2000) heben ein Defizit hervor, das in den meisten Modellen zur Reduzierung von Prozessverlusten vorhanden ist: Die Modelle gehen implizit von der Annahme aus, dass die individuellen Ressourcen statisch sind und berücksichtigen nicht, dass die Gruppenmitglieder lernfähig sind. Brodbeck und Greitemeyer postulieren, dass Individuen in Gruppen sich ein Wissen aneignen können, das sie nur durch Lernprozesse in der Gruppe erwerben können. Gruppenlernen ist eine Veränderung des kollektiven Wissens und der kollektiven Fertigkeiten einer Gruppe, die durch die gemeinsame Erfahrung der Gruppenmitglieder bewirkt wird (Ellis et al., 2003). Damit wird der Prozess des individuellen Lernens, der traditionellerweise als vorwiegend durch eigene Erfahrung gesteuert angesehen wird, um die Möglichkeit erweitert, auch von der Erfahrung anderer Mitglieder zu lernen. Dieser Lernprozess wird als Transfer von der Gruppe zum Individuum ($G-I$ Transfer) bezeichnet. Ein $G-I$ Transfer liegt beispielsweise vor, wenn bei einer Problemlösungsaufgabe in der Gruppe ein Lösungsweg auftaucht, der einem Mitglied bisher nicht bekannt war und den es jetzt für sich übernehmen kann.

Im Unterschied zum $G-I$ Transfer bezeichnet der Transfer von Individuum zu Individuum ($I-I$ Transfer) das individuelle Lernen. Eine Gruppe kann davon profitieren, da der Zuwachs an individueller Leistung auch die potentielle Gruppenleistung erhöht.

Daneben gibt es noch zwei weitere Lernprozesse im Gruppenkontext (vgl. Schulz-Hardt & Brodbeck, 2007, S. 465–466): Der Transfer von der Gruppe zum Individuum in der Gruppe ($G-IG$ Transfer) bezeichnet den Erwerb von Fertigkeiten eines Gruppenmitglieds, durch die es eine Aufgabe innerhalb der Gruppe besser durchführen kann.

Der Transfer von Gruppe zu Gruppe ($G-G$ Transfer) bedeutet einen Lernprozess, durch den sich die Fertigkeiten der gesamten Gruppe zur Ausführung einer bestimmten Aufgabe verbessern. Da sich dieser Lernprozess aber letztlich als Lernprozesse der einzelnen Gruppenmitglieder abbilden lässt, schlagen Schulz-Hardt und Brodbeck vor, diese Form als Transfer von der Gruppe auf das Individuum in derselben Gruppe ($G-IsG$) zu bezeichnen.

	Pretest nominal	Trainingsphase								Posttest nominal Gruppe
IT	I	I	I	I	I	I	I	I	I	G
MT	I	G	I	G	I	G	I	G	I	G
D	1	2	3	4	5	6	7	8	9	10

IT = individuelles Training I = nominales Setting
MT = gemischtes Training G = Gruppensetting
D = Durchgang

Abbildung 5.10: Design des Experimentes von Brodbeck und Greitemeyer (2000)

Brodbeck und Greitemeyer stellten die Hypothese auf, dass aufgrund von Erfahrungen im Gruppenkontext sowohl die individuelle Leistung der Mitglieder als auch die Leistung der Gruppe steigen kann. Sie ließen ihre Versuchsteilnehmer mehrere Aufgaben zur Regelerkennung durchführen. Diese Aufgaben bestanden darin, zu erkennen, nach welchem Prinzip ein Satz von Spielkarten in Karten, die Beispiele für eine bestimmte Regel darstellen und in Karten, die dieser Regel nicht entsprechen, aufgeteilt war. Eine zu entdeckende einfache Regel war z. B. die Abfolge Rot-Rot-Schwarz-Schwarz, eine sehr schwierige Regel die Abfolge Pik-Pik-Herz-Kreuz. Die Versuchsteilnehmer wurden in zwei Gruppen zu je drei Personen geteilt. Eine Gruppe arbeitete unter der Bedingung einer nominalen Gruppe (jeder arbeitet für sich allein).

Die zweite Gruppe führte die Aufgabenbearbeitung im Wechsel nominal oder kollaborativ durch. Das bedeutete, dass zunächst bei einem Durchgang mit den Spielkarten die drei Gruppenmitglieder jeder für sich versuchten, die Regel zu erkennen, beim nächsten Durchgang mussten sich die Gruppenmitglieder auf eine Lösung verständigen. Es gab insgesamt 10 Durchgänge, wobei der neunte Durchgang jeweils als nominale Gruppe durchgeführt wurde und der zehnte als kollaborative Gruppe. Das experimentelle Design mit Pretest, Trainingsphase und Posttest ist in Abbildung 5.10 auf der vorherigen Seite dargestellt.

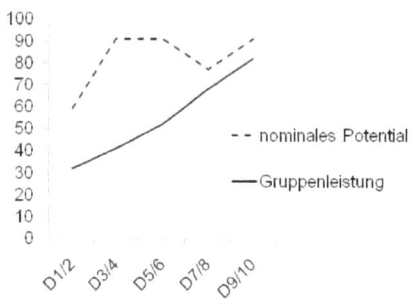

Durchgänge (D) 1, 3, 5, 7 und 9 im nominalen Arbeitskontext
Durchgänge 2, 4, 6, 8 und 10 im kollaborativen Arbeitskontext

Abbildung 5.11: Verbesserung von Leistung durch Gruppenlernen nach Brodbeck und Greitemeyer (2000)

Brodbeck und Greitemeyer bezeichnen die erste Bedingung als individuelles Training und die zweite Bedingung als gemischtes Training. Die Anzahl der richtigen Hypothesen über die zugrundeliegende Regel war der Indikator für die nominale und die kollektive Gruppenleistung.

Es werden drei Leistungsgrößen unterschieden: Das nominale Potential gibt den Anteil der Gruppen an, in denen zumindest ein Gruppenmitglied die richtige Hypothese gefunden hatte. Das kollektive Potential bezeichnet den Anteil der kollaborativen Gruppen, bei denen wenigstens ein Gruppenmitglied eine richtige individuelle Lösung hatte. Die Gruppenleistung wurde gemessen als die Anzahl der Gruppen, die zu einer korrekten Gruppenhypothese gekommen waren.

Die Ergebnisse zeigen, dass es natürlich zu einem individuellen Lernen kommt. Unter individuellem Training steigt das nominale Potential im Laufe der Durchgänge. Sie zeigen aber auch, dass die tatsächliche Gruppenleistung durch die kollaborativen Arbeitssequenzen gefördert wird (siehe Abbildung 5.11). Die tatsächliche Gruppenleistung nähert sich der potentiellen nominalen Leistung an. Das bedeutet, dass offensichtlich durch die gemeinsame Erfahrung im Laufe der Zeit Lernprozesse stattgefunden haben, die anfängliche Prozessverluste ausgleichen.

Olivera und Straus (2004) interessierte die positive Wirkung kollaborativer Arbeit auf die individuelle Leistung. Sie stellten sich die Frage, ob durch die Arbeit in der Gruppe für das Individuum ein Transfer auf eine folgende Aufgabe ermöglicht wird. Sie ließen Versuchsteilnehmer in drei Durchgängen Aufgaben lösen, entweder allein, in Gruppen oder allein während sie eine Gruppe beobachteten. Die Ergebnisse zeigen, dass Individuen, die in Gruppen arbeiteten, bei einer anschließenden Transferaufgabe bessere Leistungen erbrachten, als Personen, die voneinander unabhängig arbeiteten. Es zeigte sich aber auch, dass schon eine Beobachtung einer Gruppe ausreicht, um einen solchen Transfereffekt zu erzielen. Offensichtlich scheint das Gruppenlernen mindestens teilweise auf Beobachtungslernen im Sinne Banduras zurückführbar zu sein.

5.3 Information und Wissen

Während sich das Modell des Gruppenlernens mit dem Erwerb konkreten Wissens und konkreter Fertigkeiten beschäftigt, konzentrieren sich *transaktive Wissenssysteme* auf die Frage, wie das Wissen innerhalb einer Gruppe oder Organisation gespeichert ist. Dies ist für Organisationen eine zentrale Frage, da aufgrund von Aufgaben- und Arbeitsteilung Wissen und Informationen auf die einzelnen Mitglieder und Abteilungen verteilt sind. Für einen effizienten Arbeitsablauf ist es von großer Wichtigkeit zu wissen, wer was weiß.

Das transaktive Gedächtnis, wie es beispielsweise von Wegner beschrieben wird (siehe Kapitel 3, S. 159), ermöglicht den Beteiligten, die anderen Personen als externe Gedächtnisspeicher zu nutzen, mit dem Vorteil, auf diese Weise eigene Speicherkapazität, Zeit und Speicherungsaufwand zu sparen. Ein transaktives Gedächtnis enthält sowohl eigenes und fremdes Objektwissen als auch eigenes und fremdes Metawissen. Ein Gruppenmitglied kennt das eigene (Objekt-)Wissen und in bestimmtem Umfang auch das (Objekt-)Wissen der anderen Gruppenmitglieder. Darüber hinaus hat es aber auch noch unabhängig von den Wissensinhalten gespeichert, was es selbst weiß und was die anderen wissen.

Für neue Mitglieder ist es sehr wichtig, dass transaktive Gedächtnis ihrer Gruppe schnell kennenzulernen, da dies ihre Integration fördert. Der Aufbau eines transaktiven Gedächtnisses birgt aber auch Gefahren. Zum einen kann der Weggang eines Mitglieds empfindliche Lücken im Wissenssystem reißen. Zum anderen kann es auch abträglich für den Arbeitsprozess sein, dann nämlich, wenn der Mitarbeiter, dessen Wissen bei der Lösung eines aktuellen Problems benötigt wird, gerade nicht zur Verfügung steht. Außerdem führt das Sich Verlassen auf das Wissen der anderen zu Abhängigkeiten und es bedarf eines beträchtlichen Maßes an Vertrauen in die Zuverlässigkeit und Korrektheit des fremden Wissens. Deshalb ist es wichtig zu prüfen, inwieweit ein transaktives Gedächtnis tatsächlich die Leistung einer Gruppe fördert.

Es gibt bislang nicht viele Felduntersuchungen auf diesem Gebiet, da hierzu in der Regel Längsschnittuntersuchungen notwendig sind. Austin (2003) untersuchte 27 neuformierte Gruppen eines Sportartikel-Herstellers, die jeweils aus 8 bis 11 Mitgliedern bestanden. Während eines Zeitraums von fünf Monaten wurden diese Gruppen wiederholt in Bezug auf Faktoren eines transaktiven Gedächtnisses sowie hinsichtlich ihrer Leistungsbewertung untersucht. Es zeigte sich, dass die Leistungsfähigkeit der Gruppen von der Entwicklung eines transaktiven Gedächtnisses abhing. Je ausgeprägter das transaktive Gedächtnis war, desto erfolgreicher war die Gruppe bei der Erreichung ihrer Ziele, desto besser wurde ihre Arbeit von externen Evaluatoren bewertet und desto besser schätzten die Mitglieder ihre Gruppe ein.

In einer Zusammenschau bisheriger Arbeiten stellte Peltokorpi (2008) die Bedingungen zusammen, die für ein effizientes Funktionieren transaktiver Gedächtnisse gegeben sein müssen. Die Mitglieder, die zu einem Wissenssystem gehören,

- müssen kognitiv unabhängig voneinander sein (um abträglichen Einflüssen wie z. B. Gruppendenken vorzubeugen),
- sie müssen miteinander interagieren,
- sie müssen motiviert sein, Wissen weiterzugeben und zu lernen, was die anderen wissen.
- Die Gruppenmitglieder müssen mit der Verbreitung von Expertise einverstanden sein.
- Sie sollten, wenn sie als Experten auftreten, auch tatsächlich Experten sein.

Der Aufbau eines transaktiven Gedächtnisses ist nur bei komplexen Aufgaben sinnvoll, damit es sich für die Mitglieder lohnt, beziehungsweise notwendig ist, kollaborativ zu arbeiten.

Sind diese Voraussetzungen gegeben, haben transaktive Gedächtnissystemen viele Vorteile für Gruppen. Die Mitglieder können sich spezialisieren, dadurch wird der Aufwand zu großer Wissensüberschneidungen vermieden, und die Gruppe kann auf ein größeres aufgabenbezogenes Wissen zurückgreifen. Transaktive Gedächtnissysteme können Innovationen fördern, wenn die sich ergänzenden Informationen der einzelnen Gruppenmitglieder auf neue Art und Weise zusammengefügt werden. Gruppen mit einem gemeinsamen Wissenssystem sind effizienter in der Erreichung ihrer Ziele, weil sie anstehende Aufgaben gezielter und der Expertise der einzelnen Mitglieder besser entsprechend verteilen können.

Von besonderer Bedeutung ist der Aufbau eines transaktiven Gedächtnisses, wenn räumlich verteilte Arbeitsgruppen über ein Intranet kommunizieren und auch bei der Nutzung externer Speicher stellt sich auf organisationaler Ebene nicht nur die Frage, wer weiß was, sondern auch, wer hat Zugriff auf externe Speicher wie Datenbanken. Schließlich ist es innerhalb des strategischen Managements von großer Bedeutung, ob es gelingt, das implizite Wissen der Personen in ein transaktives Gedächtnissystem auf Organisationsebene zu transferieren (Becker, Brauner & Duschek, 2006).

5.4 Entscheiden

5.4.1 Entscheiden als Handlung

Entscheidungen werden getroffen, um zielbezogene Handlungsalternativen auszuwählen und umzusetzen. Welche Alternative gewählt und umgesetzt wird, hängt davon ab, welche Konsequenzen erwartet und wie diese bewertet werden. Dabei ist der Übergang von der Handlungsabsicht zur Ausführung des Verhaltens der kritische Punkt. In der Theorie des geplanten Verhaltens (Ajzen, 1991) wird die Verhaltensintention durch drei Faktoren beeinflusst (siehe Abbildung 5.12 auf der nächsten Seite):

- durch die Einstellung zum geplanten Verhalten, das heißt, wie dieses Verhalten bewertet wird und welche Erwartungen daran geknüpft sind;
- durch die subjektive Norm, das heißt, inwieweit dieses Verhalten als durch die Bezugsgruppe gewünscht und gebilligt angesehen wird und inwieweit man diesen Erwartungen entsprechen will;
- durch die wahrgenommene Verhaltenskontrolle, das heißt, inwieweit das geplante Verhalten auch als durchführbar eingeschätzt wird. Die Einschätzung der Durchführbarkeit ist zugleich diejenige Variable, die den stärksten Einfluss auf die Umsetzung der Verhaltensintention in das Verhalten hat.

Erwartung × Wert-Modelle, zu denen auch die Theorie des geplanten Verhaltens gehört, haben das Defizit, nicht erklären zu können, warum Menschen, wenn sie Hindernisse bei der Durchführung des Verhaltens erwarten, sich vermehrt anstrengen, um ihr Ziel zu erreichen. Eigentlich müsste durch erwartete Widerstände die Erwartung, mit diesem Verhalten bestimmte Ziele zu erreichen, sinken und mit ihr die Absicht, das Verhalten auszuführen.

Solche motivationalen und volitionalen Aspekte bezieht das Rubikon-Modell der Handlungsphasen (Heckhausen & Gollwitzer, 1987; P. M. Gollwitzer, 1990) explizit ein (siehe Abbildung 5.13 auf Seite 268). Es betrachtet den Prozess von der Auswahl eines Ziels bis zur Zieler-

5.4 Entscheiden

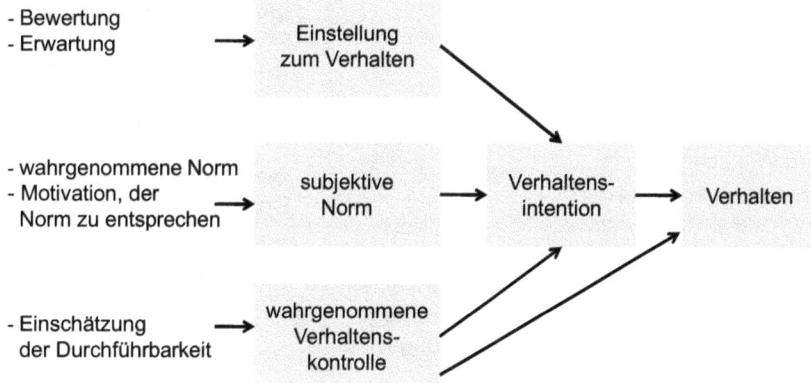

Abbildung 5.12: Theorie des geplanten Verhaltens nach Ajzen (1991)

reichung als eine Abfolge von Aufgaben. Im Rubikon-Modell werden vier Phasen der Zielverfolgung unterschieden:

- In der *Vorentscheidungsphase* werden die Vor- und Nachteile und die Erreichbarkeit eines Ziels genau durchdacht. Am Ende dieser Phase erfolgt die Festlegung auf ein verbindliches Ziel. Das Setzen eines verbindlichen Zieles wird „das Überschreiten des Rubikons" genannt und gibt dem Modell seinen Namen. Diese Metapher erinnert an den Entschluss Cäsars, den Fluss Rubikon zu überschreiten und sich somit endgültig für einen Krieg zu entscheiden, von dem es dann kein Zurück mehr gab. Von nun an setzte er zielstrebig alles daran, den Krieg zu gewinnen. Die vorangegangene Phase des Zauderns und Abwägens war damit endgültig vorbei. Die Vorentscheidungsphase ist geprägt durch eine abwägende Bewusstseinslage, die zu einer realistischen Beurteilung der eigenen Fähigkeiten und Kontrollmöglichkeiten sowie der Wünschbarkeit der Ziele und neuer Informationen führen kann (Achtziger & Gollwitzer, 2009).

- In der *Nachentscheidungsphase* (auch Vorhandlungsphase genannt) wird geplant, wann und mit welchen Mitteln das Ziel in Angriff genommen werden soll, so dass ein Erreichen des Ziels wahrscheinlich wird. Sie ist geprägt durch eine planende Bewusstseinslage, die insgesamt zu einer (zu) optimistischen Beurteilung der eigenen Fähigkeiten und Kontrollmöglichkeiten und der zielbezogene Informationen führen.

- Die dritte Phase ist die *Handlungs- oder aktionale Phase*, in der die in der Nachentscheidungsphase geplanten Handlungen ausgeführt werden. Zielausrichtung und Abschirmung von Ablenkungen sind wichtige Erfolgsbedingungen dieser Phase.

- In der *Nachhandlungsphase* werden die Handlungsergebnisse bewertet. Es wird geprüft, ob das Ziel oder Teilziele erreicht worden sind, ob die erhofften Folgen der Zielerreichung eingetreten sind oder ob gegebenenfalls noch weitere Handlungen erfolgen müssen, um das Ziel zu erreichen.

Die Handlungsphasen des Rubikon-Modells finden sich in den Stufen eines von Schermerhorn, Hunt und Osborn (2002, S. 114) skizzierten Entscheidungsfindungsprozesses wieder.

Vor-Entscheidungsphase

- Nachdenken über spezielle Handlungsziele im Rahmen von Vorlieben und Wünschen
- Abwägen und Bewerten potentieller Handlungsziele

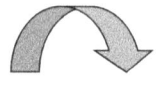

Rubikon

Auswahl eines spezifischen Handlungsziels

Nach-Entscheidungsphase

- Entscheidung für bestimmtes Handlungsziel wurde bereits getroffen
- Bewusstsein ist auf Durchführung gerichtet
→ Verhaltensvorsätze: Wann, wo und wie wird das Ziel verwirklicht?

Abbildung 5.13: *Modell der Handlungsphasen nach Heckhausen und Gollwitzer (1987)*

Der Prozess der Entscheidungsfindung besteht aus den Schritten:

- Erkennen und Definieren des Problems oder der Gelegenheit,
- Identifizierung und Analyse alternativer Handlungswege, Abschätzung ihrer Wirkung auf das Problem,
- Auswahl eines Handlungsweges,
- Implementierung des gewählten Handlungsweges,
- Bewertung der Ergebnisse und, wenn nötig, weitere Handlungen.

Das Rubikon-Modell unterscheidet sich bei der Definition der Handlungsphasen in einem wesentlichen Punkt von diesem Stufenmodell. Es setzt an den Anfang des Prozesses die Auswahl und Festsetzung eines Ziels. Es ist ein zielorientiertes Handlungsmodell, während das Stufenmodell von Schermerhorn et al. ein problemorientiertes Modell ist, es beginnt mit der Analyse eines Problems.

Neben problemorientierten und zielorientierten Lösungssuchmodellen gibt es aber noch verschiedene andere Strategien auf dem Weg zur Entscheidungsfindung. In der Klassifikation von Nutt (2005) sind es noch opportunistische Entscheidungen, die auf der Basis einer sich bietenden Gelegenheit (ohne vorherige explizite Ziel- oder Problemorientierung) getroffen werden, zufällige/opportunistische Entscheidungen, die den erstbesten erfolgversprechenden Lösungsweg verfolgen und Entscheidungen, deren Ziel es ist, durch Verhandlungen zu einem Kompromiss zu kommen.

Nutt analysierte die Entscheidungen von Organisationen beziehungsweise ihrer Entscheidungsträger (oberes und mittleres Management), klassifizierte sie nach den verwendeten Entscheidungsstrategien und untersuchte den Erfolg der Entscheidungen. Wie zu erwarten waren ziel- und problemorientierte Vorgehensweisen allen anderen deutlich überlegen. In einer anderen Studie hatte Nutt bereits ein ähnliches Ergebnis gefunden. Über die Hälfte der von ihm untersuchten 356 organisationalen Entscheidungen waren nicht erfolgreich, was vor allem an den unangemessenen, nicht problemorientierten Entscheidungstaktiken lag.

5.4.2 Urteilsverzerrungen

Entscheidungen finden oft unter Zeitdruck statt, so dass die verschiedenen Stufen im Entscheidungsprozess nicht mit der Ausführlichkeit und Sorgfalt behandelt werden können, wie es vielleicht notwendig wäre. Wenn es sich um Routineaufgaben handelt, für die es standardisierte Lösungen gibt, ist das weiter kein Problem, wohl aber bei neuen Fragen und Aufgaben, die in jeder Phase des Entscheidungsprozesses neue Urteile erfordern. Unter Zeitdruck greifen wir daher gern auf Urteilsheuristiken zurück, um den Vorgang zu beschleunigen.

Urteilsheuristiken sind „Faustregeln", deren Anwendung hilft, trotz Einschränkungen der Informationsverarbeitungskapazität zu hinreichend genauen Urteilen zu kommen. Sie enthalten implizites oder explizites Regelwissen über den Zusammenhang zwischen bestimmten Hinweisreizen und einer Urteilsdimension. Faustregeln haben aber die Eigenschaft, nur im Allgemeinen und nicht in jedem Fall zuzutreffen.

Die klassischen Arbeiten zu Urteilsheuristiken stammen von Amos Tversky und Daniel Kahneman (z. B. Tversky & Kahneman, 1974). Zu den bekanntesten Urteilsheuristiken zählen die Repräsentativitätsheuristik, die Verfügbarkeitsheuristik, die Heuristiken der Verankerung und Verrahmung und der Confirmation-Bias.

Bei der *Repräsentativitätsheuristik* wird eine Beurteilung nach der Faustregel „Wie ähnlich ist X einem typischen Y?" vorgenommen. Stellen Sie sich einmal folgende Zahlenreihen vor: a) 1 2 3 4 5 6 und b) 2 7 19 32 33 41. Welche der beiden Zahlenreihen wird wohl eher bei der Lottoziehung gezogen werden? Die meisten Personen werden wohl auf die Zahlenreihe b tippen. Lottozahlen werden nach dem Zufallsprinzip generiert, und die Zahlenreihe b entspricht eher unserer Vorstellung von einer zufälligen Reihenfolge. Sie repräsentiert eher das Zufallsprinzip. Je typischer ein Objekt für eine bestimmte Kategorie ist, desto höher wird die Wahrscheinlichkeit eingeschätzt, das es in diese Kategorie gehört. Begegnen wir z. B. einer Person, die Merkmale aufweist, die wir mit einer bestimmten Kategorie von Personen oder einem bestimmten Stereotyp in Verbindung bringen, ordnen wir sie dieser Kategorie zu, auch dann, wenn die Wahrscheinlichkeit, dass sie tatsächlich ein Exemplar dieser Kategorie ist, gering ist.

Die *Verfügbarkeitsheuristik* folgt der Faustregel „Wenn mir ein Ereignis leicht einfällt, oder ich es mir leicht vorstellen kann, dann wird es wohl häufig vorkommen." Tversky und Kahneman (1973) wiesen dies in einem einfachen Experiment nach. Sie wählten fünf Konsonanten aus, die in der englischen Sprache häufiger an dritter als an erster Position in einem Wort auftauchen. Die Personen, die am Versuch teilnahmen, hatten die Aufgabe, für jeden Buchstaben anzugeben, ob er mit größerer Wahrscheinlichkeit an erster oder an dritter Stelle eines Wortes auftritt, und das Verhältnis der Wahrscheinlichkeiten zu bestimmen. 70 Prozent der Teilnehmer erwarteten die Konsonanten als Anfangsbuchstaben. Das geschätzte Wahrscheinlichkeitsverhältnis lag bei 2 : 1 zugunsten der Anfangsposition. Der Aufruf aus dem Gedächtnis nach dem Anfangsbuchstaben ist leichter als nach einem Buchstaben mitten aus dem Wort. Auch Risikoeinschätzungen unterliegen der Verzerrung durch die Verfügbarkeit. So werden beispielsweise Todesrisiken, über die in der Presse viel berichtet wird, in ihrer Häufigkeit weit überschätzt.

Bei der *Ankerheuristik* (Anchoring) beeinflusst ein Bezugspunkt das Urteil. Zu finden sind solche Ankereffekte unter anderem in Verkaufs- und Verhandlungsgesprächen. Die erste Zahl, die ins Gespräch gebracht wird, setzt den Bezugspunkt, um den sich Forderungen und Angebote formieren. Ein interessantes Experiment zum Verankerungseffekt haben Englich und Mussweiler (2001) gemacht. Sie legten Richtern den Fall einer Vergewaltigung vor und baten sie, ein

Strafmaß zu bestimmen. Zuvor sollten sie aber noch beurteilen, ob das angeblich von einem Informatikstudenten vorgeschlagene Strafmaß von 12 Monaten beziehungsweise 34 Monaten zu hoch oder zu niedrig sei. Die Richter, bei denen der Anker auf 12 Monate gesetzt worden war, wählten im Durchschnitt ein Strafmaß von 28 Monaten, bei einem Anker von 34 Monaten ein Strafmaß von 36 Monaten.

Die *Verrahmungs-Heuristik* (Framing) beschreibt, wie Urteile über einen Sachverhalt durch die Art, in der Informationen über diesen Sachverhalt präsentiert werden, beeinflusst werden. Es ist das bekannte Beispiel des halbvollen oder halbleeren Wasserglases. Wird ein Sachverhalt als Erfolg oder Gewinn dargestellt, erhält er mehr Zustimmung als wenn er als Versagen oder Verlust präsentiert wird (Levin, Schnittjer & Thee, 1988).

Ob eine Situation als eine Entscheidung über Gewinne oder als eine Entscheidung über Verluste definiert wird, hat nach Tversky und Kahneman einen großen Einfluss auf die Risikopräferenz. Während Entscheider bei Entscheidungen über Gewinne im Regelfall risikoscheu agieren, zeigen sie bei Entscheidungen über mögliche Verluste Risikobereitschaft.

Der *Confirmation-Bias* beschreibt eine Urteilsverzerrung, die auf dem Bedürfnis nach Konsistenz und Vermeidung von Dissonanz beruht. Wir legen größeres Gewicht auf Informationen, die unseren Annahmen oder Voreinstellungen entsprechen, als auf Informationen, die konträr zu unseren Annahmen sind. Diesem Effekt sind wir bereits bei dem Problem der bevorzugten Berücksichtigung geteilter Informationen begegnet. Bei Entscheidungen tritt er besonders bei Problemen mit hoher Ich-Beteiligung auf.

5.4.3 Eskalation des Commitments oder der verspätete Abbruch

Hohe Ich-Beteiligung spielt auch eine Rolle bei einem Entscheidungsfehler, der Eskalation des Commitments genannt wird. Es ist die Entscheidung, einen eingeschlagenen aber unbefriedigenden Weg weiterzuverfolgen und gegebenenfalls sogar noch verstärkt in ihn zu investieren. Oft wird eine solche Entscheidung auch dann noch getroffen, wenn sich die vorausgegangene Entscheidung als falsch erwiesen hat. Eine rationale Entscheidung sollte sich auf die Einschätzung zukünftiger Möglichkeiten und Wahrscheinlichkeiten beziehen. Das bedeutet, dass die Vergangenheit und die Gegenwart nur insofern von Bedeutung sind, wie sie Informationen liefern, die für die Einschätzung zukünftiger Ereignisse genutzt werden können. Im Allgemeinen bedeutet dies die Abschreibung aller versenkten und nicht wieder einholbaren Kosten, die mit der Entscheidung assoziiert waren.

Eine Steigerung des Einsatzes kann rational sein, wenn die Kosten des Abbruchs oder der Nichteskalation höher sind als ihr Nutzen. Dies kann z. B. der Fall sein, wenn durch einen Abbruch das Ansehen der Person, die die Entscheidung getroffen hat, ernsthaft beschädigt würde und andererseits die ökonomischen Kosten für die Weiterführung gering wären. Entscheider scheinen aber eine Tendenz zu haben, an unökonomischen Projekten festzuhalten, auch wenn dies rationalen Bewertungskriterien widerspricht und Effektivitätsverluste mit sich bringt.

Was sind nun aber die Gründe, die Entscheider dazu bringen, rationale Bewertungskriterien außer acht zu lassen und an einer einmal getroffenen Entscheidung festzuhalten? Staw (1976) ließ in seiner bekannten Studie Versuchsteilnehmer eine Investitionsentscheidung treffen. Sie mussten sich zwischen zwei Bereichen entscheiden, in die sie investieren wollten. Anschließend wurde ihnen dann gesagt, dass die Investitionen sich entweder als erfolgreich oder als nicht erfolgreich erwiesen hatten und dass sie nun über eine zweite, den selben Bereich betreffende Investition entscheiden sollten. Einer anderen Gruppe von Versuchsteilnehmern wurde gesagt, dass die ursprüngliche Investitionsentscheidung von jemand anderem aus der Firma getroffen worden war, dass die Investitionen entweder erfolgreich oder nicht erfolgreich waren und dass sie nun über eine zweite, den selben Bereich betreffende Investition entscheiden sollten. Damit wurde die Verantwortlichkeit für die ursprüngliche Investition variiert.

In der Bedingung, in der die Investitionsentscheidung zu negativen Ergebnissen geführt hatte und die Versuchsteilnehmer für die ursprüngliche Investitionsentscheidung selbst verantwortlich waren, entschieden sich signifikant mehr Teilnehmer zu einer weiteren Investition als in der Bedingung, in der sie nicht selbst verantwortlich waren. Dagegen unterschieden sich die erneuten Investitionen von selbstverantwortlichen und nicht verantwortlichen Teilnehmern nicht bei einer erfolgreichen ersten Investition.

Staw und Ross (Staw, 1976; Staw & Ross, 1978) erklären dieses Verhalten mit dem Bedürfnis von Personen, ihr Verhalten und ihre Entscheidungen vor sich selbst zu rechtfertigen, und ein positives und konsistentes Selbstbild aufrechtzuerhalten.

Eskalation des Commitments lässt sich auch in Verhandlungssituationen nachweisen und kann dort als Taktik zur Erzielung besserer Ergebnisse eingesetzt werden (Malhotra & Bazerman, 2008). Es handelt sich dabei um den sogenannten Foot-in-the-Door-Effekt. Die Bereitschaft einer Forderung zu entsprechen erhöht das Commitment, weitere Forderungen ebenfalls zu erfüllen, wenn diese von ähnlicher Art sind wie die erste.

Nach Zayer (2007) sind es im wesentlichen fünf Faktoren, die nachweisbar zu einer Eskalation des Commitments bei Entscheidungen führen können. Es sind dies die Effekte der Selbstrechtfertigung, der Wahrnehmungsschwellen, der selektiven Wahrnehmung, des Sunk-Cost-Effektes und des Optimismus.

- *Selbstrechtfertigung* beschreibt, wie sich bei einem negativen Feedback über ein fehlgeschlagenes Projekt die Ziele des Entscheiders so verändern, dass er nicht mehr in erster Linie die Wertsteigerung des Unternehmens verfolgt, sondern vor allem versucht, durch die Fortführung des Projekts sein Selbstbild zu schützen. Das Zugeben des Scheiterns würde große Dissonanzen in seinem Selbstbild erzeugen.

- Der *Optimismus-Effekt* besagt, dass Entscheider die Eintrittswahrscheinlichkeit positiver Ereignisse systematisch zu hoch ansetzen und damit systematisch zu positiv verzerrten Bewertungen neigen können.

- *Wahrnehmungsschwellen* sind dafür verantwortlich, dass die negativen Informationen, die eventuell zu einer Abbruchentscheidung führen könnten, sich nicht genügend von den übrigen Informationen absetzen, so dass sie vom Entscheider nicht wahrgenommen werden.

- Beim Effekt der *selektiven Wahrnehmung* nehmen Personen bevorzugt nur die Informationen wahr, die im Einklang mit ihren bisherigen Einstellungen stehen, während dissonante Informationen konsequent ausgeblendet werden. Geht man davon aus, dass der Entscheider eine positive Einstellung gegenüber dem Projekt hat, ergibt sich eine systematische Tendenz, eintreffende negative und damit dissonante Informationen mit den Mechanismen der Dissonanzreduktion so zu verarbeiten, dass sie die Konsistenz der Entscheidung nicht mehr stören.

– Der *Sunk-Cost-Effekt* besagt, dass Entscheider Projekte dann zu spät abbrechen, wenn sie sich bei der Bewertung der Entscheidungsalternativen an den mit dem Projekt verknüpften Sunk Costs orientieren. Damit verstoßen die Entscheider jedoch gegen Prinzipien der präskriptiven Entscheidungstheorie, zu denen es gehört, dass die bisher bereits getätigten, nicht wiedergewinnbaren Ausgaben nicht in die Bewertung des Projekts einfließen dürfen. Dass Entscheider dies doch tun, liegt möglicherweise daran, dass nicht genügend verlässliche Informationen über den zukünftigen Projektverlauf vorliegen und sie daher auf die sicheren (aber ungeeigneten) Sunk Costs zurückgreifen.

Neben diesen internen Faktoren können auch externe Bedingungen dazu beitragen, dass an einer falschen Entscheidung festgehalten wird, indem sie das Auftreten der Effekte fördern. Um nur einige zu nennen: Zeitdruck reduziert die Wahrscheinlichkeit einer rationalen Auseinandersetzung mit den Gegebenheiten. Sozialer Druck (durch Gleichgestellte oder Vorgesetzte) verstärkt das Bedürfnis nach Selbstrechtfertigung. Wettbewerbssituationen mit anderen Firmen lassen die zukünftigen Gewinnmöglichkeiten in einem positiveren Licht erscheinen. Eine restriktive Informations- und Kommunikationsstruktur erschwert, dass relevante Informationen zum Entscheider gelangen beziehungsweise dass dieser sie abruft.

Es gibt aber nicht nur verspätete, sondern auch *verfrühte Abbrüche* eines Zielvorhabens. Man spricht hier auch von einer De-Eskalation des Commitments (Karlsson, Juliusson & Gärling, 2005).

Untersuchungen haben gezeigt, dass bei Abbruchentscheidungen verstärkt Informationen über zukünftige Gewinne, sofern diese verfügbar sind, herangezogen werden (Karlsson et al., 2005) und der Nutzen thematisiert wird, der sich aus dem Abbruch ergibt (Hiemisch, Schwabe & Schelske, 2007). Es könnte sein, dass durch die Reflexion der Konsequenzen aus dem erreichten oder nicht erreichten Ziel (in der Nach-Handlungsphase des Rubikonmodells) sich neue Möglichkeiten ergeben und die eventuell frei werdenden Ressourcen in die Verfolgung anderer wichtiger Ziele investiert werden können (Wrosch, Scheier, Carver & Schulz, 2003).

Welche Möglichkeiten gibt es nun, die Fallstricke im Entscheidungsprozess zu vermeiden? Bazerman und Chugh (2006) halten es für das Wichtigste, die „begrenzte Bewusstheit" (*bounded awareness*) des Entscheiders zu erweitern. Sie argumentieren, dass die meisten Menschen daran scheitern, sich die richtige Information zur richtigen Zeit zu vergegenwärtigen. Daran sind mehrere Faktoren beteiligt.

– *Eingeschränkte Informationsaufnahme*: Sie sind nicht in der Lage, Informationen bedarfsgerecht wahrzunehmen. Das liegt zum einen an unserer begrenzten Aufnahme- und Verarbeitungskapazität und zum anderen daran, dass, wenn wir eine Sache fokussieren, alle anderen Informationen nur noch am Rande und unscharf wahrnehmen. Als Gegenmaßnahme sollte versucht werden, intentional genau auf die Bereiche zu achten, die man normalerweise außeracht lässt. Helfen kann auch, die Perspektive eines Außenstehenden zu übernehmen.

– *Unzulängliche Informationssuche*: Vor allem wenn der Entscheider an einem bestimmten Ergebnis besonders interessiert ist, ist seine Informationssuche selektiv und unvollständig. Als Gegenmaßnahme sollte darauf geachtet werden, dass Entscheidungsvorlagen auf jeden Fall auch Gegenargumente und Gegenbelege enthalten

– *Nichtnutzung verfügbarer Information*: Ein dritter Mangel besteht darin, dass verfügbare Information nicht genutzt wird. Als Gegenmaßnahme sollte immer die gesamte Entscheidungssituation im Auge behalten werden und nicht nur die Information bezüglich eines Ereignisses berücksichtigt werden. Außerdem hilft es anzunehmen, dass alle Informationen, die für eine Entscheidung benötigt werden, in der eigenen Organisation vorhanden sind, da dadurch die Informationssuche intensiviert wird und die Wahrscheinlichkeit steigt, dass die Informationen auch entdeckt werden.

- *Bevorzugung geteilter Information*: Gravierend ist auch der vierte Mangel, der darin besteht, dass Gruppenmitglieder bevorzugt die Informationen diskutieren, über die alle verfügen und sich nicht die Informationen mitteilen, über die sie nur alleine verfügen. Gegenmaßnahmen für dieses Problem zu finden ist schwer, wie wir in den Abschnitten über die Aktivierung von Wissensressourcen und das Hidden-Profile gesehen haben. Bazerman und Chugh schlagen vor, explizit die Informationen der einzelnen Mitglieder anzufordern, etwa als Vorbereitung auf eine Sitzung, oder eine Person explizit mit der Sammlung von Informationen aus verschiedenen Quellen zu beauftragen.

- *Fokussierung*: Ein weiterer Punkt, der zu dem Phänomen der begrenzten Bewusstheit beiträgt, ist ein Aspekt, der normalerweise zu den positiven Merkmalen von Entscheidern gehört. Es ist die Fähigkeit, intensiv und absichtlich auf bestimmte Informationen zu fokussieren. Dies ist oft effizient und spart Zeit und andere Ressourcen, bedeutet aber auch, Veränderungsmöglichkeiten und Veränderungsnotwendigkeiten möglicherweise nicht wahrzunehmen. Bei wichtigen und komplexen Entscheidungen sollte daher immer darauf geachtet werden, welche Schlüsselinformationen nicht im Blickfeld sind. Manchmal hilft, so Bazerman und Chugh, eine einfache Frage: „Warum nicht?"

5.4.4 Entscheidungen in Gruppen

Auch bei Gruppenentscheidungen gibt es das Phänomen der Eskalation des Commitments. Gruppen, die für den Misserfolg einer Investitionsentscheidung verantwortlich waren, waren eher bereit, weitere Investitionen in das gleiche Projekt zu tätigen, als Gruppen, die dafür nicht verantwortlich waren (Bazerman, Giuliano & Appelman, 1984).

Rutledge (1994) führte eine ähnliche Untersuchung durch, erweiterte das experimentelle Design aber um die Variable positives vs. negatives Framing. Die Versuchsteilnehmer bearbeiteten in Dreiergruppen einen Fall, in dem vor kurzem eine Investition von 4 Millionen $ in ein Projekt getätigt worden war, das bislang aber noch keine Gewinne erbracht hatte. Außerdem hatte kürzlich ein Konkurrent ein dem entwickelten Produkt ähnliches (und in mancher Hinsicht überlegenes) Produkt vorgestellt. Die Gruppe sollte nun zwischen zwei Optionen wählen: Abbruch des Projektes ohne zusätzliche Investition (Option A) oder eine zusätzliche Investition von 2 Millionen $ (Option B). Im Falle einer zusätzlichen Investition wäre die Wahrscheinlichkeit, dass ein Produkt entwickelt werden könnte, das für 6 Millionen $ verkauft werden könnte, $\frac{1}{3}$; die Wahrscheinlichkeit, dass kein Gewinn aus der zusätzlichen Investition erwirtschaftet werden würde, $\frac{2}{3}$. Die Gruppen sollten den Fall diskutieren und anschließend angeben, in welchem Maße sie welche der beiden Optionen präferierten. Die Versuchsteilnehmer wurden vier experimentellen Bedingungen zugeordnet:

- Verantwortung und positives Framing: Die Gruppe wurde als verantwortlich für die vorherige Entscheidung dargestellt und erhielt die Information, dass bei zusätzlicher Investition mit 33-prozentiger Wahrscheinlichkeit das zu entwickelnde Produkt für 6 Millionen $ verkauft werden könnte.

- Verantwortung und negatives Framing: Die Gruppe wurde als verantwortlich für die vorherige Entscheidung dargestellt und erhielt die Information, dass bei zusätzlicher Investition mit 66 prozentiger Wahrscheinlichkeit kein Gewinn zu erwarten wäre.
- Keine Verantwortung und positives Framing: In der Bedingung 3 wurde die Gruppe als nicht verantwortlich für die bisherigen Investitionen dargestellt und erhielt ein positives Framing.
- Keine Verantwortung und negatives Framing: In der Bedingung 4 wurde die Gruppe als nicht verantwortlich für die bisherigen Investitionen dargestellt und erhielt ein negatives Framing.

Die Ergebnisse (siehe Abbildung 5.14) bestätigen den Effekt der Verantwortlichkeit, wie er von Bazerman u. a. gefunden worden war. Verantwortlichkeit für die initiale Investition führte zu einer größeren Bereitschaft, erneut zu investieren.

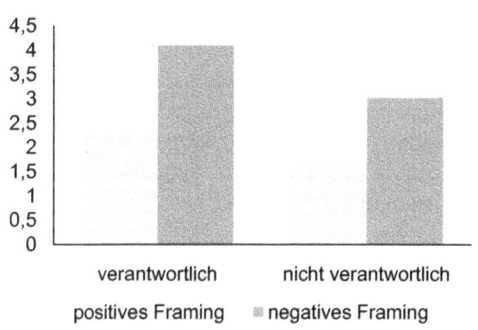

Abbildung 5.14: Eskalation des Commitments in Gruppen nach Rutledge (1994)

Aber der Effekt der Verrahmung war sogar noch stärker. Wurden die Konsequenzen einer erneuten Investition als Verlust dargestellt, präferierten die Versuchsteilnehmer deutlich stärker eine neue Investition als wenn die Konsequenzen als Gewinn präsentiert wurden. Ein negatives Framing veranlasste auch die nicht verantwortlichen Gruppen zu einer Eskalation des Commitments. Dieses Ergebnis bestätigt auch für Gruppen die größere Risikofreudigkeit bei Verlusten, wie sie von Kahneman und Tversky in ihrer Prospect-Theorie postuliert worden ist.

Wie die Experimente zum *Risikoschub* (siehe Kapitel 3, S. 129) gezeigt haben, sind Gruppen entgegen der Erwartung risikofreudiger als Einzelpersonen. Eigentlich könnte man annehmen, dass Gruppen, da sie sich auf mehr Informationen stützen können als eine einzelne Person, ihre Entscheidung abgewogener und vorsichtiger treffen. Tatsächlich führt aber eine kollaborative Entscheidungsfindung zu einer extremeren Position. Durch die Diskussion in der Gruppe wird die bei den Mitgliedern vorherrschende Tendenz verstärkt. Die Gruppenmeinung rückt auf diese Weise stärker zu einem der beiden Pole des Meinungskontinuums. Dieses Phänomen wird *Gruppenpolarisation* genannt.

Verantwortlich dafür sind vor allem zwei Mechanismen. Zum einen führt die *Identifikation mit der Gruppe* dazu, dass die Meinungen der anderen Gruppenmitglieder wichtige Bezugspunkte darstellen, die das individuelle Gruppenmitglied akzeptiert und bestätigt, aus dem Bedürfnis dazuzugehören. Damit setzt ein wechselseitiger Verstärkungsprozess ein, der den Prozess der Polarisation befördert.

Zum anderen wirkt hier ein Effekt der Informationsverarbeitung in Gruppen, auf den schon an verschiedenen Stellen hingewiesen worden ist. Es ist die Tatsache, dass geteilte Informationen häufiger in die Diskussion eingebracht werden als ungeteilte Informationen. Ideen, die mit dem gemeinsamen Wissen der Gruppenmitglieder übereinstimmen, werden häufiger in Diskussionen besprochen und beeinflussen stärker die Diskussion.

Sehr kohäsive Gruppen können zudem, wenn der Wunsch nach Übereinstimmung sehr groß wird, in einen Zustand des Denkens geraten, der eine realistische Einschätzung von Alternativen verhindert. Dies ist der Zustand, den Janis (1972) als *Gruppendenken* bezeichnet hat.

Gruppendenken entsteht, wenn die Komplexität der Aufgabe, Zeitdruck oder Unsicherheit über den Erfolg der Unternehmung zu Stress führen. Unter Stress kommt oft eine systematische Analyse der Situation zu kurz und es wird auf die nächstliegende Lösung zurückgegriffen. Damit wird eines der von Nutt beschriebenen wenig effizienten Lösungssuchmodelle gewählt, das zufällige/opportunistische.

Die Gefahr einer solchen Situation, die zum Gruppendenken führt, besteht darin, dass die Gruppe sich von Außeneinflüssen absondert, sich in ihrer Kompetenz überschätzt, ein Großteil der Aktivität auf die Erklärung und Rechtfertigung der Entscheidungen verwandt wird und abweichende Meinungen durch Konformitätsdruck eliminiert werden.

Zu den Gegenmaßnahmen, die Brodbeck und Guillaume (2009, S. 50) vorschlagen, gehört die Gestaltung struktureller Faktoren in der Weise, dass

– für die Gruppe eine Absonderung von der Außenwelt unterbunden wird,
– bewährte Verfahren der Informationsgewinnung, Meinungsbildung und Entscheidungsfindung eingesetzt werden,
– Zeitdruck und direktive Führung vermieden werden und
– die Gruppe möglichst meinungsdivergent zusammengesetzt ist.

5.4.5 Regulatorischer Fokus

Kahneman und Tversky postulieren in ihrer Prospect-Theorie eine unterschiedliche Bewertung von Gewinnen und Verlusten, derart, dass die subjektive Erfahrung eines Verlustes stärker wiegt als die Erfahrung eines Gewinnes. Die Theorie des regulatorischen Fokus (Higgins, 1997; Crowe & Higgins, 1997) nähert sich der subjektiven Bewertung von Verlusten und Gewinnen von einer anderen Perspektive. Sie differenziert zwischen zwei Systemen der Selbst-Regulation:

– einer motivationalen Ausrichtung auf das Vorhandensein oder das Nichtvorhandensein positiver Ergebnisse, die *Promotion-Fokus* genannt wird, und
– einer motivationalen Ausrichtung auf das Vorhandensein oder das Nichtvorhandensein negativer Ergebnisse, dem *Prevention-Fokus*.

Der Promotion-Fokus ist auf Vorwärtskommen und Weiterentwicklung, Bewältigung und Vollendung ausgerichtet, der Prevention-Fokus auf Sicherheit und Verantwortung und auf Vermeidung negativer Ereignisse. Dementsprechend gehören zum Promotion-Fokus Eifer und Ungeduld, zum Prevention-Fokus Wachsamkeit und Vorsorge.

Higgins ordnet den beiden Foki unterschiedliche Bedürfnisse aus Maslows Bedürfnispyramide zu. Personen mit einem Promotion-Fokus wollen ihr Bedürfnis nach Weiterentwicklung und Selbstverwirklichung befriedigen, Personen mit einem Prevention-Fokus ihr Bedürfnis nach Sicherheit. Der regulatorische Fokus kommt aber nicht nur als Persönlichkeitsmerkmal vor, man spricht dann von einem chronischen regulatorischen Fokus, eine Promotion- oder Prevention-Orientierung kann auch durch situative Faktoren induziert werden, z. B. indem das Augenmerk auf Sicherheitsaspekte oder Gewinnmöglichkeiten gerichtet wird.

Es ist naheliegend anzunehmen, dass ein Prevention-Fokus auch mit einer geringeren Risikobereitschaft einhergeht. Genau dies haben Florack und Hartmann (2007) untersucht. Sie überprüften die Wirkung des regulatorischen Fokus auf das Risikoverhalten von Gruppen bei der Entscheidungsfindung. Sie induzierten zunächst experimentell bei Drei-Personen-Gruppen entweder einen Promotion- oder einen Prevention-Fokus und analysierten die Diskussionen und die Risikobereitschaft der Gruppen. Sie konnten zeigen, dass unter einem Prevention-Fokus die Diskussionen auf die Vermeidung von Risiko ausgerichtet waren und die Gruppen ihr Geld eher in eine sichere Anlageoption investierten als Gruppen unter einem Promotion-Fokus.

Higgins Annahme ist nun, dass es bei der Beurteilung von Handlungsergebnissen ebenso wie bei der Beurteilung von Entscheidungen auf die Passung zwischen dem regulatorischen Fokus und der Verrahmung der Aufgabe ankommt (Higgins, 2000). Wenn Personen zur Erreichung ihrer Ziele Mittel einsetzen, die ihrer regulatorischen Orientierung entsprechen, führt dies dazu, dass sie den Wert dessen, was sie tun, höher einschätzen.

In einem Experiment durften die Versuchsteilnehmer zwischen einem Kaffeebecher und einem Kugelschreiber als Belohnung wählen. Quasi als Entscheidungshilfe sollte die Hälfte der Teilnehmer darüber nachdenken, was sie gewinnen würden, wenn sie die Alternative A wählen würden und was, wenn sie die Alternative B wählten (gewinnorientiertes Framing). Die andere Hälfte sollte darüber nachdenken, was sie verlieren würden, wenn sie nicht A beziehungsweise nicht B wählen würden (verlustorientiertes Framing).

Der Becher war teurer und wurde von fast allen Teilnehmern gewählt. Anschließend sollten die Teilnehmer den Preis des Bechers schätzen. Teilnehmer mit einem Promotion-Fokus gaben bei einem gewinnorientierten Framing einen höheren Preis an als bei einem verlustorientierten Framing, während die Teilnehmer mit einem Prevention-Fokus genau das umgekehrte taten. Das bedeutet, bei einem regulatorischen Fit wurde die Entscheidung, beziehungsweise die Konsequenzen der Entscheidung, positiver bewertet. Damit ist auch die Annahme Higgins bestätigt.

In einem anderen Kontext haben Werth, Mayer und Mussweiler (2006) ebenfalls die Bedeutung des regulatorischen Fit aufgezeigt. Bei Verhandlungen beeinflusst die Kompatibilität zwischen dem regulatorischen Fokus des Verhandelnden und dem Verhandlungsgegenstand die Präferenzen der Verhandlungspartner und in der Folge auch die Ergebnisse der Verhandlungen. In Verhandlungsdyaden, in denen Personen mit unterschiedlichem Fokus aufeinander trafen, erzielten die Verhandlungspartner jeweils dann ein besseres Ergebnis, wenn der Verhandlungsgegenstand mit ihrem jeweiligen Fokus kompatibel war. Beispielsweise entspricht der Verhandlungsgegenstand Versicherung eher dem Prevention-Fokus, der Verhandlungsgegenstand Werbung eher dem Promotion-Fokus, und dementsprechend waren im einen Fall der Verhandlungspartner mit einem Prevention-Fokus und im anderen Fall der Verhandlungspartner mit einem Promotion-Fokus erfolgreicher.

5.5 Innovation

Um den Anforderungen einer sich ständig ändernden Umwelt gerecht zu werden, befinden sich Organisationen in einem permanenten Veränderungs- und Anpassungsprozess, ein Prozess, der als Innovation bezeichnet wird. Die Veränderungen können sich auf unterschiedliche Aspekte beziehen. Sie können eine Änderung in der Struktur der Organisation, in der Zusammensetzung ihrer Mitglieder und Führungskräfte oder in der Verteilung ihrer Ressourcen betreffen.

Sie können sich aber auch auf die Organisationsentwicklung beziehen und betreffen dann die Werte, Strategien und Techniken, mit denen bestimmte Veränderungen in der Arbeitsumgebung erreicht werden sollen, die eine individuelle Entwicklung der Mitglieder in ihrem Verhalten und damit die Leistungsfähigkeit der Organisation fördern (Weick & Quinn, 1999).

Organisationale Veränderungen folgen bei grober Betrachtung einem Muster, das schon Lewin (1951) beschrieben hat: Unfreezing, Change, Refreezing (also Auftauen, Verändern, Einfrieren als Stufen eines Veränderungsmusters). In der ersten Stufe müssen bisherige Werte, Einstellungen und Verhaltensweisen hinterfragt werden, damit sie in der zweiten Stufe in Richtung auf das gewünschte Ziel verändert werden können. Schließlich müssen die geänderten Aspekte als Routinen implementiert und übernommen werden.

Betrachtet man den Innovationsprozess unter einer handlungstheoretischen Perspektive, lassen sich zwei Phasen unterscheiden: eine Intentionsphase und eine Implementierungsphase. Sie entsprechen der Verhaltensabsicht und der Handlungsausführung in der Theorie des geplanten Handelns. Wie dort der Übergang von Absicht in Handlung der kritische Punkt war für eine erfolgreiche Verhaltensausführung, so liegt auch bei der erfolgreichen Einführung von Innovationen der kritische Punkt im Übergang von der Intention zur Implementierung.

Das Setzen eines Handlungsziels, die Intention, ein bestimmtes Ziel oder bestimmte Ergebnisse zu erreichen, ist eine wichtige Voraussetzung für die Zielerreichung, reicht aber oft nicht aus. Ablenkungen, Barrieren, Motivationen (z. B. soziales Faulenzen) und Emotionen (z. B. augenblicklich gute Stimmung signalisiert Zufriedenheit mit dem Ist-Zustand) können die Erreichung des angestrebten Ziels verhindern oder verzögern. Es muss ein zweiter willentlicher Akt, die Intention zur Implementierung (P. M. Gollwitzer, 1999; P. M. Gollwitzer & Sheeran, 2006), folgen, um das intendierte Ziel erfolgreich zu erreichen.

Während Intentionen zur Zielerreichung die Form „Ich beabsichtige, das Ziel X zu erreichen." haben, sind Implementierungsintentionen Pläne, wann, wo und wie das Ziel erreicht werden soll („Wenn die Situation Y eintritt, werde ich ein bestimmtes Verhalten zeigen, um das Ziel X zu erreichen".). Implementierungsintentionen präzisieren die Nachentscheidungs-/Vorhandlungsphase im Handlungsphasenmodell (Rubikon-Modell) von Heckhausen und Gollwitzer.

5.5.1 Initiierung von Veränderung

Am Anfang eines Innovationsprozesses steht eine Idee, wie durch eine Veränderung eine bessere Leistung und ein positiveres Ergebnis erreicht werden könnte. Die Frage ist, woher kommen solche Ideen und wie lässt sich ihre Hervorbringung fördern. Erinnern wir uns an die Ergebnisse aus der Forschung zum Brainstorming. Hier hatte sich gezeigt, dass mehr und unterschiedlichere Ideen in Nominalgruppen generiert werden, das heißt, wenn jedes Mitglied einer Gruppe zunächst für sich Ideen entwickelt, die dann zusammengetragen, diskutiert, bewertet und weiterentwickelt werden können. Die Entwicklung von Ideen ist von der Kreativität der einzelnen Mitglieder abhängig. Die individuelle Innovationskraft ist am wichtigsten zu Beginn des Innovationsprozesses, da sie die Qualität der Ideen bestimmt, die für Veränderungen zur Verfügung stehen (West & Anderson, 1996).

Aber die Gruppe kann die Generierung von Ideen durch einen stimulierenden Kontext fördern. Entsprechendes gilt für Organisationen. Ein Gruppen- und Arbeitsklima, in dem neue Meinungen und Ideen nicht nur toleriert, sondern verstärkt und belohnt werden, ist eine der wichtigsten

Kontextfaktoren im Innovationsprozess. Es gehören bestimmte Spielregeln dazu, um sicherzustellen, dass die Mitarbeiter auch motiviert sind, Ideen zu entwickeln und sie mitzuteilen. Dazu gehört z. B., dass Vorschläge und Ideen von Vorgesetzten nicht als Angriff oder Besserwisserei verstanden werden sollten, oder dass Vorschläge nicht deshalb unterlassen werden sollten, weil sie vielleicht als Kritik an der Arbeit eines Kollegen aufgefasst werden könnten. Solche Spielregeln greifen aber nur, wenn sie zum Bestandteil der Unternehmenskultur geworden sind. Die Einführung solcher Spielregeln verlangt Zeit, Geschick, Ausdauer und Offenheit bei den Führungskräften.

N. Anderson und West (1996) haben in ihrem Fragebogen zur Erfassung des Teamklimas vier inhaltliche Faktoren und einen Kontrollfaktor zur Messung der sozialen Erwünschtheit als Antworttendenz bei der Beantwortung operationalisiert. Die vier inhaltlichen Faktoren sind:

– *Partizipative Sicherheit* ist das Ausmaß, in dem das Team in seinem Entscheidungsprozess partizipativ ist und das Ausmaß, in dem die Mitglieder sich sicher fühlen, wenn sie neue Wege und Verbesserungen vorschlagen.
– *Vision* bezeichnet das Ausmaß, in dem übergeordnete Ziele eines Teams klar definiert, erreichbar und von allen geteilt und geschätzt werden.
– *Aufgabenorientierung* ist das Ausmaß, in dem das Team sich Qualität und Leistung verpflichtet fühlt und zu deren Sicherung Kontroll- und Bewertungsinstrumente einsetzt.
– *Unterstützung von Innovation* bezeichnet das Ausmaß, in dem die Durchführung von Innovationen praxisnah unterstützt wird.

Der Team-Klima-Fragebogen (Team Climate Inventory, TCI) ist gut geeignet, die Innovationskapazität und bereitschaft von Arbeitsgruppen zu diagnostizieren. Eine deutsche Adaptation ist von Brodbeck, Anderson und West (2001) vorgenommen worden. Der TCI zeigt auf, in welchen der vier Aspekte Defizite bestehen, so dass gegebenenfalls Teambildungsmaßnahmen eingeleitet werden können. Alle vier Dimensionen des Teamklimas stehen in einem positiven Zusammenhang mit der Teamleistung, wobei den beiden Dimensionen Aufgabenorientierung und Unterstützung von Innovation die größte Bedeutung für innovative Ergebnisse zukommt (Bain, Mann & Pirola-Merlo, 2001). Allerdings ist es wichtig, die je spezifischen Aufgaben und Ziele von Teams zu berücksichtigen, da sie die Bedeutung der Klimadimensionen mediieren können.

Manche Firmen haben strukturelle Maßnahmen zur kontinuierlichen Verbesserung eingerichtet (etwa das TK best Programm bei ThyssenKrupp oder das Top-Modell (time optimizing process) bei Siemens). Mindestens ebenso wichtig und vielleicht sogar effizienter ist es aber, die Motivation für Verbesserungen und Veränderungen und die Bedingungen für kreative Ideenfindung in jeder Arbeitsgruppe zu fördern.

Eine Maßnahme, die sich hierfür als besonders wichtig erwiesen hat, ist die Diversität in der Zusammensetzung der Arbeitsgruppe. Wenn die Mitglieder eines Teams hinsichtlich ihrer Fähigkeiten, Einstellungen, Persönlichkeit, Ausbildung und Hintergrund unterschiedlich sind, bieten sie die Gewähr für Meinungsvielfalt und Perspektivendivergenz. Damit verfügt ein solches Team über gute Voraussetzungen, mehrere und gegebenenfalls auch ungewöhnliche Alternativen bei einer anstehenden Entscheidung zu berücksichtigen. De Dreu und West (2001) zeigten, dass Minderheiten mit abweichender Meinung das Innovationspotenzial von Teams steigern. Ein Nutzen für die Organisation ergibt sich daraus aber nur, wenn diese Divergenz bei der Entscheidungsfindung angemessen berücksichtigt wird. Die Minderheit kann selbst dazu beitragen, indem sie durch konsistentes Verhalten das Augenmerk des Teams auf die von ihr vertretenen Standpunkte lenkt. Wie in Kapitel 3 dargestellt, kann eine Minorität durchaus Einfluss nehmen, wenn ihr Verhalten die Majorität zu einer sachbezogenen Attribution veranlasst.

Da aber gerade bei der Entscheidungsfindung viele Prozesse ablaufen, die auf Konsensfindung ausgerichtet sind, ist es sehr schwer, neue von der Majoritätsmeinung oder von Routinelösungen abweichende Lösungsvorschläge angemessen zu berücksichtigen. Es bedarf großer Anstrengungen, damit eine Gruppe sich von dem Druck zum Konsens lösen kann. Eine Möglichkeit sehen Postmes, Spears und Cihangir (2001) in der Etablierung einer kritischen Norm. Die Entscheidungen von Gruppen, die sich zuvor kritisch mit einem anderen Sachverhalt auseinandersetzen mussten, waren qualitativ besser als die Entscheidungen von Gruppen, die zuvor konsensorientiert gearbeitet hatten.

5.5.2 Ideenmanagement durch Führung

Können Führungskräfte zu einem Arbeitsklima beitragen, in dem Ideen sich entwickeln können und Veränderungen angestoßen werden? Zur Definition des transformationalen oder charismatischen Führens gehört ausdrücklich eine intellektuelle Stimulation. Führungskräfte sollen alte Annahmen, Traditionen und Überzeugungen infrage stellen und die Entwicklung neuer Perspektiven, Ideen und Begründungen stimulieren. Aber zugleich wird von ihnen erwartet, dass sie Zukunftsvisionen entwickeln und die Mitarbeiter motivieren, sich für die Erreichung dieser Visionen zu engagieren. Dies könnte dazu führen, dass die Mitarbeiter – insbesondere bei einer charismatischen Führungskraft – sich auf die richtungsweisende Kompetenz der Führungskraft verlassen und keinen Anlass sehen, noch motiviert sind, selbstständig nach neuen Wegen zu suchen. Charismatische Führer können zudem, wenn sie an dem Aufbau und der Entwicklung der Wertesysteme einer Arbeitsgruppe maßgeblich beteiligt gewesen sind, dazu neigen, diese Wertesysteme zu bewahren und somit den Status quo zu verteidigen. Levay (2010) hat anhand zweier Fallstudien aufgezeigt, wie charismatische Führer aufgrund ihrer ideologischen Ausrichtung Veränderungen ablehnen und versuchen, sie zu verhindern.

Die Führungskraft muss sich als Mentor, Trainer und Coach definieren. Nur dann ist der Mitarbeiter bereit, auch unbequeme Fragen zu stellen und Ablaufprozesse kritisch zu hinterfragen. Nur bei einer solchen Aufgaben- und Funktionsdefinition wird sich die Führungskraft durch kreative Ideen nicht bedroht fühlen (Frey, Brodbeck & Schulz-Hardt, 1999). Frey et al. empfehlen das sogenannte Prinzipienmodell der Führung als Grundlage für das Ideenmanagement. Es integriert verschiedene motivationale und organisationale Ansätze zu Prinzipien des Führungsverhaltens. Dazu gehören das

- Prinzip der Sinn- und Visionsvermittlung,
- Prinzip der Transparenz (Information und Kommunikation),
- Prinzip der Autonomie und Partizipation,
- Prinzip der optimalen Stimulation durch Zielvereinbarung (Messlatte),
- Prinzip der konstruktiven Rückmeldung (Lob und Korrektur/Kritik),
- Prinzip der positiven persönlichen Wertschätzung,
- Prinzip der fachlichen und sozialen Einbindung,

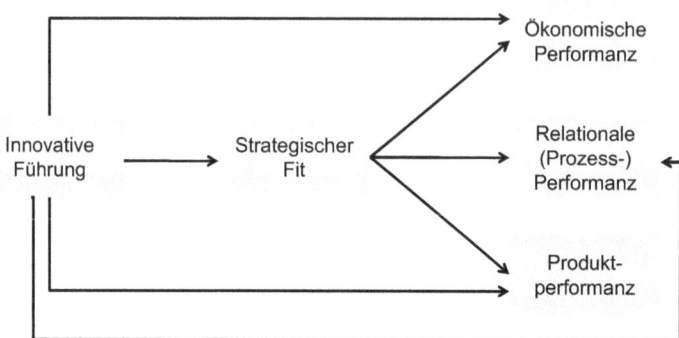

Abbildung 5.15: Innovative Führung und strategischer Fit nach Carmeli et al. (2010)

- Prinzip des persönlichen Wachstums (Kompetenzerweiterungen, Karriere),
- Prinzip der Person und Eignung,
- Prinzip der situativen Führung und des androgynen Führungsstils (das heißt Berücksichtigung männlichen und weiblichen Führungsverhaltens),
- Prinzip des Vorbildes der Führungsperson (menschlich und fachlich),
- Prinzip der fairen materiellen Vergütung.

Während sich das Prinzipienmodell der Führung auf das Ideenmanagement innerhalb einer Organisation konzentriert, steht bei Carmeli, Gelbard und Gefen (2010) Innovation als Passung von Organisation und Anforderungen der Umwelt im Vordergrund.

Carmeli et al. identifizieren einen eigenen Innovationsführungsstil, der sich vor allem auszeichnet durch die Unterstützung individueller Initiativen, eine eindeutige Klärung individueller Verantwortlichkeiten, eindeutiges Leistungsfeedback, starke Aufgabenorientierung, gute interpersonale Beziehungen in der Gruppe und Vertrauen in die Mitglieder der Organisation. Dieser Führungsstil soll ein Gruppenklima und eine Orientierung ermöglichen, die eine bessere Passung zwischen der Organisation und den Anforderungen der Umwelt bewirken.

In ihrer Studie erfragten sie bei Managern der höheren Führungsebene aus verschiedenen Organisationen

- eine Einschätzung der Performanz ihrer Organisation im Vergleich zu Konkurrenten,
- den strategischen Fit ihrer Organisation, das heißt in welchem Maße die Organisation notwendige Veränderungen und Anpassungen vornimmt (z. B. „Die Organisation will nicht wirklich die erforderlichen Veränderungen durchführen.") und
- inwieweit in der Organisation ein Innovationsführungsstil praktiziert wird.

Zusammenhangsanalysen zeigten, dass in Organisationen mit einem hohen strategischen Fit ein Innovationsführungsstil gepflegt wurde. Organisationen mit strategischem Fit zeigten bessere Performanz und zwar sowohl hinsichtlich der ökonomischen Leistungen (z. B. Erträge) wie auch der Prozessleistungen (z. B. Kundenzufriedenheit) und Produktleistungen (z. B. Produktqualität). Dabei verbessert ein Innovationsführungsstil die Leistung des Unternehmens sowohl direkt als auch vermittelt über den strategischen Fit (siehe Abbildung 5.15 auf der vorherigen Seite).

Zusammenfassend lässt sich mit diesem Modell sagen: Innovative Führung kann einen Organisationskontext kultivieren, der eine effektivere Anpassung der Organisation an externe Anforderungen und einen besseren strategischen Fit des Unternehmens ermöglicht. Ein innovativer Führungsstil schafft ein Arbeitsklima, in dem individuelle Initiativen und individuelle Verantwortung gefördert werden, in dem durch explizites Leistungsfeedback eine klare Aufgabenorientierung und zugleich die interpersonalen Beziehungen und das Vertrauen unter den Mitgliedern gestärkt werden.

5.5.3 Implementierung von Veränderung

Bedingungen für die Akzeptanz von Neuerungen

Die Implementierung einer Veränderung bedeutet immer auch die Abkehr von einer bisherigen Gewohnheit, von einer tradierten Vorgehensweise, von gesicherten Handlungsmustern. Wenn Personen ein neues Produkt, neue Technologien, neue Organisationsformen annehmen sollen, müssen sie von deren Nützlichkeit überzeugt werden. Wichtig dabei ist, dass die oberste Führungsspitze die Innovation befürwortet und internalisiert. Aber ohne eine generelle Akzeptanz durch die Mitarbeiter, die die Neuerung umsetzen und anwenden müssen, ist die Implementierung einer Veränderung zum Scheitern verurteilt.

Für die Akzeptanz neuer Technologien hat F. D. Davis (1989) ein Technologie-Akzeptanz-Modell (TAM) entwickelt, das seinen Geltungs- und Anwendungsbereich inzwischen aber ausgedehnt hat. Akzeptanz von Neuerungen hängt nach dem TAM im Wesentlichen von zwei Aspekten ab: von der wahrgenommenen Nützlichkeit („perceived usefulness") und von der Leichtigkeit der Anwendung („ease of use").

Wahrgenommene Nützlichkeit beschreibt das Ausmaß, in dem eine Person glaubt, dass sie durch die Verwendung eines bestimmten Systems oder einer bestimmten Technologie ihre Arbeitsleistung verbessern kann. Da in Organisationen normalerweise Leistungen und Leistungsverbesserungen belohnt werden, kann die Neuerung, wenn sie als nützlich zur Effizienzsteigerung der Leistung eingeschätzt wird, als instrumentell für die Erreichung besserer Kosten-Nutzen-Ergebnisse angesehen werden. Je größer die wahrgenommene Nützlichkeit ist, desto größer wird die Akzeptanz sein.

Leichtigkeit der Anwendung bezieht sich auf die Einschätzung einer Person, welcher Aufwand und welche Anstrengung nötig sind, um das neue Instrument anzuwenden. Da Zeit und Aufwand zu den begrenzten Ressourcen einer Person gehören, wird die Akzeptanz einer Neuerung umso größer sein, je leichter das Erlernen und die Anwendung zu sein scheint.

Das Technologie-Akzeptanz-Modell basiert auf der Theorie des überlegten Handelns (Fishbein & Ajzen, 1975), dem Vorläuferkonzept der Theorie des geplanten Verhaltens und ist speziell für die Untersuchung der Akzeptanz neuer Informationssysteme zugeschnitten worden. Das TAM sieht die wahrgenommene Nützlichkeit und die wahrgenommene Leichtigkeit der Anwendung als zwei Überzeugungen an, die entscheidend die Einstellung gegenüber dem Einstellungsobjekt, hier dem neuen Informationssystem, prägen (F. D. Davis, Bagozzi & Warshaw, 1989).

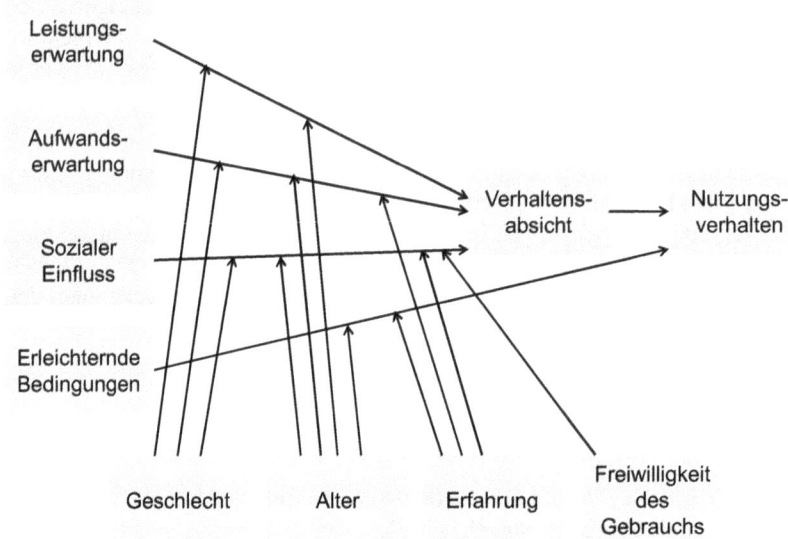

Abbildung 5.16: Akzeptanz- und Nutzungsmodell nach Venkatesh et al. (2003)

Eine positive Einstellung wiederum verstärkt die Absicht, das neue Instrument anzuwenden. Nicht übernommen in das TAM ist der Einfluss der subjektiven Norm. In der Theorie des überlegten Handelns wird der Einfluss einer Bezugsgruppe, die die Nutzung des neuen Instrumentes als sinnvoll und wünschenswert betrachtet, in die Verhaltensvorhersage einbezogen.

Die Elemente des TAM können auch in die Theorie des geplanten Verhaltens integriert werden, die durch die neu eingeführte Komponente der wahrgenommenen Verhaltenskontrolle einen stärkeren Vorhersagewert für die tatsächliche Ausführung des Verhaltens hat als die Theorie des überlegten Handelns. Die Unterstützung von Innovationen in einer Organisation, sei es durch die Führungskraft, sei es durch ein entsprechendes Arbeitsklima oder durch strukturelle und organisatorische Maßnahmen, beeinflussen maßgeblich, inwieweit die Durchführung und Anwendung einer Innovation als möglich und realistisch wahrgenommen werden.

In dem integrierten Modell von Venkatesh, Morris, Davis und Davis (2003), der „Unified Theory of Acceptance and Use of Technology" (UTAUT), das aufgrund einer Analyse verschiedener Modelle entwickelt worden ist, bildet die Theorie des geplanten Verhaltens das Grundgerüst (siehe Abbildung 5.16).

Drei Faktoren beeinflussen unmittelbar die *Nutzungsabsicht*:

- der erwartete Nutzeffekt, zu dem auch die wahrgenommene Nützlichkeit zählt,
- der erwartete Aufwand, der unter anderem durch die wahrgenommene Leichtigkeit der Nutzung bestimmt wird und
- der soziale Einfluss, der als subjektive Norm definiert ist (Ausmaß, in dem eine Person glaubt, dass für sie wichtige Personen meinen, sie solle das neue System anwenden).

Zwei Faktoren wirken unmittelbar auf das *Nutzungsverhalten*:

- die Nutzungsabsicht und
- förderliche, die Nutzung erleichternde Bedingungen.

Zu den wichtigsten moderierenden Variablen gehören Erfahrung, Freiwilligkeit, Alter und Geschlecht. Sie können die Wirkung und Bedeutsamkeit der Einflussfaktoren verändern. So ist z. B. für Männer aufgrund ihrer im Allgemeinen stärkeren Aufgabenorientiertheit der erwartete Nutzeffekt wichtiger als für Frauen; für Jüngere sind extrinsische Anreize beim erwarteten Nutzeffekt wichtiger als für Ältere.

Akzeptanz durch Überzeugung

In neueren Modellen wird die Bedeutung des sozialen Einflusses für die Akzeptanz von Innovationen konstatiert, es wird aber nicht näher konkretisiert, auf welche Weise dieser Einfluss wirkt. Sozialer Einfluss geschieht häufig durch Kommunikation. Im Regelfall wird eine innovative Maßnahme auf irgendeine Art und Weise den Personen, die sie anwenden sollen, vorgestellt und bekannt gemacht und zwar so, dass sie von der Nützlichkeit und Sinnhaftigkeit der Neuerung überzeugt werden sollen.

Die Persuasionsforschung hat sich intensiv mit den Bedingungen erfolgreicher, überzeugender Kommunikation befasst (siehe Kapitel 1). Insbesondere das Elaborations-Wahrscheinlichkeits-Modell (ELM) und das heuristisch-systematische-Modell (HSM) bieten detaillierte Beschreibungen der unterschiedlichen Wege, auf denen Personen Informationen und Argumente verarbeiten.

Prinzipiell werden zwei Verarbeitungsmodi unterschieden. Die systematische Verarbeitung (im ELM ist dies die zentrale Route) ist durch eine tiefe und gründliche Abwägung der Informationen und Argumente charakterisiert, während die heuristische Verarbeitung (im ELM die periphere Route) nach Hinweisreizen und Heuristiken verfährt. Beide Wege können zu der gewünschten Veränderung führen. Welcher Weg gewählt oder initiiert wird, hängt von verschiedenen Merkmalen des Kommunikators, der Botschaft und des Rezipienten ab.

In einer Studie über die Einführung eines neuen Dokumenten-Verwaltungssystems untersuchten Bhattacherjee und Sanford (2006) die Wirkung der zentralen und der peripheren Route für die Motivierung der potentiellen Nutzer und die Akzeptanz des neuen Systems. Während und nach einem Training zur Nutzung des Datenbanksystems wurden von den Teilnehmern des Trainings zu folgenden Aspekten Einschätzungen erhoben: wahrgenommene Nützlichkeit des Systems, Einstellung gegenüber dem System, Nutzungsabsicht, Argumentqualität der Trainingsmodule, Glaubwürdigkeit des Kommunikators, Expertise des Nutzers und Relevanz für die Arbeit.

Eine Pfadanalyse bestätigte das postulierte Zwei-Wege-Modell der Überzeugung. Eine hohe Argumentqualität führte zu einer stärkeren wahrgenommenen Nützlichkeit und diese zu einer stärkeren Nutzungsabsicht. Die Glaubwürdigkeit des Kommunikators beeinflusste unmittelbar die Einstellung gegenüber dem neuen System und etwas weniger stark auch die wahrgenommene Nützlichkeit und führte ebenfalls zu einer stärkeren Nutzungsabsicht.

Das bedeutet, dass prinzipiell sowohl eine Kommunikation über die zentrale als auch über die periphere Route zur Akzeptanz einer Innovation führen kann. Im ersten Fall sollte eine ausführliche Informierung der Nutzer über den potentiellen Nutzen und Gewinn für ihre Arbeit

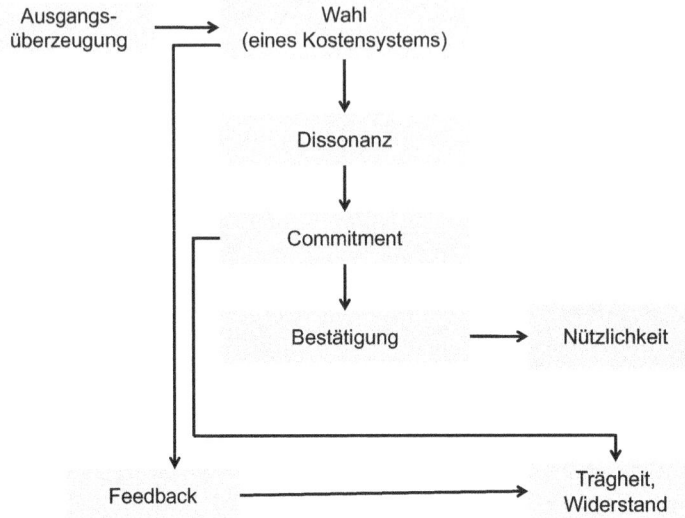

Abbildung 5.17: Modell zur Wirkung von Commitment und Feedback nach Jermias (2001)

erfolgen, im zweiten Fall sollte auf anerkannte und geschätzte Quellen als Befürworter der Innovation verwiesen werden.

Nicht jeder Weg ist aber für jeden Nutzer geeignet. Potentielle Nutzer, die bereits einschlägige Erfahrung auf dem Gebiet, in dem die Innovation erfolgen soll, besitzen, werden sich intensiver mit den Pros und Cons beschäftigen und sind eher auf der zentralen Route zu überzeugen als Nutzer mit wenig Expertise, die zudem die Relevanz der Innovation für ihre Arbeit noch nicht richtig einschätzen können. Für diese Gruppe ist eine Kommunikationsstrategie auf der peripheren Route wahrscheinlich angemessener.

Widerstand gegen Innovationen

Die Einführung einer Neuerung bedeutet immer auch das Aufgeben bestehender Handlungsroutinen, die sich bisher als durchaus nützlich und praktikabel erwiesen haben. Deshalb ist es nicht verwunderlich, dass Innovationen oft Skepsis und Vorbehalte entgegengebracht werden, zumal Innovationen nicht aus sich heraus die Effizienz von und die Zufriedenheit mit Prozessen fördern müssen. Wenn das, was bisher richtig und sinnvoll war, auf einmal nicht mehr richtig sein soll, entsteht kognitive Dissonanz, ein aversiver Zustand, der nach Lösung drängt.

Neben der Möglichkeit, die Einstellung zu ändern und die Innovation zu akzeptieren, kommt es häufig aber zu Widerstand (psychologische Reaktanz) gegen die geplante Neuerung und Festhalten an der alten Handlungsweise. Eine Annahme der Dissonanztheorie ist, dass Dissonanz nach einer Entscheidung verstärkt auftritt und dass die Entscheidung für eine Alternative den Wert dieser Alternative erhöht (siehe Kapitel 1, S. 11).

Jermias (2001) überprüfte diese Annahme in einem Experiment. Er stellte die Hypothese auf, dass Personen, die sich für ein bestimmtes Vorgehen (in seinem Experiment für ein bestimm-

5.5 Innovation

tes Kostenrechnungssystem) entschieden haben, unfähig sind, die Vorzüge der abgewählten Alternative anzuerkennen. Selbst wenn sie negative Rückmeldung über das gewählte System bekommen, halten sie an ihrer Entscheidung fest. Die Teilnehmer an diesem Experiment (Studienanfänger in Accounting) wurden in zwei Experimental- und zwei Kontrollgruppen aufgeteilt. Die Teilnehmer der beiden Experimentalgruppen erhielten eine kurze Abhandlung über Kostenrechnungssysteme, in der jeweils eines von zwei Rechnungssystemen als das bessere dargestellt wurde. Die Teilnehmer sollten dann ihre Meinung über die Systeme abgeben, sich für eins entscheiden und ihre Wahl argumentativ begründen. Den beiden Kontrollgruppen wurde jeweils ein System (ohne Wahlmöglichkeit) vorgegeben. Sie mussten auch keine argumentative Begründung liefern. Sodann wurden alle Teilnehmer gebeten, die Nützlichkeit beider Systeme einzuschätzen. Schließlich sollten sich die Teilnehmer in die Rolle eines Managers einer Firma, die verschiedene Produkte herstellt, versetzen. Sie erhielten (entsprechend ihres gewählten oder zugewiesenen Rechnungssystems) Informationen über die Kosten der Produkte und sollten darauf aufbauend den Verkaufspreis festsetzen. Ihnen wurde weiter gesagt, dass die Preise, die sie festsetzten, mit den tatsächlichen Marktpreisen verglichen und der Gewinn oder der Verlust berechnet würden, den sie durch ihre Preisgestaltung erzielten. Für eine gute Preiskalkulation würden sie einen Bonus von 5 $ erhalten (positives Feedback), bei einer schlechten Gewinnmarge würden sie keinen Bonus erhalten (negatives Feedback).

Tatsächlich wurden positives und negatives Feedback zufällig und unabhängig von der tatsächlichen Leistung gegeben. Nachdem die Teilnehmer das Feedback erhalten hatten, wurden sie gefragt, wie zufrieden sie mit ihrem System seien und ob sie bereit wären, für die folgenden Versuchsabschnitte auf das andere System zu wechseln.

Die theoretischen Annahmen Jermias hinsichtlich der Wirkung von Commitment und Feedback auf den Widerstand gegen Veränderung sind in Abbildung 5.17 auf der vorherigen Seite dargestellt.

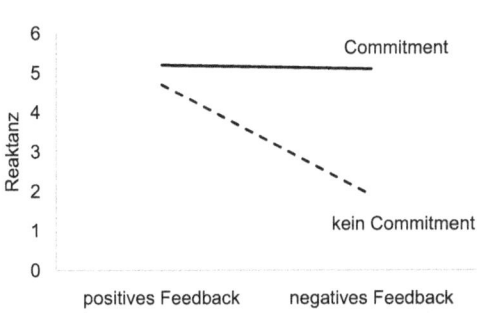

Abbildung 5.18: Commitment und Widerstand gegen Veränderung nach Jermias (2001)

Die Ergebnisse bestätigen die Annahmen der Dissonanztheorie. Sind die Teilnehmer durch eine Entscheidung ein Commitment für ein System eingegangen, so führte das zu einer höheren Einschätzung der Nützlichkeit des Systems. Die Entscheidung für ein System bewirkte außerdem einen stärkeren Widerstand gegen einen Wechsel. Selbst bei einem negativen Feedback wurde an der gewählten Alternative festgehalten (siehe Abbildung 5.18).

Einwände und Widerstände gegen Innovationen sollten aber nicht sofort als Hindernisse aufgefasst werden oder gar auf Trägheit, Unwilligkeit oder mangelnde Solidarität der Mitarbeiter zurückgeführt werden. Widerstände verweisen oft auf Schwachstellen der geplanten Veränderung und können so sogar zur Vermeidung von Fehlern bei der Implementierung einer Innovation führen.

5.5.4 Organisationales Lernen

Das Innovationspotential eines Unternehmens wird zu einem großen Teil über seine Fähigkeit, Wissen als Ressource zur Organisationsentwicklung zu nutzen, bestimmt. Damit ist aber nicht nur der Rückgriff auf bestehende individuelle Kompetenzen gemeint, sondern auch die kreative Re-Kombination des Wissens sowie seine Anwendung zur Veränderung der Ausrichtung des Unternehmens. Es handelt sich um einen Prozess der kollektiven Informationsverarbeitung, der zu einer Weiterentwicklung der organisationalen Wissensbestände führt und der als organisationales Lernen bezeichnet wird.

Ein kollektiver Lernprozess kann nicht ohne individuelles Lernen stattfinden. Aber organisationales Lernen ist nicht gleichzusetzen mit den individuellen Lernprozessen der Mitglieder einer Organisation, und das Wissen einer Organisation ist nicht gleich der Summe des individuellen Wissens ihrer Mitglieder. Organisationales Lernen vollzieht sich in den Interaktionen zwischen den einzelnen Mitgliedern der Organisation, in den Interaktionen zwischen Organisationen und in der Interaktion zwischen der Organisation und ihrer Umwelt (Wang & Ahmed, 2002). Organisationales Lernen kann auf drei Komplexionsebenen stattfinden (Eilertsen & London, 2009, siehe Abbildung 5.19).

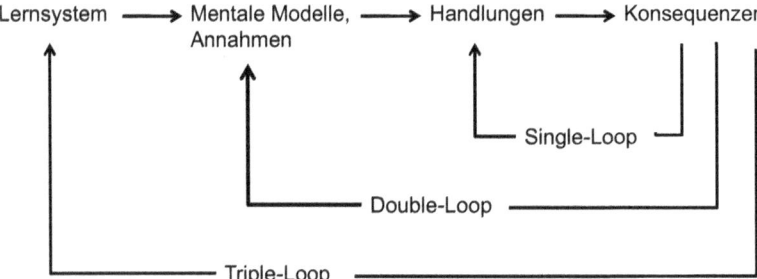

Abbildung 5.19: Komplexionsebenen des organisationalen Lernens nach Eilertsen und London (2009)

Single-loop Lernen ist auf die Entdeckung und Korrektur von Fehlern ausgerichtet und beinhaltet auf organisationaler Ebene die Akkumulation, Verbreitung und Bewahrung von Wissen. Die Mitglieder lernen neue Fähigkeiten und Fertigkeiten, sie befolgen die Regeln des Unternehmens und versuchen, ihre Leistung innerhalb dieser Regel zu verbessern. In Anlehnung an Jean Piaget wird dies auch als Lernen durch Assimilation bezeichnet.

Double-loop Lernen ist bereits zu einem gewissen Grad proaktiv, indem es auf Fehlervermeidung und absolute Qualität ausgerichtet ist. Wissen wird durch fortwährende Veränderungen verfeinert und neues Wissen geschaffen. Double-loop Lernen entspricht Piagets Lernen durch Akkommodation. Auf dieser Stufe finden Veränderungen von Einstellungen, Überzeugungen und Ideen statt. Die Mitglieder beginnen, Fertigkeiten zu entwickeln, durch die sie Einfluss auf das System nehmen können.

Triple-loop Lernen zielt auf die Veränderung der Organisationsmitglieder durch Hilfe zum Lernen lernen. Lernmuster und mentale Modelle werden hinterfragt. Im Idealfall werden alle Lerneinheiten zu einer lernenden Organisation zusammengefügt. Die Mitglieder lernen auf das kollektive Wissen aus den verschiedenen Teilen der Organisation zuzugreifen und neue Lernstrategien zu entwickeln.

Um den stetig sich ändernden Anforderungen zu genügen, ist Triple-loop Lernen notwendig. Der Fokus muss auf Innovation und Kreativität ausgerichtet sein, das bedeutet, Produkte, Prozesse und Systemen kontinuierlich infrage zu stellen, strategische Positionen für die Zukunft zu identifizieren und zu versuchen, einen maßgeblichen Wettbewerbsvorteil zu erzielen (Wang & Ahmed, 2002).

5.5.5 Führung und organisationales Lernen

Auf den ersten Blick scheinen charismatische und transformationale Führungspersonen bestens geeignet zu sein, um organisationales Lernen zu fördern. Dies ist aber nicht der Fall, da die Mitarbeiter solchen Führungspersonen die Kompetenz zuschreiben, zu wissen was gut und richtig ist und wie der Weg dorthin verläuft. Sie werden daher weniger motiviert sein, eigene neue Lernstrategien zu entwickeln, wie sie im Triple-Loop-Lernen notwendig sind.

Triple-Loop-Lernen erfordert eine Verschränkung von individuellem und organisationalem Lernen. Es bedeutet, Individuen, Teams und Organisationen Anregungen und Anleitungen zum Lernen und zur Weiterentwicklung zu bieten. Qualitätsverbesserungsgruppen, Projektteams, Kompetenzteams und ähnliche Einrichtungen haben zum Ziel und zur Aufgabe, den Austausch zwischen strategischem und operativem Geschäft anzuregen und so zur Weiterentwicklung auf beiden Ebenen des Managements beizutragen. Oft jedoch scheitert Triple-Loop-Lernen aber daran, dass die Spitze der Organisation, das Top-Team, nicht aufnahmebereit ist Y. Altman und Iles (1998, S. 50), S. 50). An dieser Stelle hat eine kompetente Führung eine sehr große Bedeutung: Sie muss die Brücke zwischen den Teams und der Organisationsspitze bilden. In den Teams entstehen neue Ideen und findet kollektives Lernen statt. Die Motivation und die Leistung von Teams schwinden aber, wenn ihre Arbeit und ihre Ideen nicht anerkannt oder im schlechtesten Fall noch nicht einmal zur Kenntnis genommen werden. Dies zu verhindern ist eine wesentliche Aufgabe einer innovativen Führungsperson. Und es kommt eine weitere Aufgabe hinzu. Im Triple-Loop-Lernen geht es auch darum, mentale Modelle der Individuen und Teams zu verändern oder zu entwickeln. Oft wird dies durch kollektives Lernen ohne besondere Intervention der Führungsperson erreicht. In vielen Fällen ist aber eine mehr oder weniger starke Lenkung (durch Kommunikation, Entwicklung gemeinsamer Visionen, Belohnung von Initiativen usw.) notwendig, um die notwendigen transformativen Prozesse anzuregen.

Wie Frey et al. für das Ideenmanagement effektives Führungsverhalten durch unterschiedliche und situativ angepasste Verhaltensweisen beschrieben haben, so charakterisiert auch Yukl (2009) eine Vielzahl von Wegen, wie eine Führungsperson organisationales Lernen fördern kann. Einige davon sind recht allgemein gehalten und stammen aus den verschiedenen Führungsmodellen, andere beziehen sich unmittelbar auf spezifische Lernziele organisationalen Lernens. Seine Handlungsanweisungen an Führungspersonen lauten:

- Ermutige die Leute dazu, tradierte Methoden infragezustellen und nach innovativen neuen Wegen, die effektiver sein werden, zu suchen.
- Artikuliere eine inspirierende Vision, um von den Mitgliedern der Organisation Unterstützung für innovative Veränderungen zu erhalten.

- Ermutige und unterstütze den Erwerb von Fertigkeiten, die für kollektives Lernen von Individuen und Teams benötigt werden.
- Stärke Werte, die mit Lernen durch Erfahrung und Offenheit gegenüber neuem Wissen in Einklang stehen, um so die Entstehung einer Lernkultur in der Organisation zu fördern.
- Hilf den Mitarbeitern, geteilte mentale Modelle über Ursachen-Wirkung-Zusammenhänge und die Determinanten von Leistung für das Team und die Organisation zu entwickeln.
- Unterstütze soziale Netzwerke, die die gemeinsame Nutzung von Wissen, die kollaborative Entwicklung kreativer Ideen und die Einwerbung politischer Unterstützung fördern.
- Hilf den Mitarbeitern, wichtige Lernergebnisse zu erkennen und ihre Implikationen für das Team und die Organisation zu verstehen.
- Gewinne externe Unterstützung und Finanzierung größerer Initiativen zum Erwerb oder zur Anwendung neuen Wissens (z. B. Akquisitionen oder Joint Ventures).
- Unterstütze Experimente, um mehr Kenntnis über die möglichen Wirkungen von Veränderungen zu erhalten bevor sie mit großer Tragbreite implementiert werden und dann nur schwer abgebrochen werden können.
- Rege die Teams dazu an, Aktivitäten im Anschluss zu begutachten, um effektive und ineffektive Prozesse zu identifizieren.
- Entwickle Messinstrumente für kollektives Lernen und Wissensdiffusion, um Lernfortschritte einzuschätzen und Möglichkeiten zur Verbesserung zu finden (Lernen lernen).
- Ermutige die Mitarbeiter zu berichten, wenn eine neue Initiative fehlgeschlagen ist und abgebrochen werden sollte, statt fortzufahren und Ressourcen mit ihr zu verschwenden.
- Schaffe dezentralisierte Untereinheiten mit weitreichenden Befugnissen, um Erfahrungen zu machen und unternehmerische Tätigkeiten eigenverantwortlich durchzuführen.
- Entwickle, implementiere und unterstütze Programme und Systeme, die das Entdecken neuen Wissens, seine Verbreitung und Anwendung in der Organisation unterstützen.

Literaturverzeichnis

Abelson, R. P. (1981). Psychological status of the script concept. *American Psychologist, 36*, 715–729.

Achtziger, A. & Gollwitzer, P. M. (2009). Rubikonmodell der Handlungsphasen. In V. Brandstätter & J. H. Otto (Hrsg.), *Handbuch der Allgemeinen Psychologie: Motivation und Emotion* (S. 150–156). Göttingen: Hogrefe.

Adams, J. S. (1963). Wage inequities, productivity and work quality. *Industrial Relations: A Journal of Economy and Society, 3*, 9–16.

Adams, J. S. (1965). Inequity in social exchange. *Advances in Experimental Social Psychology Vol. 2*, 267–299.

Adorno, T. W., Frenkel-Brunswik, E., Levinson, D. J. & Sanford, R. N. (1950). *The authoritarian personality*. New York: Harpers Brothers.

Ahlfinger, N. R. & Esser, J. K. (2001). Testing the groupthink model: Effects of promotional leadership and conformity predisposition. *Social Behavior and Personality, 29*, 31–41.

Aiello, J. R. & Douthitt, E. A. (2001). Social facilitation from Triplett to electronic performance monitoring. *Group Dynamics: Theory, Research, and Practice, 5*, 163–180.

Ajzen, I. (1991). The theory of planned behavior. *Organizational Behavior and Human Decision Processes, 50*, 179–211.

Albert, S. (1977). Temporal comparison theory. *Psychological Review, 84*, 485–503.

Aldag, R. J. & Fuller, S. R. (1993). Beyond fiasco: A reappraisal of the groupthink phenomenon and a new model of group decision processes. *Psychological Bulletin, 113*, 533–552.

Alexander, R., Feeney, J., Hohaus, L. & Noller, P. (2001). Attachment style and coping resources as predictors of coping strategies in the transition to parenthood. *Personal Relationships, 8*, 137–152.

Allport, F. H. (1924). *Social psychology*. Boston: Houghton Mifflin.

Allport, F. H. (1962). A structuronomic conception of behavior: Individual and collective: I. Structural theory and the master problem of social psychology. *Journal of Abnormal and Social Psychology, 64*, 3–30.

Allport, G. W. (1954). *The nature of prejudice*. Cambridge: Addison-Wesley.

Altemeyer, B. (1981). *Right-wing authoritarianism*. Manitoba: University of Manitoba Press.

Altman, I. & Taylor, D. A. (1973). *Social penetration: The development of interpersonal relationships*. New York: Holt, Rinehart & Winston.

Altman, Y. & Iles, P. (1998). Learning, leadership, teams: corporate learning and organisational change. *Journal of Management Development, 17,* 44–55.

Amason, A. C. (1996). Distinguishing the effects of functional and dysfunctional conflict on strategic decision making: Resolving a paradox for top management teams. *Academy of Management Journal, 39,* 123–148.

Anderson, C., Keltner, D. & John, O. P. (2003). Emotional convergence between people over time. *Journal of Personality and Social Psychology, 84,* 1054–1068.

Anderson, C. & Kilduff, G. J. (2009). Why do dominant personalities attain influence in face-to-face groups? The competence-signaling effects of trait dominance. *Journal of Personality and Social Psychology, 96,* 491–503.

Anderson, C. A. & Bushman, B. J. (2001). Effects of violent video games on aggressive behavior, aggressive cognition, aggressive affect, physiological arousal, and prosocial behavior: A meta-analytic review of the scientific literature. *Psychological Science, 12,* 353–359.

Anderson, C. A. & Bushman, B. J. (2002). The effects of media violence on society. *Science, 295,* 2377–2379.

Anderson, N. & West, M. A. (1996). The team climate inventory: Development of the TCI and its applications in teambuilding for innovativeness. *European Journal of Work and Organizational Psychology, 5,* 53–66.

Andreoni, J., Harbaugh, W. & Vesterlund, L. (2003). The carrot or the stick: Rewards, punishments, and cooperation. *American Economic Review, 93,* 893–902.

Ansari, M. A. & Kapoor, A. (1987). Organizational context and upward influence tactics. *Organizational Behavior and Human Decision Processes, 40,* 39–49.

Argote, L. & Ingram, P. (2000). Knowledge transfer: A basis for competitive advantage in firms. *Organizational behavior and human decision processes, 82,* 150–169.

Aron, A., Aron, E. N. & Smollan, D. (1992). Inclusion of other in the self scale and the structure of interpersonal closeness. *Journal of Personality and Social Psychology, 63,* 596–596.

Aron, A., McLaughlin-Volpe, T., Mashek, D., Lewandowski, G., Wright, S. C. & Aron, E. N. (2004). Including others in the self. *European Review of Social Psychology, 15,* 101–132.

Arrow, H., McGrath, J. E. & Berdahl, J. L. (2000). *Small groups as complex systems: Formation, coordination, development and adaptation.* London: Sage Publications.

Asch, S. E. (1940). Studies in the principles of judgments and attitudes: II. Determination of judgments by group and ego standards. *Journal of Social Psychology, 12,* 433–465.

Asch, S. E. (1956). Studies of independence and conformity: A minority of one against a unanimous majority. *Psychological Monographs, 70,* 1–70.

Austin, J. R. (2003). Transactive memory in organizational groups: The effects of content, consensus, specialization, and accuracy on group performance. *Journal of Applied Psychology, 88,* 866–878.

Axelrod, R. (2003). *The evolution of cooperation.* New York: Basic Books.

Bain, P. G., Mann, L. & Pirola-Merlo, A. (2001). The innovation imperative. *Small Group Research, 32,* 55–73.

Baker, S. M. & Petty, R. E. (1994). Majority and minority influence: Source-position imbalance as a determinant of message scrutiny. *Journal of Personality and Social Psychology, 67,* 5–19.

Bales, R. F. (1950). *Interaction process analysis.* Reading: Addison-Wesley.

Bales, R. F. & Cohen, S. P. (1979). *SYMLOG: A system for multiple observation of groups.* New York: Free Press.

Bandura, A. (1977). Self-efficacy: Toward a unifying theory of behavior change. *Psychological Review, 84,* 191–215.

Bandura, A. (1986). *Social foundations of thought and action.* Englewood Cliffs: Prentice-Hall.

Bandura, A. (2004). The role of selective moral disengagement in terrorism and counterterrorism. In F. M. Moghaddam & A. J. Marsella (Hrsg.), *Understanding terrorism: Psychosocial roots, consequences, and interventions* (S. 121–150). Washington: APA Press.

Bandura, A., Ross, D. & Ross, S. A. (1963). Imitation of film-mediated aggressive models. *Journal of Abnormal and Social Psychology, 66,* 3–11.

Bar-Tal, D. (1998). Group beliefs as an expression of social identity. In S. Worchel (Hrsg.), *Social identity: International perspectives* (S. 92–113). London: Sage.

Bar-Tal, D. (2011). Introduction: Conflicts and social psychology. In D. Bar-Tal (Hrsg.), *Intergroup conflicts and their resolution: Social psychological perspective* (S. 1–38). New York: Psychology Press.

Bar-Tal, D., Halperin, E. & De Rivera, J. (2007). Collective emotions in conflict situations: Societal implications. *Journal of Social Issues, 63,* 441–460.

Barna, L. R. M. (1985). Stumbling blocks in intercultural communication. In L. A. Samovar & R. E. Porter (Hrsg.), (S. 330–338). Belmont: Wadsworth Publishing Company.

Baron, R. S., Moore, D. & Sanders, G. S. (1978). Distraction as a source of drive in social facilitation research. *Journal of Personality and Social Psychology, 36,* 816–824.

Bartholomew, K. (1990). Avoidance of intimacy: An attachment perspective. *Journal of Social and Personal Relationships, 7,* 147–178.

Bartlett, F. C. (1932). *Remembering: An experimental and social study.* Cambridge: Cambridge University Press.

Bass, B. M. (1998). *Transformational leadership: Industrial, military, and educational impact.* Mahwah: Lawrence Erlbaum.

Bass, B. M. (1999). Two decades of research and development in transformational leadership. *European Journal of Work and Organizational Psychology, 8,* 9–32.

Bass, B. M. & Avolio, B. J. (1994). *Improving organizational effectiveness through transformational leadership.* London: Sage.

Bass, B. M., Avolio, B. J., Jung, D. I. & Berson, Y. (2003). Predicting unit performance by assessing transformational and transactional leadership. *Journal of Applied Psychology, 88*, 207–218.

Bass, B. M. & Steidlmeier, P. (1999). Ethics, character, and authentic transformational leadership behavior. *The Leadership Quarterly, 10*, 181–217.

Batson, C. D., Duncan, B. D., Ackerman, P., Buckley, T. & Birch, K. (1981). Is empathic emotion a source of altruistic motivation? *Journal of Personality and Social Psychology, 40*, 290–302.

Batson, C. D., Dyck, J. L., Brandt, J. R., Batson, J. G., Powell, A. L., McMaster, M. R. et al. (1988). Five studies testing two new egoistic alternatives to the empathy-altruism hypothesis. *Journal of Personality and Social Psychology, 55*, 52–77.

Batson, C. D., Van Lange, P. A. M., Ahmad, N. & Lishner, D. A. (2003). Altruism and helping behavior. In M. A. Hogg & J. Cooper (Hrsg.), *The sage handbook of social psychology* (S. 279–295). London: Sage.

Bauer, T. N., Bodner, T., Erdogan, B., Truxillo, D. M. & Tucker, J. S. (2007). Newcomer adjustment during organizational socialization: A meta-analytic review of antecedents, outcomes, and methods. *Journal of Applied Psychology, 92*, 707–721.

Bazerman, M. H. & Chugh, D. (2006). Decisions without blinders. *Harvard Business Review, 84*, 88–97.

Bazerman, M. H., Giuliano, T. & Appelman, A. (1984). Escalation of commitment in individual and group decision making. *Organizational Behavior and Human Performance, 33*, 141–152.

Becker, A., Brauner, E. & Duschek, S. (2006). Transaktives Wissen, Kompetenzen und Wettbewerbsvorteile: Der Akteur als strategischer Faktor. In G. Schreyögg & P. Conrad (Hrsg.), *Management von kompetenz* (S. 201–230). Wiesbaden: Gabler Verlag.

Bem, D. J. (1972). Self-perception theory. *Advances in Experimental Social Psychology, 6*, 1–62.

Berkman, L. F. (1995). The role of social relations in health promotion. *Psychosomatic Medicine, 57*, 245–254.

Berkman, L. F., Glass, T., Brissette, I. & Seeman, T. E. (2000). From social integration to health: Durkheim in the new millennium. *Social science & medicine, 51*, 843–857.

Berkman, L. F. & Syme, S. L. (1979). Social networks, host resistance, and mortality: a nine-year follow-up study of Alameda County residents. *American Journal of Epidemiology, 109*, 186–204.

Berkowitz, L. (1989). Frustration-aggression hypothesis: Examination and reformulation. *Psychological Bulletin, 106*, 59–73.

Berkowitz, L. (1990). On the formation and regulation of anger and aggression: A cognitive-neoassociationistic analysis. *American Psychologist, 45*, 494–503.

Berkowitz, L. & Daniels, L. R. (1963). Responsibility and dependency. *Journal of Abnormal and Social Psychology, 66*, 429–436.

Berkowitz, L. & Green, J. A. (1962). The stimulus qualities of the scapegoat. *Journal of Abnormal and Social Psychology, 64*, 293–301.

Berkowitz, L. & LePage, A. (1967). Weapons as aggression-eliciting stimuli. *Journal of Personality and Social Psychology, 7*, 202–207.

Bernecker, T. (2005). *Entwicklungsdynamik organisatorischer Netzwerke: Konzeption, Muster und Gestaltung.* Wiesbaden: Deutscher Universitäts-Verlag.

Berry, J. W. (1989). Imposed etics-emics-derived etics: The operationalization of a compelling idea. *International Journal of Psychology, 24*, 721–735.

Berry, J. W. (2001). A psychology of immigration. *Journal of Social Issues, 57*, 615–631.

Berry, J. W., Kim, U., Power, S., Young, M. & Bujaki, M. (1989). Acculturation attitudes in plural societies. *Applied Psychology, 38*, 185–206.

Berry, J. W., Portinga, Y. H., Segall, M. H. & Dasen, P. R. (2002). *Cross-cultural psychology. research and applications.* Cambridge: Cambridge University Press.

Berscheid, E. & Reis, H. T. (1998). Attraction and close relationships. In D. T. Gilbert, S. T. Fiske & G. Lindzey (Hrsg.), *The handbook of social psychology* (4. Aufl., Bd. 2, S. 133–154). New York: McGraw-Hill.

Berscheid, E., Snyder, M. & Omoto, A. M. (1989). The Relationship Closeness Inventory: Assessing the closeness of interpersonal relationships. *Journal of Personality and Social Psychology, 57*, 792–807.

Bhattacherjee, A. & Sanford, C. (2006). Influence strategies for information technology usage: an elaboration-likelihood model. *MIS Quarterly, 30*, 805–825.

Bierhoff, H. W. & Herner, M. J. (2007). Vertrauen. In H. Schuler & K. Sonntag (Hrsg.), *Handbuch der Arbeits-und Oranisationspsychologie* (S. 300–305). Göttingen: Hogrefe.

Bierhoff, H. W. & Rohmann, E. (2004). Altruistic personality in the context of the empathy-altruism hypothesis. *European Journal of Personality, 18*, 351–365.

Bierstedt, R. (1950). An analysis of social power. *American Sociological Review, 15*, 730–738.

Black, J. S. & Mendenhall, M. (1990). Cross-cultural training effectiveness: A review and a theoretical framework for future research. *Academy of Management Review, 15*, 113–136.

Blake, R. R. & Mouton, J. S. (1982). A comparative analysis of situationalism and 9,9 management by principle. *Organizational Dynamics, 10*, 20–43.

Blaney, N. T., Stephan, C. W., Rosenfield, D., Aronson, E. & Sikes, J. (1977). Interdependence in the classroom: A field study. *Journal of Educational Psychology, 69*, 121–128.

Blanz, M. (1999). Accessibility and fit as determinants of the salience of social categorizations. *European Journal of Social Psychology, 29*, 43–74.

Blascovich, J., Mendes, W. B., Hunter, S. B. & Salomon, K. (1999). Social 'facilitation' as challenge and threat. *Journal of Personality and Social Psychology, 77*, 68–77.

Blass, T. (1991). Understanding behavior in the milgram obedience experiment: The role of personality, situations, and their interactions. *Journal of Personality and Social Psychology, 60*, 398–413.

Blass, T. (1996). Attribution of Responsibility and Trust in the Milgram Obedience Experiment1. *Journal of Applied Social Psychology, 26*, 1529–1535.

Blau, P. M. (1986). *Exchange and power in social life.* New York: Wiley.

Bless, H., Bohner, G., Schwarz, N. & Strack, F. (1990). Mood and persuasion: A cognitive response analysis. *Personality and Social Psychology Bulletin, 16*, 331–345.

Blickle, G. (2000). Do work values predict the use of intraorganizational influence strategies? *Journal of Applied Social Psychology, 30*, 196–205.

Blickle, G. (2004). Einflusskompetenz in Organisationen. *Psychologische Rundschau, 55*, 82–93.

Bodenhausen, G. V. (1988). Stereotypic biases in social decision making and memory: Testing process models of stereotype use. *Journal of Personality and Social Psychology, 55*, 726–737.

Bohnet, I. & Frey, B. S. (1999). The sound of silence in prisoner's dilemma and dictator games. *Journal of Economic Behavior & Organization, 38*, 43–57.

Bollen, K. A. & Hoyle, R. H. (1990). Perceived cohesion: A conceptual and empirical examination. *Social Forces, 69*, 479–504.

Bond, C. F. (1982). Social facilitation: A self-presentational view. *Journal of Personality and Social Psychology, 42*, 1042–1050.

Bond, C. F., DiCandia, C. G. & MacKinnon, J. R. (1988). Responses to violence in a psychiatric setting: The role of patient's race. *Personality and Social Psychology Bulletin, 14*, 448-458.

Bornstein, R. F. & D'Agostino, P. R. (1992). Stimulus recognition and the mere exposure effect. *Journal of Personality and Social Psychology, 63*, 545–545.

Bouas, K. S. & Komorita, S. S. (1996). Group discussion and cooperation in social dilemmas. *Personality and Social Psychology Bulletin, 22*, 1144–1150.

Bowlby, J. (1969). *Attachment.* New York: Basic Books.

Brauer, M., Judd, C. M. & Gliner, M. D. (1995). The effects of repeated expressions on attitude polarization during group discussions. *Journal of Personality and Social Psychology, 68*, 1014–1029.

Brauner, E. (2003). Informationsverarbeitung in Gruppen: Transaktive Wissenssysteme. In S. Stumpf & A. Thomas (Hrsg.), *Teamarbeit und Teamentwicklung.* (S. 57–83). Göttingen: Hogrefe.

Brauner, E. (2006). Kodierung transaktiver Wissensprozesse (TRAWIS). *Zeitschrift für Sozialpsychologie, 37*, 99–112.

Brehm, J. W. (1966). *A theory of psychological reactance.* New York: Academic Press.

Brehm, J. W., Stires, L. K., Sensenig, J. & Shaban, J. (1966). The attractiveness of an eliminated choice alternative. *Journal of Experimental Social Psychology, 2*, 301–313.

Brewer, M. B. & Kramer, R. M. (1986). Choice behavior in social dilemmas: Effects of social identity, group size, and decision framing. *Journal of Personality and Social Psychology, 50*, 543–549.

Brock, A. & Meer, D. (2004). Macht–Hierarchie–Dominanz–A-/Symmetrie: Begriffliche Überlegungen zur kommunikativen Ungleichheit in institutionellen Gesprächen. *Gesprächsforschung–Online-Zeitschrift zur verbalen Interaktion, 5*, 184–209.

Brodbeck, F. C., Anderson, N. & West, M. A. (2001). *TKI Teamklima Inventar*. Göttingen: Hogrefe.

Brodbeck, F. C. & Greitemeyer, T. (2000). Effects of individual versus mixed individual and group experience in rule induction on group member learning and group performance. *Journal of Experimental Social Psychology, 36*, 621–648.

Brodbeck, F. C. & Guillaume, Y. (2009). Umgang mit Informationen und Meinungsbildung in Projekten. In M. Wastian, I. Braumandl & B. Dost (Hrsg.), *Projektcoaching als Weg zum erfolgreichen Projekt* (S. 41–60). Springer.

Brodbeck, F. C., Kerschreiter, R., Mojzisch, A. & Schulz-Hardt, S. (2007). Group decision making under conditions of distributed knowledge: The information asymmetries model. *Academy of Management Review, 32*, 459–479.

Brodbeck, F. C., Maier, G. W. & Frey, D. (2002). Führungstheorien. In D. Frey & M. Irle (Hrsg.), *Theorien der Sozialpsychologie, Band II*, (S. 329–365). Bern: Huber.

Brown, P. & Levinson, S. C. (1987). *Politeness: Some universals in language usage*. Cambridge: Cambridge University Press.

Brown, R. (2000). Social identity theory: Past achievements, current problems and future challenges. *European Journal of Social Psychology, 30*, 745–778.

Brown, S. L., Nesse, R. M., Vinokur, A. D. & Smith, D. M. (2003). Providing social support may be more beneficial than receiving it. *Psychological Science, 14*, 320–327.

Bruner, J. S. (1957). On perceptual readiness. *Psychological Review, 64*, 123–152.

Bruner, J. S. & Minturn, A. L. (1955). Perceptual identification and perceptual organization. *Journal of General Psychology, 53*, 21–28.

Bui, K. V. T., Peplau, L. A. & Hill, C. T. (1996). Testing the Rusbult model of relationship commitment and stability in a 15-year study of heterosexual couples. *Personality and Social Psychology Bulletin, 22*, 1244–1257.

Burger, J. M. (1999). The foot-in-the-door compliance procedure: A multiple-process analysis and review. *Personality and Social Psychology Review, 3*, 303–325.

Burger, J. M. (2009). Replicating Milgram: Would people still obey today? *American Psychologist, 64*, 1–11.

Burger, J. M. & Caldwell, D. F. (2003). The effects of monetary incentives and labeling on the foot-in-the-door effect: Evidence for a self-perception process. *Basic and applied social psychology, 25*, 235–241.

Burgoon, J. K. (1993). Interpersonal expectations, expectancy violations, and emotional communication. *Journal of Language and Social Psychology, 12*, 30–48.

Burke, P. J. & Stets, J. E. (1999). Trust and commitment through self-verification. *Social Psychology Quarterly, 62*, 347–366.

Bushman, B. J. & Anderson, C. A. (2002). Violent video games and hostile expectations: A test of the general aggression model. *Personality and Social Psychology Bulletin, 28,* 1679–1686.

Bushman, B. J. & Whitaker, J. L. (2010). Like a magnet. *Psychological Science, 21,* 790–792.

Byrne, D. E. (1961). Interpersonal attraction and attitude similarity. *Journal of Abnormal and Social Psychology, 62,* 713–715.

Byrne, D. E. (1971). *The attraction paradigm.* Orlando: Academic Press.

Cacioppo, J. T., Petty, R. E. & Morris, K. J. (1983). Effects of need for cognition on message evaluation, recall, and persuasion. *Journal of Personality and Social Psychology, 45,* 805–818.

Cameron, J. E. (2004). A three-factor model of social identity. *Self and Identity, 3,* 239–262.

Campbell, D. T. (1958). Common fate, similarity, and other indices of the status of aggregates of persons as social entities. *Behavioral Science, 3,* 14–25.

Carli, L. L. (1990). Gender, language, and influence. *Journal of Personality and Social Psychology, 59,* 941–951.

Carmeli, A., Gelbard, R. & Gefen, D. (2010). The importance of innovation leadership in cultivating strategic fit and enhancing firm performance. *The Leadership Quarterly,* 339–349.

Carpenter, P. J. & Coleman, R. (1998). A longitudinal study of elite youth cricketers' commitment. *International Journal of Sport Psychology, 29,* 195–210.

Carron, A. V. & Brawley, L. R. (2000). Cohesion: Conceptual and measurement issues. *Small Group Research, 31,* 89–106.

Carver, C. S. & Scheier, M. F. (1981). The self-attention-induced feedback loop and social facilitation. *Journal of Experimental Social Psychology, 17,* 545–568.

Chaiken, S. & Eagly, A. H. (1989). Heuristic and systematic information processing within and beyond the persuasion context. In J. S. Uleman & J. A. Bargh (Hrsg.), *Unintended thought* (S. 212–252). The Guilford Press.

Chen, X. P., Pillutla, M. M. & Yao, X. (2009). Unintended consequences of cooperation inducing and maintaining mechanisms in public goods dilemmas: Sanctions and moral appeals. *Group Processes & Intergroup Relations, 12,* 241–255.

Chin, W. W., Salisbury, W. M., Pearson, A. W. & Stollak, M. J. (1999). Perceived cohesion in small groups: Adapting and testing the Perceived Cohesion Scale in a small-group setting. *Small Group Research, 30,* 751–766.

Cialdini, R. B., Cacioppo, J. T., Bassett, R. & Miller, J. A. (1978). Low-ball procedure for producing compliance: Commitment then cost. *Journal of Personality and Social Psychology, 36,* 463–476.

Cialdini, R. B., Schaller, M., Houlihan, D., Arps, K., Fultz, J. & Beaman, A. L. (1987). Empathy-based helping: Is it selflessly or selfishly motivated. *Journal of Personality and Social Psychology, 52,* 749–758.

Cialdini, R. B., Vincent, J. E., Lewis, S. K., Catalan, J., Wheeler, D. & Darby, B. L. (1975). Reciprocal concessions procedure for inducing compliance: The door-in-the-face technique. *Journal of Personality and Social Psychology, 31,* 206–215.

Clark, M. S. & Waddell, B. (1985). Perceptions of exploitation in communal and exchange relationships. *Journal of Social and Personal Relationships, 2*, 403–418.

Clore, G. L., Gasper, K. & Garvin, E. (2001). Affect as information. In J. Forgas (Hrsg.), *Handbook of affect and social cognition*. (S. 121–144). Mahwah: Erlbaum.

Cohrs, J. C. & Ibler, S. (2009). Authoritarianism, threat, and prejudice: An analysis of mediation and moderation. *Basic and Applied Social Psychology, 31*, 81–94.

Colquitt, J. A., Conlon, D. E., Wesson, M. J., Porter, C. & Ng, K. Y. (2001). Justice at the millennium. *Journal of Applied Psychology, 86*, 425–445.

Comstock, G. & Paik, H. (1991). *Television and the American child*. San Diego: Academic Press.

Conger, J. A. (1989). *The charismatic leader: Behind the mystique of exceptional leadership.* San Francisco: Jossey-Bass.

Converse, J. & Foa, U. G. (1993). Some principles of equity in interpersonal exchanges. In U. G. Foa, J. Converse, K. Y. Tornblom & E. B. Foa (Hrsg.), *Resource theory: Explorations and applications* (S. 31–39). San Diego: Academic Press.

Cook, T. D. & Flay, B. R. (1978). The persistence of experimentally induced attitude change. *Advances in Experimental Social Psychology, 11*, 1–57.

Cooper, J. & Fazio, R. H. (1984). A new look at dissonance theory. *Advances in Experimental Social Psychology, 17*, 229–266.

Cottrell, N. B. (1972). Social facilitation. In C. G. McClintock (Hrsg.), *Experimental social psychology* (S. 185–236). New York: Holt, Rinehart & Winston.

Cottrell, N. B., Wack, D. L., Sekerak, G. J. & Rittle, R. H. (1968). Social facilitation of dominant responses by the presence of an audience and the mere presence of others. *Journal of Personality and Social Psychology, 9*, 245–250.

Cozby, P. C. (1973). Self-disclosure: A literature review. *Psychological Bulletin, 79*, 73–91.

Crick, N. R. & Dodge, K. A. (1994). A review and reformulation of social information-processing mechanisms in children's social adjustment. *Psychological Bulletin, 115*, 74–101.

Croizet, J. C., Desert, M., Dutrevis, M. & Leyens, J. P. (2001). Stereotype threat, social class, gender, and academic under-achievement: When our reputation catches up to us and takes over. *Social Psychology of Education, 4*, 295–310.

Crowe, E. & Higgins, E. T. (1997). Regulatory focus and strategic inclinations: Promotion and prevention in decision-making. *Organizational behavior and human decision processes, 69*, 117–132.

Darley, J. M. & Latané, B. (1968). Bystander intervention in emergencies: Diffusion of responsibility. *Journal of Personality and Social Psychology, 8*, 377–383.

Das, T. K. & Teng, B. S. (2004). The risk-based view of trust: a conceptual framework. *Journal of Business and Psychology, 19*, 85–116.

David, B. & Turner, J. C. (1996). Studies in self-categorization and minority conversion: Is being a member of the outgroup an advantage? *British Journal of Social Psychology, 35*, 179–200.

Davis, F. D. (1989). Perceived usefulness, perceived ease of use, and user acceptance of information technology. *MIS Quarterly, 13,* 319–340.

Davis, F. D., Bagozzi, R. P. & Warshaw, P. R. (1989). User acceptance of computer technology: a comparison of two theoretical models. *Management Science, 35,* 982–1003.

Davis, J. H. (1973). Group decision and social interaction: A theory of social decision schemes. *Psychological Review, 80,* 97–125.

De Cremer, D. (2003). A relational perspective on leadership and cooperation: Why it matters to care and be fair. In D. Van Knippenberg & M. A. Hogg (Hrsg.), *Leadership and power: Identity processes in groups and organizations* (S. 109–122). London: Sage.

De Cremer, D. & Tyler, T. R. (2005). Managing group behavior: The interplay between fairness, self, and cooperation. *Advances in Experimental Social Psychology, 37,* 151–218.

De Cremer, D., Tyler, T. R. & den Ouden, N. (2005). Managing cooperation via procedural fairness: The mediating influence of self-other merging. *Journal of Economic Psychology, 26,* 393–406.

De Cremer, D. & Van Knippenberg, D. (2002). How do leaders promote cooperation? The effects of charisma and procedural fairness. *Journal of Applied Psychology, 87,* 858–866.

De Cremer, D. & Van Vugt, M. (1999). Social identification effects in social dilemmas: A transformation of motives. *European Journal of Social Psychology, 29,* 871–893.

De Dreu, C. K. W. & West, M. A. (2001). Minority dissent and team innovation: The importance of participation in decision making. *Journal of applied Psychology, 86,* 1191–1201.

Deaux, K. & Emswiller, T. (1974). Explanations of successful performance on sex-linked tasks: What is skill for the male is luck for the female. *Journal of Personality and Social Psychology, 29,* 80–85.

Deaux, K., Reid, A., Mizrahi, K. & Ethier, K. A. (1995). Parameters of social identity. *Journal of Personality and Social Psychology, 68,* 280–291.

Deci, E. L., Koestner, R. & Ryan, R. M. (1999). A meta-analytic review of experiments examining the effects of extrinsic rewards on intrinsic motivation. *Psychological bulletin, 125,* 627–668.

Deelstra, J. T., Peeters, M. C. W., Schaufeli, W. B., Stroebe, W., Zijlstra, F. R. H. & van Doornen, L. P. (2003). Receiving instrumental support at work: When help is not welcome. *Journal of Applied psychology, 88,* 324–331.

Denrell, J. & Le Mens, G. (2007). Interdependent sampling and social influence. *Psychological Review, 114,* 398–422.

Deutsch, M. (1962). Cooperation and trust: Some theoretical notes. *Nebraska symposium on motivation, 10,* 275–319.

Deutsch, M. (1969). Conflicts: Productive and Destructive. *Journal of Social Issues, 25,* 7–42.

Devine, P. G. (1989). Stereotypes and prejudice: Their automatic and controlled components. *Journal of Personality and Social Psychology, 56,* 5–18.

De Vries, N. K., De Dreu, C. K. W., Gordijn, E. & Schuurman, M. (1996). Majority and minority influence: a dual role interpretation. *European Review of Social Psychology, 7,* 145–172.

Diehl, M. & Stroebe, W. (1987). Productivity loss in brainstorming groups: Toward the solution of a riddle. *Journal of Personality and Social Psychology, 53,* 497–509.

Diehl, M. & Stroebe, W. (1991). Productivity loss in idea-generating groups: Tracking down the blocking effect. *Journal of Personality and Social Psychology, 61,* 392–403.

Diener, E. (1976). Effects of prior destructive behavior, anonymity, and group presence on deindividuation and aggression. *Journal of Personality and Social Psychology, 33,* 497–507.

Diener, E. & Wallbom, M. (1976). Effects of self-awareness on antinormative behavior. *Journal of Research in Personality, 10,* 107–111.

Dollard, J., Doob, L. W., Miller, N. E., Mowrer, O. H., Sears, R. R., Ford, C. S. et al. (1939). *Frustration and aggression.* New Haven: Yale University Press.

Dovidio, J. F., Ellyson, S. L., Keating, C. F., Heltman, K. & Brown, C. E. (1988). The relationship of social power to visual displays of dominance between men and women. *Journal of Personality and Social Psychology, 54,* 233–242.

Dovidio, J. F., Gaertner, S. L. & Validzic, A. (1998). Intergroup bias: Status, differentiation, and a common in-group identity. *Journal of Personality and Social Psychology, 75,* 109–120.

Drigotas, S. M., Rusbult, C. E. & Verette, J. (1999). Level of commitment, mutuality of commitment, and couple well-being. *Personal Relationships, 6,* 389–409.

Dunbar, N. E. & Burgoon, J. K. (2005). Perceptions of power and interactional dominance in interpersonal relationships. *Journal of Social and Personal Relationships, 22,* 207–233.

Duncan, W. J., LaFrance, K. G. & Ginter, P. M. (2003). Leadership and decision making: a retrospective application and assessment. *Journal of Leadership & Organizational Studies, 9,* 1–20.

Duval, S. & Wicklund, R. A. (1972). *A theory of objective self awareness.* New York: Academic Press.

Eilertsen, S. & London, K. (2009). *Modes of organizational learning.* Download von http://www.kollnergroup.com/.

Ellemers, N., Kortekaas, P. & Ouwerkerk, J. W. (1999). Self-categorisation, commitment to the group and group self-esteem as related but distinct aspects of social identity. *European Journal of Social Psychology, 29,* 371–389.

Ellis, A. P. J., Hollenbeck, J. R., Ilgen, D. R., Porter, C., West, B. J. & Moon, H. (2003). Team learning: Collectively connecting the dots. *Journal of Applied Psychology, 88,* 821–834.

Elms, A. C. (1972). *Social psychology and social relevance.* Boston: Little Brown.

Englich, B. & Mussweiler, T. (2001). Sentencing under uncertainty: Anchoring effects in the courtroom. *Journal of Applied Social Psychology, 31,* 1535–1551.

Esser, J. K. (1998). Alive and well after 25 years: A review of groupthink research. *Organizational Behavior and Human Decision Processes, 73,* 116–141.

Esses, V. M., Jackson, L. M., Nolan, J. M. & Armstrong, T. L. (1999). Economic threat and attitudes toward immigrants. In S. S. Halli & L. Driedger. (Hrsg.), *Immigrant canada: Demographic, economic and social challenges* (S. 212–229). Toronto: University of Toronto Press.

Farrell, D. & Rusbult, C. E. (1981). Exchange variables as predictors of job satisfaction, job commitment, and turnover: The impact of rewards, costs, alternatives, and investments. *Organizational Behavior and Human Performance, 28*, 78–95.

Fazio, R. H. & Cooper, J. (1983). Arousal in the dissonance process. In J. T. Cacioppo & R. E. Petty (Hrsg.), *Social psychophysiology: A sourcebook* (S. 122–152). New York: The Guilford Press.

Fazio, R. H., Jackson, J. R., Dunton, B. C. & Williams, C. J. (1995). Variability in automatic activation as an unobstrusive measure of racial attitudes: A bona fide pipeline? *Journal of Personality and Social Psychology, 69*, 1013–1027.

Feger, H. (1987). Netzwerkanalyse in Kleingruppen: Datenarten, Strukturregeln und Strukturmodelle. In F. U. Pappi (Hrsg.), *Methoden der Netzwerkanalyse* (S. 203–252). München: Oldenbourg.

Fehr, E. & Falk, A. (2002). Psychological foundations of incentives. 2001 Schumpeter Lecture. *European Economic Review, 46*, 687–724.

Fehr, E. & Gächter, S. (2000). Cooperation and punishment in public goods experiments. *American Economic Review, 90*, 980–994.

Feldman-Summers, S. A. & Kiesler, S. B. (1974). Those who are number two try harder: The effect of sex on attributions of causality. *Journal of Personality and Social Psychology, 30*, 846–855.

Festinger, L. (1954). A theory of social comparison processes. *Human relations, 7*, 117–140.

Festinger, L. (1957). *A theory of cognitive dissonance.* Stanford: Stanford University Press.

Festinger, L. & Carlsmith, J. M. (1959). Cognitive consequences of forced compliance. *Journal of abnormal and social psychology, 58*, 203–210.

Festinger, L., Pepitone, A. & Newcomb, T. (1952). Some consequences of de-individuation in a group. *Journal of Abnormal and Social Psychology, 47*, 382–389.

Fiedler, F. E. (1964). A contingency model of leadership effectiveness. *Advances in Experimental Social Psychology, 1*, 149–190.

Fiedler, F. E. (1978). The Contingency Model and the Dynamics of the Leadership Process. *Advances in Experimental Social Psychology, 11*, 59–112.

Fiedler, F. E., Mitchell, T. & Triandis, H. C. (1971). The culture assimilator: An approach to cross-cultural training. *Journal of Applied Psychology, 55*, 95–102.

Fiedler, K., Bluemke, M., Friese, M. & Hofmann, W. (2003). On the different uses of linguistic abstractness: From LIB to LEB and beyond. *European Journal of Social Psychology, 33*, 441–453.

Fiedler, K., Messner, C. & Bluemke, M. (2006). Unresolved problems with the „I", the „A", and the „T": A logical and psychometric critique of the Implicit Association Test (IAT). *European Review of Social Psychology, 17*, 74–147.

Fiedler, K. & Semin, G. (2002). Das Linguistische Kategorienmodell. In D. Frey & M. Irle (Hrsg.), *Theorien der Sozialpsychologie Bd. III: Motivations-, Selbst- und Informationsverarbeitungstheorien* (S. 334–351). Bern: Huber.

Field, R. H. G. (1982). A test of the Vroom-Yetton normative model of leadership. *Journal of Applied Psychology, 67*, 523–532.

Fischer, A. H. & Manstead, A. S. R. (2008). Social functions of emotion. In M. Lewis, J. M. Haviland-Jones & L. F. Barrett (Hrsg.), *Handbook of emotions* (S. 456–470). New York: Guilford Press.

Fischer, A. H. & Van Kleef, G. A. (2010). Where have all the people gone? a plea for including social interaction in emotion research. *Emotion Review, 2*, 208–211.

Fishbein, M. & Ajzen, I. (1975). *Belief, attitude, intention and behavior: An introduction to theory and research*. Reading: Addison-Wesley.

Fiske, A. P. (1992). The four elementary forms of sociality: Framework for a unified theory of social relations. *Psychological Review, 99*, 689–723.

Fiske, S. T. (1993). Controlling other people: The impact of power on stereotyping. *American Psychologist, 48*, 621–621.

Fleishman, E. A. (1953). Leadership climate, human relations training, and supervisory behavior. *Personnel Psychology, 6*, 205–222.

Florack, A. & Hartmann, J. (2007). Regulatory focus and investment decisions in small groups. *Journal of Experimental Social Psychology, 43*, 626–632.

Florack, A., Piontkowski, U., Rohmann, A., Balzer, T. & Perzig, S. (2003). Perceived intergroup threat and attitudes of host community members toward immigrant acculturation. *Journal of Social psychology, 143*, 633–648.

Foa, E. B. & Foa, U. G. (1975). *Resource theory of social exchange*. Morristown: General Learning Press.

Foppa, K. (1990). Topic progression and intention. In H. Hempstead (Hrsg.), *The dynamics of dialogue* (S. 178–200). Hertforshire: Harvester Wheatsheaf.

Forgas, J. P. (1995). Mood and judgment: The affect infusion model (AIM). *Psychological Bulletin, 117*, 39–66.

Forsyth, D. R. (2009). *Group dynamics*. Belmont: Wadsworth.

Freedman, J. L. & Fraser, S. C. (1966). Compliance without pressure: The foot-in-the-door technique. *Journal of Personality and Social Psychology, 4*, 195–202.

French, J. R. P. & Raven, B. H. (1959). The bases of social power. In D. Cartwright (Hrsg.), *Studies in social power* (S. 150–167). Ann Arbor: Institute for Social Research.

Freud, S. (1948). *Jenseits des Lustprinzips*. Frankfurt: Fischer.

Frey, D., Brodbeck, F. C. & Schulz-Hardt, S. (1999). Ideenfindung und Innovation. In C. Graf Hoyos & D. Frey (Hrsg.), *Arbeits-und Organisationspsychologie: Ein Lehrbuch* (S. 122–133). Weinheim: BeltzPVU.

Gao, G. & Gudykunst, W. B. (1990). Uncertainty, anxiety, and adaptation. *International Journal of Intercultural Relations, 14,* 301–317.

Gawronski, B. (2004). Theory-based bias correction in dispositional inference: The fundamental attribution error is dead, long live the correspondence bias. *European Review of Social Psychology, 15,* 183–217.

Gawronski, B. & Bodenhausen, G. V. (2007). What do we know about implicit attitude measures and what do we have to learn? In B. Wittenbrink & N. Schwarz (Hrsg.), *Implicit measures of attitudes* (S. 265–286). New York: The Guilford Press.

Gerlach, E., Trautwein, U. & Lüdtke, O. (2007). Referenzgruppeneffekte im Sportunterricht. *Zeitschrift für Sozialpsychologie, 38,* 73–83.

Gerstner, C. R. & Day, D. V. (1997). Meta-Analytic review of leader-member exchange theory: Correlates and construct issues. *Journal of Applied Psychology, 82,* 827–844.

Gibbons, F. X., Blanton, H., Gerrard, M., Buunk, B. P. & Eggleston, T. (2000). Does social comparison make a difference? Optimism as a moderator of the relation between comparison level and academic performance. *Personality and Social Psychology Bulletin, 26,* 637–648.

Gigone, D. & Hastie, R. (1993). The common knowledge effect: Information sharing and group judgment. *Journal of Personality and Social Psychology, 65,* 959–959.

Giles, H. & Ogay, T. (2006). Communication accommodation theory. In B. B. Whaley & W. Samter (Hrsg.), *Explaining communication: Contemporary theories and exemplars* (S. 293–310). Mahwah: Lawrence Erlbaum.

Gioia, D. A. & Sims Jr., H. P. (1985). Self-serving bias and actor-observer differences in organizations: An empirical analysis1. *Journal of Applied Social Psychology, 15,* 547–563.

Goldstein, N. J. & Cialdini, R. B. (2007). The spyglass self: A model of vicarious self-perception. *Journal of Personality and Social Psychology, 92,* 402–417.

Gollwitzer, M. (2004). Do normative transgressions affect punitive judgments? An empirical test of the psychoanalytic scapegoat hypothesis. *Personality and Social Psychology Bulletin, 30,* 1650–1660.

Gollwitzer, P. M. (1990). Action phases and mind-sets. In R. M. Sorrentino & E. T. Higgins (Hrsg.), *Handbook of motivation and cognition: Foundations of social behavior, Vol. 2* (S. 53–92). New York: The Guilford Press.

Gollwitzer, P. M. (1999). Implementation intentions: Strong effects of simple plans. *American Psychologist, 54,* 493–503.

Gollwitzer, P. M. & Sheeran, P. (2006). Implementation intentions and goal achievement: A meta-analysis of effects and processes. *Advances in Experimental Social Psychology, 38,* 69–119.

Gouldner, A. W. (1960). The norm of reciprocity: A preliminary statement. *American Sociological Review, 25,* 161–178.

Graen, G. B. & Uhl-Bien, M. (1995). Development of leader-member exchange (LMX) theory of leadership over 25 years: Applying a multi-level multi-domain perspective. *Leadership Quarterly, 6*, 219–247.

Graf, A. & Mertesacker, M. (2010). Interkulturelle Kompetenz als globaler Erfolgsfaktor. *Zeitschrift für Management, 5*, 3–27.

Greenberg, J. & Pyszczynski, T. (1985). The effect of an overheard ethnic slur on evaluations of the target: How to spread a social disease. *Journal of Experimental Social Psychology, 21*, 61–72.

Greenwald, A. G., McGhee, D. E. & Schwartz, J. L. K. (1998). Measuring individual differences in implicit cognition: The implicit association test. *Journal of Personality and Social Psychology, 74*, 1464–1480.

Greer, L. L., Jehn, K. A. & Mannix, E. A. (2008). Conflict transformation. *Small Group Research, 39*, 278–302.

Grice, H. P. (1975). Logic and conversation. In H. P. Grice, P. Cole & J. L. Morgan (Hrsg.), *Syntax and semantics: Vol. 3. Speech acts* (Bd. 3, S. 41–58). New York: Academic Press.

Gärling, T. (1999). Value priorities, social value orientations and cooperation in social dilemmas. *British Journal of Social Psychology, 38*, 397–408.

Gruber-Baldini, A. L., Schaie, K. W. & Willis, S. L. (1995). Similarity in married couples: A longitudinal study of mental abilities and rigidity-flexibility. *Journal of Personality and Social psychology, 69*, 191–203.

Gudykunst, W. B. (1993). Toward a theory of effective interpersonal and inter- group communication: An anxiety/uncertainty management perspective. In L. Wiseman & J. Koester (Hrsg.), *Intercultural communication competence* (S. 33–71). Newbury Park: Sage.

Gudykunst, W. B. (1998). Applying anxiety uncertainty management (AUM) Theory to intercultural adjustment training. *International Journal of Intercultural Relations, 22*, 227–250.

Gudykunst, W. B., Matsumoto, Y., Ting-Toomey, S., Nishida, T., Kim, K. & Heyman, S. (1996). The influence of cultural individualism-collectivism, self construals, and individual values on communication styles across cultures. *Human Communication Research, 22*, 510–543.

Gudykunst, W. B. & Shapiro, R. (1996). Communication in everyday interpersonal and intergroup encounters. *International Journal of Intercultural Relations, 20*, 19–45.

Guégen, N. (2002). Foot-in-the-door technique and computer-mediated communication. *Computers in Human Behavior, 18*, 11–15.

Guinote, A. (2001). The perception of intragroup variability in a minority and a non-minority context: When adaptation leads to outgroup differentiation. *British Journal of Social Psychology, 40*, 117–132.

Gump, B. B. & Kulik, J. A. (1997). Stress, affiliation, and emotional contagion. *Journal of Personality and Social Psychology, 72*, 305–319.

Hains, S. C., Hogg, M. A. & Duck, J. M. (1997). Self-categorization and leadership: Effects of group prototypicality and leader stereotypicality. *Personality and Social Psychology Bulletin, 23*, 1087–1099.

Hall, E. T. (1977). *Beyond culture*. New York: Anchor Press.

Hamilton, D. L. & Gifford, R. K. (1976). Illusory correlation in interpersonal perception: A cognitive basis of stereotypic judgments. *Journal of Experimental Social Psychology, 12*, 392–407.

Hart, P. (1998). Preventing groupthink revisited: evaluating and reforming groups in government. *Organizational Behavior and Human Decision Processes, 73*, 306–326.

Haslam, S. A. (2004). *Psychology in organizations: The social identity approach*. London: Sage.

Hazadiah, M. D. (1993). Topic as a dynamic element in spoken discourse. In M. Baker, G. Francis & E. Tognini-Bonelli (Hrsg.), *Text and technology: in honour of John Sinclair* (S. 55–74). Amsterdam: John Benjamin.

Hazan, C. & Shaver, P. R. (1994). Attachment as an organizational framework for research on close relationships. *Psychological Inquiry, 5*, 1–22.

Heckhausen, H. & Gollwitzer, P. M. (1987). Thought contents and cognitive functioning in motivational versus volitional states of mind. *Motivation and Emotion, 11*, 101–120.

Heider, F. (1944). Social perception and phenomenal causality. *Psychological Review, 51*, 358–374.

Heider, F. (1958). *The psychology of interpersonal relations*. New York: Wiley.

Heilman, M. E. & Haynes, M. C. (2005). No credit where credit is due: attributional rationalization of women's success in male-female teams. *Journal of Applied Psychology, 90*, 905–916.

Hepworth, J. T. & West, S. G. (1988). Lynchings and the economy: A time-series reanalysis of Hovland and Sears (1940). *Journal of personality and social psychology, 55*, 239–247.

Hertel, G., Kerr, N. L. & Messé, L. A. (2000). Motivation gains in performance groups: Paradigmatic and theoretical developments on the Köhler effect. *Journal of Personality and Social Psychology, 79*, 580–601.

Heyse, V. & Erpenbeck, J. (2007). *Kompetenzmanagement*. Münster: Waxmann Verlag.

Hiemisch, A., Schwabe, L. & Schelske, S. (2007). Intentionsbildung und Handlungsabbruch. *Zeitschrift für Sozialpsychologie, 38*, 251–260.

Higgins, E. T. (1997). Beyond pleasure and pain. *American Psychologist, 52*, 1280–1300.

Higgins, E. T. (2000). Making a good decision: Value from fit. *American Psychologist, 55*, 1217–1230.

Hinz, A., Brähler, E., Schmidt, P. & Albani, C. (2005). Investigating the circumplex structure of the Portrait Values Questionnaire (PVQ). *Journal of Individual Differences, 26*, 185–193.

Hofstede, G. (1979). Value systems in forty countries: Interpretation, validation, and consequences for theory. *Cross-cultural contributions to psychology*, 389–407.

Hofstede, G. & Hofstede, G. J. (2005). *Cultures and organizations: Software of the mind*. London: McGraw-Hill.

Hofstede, G. J., Pedersen, P. & Hofstede, G. (2002). *Exploring culture: Exercises, stories, and synthetic cultures*. Boston: Intercultural Press.

Hofstätter, P. R. (1957). *Gruppendynamik*. Hamburg: Rowohlt-Taschenbuch-Verlag.

Hogg, M. A. (1992). *The social psychology of group cohesiveness: From attraction to social identity*. New York: University Press.

Hogg, M. A. (2005). Social identity and leadership. In D. M. Messick & R. M. Kramer (Hrsg.), *The psychology of leadership: new perspectives and research* (S. 53–80). Lawrence Erlbaum.

Hogg, M. A. & Martin, R. (2003). Social identity analysis of leader-member relations: Reconciling self-categorization and leader-member exchange theories of leadership. In S. A. Haslam, D. D. Van Knippenberg, M. J. Platow & N. Ellemers (Hrsg.), *Social identity at work* (S. 139–154). New York: Psychology Press.

Hogg, M. A. & Vaughan, G. (2005). *Introduction to social psychology* (4. Aufl.). Harlow: Pearson.

Homans, G. C. (1968). *Elementarformen sozialen Handelns*. Köln und Opladen: Westdeutscher Verlag (Orig.: Social Behavior. Its Elementary Forms. 1961, Hartcourt, Brace Janovich).

House, R. J. (1971). A path goal theory of leader effectiveness. *Administrative Science Quarterly, 16*, 321–339.

House, R. J. (1996). Path-goal theory of leadership: Lessons, legacy, and a reformulated theory. *The Leadership Quarterly, 7*, 323–352.

House, R. J., Spangler, W. D. & Woycke, J. (1991). Personality and charisma in the US presidency: A psychological theory of leader effectiveness. *Administrative Science Quarterly, 36*, 364–396.

Hovland, C. I. & Sears, R. R. (1940). Minor studies of aggression: VI. Correlation of lynchings with economic indices. *Journal of Psychology, 9*, 301–310.

Hoyt, C. L. & Blascovich, J. (2003). Transformational and transactional leadership in virtual and physical environments. *Small Group Research, 34*, 678–715.

Huesmann, L. R. (1998). The role of social information processing and cognitive schema in the acquisition and maintenance of habitual aggressive behavior. In R. G. Geen & E. I. Donnerstein (Hrsg.), *Human aggression: Theories, research, and implications for social policy* (S. 73–109). New York: Academic Press.

Jackson, J. M. & Latané, B. (1981). All alone in front of all those people: Stage fright as a function of number and type of co-performers and audience. *Journal of Personality and Social Psychology, 40*, 73–85.

Jackson, J. M. & Williams, K. D. (1985). Social loafing on difficult tasks: Working collectively can improve performance. *Journal of Personality and Social Psychology, 49*, 937–942.

Jackson, J. W. (2002). Intergroup attitudes as a function of different dimensions of group identification and perceived intergroup conflict. *Self and Identity, 1*, 11–33.

Jacobs, J. E. & Eccles, J. S. (1992). The impact of mothers' gender-role stereotypic beliefs on mothers' and children's ability perceptions. *Journal of Personality and Social Psychology, 63*, 932–944.

Jacobs, J. E., Lanza, S., Osgood, D. W., Eccles, J. S. & Wigfield, A. (2002). Changes in children's self-competence and values: Gender and domain differences across grades one through twelve. *Child Development, 73*, 509–527.

Jacobs, R. C. & Campbell, D. T. (1961). The perpetuation of an arbitrary tradition through several generations of a laboratory microculture. *Journal of Abnormal and Social Psychology, 62*, 649–658.

Janis, I. L. (1972). *Victims of groupthink.* Boston: Houghton Mifflin.

Jehn, K. A. & Mannix, E. A. (2001). The dynamic nature of conflict: A longitudinal study of intragroup conflict and group performance. *Academy of Management Journal, 44*, 238–251.

Jermias, J. (2001). Cognitive dissonance and resistance to change: the influence of commitment confirmation and feedback on judgment usefulness of accounting systems. *Accounting, Organizations and Society, 26*, 141–160.

John, O. P. & Robins, R. W. (1994). Accuracy and bias in self-perception: Individual differences in self-enhancement and the role of narcissism. *Journal of Personality and Social Psychology, 66*, 206–219.

Johnson, D. W. & Johnson, R. T. (2009). An educational psychology success story: Social interdependence theory and cooperative learning. *Educational Researcher, 38*, 365–379.

Johnson, R. D. & Downing, L. L. (1979). Deindividuation and valence of cues: Effects on prosocial and antisocial behavior. *Journal of Personality and Social Psychology, 37*, 1532–1538.

Jonas, K. & Tanner, C. (2006). Effekte sozialer Förderung und Hemmung. In K. Schweizer (Hrsg.), *Leistung und Leistungsdiagnostik* (S. 167–186). Berlin: Springer.

Jones, E. E. & Davis, K. (1965). From acts to dispositions: The attribution process in person perception. *Advances in Experimental Social Psychology, 2*, 219–266.

Jones, E. E. & Gerard, H. B. (1967). *Foundations of social psychology.* Wiley New York.

Jones, E. E. & Harris, V. A. (1967). The attribution of attitudes. *Journal of Experimental Social Psychology, 3*, 1–24.

Jung, M. (1996). Von der politischen Sprachkritik zur Political Correctness – deutsche Besonderheiten und internationale Perspektiven. *Sprache und Literatur, 1996*, 18–37.

Kafka, G. (1937). Grundsätzliches zur Ausdruckspsychologie. *Acta Psychologica, 3*, 273–314.

Kafka, G. (1950). Über Uraffekte. *Acta Psychologica, 7*, 256–278.

Kahan, T. L. & Johnson, M. K. (1992). Self effects in memory for person information. *Social Cognition, 10*, 30–50.

Kahneman, D. & Tversky, A. (1979). Prospect theory: An analysis of decision under risk. *Econometrica: Journal of the Econometric Society, 47*, 263–291.

Kammeyer-Mueller, J. D. & Wanberg, C. R. (2003). Unwrapping the organizational entry process: Disentangling multiple antecedents and their pathways to adjustment. *Journal of Applied Psychology, 88*, 779–793.

Kanning, U. P. (2005). *Soziale Kompetenzen: Entstehung, Diagnose und Förderung*. Göttingen: Hogrefe.

Karlsson, N., Juliusson, A. & Gärling, T. (2005). A conceptualisation of task dimensions affecting escalation of commitment. *European Journal of Cognitive Psychology, 17*, 835–858.

Katz, D. & Kahn, R. L. (1966). *The social psychology of organizations*. New York: Wiley.

Keller, J. (2008). Stereotype als Bedrohung. In L. Petersen & B. Six (Hrsg.), *Stereotype, Vorurteile und soziale Diskriminierung. Theorien, Befunde und Interventionen* (S. 88–96). Weinheim: Beltz.

Kelley, H. H. (1971). Attribution in social interaction. In E. E. Jones, D. E. Kanouse, H. H. Kelley, R. E. Nisbett, S. Valins & B. Weiner (Hrsg.), *Attribution: Perceiving the causes of behavior* (S. 1–26). Morristown: General Learning Press.

Kelley, H. H. (1973). The processes of causal attribution. *American Psychologist, 28*, 107–128.

Kelley, H. H., Berscheid, E., Christensen, A., Harvey, J. H., Huston, T. L., Levinger, G. et al. (1983). *Close relationships*. New York: Freeman.

Kelley, H. H. & Thibaut, J. W. (1978). *Interpersonal relations: A theory of interdependence*. New York: John Wiley & Sons.

Kelman, H. C. & Hovland, C. I. (1953). Reinstatement of the communicator in delayed measurement of opinion change. *Journal of Abnormal and Social Psychology, 48* (3), 327–335.

Keltner, D., Gruenfeld, D. H. & Anderson, C. (2003). Power, approach, and inhibition. *Psychological Review, 110*, 265–284.

Keltner, D. & Robinson, R. J. (1996). Extremism, power, and the imagined basis of social conflict. *Current Directions in Psychological Science, 5*, 101–105.

Kerr, S. & Jermier, J. M. (1978). Substitutes for leadership: Their meaning and measurement. *Organizational behavior and human performance, 22*, 375–403.

Kessler, T. & Mummendey, A. (2001). Is there any scapegoat around? Determinants of intergroup conflicts at different categorization levels. *Journal of Personality and Social Psychology, 81*, 1090–1102.

Köhler, O. (1926). Kraftleistungen bei Einzel-und Gruppenarbeit. *Industrielle Psychotechnik, 3*, 274–282.

Kinzler, K. D., Shutts, K. & Correll, J. (2010). Priorities in social categories. *European Journal of Social Psychology, 40*, 581–592.

Kipnis, D., Schmidt, S. M. & Wilkinson. (1980). Intraorganizational influence tactics - Explorations in getting one's way. *Journal of Applied Psychology, 65*, 440–452.

Klauer, K. C. & Wegener, I. (1998). Unraveling social categorization in the „who said what?" paradigm. *Journal of Personality and Social Psychology, 75*, 1155–1178.

Klein, W. M. (1997). Objective standards are not enough: Affective, self-evaluative, and behavioral responses to social comparison information. *Journal of Personality and Social Psychology, 72*, 763–774.

Klendauer, R., Streicher, B., Jonas, E. & Frey, D. (2006). Fairness und Gerechtigkeit. In H. W. Bierhoff & D. Frey (Hrsg.), *Handbuch der Sozialpsychologie und Kommunikationspsychologie* (S. 187–195). Göttingen: Hogrefe.

Klinge, K. (2007). *Interkulturelles Training mit synthetischen Kulturen*. Dissertation Universiät Münster, http://miami.uni-muenster.de.

Klinge, K., Rohmann, A. & Piontkowski, U. (2009). Intercultural sensitization with synthetic cultures: Evaluation of a computer-based multimedia learning tool. *International Journal of Intercultural Relations, 33*, 507–515.

Kolb, D. A. (1984). *Experiential learning: Experience as the source of learning and development*. Englewood Cliffs: Prentice-Hall.

Kolb, K. J. & Aiello, J. R. (1996). The effects of electronic performance monitoring on stress: Locus of control as a moderator variable. *Computers in Human Behavior, 12*, 407–423.

Konradt, U. & Hertel, G. (2007). Telekooperation und virtuelle Teamarbeit. *München: Oldenbourg Wissenschaftsverlag*.

Kosic, M. (2005). Sam (2005) A. Kosic, L. Mannetti and DL Sam, The role of majority attitudes towards out-group in the perception of the acculturation strategies of immigrants. *International Journal of Intercultural Relations, 29*, 273–288.

Krahé, B. & Greve, W. (2002). Aggression und Gewalt: Aktueller Erkenntnisstand und Perspektiven künftiger Forschung. *Zeitschrift für Sozialpsychologie, 33*, 123–142.

Kramer, R. M. (1999). Trust and distrust in organizations: Emerging perspectives, enduring questions. *Annual Review of Psychology*, 569–570.

Kravitz, D. A. & Martin, B. (1986). Ringelmann rediscovered: The original article. *Journal of Personality and Social Psychology, 50*, 936–941.

Kruglanski, A. W. & Fishman, S. (2009). Psychological factors in terrorism and counterterrorism: Individual, group, and organizational levels of analysis. *Social Issues and Policy Review, 3*, 1–44.

Kruglanski, A. W. & Thompson, E. P. (1999). Persuasion by a single route: A view from the unimodel. *Psychological Inquiry, 10* (2), 83–109.

Kumbruck, C. & Derboven, W. (2005). *Interkulturelles Training*. Heidelberg: Springer-Verlag.

Kumkale, G. T. & Albarracín, D. (2004). The Sleeper Effect in Persuasion: A Meta-Analytic Review. *Psychological Bulletin, 130* (1), 143–172.

Kunda, Z. & Oleson, K. C. (1995). Maintaining stereotypes in the face of disconfirmation: Constructing grounds for subtyping deviants. *Journal of Personality and Social Psychology, 68*, 565–579.

Kunda, Z., Sinclair, L. & Griffin, D. (1997). Equal ratings but separate meanings: Stereotypes and the construal of traits. *Journal of Personality and Social Psychology, 72*, 720–734.

Laird, J. D. (1974). Self-attribution of emotion: The effects of expressive behavior on the quality of emotional experience. *Journal of Personality and Social Psychology, 29*, 475–486.

Lane, C. (2002). Introduction: Theories and issues in the study of trust. In C. Lane & R. Bachmann (Hrsg.), *Trust within and between organizations: Conceptual issues and empirical applications* (S. 1–30). Oxford: Oxford University Press.

Larson, J. R. (2010). *In search of synergy in small group performance*. New York: Psychology Press.

Larson, J. R., Foster-Fishman, P. G. & Keys, C. B. (1994). Discussion of shared and unshared information in decision-making groups. *Journal of Personality and Social Psychology, 67*, 446–461.

Lasswell, H. D. (1948). The structure and function of communication in society. *The communication of ideas*, 37–51.

Latané, B. (1981). The psychology of social impact. *American Psychologist, 36*, 343–356.

Latané, B. (1996). Dynamic social impact: The creation of culture by communication. *Journal of communication, 46*, 13–25.

Latané, B. & Darley, J. M. (1969). Bystander apathy. *American Scientist, 57*, 244–268.

Latané, B. & Darley, J. M. (1970). *The unresponsive bystander: Why doesn't he help?* Englewood Cliffs: Prentice Hall.

Latané, B., Williams, K. D. & Harkins, S. (1979). Many hands make light the work: The causes and consequences of social loafing. *Journal of Personality and Social psychology, 37*, 822–832.

Latané, B. & Wolf, S. (1981). The social impact of majorities and minorities. *Psychological Review, 88*, 438–453.

Le, B. & Agnew, C. R. (2003). Commitment and its theorized determinants: A meta–analysis of the Investment Model. *Personal Relationships, 10*, 37–57.

Le Bon, G. (1951). *Psychologie der Massen*. Stuttgart: Alfred Kroener Verlag.

Lea, M., Spears, R. & de Groot, D. (2001). Knowing me, knowing you: Anonymity effects on social identity processes within groups. *Personality and Social Psychology Bulletin, 27*, 526–537.

Leavitt, H. J. (1951). Some effects of certain communication patterns on group performance. *Journal of Abnormal and Social Psychology, 46*, 38–50.

Lepper, M. R., Greene, D. & Nisbett, R. E. (1973). Undermining children's intrinsic interest with extrinsic rewards: A test of the 'overjustification' hypothesis. *Journal of Personality and social Psychology, 28*, 129–137.

Lerner, M. J. & Miller, D. T. (1978). Just world research and the attribution process: Looking back and ahead. *Psychological Bulletin, 85*, 1030–1051.

Lerner, M. J. & Simons, C. H. (1966). The observer's reactions to the innocent victim: Compassion or rejection? *Journal of Personality and Social Psychology, 4*, 203–210.

Levay, C. (2010). Charismatic leadership in resistance to change. *The Leadership Quarterly, 21*, 127–143.

Leventhal, G. (1980). What should be done with equity theory? New approaches to the study of fairness in social relationships. In K. J. Gergen, M. S. Greenberg & R. H. Willis (Hrsg.), *Social exchange: Advances in theory and research* (S. 27–55). New York: Plenum Press.

Levin, I. P., Schnittjer, S. K. & Thee, S. L. (1988). Information framing effects in social and personal decisions. *Journal of Experimental Social Psychology, 24*, 520–529.

Levine, J. M. (1989). Reaction to opinion deviance in small groups. In P. B. Paulus (Hrsg.), *Psychology of group influence* (Bd. 2, S. 187–231). Hillsdale: Lawrence Erlbaum.

Levine, J. M., Moreland, R. L. & Choi, H. S. (2002). Group socialization and newcomer innovation. In M. A. Hogg & R. S. Tindale (Hrsg.), (S. 86–106). Malden: Wiley-Blackwell.

Lewin, K. (1951). *Field theory in social science: Selected theoretical papers.* New York: Harpers.

Lewin, K., Lippitt, R. & White, R. (1939). Patterns of aggressive behavior in experimentally designed social climates. *Journal of Social Psychology, 10*, 271–299.

Leyens, J. P., Paladino, M. P., Rodriguez-Torres, R., Vaes, J., Demoulin, S., Rodriguez-Perez, A. et al. (2000). The emotional side of prejudice: The attribution of secondary emotions to ingroups and outgroups. *Personality and Social Psychology Review, 4*, 186–197.

Leyens, J. P., Rodriguez-Perez, A., Rodriguez-Torres, R., Gaunt, R., Paladino, M. P., Vaes, J. et al. (2001). Psychological essentialism and the differential attribution of uniquely human emotions to ingroups and outgroups. *European Journal of Social Psychology, 31*, 395–411.

Lickel, B., Hamilton, D. L., Wieczorkowska, G., Lewis, A., Sherman, S. J. & Uhles, A. N. (2000). Varieties of groups and the perception of group entitativity. *Journal of Personality and Social Psychology, 78*, 223–246.

Lindell, M. & Rosenqvist, G. (1992). Management behavior dimensions and development orientation. *The Leadership Quarterly, 3*, 355–377.

Linder, D. E., Cooper, J. & Jones, E. E. (1967). Decision freedom as a determinant of the role of incentive magnitude in attitude change. *Journal of Personality and Social Psychology, 6*, 245–254.

Lindzey, G. (1950). An experimental examination of the scapegoat theory of prejudice. *Journal of Abnormal and Social Psychology, 45*, 296–309.

Lippmann, W. (1964). *Die öffentliche Meinung.* München: Rütten und Loening.

Lord, R. & Hall, R. (2004). Identity, leadership, categorization, and leadership schema. In D. Van Knippenberg & M. A. Hogg (Hrsg.), *Leadership and power: Identity processes in groups and organizations* (S. 48–64). London Sage Publications Ltd.

Lowe, K., Kroeck, K. G. & Sivasubramaniam, N. (1996). Effectiveness correlates of transformational and transactional leadership: A meta-analytic review of the MLQ literature. *Leadership Quarterly, 7*, 385–425.

Maass, A. & Clark, R. D. (1983). Internalization versus compliance: Differential processes underlying minority influence and conformity. *European Journal of Social Psychology, 13*, 197–215.

Maass, A., Salvi, D., Arcuri, L. & Semin, G. (1989). Language use in intergroup contexts: The linguistic intergroup bias. *Journal of Personality and Social Psychology, 57*, 981–993.

Mackie, D. M. (1987). Systematic and nonsystematic processing of majority and minority persuasive communications. *Journal of Personality and Social Psychology, 53*, 41–52.

Macrae, C. N., Hewstone, M. & Griffiths, R. J. (1993). Processing load and memory for stereotype-based information. *European Journal of Social Psychology, 23*, 77–87.

Major, B. (1994). From social inequality to personal entitlement: The role of social comparisons, legitimacy appraisals, and group membership. *Advances in experimental social psychology, 26*, 293–293.

Malhotra, D. & Bazerman, M. H. (2008). Psychological influence in negotiation: An introduction long overdue. *Journal of Management, 34*, 509–531.

Manning, R., Levine, M. & Collins, A. (2007). The Kitty Genovese murder and the social psychology of helping: The parable of the 38 witnesses. *American Psychologist, 62*, 555–562.

Manstead, A. S. R. & Semin, G. (1980). Social facilitation effects: Mere enhancement of dominant responses. *British Journal of Social and Clinical Psychology, 19*, 119–136.

Maris, R. (1970). The logical adequacy of Homans' social theory. *American Sociological Review, 35*, 1069–1081.

Maruna, S. & Mann, R. E. (2006). A fundamental attribution error? Rethinking cognitive distortions. *Legal and Criminological Psychology, 11*, 155–177.

Maslow, A. H. (1943). A theory of human motivation. *Psychological Review, 50*, 370–396.

Masters, J. C. & Keil, L. J. (1987). Generic comparison processes in human judgment and behavior. In C. Masters & W. P. Smith (Hrsg.), *Social comparison, social justice, and relative deprivation: Theoretical, empirical, and policy perspectives* (S. 11–54). Hillsdale: Erlbaum.

McClelland, D. C. (1975). *Power: The inner experience.* New York: Irvington.

McConahay, J. B., Hardee, B. B. & Batts, V. (1981). Has racism declined in America?: It depends on who is asking and what is asked. *Journal of Conflict Resolution, 25*, 563–579.

McGrath, J. E. (1984). *Groups: Interaction and performance.* Englewood Cliffs: Prentice-Hall, Englewood Cliffs.

McGrath, J. E. (1991). Time, interaction, and performance (TIP): A theory of groups. *Small Group Research, 22*, 147–174.

McGuire, W. J. (1964). Inducing resistance to persuasion: Some contemporary approaches. *Advances in Experimental Social Psychology, 1*, 191–229.

McGuire, W. J. (1969). The nature of attitudes and attitude change. In G. Lindzey & E. Aronson (Hrsg.), *Handbook of social psychology: The individual in a social context* (Bd. 3, S. 136–314). Reading: Addison-Wesley.

Meiser, T. (2008). Illusorische Korrelationen. In L. Petersen & B. Six (Hrsg.), *Stereotype, Vorurteile und soziale Diskriminierung. Theorien, Befunde und Interventionen.* (S. 53–61). Weinheim: Beltz.

Menon, T., Morris, M. W., Chiu, C. & Hong, Y. (1999). Culture and the construal of agency: Attribution to individual versus group dispositions. *Journal of Personality and Social Psychology, 76*, 701–717.

Merrill, M. D. (2002). First principles of instruction. *Educational Technology Research and Development, 50*, 43–59.

Messick, D. M. (2005). On the psychological exchange between leaders and followers. In D. M. Messick & R. M. Kramer (Hrsg.), *The psychology of leadership: New perspectives and research* (S. 81–96). Hillsdale: Lawrence Erlbaum.

Messick, D. M. & McClintock, C. G. (1968). Motivational bases of choice in experimental games. *Journal of Experimental Social Psychology, 4*, 1–25.

Michinov, E. & Monteil, J. M. (2002). The similarity-attraction relationship revisited: Divergence between the affective and behavioral facets of attraction. *European Journal of Social Psychology, 32*, 485–500.

Mikula, G. (1984). Justice and fairness in interpersonal relations: Thoughts and suggestions. In H. Tajfel (Hrsg.), *The social dimension: European developments in social psychology* (S. 204–227). Cambridge: Cambridge University Press.

Mikulincer, M., Shaver, P. R., Bar-On, N. & Ein-Dor, T. (2010). The pushes and pulls of close relationships: Attachment insecurities and relational ambivalence. *Journal of Personality and Social Psychology, 98*, 450–468.

Milgram, S. (1963). Behavioral study of obedience. *Journal of Abnormal and Social Psychology, 67*, 371–378.

Milgram, S. (1965). Some conditions of obedience and disobedience to authority. *Human Relations, 18*, 57–76.

Miller, D. T. & Ross, M. (1975). Self-serving biases in the attribution of causality: Fact or fiction. *Psychological Bulletin, 82*, 213–225.

Miller, N. E., Sears, R. R., Mowrer, O. H., Doob, L. W. & Dollard, J. (1941). The frustration-aggression hypothesis. *Psychological Review, 48*, 337–342.

Miller, R. S., Perlman, D. & Brehm, S. S. (2007). *Intimate relationships*. Boston: McGraw-Hill.

Miller, V. D. & Jablin, F. M. (1991). Information seeking during organizational entry: Influences, tactics, and a model of the process. *Academy of Management Review, 16*, 92–120.

Miron, A. M. & Brehm, J. W. (2006). Reactance Theory – 40 Years Later. *Zeitschrift für Sozialpsychologie, 37*, 9–18.

Mixon, D. (1972). Instead of deception. *Journal for the Theory of Social Behaviour, 2*, 145–177.

Müller, G. F. & Hassebrauck, M. (1993). Gerechtigkeitstheorien.; Q In D. Frey & M. Irle (Hrsg.), *Theorien der Sozialpsychologie: Bd. 1. Kognitive Theorien* (2. Aufl., S. 217–240). Bern: Huber.

Möller, J. & Köller, O. (2004). *Emotion, Kognition und Schulleistung*. Weinheim: Pädagogische Verlags Union.

Moorhead, G., Ference, R. & Neck, C. P. (1991). Group decision fiascoes continue: Space shuttle Challenger and a revised groupthink framework. *Human Relations, 44*, 539–550.

Moreno, J. L. (1934). *Who shall survive*. Beacon: Beacon House (1953).

Moreno, K. N. & Bodenhausen, G. V. (1999). Resisting stereotype change: The role of motivation and attentional capacity in defending social beliefs. *Group Processes and Intergroup Relations, 2*, 5–16.

Moscovici, S. (1980). Toward a theory of conversion behavior. *Advances in Experimental Social Psychology, 13*, 209–239.

Moscovici, S., Lage, E. & Naffrechoux, M. (1969). Influence of a consistent minority on the responses of a majority in a color perception task. *Sociometry, 32*, 365–380.

Moscovici, S. & Personnaz, B. (1980). Studies in social influence: Minority influence and conversion behavior in a perceptual task. *Journal of Experimental Social Psychology, 16*, 270–282.

Mulder, L. B., Van Dijk, E., De Cremer, D. & Wilke, H. A. M. (2006). Undermining trust and cooperation: The paradox of sanctioning systems in social dilemmas. *Journal of Experimental Social Psychology, 42*, 147–162.

Mullen, B. & Copper, C. (1994). The relation between group cohesiveness and performance: An integration. *Psychological bulletin, 115*, 210–227.

Mummendey, A., Linneweber, V. & Löschper, G. (1984). Actor or victim of aggression: Divergent perspectives-divergent evaluations. *European Journal of Social Psychology, 14*, 297–311.

Mummendey, A. & Otten, S. (1989). Perspective-specific differences in the segmentation and evaluation of aggressive interaction sequences. *European Journal of Social Psychology, 19*, 23–40.

Mummendey, A. & Otten, S. (1998). Positive–negative asymmetry in social discrimination. *European Review of Social Psychology, 9*, 107–143.

Mussweiler, T. (2003). Comparison processes in social judgment: Mechanisms and consequences. *Psychological Review, 110*, 472–489.

Mussweiler, T. (2006). Soziale Vergleiche. In H. Bierhoff & D. Frey (Hrsg.), *Handbuch der Sozialpsychologie* (S. 103–112). Göttingen: Hogrefe.

Myers, D. G. & Bishop, G. D. (1970). Discussion effects on racial attitudes. *Science, 169*, 778–779.

Nadler, A. (1991). Help-seeking behavior: Psychological costs and instrumental benefits. *Review of Personality and Social Psychology, 12*, 290–311.

Nadler, A. (2002). Inter–group helping relations as power relations: Maintaining or challenging social dominance between groups through helping. *Journal of Social Issues, 58*, 487–502.

Nadler, A. & Fisher, J. D. (1986). The role of threat to self-esteem and perceived control in recipient reaction to help: Theory development and empirical validation. *Advances in Experimental Social Psychology, 19*, 81–122.

Neimeyer, R. A. & Mitchell, K. A. (1988). Similarity and attraction: A longitudinal study. *Journal of Social and Personal Relationships, 5*, 131–148.

Nemeth, C. J. (1986). Differential contributions of majority and minority influence. *Psychological Review, 93*, 23–32.

Ng, S. H. & Bradac, J. J. (1993). *Power in language: Verbal communication and social influence.* Sage Publications.

Nonaka, I., Toyama, R. & Konno, N. (2000). SECI, Ba and leadership: a unified model of dynamic knowledge creation. *Long Range Planning, 33*, 5–34.

Nutt, P. C. (2005). Search during decision making. *European Journal of Operational Research, 160*, 851–876.

Oakes, P. J. (1987). The salience of social categories. In J. C. Turner, M. A. Hogg, P. J. Oakes, S. D. Reicher & M. S. Wetherell (Hrsg.), *Rediscovering the social group* (S. 117–141). Oxford: Blackwell.

Oakes, P. J., Turner, J. C. & Haslam, S. A. (1991). Perceiving people as group members: The role of fit in the salience of social categorizations. *British Journal of Social Psychology, 30*, 125–144.

Olivera, F. & Straus, S. G. (2004). Group-to-individual transfer of learning: Cognitive and social factors. *Small Group Research, 35*, 440–465.

Osborn, A. F. (1953). *Applied imagination.* New York: Scribner's.

Osterloh, M. & Frey, B. S. (2000). Motivation, knowledge transfer, and organizational forms. *Organization Science, 11*, 538–550.

O'Sullivan, M. (2003). The fundamental attribution error in detecting deception: The boy-who-cried-wolf effect. *Personality and Social Psychology Bulletin, 29*, 1316–1327.

Otten, S. & Mummendey, A. (2002). Sozialpsychologische Theorien aggressiven Verhaltens. In D. Frey & M. Irle (Hrsg.), *Theorien der Sozialpsychologie.* (Bd. 2, S. 198–216). Bern: Huber.

Packer, D. J. (2008). Identifying systematic disobedience in milgram's obedience experiments: A meta-analytic review. *Perspectives on Psychological Science, 3*, 301–304.

Park, W. W. (1990). A review of research on groupthink. *Journal of Behavioral Decision Making, 3*, 229–245.

Parkinson, B. (1996). Emotions are social. *British Journal of Psychology, 87*, 663–684.

Parkinson, B., Fischer, A. H. & Manstead, A. S. R. (2005). *Emotion in social relations: Cultural, group, and interpersonal processes.* New York: Psychology Press.

Paul, R. J. & Ebadi, Y. M. (1989). Leadership decision making in a service organization: A field test of the Vroom–Yetton model. *Journal of Occupational Psychology, 62*, 201–211.

Paulus, P. B. (1983). Group influence on individual task performance. In P. B. Paulus (Hrsg.), *Basic group processes* (S. 97–120). New York: Springer Verlag.

Paulus, P. B. & Brown, V. R. (2003). Enhancing ideational creativity in groups. In P. B. Paulus & B. A. Nijstad (Hrsg.), *Group creativity: Innovation through collaboration* (S. 110–136). Oxford: University Press.

Pedersen, P. (2004). *Working crossculturally – preparing for differences: A synthetic culture training program finding common ground*. Syracuse: Syracuse University.

Pedersen, P. & Ivey, A. E. (1993). *Culture-centered counseling and interviewing skills: A practical guide*. Praeger Publishers.

Pekerti, A. A. & Thomas, D. C. (2003). Communication in intercultural interaction: An empirical investigation of idiocentric and sociocentric communication styles. *Journal of Cross-Cultural psychology, 34*, 139–154.

Peltokorpi, V. (2008). Transactive memory systems. *Review of General Psychology, 12*, 378–394.

Penner, L. A., Dovidio, J. F., Schroeder, D. A. & Piliavin, J. A. (2005). Altruism and prosocial behavior. *Annual Review of Psychology, 56*, 365–392.

Perlman, D. & Peplau, L. A. (1984). Loneliness research: A survey of empirical findings. In L. A. Peplau & S. E. Goldston (Hrsg.), *Preventing the harmful consequences of severe and persistent loneliness* (S. 13–46). Rockville: National Institute of Mental.

Peters, L. H., Hartke, D. D. & Pohlmann, J. T. (1985). Fiedler's contingency theory of leadership: An application of the meta-analysis procedures of Schmidt and Hunter. *Psychological Bulletin, 97*, 274–285.

Pettigrew, T. F. (1991). Normative theory in intergroup relations: Explaining both harmony and conflict. *Psychology & Developing Societies, 3*, 3–16.

Pettigrew, T. F. (1998). Intergroup contact theory. *Annual Review of Psychology, 49*, 65–85.

Pettigrew, T. F., Christ, O., Wagner, U. & Stellmacher, J. (2007). Direct and indirect intergroup contact effects on prejudice: A normative interpretation. *International Journal of Intercultural Relations, 31*, 411–425.

Pettigrew, T. F. & Meertens, R. W. (1995). Subtle and blatant prejudice in Western Europe. *European Journal of Social Psychology, 25*, 57–75.

Pettigrew, T. F. & Tropp, L. R. (2006). A meta-analytic test of intergroup contact theory. *Journal of Personality and Social Psychology, 90*, 751–783.

Petty, R. E. & Cacioppo, J. T. (1977). Forewarning, cognitive responding, and resistance to persuasion. *Journal of Personality and Social Psychology, 35*, 645–655.

Petty, R. E. & Cacioppo, J. T. (1979). Effects of forewarning of persuasive intent and involvement on cognitive responses and persuasion. *Personality and Social Psychology Bulletin, 5*, 173–176.

Petty, R. E. & Cacioppo, J. T. (1984). The effects of involvement on responses to argument quantity and quality: Central and peripheral routes to persuasion. *Journal of Personality and Social Psychology, 46*, 69–81.

Petty, R. E. & Cacioppo, J. T. (1986). The elaboration likelihood model of persuasion. *Advances in Experimental Social Psychology, 19*, 123–205.

Petty, R. E., Wells, G. L. & Brock, T. C. (1976). Distraction can enhance or reduce yielding to propaganda: Thought disruption versus effort justification. *Journal of Personality and Social Psychology, 34*, 874–884.

Ping, R. A. (2003). Antecedents of satisfaction in a marketing channel. *Journal of Retailing, 79*, 237–248.

Piontkowski, J. O. & Hoffjan, A. (2009). Less is sometimes more: The role of information quantity and specific assets in the propensity to engage in cost data exchange processes. *Journal of Purchasing and Supply Management, 15*, 71–78.

Piontkowski, U., Böing-Messing, E., Hartmann, J., Keil, W. & Laus, F. (2003). Transaktives Gedächtnis, Informationsintegration und Entscheidungsfindung im Medienvergleich. *Zeitschrift für Medienpsychologie, 15*, 60–68.

Piontkowski, U., Florack, A., Hoelker, P. & Obdrzálek, P. (2000). Predicting acculturation attitudes of dominant and non-dominant groups. *International Journal of Intercultural Relations, 24*, 1–26.

Piontkowski, U., Keil, W. & Hartmann, J. (2007). Modeling collaborative and individual work sequences to improve information integration in hidden profile tasks. *Zeitschrift für Psychologie/Journal of Psychology, 215*, 218–227.

Piontkowski, U., Rohmann, A. & Florack, A. (2002). Concordance of acculturation attitudes and perceived threat. *Group Processes & Intergroup Relations, 5*, 221–232.

Podsakoff, P. M. & MacKenzie, S. B. (1997). Kerr and Jermier's substitutes for leadership model: Background, empirical assessment, and suggestions for future research. *The Leadership Quarterly, 8*, 117–125.

Poole, M. S., Hollingshead, A. B., McGrath, J. E., Moreland, R. L. & Rohrbaugh, J. (2004). Interdisciplinary perspectives on small groups. In M. S. Poole & A. B. Hollingshead (Hrsg.), *Theories of small groups: Interdisciplinary perspectives* (S. 1–20). Thousand Oaks: Sage.

Post, S. G. (2005). Altruism, happiness, and health: It's good to be good. *International Journal of Behavioral Medicine, 12*, 66–77.

Postmes, T., Spears, R. & Cihangir, S. (2001). Quality of decision making and group norms. *Journal of Personality and Social Psychology, 80*, 918–930.

Pronin, E., Lin, D. Y. & Ross, L. (2002). The bias blind spot: Perceptions of bias in self versus others. *Personality and Social Psychology Bulletin, 28*, 369–381.

Putnam, R. D. (2001). *Gesellschaft und Gemeinsinn: Sozialkapital im internationalen Vergleich*. Gütersloh: Bertelsmann Stiftung.

Quattrone, G. A. & Jones, E. E. (1980). The perception of variability within in-groups and out-groups: Implications for the law of small numbers. *Journal of Personality and Social Psychology, 38*, 141–152.

Rabbie, J. M. & Horwitz, M. (1969). Arousal of ingroup-outgroup bias by a chance win or loss. *Journal of Personality and Social Psychology, 13*, 269–277.

Rachlin, H. (2002). Altruism and selfishness. *Behavioral and Brain Sciences, 25*, 239–250.

Rao, A. & Hashimoto, K. (1996). Intercultural Influence: A Study of Japanese Expatriate Managers in Canada. *Journal of International Business Studies, 27*, 443–466.

Raven, B. H. (1992). A power/interaction model of interpersonal influence: French and Raven thirty years later. *Journal of Social Behavior & Personality, 7*, 217–244.

Raven, B. H. (1999). Kurt Lewin address: Influence, power, religion, and the mechanisms of social control. *Journal of Social Issues, 55*, 161–186.

Raven, B. H., Steiner, I. D. & Fishbein, M. (1965). *Current studies in social psychology.* Holt, Rinehart & Winston New York.

Reicher, S. D., Spears, R. & Postmes, T. (1995). A social identity model of deindividuation phenomena. *European Review of Social Psychology, 6*, 161–198.

Reid, S. A. & Ng, S. H. (1999). Language, power, and intergroup relations. *Journal of Social Issues, 55*, 119–139.

Rheinberg, F. (1979). Bezugsnormen und die Wahrnehmung eigener Tüchtigkeit. In S. H. Filipp (Hrsg.), *Selbstkonzept-Forschung. Probleme, Befunde, Perspektiven.* (S. 237–252). Stuttgart: Klett-Cotta.

Rind, B. & Kipnis, D. (1999). Changes in self-perceptions as a result of successfully persuading others. *Journal of Social Issues, 55*, 141–156.

Rohmann, A., Florack, A. & Piontkowski, U. (2006). The role of discordant acculturation attitudes in perceived threat: An analysis of host and immigrant attitudes in Germany. *International Journal of Intercultural Relations, 30*, 683–702.

Rohmann, A., Piontkowski, U. & van Randenborgh, A. (2008). When attitudes do not fit: Discordance of acculturation attitudes as an antecedent of intergroup threat. *Personality and Social Psychology Bulletin, 34*, 337–352.

Rokeach, M. (1960). *The open and closed mind: Investigations into the nature of belief systems and personality systems.* Basic Books New York.

Rosenbloom, T., Shahar, A., Perlman, A., Estreich, D. & Kirzner, E. (2007). Success on a practical driver's license test with and without the presence of another testee. *Accident Analysis & Prevention, 39*, 1296–1301.

Ross, L. (1977). The intuitive psychologist and his shortcomings: Distortions in the attribution process. *Advances in Experimental Social Psychology, 10*, 173–220.

Ross, L., Amabile, T. M. & Steinmetz, J. L. (1977). Social roles, social control, and biases in social-perception processes. *Journal of Personality and Social Psychology, 35*, 485–494.

Ross, L., Greene, D. & House, P. (1977). The false consensus effect: An egocentric bias in social perception and attribution processes. *Journal of Experimental Social Psychology, 13*, 279–301.

Rotter, J. B. (1966). Generalized expectancies of internal versus external control of reinforcements. *Psychological Monographs, 80 (Whole No. 609).*

Rotter, J. B. (1971). Generalized expectations for interpersonal trust. *American Psychologist, 26*, 443–52.

Runciman, W. G. (1966). *Relative deprivation and social justice: A study of attitudes to social inequality in 20th Century England.* Berkeley: University of California Press.

Rusbult, C. E. (1980). Commitment and satisfaction in romantic associations: A test of the investment model. *Journal of Experimental Social Psychology, 16*, 172–186.

Rusbult, C. E. & Farrell, D. (1983). A longitudinal test of the investment model: The impact on job satisfaction, job commitment, and turnover of variations in rewards, costs, alternatives, and investments. *Journal of Applied Psychology, 68*, 429–438.

Rusbult, C. E. & Van Lange, P. A. M. (2003). Interdependence, interaction, and relationships. *Annual Review of Psychology, 54*, 351–375.

Rusbult, C. E., Verette, J., Whitney, G. A., Slovik, L. F. & Lipkus, I. (1991). Accommodation processes in close relationships: Theory and preliminary empirical evidence. *Journal of Personality and Social Psychology, 60*, 53–78.

Rusbult, C. E., Zembrodt, I. M. & Gunn, L. K. (1982). Exit, voice, loyalty, and neglect: Responses to dissatisfaction in romantic involvements. *Journal of Personality and Social Psychology, 43*, 1230–1242.

Rushton, J. P. (1989). Genetic similarity, human altruism, and group selection. *Behavioral and Brain Sciences, 12*, 503–518.

Rutledge, R. W. (1994). Escalation of commitment in groups and the moderating effects of information framing. *Management Research News, 17*, 12–24.

Ryan, A. M. & Pintrich, P. R. (1997). Should I ask for help? *The role of motivation and attitudes in adolescents' help seeking in math class. Journal of Educational Psychology, 89*, 329–341.

Ryan, A. M., Pintrich, P. R. & Midgley, C. (2001). Avoiding seeking help in the classroom: Who and why? *Educational Psychology Review, 13*, 93–114.

Sako, M. (2002). Does trust improve business performance? In C. Lane & R. Bachmann (Hrsg.), *Trust within and between organizations: Conceptual issues and empirical applications* (S. 88–117). Oxford: Oxford University Press.

Sanders, G. S. (1981). Driven by distraction: An integrative review of social facilitation theory and research. *Journal of Experimental Social Psychology, 17*, 227–251.

Sanders, G. S. & Baron, R. S. (1975). The motivating effects of distraction on task performance. *Journal of Personality and Social Psychology, 32*, 956–963.

Sanders, G. S., Baron, R. S. & Moore, D. (1978). Distraction and social comparison as mediators of social facilitation effects. *Journal of Experimental Social Psychology, 14*, 291–303.

Sanna, L. J. (1992). Self-efficacy theory: Implications for social facilitation and social loafing. *Journal of Personality and Social Psychology, 62*, 774–786.

Schachter, S. (1959). *Psychology of affiliation, experimental studies of the sources of gregariousness.* Stanford: University Press.

Schachter, S. & Singer, J. (1962). Cognitive, social, and physiological determinants of emotional state. *Psychological Review, 69*, 379–399.

Schank, R. C. & Abelson, R. P. (1977). *Scripts, plans, goals and understanding: An inquiry into human knowledge structures.* Hillsdale: Lawrence Erlbaum Associates Hillsdale.

Schemer, C. (2007). Wem Medienschönheiten schaden: Die differenzielle Anfälligkeit für negative Wirkungen attraktiver Werbemodels auf das Körperbild junger Frauen. *Zeitschrift für Medienpsychologie, 19*, 58–67.

Scherer, K. R. & Giles, H. (1979). *Social markers in speech*. Cambridge: University Press.

Schermerhorn, J. R., Hunt, J. G. & Osborn, R. N. (2002). *Organizational behavior*. New York: Wiley.

Schmid, S. & Thomas, A. (2003). *Beruflich in Großbritannien: Trainingsprogramm für Manager, Fach- und Führungskräfte*. Göttingen: Vandenhoeck & Ruprecht.

Schmitz, G. S. & Schwarzer, R. (2000). Selbstwirksamkeitserwartung von Lehrern: Längsschnittbefunde mit einem neuen Instrument. *Zeitschrift für Pädagogische Psychologie, 14*, 12–25.

Scholl, W. (2007). Grundkonzepte der Organisation. In H. Schuler (Hrsg.), *Lehrbuch Organisationspsychologie* (S. 513–556). Bern: Huber.

Schultheiss, O. C. & Brunstein, J. C. (2002). Inhibited power motivation and persuasive communication: A lens model analysis. *Journal of Personality, 70*, 553–582.

Schulz-Hardt, S. & Brodbeck, F. C. (2007). Gruppenleistung und führung. In K. Jonas, W. Stroebe & M. Hewstone (Hrsg.), *Sozialpsychologie* (S. 443–486). Heidelberg: Springer.

Schulz-Hardt, S. & Frey, D. (2000). Produktiver Dissens in Gruppen: Meinungsdivergenz als Strategie zur Überwindung parteiischer Informationssuche bei Gruppenentscheidungen. *Zeitschrift für Psychologie, 208*, 385–405.

Schwartz, S. H. (1994). Are there universal aspects in the structure and contents of human values? *Journal of Social Issues, 50*, 19–45.

Schwartz, S. H. & Bardi, A. (2001). Value hierarchies across cultures: Taking a similarities perspective. *Journal of Cross-Cultural Psychology, 32*, 268–290.

Schwartz, S. H. & Bilsky, W. (1987). Toward a universal psychological structure of human values. *Journal of Personality and Social Psychology, 53*, 550–562.

Schwartz, S. H. & Sagiv, L. (1995). Identifying culture-specifics in the content and structure of values. *Journal of Cross-Cultural psychology, 26*, 92–116.

Schwarz, N. & Clore, G. L. (1988). How do I feel about it? Informative functions of affective states. In K. Fiedler & J. Forgas (Hrsg.), *Affect, cognition, and social behavior.* (S. 44–62). Toronto: Hogrefe International.

Schwarzer, R. & Jerusalem, M. (2002). Das Konzept der Selbstwirksamkeit. *Zeitschrift für Pädagogik, 44*, 28–53.

Sedikides, C., Campbell, W. K., Reeder, G. D. & Elliot, A. J. (1998). The self-serving bias in relational context. *Journal of Personality and Social Psychology, 74*, 378–386.

Seligman, M. E. P. (1975). *Helplessness: On depression, development, and death*. San Francisco: WH Freeman.

Seligman, M. E. P. (1991). *Learned optimism*. New York: Alfred A. Knopf.

Semin, G. (1990). Two studies on polarization. *European Journal of Social Psychology, 5*, 121–131.

Semin, G. & Fiedler, K. (1988). The cognitive functions of linguistic categories in describing persons: Social cognition and language. *Journal of Personality and Social Psychology, 54*, 558–568.

Semin, G. & Fiedler, K. (1991). The linguistic category model, its bases, applications and range. *European Review of Social psychology, 2*, 1–30.

Shannon, C. E. & Weaver, W. (1949). *The mathematical theory of information* (Bd. 97). Urbana: University of Illinois Press.

Sherif, M. (1935). A study of some social factors in perception. *Archives of Psychology, 187*, 1–60.

Sherif, M., Harvey, O. J., White, B. J., Hood, W. R. & Sherif, C. W. (1961). *Intergroup conflict and cooperation: The Robbers Cave experiment.* Norman: University of Oklahoma Book Exchange.

Sidanius, J. & Pratto, F. (2001). *Social dominance: An intergroup theory of social hierarchy and oppression.* Cambridge: Cambridge University Press.

Simon, B. (1992). The perception of ingroup and outgroup homogeneity: Reintroducing the intergroup context. *European Review of Social Psychology, 3*, 1–30.

Simon, B. & Pettigrew, T. F. (1990). Social identity and perceived group homogeneity: Evidence for the ingroup homogeneity effect. *European Journal of Social Psychology, 20*, 269–286.

Skinner, B. F. (1974). *Die Funktion der Verstärkung in der Verhaltenswissenschaft.* München: Kindler.

Smith, E. R., Seger, C. R. & Mackie, D. M. (2007). Can emotions be truly group level? Evidence regarding four conceptual criteria. *Journal of Personality and Social Psychology, 93*, 431–446.

Smith, K. D., Keating, J. P. & Stotland, E. (1989). Altruism reconsidered: The effect of denying feedback on a victim's status to empathic witnesses. *Journal of Personality and Social Psychology, 57*, 641–650.

Snyder, C. R. & Ingram, R. E. (1983). Company motivates the miserable: the impact of consensus information on help seeking for psychological problems. *Journal of Personality and Social Psychology, 45*, 1118–1126.

Sokolowski, K. & Heckhausen, J. (2006). Soziale Bindung: Anschlussmotivation und Intimitätsmotivation. In J. Heckhausen & H. Heckhausen (Hrsg.), *Motivation und Handeln* (S. 193–210). Berlin: Springer.

Stanton, A. L., Danoff-Burg, S., Cameron, C. L., Snider, P. R. & Kirk, S. B. (1999). Social comparison and adjustment to breast cancer: An experimental examination of upward affiliation and downward evaluation. *Health Psychology, 18*, 151–158.

Stasser, G. & Titus, W. (1985). Pooling of unshared information in group decision making: Biased information sampling during discussion. *Journal of Personality and Social Psychology, 48*, 1467–1478.

Stasser, G. & Titus, W. (1987). Effects of information load and percentage of shared information on the dissemination of unshared information during group discussion. *Journal of Personality and Social Psychology, 53*, 81–93.

Stasser, G., Vaughan, S. I. & Stewart, D. D. (2000). Pooling unshared information: The benefits of knowing how access to information is distributed among group members. *Organizational Behavior and Human Decision Processes, 82*, 102–116.

Staub, E. (1989). *The roots of evil. The Origins of Genocide and Other Group Violence.* New York: Cambridge University Press.

Staw, B. M. (1976). Knee-deep in the big muddy: a study of escalating commitment to a chosen course of action. *Organizational Behavior and Human Performance, 16*, 27–44.

Staw, B. M. & Ross, J. (1978). Commitment to a policy decision: A multi-theoretical perspective. *Administrative Science Quarterly, 23*, 40–64.

Steele, C. M. (1997). A threat in the air: How stereotypes shape intellectual identity and performance. *American Psychologist, 52*, 613–629.

Steele, C. M. (1999). Thin ice: 'Stereotype threat' and black college students. *Athlantic Monthley, 284*, 44–54.

Steele, C. M. & Aronson, J. (1995). Stereotype threat and the intellectual test performance of African Americans. *Journal of Personality and Social Psychology, 69*, 797–811.

Steiner, I. D. (1972). *Group process and productivity.* New York: Academic Press.

Steiner, I. D. (1976). Task-performing groups. In J. W. Thibaut, J. T. Spence, R. C. Carson & J. W. Brehm (Hrsg.), *Contemporary topics in social psychology* (S. 393–422). Morristown: General Learning Press.

Stenmark, D. (2000). Leveraging tacit organizational knowledge. *Journal of Management Information Systems, 17*, 9–24.

Stephan, W. G. (1977). Stereotyping: The role of ingroup-outgroup differences in causal attribution for behavior. *Journal of Social Psychology, 101*, 255–266.

Stephan, W. G., Renfro, L. C., Esses, V. M., Stephan, C. W. & Martin, T. (2005). The effects of feeling threatened on attitudes toward immigrants. *International Journal of Intercultural Relations, 29*, 1–19.

Stephan, W. G. & Stephan, C. W. (1985). Intergroup anxiety. *Journal of Social Issues, 41*, 157–175.

Stephan, W. G. & Stephan, C. W. (2000). An integrated threat theory of prejudice. In S. Oskamp (Hrsg.), *Reducing prejudice and discrimination* (S. 23–45). Hillsdale, NJ: Erlbaum.

Sternberg, R. J. (2003). A duplex theory of hate: Development and application to terrorism, massacres, and genocide. *Review of General Psychology, 7*, 299–328.

Stetter, F. (2000). Psychotherapie von Suchterkrankungen. *Psychotherapeut, 45*, 141–152.

Stoner, J. A. F. (1961). *A comparison of individual and group decisions involving risk.* Boston: Massachusetts Institute of Technology, http://dspace.mit.edu/.

Storms, M. D. (1973). Videotape and the attribution process: Reversing actors' and observers' points of view. *Journal of Personality and Social psychology, 27*, 165-175.

Storms, M. D. & Nisbett, R. E. (1970). Insomnia and the attribution process. *Journal of Personality and Social Psychology, 16*, 319-328.

Strack, F., Martin, L. L. & Stepper, S. (1988). Inhibiting and facilitating conditions of facial expressions: A nonobtrusive test of the facial feedback hypothesis. *Journal of Personality and Social Psychology, 54*, 768-777.

Stroebe, W., Diehl, M. & Abakoumkin, G. (1992). The illusion of group effectivity. *Personality and Social Psychology Bulletin, 18*, 643-650.

Stroebe, W., Diehl, M. & Abakoumkin, G. (1996). Social compensation and the Köhler effect: Toward a theoretical explanation of motivation gains in group productivity. In E. H. Witte & J. H. Davis (Hrsg.), *Understanding group behavior: Small group processes and interpersonal relations* (S. 37-65). Mahwah: Lawrence Erlbaum.

Stroebe, W. & Nijstad, B. (2004). Warum Brainstorming in Gruppen Kreativität vermindert: Eine kognitive Theorie der Leistungsverluste beim Brainstorming. *Psychologische Rundschau, 55*, 2-10.

Sue, D. W. (2001). Multidimensional facets of cultural competence. *The Counseling Psychologist, 29*, 790-821.

Susskind, J., Maurer, K., Thakkar, V., Hamilton, D. L. & Sherman, J. W. (1999). Perceiving individuals and groups: Expectancies, dispositional inferences, and causal attributions. *Journal of Personality and Social Psychology, 76*, 181-191.

Swim, J. K. & Sanna, L. J. (1996). He's skilled, she's lucky: A meta-analysis of observers' attributions for women's and men's successes and failures. *Personality and Social Psychology Bulletin, 22*, 507-519.

Tajfel, H. (1974). Social identity and intergroup behaviour. *Social Science Information, 13*, 65-93.

Tajfel, H. (1978). *Differentiation between social groups: Studies in the social psychology of intergroup relations*. London: Academic Press.

Tajfel, H. (1982). Social psychology of intergroup relations. *Annual Review of Psychology, 33*, 1-39.

Tajfel, H., Billig, C., Bundy, R. P. & Flament, C. (1971). Social categorization and intergroup behavior. *European Journal of Social Psychology, 1*, 149-177.

Tajfel, H. & Turner, J. C. (1979). An integrative theory of intergroup conflict. In W. G. Austin & S. Worchel (Hrsg.), *The social psychology of intergroup relations* (S. 33-47). Monterey: Brooks-Cole.

Tajfel, H. & Turner, J. C. (1986). The social identity theory of intergroup behavior. In S. Worchel & W. G. Austin (Hrsg.), *The social psychology of intergroup relations* (S. 7-24). Chicago: Nelson-Hall.

Tajfel, H. & Wilkes, A. L. (1963). Classification and quantitative judgement. *British Journal of Psychology, 54*, 101-114.

Taylor, S. E., Fiske, S. T., Etcoff, N. L. & Ruderman, A. J. (1978). Categorical and contextual bases of person memory and stereotyping. *Journal of Personality and Social Psychology, 36,* 778–793.

Tedeschi, J. T. (2001). Social power, influence, and aggression. In K. D. Forgas J. P. & Williams (Hrsg.), *Social influence: Direct and indirect processes.* (S. 109–128). Philadelphia: Psychology Press.

Tedeschi, J. T. & Felson, R. B. (1994). *Aggression, violence and coercive actions.* Washington DC: American Psychological Association.

Thibaut, J. W. & Kelley, H. H. (1959). *The social psychology of groups.* New York: Transaction Publishers.

Thibaut, J. W. & Walker, L. (1975). *Procedural justice: A psychological analysis.* Hillsdale, NJ: Lawrence Erlbaum Associates.

Tiedens, L. Z. (2001). Anger and advancement versus sadness and subjugation: The effect of negative emotion expressions on social status conferral. *Journal of Personality and Social Psychology, 80,* 86–94.

Triandis, H. C. (1995). Culture specific assimilators. In S. M. Fowler & M. G. Mumford (Hrsg.), *Intercultural sourcebook: Cross-cultural training methods* (Bd. 1, S. 179–186). Boston: Intercultural Press.

Tries, J. & Reinhardt, R. (2006). *Konflikt- und Verhandlungsmanagement: Konflikte konstruktiv nutzen.* Berlin: Springer.

Triplett, N. (1898). The dynamogenic factors in pacemaking and competition. *The American Journal of Psychology, 9,* 507–533.

Trobst, K. K. (2000). An interpersonal conceptualization and quantification of social support transactions. *Personality and Social Psychology Bulletin, 26,* 971–986.

Tschan, F. (1995). Communication enhances small group performance if it conforms to task requirements: The concept of ideal communication cycles. *Basic and Applied Social Psychology, 17,* 371–393.

Tschan, F. (2000). *Produktivität in Kleingruppen.* Bern: Huber.

Tschan, F., Semmer, N. K., Nagele, C. & Gurtner, A. (2000). Task adaptive behavior and performance in groups. *Group Processes & Intergroup Relations, 3,* 367–386.

Tse, D. K., Francis, J. & Walls, J. (1994). Cultural differences in conducting intra-and intercultural negotiations: A sino-canadian comparison. *Journal of International Business Studies, 25,* 537–555.

Tuckman, B. W. (1965). Developmental sequence in small groups. *Psychological Bulletin, 63,* 384–399.

Tuckman, B. W. & Jensen, M. A. (1977). Stages of group development revisited. *Group and Organization Studies, 2,* 417–427.

Turner, J. C. (1975). Social comparison and social identity: Some prospects for intergroup behaviour. *European Journal of Social Psychology, 5,* 1–34.

Turner, J. C. (1985). Social categorization and the self-concept: a social cognitive theory of group. *Advances in Group Processes, 2*, 77–121.

Turner, J. C. (2005). Explaining the nature of power: A three-process theory. *European Journal of Social Psychology, 35*, 1–22.

Turner, J. C., Hogg, M. A., Oakes, P. J., Reicher, S. D. & Wetherell, M. S. (1987). *Rediscovering the social group: A self-categorization theory*. Oxford: Basil Blackwell.

Turner, J. C., Oakes, P. J., Haslam, S. A. & McGarty, C. (1994). Self and collective: Cognition and social context. *Personality and Social Psychology Bulletin, 20*, 454–454.

Tversky, A. & Kahneman, D. (1973). Availability: A heuristic for judging frequency and probability. *Cognitive Psychology, 5*, 207–232.

Tversky, A. & Kahneman, D. (1974). Judgment under uncertainty: Heuristics and biases. *Science, 185*, 1124–1131.

Tyler, T. R. (1997). The psychology of legitimacy: A relational perspective on voluntary deference to authorities. *Personality and Social Psychology Review, 1*, 323–345.

Tyler, T. R. & Blader, S. L. (2003). The group engagement model: Procedural justice, social identity, and cooperative behavior. *Personality and Social Psychology Review, 7*, 349–361.

Tyler, T. R. & Smith, H. J. (1998). Social justice and social movements. In D. T. Gilbert, S. T. Fiske & G. Lindzey (Hrsg.), *The handbook of social psychology* (4. Aufl., Bd. 2, S. 595–628). New York: McGraw-Hill.

Van Dick, R., Wagner, U., Pettigrew, T. F., Christ, O., Wolf, C., Petzel, T. et al. (2004). Role of perceived importance in intergroup contact. *Journal of Personality and Social Psychology, 87*, 211–227.

Van Kleef, G. A., De Dreu, C. K. W. & Manstead, A. S. R. (2010). An interpersonal approach to emotion in social decision making:: The emotions as social information model. *Advances in Experimental Social Psychology*, 45–96.

Van Knippenberg, D. & Hogg, M. A. (2003). A social identity model of leadership effectiveness in organizations. *Research in Organizational Behavior, 25*, 243–296.

Van Lange, P. A. M. (2008). Does empathy trigger only altruistic motivation? How about selflessness or justice?. *Emotion, 8*, 766–774.

Van Oudenhoven, J. P., Prins, K. S. & Buunk, B. P. (1998). Attitudes of minority and majority members towards adaptation of immigrants. *European Journal of Social Psychology, 28*, 995–1013.

Van Vugt, M. (2006). Evolutionary origins of leadership and followership. *Personality and Social Psychology Review, 10*, 354–371.

Van Vugt, M., Jepson, S. F., Hart, C. M. & De Cremer, D. (2004). Autocratic leadership in social dilemmas: A threat to group stability. *Journal of Experimental Social Psychology, 40*, 1–13.

Vandenberg, S. G. (1972). Assortative mating, or who marries whom? *Behavior Genetics, 2*, 127–157.

Vanneman, R. D. & Pettigrew, T. F. (1972). Race and relative deprivation in the urban United States. *Race & Class, 13*, 461–486.

Venkatesh, V., Morris, M., Davis, G. & Davis, F. D. (2003). User acceptance of information technology: Toward a unified view. *MIS Quarterly, 27*, 425–478.

Vogt, S. & Weesie, J. (2004). Social support among heterogeneous partners. *Analyse & Kritik, 26*, 398–422.

Vroom, V. H. (2000). Leadership and the decision-making process. *Organizational Dynamics, 28*, 82–94.

Vroom, V. H. & Jago, A. G. (1978). On the validity of the Vroom-Yetton model. *Journal of Applied Psychology, 63*, 151–162.

Vroom, V. H. & Jago, A. G. (1995). Situation effects and levels of analysis in the study of leader participation. *The Leadership Quarterly, 6*, 169–181.

Vroom, V. H. & Yetton, P. W. (1973). *Leadership and decision-making*. Pittsburgh: University of Pittsburgh Press.

Wagner, J. A. & Gooding, R. Z. (1997). Equivocal information and attribution: an investigation of patterns of managerial sensemaking. *Strategic Management Journal, 18*, 275–286.

Wagner, R. K. & Sternberg, R. J. (1985). Practical intelligence in real-world pursuits: The role of tacit knowledge. *Journal of Personality and Social Psychology, 49*, 436–458.

Wagner, U., Christ, O., Pettigrew, T. F., Stellmacher, J. & Wolf, C. (2006). Prejudice and minority proportion: Contact instead of threat effects. *Social Psychology Quarterly, 69*, 380–390.

Wagner, U., Van Dick, R., Pettigrew, T. F. & Christ, O. (2003). Ethnic prejudice in East and West Germany: The explanatory power of intergroup contact. *Group Processes & Intergroup Relations, 6*, 22–36.

Walker, I. & Crogan, M. (1998). Academic performance, prejudice, and the jigsaw classroom: New pieces to the puzzle. *Journal of Community & Applied Social Psychology, 8*, 381–393.

Walker, L., Lind, E. A. & Thibaut, J. W. (1979). The relation between procedural and distributive justice. *Virginia Law Review,, 65*, 1401–1420.

Walster, E. H., Berscheid, E. & Walster, G. W. (1973). New directions in equity research. *Journal of Personality and Social Psychology, 25*, 151–176.

Walster, E. H., Hatfield, E., Walster, G. W. & Berscheid, E. (1978). *Equity: Theory and research*. Allyn & Bacon.

Wang, C. L. & Ahmed, P. K. (2002). *A review of the concept of organisational learning*. University of Wolverhampton: Working Paper Series 2002.

Ward, C. & Kennedy, A. (1994). Acculturation strategies, psychological adjustment, and sociocultural competence during cross-cultural transitions. *International Journal of Intercultural Relations, 18*, 329–343.

Ward, C. & Kennedy, A. (1999). The measurement of sociocultural adaptation. *International Journal of Intercultural Relations, 23*, 659–677.

Ward, C. & Masgoret, A. M. (2006). An integrative model of attitudes toward immigrants. *International Journal of Intercultural Relations, 30*, 671–682.

Weber, J. M. & Murnighan, J. K. (2008). Suckers or saviors? Consistent contributors in social dilemmas. *Journal of Personality and Social Psychology, 95*, 1340–1353.

Weber, R. & Crocker, J. (1983). Cognitive processes in the revision of stereotypic beliefs. *Journal of Personality and Social Psychology, 45*, 961–977.

Wegge, J. & von Rosenstiel, L. (2007). Führung. In H. Schuler (Hrsg.), *Lehrbuch organisationspsychologie* (S. 475–512). Bern: Huber.

Wegner, D. M. (1987). Transactive memory: A contemporary analysis of the group mind. In B. Mullen & G. R. Goethals (Hrsg.), *Theories of group behavior* (S. 185–208). New York: Springer.

Wegner, D. M. (1995). A computer network model of human transactive memory. *Social Cognition, 13*, 319–339.

Wegner, D. M., Erber, R. & Raymond, P. (1991). Transactive memory in close relationships. *Journal of Personality and Social Psychology, 61*, 923–929.

Wegner, D. M., Giuliano, T. & Hertel, P. T. (1985). Cognitive interdependence in close relationships. In W. Ickes (Hrsg.), *Compatible and incompatible relationships* (S. 253-276). New York: Springer.

Weick, K. E. & Gilfillan, D. P. (1971). Fate of arbitrary traditions in a laboratory microculture. *Journal of personality and Social Psychology, 17*, 179–191.

Weick, K. E. & Quinn, R. E. (1999). Organizational change and development. *Annual Review of Psychology, 50*, 361–386.

Weiner, B. (1980). May I borrow your class notes? An attributional analysis of judgments of help giving in an achievement-related context. *Journal of Educational Psychology, 72*, 676–681.

Weinstein, N. & Ryan, R. M. (2010). When helping helps: Autonomous motivation for prosocial behavior and its influence on well-being for the helper and recipient. *Journal of Personality and Social Psychology, 98*, 222–244.

Werth, L., Mayer, J. & Mussweiler, T. (2006). Der Einfluss des regulatorischen Fokus auf integrative Verhandlungen. *Zeitschrift für Sozialpsychologie, 37*, 19–25.

West, M. A. & Anderson, N. R. (1996). Innovation in top management teams. *Journal of Applied Psychology, 81*, 680–693.

Wicklund, R. A. (1975). Objective self-awareness. *Advances in Experimental Social Psychology, 8*, 233–275.

Wicklund, R. A. & Duval, S. (1971). Opinion change and performance facilitation as a result of objective self-awareness. *Journal of Experimental Social Psychology, 7*, 319–342.

Wicklund, R. A. & Frey, D. (1993). Die Theorie der Selbstaufmerksamkeit. In D. Frey & M. Irle (Hrsg.), *Theorien der Sozialpsychologie* (Bd. 1, S. 192–216). Bern: Huber.

Wiedmann, K. P. & Langner, S. (2004). Beeinflussung im Internet: Theoretische und empirische Analyse. In K. P. Wiedmann, H. Buxel, T. Frenzel & G. Walsh (Hrsg.), *Konsumentenverhalten im Internet* (S. 195–226). Wiesbaden: Gabler.

Wigboldus, D. H. J., Semin, G. & Spears, R. (2000). How do we communicate stereotypes? Linguistic bases and inferential consequences. *Journal of Personality and Social Psychology, 78*, 5–18.

Wilke, H. A. M. & Meertens, R. W. (1994). *Group performance.* London: Routledge.

Williams, K. D. & Karau, S. J. (1991). Social loafing and social compensation: The effects of expectations of co-worker performance. *Journal of Personality and Social Psychology, 61*, 570–581.

Williamson, O. E. (1993). Calculativeness, trust, and economic organization. *The Journal of Law and Economics, 36*, 453–486.

Wills, T. A. (1981). Downward comparison principles in social psychology. *Psychological Bulletin, 90*, 245–271.

Winquist, J. R. & Larson, J. R. (1998). Information pooling: When it impacts group decision making. *Journal of Personality and Social Psychology, 74*, 371–377.

Winter, D. G. (1991). A motivational model of leadership: Predicting long-term management success from TAT measures of power motivation and responsibility. *The Leadership Quarterly, 2*, 67–80.

Wirthgen, A. (1999). Political Correctness. Die „korrigierte" Sprache und ihre Folgen. Linguistik-Server Essen: www.linse.uni-due.de/linse/esel/pdf/pol_correct.pdf.

Witte, E. H. (1989). Köhler rediscovered: The anti-Ringelmann effect. *European Journal of Social Psychology, 19*, 147–154.

Wood, J. V., Taylor, S. E. & Lichtman, R. R. (1985). Social comparison in adjustment to breast cancer. *Journal of Personality and Social Psychology, 49*, 1169–1183.

Wood, W., Lundgren, S., Ouellette, J. A., Busceme, S. & Blackstone, T. (1994). Minority influence: A meta-analytic review of social influence processes. *Psychological Bulletin, 115*, 323–345.

Word, C. O., Zanna, M. P. & Cooper, J. (1974). The nonverbal mediation of self-fulfilling prophecies in interracial interaction. *Journal of Experimental Social Psychology, 10*, 109–120.

Worringham, C. J. & Messick, D. M. (1983). Social facilitation of running: An unobtrusive study. *Journal of Social Psychology, 121*, 23–29.

Wrosch, C., Scheier, M. F., Carver, C. S. & Schulz, R. (2003). The importance of goal disengagement in adaptive self-regulation: When giving up is beneficial. *Self and Identity, 2*, 1–20.

Ybema, J. F., Kuijer, R. G., Hagedoorn, M. & Buunk, B. P. (2002). Caregiver burnout among intimate partners of patients with a severe illness: An equity perspective. *Personal Relationships, 9*, 73–88.

Yukl, G. (1999). An evaluation of conceptual weaknesses in transformational and charismatic leadership theories. *The Leadership Quarterly, 10*, 285–305.

Yukl, G. (2009). Leading organizational learning: Reflections on theory and research. *The Leadership Quarterly, 20*, 49–53.

Yukl, G. & Falbe, C. M. (1990). Influence tactics and objectives in upward, downward, and lateral influence attempts. *Journal of Applied Psychology, 75*, 132–140.

Yzerbyt, V. Y., Coull, A. & Rocher, S. J. (1999). Fencing off the deviant: The role of cognitive resources in the maintenance of stereotypes. *Journal of Personality and Social Psychology, 77*, 449–462.

Zaccaro, S. J. (2007). Trait-based perspectives of leadership. *American Psychologist, 62*, 6–16.

Zaccaro, S. J., Kemp, C. & Bader, P. (2004). Leader traits and attributes. In J. Antonakis, A. T. Cianciolo & R. J. Sternberg (Hrsg.), *The nature of leadership* (S. 101–124). Thousand Oaks: Sage.

Zaccaro, S. J. & McCoy, M. C. (1988). The effects of task and interpersonal cohesiveness on performance of a disjunctive group task. *Journal of Applied Social Psychology, 18*, 837–851.

Zagefka, H. & Brown, R. (2002). The relationship between acculturation strategies, relative fit and intergroup relations: immigrant-majority relations in Germany. *European Journal of Social Psychology, 32*, 171–188.

Zajonc, R. B. (1965). Social facilitation. *Science, 149*, 269–274.

Zajonc, R. B. (1968). Attitudinal effects of mere exposure. *Journal of Personality and Social Psychology Monograph Supplement, 9* (270–280).

Zajonc, R. B., Heingartner, A. & Herman, E. M. (1969). Social enhancement and impairment of performance in the cockroach. *Journal of Personality and Social Psychology, 13*, 83–92.

Zajonc, R. B. & Sales, S. M. (1966). Social facilitation of dominant and subordinate responses. *Journal of Experimental Social Psychology, 2*, 160–168.

Zayer, E. (2007). *Verspätete Projektabbrüche in F&E: Eine verhaltensorientierte Analyse.* Wiesbaden: Deutscher Universitätsverlag.

Zimbardo, P. (1969). The human choice: Individuation, reason, and order versus deindividuation, impulse, and chaos. In *Nebraska symposium on motivation* (Bd. 17, S. 237–307).

Zimbardo, P. (2004). A situationist perspective on the psychology of evil. In A. G. Miller (Hrsg.), *The social psychology of good and evil* (S. 21–50). New York: Guilford Press.

Zimbardo, P. & Formica, R. (1963). Emotional comparison and self-esteem as determinants of affiliation. *Journal of Personality, 31*, 141–162.

Zuckerman, M. (2006). Attribution of success and failure revisited, or: The motivational bias is alive and well in attribution theory. *Journal of Personality, 47*, 245–287.

Zuckerman, M., Iazzaro, M. M. & Waldgeir, D. (1979). Undermining effects of the foot-in-the-door technique with extrinsic rewards. *Journal of Applied Social Psychology, 9*, 292–296.

Index

Abschwächungsprinzip, 26
Ähnlichkeit, 3, 10, 73, 80, 87–89, 100, 168, 197, 202, 205, 220, 243
Affect-Infusion-Modell, 96
Affektausbreitung, 98
aggressive Hinweisreize, 70
Akkulturationseinstellungen, 207–211
Akzentuierungseffekt, 165
Akzessibilität, 170
Allgemeines Aggressionsmodell, 72
Ankerheuristik, 127, 269
Anonymität, 73–77
Anschlussmotiv, 59, 78
Anxiety-Uncertainty-Management-Theorie, 211, 212, 220
Argumentqualität, 46, 126, 130, 283
Assimilation, 10, 108, 208–210, 286
Assimilierungseffekt, 165
asymmetrische Kontingenz, 2, 3
Aufgaben-Circumplex-Modell, 161, 162
Aufgabenorientierung, 231–234, 278, 280, 283
Aufwertungsprinzip, 26
Austauschbeziehungen, 4, 33–35, 252
Austauschtheorie, 3, 5, 7, 33, 90, 93, 239, 253
autokratischer Führungsstil, 231, 232
autoritäre Persönlichkeit, 67

Bedrohung, 50, 51, 54, 55, 73, 94, 143, 174, 211, 213–215, 279
Bedürfnisprinzip, 36
Beitragsprinzip, 36
Belohnungsmacht, 56, 57
Bewertungsangst, 137–139, 150, 190
Bezugsmacht, 56, 57
Bindungsstil, 39, 40
Bindungstheorie, 39, 82
Bookkeeping, 187

Brainstorming, 144, 145, 149–152, 163, 261, 277
Bystander, 85

charismatischer Führer, 230, 241–242, 255, 261, 279, 287
Collective-Information-Sampling, 154, 155, 157
Commitment, 18, 34, 38, 40, 68, 102, 108, 114, 130, 167, 234, 235, 240, 245, 252, 253, 255, 262, 271, 284, 285
Commitment-Eskalation, 270–274
Commons-Dilemma-Problem, 247, 248
Communal-Beziehungen, 34, 35, 89, 90
Compliance, 117, 122
Confirmation-Bias, 269, 270
Conversion, 122, 126, 187

Deindividuation, 73–77
Dekategorisierung, 201, 202
demokratischer Führungsstil, 231
Depersonalisation, 74, 77, 92, 168
diachrone Konsistenz, 124
Dissens, 164
Dissonanzreduktion, 11, 34, 271
Distinktheit, 25, 125, 187, 202, 243
Distinktheits-Informationen, 23, 25
distributive Gerechtigkeit, 36, 239, 256
Dogmatismus, 67
dominante Antworttendenz, 137
Dominanz, 55, 61, 64, 206, 229
Door-in-the-Face, 18
Drei-Prozess-Theorie der Macht, 54

Einflusstaktiken, 58–59
Einsamkeit, 83, 84
Einstellungsänderung, 11–13, 16, 45, 46, 49, 50, 126, 130, 188, 200
Elaboration-Likelihood-Modell, 46
Emotionale Ansteckung, 98

Emotionen, 14, 32, 58, 62, 79, 86, 95, 97, 193, 200, 213, 255, 277
Empathic-Joy-Hypothese, 86, 87, 91, 98
Empathie, 86–89, 197, 200, 204, 221, 222
Empathie-Altruismus-Hypothese, 87
Enkulturation, 204
Entitativität, 99, 100
Entscheidungsschema, 127, 128
Entwicklungsorientierung, 233
Equity-Theorie, 18, 33, 34
Ergebniserwartung, 140, 141
Ergebniserwartungen, 60
Ergebnismatrix, 5, 9, 36
Exklusion, 209, 210
Expertenmacht, 56, 57, 68

F-Skala, 67
Floor-Control, 42
Foot-in-the-Door, 16–18, 68, 271
Free-Riding, 144, 247
Frustrations-Aggressions-Hypothese, 69
fundamentaler Attributionsfehler, 26–27, 30, 186, 243
Führereigenschaften, 230, 231

Gefangenendilemma, 5, 6
gelernte Hilflosigkeit, 31, 32
Genauigkeits-Motivation, 49
Gerechtigkeit, 4, 34, 55, 206, 253
Gerechtigkeitsnorm, 56
Glaube an eine gerechte Welt, 33
Gleichheitsprinzip, 36
Goodwill-Vertrauen, 253–255
Group-Engagement-Modell, 256
Gruppenbewusstheit, 107
Gruppenbewusstsein, 73, 104, 106–107, 110, 163
Gruppendenken, 132–135, 265, 275
Gruppenentscheidungen, 127, 128, 154, 157, 158, 273
Gruppenentwicklung, 106–109
Gruppenklima, 111, 139
Gruppenkohäsion, 101, 110–113, 132, 164, 168, 231, 275
Gruppenlernen, 263–264
Gruppenpolarisation, 129–132, 274
Gruppenverhalten, 103, 104, 109

Gruppenüberzeugungen, 107

Handelnder-Beobachter-Diskrepanz, 28–29
Handlungsanalyse, 21
Hidden-Profile, 130, 155–160, 163, 262, 273
Hilfeanforderung, 79, 93, 94
Hilfeverhalten, 32, 86, 88, 93
Homogenitätseffekt, 172–174

illusorische Korrelation, 185
impliziter Assoziationstest, 181–183, 213
implizites Wissen, 231, 258, 259
Impression-Management-Theorie, 141
Inclusion-of-Other-in-the-Self, 81, 257
individualistische Kulturen, 101, 102, 205, 218, 223
Informationsmacht, 56, 57
Infrahumanisierung, 193
Ingroup, 106, 123, 124, 131, 168, 172, 174, 193, 194, 201, 202, 223, 224, 242, 243, 245
Ingroup-Bias, 103, 104, 106, 109, 178, 200
Inklusion des anderen in das Selbst, 256
Innovationsführungsstil, 280
Inokulationstheorie, 52
Integrated-Threat-Theorie, 198–199, 212–213, 215
Integration, 108, 112, 208–210
interaktionale Gerechtigkeit, 37
Interaktionsniveau, 2, 99
Interaktionsprozessanalyse, 115, 116, 232
Interaktionsstrukturen, 115–116
Interdependenz, 3, 7, 55, 80, 81, 163, 194, 204, 246, 252
Interdependenztheorie, 4, 6, 37, 251, 253
Intergruppenangst, 199, 212–214
interkulturelle Kommunikation, 218–220
interkulturelle Kompetenz, 220–222
interkulturelles Training, 222–226
Investitionsmodell, 37, 38, 252

Jigsaw-Klasse, 202–204

kalkulatorisches Vertrauen, 252
Kategorisierungsprozesse, 64, 166, 168

Kausalattribution, 20, 23
kognitiv-neoassoziationistischer Ansatz, 69
kognitive Dissonanz, 11–13, 18, 33, 107, 200, 211, 270, 271, 284
kollektive Emotionen, 215
kollektivistische Kulturen, 101, 102, 205, 218, 223
Kommunikationsbarrieren, 219–220
Kommunikationsstil, 218, 219
Kommunikationsstruktur, 231, 272
Kommunikationsstrukturen, 114–115
Kompetenz-Vertrauen, 253, 254
Konfigurationsprinzip, 23, 125
Konfusionsparadigma, 171–172
Konkordanzmodell, 210, 211, 214
Konsensus-Informationen, 23, 125
Konsistenz, 18, 19
Konsistenz-Informationen, 23, 25, 125
Kontakthypothese, 199–201
Kontaktkontrolle, 55
Kontingenzmodell der Führung, 233, 234
Kontrollüberzeugung, 31, 60, 68, 229
Koordinationsgewinne, 152, 153
Koordinationsverluste, 146, 147, 149, 152, 261
korrespondierende Schlussfolgerungen, 22
Kovariationsprinzip, 23, 125
kulturelles Bewusstsein, 223

Laissez-faire-Führungsstil, 231, 232, 240
Leader-Member-Exchange-Theorie, 238, 239
legitimierte Macht, 56, 57
Leistungsmotiv, 59, 78, 94, 229, 230
Lernen am Modell, 60, 70
linguistischer Erwartungs-Bias, 182, 184
linguistischer Intergruppen-Bias, 182, 184
linguistisches Kategorienmodell, 43, 64, 182, 184
Low-Ball-Technik, 18

Machtmotiv, 59, 61, 229, 230
Marginalisation, 208–210
Massenpsychologie, 73
minimale Gruppe, 103–106, 178, 197
Minorität, 62, 121, 123–125, 174, 189, 279
Mitarbeiterorientierung, 232–234, 244

Mixed-Motive-Situation, 146, 245–247
moderner Rassismus, 191–192
moralisches Disengagement, 73, 75, 217
Motivation zur Eindrucksbildung, 49
Motivationsgewinne, 153
Motivationsverluste, 146, 147, 261

Need-for-Cognition, 48
Negative-State-Relief-Hypothese, 86, 87, 91, 98
normative Konformität, 191
normative Passung, 170
Normen, 1, 52

organisationales Lernen, 286–287
Outgroup, 106, 123, 124, 131, 166, 172, 193, 194, 201, 202, 243

partizipative Entscheidung, 234–237
periphere Route, 46, 48, 283, 284
personale Identität, 166–168
Perspektivenwechsel, 28, 30, 107
persuasive Kommunikation, 17, 44, 81, 184
pluralistische Ignoranz, 85
positiv-negativ Asymmetrie, 197, 198
Prevention-Fokus, 254, 275, 276
Priming, 70, 169, 180
Prinzipienmodell der Führung, 279, 280
Produktionsblockade, 150, 151, 261
Produktionsblockaden, 152
Promotion-Fokus, 275, 276
prototypischer Führer, 243
prozedurale Gerechtigkeit, 36, 57, 256, 257
Prozessgewinne, 144, 152, 164, 261
Prozessverluste, 144, 146, 147, 149, 152, 164, 261–264
Pseudointeraktion, 2
Pseudokontingenz, 2, 3
Public-Goods-Problem, 247–249, 251

Reaktanz, 50–52, 255, 284
reaktive Kontingenz, 2, 3
realistische Bedrohung, 192, 198
realistischer Konflikt, 194–195, 198
reflexive Kontrolle, 6, 7

regulatorischer Fokus, 275–276
Rekategorisierung, 198, 201, 202
relative Deprivation, 195–196
Repräsentativitätsheuristik, 127, 269
Reziprozitätsnorm, 18, 35, 56, 83, 91,
    238, 245–248, 253
risikobasiertes Vertrauen, 254
Risikoschub, 129, 274
Rubikon-Modell, 266–268

Schema, 2, 19, 25, 39, 71, 176, 220, 243
Schicksalskontrolle, 6, 7, 54, 90
Segregation, 208–210
Selbstaufmerksamkeit, 75, 76, 107, 140, 190
Selbstaufwertung, 10
Selbstbewusstheit, 75, 76, 107
Selbsterhöhung, 20
Selbsteröffnung, 82, 83
Selbstkategorisierung, 54, 77, 123, 124, 131,
    166–171, 242, 251
Selbstkonzept, 10, 19, 29, 80, 94, 118, 166,
    191, 199, 206
Selbstpräsentation, 55, 141
Selbstverkleinerung, 20
Selbstwahrnehmung, 13–14, 16, 18, 19, 177,
    200, 251
Selbstwert, 9, 10, 29, 32, 57, 80, 90–92,
    94, 167, 182, 190, 196, 202, 204,
    244, 245
selbstwertdienliche Attributionen, 29–30, 182,
    184
Selbstwirksamkeitserwartung, 60, 61, 140,
    141
Separation, 208–210, 214
Simulationsheuristik, 127
Skript, 71
Sleeper-Effekt, 124
Social-Fascilitation-and-Inhibition-Effekt, 136,
    141
sozial motivierte Beziehungen, 34
soziale Erleichterung, 136, 137, 139, 142,
    161
soziale Hemmung, 136, 137, 142, 144, 161
soziale Identität, 54, 57, 77, 106, 131, 166–
    168, 242–244, 256
soziale Kategorisierung, 63, 165, 166, 170,
    172, 178, 201, 202, 219

soziale Marker, 42
soziale Netzwerke, 78, 79, 288
soziale Ressourcen, 90
soziale Vergleiche, 8–10, 16, 75, 79, 118,
    125, 131, 140, 167, 195, 196
soziales Dilemma, 245, 247–250
soziales Faulenzen, 139, 143, 144, 146,
    150, 262, 277
Sozialisation, 108, 176, 204, 258, 260
Soziogramm, 111
Sprachstil, 42, 43, 62
Stanford-Prisoner-Experiment, 74
Stereotyp, 42, 53, 63, 99, 138, 153,
    169, 174–175, 177, 179–182,
    185–190, 199, 225, 269
Stimmung, 9, 24, 42, 48, 53, 54, 92, 93
Stimmungsmanagement, 98
strukturelle Passung, 170
Subkategorisierung, 202
Subtyping, 187
symbolische Bedrohung, 192, 198, 199,
    213
synchrone Konsistenz, 124
Synergieeffekte, 161–164
synthetische Kulturen, 225
Sündenbock, 196–197

Tacit-Wissen, 258, 259
Task-Interaction-Requirement-Modell,
    163
Teamklima, 278
Technologie-Akzeptanz-Modell, 281
Theorie des geplanten Verhaltens, 266,
    267, 282
Time-Interaction-Performance-Modell, 162
transaktionaler Führungsstil, 239–241
transaktives Gedächtnis, 159–161,
    265–266
transformationaler Führungsstil, 239–241
Transformationen in der Konfliktart, 164
Triangular-Theorie des Hasses, 215

Überrechtfertigung, 18
ultimativer Attributionsfehler, 186
Ursachenzuschreibung, 20, 26, 84, 86,
    176
Urteilsheuristiken, 269–270

Verantwortlichkeitsnorm, 57
Verantwortungsdiffusion, 75, 85, 248
Verfügbarkeitsheuristik, 127, 269
Vergleichsniveau, 5, 35, 37, 38, 59
Verhaltenskontrolle, 6, 7, 54, 55, 90, 266, 282
Verhaltenspläne, 1, 3
Verrahmungs-Heuristik, 270
Verteidigungs-Motivation, 49
Verteilungsstrategien, 106
Vertrags-Vertrauen, 253
Vertrauen, 6, 34, 39, 68, 83, 91–93, 228, 240, 244, 248, 249, 252, 254, 255, 265, 280
Vorurteil, 178–179, 198, 201

Wahlfreiheit, 12, 26, 51
wechselseitige Kontingenz, 2, 3
Weg-Ziel-Theorie, 234, 239
wert- und normenbasiertes Vertrauen, 252
Wertesystem, 206, 207, 247, 279
Wissensintegration, 158, 159
Wissenskonversion, 258

zentrale Route, 46, 48, 283, 284
Zwangsmacht, 56, 57

Personenregister

Abakoumkin, G., 152, 322
Abelson, R. P., 71, 289, 318
Achtziger, A., 267, 289
Ackerman, P., 87, 292
Adams, J. S., 33, 34, 289
Adorno, T. W., 67, 289
Agnew, C. R., 37, 309
Ahlfinger, N. R., 133, 289
Ahmad, N., 88, 292
Ahmed, P. K., 286, 287, 325
Aiello, J. R., 142, 143, 289, 308
Ajzen, I., 266, 267, 281, 289, 301
Albani, C., 207, 304
Albarracín, D., 124, 308
Albert, S., 9, 289
Aldag, R. J., 134, 289
Alexander, R., 40, 289
Allport, F. H., 101, 136, 289
Allport, G. W., 193, 199, 200, 289
Altemeyer, B., 67, 289
Altman, I., 83, 289
Altman, Y., 287, 290
Amabile, T. M., 26, 27, 317
Amason, A. C., 164, 290
Anderson, C., 53, 61, 80, 290, 307
Anderson, C. A., 71, 72, 290, 296
Anderson, N., 278, 290, 295
Anderson, N. R., 277, 326
Andreoni, J., 248, 290
Ansari, M. A., 59, 290
Appelman, A., 273, 292
Arcuri, L., 311
Argote, L., 257, 290
Armstrong, T. L., 213, 300
Aron, A., 81, 82, 257, 290
Aron, E. N., 81, 290
Aronson, E., 204, 293
Aronson, J., 189, 190, 321
Arps, K., 296

Arrow, H., 102, 162, 290
Asch, S. E., 118, 119, 290
Austin, J. R., 265, 290
Avolio, B. J., 239, 291, 292
Axelrod, R., 246, 290

Bader, P., 230, 328
Bagozzi, R. P., 281, 298
Bain, P. G., 278, 291
Baker, S. M., 126, 291
Bales, R. F., 108, 115, 116, 232, 291
Balzer, T., 182, 301
Bandura, A., 60, 70, 72, 73, 75, 140, 178, 216, 217, 250, 264, 291
Bar-Tal, D., 107, 216, 217, 291
Bardi, A., 207, 319
Barna, L. R. M., 219, 291
Bar-On, N., 82, 312
Baron, R. S., 139, 140, 142, 291, 318
Bartholomew, K., 39, 291
Bartlett, F. C., 25, 291
Bass, B. M., 239, 241, 242, 291, 292
Bassett, R., 18, 296
Batson, C. D., 87–89, 292
Batson, J. G., 292
Batts, V., 192, 311
Bauer, T. N., 260, 261, 292
Bazerman, M. H., 271–273, 292, 311
Beaman, A. L., 296
Becker, A., 266, 292
Bem, D. J., 13, 292
Berdahl, J. L., 102, 290
Berkman, L. F., 78, 292
Berkowitz, L., 56, 69, 196, 292, 293
Bernecker, T., 7, 293
Berry, J. W., 205, 208, 209, 293
Berscheid, E., 2, 34, 40, 80, 81, 293, 307, 325
Berson, Y., 239, 292

Bhattacherjee, A., 283, 293
Bierhoff, H. W., 93, 252, 293
Bierstedt, R., 61, 293
Billig, C., 104, 322
Bilsky, W., 206, 319
Birch, K., 87, 292
Bishop, G. D., 129, 130, 313
Black, J. S., 221, 293
Blackstone, T., 123, 327
Blader, S. L., 256, 324
Blake, R. R., 232, 293
Blaney, N. T., 204, 293
Blanton, H., 10, 302
Blanz, M., 170, 171, 293
Blascovich, J., 142, 240, 293, 305
Blass, T., 68, 293, 294
Blau, P. M., 3, 37, 294
Bless, H., 48, 294
Blickle, G., 58, 294
Bluemke, M., 182, 184, 300, 301
Bodenhausen, G. V., 182, 186–189, 294, 302, 313
Bodner, T., 292
Böing-Messing, E., 160, 316
Bohner, G., 294
Bohnet, I., 246, 294
Bollen, K. A., 112, 294
Bond, C. F., 141, 193, 194, 294
Bornstein, R. F., 131, 294
Bouas, K. S., 246, 294
Bowlby, J., 39, 294
Bradac, J. J., 63, 314
Brähler, E., 207, 304
Brandt, J. R., 292
Brauer, M., 130, 131, 294
Brauner, E., 159, 160, 266, 292, 294
Brawley, L. R., 113, 296
Brehm, J. W., 50, 51, 294, 312
Brehm, S. S., 312
Brewer, M. B., 247, 248, 294
Brissette, I., 78, 292
Brock, A., 61, 295
Brock, T. C., 48, 315
Brodbeck, F. C., 157, 229, 263, 264, 275, 278, 279, 295, 302, 319
Brown, C. E., 61, 299
Brown, P., 63, 295

Brown, R., 198, 209, 295, 328
Brown, S. L., 92, 295
Brown, V. R., 152, 314
Bruner, J. S., 168, 169, 295
Brunstein, J. C., 61, 319
Buckley, T., 87, 292
Bui, K. V. T., 38, 295
Bujaki, M., 208, 293
Bundy, R. P., 104, 322
Burger, J. M., 16, 18, 65, 295
Burgoon, J. K., 61, 63, 295, 299
Burke, P. J., 114, 295
Busceme, S., 123, 327
Bushman, B. J., 71–73, 290, 296
Buunk, B. P., 10, 92, 209, 302, 324, 327
Byrne, D. E., 80, 296

Cacioppo, J. T., 18, 45, 46, 48, 52, 130, 296, 315
Caldwell, D. F., 18, 295
Cameron, C. L., 80, 320
Cameron, J. E., 168, 296
Campbell, D. T., 99, 118, 296, 306
Campbell, W. K., 30, 319
Carli, L. L., 62, 296
Carlsmith, J. M., 12, 300
Carmeli, A., 280, 296
Carpenter, P. J., 37, 296
Carron, A. V., 113, 296
Carver, C. S., 140, 272, 296, 327
Catalan, J., 296
Chaiken, S., 49, 296
Chen, X. P., 248, 250, 296
Chin, W. W., 112, 296
Chiu, C., 101, 312
Choi, H. S., 108, 310
Christ, O., 196, 200, 315, 324, 325
Christensen, A., 307
Chugh, D., 272, 273, 292
Cialdini, R. B., 16, 18, 86, 296, 302
Cihangir, S., 279, 316
Clark, M. S., 35, 297
Clark, R. D., 125, 310
Clore, G. L., 96, 297, 319
Cohen, S. P., 116, 291
Cohrs, J. C., 213, 297
Coleman, R., 37, 296

Collins, A., 85, 311
Colquitt, J. A., 37, 297
Comstock, G., 73, 297
Conger, J. A., 241, 297
Conlon, D. E., 37, 297
Converse, J., 91, 297
Cook, T. D., 124, 297
Cooper, J., 12, 13, 188, 297, 300, 310, 327
Copper, C., 113, 114, 313
Correll, J., 169, 307
Cottrell, N. B., 137, 138, 141, 150, 297
Coull, A., 188, 328
Cozby, P. C., 83, 297
Crick, N. R., 72, 297
Crocker, J., 187, 326
Crogan, M., 204, 325
Croizet, J. C., 190, 297
Crowe, E., 275, 297

D'Agostino, P. R., 131, 294
Daniels, L. R., 56, 292
Danoff-Burg, S., 80, 320
Darby, B. L., 296
Darley, J. M., 85, 297, 309
Das, T. K., 254, 255, 297
Dasen, P. R., 205, 293
David, B., 123, 124, 297
Davis, F. D., 281, 282, 298, 325
Davis, G., 282, 325
Davis, J. H., 127, 298
Davis, K., 22, 306
Day, D. V., 238, 302
De Cremer, D., 232, 248, 250, 251, 255–257, 298, 313, 324
De Dreu, C. K. W., 96, 278, 298, 324
de Groot, D., 77, 309
Deaux, K., 167, 176, 298
Deci, E. L., 248, 298
De Dreu, C. K. W., 126, 299
Deelstra, J. T., 94, 298
Demoulin, S., 310
den Ouden, N., 257, 298
Denrell, J., 81, 298
Derboven, W., 220, 308
De Rivera, J., 216, 291
Desert, M., 190, 297
Deutsch, M., 83, 164, 298

Devine, P. G., 179, 180, 298
De Vries, N. K., 126, 127, 299
DiCandia, C. G., 193, 294
Diehl, M., 150–152, 261, 299, 322
Diener, E., 75, 299
Dodge, K. A., 72, 297
Dollard, J., 69, 77, 299, 312
Doob, L. W., 69, 299, 312
Douthitt, E. A., 142, 143, 289
Dovidio, J. F., 61, 93, 210, 299, 315
Downing, L. L., 76, 77, 306
Drigotas, S. M., 38, 299
Duck, J. M., 243, 303
Dunbar, N. E., 61, 299
Duncan, B. D., 87, 292
Duncan, W. J., 237, 299
Dunton, B. C., 181, 300
Duschek, S., 266, 292
Dutrevis, M., 190, 297
Duval, S., 75, 107, 140, 299, 326
Dyck, J. L., 292

Eagly, A. H., 49, 296
Ebadi, Y. M., 237, 314
Eccles, J. S., 176–178, 305, 306
Eggleston, T., 10, 302
Eilertsen, S., 286, 299
Ein-Dor, T., 82, 312
Ellemers, N., 167, 299
Elliot, A. J., 30, 319
Ellis, A. P. J., 263, 299
Ellyson, S. L., 61, 299
Elms, A. C., 67, 299
Emswiller, T., 176, 298
Englich, B., 269, 299
Erber, R., 160, 326
Erdogan, B., 292
Erpenbeck, J., 222, 304
Esser, J. K., 133, 134, 289, 299
Esses, V. M., 199, 213, 300, 321
Estreich, D., 138, 317
Etcoff, N. L., 171, 323
Ethier, K. A., 167, 298

Falbe, C. M., 58, 328
Falk, A., 248, 300
Farrell, D., 37, 300, 318

Fazio, R. H., 13, 181, 297, 300
Feeney, J., 40, 289
Feger, H., 115, 300
Fehr, E., 248, 300
Feldman-Summers, S. A., 176, 300
Felson, R. B., 55, 78, 323
Ference, R., 132, 313
Festinger, L., 8, 11, 12, 74, 77, 118, 131, 167, 300
Fiedler, F. E., 223, 233, 234, 300
Fiedler, K., 43, 44, 182, 184, 185, 300, 301, 320
Field, R. H. G., 237, 301
Fischer, A. H., 98, 301, 314
Fishbein, M., 56, 281, 301, 317
Fisher, J. D., 93, 313
Fishman, S., 216, 308
Fiske, A. P., 89, 301
Fiske, S. T., 53, 171, 301, 323
Flament, C., 104, 322
Flay, B. R., 124, 297
Fleishman, E. A., 232, 301
Florack, A., 182, 183, 209, 213, 214, 276, 301, 316, 317
Foa, E. B., 90, 301
Foa, U. G., 90, 91, 297, 301
Foppa, K., 63, 301
Ford, C. S., 299
Forgas, J. P., 96, 301
Formica, R., 79, 328
Forsyth, D. R., 145, 301
Foster-Fishman, P. G., 130, 309
Francis, J., 218, 323
Fraser, S. C., 16, 17, 301
Freedman, J. L., 16, 17, 301
French, J. R. P., 301
Frenkel-Brunswik, E., 67, 289
Freud, S., 69, 301
Frey, B. S., 246, 260, 294, 314
Frey, D., 36, 76, 135, 164, 229, 279, 287, 295, 302, 308, 319, 326
Friese, M., 184, 300
Fuller, S. R., 134, 289
Fultz, J., 296

Gächter, S., 248, 300
Gärling, T., 247, 272, 303, 307

Gaertner, S. L., 210, 299
Gao, G., 212, 302
Garvin, E., 96, 297
Gasper, K., 96, 297
Gaunt, R., 310
Gawronski, B., 29, 182, 302
Gefen, D., 280, 296
Gelbard, R., 280, 296
Gerard, H. B., 2, 55, 58, 306
Gerlach, E., 10, 302
Gerrard, M., 10, 302
Gerstner, C. R., 238, 302
Gibbons, F. X., 10, 302
Gifford, R. K., 185, 304
Gigone, D., 130, 157, 302
Giles, H., 42, 302, 319
Gilfillan, D. P., 118, 326
Ginter, P. M., 237, 299
Gioia, D. A., 29, 302
Giuliano, T., 106, 273, 292, 326
Glass, T., 78, 292
Gliner, M. D., 130, 294
Goldstein, N. J., 16, 302
Gollwitzer, M., 197, 302
Gollwitzer, P. M., 266–268, 277, 289, 302, 304
Gooding, R. Z., 29, 325
Gordijn, E., 126, 299
Gouldner, A. W., 35, 302
Graen, G. B., 238, 239, 303
Graf, A., 221, 303
Green, J. A., 196, 293
Greenberg, J., 179, 303
Greene, D., 18, 246, 309, 317
Greenwald, A. G., 181, 183, 303
Greer, L. L., 164, 303
Greitemeyer, T., 263, 264, 295
Greve, W., 71, 308
Grice, H. P., 43, 303
Griffin, D., 175, 308
Griffiths, R. J., 188, 311
Gruber-Baldini, A. L., 80, 303
Gruenfeld, D. H., 53, 307
Gudykunst, W. B., 211, 212, 218, 223, 302, 303
Guégen, N., 17, 303
Guillaume, Y., 275, 295

Guinote, A., 174, 303
Gump, B. B., 79, 303
Gunn, L. K., 39, 318
Gurtner, A., 161, 323

Hagedoorn, M., 92, 327
Hains, S. C., 243, 303
Hall, E. T., 218, 304
Hall, R., 243, 310
Halperin, E., 216, 291
Hamilton, D. L., 102, 185, 304, 310, 322
Harbaugh, W., 248, 290
Hardee, B. B., 192, 311
Harkins, S., 146, 309
Harris, V. A., 26, 306
Hart, C. M., 232, 324
Hart, P., 135, 304
Hartke, D. D., 234, 315
Hartmann, J., 160, 276, 301, 316
Harvey, J. H., 307
Harvey, O. J., 109, 320
Hashimoto, K., 218, 316
Haslam, S. A., 168, 170, 227, 304, 314, 324
Hassebrauck, M., 37, 312
Hastie, R., 130, 157, 302
Hatfield, E., 34, 325
Haynes, M. C., 176, 304
Hazadiah, M. D., 63, 304
Hazan, C., 39, 40, 304
Heckhausen, H., 266, 268, 277, 304
Heckhausen, J., 78, 320
Heider, F., 18, 20, 21, 111, 254, 304
Heilman, M. E., 176, 304
Heingartner, A., 136, 328
Heltman, K., 61, 299
Hepworth, J. T., 195, 304
Herman, E. M., 136, 328
Herner, M. J., 252, 293
Hertel, G., 143, 152, 304, 308
Hertel, P. T., 106, 326
Hewstone, M., 188, 311
Heyman, S., 303
Heyse, V., 222, 304
Hiemisch, A., 272, 304
Higgins, E. T., 275, 276, 297, 304
Hill, C. T., 38, 295
Hinz, A., 207, 304

Hoelker, P., 209, 316
Hoffjan, A., 253, 316
Hofmann, W., 184, 300
Hofstätter, P. R., 99, 305
Hofstede, G., 205, 225, 304, 305
Hofstede, G. J., 205, 225, 304, 305
Hogg, M. A., 112, 131, 167, 229, 243, 244, 303, 305, 324
Hohaus, L., 40, 289
Hollenbeck, J. R., 299
Hollingshead, A. B., 115, 316
Homans, G. C., 3, 33, 305
Hong, Y., 101, 312
Hood, W. R., 109, 320
Horwitz, M., 103–105, 316
Houlihan, D., 296
House, P., 246, 317
House, R. J., 230, 234, 305
Hovland, C. I., 124, 195, 305, 307
Hoyle, R. H., 112, 294
Hoyt, C. L., 240, 305
Huesmann, L. R., 71, 305
Hunt, J. G., 267, 319
Hunter, S. B., 142, 293
Huston, T. L., 307

Iazzaro, M. M., 18, 328
Ibler, S., 213, 297
Iles, P., 287, 290
Ilgen, D. R., 299
Ingram, P., 257, 290
Ingram, R. E., 94, 320
Ivey, A. E., 225, 226, 315

Jablin, F. M., 260, 312
Jackson, J. M., 120, 138, 139, 305
Jackson, J. R., 181, 300
Jackson, J. W., 167, 305
Jackson, L. M., 213, 300
Jacobs, J. E., 176–178, 305, 306
Jacobs, R. C., 118, 306
Jago, A. G., 234, 236, 325
Janis, I. L., 132–134, 154, 275, 306
Jehn, K. A., 164, 303, 306
Jensen, M. A., 108, 323
Jepson, S. F., 232, 324
Jermias, J., 284, 285, 306

Jermier, J. M., 237, 307
Jerusalem, M., 60, 319
John, O. P., 20, 80, 290, 306
Johnson, D. W., 204, 306
Johnson, M. K., 20, 306
Johnson, R. D., 76, 77, 306
Johnson, R. T., 204, 306
Jonas, E., 36, 308
Jonas, K., 138, 143, 306
Jones, E. E., 2, 12, 22, 26, 55, 58, 172, 306, 310, 316
Judd, C. M., 130, 294
Juliusson, A., 272, 307
Jung, D. I., 239, 292
Jung, M., 64, 306

Kafka, G., 95, 306
Kahan, T. L., 20, 306
Kahn, R. L., 227, 307
Kahneman, D., 269, 274, 275, 306, 324
Kammeyer-Mueller, J. D., 260, 306
Kanning, U. P., 220, 307
Kapoor, A., 59, 290
Karau, S. J., 152, 327
Karlsson, N., 272, 307
Katz, D., 227, 307
Keating, C. F., 61, 299
Keating, J. P., 86, 320
Keil, L. J., 9, 311
Keil, W., 160, 316
Keller, J., 190, 307
Kelley, H. H., 4, 23, 25, 37, 54, 80, 124, 125, 176, 251, 307, 323
Kelman, H. C., 124, 307
Keltner, D., 53, 80, 290, 307
Kemp, C., 230, 328
Kennedy, A., 207, 325
Kerr, N. L., 152, 304
Kerr, S., 237, 307
Kerschreiter, R., 157, 295
Kessler, T., 196, 307
Keys, C. B., 130, 309
Kiesler, S. B., 176, 300
Kilduff, G. J., 61, 290
Kim, K., 303
Kim, U., 208, 293
Kinzler, K. D., 169, 307

Kipnis, D., 53, 58, 307, 317
Kirk, S. B., 80, 320
Kirzner, E., 138, 317
Klauer, K. C., 172, 307
Klein, W. M., 10, 307
Klendauer, R., 36, 308
Klinge, K., 225, 308
Köhler, O., 152, 307
Köller, O., 10, 312
Koestner, R., 248, 298
Kolb, D. A., 222, 308
Kolb, K. J., 143, 308
Komorita, S. S., 246, 294
Konno, N., 258, 314
Konradt, U., 143, 308
Kortekaas, P., 167, 299
Kosic, M., 209, 308
Krahé, B., 71, 308
Kramer, R. M., 247, 248, 250, 294, 308
Kravitz, D. A., 143, 308
Kroeck, K. G., 241, 310
Kruglanski, A. W., 49, 216, 308
Kuijer, R. G., 92, 327
Kulik, J. A., 79, 303
Kumbruck, C., 220, 308
Kumkale, G. T., 124, 308
Kunda, Z., 175, 188, 308

LaFrance, K. G., 237, 299
Lage, E., 121, 313
Laird, J. D., 13, 308
Lane, C., 252, 253, 309
Langner, S., 17, 327
Lanza, S., 178, 306
Larson, J. R., 130, 158, 161, 164, 309, 327
Lasswell, H. D., 41, 49, 309
Latané, B., 85, 119, 120, 138, 146–149, 297, 305, 309
Laus, F., 160, 316
Le, B., 37, 309
Le Bon, G., 309
Le Mens, G., 81, 298
Lea, M., 77, 309
Leavitt, H. J., 114, 309
LePage, A., 69, 293
Lepper, M. R., 18, 309
Lerner, M. J., 33, 309

Levay, C., 279, 309
Leventhal, G., 36, 310
Levin, I. P., 270, 310
Levine, J. M., 108, 123, 310
Levine, M., 85, 311
Levinger, G., 307
Levinson, D. J., 67, 289
Levinson, S. C., 63, 295
Lewandowski, G., 290
Lewin, K., 103, 231, 232, 277, 310
Lewis, A., 310
Lewis, S. K., 296
Leyens, J. P., 190, 193, 297, 310
Lichtman, R. R., 9, 327
Lickel, B., 100, 310
Lin, D. Y., 29, 316
Lind, E. A., 36, 325
Lindell, M., 233, 310
Linder, D. E., 12, 310
Lindzey, G., 196, 310
Linneweber, V., 77, 313
Lipkus, I., 252, 318
Lippitt, R., 231, 310
Lippmann, W., 310
Lishner, D. A., 88, 292
Löschper, G., 77, 313
London, K., 286, 299
Lord, R., 243, 310
Lowe, K., 241, 310
Lüdtke, O., 10, 302
Lundgren, S., 123, 327

Maass, A., 125, 182, 310, 311
MacKenzie, S. B., 238, 316
Mackie, D. M., 126, 216, 311, 320
MacKinnon, J. R., 193, 294
Macrae, C. N., 188, 311
Maier, G. W., 229, 295
Major, B., 195, 311
Malhotra, D., 271, 311
Mann, L., 278, 291
Mann, R. E., 30, 311
Manning, R., 85, 311
Mannix, E. A., 164, 303, 306
Manstead, A. S. R., 96, 98, 141, 301, 311, 314, 324
Maris, R., 4, 311

Martin, B., 143, 308
Martin, L. L., 14, 322
Martin, R., 244, 305
Martin, T., 199, 321
Maruna, S., 30, 311
Masgoret, A. M., 213, 214, 326
Mashek, D., 290
Maslow, A. H., 78, 245, 311
Masters, J. C., 9, 311
Matsumoto, Y., 303
Maurer, K., 102, 322
Mayer, J., 276, 326
McClelland, D. C., 54, 59, 60, 311
McClintock, C. G., 250, 312
McConahay, J. B., 192, 311
McCoy, M. C., 113, 328
McGarty, C., 168, 324
McGhee, D. E., 181, 303
McGrath, J. E., 102, 115, 161, 162, 290, 311, 316
McGuire, W. J., 45, 311
McLaughlin-Volpe, T., 290
McMaster, M. R., 292
Meer, D., 61, 295
Meertens, R. W., 146, 192, 195, 315, 327
Meiser, T., 186, 311
Mendenhall, M., 221, 293
Mendes, W. B., 142, 293
Menon, T., 101, 312
Merrill, M. D., 222, 312
Mertesacker, M., 221, 303
Messé, L. A., 152, 304
Messick, D. M., 138, 244, 245, 250, 255, 312, 327
Messner, C., 182, 301
Michinov, E., 80, 312
Midgley, C., 94, 318
Mikula, G., 36, 312
Mikulincer, M., 82, 312
Milgram, S., 65, 66, 68, 312
Miller, D. T., 29, 33, 309, 312
Miller, J. A., 18, 296
Miller, N. E., 69, 299, 312
Miller, R. S., 84, 312
Miller, V. D., 260, 312
Minturn, A. L., 169, 295
Miron, A. M., 50, 312

Mitchell, K. A., 80, 314
Mitchell, T., 223, 300
Mixon, D., 68, 312
Mizrahi, K., 167, 298
Möller, J., 10, 312
Mojzisch, A., 157, 295
Monteil, J. M., 80, 312
Moon, H., 299
Moore, D., 139, 140, 291, 318
Moorhead, G., 132, 313
Moreland, R. L., 108, 115, 310, 316
Moreno, J. L., 110, 313
Moreno, K. N., 188, 189, 313
Morris, K. J., 48, 296
Morris, M., 282, 325
Morris, M. W., 101, 312
Moscovici, S., 121, 122, 124, 126, 313
Mouton, J. S., 232, 293
Mowrer, O. H., 69, 299, 312
Müller, G. F., 37, 312
Mulder, L. B., 248, 313
Mullen, B., 113, 114, 313
Mummendey, A., 73, 77, 196–198, 307, 313, 314
Murnighan, J. K., 249, 326
Mussweiler, T., 10, 269, 276, 299, 313, 326
Myers, D. G., 129, 130, 313

Nadler, A., 93, 94, 313
Naffrechoux, M., 121, 313
Nagele, C., 161, 323
Neck, C. P., 132, 313
Neimeyer, R. A., 80, 314
Nemeth, C. J., 123, 314
Nesse, R. M., 92, 295
Newcomb, T., 74, 300
Ng, K. Y., 37, 297
Ng, S. H., 62, 63, 314, 317
Nijstad, B., 144, 150, 322
Nisbett, R. E., 18, 30, 309, 322
Nishida, T., 303
Nolan, J. M., 213, 300
Noller, P., 40, 289
Nonaka, I., 258, 259, 314
Nutt, P. C., 268, 314

Oakes, P. J., 167, 168, 170, 314, 324

Obdrzálek, P., 209, 316
Ogay, T., 42, 302
Oleson, K. C., 188, 308
Olivera, F., 264, 314
Omoto, A. M., 80, 293
Osborn, A. F., 149, 314
Osborn, R. N., 267, 319
Osgood, D. W., 178, 306
Osterloh, M., 260, 314
O'Sullivan, M., 30, 314
Otten, S., 73, 77, 197, 198, 313, 314
Ouellette, J. A., 123, 327
Ouwerkerk, J. W., 167, 299

Packer, D. J., 68, 314
Paik, H., 73, 297
Paladino, M. P., 310
Park, W. W., 134, 314
Parkinson, B., 98, 314
Paul, R. J., 237, 314
Paulus, P. B., 141, 142, 152, 314
Pearson, A. W., 112, 296
Pedersen, P., 225, 226, 305, 315
Peeters, M. C. W., 298
Pekerti, A. A., 219, 315
Peltokorpi, V., 265, 315
Penner, L. A., 93, 315
Pepitone, A., 74, 300
Peplau, L. A., 38, 83, 295, 315
Perlman, A., 138, 317
Perlman, D., 83, 312, 315
Personnaz, B., 122, 313
Perzig, S., 182, 301
Peters, L. H., 234, 315
Pettigrew, T. F., 174, 191, 192, 195, 196, 200, 201, 315, 320, 324, 325
Petty, R. E., 45, 46, 48, 52, 126, 130, 291, 296, 315
Petzel, T., 324
Piliavin, J. A., 93, 315
Pillutla, M. M., 248, 296
Ping, R. A., 37, 316
Pintrich, P. R., 94, 318
Piontkowski, J. O., 253, 316
Piontkowski, U., 160, 163, 182, 209–211, 214, 225, 301, 308, 316, 317
Pirola-Merlo, A., 278, 291

Podsakoff, P. M., 238, 316
Pohlmann, J. T., 234, 315
Poole, M. S., 115, 316
Porter, C., 37, 297, 299
Portinga, Y. H., 205, 293
Post, S. G., 92, 316
Postmes, T., 77, 279, 316, 317
Powell, A. L., 292
Power, S., 208, 293
Pratto, F., 61, 213, 320
Prins, K. S., 209, 324
Pronin, E., 29, 316
Putnam, R. D., 79, 316
Pyszczynski, T., 179, 303

Quattrone, G. A., 172, 316
Quinn, R. E., 277, 326

Rabbie, J. M., 103–105, 316
Rachlin, H., 86, 316
Rao, A., 218, 316
Raven, B. H., 56, 301, 316, 317
Raymond, P., 160, 326
Reeder, G. D., 30, 319
Reicher, S. D., 77, 167, 317, 324
Reid, A., 167, 298
Reid, S. A., 62, 63, 317
Reinhardt, R., 7, 323
Reis, H. T., 2, 40, 293
Renfro, L. C., 199, 321
Rheinberg, F., 10, 317
Rind, B., 53, 317
Rittle, R. H., 137, 297
Robins, R. W., 20, 306
Robinson, R. J., 53, 307
Rocher, S. J., 188, 328
Rodriguez-Perez, A., 310
Rodriguez-Torres, R., 310
Rohmann, A., 182, 214, 225, 301, 308, 316, 317
Rohmann, E., 93, 293
Rohrbaugh, J., 115, 316
Rokeach, M., 67, 317
Rosenbloom, T., 138, 317
Rosenfield, D., 204, 293
Rosenqvist, G., 233, 310
Ross, D., 70, 291

Ross, J., 271, 321
Ross, L., 26, 27, 29, 246, 316, 317
Ross, M., 29, 312
Ross, S. A., 70, 291
Rotter, J. B., 31, 60, 68, 83, 254, 317
Ruderman, A. J., 171, 323
Runciman, W. G., 195, 317
Rusbult, C. E., 4, 37–39, 252, 299, 300, 317, 318
Rushton, J. P., 89, 318
Rutledge, R. W., 273, 274, 318
Ryan, A. M., 94, 318
Ryan, R. M., 92, 248, 298, 326

Sagiv, L., 207, 319
Sako, M., 253, 318
Sales, S. M., 137, 138, 328
Salisbury, W. M., 112, 296
Salomon, K., 142, 293
Salvi, D., 311
Sanders, G. S., 139, 140, 142, 291, 318
Sanford, C., 283, 293
Sanford, R. N., 67, 289
Sanna, L. J., 140, 141, 176, 318, 322
Schachter, S., 14, 15, 79, 98, 138, 318
Schaie, K. W., 80, 303
Schaller, M., 296
Schank, R. C., 71, 318
Schaufeli, W. B., 298
Scheier, M. F., 140, 272, 296, 327
Schelske, S., 272, 304
Schemer, C., 10, 318
Scherer, K. R., 42, 319
Schermerhorn, J. R., 267, 268, 319
Schmid, S., 218, 319
Schmidt, P., 207, 304
Schmidt, S. M., 58, 307
Schmitz, G. S., 61, 319
Schnittjer, S. K., 270, 310
Scholl, W., 54, 227, 319
Schroeder, D. A., 93, 315
Schultheiss, O. C., 61, 319
Schulz, R., 272, 327
Schulz-Hardt, S., 135, 157, 164, 263, 279, 295, 302, 319
Schuurman, M., 126, 299
Schwabe, L., 272, 304

Schwartz, J. L. K., 181, 303
Schwartz, S. H., 206, 207, 319
Schwarz, N., 96, 294, 319
Schwarzer, R., 60, 61, 319
Sears, R. R., 69, 195, 299, 305, 312
Sedikides, C., 30, 319
Seeman, T. E., 78, 292
Segall, M. H., 205, 293
Seger, C. R., 216, 320
Sekerak, G. J., 137, 297
Seligman, M. E. P., 31, 32, 319
Semin, G., 43, 44, 130, 141, 182, 184, 301, 311, 319, 320, 327
Semmer, N. K., 161, 323
Sensenig, J., 50, 294
Shaban, J., 50, 294
Shahar, A., 138, 317
Shannon, C. E., 41, 320
Shapiro, R., 211, 303
Shaver, P. R., 39, 40, 82, 304, 312
Sheeran, P., 277, 302
Sherif, C. W., 109, 320
Sherif, M., 109, 116, 117, 194, 195, 320
Sherman, J. W., 102, 322
Sherman, S. J., 310
Shutts, K., 169, 307
Sidanius, J., 61, 213, 320
Sikes, J., 204, 293
Simon, B., 174, 320
Simons, C. H., 33, 309
Sims Jr., H. P., 29, 302
Sinclair, L., 175, 308
Singer, J., 14, 15, 318
Sivasubramaniam, N., 241, 310
Skinner, B. F., 2, 320
Slovik, L. F., 252, 318
Smith, D. M., 92, 295
Smith, E. R., 216, 320
Smith, H. J., 195, 324
Smith, K. D., 86, 320
Smollan, D., 81, 290
Snider, P. R., 80, 320
Snyder, C. R., 94, 320
Snyder, M., 80, 293
Sokolowski, K., 78, 320
Spangler, W. D., 230, 305
Spears, R., 77, 184, 279, 309, 316, 317, 327

Stanton, A. L., 80, 320
Stasser, G., 153–157, 262, 320, 321
Staub, E., 196, 321
Staw, B. M., 270, 271, 321
Steele, C. M., 189, 190, 321
Steidlmeier, P., 242, 292
Steiner, I. D., 56, 144, 149, 161, 317, 321
Steinmetz, J. L., 26, 27, 317
Stellmacher, J., 200, 315, 325
Stenmark, D., 260, 321
Stephan, C. W., 198, 199, 204, 212, 213, 293, 321
Stephan, W. G., 174, 198, 199, 212, 213, 321
Stepper, S., 14, 322
Sternberg, R. J., 258, 259, 321, 325
Stets, J. E., 114, 295
Stetter, F., 30, 321
Stewart, D. D., 262, 321
Stires, L. K., 50, 294
Stollak, M. J., 112, 296
Stoner, J. A. F., 128, 321
Storms, M. D., 28, 30, 107, 322
Stotland, E., 86, 320
Strack, F., 14, 294, 322
Straus, S. G., 264, 314
Streicher, B., 36, 308
Stroebe, W., 144, 150–152, 261, 298, 299, 322
Sue, D. W., 221, 322
Susskind, J., 102, 322
Swim, J. K., 176, 322
Syme, S. L., 78, 292

Tajfel, H., 57, 104, 106, 131, 165, 166, 322
Tanner, C., 138, 143, 306
Taylor, D. A., 83, 289
Taylor, S. E., 9, 171–173, 323, 327
Tedeschi, J. T., 55, 78, 323
Teng, B. S., 254, 255, 297
Thakkar, V., 102, 322
Thee, S. L., 270, 310
Thibaut, J. W., 4, 36, 37, 54, 251, 307, 323, 325
Thomas, A., 218, 319
Thomas, D. C., 219, 315
Thompson, E. P., 49, 308

Tiedens, L. Z., 62, 323
Ting-Toomey, S., 303
Titus, W., 153–157, 320, 321
Toyama, R., 258, 314
Trautwein, U., 10, 302
Triandis, H. C., 223, 300, 323
Tries, J., 7, 323
Triplett, N., 136, 323
Trobst, K. K., 90, 323
Tropp, L. R., 200, 315
Truxillo, D. M., 292
Tschan, F., 161, 162, 323
Tse, D. K., 218, 323
Tucker, J. S., 292
Tuckman, B. W., 107, 108, 323
Turner, J. C., 54, 57, 106, 123, 124, 131, 166–170, 297, 314, 322–324
Tversky, A., 269, 274, 275, 306, 324
Tyler, T. R., 57, 195, 256, 257, 298, 324

Uhl-Bien, M., 238, 239, 303
Uhles, A. N., 310

Vaes, J., 310
Validzic, A., 210, 299
Van Dick, R., 196, 200, 324, 325
Van Dijk, E., 248, 313
van Doornen, L. P., 298
Van Kleef, G. A., 96–98, 301, 324
Van Knippenberg, D., 243, 255, 298, 324
Van Lange, P. A. M., 4, 88, 292, 318, 324
Van Oudenhoven, J. P., 209, 324
van Randenborgh, A., 214, 317
Van Vugt, M., 61, 232, 250, 251, 298, 324
Vandenberg, S. G., 80, 324
Vanneman, R. D., 196, 325
Vaughan, G., 131, 305
Vaughan, S. I., 262, 321
Venkatesh, V., 282, 325
Verette, J., 38, 252, 299, 318
Vesterlund, L., 248, 290
Vincent, J. E., 296
Vinokur, A. D., 92, 295
Vogt, S., 90, 325
von Rosenstiel, L., 229, 230, 326
Vroom, V. H., 234–237, 325

Wack, D. L., 137, 297

Waddell, B., 35, 297
Wagner, J. A., 29, 325
Wagner, R. K., 258, 259, 325
Wagner, U., 196, 200, 315, 324, 325
Waldgeir, D., 18, 328
Walker, I., 204, 325
Walker, L., 36, 323, 325
Wallbom, M., 75, 299
Walls, J., 218, 323
Walster, E. H., 34, 325
Walster, G. W., 34, 325
Wanberg, C. R., 260, 306
Wang, C. L., 286, 287, 325
Ward, C., 207, 213, 214, 325, 326
Warshaw, P. R., 281, 298
Weaver, W., 41, 320
Weber, J. M., 249, 326
Weber, R., 187, 326
Weesie, J., 90, 325
Wegener, I., 172, 307
Wegge, J., 229, 230, 326
Wegner, D. M., 106, 159, 160, 326
Weick, K. E., 118, 277, 326
Weiner, B., 32, 326
Weinstein, N., 92, 326
Wells, G. L., 48, 315
Werth, L., 276, 326
Wesson, M. J., 37, 297
West, B. J., 299
West, M. A., 277, 278, 290, 295, 298, 326
West, S. G., 195, 304
Wetherell, M. S., 167, 324
Wheeler, D., 296
Whitaker, J. L., 73, 296
White, B. J., 109, 320
White, R., 231, 310
Whitney, G. A., 252, 318
Wicklund, R. A., 75, 76, 107, 140, 299, 326
Wieczorkowska, G., 310
Wiedmann, K. P., 17, 327
Wigboldus, D. H. J., 184, 327
Wigfield, A., 178, 306
Wilke, H. A. M., 146, 248, 313, 327
Wilkes, A. L., 165, 322
Wilkinson, 58, 307
Williams, C. J., 181, 300

Williams, K. D., 138, 139, 146, 152, 305, 309, 327
Williamson, O. E., 252, 327
Willis, S. L., 80, 303
Wills, T. A., 9, 327
Winquist, J. R., 158, 327
Winter, D. G., 229, 327
Wirthgen, A., 64, 327
Witte, E. H., 152, 327
Wolf, C., 200, 324, 325
Wolf, S., 119, 120, 309
Wood, J. V., 9, 10, 327
Wood, W., 122, 327
Word, C. O., 188, 327
Worringham, C. J., 138, 327
Woycke, J., 230, 305
Wright, S. C., 290
Wrosch, C., 272, 327

Yao, X., 248, 296
Ybema, J. F., 92, 327
Yetton, P. W., 234, 325
Young, M., 208, 293
Yukl, G., 58, 240, 241, 287, 327, 328
Yzerbyt, V. Y., 188, 328

Zaccaro, S. J., 113, 230, 328
Zagefka, H., 209, 328
Zajonc, R. B., 131, 136–138, 328
Zanna, M. P., 188, 327
Zayer, E., 271, 328
Zembrodt, I. M., 39, 318
Zijlstra, F. R. H., 298
Zimbardo, P., 74–76, 79, 328
Zuckerman, M., 18, 29, 328

\d-product-compliance